개정 4판

사회보장론

나남
nanam

사회복지학 총서 21

사회보장론

1999년 3월 25일 초판 발행
2001년 3월 5일 초판 4쇄
2002년 3월 11일 개정판 발행
2005년 9월 5일 개정판 7쇄
2006년 8월 25일 개정 2판 발행
2010년 3월 5일 개정 2판 5쇄
2010년 9월 5일 개정 3판 발행
2021년 9월 5일 개정 3판 8쇄
2022년 12월 20일 개정 4판 발행
2022년 12월 20일 개정 4판 1쇄

지은이 이인재 · 류진석 · 권문일 · 김진구
발행인 趙相浩
발행처 (주) 나남
주소 10881 경기도 파주시 회동길 193
전화 (031) 955-4600 (代)
FAX (031) 955-4555
등록 제 1-71호(1979. 5. 12)
홈페이지 www.nanam.net
전자우편 post@nanam.net

ISBN 978-89-300-4123-2

책값은 뒤표지에 있습니다.

사회복지학 총서 21

개정 4판

사회보장론

이인재 · 류진석 · 권문일 · 김진구

머리말

새로운 개정판을 준비하면서

《사회보장론》이 첫선을 보인 지 벌써 상당한 시간이 흘렀다. 이 책을 함께 집필했던 동료들도 어느덧 젊은 신진 연구자에서 장년 연구자가 되었다. 저자들이 나이를 먹은 것보다 사회 변화는 더 역동적이다. 모든 사회제도 설계의 근간이 되는 인구구조 변화는 예측을 넘어서 충격으로 나타나고 있다. 최근 노인인구의 급속한 확대에 비해 2022년 신생아 수가 처음으로 20만 명 이하로 예상된다는 뉴스는 사회보장제도의 재설계가 이미 늦은 것 아닌가 하는 우려를 가지게 한다.

예를 들어 대다수 국민들의 은퇴 후 노인생활을 보장해야 하는 국민연금 개혁은 수년째 답보상태다. 오래전부터 전문가들은 연금제도를 지금 상태로 두면, 2050년이 지나면 국민연금 기금은 고갈되며, 어떤 형태로든 경제활동인구의 더 많은 희생이 없으면 제도 유지가 불가능해진다고 경고하고 있다. 그럼에도 단기적인 이해관계에 빠져서 제도 개혁의 시기를 지속적으로 회피하여 온 것이다. 연금개혁은 이제 더 이상 늦출 수도 없는 시점에 와 있다.

인구구조 변화 외에도 3년째 지속되는 코로나19 팬데믹 상황은 보건의료분야 중심으로 새로운 사회정책 과제를 제시하고 있다. 비대면 사회활동의 확대는 사회보장제도에도 비대면 사회에 부합하는 프로그램, 데이터(*data*), 네트워크(*network*), 인공지능(*AI*) 등 새로운 정보통신기술을 활용한 프로그램 개발의 필요성과 동시에 사회보장제도 이용자들의 차별 없는 서비스 보장 역시 중요한 과제가 되고 있다.

국민들의 기본권 보장이라는 사회보장제도의 대의는 변하지 않았다. 그럼에도 국민연금제도, 건강보험제도(노후장기요양보험제도 포함)는 물론이고 고용보험제도, 산재보상보험제도 등 사회보험제도는 지속적인 제도개혁 과제를 담고 있다. 최후의 사회적 안전망인 공공부조제도, 국민기초생활보장제도는 제도 출범 20주년을 넘어서면서 제도로서의 안정성은 상당 수준에서 갖추어졌다는 평가를 받는다. 새로운 사회문제를 해결하기 위한 제도로서 사회서비스제도는 출생부터 노령기 돌봄까지 사회적 돌봄의 확산은 물론이고 사회서비스 분야 일자리 창출까지 새로운 사회보장제도 영역으로 발전과제를 안고 있다. 이번 개정판을 통해 사회경제적 생태계 변화에 부합하는 사회보장제도 이해에 도움을 줄 수 있기를 기대한다.

이번 개정판에서는 3부 '한국의 사회보장제도' 부분을 대폭 개정하였으며, 2장 '사회보장의 역사', 5장 '의료보장의 원리와 특성', 7장 '산재보험의 원리와 특성', 10장 '건강보험제도' 부분을 일부 개정하였다. 원고 개정을 함께한 저자들, 특히 2장, 5장, 7장, 10장 사회보장제도 이론 부분을 보완한 김진구 교수의 노고에 감사드린다.

저자를 대표하여

이 인 재

개정 4판

사회보장론

차례

제 3 부

한국의 사회보장제도

9장 국민연금제도

권문일

10장 건강보험제도

김진구

11장 고용보험제도

류진석

제 1부

사회보장의 개요

제 1장 사회보장의 기초 및 의의

제 2장 사회보장의 역사

제 3장 사회보장의 기능과 역할

제1장

사회보장의 기초 및 의의

1. 사회보장의 개념과 범주

1) 사회보장 개념의 변천

미국에서 사회보장(*social security*)의 개념은 노령, 장애, 가장의 사망으로 인한 유족의 생존 등의 문제를 가진 사람들에게 경제적 보장을 제공하기 위해 연방정부가 제공하는 일련의 사회보험 프로그램을 의미한다.[1] 사회보장의 대상이 주로 노인과 그 부양가족에게 집중되어 있다.

---

1 사회보험 프로그램으로는 대표적으로 노령유족보험(OASI: Old-Age and Survivors Insurance), 장애보험(DI: Disability Insurance), 의료보험(Medicare. Medicare는 Hospital Insurance와 Supplementary Medical Insurance로 구성되어 있다)의 세 가지 프로그램이 있다(Tracy & Ozawa, 1995: 2187~2190).

그러나 국제노동기구(ILO: International Labor Organization)나 국제사회보장협회(ISSA: International Social Security Association), 그리고 많은 학자들이 정의하는 사회보장에 대한 개념 속에는 미국의 개념과 비교해서 훨씬 많은 프로그램들이 포함되어 있다. 즉, 노인들을 대상으로 하는 프로그램에 더하여 실업, 질병, 산업재해 등과 관련된 프로그램, 그리고 가족 수당, 공공부조 프로그램 등을 포함한다(Pampel, 1992, 1945).

사회보장의 개념에 대해 일치된 견해는 없다. 다만 사회보장이란 용어를 사용하지는 않았지만 근대적 의미의 사회보장과 유사한 내용을 가지고 있었던 제도는 1601년 영국의 〈구빈법〉(The Poor Law), 1884년의 독일 노동자보험 등에서 찾을 수 있다. 사회보장이라는 용어의 공식화는 1935년 미국의 〈사회보장법〉(Social Security Act)으로부터 유래한다. 이어 1938년 뉴질랜드에서 〈사회보장법〉이 제정되어 사회보장의 사용이 점차 확대되기 시작하였다. 사회보장의 개념은 시공을 초월해서 어떤 절대적 의미를 가지는 것은 아니며, 자본주의 발전과 함께 미묘한 개념의 변화를 보여 주고 있다.

사회보장의 개념 변천은 몇 가지 단계로 구분해 볼 수 있다(유광호, 1985).

(1) 경제보장으로서의 사회보장

사회보장의 가장 보편화된 개념은 경제보장(*economic security*)의 의미이다. 사회보장의 출발이 각종 사회적 위기(*social risk*)에 대한 보장으로서, 위기 해소의 핵심이 경제적 보장인 것이다(Rejda, 1994). 사회보장 제도화의 출발은 제 1차 세계대전 후 유럽과 미국의 경제위기로부터 비롯되었다. 미국은 1929년 대공황 시대를 맞이했는데, 대공황은 엄청난 실업자를 양산해 냈으며, 1933년 실업자 수는 1,400만 명에 달하였다. 전 세계 실업자 수도 1931년 2만 명에 달해 세계는 대규모 고용위기를 맞이하였다.

이러한 위기상황에 대처하기 위해 나온 정책이 1933년에서 1939년까지 7년간에 걸쳐 실시된 루스벨트 대통령의 뉴딜정책이다. 사회보장과 관련해서 뉴딜정책의 핵심은 경제적 보장을 회복하기 위해 정부가 사회보장제도를 실시한다는 것이다. 전통적으로 자유주의를 신봉하는 미국사회에서 정부가 '궁핍의 사회적 책임'을 슬로건으로 개인의 복지문제에 개입한다는 것은 하나의 혁명적 변화를 의미한다.

뉴딜정책을 구체화하기 위해서 경제보장위원회(Committee on Economic Security)가 창설되었으며, 이 위원회는 실업자 구제를 위해 최대고용 실현을 제 1목적으로 설정하였으며, 기업 등을 통한 고용증대는 물론이고 공공사업을 통한 고용기회 창출을 주장하여, 정부에 의해 대규모 테네시강 유역 개발사업이 이루어졌다. 그리고 실업자의 생계보장은 물론 그들의 구매력 창출을 위하여 조속한 실업보험의 실시를 건의하였다. 이러한 제안들은 1935년 사회보장법에 반영되었는데, 이 법은 연방정부가 노령연금제도를 운영하고, 주정부는 실업보험, 노령부조, 아동부조, 장애인부조 등의 서비스를 의무적으로 실시할 것을 규정하고 있다.

사회보장의 경제보장의 중요성은 1990년 후반 들어 재삼 강조되고 있다. 1990년대 들어 유럽 대부분의 국가들은 고실업사회를 맞이하고 있다. 거의 10%를 넘어서는 실업률은 실업자들의 기본적 생계문제 해결을 국가 사회보장제도의 제 1과제로 제시하고 있다. 1996년 후반 이후 한국을 비롯한 아시아 개발도상국들도 세계화시대를 맞이하여 그동안의 저실업 고성장 시대의 마감과 동시에 고실업 저성장 사회로 전환하여 실업자 생계보장문제가 사회정책의 제 1과제로 대두되고 있다. 그러나 그동안의 고성장시대에 국가의 경제보장으로서 사회보장제도의 체계를 제대로 갖추지 못해 상당한 어려움에 봉착해 있다.

사회보장의 개념정의에서 중요한 요소는 사회보장을 필요로 하는 경제적 불안정의 원인이다. 이들 원인에 대한 처방을 제도화한 것이 사회보장제도인 것이다. 레자는 경제적 불안정을 초래하는 네 가지 본질과 여덟 가지 원인을 제시하고 있다(Rejda, 1994: 3~12). 먼저 네 가지 본질을 보면 다음과 같다.

첫째, 소득의 상실. 절대적이든 상대적이든 소득의 상실은 경제적 불안정을 초래한다.

둘째, 부가(附加) 지출. 과도한 의료비 지출 등 부가 지출은 경제적 불안정의 원인이 된다.

셋째, 불충분한 소득. 취업을 하였으나 소득액이 최저생계를 유지하기에도 불충분하면 문제가 된다. 많은 저소득 노동자들의 경우 자신들의 소득만으로는 경제적 안정을 보장할 수 없는 것이다.

넷째, 소득의 불확실성. 현재 고용되어 소득이 있지만, 미래 소득에 대한 불확실성은 경제적 안정을 보장해 주지 못한다. 즉, 만성적 실업의 위협은 경제적 안정에 심각한 위험이 된다.

경제적 불안정을 초래하는 여덟 가지 원인은 ① 가구주의 갑작스런

죽음, ② 노령, ③ 건강하지 못한 신체, ④ 실업, ⑤ 기준 이하의 소득, ⑥ 물가상승(*inflation*), ⑦ 자연재해, ⑧ 이혼, 약물중독, 도박 등 부정적 개별요소 등이다.

(2) 정치적 프로그램으로서의 사회보장

제 2차 세계대전을 계기로 사회보장 개념에 정치적 성격이 추가되었다. 1941년 미국 루스벨트 대통령과 영국 처칠 총리는 '대서양 헌장'을 발표하였다. 대서양 헌장은 제 2차 세계대전 후 세계질서를 논의하면서 사회보장을 실현하기 위한 국가 간 경제적 공동작업을 제안하였다.

제 2차 세계대전은 국민 전체가 참여하는 총력전의 성격을 가지고 있는데, 승전을 위한 정치적 슬로건인 보다 나은 미래에 대한 청사진 '공포와 궁핍으로부터의 자유'(*freedom from fear and wants*)로 사회보장이 사용된 것이다.

대서양 헌장의 정신은 서방세계에 사회보장 권리를 국민의 기본권으로 인정하는 계기로 작용하였으며, 대서양 헌장의 정신을 사회보장에 반영한 것이 영국의 〈베버리지 보고서〉(1942)라고 할 수 있다. 이어 1948년 〈UN 인권선언〉에도 대서양 선언의 정신이 반영되어, 〈UN 인권선언〉 22조에 "모든 인간은 사회구성원으로서 사회보장을 받을 권리가 있다"는 규정으로 나타났다.

제 2차 세계대전 기간을 거치면서 사회보장의 범위는 실업자에 대한 경제적 보장, 주로 소득보장의 의미에서 의료보장 등을 포함하여 경제보장의 의미를 확대하였다. 그리고 사회보장의 전제로 정치적 평화를 고려하게 되었다. 그러나 사회보장이 하나의 사회제도의 의미로까지는 정착되지 못하였다. 사회보장의 목표, 즉 '궁핍과 공포로부터 자유'에는 합의하였으나, 이것을 이루기 위한 구체적인 방법이나 일정한 최저 수준이 어느 정도인가에 대해서는 합의를 이루지 못하였다.

(3) 사회정책적 프로그램으로서의 사회보장

사회보장이 전후 사회정책적 프로그램이나 제도로 구체적 형상을 갖추어 가는 데는 국제노동기구(ILO)와 국제사회보장협회(ISSA)의 노력이 지대하였다.

1919년 창설된 국제노동기구는 사회보장의 국제화에 기여하는 대표적인 기구로서, 1942년 "사회보장에의 접근"(*Approach to Social Security*), 1944년 소득보장의 권고(제 67조), 의료보장의 권고(제 69조), 고용서비스 권고를 사회보장법 체계의 기본적 3대 요소로 채택하였다.[2] 1927년 설립된 국제사회보장협회는 국가행정기구(사회보장 주무관청)를 회원으로 하여 사회보장제도가 사회정책의 주요 제도로 발달하는 데 많은 영향을 미쳤다.[3]

---

2 국제노동기구는 세 가지 동기를 가지고 창설되었다. 첫째, 인본주의적 동기. 날로 증가하는 노동자들의 수와 그에 비례해서 늘어나는 건강상의 문제에 대한 인본주의적 배려를 의미한다. 둘째, 정치적 동기. 노동조건의 개선이 이루어지지 않는다면 노동자들의 불만이 사회의 불안요인으로 등장할 것은 명확한 사실이며, 이에 대한 고려가 작용한 것이다. 셋째, 경제적 동기. 사회 개혁을 받아들인 국가나 산업은 그렇지 않은 국가나 산업에 비해 높은 생산비용으로 인한 불이익을 초래할 수 있다. 이러한 국가들의 실패는 노동조건을 개선하려는 다른 국가들에게 장애가 될 수 있다. 따라서 모든 국가와 산업에 대한 개혁조치가 필요한 것이다. 국제노동기구에 대한 자세한 사항은 다음의 인터넷 주소 http://www. ilo. org/를 참조하면 된다.

3 국제사회보장협회는 1927년 질병보험을 확대하고 강화하기 위해 창설되었다. 곧 활동

국제노동기구에 의해 1952년 공포된 〈사회보장의 최저기준에 관한 조약〉(102조 조약)은 사회보장이라는 목적을 달성하기 위한 제 수단을 포괄적으로 밝힌 것인데, 사회보장의 국제적 확대는 물론이고, 사회보장법 체계를 하나의 통합된 개념 아래 사회보험(*social insurance*), 사회부조(*social assistance*)의 틀로 구성하여 제도 간의 일관성과 조화를 갖추는 데 큰 기여를 하였다. 그리고 사회보장의 개념에서 관념적 내용이 줄어들고 제도적 내용 및 기술적 정밀성 등이 증대되었다.

(4) 사회정책적 제도로서의 사회보장

사회보장이 프로그램 수준을 넘어서 보다 구체적인 사회정책의 과제로 나타났다. 개인의 사회보장권이 일정하게 법적으로 보장된 요구, 급여, 행정문제로 대두되면서 사회보장은 하나의 제도로서 나타났다. 사회보장에 속하는 정책이나 법적 형태는 모든 국가에 동일하게 나타날 수 없었고 상이한 사회 규범, 사회경제적 조건, 정치적 역학관계로 인해 다양한 모습을 보였다.

영역을 노령, 장애, 유족연금 영역까지 확대하였다. 국제사회보장협회는 1944년 필라델피아의 국제노동기구회의에서 사회보장조직 간의 협력 그리고 사회보장에 관한 정보의 공유 및 공통 문제에 대한 연구를 증진시키기로 결의하였다. 1927년 9개의 구성원으로 출발한 협회는 1998년 현재 130개국의 340개 조직체가 참가하는 대규모 조직으로 성장하였다. 협회는 정보 제공뿐만 아니라 교육훈련 프로그램의 조직화, 연구작업 그리고 출판사업을 함께 전개하고 있다. 협회가 추진하고 있는 21세기 연구과제로는 새로운 가족 패턴 및 구조, 여성고용의 증가, 가정 내 일, 파트타임 노동, 노동의 유동성의 증가, 경제의 세계화 및 신기술의 개발 등의 변화와 사회보장체계 발전과의 상호작용에 관한 사항이다. 국제사회보장협회에 관한 자세한 사항은 다음의 인터넷 주소 http://www.issa.org/를 참조하면 된다.

(5) 사회보장의 개념

사회보장의 개념은 경제보장, 정치적 프로그램, 사회정책적 프로그램, 사회정책적 제도로 발전하면서 다양한 사회문제에 대처하는 사회제도로 발전해 왔다. 이러한 개념상의 특성을 반영해서 개념화해 보면, 사회보장이란 사람들의 생활상의 위험(노령, 질병, 산재, 실업 등)이나 곤경에 대해 법으로 정해진 일정한 사회적 급부(현금, 현물, 서비스)를 제공하는 사회제도 혹은 사회적 장치를 의미한다.

우리나라 〈사회보장기본법〉에는 사회보장에 대해 질병・장애・노령・실업・사망 등의 사회적 위험으로부터 모든 국민을 보호하고 빈곤을 해소하며 국민생활의 질을 향상시키기 위하여 제공되는 사회보험・공공부조・사회복지서비스 및 관련복지제도를 말한다(〈사회보장기본법〉 제 3조)고 규정되어 있다.

2) 사회보장의 범주

일반적으로 사회보장은 ① 사회보험, ② 사회부조(공공부조), ③ 사회복지서비스의 세 가지 범주로 크게 나누어지고, 위 세 가지 범주의 어디에도 해당하지 않는 자유서비스체계(*free service system*), 공공강제기금(*provident funds*) 등의 형태가 있다. 우리나라는 사회보장의 범주를 사회보험・공공부조・사회복지서비스 및 관련 복지제도로 구분하고 있다(〈사회보장기본법〉 제 3조).

(1) 사회보험

사회보험제도는 사회보장제도의 핵심적 제도로서 '위험의 분산'이라는 보험기술을 사회적 보호의 수단으로 사용하고 있다. 따라서 사회보험은 민영보험의 특성을 가지면서 사회적 보호를 위해 사회복지적인 특성을 동시에 가지고 있다. 예를 들어, 위험의 분산과 공동부담이라는 보험의 특성을 가지는 동시에 민영보험이 자율적 가입과 계약에 의한 권리를 보장하는 것에 비해 사회보험은 강제 가입이며 법적 권리라는 면에서 차이를 가지고 있다. 우리나라 〈사회보장기본법〉에서는 사회보험에 대해 "국민에게 발생하는 사회적 위험을 보험 방식에 의해 대처함으로써 국민건강과 소득을 보장하는 제도"(제 3조) 라고 정의하고 있다.

사회보험의 영역은 현대사회의 대표적인 사회적 위험영역을 대부분 포함하고 있다. 현대사회의 대표적인 사회적 위험인 노령이나 질병에 의한 노후보장을 위한 제도가 연금보험(우리나라는 국민연금제도) 이며, 의료나 질병의 치료나 재활을 위한 제도가 의료보험(건강보험제도) 이다. 연금보험과 건강보험제도가 전 국민을 대상으로 하는 사회보험제도라고 한다면, 노동자들을 대상으로 하는 사회보험제도로서 산업재해보상보험제도와 고용보험(실업보험) 제도가 있으며, 이상 네 가지 보험을 일반적으로 4대 보험제도라고 하며, 오늘날 대부분의 국가들이 4대 보험제도를 일부 혹은 전부 갖추고 있다. 우리나라는 1963년 산재보상보험제도를 시작으로 1976년 의료보험제도, 1988년 국민연금제도, 1995년 고용보험제도를 도입함으로써 4대 보험제도를 모두 갖추었다.

(2) 공공부조

공공부조는 사회보험제도가 충족시켜 주지 못하는 사회적 위험에 대한 사회적 보호장치라 할 수 있다. 사회보험이 보험대상자들이 부담하는 기여금에 기초한 사회적 보호장치이기 때문에 기여금을 부담하지 못하는 사람들에 대한 보호장치가 필요하며, 이러한 필요성에 부응하는 제도가 공공부조제도이다. 공공부조(*public assistance*)는 사회부조(*social assistance*) 혹은 국민부조(*national assistance*)라고 불리며, 우리나라의 대표적인 공공부조제도로는 국민기초생활보장제도를 들 수 있다. 사회보장기본법에 의하면 "국가 및 지방자치단체의 책임하에 생활유지 능력이 없거나 생활이 어려운 국민의 최저생활을 보장하고 자립을 지원하는 제도"(제 3조)라고 정의하고 있다.

공공부조제도의 주요 대상은 생활능력이 없거나 일반적인 국민생활수준에 미달하는 저소득층으로, 이들에게 기본적인 생계급여, 의료급여, 교육급여, 주택급여 등의 급여를 제공하는 것이다. 공공부조제도의 재원은 국가의 일반조세이며, 공공부조대상자들은 그들이 법에서 정한 적절한 부조대상자에 해당하는 것인지 여부를 판단받기 위하여 자산조사(*means-test*)와 같은 일정한 심사를 받아야 한다. 사회보험의 자격은 대상자들이 미리 지불한 기여금에 의하여 발생하며, 이에 비해 공공부조의 자격은 생계능력에 대한 심사에 의해 주어지는 것이다.

(3) 사회복지서비스

사회복지서비스는 사회보험, 공공부조와 함께 사회보장제도의 3대 범주의 하나이다. 사회복지서비스는 사회보험 및 공공부조가 물질적 보장을 주된 내용으로 하는 데 비해, 물질적 보장에 더하여 비물질적 보장을 내용으로 하는 개별 차원의 사회적 서비스를 의미한다. 자본주의 사회의 발전과 함께 사회적으로 도움을 필요로 하는 사회적 약자들, 즉 요보호 아동, 노인, 장애인 및 여성들이 일정 부분 존재하게 되고, 이들에 대한 문제해결에는 물질적 도움뿐만 아니라 비물질적 도움이 필요하게 되었다. 사회복지서비스는 사회적 약자들의 사회문제를 해결하는 데 필요한 전문지식과 기술을 가진 전문인력(사회복지전문가)에 의해 제공되어야 하며, 서비스 제공의 목적은 궁극적으로 사회적 약자들을 정상적 사회성원으로 복귀시키는 데 있다. 〈사회보장기본법〉 규정에 의하면 사회복지서비스란 "국가지방자치단체 및 민간부문의 도움을 필요로 하는 모든 국민에게 상담・재활・직업소개 및 지도・사회복지시설 이용 등을 제공하여 정상적인 사회생활이 가능하도록 지원하는 제도"(제 3조) 라고 정의하고 있다.

사회복지서비스는 그 대상범주에 따라 노인복지, 장애인복지, 아동복지, 여성복지 등의 영역으로 나누어지며, 서비스가 노인, 장애인과 같이 동일 범주별로 주어진다. 사회복지서비스의 재원은 공공부조와 마찬가지로 일반조세수입에 의존한다. 사회복지서비스 프로그램의 대상은 모든 노인, 장애인, 여성, 아동이 되지만, 대부분의 프로그램은 요보호 노인, 장애인, 여성, 아동을 대상으로 하고 있기 때문에 공공부조제도와 그 대상이 겹치는 경우가 많이 있다. 따라서 구체적 프로그램 수행 시 양 제도의 공통부분을 고려하여야 하며, 사회복지행정체계에서도 이러한 특성을 고려하여 조직이 이루어지고 있다.

(4) 기타 형태

사회보장제도 중 이상에서 살펴본 사회보험, 공공부조, 사회복지서비스의 세 가지 범주에 속하지 않는 제도도 존재한다. 예를 들어, 영국의 의료보장체계는 일반적 의료보장체계인 의료보험체계가 아니라 국민보건서비스방식(National Health Service) 체계로서 자유서비스체계(*free service system*)이다. 이 제도의 대상은 전 국민이며 재원은 일반조세에 의존하고 있다. 기여금을 내지 않고 일반조세에 의존하기 때문에 사회보험체계가 아니며, 자산조사와 같은 일정한 심사를 받는 것이 아니므로 공공부조제도도 아니며, 노인, 장애인과 같이 범주별로 주어지는 서비스가 아니기 때문에 사회복지서비스 영역에 속하는 것도 아닌 것이다.

공공강제기금(Public Provident Funds)은 연금분야에 독특하게 나타나는 사회보장의 한 유형으로, 주로 개발도상국에서 많이 사용하는 방식이다. 공공강제기금은 고용인의 소득에서 공제된 기여금과 고용주의 기여금의 결합에 의한 강제저축 프로그램을 의미하며, 결합된 기여금은 특정 기금 내 각 개인의 계좌에 저축된다(Rejda, 1994: 15).

강제기금의 운용 및 관리는 통상 준자율기구(*semi-autonomous institution*)가 담당한다. 적립금은 노령, 퇴직, 사망 등 특정사건 발생 시 일시불로 지급되며, 급여액은 지급 시점에 개인별로 축적된 것에 의해 결정된다. 특정 사건의 발생에 의한 급여지급 이외에도 부분인출 또는 보조급여를 인정하는데, 이때는 개인 예금에서 공제하게 된다. 많은 개도국의 경우 강제기금의 기금액이 큰 규모로 적립되어 있는데, 이들 국가들은 자본이 부족하고 재정적자인 경우가 많아 이 기금을 타 목적으로 전용하려는 경우가 많다(김준영 · 김용하, 1998: 101~110).

2. 사회보장의 목적과 원칙

1) 사회보장의 목적

사회보장의 목적은 일반적으로 기본생활의 보장, 소득의 재분배 그리고 사회적 연대감의 증대 등이다.

(1) 기본생활보장

사회보장제도는 자본주의사회 발전의 부산물인 다양한 사회적 위험으로부터 초래되는 여러 가지 경제적 불안을 해결하면서 국민들의 기본적 생활을 보장하는 것을 중요한 목적으로 한다. 국가의 존재 이유 중 하나가 국민의 생존권을 보장하는 데 있는 만큼, 국가의 이러한 의무를 수행하는 사회제도가 바로 사회보장제도인 것이다. 국민들의 기본적 생활을 보장하는 것은 국민들의 기본적 욕구(*basic needs*)를 보장하는 것을 의미한다.

욕구는 '인간의 생존과 성장발전을 위해 필요하여 구하는 것'으로, 적절한 음식, 주택, 소득, 지식, 사회참여, 개인의 자유 등이 그 예이다. 인간의 욕구는 다양한 동시에 무한하기 때문에 모든 욕구가 사회보장의 대상이 될 수 없으며, 사회보장의 대상은 의식주의 충족과 같은 가장 기본적 욕구가 된다. 기본적 욕구 불충족의 원인이 개인이나 가족보다는 사회 일반에게 있으며, 그 해결도 개인, 가족이 아니라 사회 공동의 노력에 의해 추구되어야 한다는 의미에서 기본적 욕구는 사회적 욕구의 성격을 가진다.

〈사회보장기본법〉에 따르면 사회보장의 기본 이념으로 "사회보장은 모든 국민이 인간다운 생활을 할 수 있도록 최저생활을 보장하고 … "를 제시함으로써 사회보장의 일차적 목적이 국민들의 최저생활보장에 있음을 명기하고 있다. 여기서 최저생활보장이란 기본적 욕구충족에 의한 기본적 생활보장을 의미한다고 볼 수 있다. 최저생활이 구체적으로 무엇을 의미하는지에 대해서는 두 가지 견해가 있다. 하나의 견해는 객관적이고 보편타당한 기준이 있으므로 이것을 기준으로 하여 보장해야 할 생활수준을 정립해야 한다는 견해이다. 이에 비해 또 하나 견해는 국민 전체의 생활수준이나 국민경제 등 국가의 사회경제적 요인의 추이 전개에 따라 건강하고 문화적인 생활수준은 변화된다고 보는 견해이다 (김유성, 1985: 285).

(2) 소득재분배

사회보장제도의 중요한 목적 중 하나는 소득재분배에 있다. 정부의 재정지출 중에서 고소득층에서 저소득층으로의 수직적 소득재분배 효과가 가장 두드러지는 것이 사회보장 지출이다. 사회보험의 경우 그 재정을 기본적으로 가입자의 기여금에 의존하지만, 그와 더불어 정부의 재정부담으로 운영되기 때문에 소득재분배 기능을 가진다. 사회보험에서는 고소득층에서 저소득층으로의 수직적 재분배 — 국민연금의 경우 연금은 균등 부분과 소득비례 부분으로 구성되는데, 균등 부분이 소득재분배의 기제로 작용한다 — 도 이루어지지만, 보험료를 분담하는 동일 계층 간의 수평적 재분배 — 건강의료보험의 경우 건강한 사람에게서 병자에게로 재분배가 이루어진다 — 도 이루어진다. 그러므로 사회보험에 의한 수직적 재분배 효과를 크게 하기 위해서는 정부부담분을 늘려서 사회보험재정에서 조세부담분이 차지하는 비중을 늘려야 할 것이다.

사회보험에 비해 일반조세수입에 의존하는 공공부조와 사회복지서비스제도는 소득재분배 목적에 더 부합하는 사회보장제도라고 할 수 있다. 공공부조의 재원조달에 누진적 과세를 사용하면 납세자인 고소득층으로부터 대상자인 저소득층으로 소득이 직접 이전되어 수직적 재분배 효과가 더욱 뚜렷하게 나타나게 된다.

(3) 사회적 연대감의 증대

사회보장의 목적 중 하나는 소득상실의 위험에 노출된 사람들에게 사회적 연대감을 보여 주는 제도적 장치를 의미한다는 것이다. 사람들 간의 연대를 증대시키는 것에는 다양한 장치들이 있다. 가족이나 친척을 통한 원조, 민간보험 그리고 순수한 자선활동 등이 연대감을 높여 준다. 그러나 자본주의사회에서 민간이 제공하는 연대의 장치들은 정형화되지 않는 많은 사회적 위험요소들을 제거하기에는 역부족이다. 따라서 사회적 위험에 노출된 수많은 사람들에게 기본적 생활을 보장하는 사회보장제도는 사회 연대감 혹은 사회통합의 중요한 기제로 작용하며, 역으로 사회보장제도는 자본주의사회에서 내재화된 불평등을 완화시키며, 사회적 연대감을 증대시킨다는 중요한 목적을 가지고 있는 것이다(나병균, 1986; Pieters, 1993: 4~5).

사회보장을 통한 사회적 연대감의 증대는 고소득층과 저소득층 간뿐만 아니라 근로세대와 노령세대 간, 근로자와 실업자 간 그리고 건강한 사람과 병든 사람 간에도 중요하게 작용한다(ILO, 1993: 2).

2) 사회보장의 원칙

사회보장의 원칙과 관련해서는 사회보장 발전에 중요한 기여를 한 〈베버리지 보고서〉(*Beveridge Report*)에 나오는 주요 원칙과 국제노동기구(ILO)의 주요 원칙을 살펴본다.

(1) 베버리지 원칙

영국 복지국가의 기틀을 마련한 1942년의 〈베버리지 보고서〉는 당시 총력전으로 치러지던 제 2차 세계대전 이후의 희망찬 사회상을 보여 주는 하나의 비전으로 제시되었다. 베버리지는 사람들의 행복한 생활을 가로막는 주요한 사회적 위험을 다섯 가지의 악(*five giants*), 즉 결핍(*want*), 질병(*disease*), 나태(*idleness*), 무지(*ignorance*), 불결(*squalor*)로 규정하였다. 이 다섯 가지 악을 해결하기 위해서는 사회보장정책이 필요함을 역설하고 각각 소득보장, 의료보장, 정신교육, 교육, 보건·위생·주택정책을 제시하였다.

베버리지는 보고서에서 사회보장에 대해 실업, 질병 혹은 사고, 노령 또는 기타 생활상의 어려움으로 인한 임금의 상실 시 소득을 보장해 주는 것으로 정의하고, 기본적으로 사회보장의 목적은 최저수준의 보장에 있다고 보았다(Beveridge, 1942: 120). 베버리지는 이러한 사회문제를 해결하기 위해서는 사회보험이 사회보장의 주요 방식이 되어야 한다고 보고, 사회보험의 원칙으로 다음과 같은 여섯 가지 기본원칙을 제시하였다(Beveridge, 1942: 121~122).

① 균일한 생계급여(flat rate of subsistence benefit)

사회보험의 첫 번째 원칙은 실업, 장애, 퇴직으로 인한 소득상실의 경우 소득상실 전에 받던 소득액의 다과에 상관없이 보험급여의 액수가 동일해야 한다는 원칙이다. 다만 업무상 재해나 질병의 경우는 예외로 한다.

② 균일한 기여금(flat rate of contribution)

두 번째 원칙은 근로자나 사용자가 지불하는 기여금은 그의 소득수준에 관계없이 동일액으로 한다는 것이다. 고소득층의 경우 납세자로서 저소득층에 비해 더 많은 세금을 납부하여야 하며, 따라서 국가는 사회보험기금의 일부를 담당해야 한다.

③ 행정적 책임의 단일화(unification of administrative responsibility)

세 번째 원칙은 효율성과 경제성을 고려하여 행정체계를 일원화해야 한다는 것이다. 모든 기여금은 단일한 사회보험기금에 적립되고, 급여를 비롯한 모든 보험 지출은 그 기금으로부터 나온다.

④ 급여의 적절성(adequacy of benefit)

네 번째 원칙은 급여의 양과 시기에서의 적절성이다. 급여의 양은 최저생계를 보장하기에 적절해야 하며, 급여의 지급은 욕구조사 없이 욕구가 존재하는 한 지급되어야 한다.

⑤ 포괄성(comprehensiveness)

다섯 번째 원칙은 사회보험의 적용 인구와 그 적용 욕구에서 가능하면 포괄적으로 적용되어야 한다는 것이다. 많은 사람들에게 일반적이고 보편적인 위험에 대해서는 국가부조(*national assistance*)나 민간의 자발적 보험(*voluntary insurance*)에 의존하는 대신 사회보험이 담당해야 한다.

⑥ 분류(classification)

여섯 번째 원칙은 단일화되고 포괄적인 사회보험이지만 지역사회 내의 다양한 삶의 양식을 고려해야 한다는 것이다. 즉, 고용에 의한 소득, 기타 다른 방식으로의 소득, 가정주부, 일할 나이에 도달하지 못한 경우 등을 구분해야 한다. 분류는 보험의 적용 시 이러한 상이한 기반에 따른 욕구나 환경 등을 고려해야 한다는 것이다.

(2) 국제노동기구의 원칙

국제노동기구는 사회보장과 관련해서 많은 조약과 권고를 제시함으로써 사회보장의 발전과 국제화에 중요한 공헌을 한 단체이다. 사회보장의 원칙과 관련해서도 여러 가지 방안을 제시하고 있다. 1944년 국제노동기구 총회는 '소득보장의 권고'(권고 제67호)와 '의료보장의 권고'(권고 제67호)의 두 권고를 채택하였다. '소득보장의 권고'는 소득보장이 사회보장의 본질적인 요소임을 지적하면서 네 가지 지도원칙을 제시하였으며, '의료보장의 권고'는 일곱 개의 원칙을 제시하였다. 1952년에 채택된 〈사회보장의 최저기준에 관한 조약〉에서는 보험의 급여수준에 대한 세 가지 기본원칙과 사회보장 비용부담의 공평성 원칙을 제시하였다(신섭중, 1993: 37~42). 이어 1953년 국제노동기구의 국제사회보장회의는 열한 가지 원칙을 제시하였다(김영모, 1988: 12~13).

다양하게 제시된 국제노동기구의 사회보장에 관한 원칙은 피보험자의 권리와 국가의 책임을 강조하면서 크게 세 가지 사항을 제시하고 있다.

첫째, 수혜대상의 보편적인 보호원칙으로, 사회보장은 임금근로자는 물론이고 전체 국민을 대상으로 해야 한다는 것이다.

둘째, 비용부담의 공통성 원칙으로, 사회보장 비용부담은 국가 또는 사용자 혹은 양자 공동 부담으로 하며, 근로자 부담은 일정 수준을 넘어서는 안 된다는 것이다.

셋째, 보험의 급여수준에 관한 원칙으로, 수급자의 종전 소득과 비례해서 지불한다는 급여비례 원칙과 법정 최저액을 보장한다는 급여균일 원칙을 제시하고 있다.

3. 사회보장의 발달과 특성

1) 사회보장의 발달

사회보장의 발달과 관련해서는 사회보장의 발달과 국제화에 크게 공헌한 국제노동기구의 기여를 살펴본다.

(1) 국제노동기구와 사회보장제도

① 국제노동기구(ILO: International Labor Organization)

국제노동기구는 1919년 창설되었으며, 사회보장의 국제적 기준을 설정하고, 그 기준의 이행 여부를 감독하는 기구로서 우리나라는 1991년 152번째로 가입하였다. 1994년 기준으로 175개에 달하는 조약 중 사회보장발전과 관련된 주요 조약은 1952년 〈사회보장의 최저기준에 관한 조약〉(102조 조약) 이다. 그 외 1942년 "사회보장에의 접근"(*Approach to Social Security*), 1944년 소득보장의 권고, 의료보장의 권고, 고용서비스 권고 등이 있다.

국제노동기구는 사회경제적 조건이 상이한 150여 개국이 가입되어 있으며, 정부대표·노동자대표·사용자대표 등 3자 협의에 의해 운영하고 있다. ILO의 국제기준은 '이상과 기존의 평균적 현실 사이의 균형점'을 찾는 것으로, 유연성(*flexibility*) 장치를 마련하여 국가에 따라 조약의 단계적 비준, 혹은 일시적 예외규정을 마련하고 있다. 노동조건에 대한 국제기준의 설정은 ILO의 핵심적 목적으로, 조약(*Convention*)과 권고(*Recommendation*)의 제정으로 구체화하고 있다. 조약은 국제적 노동조건에 관한 기준을 설정하는 것으로 비준 시 강제성을 가진다. 이에 비해 권고는 비준의 강제성이 없는 문서로서 기준설정 문서의 성격을 가지고 있다(김연명, 1997: 220~223).

② ILO의 사회보장 관련 조약(Convention) 및 권고(Recommendation)

1952년 〈사회보장의 최저기준에 관한 조약〉 이후 사회보장과 관련된 조약 및 권고는 15개가 제정되었다(〈표 1-1〉 참조). 조약은 102호 조약을 비롯하여 일반기준이 3개, 출산보호에 관한 조약 등 분야별 조약이 5개 등 총 8개가 제정되었다. 권고는 일반조약에 관한 권고 1개 등 총 7개가 제정되었다(ILO, 1989: 8~9; 김연명, 1997: 227~228). 102호 조약 이후 각 분야별로 제정된 조약은 102호 조약의 사회보장 관련 국제기준을 상향시키는 내용이며, 권고는 분야별 조약의 기준을 다시 상향조정한 것이다.

③ 사회보장 최저기준에 관한 조약
(Social Security Minimum Standards Convention, 102호 조약)

102호 조약은 1952년에 채택되었으며, 이전의 조약과는 달리 사회보험을 유일한 보호방식으로 고집하지 않았으며, 공공부조 등 다양한 접근방식을 인정하고 있다. 102호 조약의 의의는 적용범위 및 급여의 종류와 수준, 사회보장의 비용부담, 기여자와 수급자의 권리보호 그리고 행정관리문제 등에 대해 회원국이 준수해야 할 최저기준을 제정하고 있다는 점이다. 102호 조약은 1952년 국제노동기구 총회에서 채택되었고, 1995년 6월 현재 39개국이 비준하였다.

비준조건은 단계적 비준을 허용하고 있으며, 비준조건으로 먼저, 제 1부 일반 규정(용어 설명)을 비준해야 하며, 둘째, 아홉 가지 급여 중 제 4부(실업급여), 제 5부(노령급여), 제 6부(고용재해급여), 제 9부(장애급여), 제 10부(유족급여) 중 하나 선택한 것을 포함하여 제 2부(의료급

〈표 1-1〉 1952년 이후 사회보장 관련 조약 및 권고

	조약 및 권고의 명칭
조약	사회보장의 최저기준에 관한 조약 1952년 (No. 102) - Social Security(Minimum Standards) Convention
	사회보장의 내외국인 균등처우에 관한 조약 1962년 (No. 118) - Equality of Treatment(Social Security) Convention
	사회보장의 권리유지 조약 1982년 (No. 157) - Maintenance of Social Security Rights Convention
	출산보호에 관한 조약 1952년 (No. 103) - Maternity Protection Convention(Revised)
	고용재해급여에 관한 조약 1964년 (No. 121) - Employment Injury Benefits Convention
	장애 · 노령 · 유족급여에 관한 조약 1967년 (No. 128) - Invalidity, Old-Age and Survivors's Benefits Convention
	의료 및 상병급여에 관한 조약 1969년 (No. 130) - Medical Care and Sickness Benefits Convention
	고용촉진 및 실업보호에 관한 조약 1988년 (No. 168) - Employment Promotion and Protection against Unemployment Convention
	주요 산업재해 예방에 관한 조약 1993년 (NO. 174) - Prevention of Major Industrial Accidents Convention
권고	사회보장의 권리유지 권고 1983년 (No. 167) - Maintenance of Social Security Rights Recommendation
	출산보호에 관한 권고 1952년 (No. 95) - Maternity Protection Recommendation
	고용재해급여에 관한 권고 1964년 (No. 121) - Employment Injury Benefits Recommendation
	장애 · 노령 · 유족급여에 관한 권고 1967년 (No. 131) - Invalidity, Old-Age and Survivors' Benefits Recommendation
	의료 및 상병급여에 관한 권고 1969년 (No. 134) - Medical Care and Sickness Benefits Recommendation
	고용촉진 및 실업보호에 관한 권고 1988년 (No. 176) - Employment Promotion and Protection against Unemployment Recommendation
	고령노동자에 대한 권고 1980년 (No. 162) - Older Worker's Recommendation

여), 제 3부(상병급여), 제 4부, 제 5부, 제 6부, 제 7부(가족급여), 제 8부(출산급여), 제 9부, 제 10부 중에서 이미 선택한 것을 제외하고 2개를 선택하여, 최소한 3개를 선택한다. 셋째로는 제 11부(정기지불금의 계산), 제 12부(외국인 국내거주자의 평등대우) 그리고 제 3부(공통규정) 중에서 앞에서 선택한 급여와 관련된 규정을 비준해야 하며, 마지막으로 제 16부(기타 규정)를 비준해야 한다(김연명, 1997: 224~225).

급여의 포괄적 적용과 관련해서는 사회보장제도에서 제공해야 할 급여의 종류를 의료급여, 상병급여, 실업급여, 노령급여, 고용재해급여, 가족급여, 출산급여, 장애급여, 유족급여 등 아홉 가지를 포괄적 급여로 설정했다.

102호 조약에서는 보호형태도 다양하게 설정하였다. 사회보험만을 유일한 보호형태로 인정했던 1945년 이전의 조약과는 달리 일반 조세에 의한 보호, 몇 가지 조건을 전제로 민간보험에 의한 보호형태도 사회보장으로 인정하였다. 여기서 몇 가지 전제란 다음과 같다.

첫째, 민간보험이 공공기관에 의해 감독되거나 혹은 소정의 기준에 따라 노동자와 사용자가 공동으로 관리해야 한다.

둘째, 숙련 육체 남성노동자의 소득을 초과하지 않는 사람들의 상당수를 포괄할 경우에 해당한다.

셋째, 적절한 경우에 다른 보호형태와 배합하여 102호 조약에서 제시된 해당 급여의 관계규정을 준수할 경우에 가능하다.

급여계산방식에서도 다양성을 고려한다. 현금급여 계산방식에서 각국의 제도적 특성을 고려하여 세 가지 접근방식을 규정하고 있다. 첫째, 급여액이 수급자의 이전 소득에 기초하는 소득비례방식(*earnings-*

related schemes), 둘째, 정액급여 혹은 보통 성인 남성노동자의 임금에 상응하는 소정의 최저임금을 포함하는 급여액〔생계수준(*subsistence*)에 기초한 정액급여(*flat-rate*) 방식〕, 셋째, 두 번째와 동일하나 수급자 자산의 정도가 사고기간 중에 소정의 양을 초과하는 정도에 따라 급여액이 감소되는 방식으로, 자산조사를 통해 급여가 지급되는 공공부조방식의 규칙을 규정하고 있다.

2) 사회보장의 특성

(1) 사회보험의 특성

사회보험의 특성은 민영보험과의 비교를 통해 살펴본다. 레자는 사회보험과 민영보험의 공통점으로 여섯 가지를 지적했다(Rejda, 1994: 40).

① 양 보험은 공히 위험이전(*risk transfer*)에 기초하고 있으며, 위험의 광범위한 공동분담에 기초하고 있다.

② 적용범위, 급여 및 재정과 관련된 모든 조건을 구체적이고 완전하게 제공한다.

③ 급여의 자격여부(*eligibility*)와 양이 엄격한 수리적 계산을 필요로 한다.

④ 프로그램의 비용을 충족시키는 데 충분한 기여금(*contributions*)과 보험료 지불(*payment of premiums*)을 필요로 한다.

⑤ 드러난(*demonstrated*) 욕구에 기초하지 않고 사전에 결정된 급여를 제공한다.

⑥ 전체 사회를 대상으로 경제적 안정을 제공한다.

〈표 1-2〉 사회보험과 민영보험 비교

사회보험	민영보험
강제적 적용	자발적 참여
최저수준의 소득보호	개인의 열망과 지불능력에 좌우
사회적 적합성(복지)	개인적 적합성(형평)
법적 권리(가변성)	계약 권리(계약 준수)
정부 독점	자유 경쟁
예상하기 어려운 지출	예상할 수 있는 지출
충분한 기여금 불필요(강제가입)	충분한 기여금 필요
목적, 결과에 대한 이견 존재	의견의 일치
물가상승에 적절한 대응	물가상승에 대응 어려움
적립기금 투자우선 순위 정부 결정	민간 결정

이러한 공통점에도 불구하고 사회보험과 민영보험은 〈표 1-2〉에서 보는 바와 같이 다양한 측면에서 차이점을 보여 주고 있다(Rejda, 1994: 40~42).

사회보험과 민영보험의 차이점은 우선 적용방식과 보호수준에서 찾을 수 있다. 사회보험이 강제적용방식이며, 최저한의 보장을 추구하는 데 반해, 민영보험은 가입자의 자발적인 참여에 따른 계약에 의존하며 개인의 능력과 의사에 따른 보험료 부담수준에 따라 보험급여수준이 결정된다. 또 한 가지 중요한 차이로, 사회보험의 조건은 법으로 규정되며 가입자는 보험급여에 대한 법적 권리를 가진다. 이에 비해 민영보험은 개별적 요구에 따라 보험조건이 결정되나, 보험자가 파산했을 경우 가입자의 경제적 보호가 불가능할 위험이 있다.

사회보험의 재원조달은 완전기금 적립방식을 취하기 어려운 반면, 민영보험은 완전기금 적립방식이며 모든 국민이 사회보험의 가입대상이므로 민영보험과 같이 특정 개인의 특정 위험을 위한 보험자와 보험계약자 간의 계약에 의한 보험수행과는 그 목적을 달리하고 있다. 또한 사회보험은 재원조달방법, 보험료 부담 및 급여수준, 자격요건, 적용기간, 정부의 역할 등에 대하여 이해 당사자 간에 의견을 달리할 수 있으나 민영보험의 경우 그 목적 및 조건에 대한 의견일치에 따른 계약이라는 측면을 가지고 있다. 그러나 민영보험의 경우 사회적으로 물가 급상승기에는 물가상승에 대한 보험급여 보전을 하기 어려우나, 사회보험의 경우는 정부의 역할로 대처해 나갈 수 있다.

(2) 공공부조의 특징

공공부조는 사회보험과 함께 국민의 건강하고 문화적인 최저생활에 대한 보장을 목적으로 하며, 더욱이 생활능력을 상실한 자들과 일정한 생활수준에 미달한 자들에 대하여 국가가 그들의 최저생활보장과 자립촉진을 목적으로 하여 수립한 가장 직접적이고, 최종적인 경제적 보호제도라고 정의할 수 있다(최일섭 · 이인재, 1996: 13~14).

공공부조제도는 생활이 곤란한 자에 대한 최저생활보장과 생활이 곤란한 자의 자립 조장이라는 두 가지 측면의 목적을 가지고 있다. 이를 달성하기 위한 기본원리로서 생존권보장의 원리, 평등보장의 원리, 최저생활보장의 원리, 보충성의 원리 등이 있다.

사회보험 적용대상자에 대한 급여수준을 결정하기 위한 소득, 자산에 대한 사전 조사는 필요 없으나 공공부조대상자의 경우 항상 사회적 보호를 결정하기 위한 대상자 선정을 위해 일정한 기준설정이 필요하게 된다. 즉, 공공부조는 사회적 보호의 필요성이 제기되어야 하는 반면 사회보험 급여수준은 보험료 부담에 의한 가정된 필요성에 의하여 결정되기 때문에, 그 제도의 적용이 사회보험은 평균적 요구에, 공공부조는 사회가 인식하는 개인의 개별적 요구에 기초한다고 할 수 있다. 따라서 사회보험의 재원조달이 피보험자의 기여금에 의하여 운영되는 것에 비해, 공공부조의 재원조달은 일반재정에 의하여 운영되고 있고, 대체로 소득계층에 따라 사회보험의 기여금보다 누진적인 조세수입에 의존하게 된다.

(3) 사회복지서비스의 특성

사회복지서비스는 현대인의 상호관계 및 역할에 대한 욕구를 충족시키려는 사회적 방안으로서, 가족생활을 보호하거나 회복케 하고, 개인이 그의 외적 · 내적 문제를 대처하도록 도우며, 개인의 성장발달을 돕고, 정보제공과 안내, 옹호, 구체적 도움을 통하여 사회자원에의 접근을 촉진시키는 기능을 하는 것이다(Kahn, 1973: 16~24; 남세진 · 조홍식, 1995: 339에서 재인용).

일반적으로 사회복지서비스는 개인적 기능과 적응상의 문제가 있는 가족과 개인에게 원조를 제공하는 등 사후적 성격에 초점을 두고 있다. 사회복지서비스는 서비스의 내용적으로 경제보장에 덧붙여 비경제적 보장을 내용으로 하고 있으며, 특수적, 구체적, 개별적으로 개인이나 가족문제에 대응하는 기능적 특징을 갖고 있다.

사회복지서비스는 사회가 산업화, 도시화, 정보화 사회로 진전됨에 따라 사회문제가 가속화됨으로써 특히 사회적으로 불우하고 열악한 위치에 있는 아동, 노인, 여성 및 장애인 등을 우선대상으로 이들의 문제를 해결하여 정상적 사회인으로 복귀시키는 데 목적을 두기 때문에 사회보험이나 공공부조의 재정적 부조와는 달리 사회복지전문가에 의한 전문서비스만이 소기의 성과를 기대할 수 있다(남세진 · 조흥식, 1995: 340).

4. 사회보장의 차원과 관련 쟁점

1) 적용범위

적용범위란 사회보장정책이 어떤 사람들을 대상으로 하느냐에 대한 것으로, 개인이나 집단들에 대해 급여를 실시하기 위해 어떠한 원칙에 근거를 두게 되느냐를 분석하는 것이다. 따라서 급여대상을 결정하는 근거로는 자격요건(*eligibility criteria*)에 관한 조작적 정의를 내리는 지침들이 활용될 수 있다.

(1) 보편주의와 선별주의

누가 급여를 받아야 하느냐 하는 자격이 부여되는 방식의 선택에 대해서는 많은 논란이 있을 수 있기 때문에, 이에 대한 원칙이 필요하다. 가장 대표적인 것이 보편주의(*universalism*)와 선별주의(*selectivism*) 원칙이다. 보편주의는 급여가 모든 국민에게 사회적 권리로서 이용될 수 있다는 것이다. 노령연금과 의무교육 등이 그 예가 된다. 이에 비해 선별주의는 급여가 자산조사에 의해 결정되는 개인적 욕구(*need*)에 기초하여 이용될 수 있다는 것이다. 예로서는 공공부조, 빈민을 위한 공공주택(*public housing*) 등을 들 수 있다.

두 가지 원칙의 상대적 장점을 비교하면, 보편주의자들은 사람을 주는 자와 받는 자로 분할하지 않음으로써 생기는 인간 존엄성의 보존과 사회통합을 들어 사회적 효과의 장점을 강조한다. 이 관점에 따르면 급여에 대한 요구는 평등하다. 반대로 선별주의자들은 필요한 사람에게만 사회적 자원을 집중함으로써 비용효과의 장점을 강조한다. 선별주의를 좁은 의미로 보면 자산조사(*means-test*)를 통한 할당으로 의미 규정할 수 있다.

그러나 티트머스는 선별주의를 자산조사 요구가 없는 차별화된 욕구에 기초하고 있는 것이라고 지적했다(Titmuss, 1976: 114~115; 전남진, 1987a: 367). 이렇게 선별주의의 개념이 엄격한 경제적 자산조사의 고려로부터 완화되는 것은 개념의 혼란을 가져오며, 나아가 어떤 경우에는 보편주의적으로 해석되는데 이것은 개념의 해체를 의미한다. 예를 들어 제대군인, 장애를 가진 특수계층에 대한 차별적 대우는 자산조사 없이 행해지고 있는 것이다. 또한 가족수당의 경우 한 자녀 가정에만 지급한다고 한다면 선택적 할당의 범주에 속하게 되는 것이다.

(2) 네 가지 할당원칙

보편주의 · 선별주의 외에 사회에 존재하는 개인과 집단이 사회적 급여에 접근할 수 있는 다른 조건들을 고려해야 한다. 이러한 관점에서 다음 네 가지 할당원칙에 따라서 사회적 할당을 분류할 수 있을 것이다(Gilbert & Specht, 1974: 66~70).

① 귀속적 욕구(attributed need)

수급자격은 경제시장의 제도적 장치(*arrangement*)에 의해 충족되지 않은 공통된 욕구를 지닌 사람들의 범주나 집단에 속하느냐에 좌우된다. 이 원칙하에서 욕구는 규범적 기준에 의해 정의된다. 욕구는 영국의 건강보호(Health Care)와 같이 전체 국민 같은 광범위한 사람들에게 있다고 여겨지기도 하고, 취업모, 아동, 빈민촌 거주자와 같이 한정된 집단에 존재한다고 여겨지기도 한다.

② 보상(compensation)

수급자격은 특정 사람들의 범주나 집단에 속하느냐에 의해 좌우된다. 예를 들어 사회경제적으로 공헌한 자, 즉 재향군인, 사회보험 가입자, 농부 등이 포함되며, 인종 및 종교적 편견에 의해 피해를 입은 경우와 같이 사회에 의해 부당한 피해를 입은 자들도 포함된다.

③ 진단적 차등(diagnostic differentiation)

수급자격은 신체적 결함, 정서적 혼란의 경우와 같이 특정 재화 혹은 서비스가 필요한 개인에 대한 전문가의 판단에 좌우된다. 이 원칙은 개인적 할당, 욕구의 기술적 진단기준에 의한다.

④ 자산조사 욕구(means-tested need)

수급자격이 개인의 재화나 서비스를 구입할 수 없다는 증거에 의해 좌우된다. 사회적 급여에의 접근은 개인의 경제적 환경에 의해 우선적으로 제한받게 된다. 이 원칙은 개인적 할당, 욕구의 경제적 기준에 의해 운영된다.

2) 급여체계

사회보장정책을 통해 제공되는 급여의 형태에는 현금, 물질적 재화, 서비스, 증서, 기회 그리고 권력의 여섯 가지가 있다. 이 가운데 현금, 물질적 재화 그리고 서비스의 세 가지 형태가 실질적으로 거의 모든 사회보장급여의 형태를 이룬다(송근원·김태성, 1995: 374~384; 전남진, 1987a: 368~373; 장인협, 1982: 33~34).

(1) 현금

오늘날 제공되는 사회보장급여 가운데 가장 큰 것이 현금의 형태이다. 공공부조는 물론이고 국민연금, 산재보험과 같은 사회보험의 제 급여, 아동수당 등 각종 수당 등이 현금의 형태로 지급된다. 현금급여의 장점은 다음과 같이 정리된다.

첫째, 무엇보다 현금의 보편적 교환가치로 인하여 소비자 선택의 측면에서 보면 가장 폭넓은 기회를 제공한다. 즉, 수급자 선택의 자유와 소비자주권(*consumer sovereignty*)의 측면에서 장점을 가진다는 것이다. 현금급여는 수급자 선택의 폭을 넓혀 다양한 취향을 반영할 수 있을 뿐만 아니라, 민주사회에서 그 자체로 중요시되는 가치인 자유나 자기결정(*self-determination*)의 권리를 보호할 수 있다. 반면에 현물급여는 소비의 '강제화'를 통하여 개인의 자유나 자기결정을 훼손할 수 있다.

둘째, 현금급여는 수급자의 효용을 극대화할 수 있어 사회적 자원의 효율적 배분이 이루어질 수 있다. 현물에 비해 물품의 선택권이 다양하기 때문에, 이론적으로 수급자의 효용을 높일 수 있다는 것이다. 그러나 모든 형태의 현물급여가 현금급여보다 모든 사람에게 낮은 효용을 가져다주는 것은 아니다. 현물의 형태에 대한 사람들 취향에 따라 다를 수 있는 것이다.

셋째, 현금급여는 인간의 존엄성을 유지시키는 데 현물급여보다 우월하다. 특히 공공부조의 경우 수급자에게 수치심을 가져다줄 수 있다. 이러한 수치심은 급여를 신청할 때, 급여를 받을 때, 급여를 소비할 때의 세 가지 단계에서 나타나는데, 특히 소비단계에서 수치심이 클 수 있다. 현금급여는 적어도 소비단계에서는 수급자와 비수급자의 구분이 불가능하기 때문에 수치심이 발생하지 않는다.

넷째, 현금급여는 현물급여에 비해서 프로그램 운영비용이 적게 든다. 현물급여를 하기 위해서는 현물을 보관, 관리, 전달하는 데 많은 비용이 든다. 특히 오늘날과 같은 상품의 유통비용이 비싼 복잡한 사회상황에서는 더욱 그러하다.

(2) 현물급여

현물급여는 사회복지의 역사적 발달단계에서 보면 복지국가가 발전되기 이전에 중요하였으나, 이후 국가에 의한 본격적인 소득보장정책이 발전되면서 현금급여보다 상대적으로 비중이 약해졌다. 또한 현물급여는 오늘날에도 상대적으로 사회복지가 발전되지 않은 국가들에서 강조되는 경향이 있다. 현물급여 가운데 가장 큰 것은 의료서비스와 교육서비스이며, 이 밖의 현물급여의 형태는 음식, 주택, 에너지, 각종 직업훈련, 상담 등으로 종류가 다양하다.

현물급여의 특성을 살펴보면 다음과 같다.

첫째, 현물급여를 선호하는 가장 중요한 이유 중 하나는 정책의 목표 효율성(*target efficiency*)을 높일 수 있다는 데 있다. 모든 정책은 세부적인 목표들을 갖고 있는데 이러한 목표를 달성하는 데 현물급여가 현금급여보다 더 효율적일 수 있는 것이다. 또한 현물급여는 현금급여보다 욕구를 가진 자를 더 확실히 선별할 수 있어 급여가 필요한 대상자에게 집중적으로 급여를 제공할 수 있다.

둘째, 현물급여는 현금급여에 비하여 정치적 측면에서 선호된다. 일반적으로 납세자들은 자기가 낸 세금이 어떤 용도로 사용되고, 어떤 목표를 이루었는가에 관심이 있는데, 현물급여는 현금급여에 비하여 효과가 비교적 명확하게 나타나기 때문에 납세자들이 선호하게 된다. 현물급여는 또한 현물을 생산하거나 제공하는 집단들 혹은 현물급여 프로그램을 관리하는 관료들에 의해서도 선호되기 때문에 정치적으로 채택될 가능성도 높다.

셋째, 현물급여가 현금급여보다 대량생산과 대량소비로 인한 규모의 경제효과가 커 프로그램 비용을 줄일 수 있다. 또한 현금급여 시 발생할 수 있는 시장에서의 지나친 경쟁으로 인한 낭비를 줄일 수 있다.

마지막으로, 현물급여의 문제점으로는 소비단계에서 수치심의 문제가 심각하다는 점을 들 수 있다. 예를 들면, 미국에서 1960년대 이후 저소득층을 위한 대규모 공공주택을 건설하여 살게 하였으나, 오늘날 대부분 슬럼가로 변해 실패한 것으로 평가받는데, 그 가장 큰 이유 중 하나가 공공주택에서 사는 것이 수치심을 불러일으키기 때문이라는 것이다(Friedman, 1977; 송근원 · 김태성, 1995: 378).

(3) 증서(voucher)

증서는 일정한 용도 내에서 수급자로 하여금 원하는 재화나 서비스를 자유롭게 선택할 수 있게 하는 방법이다. 예를 들면 미국의 식품증서(Food Stamp) 프로그램은 수급자에게 증서를 주는데, 이것을 이용하여 식품의 용도 내에서는 다양하게 선택할 수 있다. 또한 교육증서를 가지고 수급자가 다양한 학교선택을 할 수 있다.

증서는 속성상 현물급여와 현금급여 형태의 중간 성격을 갖고 있기 때문에 각 형태의 장점을 살리면서 단점들을 줄일 수 있다. 증서는 현금급여의 장점인 소비자 선택의 자유를 비록 제한적이지만 살릴 수 있고, 현금급여의 무제한 선택의 자유에서 발생하는 '비합리적 선택'의 문제를 어느 정도 줄일 수 있다. 또한 증서는 재화나 서비스 공급자들 사이의 경쟁을 유발시켜 재화나 서비스의 질을 높일 수 있다. 증서는 현물급여의 장점인 정책의 목표효율성도 살릴 수 있고, 현물급여보다 수급자의 효용을 증가시킬 수 있으며, 또한 운영비용도 적게 든다. 증서는 이렇게 이상적인 속성을 가지고 있음에도 불구하고 대부분의 복지국가에서 주요한 급여형태로 사용되지 않는다. 그 이유는 증서의 '중간적 성격'으로 프로그램에 대한 강력한 지지자들이 많지 않으며, 시행과정에서 많은 오용과 남용의 문제가 발생하여 목표효율성이 떨어지기 때문이다. 1990년대 들어 우리나라에서도 사회복지기관에 대한 평가의 일환으로, 그리고 무엇보다 수요자 중심의 사회복지행정을 위해 현금이나 현물 대신 사회복지기관에 대한 이용권(증서) 사용을 고려하고 있다.

(4) 기회(opportunity)

기회란 의도한 목표를 성취하기 위해 작업동기를 부여하고, 제재를 가하는 환경을 구성하는 것을 의미한다. 사회의 불이익집단들 — 소수인종, 여성, 노인, 장애인 등 — 에게 진학, 취업, 진급 등에서 유리한 기회를 주어 시장의 경쟁에서 평등한 기회를 주는 것이다. 이것은 이러한 집단들에 대한 과거의 부정적 차별을 보상하는 차원의 적극적 차별이다. 예를 들면, 여성이나 장애인에게 대학 입학정원의 일정 부분을 배정하거나 일자리의 일정 부분을 이들에게 할당하는 것이다. 이 외에 공무원 채용시험에서 제대군인에게 일정 점수를 가산해 주는 것도 기회에 해당한다. 최근 대학입시에서 농어촌지역 학생이나 장애인들의 특례입학을 허용하는 것도 그들에게 기회를 제공하는 것이다.

기회를 제공하는 방법의 궁극적인 목표는 노동시장의 경쟁에서 불리한 것을 제거함으로써 불이익집단의 소득을 높이려는 것이다. 그러나 현실적인 여러 가지 어려움 때문에 일반적으로 단순한 기회만 준다고 해서 그들의 소득이 높아지는 것은 아니다. 따라서 기회의 제공과 같은 간접적 급여형태는 현금, 현물과 같은 직접적 급여형태에 비해 효과가 미약하다고 볼 수 있다.

(5) 권력(power)

권력은 사회복지정책의 수급자로 하여금 정책결정에 대한 권력을 주어 정책의 내용(급여자격, 급여액 등)이 그들에게 유리하게 결정되도록 하는 것이다. 대표적 예가 1960년대 중반 이후 미국에서 활발했던 다양한 지역사회운동 프로그램(*community action program*)들이다. 이것들의 기본 목표는 지역사회의 다양한 사회복지 프로그램의 정책결정과정에 수급자들을 참여시켜 수급자들의 이익을 최대한 반영하고자 하는 데 있었다. 권력은 현금이나 증서처럼 쓰일 수 없지만 현물이나 기회 등보다는 더 폭넓은 사회·경제적 선택의 여지를 제공해 주고 있다. 따라서 권력은 유동적인 교환가치를 갖는 것이다.

이상적으로 볼 때, 수급자가 정책결정에 참여하여 정책의 내용에 영향을 주게 되면 수급자는 실질적으로 많은 이득을 받을 수 있을 것이다. 그러나 현실적으로 기회의 경우처럼, 정책의 결정에 시민참여는 명목적인 참여에 그쳐 실질적인 정책내용에 영향을 주지 못할 가능성도 크다.

3) 행정체계

사회보장정책을 통하여 제공되는 재화나 서비스는 여러 영역에 걸쳐 다양하다. 따라서 이러한 다양한 재화나 서비스를 수급자에게 전달하는 방법(체계)도 다양할 수밖에 없다. 사회보장정책이 추구하는 가치나 목표의 성취는 전달체계의 방법이나 내용에 따라 달라질 수 있다.

(1) 전달체계의 평가기준

전달체계의 평가기준은 전달하고자 하는 재화나 서비스들이 가지고 있는 속성의 측면이고, 다른 하나는 전달방법의 측면이다.

① 재화 · 서비스의 속성

사회보장정책에서 제공되는 재화나 서비스는 다양하고, 또한 이러한 재화나 서비스는 서로 다른 속성들을 갖고 있기 때문에 속성의 차이에 따라 전달체계의 차이가 필요하다. 재화나 서비스의 속성과 관련해서는 네 가지 측면에서 논의할 수 있다(송근원 · 김태성, 1995: 354~355).

첫째, 사회보장 재화나 서비스들은 그것들의 공공재적 성격의 정도와 외부효과의 크기에 있어 차이가 있다. 공공재적 성격이 강한 재화나 서비스는 민간부문의 전달체계보다는 공공부문에서 제공하는 것이 더 바람직하다. 이러한 속성을 갖는 대표적인 재화나 서비스는 의료서비스, 교육 그리고 아동복지를 위한 재화나 서비스들이다.

둘째, 사회보장 재화나 서비스들은 또한 소비자들이 합리적으로 선택할 수 있는 가능성에서도 차이가 있다. 어떤 재화들은 소비자들이 그 재화를 선택하는 데 많은 정보가 필요하거나 그 정보를 구하는 데 많은 비용이 드는 반면, 어떤 재화들은 그렇지 않다. 소비자들의 합리적 선택이 어려운 속성을 갖고 있는 재화나 서비스, 예를 들면 의료서비스의 경우, 의료서비스 관련 전문관료에 의해서 서비스의 형태, 가격, 질 등이 결정되는 것이 바람직할 수 있다.

셋째, 어떤 사회보장 재화나 서비스는 속성상 대규모로 혹은 강제적으로 제공하는 것이 기술적 측면에서 바람직할 수 있다. 대표적 예가 사회보험이며, 예를 들어 실업보험의 경우 '역선택'(*adverse selection*)의 문제가 발생할 수 있기 때문에 민간보험보다는 정부에 의해 강제적으로 제공되는 것이 더 바람직하다.

넷째, 어떤 재화나 서비스는 그 속성상 여러 전달체계에서 보완적으로 제공되는 것이 바람직할 수 있다. 즉, 이러한 재화는 하나의 전달체계에서 제공되면 다른 전달체계를 통한 제공이 불필요한 대체적 성격을 갖고 있는 것이 아니라, 다른 전달체계에서도 보완적으로 제공하는 것이 바람직한 성격을 갖고 있다.

② 전달체계의 원칙

사회복지서비스 전달체계의 형태에 따라 사회보장정책이 추구하는 가치나 목표가 달라진다. 따라서 어떤 전달체계가 바람직한가를 판단하기 위해서는 판단의 기준이 필요한데, 이와 관련된 원칙을 제시하면 다음과 같다.

- 전문성(*professionalization*)의 원칙.
  사회복지서비스 제공과 관련된 제반 업무는 그 특성에 따라 전문가가 해야 할 일과 그렇지 않은 일로 구별될 수 있다.
- 적절성(*appropriateness*)의 원칙.
  사회복지서비스는 제공되는 서비스의 양과 질 그리고 제공하는 기간이 대상자들의 욕구충족과 서비스의 목표달성에 충분해야 한다.
- 포괄성(*comprehensiveness*)의 원칙.
  인간의 욕구는 다양하다. 사회복지 대상자들의 욕구도 역시 다양하며, 이에 따라 사회복지 대상자들이 필요로 하는 서비스도 다양해질 수밖에 없다.
- 지속성(*continuity*)의 원칙.
  한 개인의 문제나 욕구를 해결하는 과정에서 필요한 서비스의 종류와 질이 달라져야 하는 경우가 많은데, 한 개인이 필요로 하는 다른 종류의 서비스와 질적으로 다른 서비스를 지역사회 내에서 계속적으로 받을 수 있도록 그러한 서비스들이 상호 연계되어야 한다.

- 책임성(*accountability*)의 원칙.

  책임성이란 서비스 대상자에게 주어진 역할에 대한 평가에 따라 서비스 제공자가 긍정적 보상 또는 부정적인 처벌을 받게 될 수 있는 것을 의미한다.

- 효과성(*effectiveness*)의 원칙.

  효과성이란 조직이 목적한 바를 얼마만큼 잘 수행하였는가 하는 것을 의미한다.

- 접근 용이성(*accessibility*)의 원칙.

  사회복지서비스는 그것을 필요로 하는 사람이라면 누구나 쉽게 이용할 수 있어야 한다. 접근용이성이란 서비스와 그것을 필요로 하는 욕구의 연결상태를 의미한다.

4) 재정

사회보장에 사용되는 재원은 크게 공공부문 재원과 민간부문 재원으로 나눌 수 있다.

(1) 공공부문 재원

공공부문의 재원은 크게 정부의 일반예산(*general revenue*), 사회보장을 위한 조세(*social security tax or pay roll tax*), 그리고 조세비용(*tax expenditure*)의 세 가지로 나누어진다.

① 정부의 일반예산

일반적으로 사회보장이 발달할수록 사회보장정책에 사용되는 재원 가운데 공공부문의 비중이 커진다. 20세기에 들어와서는 점차로 공공부문의 비중이 높아져 오늘날 복지선진국들의 사회복지 재원은 거의 대부분 공공부문에서 나온다.

한편 공공부문의 재원 가운데 정부의 일반예산과 사회보장성 조세에 대한 상대적 의존도는 국가에 따라 차이가 있다. 예를 들어 뉴질랜드나 덴마크는 사회보장정책에 사용되는 재원을 대부분 정부의 일반예산에 의존하는 반면, 독일이나 프랑스는 사회보장성 조세의 비중이 커 정부 일반예산으로부터의 재원이 상대적으로 적다. 스웨덴, 노르웨이, 덴마크 등 사회보장정책이 발달한 스칸디나비아 국가들의 총조세부담률(사회보장세 포함)은 그 나라 GNP의 50%를 넘는 반면, 상대적으로 사회보장정책이 발달하지 않은 미국, 일본 등은 30% 수준에 있다.

② 사회보장성 조세

사회보장성 조세란 사회보장과 같은 특별한 목적을 위해 거둬들이는 조세(*earmarked tax*)를 의미한다. 사회보장성 조세는 국민연금, 산재보험, 실업보험, 의료보험의 네 가지 사회보험을 위한 보험료(기여금)를 사용자나 피고용자에게로 강제로 부과하여 일종의 세금과 같은 기능을 한다.

③ 조세비용

사회복지정책에 사용할 수 있는 공공부문의 재원 가운데는 조세비용(*tax expenditure*)이 있다. 조세비용은 조세를 거둬들여 직접적 사회보장급여를 하지 않는 대신 사람들이 내야 할 조세를 감면시켜 사회보장의 목표를 이룰 수 있는 방법이다. 예를 들면, 세금을 거두어 아동이 있는 가족에게 아동수당을 주는 대신, 아동이 있는 가족이 부담하는 조세에서 그만큼을 면제시켜 주는 것이다(송근원 · 김태성, 1995: 336~340).

(2) 민간부문 재원

사회보장정책에 사용되는 민간부문 재원은 사용자 부담, 자발적 기여, 기업복지, 그리고 가족 내 혹은 가족 간 이전(*transfer*) 등이 있다.

① 사용자 부담

오늘날 복지선진국의 경우도 어떤 사회보장정책이 제공하는 재화나 서비스를 받을 때는 수급자의 일정한 액수의 본인부담을 필요로 한다. 사용자부담은 대부분 국가의 경우 주택 영역에서 크다. 예를 들면, 영국의 경우 주택서비스 총지출의 약 55%는 사용자부담이 차지한다. 그다음으로 사용자부담의 비중이 높은 것은 개별 사회적 서비스(*personal social service*) 분야로, 전체 지출의 16%에 이른다. 공공부조의 경우는 사용자부담분이 전혀 없다. 우리나라 건강보험의 경우 사용자 부담은 40~60%선으로 대단히 높은 비중을 차지하고 있다.

② 자발적 기여

자발적 기여(*voluntary contribution*)는 국가에 의한 사회보장정책이 발전하기 전에는 중요한 역할을 하였으나, 사회보장정책이 국가에 의하여 주도되기 시작한 이후로는 점차 그 중요성이 감소되었다. 그러나 국가에 따라 혹은 사회보장정책 영역에 따라 자발적 기여는 여전히 중요한 역할을 한다. 예를 들어, 민간부문의 역할이 다른 나라에 비해 상대적으로 큰 미국의 경우 전체 예산에서 자발적 기여의 몫이 크며, 사회복지영역 가운데는 개별적 사회복지서비스 영역에서 자발적 기여의 중요도가 상대적으로 높다.

자발적 기여의 형태는 크게 개인, 재단(*foundation*), 기업 그리고 유산으로 이루어지는데, 이 가운데 일반적으로 개인에 의한 기여금이 가장 크고, 다음으로 재단, 기업, 유산의 순서이다. 자발적 기여의 가장 큰 문제점은 자발적 기여에 의한 재원이 불안정하다는 점이다. 자발적 기여는 개인, 재단, 기업이 처한 상황의 변화에 따라 그 규모가 크게 바뀔 수 있다. 예를 들면, 경제상황이 나빠 소득이 줄거나 사회의 관심에 따라 인기 있는 기여항목이 바뀔 수 있는 것이다.

③ 기업복지

사회보장에 사용되는 재원 중에는 기업의 사용자들이 그들의 피고용자들의 복지향상을 위하여 지출하는 것들이 있다. 기업복지(*occupational welfare*)에 속할 수 있는 프로그램들은 매우 다양하며, 국가복지에서 시행하는 주요 사회보장정책 영역에 속하는 프로그램들을 모두 갖고 있다. 예를 들면, 소득보장 영역에는 기업연금(*occupational pension*)이 있고, 의료서비스 영역에는 기업의료보험, 교육에는 피고용자 자녀들의 학비보조, 주택에는 사원주택, 개별 사회적 서비스에는 탁아 프로그램을 포함한 다양한 프로그램들이 있다.

기업복지의 가장 큰 문제점은 기업복지를 통해 소득재분배가 악화될 수 있다는 사실이다. 기업복지에 사용되는 재원은 대부분 조세감면을 받는데 이때 고소득층일수록 조세감면 혜택이 더 크다. 따라서 이 재원을 정부의 조세수입으로 해서 국가복지에 사용할 경우 소득재분배 효과를 높일 수 있다는 것이다. 그리고 기업복지의 급여가 대부분 고소득층에게로 집중된다는 점에서 소득재분배에서 역진적이다.

④ 비공식부문 재원: 가족, 친척, 이웃

사람들의 복지는 공식부문에서뿐만 아니라 비공식부문에서도 많이 해결된다. 예를 들면, 노인들의 복지는 상당 부분 자식들의 재원으로부터 해결된다. 이러한 가족, 친척, 이웃에 의한 사회복지는 국가복지가 발전되기 이전에는 가장 중요한 역할을 했으나, 국가복지가 발전하기 시작하면서 점차 그 역할이 줄어들었다. 비록 비공식부문의 재원이 국가복지가 발달하기 이전보다 상대적으로 덜 중요하더라도, 오늘날 많은 국가들에서 많은 사람들의 복지욕구가 비공식부문에서 해결되고 있다.

비공식부문의 재원은 우선 어떤 국가들에서는 국가복지가 발달해도 그 사회의 사회적, 문화적 관습과 규범에 의해 계속 중요한 역할을 할 수 있다. 뿐만 아니라 비공식부문의 재원을 통하여 복지욕구를 해결하는 것은 국가복지에 비해 수급자나 기여자의 자유로운 선택의 폭을 넓힐 수 있고, 국가복지에서 발생하는 많은 절차상의 비용을 줄이거나, 관료제도에서 오는 여러 가지 문제점들을 피할 수 있다.

비공식부문은 또한 시간적, 공간적 측면에서 복지욕구를 빨리 해결하는 데 장점이 있으며, 비공식부문, 특히 가족에 의한 복지의 제공은 국가복지보다 비공식적 측면에서는 더 질이 높은 서비스가 이루어지도록 한다.

반면에 비공식부문 재원의 가장 큰 문제점은 많은 사람들의 복지욕구가 비공식부문만으로는 해결되지 않는다는 점이다. 즉, 가난한 사람들은 그들의 부모들을 도울 능력이 없다는 것이다. 따라서 비공식부문 재원에 주로 의존하게 되면 국가복지에 비하여 소득계층 간에 많은 복지 불평등이 발생한다.

5) 최근 사회보장 이슈

사회보장과 관련된 최근의 이슈들을 간략하게 살펴보면 다음과 같다(Pampel, 1992; Tracy & Ozawa, 1995).

첫째, 사회보장체계 내의 여성의 불공평성에 대한 논의가 활발할 것으로 보인다. 국제사회보장협회가 제시한 전망4에서도 확인된 바와 같이 여성노동의 증가, 가정 내 일에 대한 재평가 등이 이러한 논의를 증가시킬 것으로 보인다. 여성 처우의 불공평성이 가장 문제가 되는 제도는 노령연금이다. 가정 일을 하는 여성의 연금수급권은 보통 남편의 급여에 의존한다. 여성의 연금수급권을 보장하는 정책으로는 가급급여

4 이 장의 각주 3 참조.

(*spouses' benefit*), 배우자연금 분할권, 이원적(*Double-Deck*) 연금체계(Deck I : 기초연금, Deck II : 소득비례연금), 이층(*Two-Tier*) 체계(소득비례연금과 자산 및 소득조사에 기초한 공공부조), 급여산정 시 근속년수 조정방안 등이 논의되고 있다(이상록 · 정세욱, 1997).

둘째, 노인에 대한 복지급여와 아동에 대한 복지급여 사이의 불균형이 문제가 된다. 미국의 경우 1970~1980년대 동안 노인들은 상승한 경제적 위치와 높은 복지급여비율을 가져온 반면, 아동들의 빈곤율은 오히려 증가하였다. 아동복지에 비해 노인복지가 주목을 받는 이유는 전체 인구구성에서 아동이 차지하는 비중에 비해 노인들의 비중이 더 증가하고 있으며, 이로 인해 정치적 힘이 더 강력해졌기 때문이다. 그리고 급여 형태도 아동의 경우는 상대적으로 지지도가 낮은 공공부조나 사회복지서비스의 형태가 대부분인 것도 차별의 근거가 된다. 즉, 인구구성비의 변화에 따른 사회보장제도의 변화가 중요한 이슈가 된다.

셋째, 인구의 노령화와 한계계층의 증가에 따른 사회보장지출의 계속적인 증대와 그에 따른 비용문제가 중요한 이슈가 될 것이다. 고령자, 미망인, 빈곤층 등 한계계층에 대한 지속적인 보호비용이 문제가 될 수 있다. 이에 비해 연금이나 의료보험에 대한 지출 확대에 대해서는 상대적으로 문제제기가 적을 것으로 판단된다. 그러나 사회보장비용의 증가는 물가상승과 실업문제를 가져올 수 있다. 적정 사회보장 수준을 유지하기 위한 고율의 세금을 과연 국민들이 계속 부담할 것인가가 선진복지국가의 과제인 것이다.

사회보장재정과 관련해서 더욱 부정적인 전망은 평균수명의 증가와 동시에 저출산율에 따른 축소된 경제활동인구 전망에 기인한다. 즉,

경제활동을 하는 인구비율은 줄어드는 데 비해, 부양해야 할 인구비율은 점차 확대되고 있는 것이다. 오늘날 선진복지국가가 직면하는 딜레마의 하나가 바로 이 문제이다.

넷째, 세 번째에서 살펴본 문제는 선진국만의 문제가 아니며, 제 3세계에서도 나타나고 있다. 즉, 과거에는 노인인구 비율이 얼마 되지 않아 이들의 복지문제는 국가보다는 가족이나 비공식부문에 의존하는 경향이 강했다. 그러나 오늘날에는 노인인구 비율이 증가하기 시작했고, 가족에 의한 노인의 부양이 더 이상 불가능해지고 국가나 지역사회의 보호가 필요한 실정이 되었다. 여기서 문제는 자원이 충분하지 못하다는 데 있다. 제 3세계 국가들은 여전히 생존의 문제를 해결하지 못한 경우도 많고, 어느 정도 생존의 문제를 해결한 국가들도 역시 새롭게 등장하는 사회문제를 해결해야 하는 과제를 가지고 있다.

한편, 국제노동기구(ILO)에서는 사회보장의 발전과 관련하여 주요 정책이슈로 첫째, 비정규직 근로자, 자영업자 등을 포괄하는 사회보장 적용범위의 확대 문제, 둘째, 사회보장체계의 적합성 및 제도적 장치, 효율적 운영 등 사회보장행정체계의 개편 문제, 셋째, 사회보장체계와 여성문제 간의 연계 문제, 넷째, 사회보장체계의 비용부담 가능성 및 경제적 효율화 문제, 다섯째, 복지비용에 대한 지불의사와 참여, 지지의 문제 등을 제시하고 있다(ILO, 2000).

제 2 장

사회보장의 역사

1. 봉건사회의 붕괴와 빈민법 체제

1935년 미국의 사회보장법(Social Security Act of 1935)이 제정되면서 사회보장이라는 용어가 공식적으로 처음 사용되었으며, 널리 통용되기 시작한 것은 1945년 복지국가가 출범하면서부터였다. 하지만 복지국가가 출범하기 훨씬 이전부터 사회보장제도의 원형으로 볼 수 있는 빈곤정책들이 시행되고 있었고, 그 뿌리는 16세기 절대왕정기의 빈민법(*poor law*) 체제까지 거슬러 올라간다. 1천 년 동안 안정적으로 유지되던 중세 봉건사회가 붕괴되고 절대왕정 국가로 이행할 무렵, 대부분의 유럽 국가들에서는 빈민법이라는 빈민대책이 발달하기 시작하였다. 빈민법은 오늘날 공공부조제도의 원형이 되었다.

1) 1601년 영국 〈엘리자베스 빈민법〉

농노제와 장원경제를 기초로 하는 봉건사회에서 빈곤문제는 크게 사회문제로 부각되지 않았다. 게르만의 종사관계를 기초로 했던 봉건사회에서는 영주들이 절대충성에 대한 대가로 장원 내 농노들에게 가부장적인 보호를 제공하였다. 따라서 장애인이나 고아, 질병에 걸린 노인 등이 발생하더라도 영주가 보호를 제공하거나 장원 내에서 자체적으로 문제를 해결하였다. 잠재되었던 빈곤문제가 드러나기 시작한 것은 자체보호를 제공하던 장원이 해체되면서부터였다. 영국에서 빈민이 최초로 나타난 것은 16세기 전반의 일이었으며, 어떤 장원에도 속하지 않은 개인들로서 눈에 띄게 되었다(Polanyi, 1957: 132). 16세기에 절정을 이룬 유랑민들의 증가는 수 세기 동안 안정을 유지한 봉건적 질서의 파괴를 의미했다.

영국 튜더(Tudor) 왕가에서 실시한 일련의 구빈정책들은 급격한 봉건사회의 붕괴가 초래한 사회적 무질서에 대한 공포로부터 비롯되었다(Fraser, 1984: 31). 튜더 왕가의 구빈정책들을 집대성한 1601년 〈엘리자베스 빈민법〉은 이미 14세기부터 나타난 빈민법 조치들을 체계화한 것이었다. 1346년부터 유럽을 휩쓴 흑사병은 인구를 급격히 감소시켰고, 수많은 유랑인들을 발생시켜 봉건사회의 뿌리를 흔들었다. 이에 1349년 에드워드 3세는 〈노동자 조례〉(Statute of Laborers)를 제정하여 봉건사회의 붕괴를 막고자 시도하였다. 이 법은 강제노동과 유랑의 금지를 내용으로 했다. 즉, 유랑민과 거지 등 빈민들의 지리적 이동을 금지시켰고, 교구를 벗어나는 사람에게는 가혹한 체벌을 가했다. 또한 생계수단이 없는 건강한 성인은 그의 노동력을 필요로 하는 사람이 있을 경우 반드시 그를 위해 일을 해야 했으며, 건강한 빈민에게 자선을 행하는 사람은 처벌받았다.

유랑민이 다시 증가한 것은 15세기 말부터 시작된 1차 인클로저(*enclosure*) 때부터였다. 15세기 말 무역의 증가로 양모의 수요가 폭증하자 영주들은 농지를 목축지로 전환시키는 인클로저 운동을 전개하였고, 이는 16세기에 절정을 이루었다. 이에 따라 수많은 농노들이 유랑민으로 내몰렸다. 이에 헨리 8세는 1531년 〈거지와 부랑인처벌법〉(Statute Punishment of Beggars and Vagabonds)을 제정하여, 억압적 처벌을 한층 강화하였다. 교구를 벗어난 거지나 부랑인을 피가 나도록 채찍질한 후 자신의 교구로 돌려보냈다. 이 법은 더욱 강화되어 1536년 제정된 후속법은 채찍질을 받았던 거지나 부랑인이 또다시 적발되면 오른쪽 귀를 잘랐으며, 세 번째 적발될 경우 사형에 처하였다(김상균, 1986: 28).

튜더 왕가 시대의 빈민법적 조치 중에서 가장 잔인하기로 악명 높은 법은 헨리 8세 사후 에드워드 6세 재임기에 만들어졌다. 1547년 제정된 〈부랑인처벌법〉(Vagabonds Act)은 부랑인에게 낙인을 찍은 후 노예로 삼았다. 즉, 노동을 거부한 부랑인의 가슴에 인두로 부랑인(*vagabond*)을 상징하는 V자를 새긴 뒤 강제노역을 시켰으며, 도망가다 잡히면 이마나 볼에 노예(*slave*)를 상징하는 S자 낙인을 찍은 후 영원히 노예로 만들었다(김상균, 1986: 29). 웹 부부(Sidney & Beatrice Webb)의 표현대로, 빈민법 체제는 '억압을 통한 구제'가 핵심이었다(Rimlinger, 1971: 38).

그러나 엘리자베스 여왕 재임기 말엽에 이르면, 가혹한 처벌만이 능사가 아니라는 여론이 일었다. 이에 따라 1593년 교수형이나 무차별적인 인두로 낙인 찍기는 폐지되고, 체벌은 채찍질을 중심으로 완화되었다. 나아가 지방주의 원칙에 따라 지역마다 편차가 컸던 처벌이나 구호조치를 일원화시키기 위하여 〈빈민구제법〉(Act for the Relief of the Poor 1597)과 〈부랑인처벌법〉(Vagabonds Act 1597)이 연달아 제정되었다. 이 법들은 그 전까지의 빈민구제와 처벌에 관한 규정들을 일관성 있게 집대성하였다는 점에서 의의가 있으며(김상균, 1986: 31), 1601년 〈엘리자베스 빈민법〉의 기초가 되었다. 이 법은 14세기 이후 진화되어 온 영국의 빈민법 체계를 집대성한 것이었다. 이 법의 주요 내용은 노동능력에 따른 빈민의 구분과 구빈 행정의 일원화로 요약된다.

첫째, 빈민들을 노동능력에 따라 구분하고 차별적으로 대처하는 구빈 행정의 원칙을 확립하였다. 오늘날까지 끈질기게 이어져 오는 노동능력을 가진 빈민에 대한 차별적 처우는 500년 이상의 역사를 가진 셈이다. 〈엘리자베스 빈민법〉은 빈민을 세 집단으로 분류하였는데, ① 노동능력이 있는 건장한 빈민은 구제가치가 없는 빈민(*undeserving poor*)으로 규정하였다. 이들은 구빈작업장(*workhouse*)에 수용하여 노역하도록 하였으며, 극소한의 구호만을 제공하였다. ② 노인, 만성질환자, 맹인, 정신병자 등과 같은 근로능력이 없는 빈민들은 구제가치가 있는 빈민(*deserving poor*)으로 분류하였으며, 이들은 구빈원(*almshouse*)이나 자선원에 수용되어 보호받았다. ③ 빈민아동들은 수공업 장인들의 도제교육을 받거나 여아들의 경우에는 하녀로 보내졌다. 남아는 24세까지, 여아는 21세까지 교육을 받거나 하녀로 종사해야 했다(Friendler & Apte, 1980: 15). 만약 근로능력이 있는 빈민이 구빈작업장 입소를 거부할 경우 교정원(*house of correction*)에 보내져 범죄자와 같은 처벌을 받았다(Fraser, 1984: 33).

이와 같은 빈민들에 대한 구분 및 차별적 대우는 이미 14세기 법들에서부터 나타난 특성이지만, 관련 규정들은 여러 법들에 산재되어 있었고, 그 대처방식 역시 지방에 따라 많은 차이를 나타냈다. 대개 빈민들이 구분되지 못한 채 구빈원이나 구빈작업장에 무더기로 같이 수용되곤 하였다. 이 법은 이러한 기존 원칙들을 통합하여 체계화한 것이었다.

둘째, 〈엘리자베스 빈민법〉은 교회가 담당하던 구빈 책임을 지방정부로 이양하고 구빈 행정체계의 전국적 통일성을 마련하였다. 이전까지는 추밀원(Privy Council), 치안판사, 빈민감독관(*overseer of the poor*) 등의 역할이 혼돈스럽게 얽혔으나, 이 법은 각 지방의 치안판사가 구빈 행정의 최고책임자임을 명확히 하고, 치안판사는 교구민 중 선발된 2~4명의 빈민감독관에게 구빈 행정을 담당하도록 하였다. 빈민감독관은 구빈 행정의 집행뿐만 아니라 적절한 시기에 구빈세를 교구민들에게 부과할 수 있는 권한을 가졌다(Friendler & Apte, 1980: 15). 국왕의 자문기관인 추밀원은 치안판사들에게 의무를 환기시키는 편지를 보내 치안판사들의 업무를 감독하는 기능을 맡았다(원석조, 2018: 49).

엘리자베스 여왕 재임기 말엽부터 억압적인 빈민법적 성격이 완화되었다고는 하지만, 스튜어트 왕가까지도 빈민법은 온탕과 냉탕을 오가며 영국인들을 공포로 몰아넣었다.

제임스 1세의 통치 시에는 방랑하면서 구걸하는 자는 부랑자 및 불량배로 선포한다. 치안재판소의 치안판사는 그들을 공개적 태형에 처하며, 초범인 경우에는 6개월, 재범인 경우에는 2년간 감금시킬 권한을 가진다. 옥중에 있는 동안 그들은 치안판사가 적당하다고 생각할 때마다 정당하다고 생각하는 횟수만큼 매를 맞는다. 시정할 가망이 없는 위험한 불량배는 왼편 어깨에 'R'자의 낙인이 찍히고, 강제노동에 처해지며, 걸식죄로 또다시 체포되면 용서 없이 사형을 받는다. 이 법규들은 18세기 초에 이르기까지 유효했는데, 앤(Anne) 여왕 12년(1714년)의 법령에 의해 비로소 폐지되었다(Marx, 1867: 925~926).

억압적 조치에도 유랑민이 줄어들지 않자 찰스 2세는 1662년 〈정주법〉(The Settlement Act)을 제정하였다. 〈정주법〉은 유랑민들의 지리적 이동을 감소시켜 빈민들의 지역적 편중을 방지하고, 구빈 행정의 지방주의 원칙을 강화하기 위한 것이었다. 〈엘리자베스 빈민법〉은 구빈비용을 교구 단위로 부과했다. 재정이 빈약한 교구에서는 빈민의 수를 줄이기 위하여 빈민법의 처우 수준을 낮췄다. 빈민들은 더 나은 조건을 찾아 이 교구 저 교구를 떠돌아다녔고, 이에 따라 빈민들에 대한 처우가 관대한 특정 지역에 빈민들이 집중되는 현상이 나타났다. 해당 지역의 구빈비용이 급증하자 봉건영주들은 〈정주법〉의 제정을 정부에 요구했다. 〈정주법〉은 교구로 새로 이주한 자가 토지를 소유하지 않았을 경우에는 40일 이내에 교구를 떠나도록 했다. 단, 교구 내 부동산을 10파운드에 임대하거나 해당 금액만큼의 예치금이 있을 경우에는 거주가 허용되었다(Friendler & Apte, 1980: 17). 이에 따라 10파운드에 상당하는 재산이 없는 빈민들의 주거지역 이전은 원천적으로 금지되었다. 하지만 〈정주법〉은 1760년 산업혁명이 시작되자 자본주의적 노동시장의 형성을 방해하는 족쇄가 되었다(Polanyi, 1957: 102). 〈정주법〉은 공업지역에서 노동자가 되어야 할 농촌지역 빈민들의 발을 묶었다. 이에 따라 공업지역은 항상적인 노동력 부족에 시달렸고, 이는 도시지역의 임금수준을 상승시켰다. 18세기 말 신흥자본가 계급은 〈정주법〉의 폐지를 목표로 활발한 계급투쟁을 전개하기 시작했다.

2) 1795년 영국 '스핀햄랜드 제도'

18세기 말엽부터 억압 위주의 빈민법 원칙에 변화가 나타나기 시작했다. 1782년 〈길버트법〉(Gilbert Act)은 〈내치블법〉(Knatchbull's Act) 제정 이후 악화된 구빈작업장 문제를 개선하기 위한 목적으로 제정되었다. 〈길버트법〉은 과도한 착취를 일삼던 많은 구빈작업장들을 폐쇄하고, 문제가 있는 구빈작업장의 민간 위탁을 취소하였다(원석조, 2018: 53). 나아가 작업장 검사의 원칙을 완화하여 원외구호(*outdoor relief*)를 허용하였다. 이에 따라 노동능력이 있는 빈민도 구빈작업장에 수용되지 않고 순환고용제(*roundman system*)에 의해 지역사회에서 구호를 받았다. 순환고용제는 지역주민들이 빈민들을 돌아가면서 저임금으로 고용하고 임금 부족분은 교구기금에서 보충하는 시스템이었다. 순환고용제는 노동능력이 있는 빈민은 구빈작업장에서 구호해야 한다는 〈엘리자베스 빈민법〉의 원칙으로부터 중대하게 이탈한 것이었다. 더 큰 이탈은 1795년 실시된 '스핀햄랜드 제도'(Speenhamland system)에서 나타났다.

1795년 5월 6일 스핀햄랜드의 펠리컨 여관에 모인 버크셔 지방의 치안판사들은 임금보조금의 액수는 빵의 가격에 연동해서 정해져야 하며, 빈민 개개인의 소득에 관계없이 최저소득이 보증되어야 한다고 결정했다. "일정한 품질의 빵 1갤런에 1실링인 경우에는 모든 빈민과 근면한 사람은 그 자신의 노동 혹은 가족의 노동 또는 구빈세로부터의 급여에 의하여 1주일에 3실링을 생계비로 지급받고, 처와 가족의 부양비로 1실링 6펜스를 지급받는다. 1갤런의 빵이 1실링 4펜스인 경우에는 매주 4실링을 지급받고 1실링 10펜스가 부가된다. 오를 때마다 본인 몫으로 3펜스, 가족 몫으로 1펜스를 더 지급받는다."(Polanyi, 1957: 102)

이 제도는 최저임금제도인 동시에 임금보조금(*wage subsidy*) 제도였다. 어떤 노동자도 3실링의 주급이 보장되었다. 자신의 임금액이 3실링에 미달되면 지방정부로부터 모자라는 차액만큼 '스핀햄랜드 수당'이라는 임금보조금을 지급받았다. 나아가 이 제도는 가족수당제도였다. 가족이 있는 노동자는 가족의 몫으로 주당 1실링 6펜스를 보장받았다. 또한 이 제도는 물가연동장치를 갖고 있었다. 빵 가격이 오르면 최저보장액과 스핀햄랜드 수당은 자동으로 인상되었다.

1834년 폐지될 때까지 영국사회를 떠들썩하게 했던 '스핀햄랜드 제도'는 18세기 말 자본주의적 노동시장의 발전이 본격화되었던 시점에 등장했다는 점이 특이하다. 이 제도는 시장체계로부터 노동자 가족의 생존권을 보장하는 제도로 출발했지만, 농촌사회를 지키려는 절박한 노력이 담겨 있었다. 먼 곳에서는 임금이 높다는 소문 때문에 농촌의 빈민들은 농촌지역의 임금에 만족하지 못했으며, 형편없이 낮은 임금의 농업 노동을 혐오했다. 당시의 공업지역은 수많은 이민자들을 끌어들였던 새로운 나라, 또 다른 아메리카와 유사했다(Polanyi, 1957: 117). 농업 임금은 노동자들의 생활수준에 미달했음에도 불구하고 농업 지주들의 지불능력을 상회하고 있었다. 농촌지역이 도시의 임금과 경쟁할 수 없는 것은 분명했다. 특히 1795년 신흥산업자본가들의 압력으로 1662년 〈정주법〉이 실질적으로 폐지되었다. 〈정주법〉은 빈민이라도 실제 구호를 신청하지 않으면 이주를 허용하도록 개정되었다(Friendler & Apte, 1980: 16). 사실상 빈민의 지리적 이동을 전면적으로 허용한 것이었다. 농촌의 노동자들이 도시로 이주하는 것을 막아 주던 댐이 무너졌으며, 농촌 사회를 지키기 위해서는 새로운 댐이 건설되어야 했다. 농업지주에게 과중한 부담을 지우지 않고, 사회적 파국으로부터 농촌의 기반을 지키며, 전통적 권위를 지키고, 농촌 노동력의 유출을 저지하면서도, 농촌 임금을 상승시키지 않는 방법을 마련해야 했다. '스핀햄랜드 제도'는 이렇게 시작된 것이며, 시장경제의 확장에 대응하는 봉건사회의 최후의 대응으로 평가된다(Polanyi, 1957: 121).

하지만 '스핀햄랜드 제도'의 문제점은 곧바로 드러났다. 가장 핵심적인 문제는 저임금 구조의 고착화였다. 농업지주들은 과거 한 사람을 고용했던 비용으로 두 사람을 고용할 수 있다는 것을 재빠르게 깨달았다. 농촌지역의 임금 수준은 크게 하락하였으나, 스핀햄랜드 보조금을 받을 수 있기 때문에 노동자들은 개의치 않았다. 스핀햄랜드 보조금의 도움 없이 스스로의 노력으로 생계를 유지하려는 노동자는 일자리를 구할 수 없었다. 이에 따라 구빈비용은 하늘 높은 줄 모르고 급증하였으며, 지방정부의 심각한 재정문제를 야기했다. '스핀햄랜드 제도'는 저임금 노동자를 지원하기 위한 임금보조금제도로 출발하였지만, 곧바로 공공재산을 이용하여 농촌지주들을 보조하는 제도로 변질되어 버렸다. 결국 지방정부는 보조금 수준을 인하할 수밖에 없었다. 폴라니의 평가에 의하면 '스핀햄랜드 제도'는 사회적 파국을 촉진시킨 제도였다(Polanyi, 1957: 125). 이 제도가 창출한 저임금구조의 고착화와 재정 파탄, 그리고 농촌 사회의 몰락은 1832년 빈민법왕립위원회에 의해 신랄하게 비판받았고, 신빈민법의 제정을 재촉하였다.

3) 1834년 영국 신빈민법

1834년 신빈민법(New Poor Law)은 자유방임주의 시대의 사회복지 정책이었다. 자유방임주의는 개인의 경제활동의 자유를 최대한 보장하고 국가개입을 최소화하는 것을 원칙으로 하며, 19세기에 전성기를 구가하였다. 자유방임주의 시대의 국가는 국민들의 경제활동과 생활에 거의 개입하지 않았고, 대부분의 사안을 시민사회의 자율에 맡겼다. 독일의 라살레(Ferdinand Lassalle)는 이를 야경국가(*nachtwächterstaat*)라고 비꼬았다. 이에 따라 신빈민법도 국가개입을 최소로 하여, 사실상 빈민들을 빈곤 상태에 방치했던 입법이었다. 빈민들은 생존을 위해 공장에 취업할 수밖에 없었고, 장시간 노동과 저임금에 시달려야 했다. 폴라니는 신빈민법의 제정을 통해 노동시장에 대한 구시대의 온정적 개입이 종식되었고, 이러한 측면에서 신빈민법은 근대 자본주의적 노동시장의 출발이라고 평가하기도 하였다(Polanyi, 1957: 104).

신빈민법의 제정은 '스핀햄랜드 제도'에 대한 비판에서 시작되었다. 당시 명성 높은 부르주아 경제학자들인 애덤 스미스, 리카도, 벤덤 등은 예외 없이 '스핀햄랜드 제도'를 비판했지만, 여론에 가장 크게 영향을 미친 사상가는 맬서스(Thomas Malthus)였다. 1798년 발간된 그의 저서 《인구론》에서 인구의 기하학적 증가로 말미암아 미래에 심각한 식량난이 발생하고, 범죄와 죄악이 끊이질 않을 것이라는 섬뜩한 예언을 던져 사회적으로 큰 반향을 일으켰던 그는 빈민법 비판에 가장 적극적이었다. 빈민법은 미래에 아무런 생계대책도 없는 빈민들의 출산을 증가시킬 뿐만 아니라 가치 없는 빈민들이 차지하는 식량 몫을 증가시켜 근면한 사람들의 생활도 압박한다는 것이다. 이에 따라 관대한 빈민법은 즉각적으로 폐지되어야 한다고 주장하였고, 이는 여론의 뜨거운 호응을 받았다. 이러한 여론을 계기로 조직된 1832년 빈민법왕립위원회는 맬서스주의자인 나소 시니어(Nassau W. Senior)를 위원장으로 추대하고, 벤덤주의자였던 채드윅(Edwin Chadwick)이 법안을 주도하였다.

빈민법왕립위원회의 작업을 기반으로 제정된 신빈민법(Poor Law Amendment Act 1834)은 다음과 같은 여섯 가지 내용을 핵심으로 한다(Friendler & Apt, 1980: 21). ① 스핀햄랜드 보조금을 즉각 폐지한다. ② 노동능력이 있는 빈민들에 대한 구호는 구빈작업장에서만 제공된다. ③ 원외구호는 병자, 노인, 장애인, 어린 아동이 있는 과부에게만 제한적으로 지급한다. ④ 몇 개의 교구를 묶어 빈민법조합(Poor Law union)을 구성하도록 의무화한다. ⑤ 구호수준은 지역사회에서 가장 낮은 임금을 받는 노동자의 수준보다 적도록 조정한다. ⑥ 신빈민법 행정을 관장하기 위하여 중앙정부에 '빈민법위원회'를 신설한다.

1834년 신빈민법은 '작업장 검사(*workhouse test*) 원칙'을 기초로 하였다. 스핀햄랜드 보조금은 폐지되고, 모든 노동능력이 있는 빈민은 구빈작업장 입소를 요구받았다. 이를 거부하면 빈민이 아닌 것으로 자동적으로 간주하여 어떠한 구호도 제공하지 않았다. 영국인들에게 공포의 대상이 된 구빈작업장에 입소하려는 빈민들은 거의 없었고, 실업자들은 대책 없이 빈민으로 전락할 수밖에 없었다. 원외구호는 노동능력이 없는 빈민을 대상으로 예외적으로 제공되었을 뿐이다. 나아가 구빈작업장에서의 구호든 원외구호든 구호수준은 '열등처우(*less eligiblity*)의 원칙'을 적용받았기 때문에 열악하기 짝이 없었다. 채드윅이 기초한 열등처우의 원칙은 구호수준이 최하계층 노동자의 생활수준보다 높아서는 안 된다는 원칙이다. 이 원칙이 지켜지지 않으면 빈민은 근로동기를 상실하여 계속 구호에 의존한다는 것이다. 열등처우의 원칙은 오늘날까지 공공부조의 암묵적 원칙으로 기능하고 있다.

나아가 신빈민법은 빈민법 조합의 구성을 의무화했다. 이는 구빈작업장이 없는 교구가 원칙에서 이탈하는 것을 방지하기 위한 조치였다. 채드윅은 애초에 1만 5천 개의 교구가 독립적으로 구빈작업장을 운영하는 것이 말이 안 된다고 생각했다(원석조, 2018: 68). 빈민법 조합은 이미 〈내치블법〉과 〈길버트법〉에서도 권고되었으나 제대로 지켜지지 않았다. 이에 채드윅은 빈민법 조합의 구성을 강제화한 것이며, 중앙정부에 신설된 '빈민법위원회'가 빈민법 조합 구성에 대한 강제조정 권한을 부여받았다. 이에 따라 위원회는 신빈민법 시행 후 2년 동안 7,915개의 교구에 소속된 622만 명의 주민들을 365개의 조합으로 재조직했다(Jones, 1991: 18~19). 이제 어떤 빈민도 교구 내에 구빈작업장이 없다는 이유로 원외구호를 받을 수 없게 된 것이다.

신빈민법의 시행으로 영국 정부는 구빈비용을 절감하는 성과를 거두었지만(Fraser, 1984: 49), 거리에 방치된 빈민들의 생활은 참혹했다.

게다가 시간이 갈수록 신빈민법의 한계가 두드러졌다. '스핀햄랜드 제도'가 자본주의적 노동시장의 형성기에 조응할 수 없었던 것처럼 자유방임주의 시대를 수놓았던 신빈민법도 지나친 착취가 초래한 위기의 시대에 조응할 수 없었다.

1873년 세계 장기 불황이 시작되면서 신빈민법의 한계는 명확해졌다. 장기 불황으로 일자리를 잃은 실업자들이 속출했고, 결국 실업자들은 1886년 2월 8일 런던 트라팔가 광장에 모여 대규모 시위를 일으켰다. 런던의 심장부에서 발생한 대규모 유혈사태로 인해 정부는 구빈작업장 중심의 구빈체제에 변화를 모색할 수밖에 없었다. 결국 체임벌린(Joseph Chamberlain)이 이끄는 지방행정청(Local Government Board)은 실업자들을 대상으로 취로사업(*work relief*)을 실시하였다. 이는 작업장 검사 원칙으로부터의 중요한 이탈이었다. 1889년 발간된 찰스 부스(Charles Booth)의 빈곤조사 보고서인 〈런던 사람들의 생활과 노동〉은 런던에 통제하기 힘든 대규모 빈곤이 존재함을 증명하였다. 신빈민법 체제의 한계는 명확해졌으며, 20세기 초 자유당 내각은 신빈민법의 개혁에 나설 수밖에 없었다. 신빈민법은 1946년 공식적으로 폐지되었다. 하지만 노동능력자에 대한 차별처우, 열등처우의 원칙 등과 같은 빈민법의 주요 원리들은 오늘날까지도 많은 국가의 공공부조에서 중요한 원리로 작용하고 있다.

2. 사회보험의 등장

19세기 말 유럽의 많은 국가들은 앞다퉈 사회보험을 도입하기 시작하였다. 이러한 사회보험의 도입은 사회보장의 역사에 있어 획기적인 전환을 의미했다. 플로라와 하이덴하이머(Flora & Heidenheimer, 1984: 27)에 의하면, 사회보장제도에 있어 사회보험의 도입은 다음과 같은 의미를 갖는다. ① 사회보험은 빈민법과 달리 일상적 수단을 통해 빈곤을 예방하는 데 초점을 둔다. 반면 빈민법은 임시방편적 구호에 한정된다. 따라서 사회보험은 빈곤문제에 대한 제도적 개입방법의 시작을 의미했다. ② 사회보험은 사람들이 과거 소득을 유지하는 것을 목적으로 한다. 반면 빈민법은 최소한의 구호만을 제공한다. 이는 사회보장제도의 급여수준이 크게 상승되는 것을 의미한다. ③ 빈민법 체제는 여성이나 아동과 같은 요보호대상에 초점을 맞춘 반면, 사회보험은 남성노동자들을 주 대상으로 삼았다. 이는 사회보장제도가 선별주의 방식에서 보편주의 방식으로 전환되는 것을 의미했다. ④ 대상자에게 일방적 시혜로 제공되던 빈민법과 달리 사회보험은 보험료 납부에 의해 급여가 제공되기 때문에 법적 권리의 성격을 갖는다. 따라서 사회보험은 사회보장제도의 권리적 측면을 크게 강화하였다.

국가에 의한 강제가입 방식의 사회보험이 가장 먼저 도입된 곳은 독일이다. 독일은 1883년 '질병보험'을 도입하여 세계 최초로 사회보험제도를 실시하였다. 나아가 1884년 '재해보험', 1889년 '노령 및 장애연금'을 잇달아 도입하여 사회보험의 선구적 역할을 하였다. 독일의 사회보험들은 대륙권 유럽으로 확산되었다. 20세기 들어서 영국은 1911년

〈국민보험법〉(National Insurance Act)을 제정하여 건강보험과 실업보험을 도입하였다. 영국 〈국민보험법〉의 제 2장에 규정된 실업보험은 국가가 운영하는 세계 최초의 강제가입식 실업보험이었다.

사회보험을 중심으로 한 사회보장제도들의 주요 국가별 도입시기를 살펴보면 〈표 2-1〉과 같다. 그러나 〈표 2-1〉에 제시된 국가들의 사회보험제도는 국가에 따라 매우 상이한 계기와 경로를 거쳤으며, 형성기 사회보험의 특성은 이후 사회보장제도에 끊임없이 영향을 미쳤다. 따라서 사회보험의 도입에 대한 역사적 고찰은 매우 중요하다. 이 장에서

〈표 2-1〉 주요국들의 사회보장제도 도입연도

국가	산재보험	건강보험	노령연금	실업보험
벨기에	1903	1894	1900	1920
네덜란드	1901	1929	1913	1916
프랑스	1898	1898	1895	1905
이탈리아	1898	1886	1898	1919
독일	1871	1883	1889	1927
아일랜드	1897	1911	1908	1911
영국	1897	1911	1908	1911
덴마크	1898	1892	1891	1907
노르웨이	1894	1909	1936	1906
스웨덴	1901	1891	1913	1934
핀란드	1895	1963	1937	1917
오스트리아	1887	1888	1927	1920
스위스	1881	1911	1946	1924
호주	1902	1945	1909	1945
뉴질랜드	1900	1938	1898	1938
캐나다	1930	1971	1927	1940
미국	1930	-	1935	1935

주: 사회보험뿐만 아니라 임의보험 방식, 공공부조 방식, 보편적 복지 방식도 포함되어 있음.
자료: Pierson, 1991.

는 사회복지사에서 자주 언급되는 독일의 〈비스마르크 입법〉, 영국의 〈국민보험법〉, 미국의 〈사회보장법〉을 중심으로 사회보험의 도입과정을 살펴볼 것이다.

1) 1883년 독일 비스마르크 사회보험

1870년 보불전쟁 승리를 계기로 독일은 통일을 달성했다. 하지만 독일인들이 사회 통합을 이루기도 전에 세계 경제공황이 들이닥쳤다. 1873년부터 1896년까지 20년 이상 지속된 장기 공황은 독일의 산업에 심각한 타격을 주었는데, 특히 독일의 주력산업이었던 제철(*iron*)과 철강(*steel*) 산업의 피해가 심각하였다. 1873~1874년 동안 독일 제련산업의 고용은 40% 감소하였으며, 1876년에는 독일 용광로의 절반이 가동을 중지하였다(Rimlinger, 1971: 148). 비스마르크는 자국 산업 보호를 위해 보호무역 조치들을 강화하였으나, 이는 러시아나 헝가리로부터 수입되던 곡물의 가격을 앙등시켜 노동자들의 불만을 초래하였다.

경제 불황과 노동자들의 불만은 사회주의자들의 활동에 최적의 조건을 제공한다. 라살레(Ferdinand Lassalle) 파와 아이제나흐(Eisenach) 파로 분열되었던 독일의 노동자정당은 최적의 조건에 의기투합하여 1875년에 '독일사회주의노동자당'으로 통합하였고 정치과정에 본격적으로 뛰어들었다. 그 결과 독일사회주의노동자당은 1877년 제국의회 선거에서 49만 3,300표(9.13%)를 획득하여 12석의 의석을 확보하였다. 1871년 파리 코뮌의 끔찍한 경험을 목격한 비스마르크는 이러한 사회주의 정당과 노동운동의 성장에 대해 큰 위협을 느꼈다. 보오전쟁이나 보불전쟁을 통해 전문적인 군사훈련을 받은 노동자들이 사회주의자들에 의해 조직화된다면 국가에 큰 위협이 아닐 수 없었다. 비스마르크는 1884년 11월 26일 제국의회 연설에서 다음과 같이 사회주의자들의 위협을 표현하였다. "만일 사회민주당이 없었더라면 그리고 아무도 그들에 대해 두려워하지 않았더라면 우리들이 사회개혁에서 행했던 적절한 진전은 존재하지 않았을 것이다."(문기상, 1983: 61)

하지만 비스마르크가 적대시한 세력은 사회주의자였지, 노동자 계급이 아니었다. 오히려 비스마르크는 노동자 계급에 호의를 느끼고 있었다. 이는 노동자 계급이 무언가를 창조하는 생산적 계급이며, 국가의 미래를 선도할 수 있는 계급이라고 생각했기 때문이다. 따라서 노동자 계급이 불순한 사회주의자들과 결합되는 것은 비스마르크에게 유쾌한 일이 아니었다. 이에 따라 비스마르크의 대응은 두 가지 방향으로 전개되었다. 첫째, 사회주의자들과 노동자 계급을 분리시키는 것이었다. 비스마르크는 1878년 두 차례의 황제 암살 미수사건을 계기로 〈사회주의자탄압법〉을 제정하여 독일사회주의노동자당을 불법화했고, 이를 통해 노동자 계급과 사회주의자의 분리를 도모하였다. 둘째, 국가와 노동자 계급의 직접적 유대를 강화하고 노동자 계급의 충성을 고양시킬 수 있는 사회보호입법을 추진하였다. 이른바 '채찍과 당근' 전략이었던 셈이다.

이에 따라 1881년 제국의회에 제출된 재해보험법안에서 비스마르크가 가장 중요하게 생각했던 내용은 '제국보조금'과 '제국보험공단'이었다. 제국보조금은 노동자 계급의 충성을 이끌어 내기 위한 필수적 수단이었다. 만약 공제조합처럼 본인이 납부한 보험료를 통해 급여를 받는다면 노동자들이 고마워할 이유는 전혀 없다. 노동자들이 국가에 고마움을 느끼기 위해서는 최대한 많은 보조금을 지급해야 한다. 이에 따라 재해보험법 초안에서 연간소득 750마르크 미만의 노동자들은 보험료가 완전 면제되었고, 750~1,500마르크의 소득자들은 보험료의 3분의 1을, 1,500마르크 이상의 노동자들은 보험료의 2분의 1을 부담하도록 하였다. 나아가 비스마르크는 재해보험의 관리운영기구로 제국보험공단을 창설할 계획이었다. 비스마르크는 제국보험공단이 관리운영기구를 넘어 국가와 노동자가 직접적으로 연결되는 조합주의적 기구의 역할을 할 것으로 기대하였다.

1884년 로만(Theodor Lohmann)에게 보낸 편지에서 비스마르크는 "재해보험은 부차적 문제이다. 중요한 것은 조합주의적 기구를 창설하는 것이다. 이 기구는 점차 확장되어 모든 생산적 사회계급들을 포괄하여, 궁극적으로 의회를 대신하는 또는 의회와 함께 입법권을 공유하는 민중적 대표기구의 기초를 제공할 것이다"(Rimlinger, 1971: 164) 라고 했다.

하지만 비스마르크의 의도를 간파한 자유주의자들과 사회주의자들은 제국보조금과 제국보험공단에 필사적으로 반대하였고, 재해보험법은 3년간 의회에서 논쟁을 거쳐야 했다. 그 사이에 재해보험법보다 1년 늦게 제출된 질병보험 법안이 1883년 제국의회를 먼저 통과하였다. 이로써 1883년 질병보험은 세계 최초의 사회보험이 되었다. 역설적이게도 질병보험은 재해보험에 비해 규모가 작은 단기 프로그램이었기 때문에 비스마르크를 비롯한 정치세력들의 관심이 적었으며, 쉽게 합의에 이르렀다(Rimlinger, 1971: 165).

1883년 질병보험제도는 광산, 채석장, 철도, 선박 건조, 수공업 제조업자 등의 산업에 한정되어 적용되었다. 질병보험료율은 질병금고(*sickness funds*)에 따라 다양했는데, 대략 임금의 3~4.5%가 부과되었다. 이 중 노동자가 3분의 2를 부담하고, 고용주는 3분의 1을 부담하였다. 비스마르크가 원했던 제국보조금은 반영되지 않았다. 나아가 비스마르크가 소망했던 중앙집중적 관리조직도 창설되지 않았다. 질병보험은 기존에 운영되던 상호부조조합이나 공제조합을 질병금고로 전환하도록 하여 관리운영을 맡겼다.

제국의회에서 3년간의 지루한 논쟁을 거쳐 통과된 재해보상법에도 비스마르크의 제국보조금과 제국보험공단은 전혀 반영되지 않았다. 1884년 제정된 재해보험법도 질병보험과 유사하게 공장, 광산, 염전, 채석장, 가공처리장, 조선소, 제철소에 종사하는 연소득 2천 마르크 이하의 노동자들을 대상으로 하였다. 고용주들은 제국보험공단 대신 각 지역에 새로 조직된 업종별 재해보험조합에 의무적으로 가입했다.

비스마르크가 그토록 소망했던 제국보조금은 1889년 마지막 사회보험 입법인 '노령 및 장애연금'에 반영되었다. 이 연금은 앞의 두 보험과 마찬가지로 2천 마르크 미만의 모든 임금소득자와 봉급노동자에게 적용되었다(Gordon, 1988: 40). 연금보험의 재정은 노사정 3자부담 방식으로 이루어졌다. 국가는 1인당 연간 50마르크의 연금액을 보조하고, 나머지 비용을 노동자와 사용자가 각각 2분의 1씩 부담하는 보험료로 충당하는 방식이었다. 비스마르크가 소망했던 제국보조금이 도입된 것이다. 하지만 그와 긴 호흡을 함께했던 빌헬름 1세는 사망했고 비스마르크는 황제와의 불화로 퇴임이 예상되던 시점이었다. 1889년 연금보험은 정률의 소득비례방식으로 지급되었으나, 50마르크의 국고보조금으로 인하여 소득수준에 따라 소득대체율의 차이가 발생하였다. 최고 소득자의 소득대체율은 20%였으며, 최저 소득자는 31%였다. 정액 보조금이 저소득층의 소득대체율을 상승시킨 탓이었다. 1908년 계산에 따르면 비스마르크의 국고보조금은 전체 지출비용의 28%를 차지했다(Gordon, 1988: 40).

독일의 제도는 곧바로 유럽 전역으로 확산되었다. 오스트리아, 헝가리, 스웨덴, 덴마크, 벨기에, 이탈리아, 노르웨이, 루마니아, 스위스, 러시아, 세르비아, 크로아티아, 슬로베니아, 그리고 영국 등은 제1차 세계대전 이전까지 독일의 재해보험이나 질병보험을 도입하였으며, 독일의 제도는 대륙권 유럽 국가들의 사회보장제도 형성에 크게 영향을 주었다.

2) 1911년 영국 국민보험법의 성립

1889년 발간된 찰스 부스의 빈곤조사 보고서인 〈런던 사람들의 생활과 노동〉은 런던에 통제하기 힘든 대규모 빈곤이 존재하며, 그 원인은 불안정한 일자리와 저임금임을 고발하였다. 이에 빈민법으로는 대규모 빈곤에 대처하기 힘들며, 획기적인 개혁이 필요하다는 여론이 점차 확산되기 시작했다. 곧이어 발생한 보어전쟁(Boer War: 1899~1902)으로 인해 노동자들의 건강문제가 다시 이슈가 되었다. 보어전쟁 징병과정에서 수많은 젊은이들이 병역에 적합하지 않은 건강상태로 판명되어, 강력한 군사력을 전제로 하는 식민지 경영에 걸림돌이 되었다. 보어전쟁의 징병검사 결과는 국가효율성의 문제를 제기하였고, 노동자들의 건강을 국가 장래의 관점에서 관리해야 한다는 여론이 들끓게 되었다(Rimlinger, 1971: 89; 임영상, 1983: 139).

1906년에 캠벨배너먼 내각을 이어받은 애스퀴스(Herbert Henry Asquith) 자유당 내각은 재무성 장관이었던 로이드 조지(David Lloyd George)를 중심으로 일련의 사회개혁 조치들을 단행했다. 학교 급식의 무상 제공을 내용으로 하는 〈1906년 교육법〉과 학생들에 대한 건강검진 제공을 내용으로 하는 〈1907년 교육법〉이 연달아 제정되었다.

이때 노령연금의 도입을 강력하게 반대했던 우애조합의 입장이 변하기 시작했다. 찰스 부스는 1889년 보고서 발간 당시 빈곤노인 문제의 해결을 위해 '무기여연금'의 도입을 제안하였다. 반면 조셉 체임벌린은 기여연금의 도입을 주장하였다. 하지만 우애조합은 무기여방식이든 기여방식이든 상관없이 무조건 연금 도입을 반대하는 완고한 입장이었다. 그러나 20세기 들어 사망률이 감소하면서 급여 지출이 증가해 재정적 문제에 부딪힌 우애조합은 국가에서 지급하는 무기여연금이 조합의 지출을 줄여 줄 수 있다고 판단하였다. 따라서 노동자들의 한정된 호주머니를 두고 국가와 경쟁하는 기여방식이 아니라면, 연금 도입을 수용할 수 있다고 입장을 선회한 것이다.

이에 로이드 조지는 1908년 〈노령연금법〉(Old-Age Pensions Act)을 제정하여 국가의 조세로 운영되는 무기여방식의 노령연금제도를 도입하였다. 이 제도는 70세 이상 노인들에게 매주 5실링의 연금을 제공하는 내용이었다. 비록 최저생계비에도 못 미치는 소액이었지만, 수십 년간 지속된 자유방임주의적 전통에 익숙하여 국가로부터 기대하는 게 전혀 없었던 노인들은 로이드 조지의 연금을 환영했다. 그럼에도 불구하고 노령연금은 재원조달 면에서 로이드 조지에게 심각한 고민을 안겨주었다. 노령연금 비용이 당초 추산했던 650만 파운드를 훌쩍 뛰어넘어 800만 파운드에 육박했던 것이다(Fraser, 1984: 162).

무기여 조세방식이 값비싼 방식임을 깨달은 로이드 조지는 비스마르크의 사회보험 방식에 적극적 관심을 보였고, 이는 1911년 〈국민보험법〉으로 귀결되었다. 〈국민보험법〉은 서로 독립된 2개의 장으로 구성되었다. 제 1장은 건강보험을 규정하고, 제 2장은 실업보험의 내용을 담았다. 제 1장은 로이드 조지의 재무성이 담당하였으며, 제 2장은 처칠이 장관으로 있는 상무성에서 담당하였다.

1911년 〈국민보험법〉에 의해 도입된 건강보험은 연소득 160파운드 이하의 모든 노동자들을 강제가입대상으로 하였다. 160파운드 이상의 소득자를 제외시킨 것은 로이드 조지와 영국 의사협회 간의 타협의 산물이었다. 의사들은 사적 진료의 주요 고객인 고소득층을 국가관리체계에서 제외시키기를 원해, 로이드 조지가 이를 수용하였다. 건강보험의 핵심급여는 독일과 마찬가지로 상병급여였지만, 독일과 달리 정액으로 똑같은 액수를 지급하였다. 노동자들은 질병 발생 후 4일째부터 최대 26주 동안 상병급여를 지급받았는데, 처음 13주 동안은 병가를 내고 주당 10실링을 받았다. 그다음 13주 동안은 주당 5실링을 지급받았다. 하지만 후속 프로그램이 없었기 때문에 26주 급여를 모두 소진한 사람은 빈민법에 의존할 수밖에 없었다.

실업보험은 1910년 실시된 직업소개소를 보완하기 위한 목적으로 도입되었다. 상무성 장관이었던 처칠은 노동시장의 근본적 개혁을 원했고, 노동시장의 재조직화를 위해 평소 베아트리스 웹(Beatrice Webb)

이 주장했던 전국적인 직업소개망(*Labor Exchange*)의 도입을 추진해 1909년 〈직업소개소법〉(Labour Exchange Act)이 통과되었다. 이 법에 따라 1910년 61개의 직업소개소가 설치되었고, 1913년에는 430개로 확대되었다. 1911~1914년 동안 실업자들의 68%가 직업소개소에 등록하였고, 기업들은 직업소개소를 통해 인력의 결원을 충원하였다(임영상, 1983: 154). 직업소개소는 효과적으로 마찰적 실업을 줄였으나, 처칠은 실업보험을 통해 직업소개망을 보완할 필요성이 있다고 생각했다. 직업소개소가 일자리와 일자리 사이의 시간적 간격을 줄여 주었지만, 그럼에도 불구하고 여전히 시간적 간격이 있었고, 이 기간 동안 소득을 보완해 줄 실업보험이 필요하다고 생각했던 것이다(임영상, 1983: 157).

1911년 국민보험법을 통해 도입된 영국의 실업보험제도는 세계 최초의 강제가입식 국가실업보험제도였다. 1911년 실업보험은 경기순환적 실업이 자주 발생하는 산업, 예컨대 건축업, 기계공업, 제철업, 자동차 제조업, 제재업, 조선업 등을 중심으로 적용되었다. 고용주와 노동자가 각각 2.5펜스의 보험료를 부담하였고 정부는 노사보험료 합계액의 3분의 1을 부담하여 보험기금을 운영하였다. 실업이 발생되면 실업자들은 1주일간의 대기기간(*wating period*)을 거친 후 1년에 최대 15주 동안 주당 7실링을 실업급여로 수급할 수 있었다. 하지만 주당 급여액은 5주간의 보험료 총액을 초과할 수는 없었다(Gordon, 1988: 228). 실업보험료 징수와 급여행정은 직업소개소를 통해 이루어졌으며, 1913년까지 230만 명의 노동자들이 실업보험에 가입하였다.

3) 1935년 미국 사회보장법의 성립

미국에서 광범위한 사회보장제도가 도입된 계기는 1929년 대공황이었다. 1929년 미국 월스트리트에서 시작하여 전 세계적으로 확산된 대공황은 유례를 찾기 힘들게 빠르고, 깊숙이 미국 사회를 침몰시켰다. 1929년에서 1932년 사이 GNP는 874억 달러에서 417억 달러로, 산업생산지수는 110에서 57로, 임금 총액은 500억 달러에서 300억 달러로 떨어졌다. 이 여파로 실업자 수는 150만 명에서 1,200만 명으로 폭발적으로 증가했다. 수많은 미국인들은 실업과 빈곤의 깊은 나락으로 떨어졌으며, 굶주린 아이들은 도처에 깔렸다. 더 참혹한 것은 끝을 알 수 없다는 점이었다. 사실상 대공황의 여파는 1939년 제 2차 세계대전이 발발할 때까지도 극복하지 못했다. 이러한 대공황의 참상은 미국의 전통적인 개인주의적 빈곤관을 변화시켰다. 즉, 대공황은 개인의 노력으로도 극복할 수 없는 빈곤이 있다는 것을 처음으로 미국인들에게 인식시킨 계기가 되었던 것이다.

대공황에 대응하여 루스벨트(Franklin D. Roosevelt) 정부는 직접구호와 공공사업의 발주를 통해 실업을 감소시키고, 사회보장제도의 수립으로 이를 보완하는 뉴딜(New Deal) 정책을 마련하였다. 루즈벨트 정부는 1933년 〈전국산업부흥법〉을 제정하여 댐이나 교량 등의 대규모 공사를 발주하는 한편, 7개 주에 걸친 낙후지역을 현대화하는 테네시강 유역 개발사업을 실시하였다. 이는 실업 극복뿐만 아니라 민간의 유효수요를 확충함으로써 침체에 빠진 경제를 회복시키려는 목적이었다. 1935년 〈사회보장법〉도 뉴딜정책의 일환으로 추진되었다. 〈사회보장법〉은 대공황으로 도탄에 빠진 미국 저소득층을 구제함과 동시에 저소득층의 소비력을 되살려 경기 회복에 기여하는 목적으로 제정되었다.

〈사회보장법〉 제정은 1934년 6월 8일 루즈벨트 대통령이 의회에 보낸 "이번 겨울 미국 정부는 시민들의 보장성을 향상시키기 위해 사회보험제도를 중심으로 한 위대한 과업에 들어갈 것이다"(Roosevelt, 1934: 6) 라는 교서에서 시작되었다. 곧이어 6월 28일 루즈벨트는 행정명령을 통해 퍼킨스(Frances Perkins) 노동부 장관을 위원장으로 하는 '경제보장위원회'를 구성하고 구체적인 〈경제보장법안〉을 준비하도록 하였다. 〈경제보장법안〉은 1935년 3월 1일 하원 심의 과정에서 〈사회보장법안〉(the Social Security Bill) 으로 명칭이 변경되어(Sarenski, 2020: 12), 1935년 4월 19일과 6월 19일 각각 하원과 상원을 통과하였으며, 8월 14일 정식 입법으로 공포되었다.

1935년 〈사회보장법〉은 사회보험, 공공부조, 사회복지서비스, 의료서비스 등을 망라한 사회보호 조치들의 종합세트였다. 사회보장법에는 실업보험과 노령연금을 포함해서 총 9개의 사업들이 담겨 있었다. 그중 사회보험은 실업보험과 노령연금뿐이었으며, 3개는 공공부조 프로그램, 4개는 사회복지서비스 프로그램이었다. 1935년 사회보장법에 포함된 프로그램들은 ① 노령연금, ② 실업보험, ③ 노인부조, ④ 맹인부조, ⑤ 부양아동부조(ADC), ⑥ 모자보건서비스, ⑦ 장애아동서비스, ⑧ 아동복지서비스, ⑨ 공중보건사업 등이다(Cohen, 1984: 380~382).

이 중 입법과정에서 가장 크게 논쟁이 되었던 핵심사업은 실업보험이었다. 1935년 경제보장위원회에서 실업보험을 연방정부의 프로그램으로 할지 주정부의 자율적인 프로그램으로 할지 여부를 두고 장시간 논의했지만, 연방 프로그램은 위헌의 소지가 있었다. 연방정부는 세금을 부과하는 과세권을 가졌지만, 주 내 기업의 행동을 강제할 수는 없었던 것이다. 따라서 과세권을 통해 모든 주의 공동 행동을 유도하는 방안을 강구할 수밖에 없었다. 〈사회보장법〉은 4인 이상 노동자를 고용하는 고용주에게 매년 임금지불총액(*Payroll*)의 3%를 실업보험료로 부과하도록 규정하고 있다. 그러나 고용주가 연방정부가 정한 조건을 충족하는 주정부의 자율적인 실업보험 프로그램에 보험료를 납부할 경우 보험료의 90%가 면제되었다. 따라서 주정부가 운영하는 프로그램에 가입하면 연방보험료는 0.3%가 되며, 연방정부는 이를 통해 주정부의 행정비나 재정결손을 지원했다. 실업보험을 통한 연방정부의 개입을 막기 위해 주정부는 자체적인 실업보험을 운영할 수밖에 없었다. 그 결과 1937년까지 모든 주에서 실업보험이 도입되었다.

노령연금은 사회보장법에 규정된 프로그램들 중 유일하게 연방정부가 직접 운영하는 제도였다. 노령연금은 완전적립방식으로 운영되었으며, 고용주와 노동자는 각각 임금지불총액의 3%를 사회보장세(Social Security Tax) 형태로 납부하되, 처음에는 1%에서 출발하여 12년간 단계적으로 인상하도록 결정되었다. 사회보장세는 국세청이 징수하였지만, 자격관리와 연금지급을 위하여 1935년 8월부터 사회보장청(Social Security Board)이 신설되어 운영되기 시작하였다.

공공부조제도로는 노인부조, 맹인부조, 부양아동부조(ADC)가 실시되었다. 연방정부가 제시한 일정한 기준에 맞춰 주정부가 프로그램을 만들어 실시하면 연방정부는 예산의 3분의 1에서 2분의 1을 보조하는 방식으로 도입되었다. 1935년 당시 공공부조 사업에 대한 지원은 연방긴급구호청에서 담당하였다.

하지만 〈사회보장법〉을 통해 건강보험제도를 도입하려는 시도는 좌절되었다. 경제보장위원회는 처음부터 건강보험을 〈사회보장법안〉에 포함시킬 계획을 가지고 대대적인 연구 작업과 실행방안 마련에 집중하였으나, 미국의사협회는 이에 대해 총력적인 반대활동을 펼쳤다. 상원과 하원에 막대한 로비 자금이 뿌려졌으며, 미국의사협회는 건강보험이 〈사회보장법안〉에 포함될 경우 〈사회보장법안〉을 부결시키기 위해 총력을 다하겠다고 선언하였다. 이에 경제보장위원회는 일단 건강보험을 〈사회보장법안〉에서 제외시킨 후 독립입법을 통해 건강보험제도를 도입하는 방향으로 계획을 수정하였다. 하지만 독립적인 건강보험법 제정은 쉽지 않았다. 루즈벨트 대통령의 후임인 트루먼 대통령(Harry S. Truman)은 루즈벨트를 계승하기 위하여 재임기간 동안 거의 매년 〈건강보험법안〉을 의회에 상정하였으나, 미국의사협회의 총력 로비에 막혀 건강보험 도입에 실패하였다. 결국 오늘날까지도 미국은 전 국민을 대상으로 한 국가건강보험을 도입하지 못하고 있다.

3. 복지국가의 등장과 확장

1) 〈베버리지 보고서〉와 복지국가의 출범

1942년 발간된 〈베버리지 보고서〉는 복지국가의 나침반 역할을 하였다. 복지국가라는 용어마저 생소한 시기에 베버리지는 복지국가의 목표, 사회보험의 원칙, 사회보장급여의 종류와 수준, 재원조달 방법, 복지국가의 전제조건 등을 구체적으로 제시하였고, 전후 각국의 정치인들은 베버리지가 설계한 도면에 따라 사회보장 프로그램들을 도입하여 오늘날 복지국가의 기초를 닦았다. 〈베버리지 보고서〉는 모국인 영국을 뛰어넘어 전 세계의 복지국가 건설에 큰 영향을 주었다. 이에 따라 〈베버리지 보고서〉는 현대 복지국가의 원리와 사상적 전제, 나아가 그 한계를 이해하는 데 가장 필수적인 저작이 되었다.

〈베버리지 보고서〉에 따르면 전후 영국 사회가 해결해야 할 주요과제는 5대 거인, 즉 빈곤, 질병, 무지, 불결, 나태를 퇴치하는 것이었다. 하지만 〈베버리지 보고서〉는 이를 위한 포괄적 사회정책의 한 부분일 뿐이며, 오직 빈곤 퇴치를 다루고 있음을 밝혔다(Beveridge, 1942: 6). 베버리지에게 빈곤 퇴치란 모든 국민들에게 국민최저선(*national minimum*)을 제공하는 것이었다. 즉, 영국인 누구도 국민최저선 아래로 떨어지지 않도록 하여 최저생활을 보장해 주는 것을 의미하였다. 이러한 목표를 달성하기 위해 빈곤의 특성을 파악하는 것이 중요하다고 생각한 베버리지는 런던, 리버풀, 셰필드, 플리머스, 사우샘프턴, 요크, 브리스틀을 대상으로 사회조사를 했다. 그 결과 빈곤의 75

~83%는 근로소득이나 근로능력 상실에 의해 발생하며, 17~25%는 가족 수에 비한 너무 적은 소득으로 발생한다는 것을 발견하였다. 이에 따라 베버리지는 빈곤 퇴치를 위해서는 소득의 중단을 대비하는 사회보험과 가족 수의 차이를 조정하는 아동수당을 통한 이중 재분배(*double re-distribution*)가 필요하다고 판단하였다(Beveridge, 1942: 7).

하지만 빈곤 퇴치의 가장 핵심적인 수단은 빈곤의 80%를 해결할 수 있는 사회보험이었다. 베버리지는 빈곤 퇴치의 직접적 수단인 사회보장(*social security*)을 사회보험과 공공부조, 민간보험으로 설정하였다. 그러나 민간보험은 개인의 선택에 의한 추가적 성격을 갖기 때문에, 국민최저선 보장을 위한 기본급여(*basic provision*)는 사회보험과 공공부조가 담당해야 한다. 나아가 사회보험이 체계적으로 정립되어 빈곤을 예방할 경우 공공부조대상자는 축소되기 때문에 빈곤퇴치의 핵심적인 수단은 사회보험일 수밖에 없었다. 베버리지는 기존 제도를 해체하고 새로운 원칙에 따라 재조직할 것을 요구하였다. 베버리지에 의하면, 사회보장의 핵심수단인 사회보험제도는 다음과 같은 여섯 가지 원칙에 의해 재조직되어야 한다(Beveridge, 1942: 121).

첫째, 동액 급여(*flat rate of subsistence benefits*)의 원칙이다. 실업, 질병, 퇴직 등 소득 중단의 원인에 상관없이, 그리고 과거 소득의 많고 적음에 상관없이 모든 대상자에게 동액급여를 지급한다. 동액급여는 국민최저선을 기초로 지급하며, 동액급여를 지급하는 이유는 대상자들의 국민최저선 수준이 다를 이유가 없기 때문이다. 단, 보상적 성격을 가지는 산재보험은 예외로 하였다. 이에 따라 베버리지는 연령, 성별, 혼인 여부만을 반영한 동액급여를 기초로 사회보험급여를 설정하였다.

둘째, 동액 기여(*flat rate of contribution*)의 원칙이다. 즉, 소득이나 재산에 상관없이 동일한 보험료를 납부한다. 베버리지는 정액급여를 제공하지만 재분배 효과를 고려하여 소득비례 방식의 조세를 부과하는 뉴질랜드 방식을 명시적으로 거부하였다. 이는 베버리지가 평등의 원칙보다 공평의 원칙을 중시하는 자유주의자임을 보여 주는 한 단면이다. 똑같이 받으면 똑같이 내는 것이 공평한 것이다.

셋째, 행정책임 통합의 원칙이다. 1911년 국민보험법 이후 사회보험의 행정은 서로 상이한 중앙부처, 지방당국, 각양각색의 협회나 조합들에 의해 운영되었는데, 이는 인력과 재원 면에서 다양한 비효율을 창출하였다. 베버리지는 사회보장부(Ministry of Social Security)를 신설하여 통합보험료를 한 개의 기금으로 관리하고, 지방마다 단일한 행정국을 설치하여 모든 피보험자를 포괄하도록 제안하였다.

넷째, 급여 충분성(*adequacy of benefits*)의 원칙이다. 급여수준과 급여지급기간은 충분한 정도로 제공되어야 한다는 것이다. 과거의 사회보험 급여수준은 모두 급여 충분성에 미달하고 있으며, 급여지급기간에 제한이 존재하였다. 베버리지가 제안한 동액급여의 수준은 국민최저선에 충분하도록 제공되어야 하며, 실업이나 질병 등 소득 중단 사유가 지속되는 한 급여는 무기한으로 제공되어야 한다고 제안하였다.

다섯째, 포괄성의 원칙이다. 이는 두 측면으로 나뉘는데, 먼저 사회보험은 모든 사회적 위험을 포괄해야 한다. 즉, 실업, 질병, 노령뿐 아니라 부양자의 상실, 장례, 혼인, 출산 등과 같은 비정상적 지출의 경우도 사회보험의 틀 내에서 포괄해야 한다. 그다음으로 사회보험은 전국민을 포괄해야 한다. 즉, 지금까지 사회보험에서 제외되었던 모든 계층들에게 보험이 확대되어야 한다는 것이다.

여섯째, 피보험자 구분(*classification*)의 원칙이다. 사회보험은 모든 국민을 포괄하지만 국민들의 상이한 생활방식을 고려하여 몇 개의 범주로 나누어 접근해야 한다. 베버리지는 상이한 생활방식에 따라 다음과 같은 여섯 가지의 인구집단으로 구분하였다. ① 피고용인, ② 고용주 및 독립노동자, ③ 전업주부, ④ 주로 학생이나 가사노동에 종사하는 미취업 여성을 의미하는 16세 이상의 비취업자(*others of working age*), ⑤ 16세 미만의 취업연령 미달자, ⑥ 취업연령을 초과한 퇴직자 등이다. 베버리지는 6개 집단의 속성에 따라 관리 방법, 급여의 종류, 보험료 납부 방법 등을 구분하여 설명하였다(Beveridge, 1942: 125~127).

이상과 같이 베버리지는 사회보험의 6대 원칙을 제시하여 기존 사회보험들을 해체하고 새로운 원칙에 의거하여 재조직할 것을 제안하였다. 그러나 베버리지는 6대 원칙에 따라 사회보험제도가 재탄생되더라도 소득보장만으로 모든 국민들의 국민최저선을 보장하는 데는 불충분하며, 다음과 같은 세 가지 전제조건이 더 필요하다고 주장하였다.

첫째, 15세까지의 아동, 그리고 교육을 받고 있을 경우 16세까지의 아동에 대한 아동수당이 필요하다. 베버리지가 아동수당을 강조한 이유는 국민최저선의 보장에 있어 임금이나 사회보험만으로는 가족 수의 차이를 조정할 수 없기 때문이다.

둘째, 사회의 모든 구성원에게 제공되는 보편적 의료서비스 및 재활서비스가 필요하다. 이를 통해 국민들이 건강을 유지한다면 사회보장에 대한 필요(*needs*)도 크게 감소할 것이며, 재정지출도 감소할 것이다.

셋째, 고용의 유지, 즉 완전 고용의 달성이다. 완전 고용은 베버리지의 계획을 뒷받침하는 가장 중요한 전제조건이었는데, 완전 고용은 보험료 수입을 증가시켜 사회보장제도의 재원을 늘림과 동시에 실업급여나 공공부조의 지출을 감소시킴으로써 재정안정을 제공하기 때문이다. 완전 고용이 전제되지 않는다면 지금까지 설명한 베버리지의 구상은 재정위기에 직면할 위험성이 높기 때문에, 지속가능하지 않다.

〈베버리지 보고서〉는 출판과 동시에 영국을 열광시켰다. 정부간행물로는 유례없이 완본 25만 6천 부, 요약본 36만 9천 부의 판매고를 기록하였으며, 좌우를 막론하고 대대적인 환영을 받았다. 그러나 정작 처칠 총리는 전쟁 후의 상황이 불투명한데 비현실적인 기대감만 키운다며 탐탁지 않게 생각했으며, 재무성 장관이었던 우드(Kingsley Wood)는 종전 후 〈베버리지 보고서〉의 실행을 위한 재정 조달이 회의적임을 표현하였다. 이와 같이 전시내각의 핵심 리더들이 탐탁지 않은 반응을 보였음에도 불구하고 그린우드의 후임 무임소 장관인 조위트(William Jowitt)는 1943년 4월 행정부가 〈베버리지 보고서〉의 시행을 검토하도록 지시하였다. 이에 따라 1944년 2월 《국민보건서비스에 대한 백서》, 5월 《고용에 대한 백서》, 10월 《사회보험에 대한 백서》와 《산업재해에 대한 백서》가 잇따라 출간되었다(김상균, 1987: 176).

1945년 4월 30일 독일 히틀러가 자살하면서 유럽의 제 2차 세계대전은 사실상 끝났다. 영국에서 전시연립내각은 해체되었고, 전쟁을 이유로 10년 동안 미뤄졌던 총선이 1945년 7월 5일 실시되었다. 대부분의 국민들은 전쟁영웅 처칠이 이끄는 보수당의 압승을 예상했으나, 예상을 깨고 애틀리(Clement Attlee)가 이끄는 노동당이 의석의 61.4%를 획득하는 압승을 거두었다. 노동당은 산업의 국유화, 국가 주도의 경제복구, 국민보건서비스(NHS)의 도입 등 구체적인 미래 재건계획을 제시하여 '미래'를 외친 반면, 보수당은 81%에 달했던 처칠의 개인적 인기에 취해 별다른 비전을 제시하지 않고 상대 정당에 대한 비방에만 열중한 결과였다.

베버리지의 주요 프로그램들을 공약으로 내걸었던 노동당 정부는 1945년 〈가족수당법〉, 그리고 1946년 〈국민보험법〉과 〈국민보건서비스법〉, 1948년 〈국민부조법〉(National Assistance Act) 등 베버리지

〈표 2-2〉 주요국들의 GDP 대비 사회보장비 지출(1960~1975)

단위: %

국가	GDP 대비 사회복지비			
	1960년	1965년	1970년	1975년
캐나다	12.1	13.6	18.7	21.8
프랑스	-	-	-	24.2
독일	20.5	22.4	23.5	32.6
이탈리아	16.8	20.1	21.4	26.0
영국	13.8	16.2	18.5	22.4
미국	10.9	12.3	15.7	20.8
호주	10.2	11.0	11.5	18.8
오스트리아	17.9	19.7	21.6	24.5
벨기에	17.6	21.4	25.2	34.5
덴마크	-	-	26.2	32.4
핀란드	15.4	17.7	19.9	23.3
그리스	8.4	10.1	10.9	10.6
아일랜드	11.7	11.8	17.1	23.1
네덜란드	16.2	25.7	29.1	37.1
뉴질랜드	13.0	12.7	12.7	16.3
노르웨이	11.7	15.8	22.5	26.2
스웨덴	15.4	18.6	23.0	26.8
스위스	8.0	10.3	12.6	19.1

자료: 김태성 · 성경륭, 1993: 248.

의 계획을 하나하나 입법화하면서 본격적인 복지국가의 출범을 알렸다. 유럽의 주요 국가들도 복지국가 도입에 동참하여 영국과 유사한 사회보장제도들을 확충하기 시작하였다. 여기에 1950~1960년대 세계경제의 안정적 성장이 뒷받침되면서 사회보장지출은 급격하게 팽창되었다. 전후 주요국들의 GDP 대비 사회보장지출비용 증가 추이는 〈표 2-2〉와 같다. 〈표 2-2〉에 의하면 1960년대 주요 국가들에서 GDP 대비 사회보장지출은 이미 10%를 넘어섰으며, 1975년에 이르면 20~30% 수준으로 상승하였다.

이러한 사회보장지출의 비약적 증가에는 모든 사회보장 프로그램의 확장이 기여하였지만, 특히 이층체계 연금 구축을 통한 공적연금제도의 확장과 의료서비스 발전에 따른 의료보장의 확대가 가장 크게 기여하였다.

2) 전후 공적연금제도의 확장

전후 복지국가의 출범과 함께 공적연금은 크게 팽창하였다. 팽창과정을 한마디로 요약하면 이층체계(*two tiered systems*) 연금의 구축이라고 할 수 있다(Gordon, 1988: 44). 공공부조 방식으로 공적연금을 시작한 국가들은 전쟁이 끝난 후 예외 없이 보편적인 기초연금으로 전환하였다. 스웨덴, 노르웨이, 캐나다, 핀란드, 덴마크, 영국, 그리고 1938년에 이미 보편적 연금으로의 전환을 완료한 뉴질랜드 등이 여기에 해당된다. 나아가 뉴질랜드를 제외하고 여기에 속한 모든 국가들은 20세기 중반 사회보험 방식의 '소득비례연금'을 도입하였다. 즉, 기초연금과 소득비례연금의 이층체계 연금을 운영한 것이다. 반면 독일과 같이 처음부터 소득비례연금으로 공적연금을 도입한 국가들은 최저소득보장 장치들을 추가하기 시작하였다. 이는 주로 연금수급 자격이 없거나 연금액이 낮은 사람들에게 자산조사에 의해 수당이나 보충급여를 지급하는 방식으로 운영되었다. 따라서 소득비례 사회보험국가들도 전후 소득비례연금과 최저소득보장의 이층체계로 공적연금제도를 운영하였다. 이러한 공적연금의 이층체계화는 공적연금 지출을 빠른 속도로 팽창시켜 복지국가 확대의 주요 원인으로 작용하였다.

1946년 스웨덴은 기초연금(AFP)을 도입하여 공공부조 방식에서 보편적 연금체계로 전환하였다. 시민권을 기초로 한 보편주의적 복지체계를 구축한다는 이상에 의거하여 자산조사를 완전히 철폐한 공적연금 개혁안은 의회에서 만장일치의 지지를 받았다. 자산조사로 인해 낙인(*stigma*)을 받고 있던 저소득층이나 새로 급여를 받게 되는 중산층 이상의 계층들은 반대할 이유가 없었다(주은선, 2004: 30). 영국도 〈베버리지 보고서〉에 따라 1946년 〈국민보험법〉을 제정하여 사회보험 방식의 기초연금을 도입하였다. 65세 이상의 남성과 60세 이상의 여성을 대상으로 매주 26실링의 정액급여를 지급하였으며, 부부의 경우에는 42실링으로 조정되었다. 캐나다는 1951년 기존의 노령연금법을 〈노인보장법〉과 〈노인부조법〉 체계로 이원화하였고, 〈노인보장법〉은 20년 이상 캐나다에 거주한 70세 이상의 모든 노인들에게 월 40달러의 연금을 지급하는 보편적 연금체계로 운영하였다. 반면 〈노인부조법〉은 65세에서 70세 미만의 저소득 노인들을 자산조사를 통해 선별하여 〈노인보장법〉과 마찬가지로 40달러를 지급하는 공공부조입법이었다.

공공부조제도로 공적연금을 시작한 국가들이 1945년 종전 이후 예외 없이 보편적 연금체제로 전환한 데에는 시민권의 신장이 크게 기여하였다. 공공부조제도는 수급자를 낙인찍어 수치심을 줌으로써 인간의 존엄성을 훼손하는 단점을 가진다. 종전 후 대부분의 국가에서 수급자의 인권에 관심이 커지면서 엄격한 자산조사에 대한 폐지 여론이 높아, 자산조사형 공적연금제도는 순차적으로 보편적 연금으로 대체되었다. 그러나 보편적 연금은 지급대상의 규모가 크기 때문에 급여수준이 높지 않다는 한계가 있었다(김태성, 2018: 366). 나아가 전후 진행된 자본주의의 고도성장 국면은 국민들의 실질소득 향상과 인플레이션을 가져왔으며, 보편적 정액연금의 가치를 크게 하락시켰다. 연금의 가치가 하락하자 연금수준에 불만을 가진 중산층 이상 계층들은 노사 간 단체협약에 의한 협약연금이나 개인연금을 통해 부족분을 보충하였고, 대기업들은 기업복지 차원에서 기업연금을 지급하기 시작하였다. 그러나 민간연금에 가입할 여력이 부족한 중하층 노동자들은 노동조합을 중심으로 소득비례연금의 도입을 요구하기 시작하였다.

소득비례연금 도입을 선도한 것은 스웨덴이었다. 스웨덴은 1959년 공적소득비례연금(ATP)을 도입하여 기초연금(AFP)을 보완하였는데, ATP의 도입은 국민투표에 부쳐질 정도로 뜨거운 정치적 논쟁을 겪었다. 1946년 도입된 AFP의 가치하락이 급속하게 진행되자 스웨덴경영자연합은 화이트칼라 노동자들에게 협약연금을 제공하였고, 이를 블루칼라 노동자에게 확대하는 방안을 제안하였다. 이에 대해 보수당과 자유당은 찬성하였으나, 사회민주당과 스웨덴 생산직노조는 반대하였고, 대신에 보편적인 ATP의 도입을 대안으로 내세웠다. 반면 농민들을 지지기반으로 하는 중앙당은 기초연금 강화방안을 선호하였다. 세 가지 안이 국민투표에 부쳐졌고, ATP 도입안은 다수의 지지(45.8%)를 받았으나, 과반수에 미달하였다. 결국 의회 해산, 재선거 등의 과정을 거쳐 ATP는 극적으로 의회를 통과하여 스웨덴은 AFP와 ATP의 이층체계 연금을 확립하게 되었다(주은선, 2004: 31~32).

협약연금 대신 보편적인 공적연금을 선택한 스웨덴과 달리 영국은 광범위한 협약연금을 허용한 채로 소득비례연금을 도입하였다. 영국은 1959년 국민보험법 개정을 통해 1961년부터 소득비례연금(GRP: Graduated Retirement Pension)을 도입하였으나, 적용대상소득은 주당 9파운드에서 15파운드로 제한되어 상한선은 기초액의 1.7배에 불과하였다. 이에 따라 1파운드 안팎의 매우 낮은 수준의 소득비례연금을 지급하였다. 나아가 가입자는 계약제외(*contract-out*)를 선택하여 협약연금을 선택할 수 있었다. GRP는 1978년부터 좀 더 보험료율과 급여수준이 상향 조정된 법정소득비례연금(SERPS: Statutory Earnings Related Pension Scheme)으로 대체되었다. 스웨덴과 영국에 이어 보편적 연금제도를 시행하고 있던 캐나다(1965), 핀란드(1961), 노르웨이(1966) 등이 소득비례연금을 도입하였으며, 덴마크(1964)의 경우 소득비례 형태는 아니지만 가입기간에 따라 연금액이 증액되는 방식의 보충연금을 운영함으로써, 보편적 연금의 부족분을 채웠다.

한편 독일, 프랑스, 오스트리아 등과 같이 처음부터 사회보험형의 소득비례연금으로 출발한 국가들은 최저소득보장 장치들을 강화함으로써 이층체계를 구성하기 시작하였다. 사회보험제도는 조세 조항이 적고, 재정을 가입자들과 분담하기 때문에 짧은 시간 안에 재원 조성이 가능하며, 높은 수준의 급여를 제공할 수 있다는 장점을 가진다. 그러나 급여수준과 기여수준이 연계되어 있기 때문에 소득재분배의 측면에서 한계를 가지며, 기여 능력이 없거나 미약한 저소득층의 경우 연금대상에서 제외되거나 낮은 연금을 받게 되는 문제를 발생시킨다. 이에 사회보험 방식을 채택한 국가들은 제 2차 세계대전이 끝난 후 저소득층에게 적절한 연금을 보장하는 방향으로 연금제도를 보완하였다.

3) 전후 의료보장 지출의 팽창

복지국가의 출범과 함께 의료보장 지출은 크게 상승하였다. 이는 크게 두 가지로 설명된다. 첫째, 국가가 직접 공급하며, 일반 조세로 운영하는 보편적 의료서비스가 등장하였다. 영국의 보편적 의료 프로그램인 국민보건서비스(NHS: National Health Service)의 이름에 착안하여 통상 NHS 방식이라고 일컬어지는 보편적 서비스 방식은 1926년 사회주의 국가였던 소련에서 도입되었으며, 자본주의 국가에서는 1938년 뉴질랜드에서 처음으로 도입되었다. 이후 영국, 스웨덴, 덴마크, 호주 등으로 확산되었다. NHS 방식의 국가들은 무상이나 소액의 본인부담금으로 의료서비스를 제공하여 의료보장비용을 높였을 뿐만 아니라 상대적인 비교를 통해 건강보험 국가들의 보장률을 견인하여 상승시키는 역할을 하였다. 이를 통해 복지국가 출범 이후 각국의 의료보장 지출은 크게 상승하였다.

둘째, 전후 눈부신 의학의 발전이 이루어지면서 의료비용이 크게 증가하였다. 전쟁 전후로 발견된 페니실린(1941)과 스테로이드(1949)는 수많은 질병의 치료에 기여하였다. 이에 따라 제 2차 세계대전 이전에는 의사들이 항상 마주치지만 고칠 수가 없었던 소아마비, 결핵, 디프테리아, 콜레라, 류머티즘성 관절염 등 감염에 의한 거의 모든 질병에 대한 치료가 가능해졌다. 나아가 수술기법의 발달은 과거 꿈도 못 꾸던 개심술, 장기이식수술, 고관절 치환술 등을 가능하게 하여 인간의 수명을 연장시키는 데 크게 기여하였다. 내시경이나 CT, MRI 같은 첨단 진단장비의 개발은 오진의 가능성을 획기적으로 줄였으나, 의료비용의 막대한 증가를 가져왔다. 치료 가능성이 높아지자 많은 사람들이 의료기관을 방문하기 시작하였고, 특히 고혈압과 당뇨의 발견은 몸이 아픈 사람뿐만 아니라 몸이 건강하다고 느끼는 사람들조차 의사를 찾게 만듦으로써 수진율을 급등시켰다.

이와 같이 의료기술, 의료인력, 의료장비, 의료시설, 의약품 등 제반 영역에서 진행된 전문화와 고가화는 그 자체만으로도 의료비용을 크게 증가시켰다. 하지만 더 중요한 것은 인간의 수명을 연장시켜 급속한 인구고령화를 야기했다는 것이다. 노인의료비 지출이 급증하면서 각국의 의료비 지출은 통제가 쉽지 않을 정도로 상승하였다.

4. 복지국가의 조정과 재편

1970년대 오일쇼크를 계기로 세계경제가 침체로 들어서자 복지국가의 황금기는 위기를 맞게 된다. 즉, 전후 약 30년간 지속된 사회보장제도의 팽창은 정체되었고 어떤 국가들의 사회보장제도는 축소되기도 하였다. 나아가 지난 30년간 사회보장제도의 팽창에 주도적 역할을 담당했던 사회민주주의 정당에 대한 지지도가 1980년대와 1990년대 중반까지 눈에 띄게 하락하였다. 1990년대 중반 이후 집권한 사회민주주의 정당들도 맹목적으로 사회보장 프로그램의 확대에 전념하던 과거의 모습이 아니었다. 오히려 미국 클린턴 민주당 정부와 영국의 블레어 노동당 정부는 공공부조제도 개혁을 통해 근로연계성(*workfare*) 복지의 강화에 앞장섰다. 비록 보수주의 정당들처럼 맹목적인 복지국가 축소를 지향하는 것은 아니지만, 사회민주주의 정당들도 팽창 일변도로 진행된 복지국가의 확장으로 인해 부작용이 나타났으며, 이에 대한 개선과 재편이 필요하다는 것을 인정하는 기류이다. 나아가 복지국가의 팽창을 뒷받침해 줬던 지속적인 경제성장과 완전 고용이 더 이상 가능하지 않기 때문에 복지국가의 지속가능성을 위해서는 어느 정도의 재편이 불가피하다는 인식도 더해진 것으로 보인다.

복지국가의 재편에 따라 사회보장제도는 최근까지 상당한 변화를 겪고 있는데, 대표적인 변화는 다음과 같다.

첫째, 인구고령화와 저성장 국면이 지속되면서 대부분의 국가들은 연금재정의 위기를 맞고 있다. 이에 따라 공적연금제도의 개혁은 오늘날 사회보장제도에서 가장 중요한 이슈가 되었다.

둘째, 국가 중심의 의료공급 체계는 NHS 제도의 비효율을 창출하였다. 봉급제와 인두세 지불방식을 적용받았던 의료진의 인센티브 저하는 만성적인 대기 환자의 문제를 초래하였고, 이는 국민들의 불만을 높임으로써 복지국가의 지지도를 하락시키는 주요원인으로 작용하였다. 이에 따라 NHS의 효율성을 증진시킬 수 있는 시장화나 민간자본의 도입 등이 추진되고 있다. 이러한 경향은 보수주의 정당에서 주로 추진되었지만, 사회민주주의 정당에서도 유지되고 있다.

셋째, 완전 고용의 시대가 지나고 고실업이 일반화되자 복지국가들은 과거의 실업급여를 축소하고 적극적 노동시장정책을 중심으로 고용정책을 재구성하고 있다. 기본생활보장에서 고용보장으로 정책의 패러다임이 전환된 것이다.

넷째, 고용 중심의 패러다임은 공공부조에도 적용되었다. 주로 영미권 국가들을 중심으로 공공부조제도의 의존성 문제를 심각하게 인식하였고, 공공부조의 수급조건으로 근로 의무를 부과하는 활성화 정책을 확대하고 있다.

이 장에서는 최근 복지국가의 재편경향을 공적연금제도의 개혁과 공공부조제도의 근로연계성 강화를 중심으로 살펴볼 것이다. 적극적 노동시장정책의 확대에 대해서는 이 책 6장을 참조할 수 있으며, 의료서비스의 민영화 문제와 최근까지 이슈가 되고 있는 오바마 케어에 대해서는 이 책 5장을 참조할 수 있다.

1) 공적연금의 개혁

전후 복지국가의 출범과 함께 크게 팽창된 공적연금제도는 1970년대 경제위기를 계기로 축소를 지향하는 재편기에 들어섰다. 재편의 이유는 크게 두 가지이다. 먼저, 전후(戰後) 지속된 인구고령화의 문제이다. 노인인구 비율의 증가는 기본적으로 세대 간 재분배를 기초로 한 연금제도에서 은퇴세대를 부양해야 하는 노동세대의 부담을 크게 증가시켰다. 이는 세대 간 갈등을 초래하고 세대 간의 암묵적 합의가 파기될 위험성을 높임으로써 연금제도의 지속성을 위협하였다. 둘째, 자본주의의 역사적 성장국면이 끝났다는 것이다. 20년 이상 안정적으로 지속된 자본주의의 황금기는 1970년대 중반 스태그플레이션으로 막을 내렸고, 세계 자본주의는 저성장 국면에 돌입하였다. 많은 국가들은 실질소득의 상승과 완전 고용을 통해 낮은 보험료율로도 노인들의 연금을 지급할 수 있는 재정수입을 마련할 수 있었지만, 더 이상 이러한 지원을 기대하기 힘들어졌다.

1990년대부터 본격적으로 진행된 연금개혁의 초점은 재정안정화에 맞추어졌다. 연금개혁은 크게 모수적 개혁(*parametric reform*)과 구조적 개혁(*structural reform*)으로 구분될 수 있다(양재진 · 민효상, 2008: 96~97). 모수적 개혁이란 기존 공적연금체제의 기본 구조를 유지하면서 보험료율, 급여수준, 수급개시 연령, 의무가입 기간 등 미시적 변수들을 재조정하는 개혁 방식이다. 반면, 구조적 개혁은 현행 연금체제의 틀을 바꾸는 개혁으로, 확정급여 방식에서 확정기여 방식으로 전환하거나 적립방식에서 부과방식으로 전환하는 등의 개혁을 의미한다(권혁창 · 정창률, 2015: 94). 1990년대 이후 구조적 개혁에 성공한 대부분 국가들은 연금체제를 명목확정기여방식(NDC: Notional Defined Contribution)으로 전환하였는데, 이는 부과방식을 유지하면서 확정기여방식의 요소를 결합하는 형태이다.

많은 국가들은 재정위기 국면을 맞아 1980년대부터 모수적 개혁을 통해 수지불균형을 해소하는 전략을 취했다. OECD 국가들이 채택한 주요 모수적 개혁방법은 연금수급 연령의 상향조정, 보험료율의 인상, 연금수급 요건의 강화, 물가연동장치의 변경, 급여산정방식의 변경 등으로 제시될 수 있다(권혁창 · 정창률, 2015: 94).

연금수급 연령의 상향조정은 수급자들의 생애기간 중 연금수급 기간을 줄임과 동시에 보험료 납부기간을 늘림으로써, 상당한 재정절감효과를 갖는다. 미국, 독일, 덴마크, 이탈리아, 캐나다, 프랑스 등의 국가들이 연금수급연령을 65세에서 67세로 상향조정하였으며, 뉴질랜드도 60세에서 65세로 조정하였다.

보험료율 인상은 연금재정의 안정성을 높일 수 있는 직접적 대안이지만, 이미 OECD 국가들의 연금 보험료율이 20%를 넘고 있는 상황에서 정치적으로 수용되기 쉽지 않은 대안이었다. OECD 주요 국가들 중에서 1998~2018년의 20년 동안 보험료를 상향조정한 국가는 영국, 프랑스, 핀란드 등 일부 국가에 불과했다.

연금수급 요건의 강화는 조기퇴직연금의 수급요건을 강화하거나 완전연금의 수급조건을 강화하여 연금수급 기간을 감소시켜 연금수급 연령의 상향과 같은 재정효과를 기대하는 조치이다. 독일, 덴마크, 벨기에, 영국, 오스트리아, 프랑스, 핀란드 등이 채택했던 모수적 개혁 조치였다(권혁창 · 정창률, 2015: 94).

물가연동장치의 변경은 인플레이션에 따른 연금가치의 하락을 방지하기 위해 도입된 물가연동장치의 인덱스를 임금변동률에서 물가변동률로 변경하는 조치를 의미한다. 경험적으로 임금상승률이 물가상승률보다 높기 때문에, 이러한 변경은 연금 인상폭을 억제하여 재정 절감을 꾀할 수 있다. 독일, 노르웨이, 스위스, 오스트리아, 이탈리아, 핀란드 등의 국가들이 채택하였다(권혁창 · 정창률, 2015: 94).

급여산정방식의 변경은 급여산정 시 소득산정 방식, 과거 소득의 재평가율, 자동조정장치의 도입 등과 같이 급여액 산정방법에 변화를 주는 것이다. 예컨대, 스웨덴은 소득이 가장 높았던 15년간의 소득으로 연금액을 산정했지만, 1998년 개혁을 통해 생애전체소득으로 변경하였다. 2004년 독일은 인구고령화율이 클 경우 자동적으로 급여수준에 반영되도록 하는 지속가능성 계수를 급여산정방식에 도입하였다.

반면 스웨덴을 비롯한 이탈리아, 폴란드, 라트비아, 노르웨이는 기존 연금체계의 틀을 완전히 깨고 명목확정기여방식을 도입하는 구조적 개혁을 단행하였다. 연금의 재정불안정을 완전하게 해소할 수 있는 대안은 확정기여방식으로 운영되는 적립방식의 관리체계로 전환하는 것이다. 그러나 이미 수십 년간 부과방식으로 운영되어 온 시스템을 단기간에 적립방식으로 전환하는 것은 쉽지 않다.

이에 따라 스웨덴이 채택한 방식은 명목확정기여방식이었으며, 이는 과거와 같이 부과방식을 유지하되, 확정기여 방식과 같이 개인이 납부한 보험료와 급여수준을 강하게 연계시키는 운영방식이었다(주은선, 2004: 33). 급여액은 확정기여 방식으로 정해지지만 실제 보험료는 적립되지 않고 명목상으로만 기록된다. 즉, 실제 개인계정에 보험료가 적립되고 투자수익이 더해지는 것이 아니라, 개인의 명목계정에 가상으로 귀속되고, 그 가상금액에 이자를 더해 연금을 산정하는 것이다. 실제 적립방식으로 전환이 불가능한 상황에서 취할 수 있는 현실적인 대안이었던 것이다.

1970년대 경제위기에서도 안정적 성장을 유지했던 스웨덴 경제는 1990년대에 들어서자 금융위기를 겪으면서 극심한 경기침체에 빠졌다. 1993년 스웨덴의 성장률은 -2.1%를 기록하였으며, 1988년 1.8%였던 실업률은 8.2%로 급증하였다. 정부재정은 GDP의 12.3%에 달하는 적자를 기록하였다. 이에 따라 보편적인 복지국가의 유지가능성에 대한 의문이 제기되었고, 복지국가 프로그램 중 가장 큰 비중을 차지하던 연금에 대한 개혁 논의가 시작되었다(김영순, 2005: 12). 1998년 연금개혁에 의해 기초연금(AFP)과 소득비례연금(ATP)의 이원체계로 운영되던 기존의 스웨덴 연금체계는 완전히 해체되었다. 그 자리에 들어선 것은 NDC 방식의 소득비례연금, 민간연금위탁 개인계정, 최저보장연금이었다(주은선, 2004: 33).

먼저 보편적 기초연금이었던 AFP는 최저보장연금이라는 공공부조 프로그램으로 대체되었다. 둘째, 가입자들의 연금보험료인 18.5% 중 2.5%는 민간연금위탁 개인계정을 통해 민간금융회사의 연금펀드에 투입되었고, 연금펀드의 성과에 따라 연금이 지급되었다. 공적연금의 일부가 민간펀드의 운영실적에 의해 결정되는 것으로, 1998년 스웨덴 연금개혁은 연금의 부분민영화(*partial privatization*)를 의미했다. 개혁의 핵심인 NDC 방식의 소득비례연금의 급여는 다음과 같이 산정되었다.

먼저 보험료 납부기간의 GDP 성장률, 임금증가율 등을 고려하여 각각 연금계정의 가상적립액을 총보험료납부액에 따라 계산한다. 이어 가상 적립액을 추정사망률, 기대여명, 미래 연금액 할인에 사용되는 추정이자율 등의 요소로 나누어 연금액을 결정한다. 이렇게 결정한 연금액은 경제성장률에 따라 계속 조정한다. 즉, 각자의 연금액은 생애소득, 퇴직연령, 경제상황, 인구학적 상황에 의해 결정된다(주은선, 2004: 34~35). 결국 NDC 방식은 인구고령화와 경기침체 같은 재정불안정 요인들을 연금산정 과정에 반영하여 연금의 지속가능성을 높이는 조치였다.

스웨덴에 이어 이탈리아, 폴란드, 라트비아가 곧바로 NDC 개혁에 동참하였고, 2007년 노르웨이도 NDC 개혁에 성공하였다. 구조적 개혁은 기존 제도로부터의 급격한 이탈을 의미하기 때문에, 기존 제도를 중심으로 구조화되어 있는 수많은 이해관계를 극복해야 한다. 따라서 개혁을 시도하는 것 자체가 쉽지 않다. 그러나 인구고령화와 저성장 국면이 계속되는 한 모수적 개혁은 한계에 부딪칠 공산이 크기 때문에, 연금제도에 대한 구조적 개혁은 앞으로도 계속 시도될 것으로 전망된다.

2) 공공부조의 근로연계성 강화

적극적 노동시장정책의 확장은 실업급여 수급자들에게만 적용된 것이 아니었다. 고용중심적 접근은 공공부조 수급자들에게도 적용되었으며, 대부분의 국가에서 근로연령층의 공공부조 수급자들은 과거 빈민법 시절처럼 근로의무를 부과받았다. 근로의무를 보통 '근로연계복지'(*workfare*) 또는 '활성화정책'(*activation policy*) 등으로 부르는데, 복지국가 위기 이후 공공부조제도는 근로연계복지의 방향으로 재편되었다. 1970년대 경제위기가 시작되자 공공부조 수급자 수와 재정지출은 크게 증가하기 시작하였다. 이에 복지국가들은 대대적인 공공부조제도 개혁에 나서게 되었는데, 유난히 근로유인에 관심이 높은 미국과 영국은 그 선봉에 섰다.

미국의 공공부조 개혁은 1996년 클린턴 정부의 복지개혁으로 집약된다. 1992년 대선에서 민주당의 클린턴 후보는 "우리가 알고 있는 복지의 종식" (Ending Welfare as We Know It) 을 슬로건으로 대대적인 공공부조제도 개편을 예고하였다. 클린턴 대통령의 초기 구상은 2년간 급여를 받은 복지수급자는 취업을 위해 노력해야 하고, 취업되지 않을 경우 지역사회의 근로활동에 참여하는 것을 의무화하는 내용이었다(Ellwood, 2001; 황덕순 외, 2002: 95). 나아가 클린턴 정부는 과거의 WIN 프로그램이나 JOBS 등의 근로연계복지들이 수급자를 훈련시킨 후 저임금 노동시장에 방치함으로써 취업자들을 열악한 일자리에 몰아넣거나 취업을 기피하게 만들어 실패로 끝났다는 교훈을 토대로 충분한 보수지불(*make work pay*) 정책을 병행하여 추진하였다. 이에 따라 클린턴 정부는 1993년 EITC의 급여수준을 대폭 개선하였고, 1996년과 1997년 두 차례에 걸쳐 최저임금 수준을 시간당 5.15달러로 인상하였다.

그러나 상원과 하원을 모두 장악하던 공화당이 복지개혁에 가세하면서 복지개혁은 클린턴 대통령이 생각했던 것보다 급진적인 개혁으로 변화되었다. 결국 복지개혁은 공화당을 중심으로 진행되었으며, 1996년 제정된 〈개인의 책임과 취업기회 조정법〉(PRWORA: Personal Responsibility and Work Opportunity Reconciliation Act) 은 클린턴의 초기구상보다 공화당의 입장을 더 많이 반영하였다.

이 법의 가장 큰 특징은 1935년부터 시행되던 부양아동가족부조(AFDC)를 1997년 폐지하고, 그 자리를 일시가족부조제도(TANF: Temporary Assistance for Needy Families)가 대체한 것이다. AFDC로부터 TANF로의 전환이 가져온 가장 큰 변화는 수급자들의 평생 TANF 수급기간이 5년으로 제한된 것이었다. AFDC는 연방정부가 정한 자격요건을 충족시키는 한, 수급기간에 제한이 없었다. 그러나 TANF는 생애기간 중 최대 5년만 받을 수 있는 임시적 급여였으며, 누구에게도 수급권을 보장하지 않았다(황덕순 외, 2001: 100). 만약 주정부가 5년 이상 수급기간을 부여할 경우, 초과분에 대한 재원은 전적으로 주정부가 부담해야 한다.

나아가 주정부는 TANF 수급자가 급여를 수급한 후 24개월 이내에 근로활동에 참여하도록 요구해야 하며, 2002년까지 근로활동에 참여하는 수급자 가구의 비중을 50%까지 높이도록 했다. 특히, 양부모 가구는 이 비율을 1999년까지 90% 이상으로 올려야 한다. 이에 따라 한부모 가구는 주당 20시간 이상, 양부모 가구는 주당 35시간 이상 근로활동을 해야 했다. 근로활동이 여의치 않을 경우 직업훈련이나 현장실습, 지역사회 봉사활동 등에 참여해야 하지만, 이러한 활동에 참가하는 수급자는 전체의 20% 이내로 제한되었다(황덕순 외, 2001: 102; 김환준, 2003: 134). 근로활동 참여가 면제되는 경우는 1세 미만의 자녀가 있거나 6세 미만의 자녀가 있는 한부모가 보육시설을 찾지 못한 경우로 제한되어 상당히 엄격하게 운영되었다.

연방정부의 주정부에 대한 TANF 지원은 총괄보조금(*block grant*)로 제공되었다. 주정부에 제공되는 연방정부의 총괄보조금은 1996년부터 2003년까지 매년 164억 달러 수준으로 고정되었다. 주정부가 총괄보조금을 받기 위해서는 1994년도 AFDC 지출비용의 80% 이상을 TANF에 계속 투입해야 한다.[1] 하지만 이 비율은 앞에서 언급한 수급자들의 근로활동참여율이 목표를 충족하면 75%로 낮아진다. 총괄보조금은 수급자 수의 감축과 복지 지출의 절감을 유도하기 위해 기획된 것이었다. 과거 매칭시스템(*matching*)에서는 수급자 수와 복지급여가 증가할 경우 자동적으로 연방지원금도 증가하여 복지를 확대하는 쪽으로 작용하였으나, 총괄보조금시스템에서는 총괄보조금 이외에 다른 보조금은 엄격하게 제한되었다. 이에 따라 연방정부의 지출은 제한되며, 주정부의 경우 복지 지출을 절감할 경우 여유자금을 운영할 수 있게 되므로 수급자 수의 감축에 강한 유인을 갖는다(황덕순 외, 2001: 99).

또한 PRWORA는 빈곤아동의 아버지에 대해 부양의무를 강화하거나, 10대 미혼모의 TANF 수급요건을 강화하여 10대 임신과 출산을 억제하려고 하였다. 나아가 마약 전과자나 이민자의 TANF 수급자격을 강화했는데, PRWORA는 합법 이민자라도 미국에 입국한 지 5년 미만의 영주권자에게는 연방정부의 재원으로 TANF 급여를 제공하는 것을 금지하였다(이선우, 1997: 205).

PRWORA를 중심으로 전개된 1997년 클린턴의 복지개혁은 공공부조의 패러다임을 소득 보장에서 고용 촉진으로 전환시키는 계기가 되었다. 즉, 수급자들의 수급자격을 한시적으로 제한하는 한편 강력한 근

1 이는 주정부의 재정분담 노력유지 의무(MOE: Maintenance of Effort)에 의한 것이다.

로활동 의무를 부과하여 취업 중심 정책으로 전환한 것이다. 이를 통해 정부는 공공부조 수급자들의 의존성을 줄이고 취업을 확대하여, 공공부조 지출을 줄일 수 있을 것으로 기대했지만, 수급자들은 한층 강화된 처벌조항 때문에 저임금 일자리를 전전하는 상황에 내몰리게 되었다.

1996년의 복지개혁은 영국에 영향을 주었다. 1997년 영국의 공공부조 수급자는 전체 인구의 17.2%인 1천만 명에 육박했다(김영순, 1999: 205). 특히 실업문제는 심각하여 1997년 실업수당 신청자는 550만 명에 달했으며, 그중 50만 명 이상은 1년 이상 장기실업자였고, 그중 청년 장기실업자는 8만 5천 명이었다(하세정, 2008: 68). 전통적으로 강제노동에 반대했던 노동당이었지만 1994년 이후부터 장기실업자와 청년실업자에 대한 공공부조를 줄이지 않고서는 사회보장비용의 급증 문제를 해결할 수 없다고 판단하였고, 이에 대한 근본적인 해결방법은 이들을 노동시장으로 복귀시키는 것이라고 생각하였다. 이러한 구상은 1995년 11월 노동당 예비내각의 재무성 장관이었던 고든 브라운(James Gordon Brown)이 〈일을 위한 복지〉(*Welfare to Work*) 프로그램을 처음으로 발표하면서 구체화되었다(김영순, 1999: 212). 때마침 시작된 미국 클린턴 정부의 복지개혁은 1997년 집권한 블레어 정부에 중요한 준거를 제공하였다.

1997년 노동당 정부의 일을 위한 프로그램은 뉴딜(*New Deal*) 계획이라는 이름으로 제시되었다. 뉴딜 프로그램은 1997년 7월 한부모 뉴딜(NDLP: New Deal for Lone Parents)의 시범사업(*prototype form*)으로 시작되었으며, 정식 프로그램이 처음 실시된 것은 1998년 1월 청년뉴딜(NDYP: New Deal for Young People)이 12곳의 선도지역을 대상으로 운

〈표 2-3〉 블레어 정부 뉴딜 계획의 주요 세부 프로그램

프로그램명	프로그램 내용
청년뉴딜 프로그램 (New Deal for Young People)	18~24세의 청년층 장기실업자에게 적용. 6개월 이상 실업급여를 받았을 경우, 계속 지급신청을 위해 적극적인 구직활동을 증명해야 함.
25세 뉴딜 프로그램 (New Deal 25 plus)	25세 이상의 장기실업자에 적용. 최근 21개월 중 18개월 이상 실업급여 신청자는 계속 지급신청을 위해 적극적인 구직활동을 증명해야 함.
50세 뉴딜 프로그램 (New Deal 50 plus)	50세 이상의 노령 장기실업자들을 위해 특화된 프로그램. 6개월 이상 특정 실업급여 신청자에게 적용.
한부모뉴딜 프로그램 (New Deal for Lone Parents)	한부모의 구직활동을 돕기 위해 특화된 프로그램. 구직활동을 강제하기보다는 육아 등의 한부모와 관련된 구직 애로사항을 돕기 위해 마련.
장애인 뉴딜 프로그램 (New Deal for Disabled People)	장애를 가진 구직자를 위해 특화된 프로그램. 정부 조직보다는 대체로 자원봉사 단체 등에서 관련 프로그램 제공.

자료: 하세정, 2008: 69.

영을 하면서였다. 청년뉴딜은 4월 전국으로 확대되었으며, 곧이어 8월에 장기실업자뉴딜(NDLTU: New Deal for the Long-term Unemployed)이 시작되었다(Hasluck, 2000: 1). 한부모 뉴딜도 시범사업을 마치고 10월에 정식으로 출범하였으며, 2000년 4월부터 장기실업자뉴딜은 25세 뉴딜과 50세 뉴딜로 분화되었으며, 2001년 7월에는 장애인 뉴딜이 시작되었다. 1998년부터 블레어 정부가 실시한 뉴딜 프로그램을 정리하면 〈표 2-3〉과 같다.

이 중 근로연계복지 차원에서 근로의무가 부과되는 대상은 청년뉴딜과 25세 뉴딜 프로그램이었다. 미국은 실업자를 대상으로 한 공공부조 프로그램이 없기 때문에 TANF가 집중적인 근로연계복지 대상으로 설정되었지만, 영국은 실업부조제도인 구직자수당(JSA: Jobseeker's Allowance) 이 있었기 때문에 실업수당 수급자들이 우선적인 근로연계 프로그램의 대상이 되었다. 영국 근로연계 프로그램의 특징은 실업자를 연령에 따라 24세 미만, 25세~50세 미만, 50세 이상으로 구분하여 프로그램을 세분화한다는 것이다. 그중 가장 많은 예산이 투입되고 참여자가 많았던 프로그램은 청년뉴딜 프로그램이었다. 청년뉴딜은 16세에서 24세까지의 청년실업자들을 대상으로 하며 일자리나 교육훈련 기회 를 제공하되, 이를 거부하는 사람들은 JSA 수급권을 박탈함으로써 강력한 제재 조치를 가하고 있다.

장기실업자뉴딜 (NDLTU) 의 경우 사업 초기에는 근로연계 의무가 부과되지 않았으나, 2000년 4월부터 25세 뉴딜과 50세 뉴딜로 구분되면서 25세 뉴딜에는 의무를 부과하기 시작하였으며, 25세 뉴딜 대상자가 참여를 거부하면 청년뉴딜과 마찬가지로 JSA 수급권이 박탈된다. 반면 50세 뉴딜은 근로연계 의무를 부과하지 않으며, 자발적인 선택에 의해 참여할 수 있다.

미국과 영국의 근로연계복지 전략은 시행 직후 공공부조 수급자를 크게 감소시켜 긍정적 평가를 받았다. 미국의 경우 1994년 503만 가구 1,416만 명이 AFDC를 수급하였으나, 2000년에는 220만 가구 580만 명이 TANF를 수급하여 60% 가까이 감소하였다. 이에 따라 미국의 중위소득과 빈곤율은 크게 개선되었다(김환준, 2003: 136). 영국도 마찬가지였다. 2000년 프로그램 탈피자 수는 청년뉴딜의 경우 19만 8,600명, 25세 뉴딜은 13만 2,600명을 기록하였다. 한부모뉴딜의 경우에는 자발적인 프로그램임에도 불구하고 2001년 참여자가 10만 명을 넘어섰고, 안정적인 일자리에 대한 취업 성공률도 40~50%에 이르렀다(여유진,

2011: 5). 그러나 묘하게도 양국의 근로연계복지 전략이 실시된 시점은 1990년대 중반 IT혁명에 따른 세계경제의 회복기와 정확하기 일치한다. 따라서 1990년대 후반 양국에서 나타난 공공부조 수급자의 감소는 경기 회복의 영향을 강하게 받았기 때문에 근로연계복지의 순효과라고 단정하기는 힘들다.

제 3 장

사회보장의 기능과 역할

1. 사회보장제도와 소득재분배

1) 소득재분배의 형태

시장경제에서 이루어지는 자원배분에 대하여 국가가 개입하는 것이 과연 정당한가에 대해 많은 논란이 있어 왔다. 시장경제론자이냐 국가개입론자이냐에 따라 이에 대한 입장은 분명하게 차이를 드러낸다. 시장경제론자들은 개인 자유에 대한 침해, 근로동기 저하 및 의존성 증대에 따른 효율성 상실 등을 이유로 적극적인 국가개입을 반대한다. 그러나 국가개입론자들은 시장실패의 보완, 계급갈등의 제도화 및 사회연대성의 실현, 가부장주의(*paternalism*), 사회적 위험(퇴직, 질병, 실업, 사고, 빈곤 등)의 분산, 소득재분배 등의 이유로 국가개입의 필요성 내지 정당성을 찾고 있다. 사회보장제도 역시 국가개입의 제도적 형태로 발전되어 왔으며, 이러한 논거를 통해 그 필요성과 역할을 말할 수 있다.

특히 사회보장제도의 주된 목적은 사회적 위험분산 또는 위험보장에 초점을 두고 있다. 또한 위험보장의 사회성을 강조하고 있기 때문에, 바람직한 분배결과와 소득재분배의 의미를 동시에 추구하고 있다. 즉, 사회보장은 노령, 실업, 상해 및 질병 등의 사고에 대한 보장 기능과 함께, 빈곤의 예방 및 소득불균형의 시정, 경제생활의 안정을 위한 소득재분배 기능을 수행하고 있다. 그러면, 사회보장제도와 소득재분배 간의 관계를 이해하기 위해 소득재분배의 형태를 살펴보기로 하자.

먼저, 소득재분배의 방향은 고소득자로부터 저소득자로, 건강한 사람으로부터 건강하지 않은 사람으로의 이전, 근로자로부터 실업자 및 퇴직자로 소득을 이전하는 형태를 취할 수 있다. 이러한 재분배의 방향을 고려하면, 소득재분배의 형태는 시간이나 세대를 중심으로 세대 내 재분배(*intra-generation redistribution*), 세대 간 재분배(*inter-generation redistribution*) 형태가 있을 수 있다. 그리고 횡단적으로 동일 세대 내에서 소득과 위험발생 여부별로 수직적 재분배와 수평적 재분배로 분류할 수 있다. 즉, 소득계층 간 또는 상이한 위험발생집단 간 소득이 재분배되는 형태를 말한다(ILO, 1984; Stiglitz, 1988). 이와 같은 소득재분배의 형태는 〈표 3-1〉과 같이 정리할 수 있다.

〈표 3-1〉에서 보는 바와 같이 소득재분배의 형태는 첫째, 수직적 재분배(*vertical redistribution*)이다. 이는 소득계층들 간의 재분배형태로서 누진적이거나 역진적인 형태를 취할 수 있다. 대체적으로 수직적 재분배를 말할 때, 소득이 높은 계층으로부터 소득이 낮은 계층으로 재분배

〈표 3-1〉 소득재분배의 형태

형태		방향
세대 간 재분배		노령세대 대 근로세대 현세대 대 미래세대
세대 내 재분배	수직적 재분배	소득계층 간
	수평적 재분배	위험발생집단 대 위험미발생집단

되는 형태를 의미한다.

둘째, 수평적 재분배(*horizontal redistribution*)로서, 집단 내에서 위험 발생에 따른 재분배형태이다. 예를 들어 동일한 소득계층 내에서 건강한 사람으로부터 건강하지 않은 사람으로, 자녀가 없는 계층으로부터 자녀가 있는 계층으로, 취업자로부터 실업자에게로, 사고를 당하지 않은 사람으로부터 사고를 당한 사람에게로 소득이 재분배되는 형태를 말한다.

셋째, 세대 간 재분배이다. 현 근로세대와 노령세대, 또는 현재세대와 미래세대 간의 소득을 재분배하는 형태를 의미한다. 이러한 형태의 대표적 제도로는 공적연금제도를 들 수 있다.

공적연금제도에서 재정조달방식이 축적된 기금에 의해 지급되는 것이 아니라, 현재 일하고 있는 세대의 기여금(보험료)으로 운영될 경우에는 세대 간 재분배가 뚜렷하게 발생한다. 즉, 재정조달방식이 부과방식(*pay-as-you-go*)인 경우에 현재의 노령세대는 근로세대로부터, 현재의 근로세대는 미래세대로부터 각각 소득재분배되는 메커니즘을 특징으로 한다.

그러나 세대 간 재분배 형태는 상반된 효과를 가져올 수 있다. 왜냐하면, 기여와 급여 간의 관계가 세대별로 차이가 나타날 수 있기 때문이다. 만약 특정 세대인 경우, 자신이 기여한 것보다 급여를 많이 받을 수 있고, 반대로 기여한 것도 더 작은 급여밖에 받지 못한 경우가 있을 수 있다. 이러한 점에서 세대 간 형평성 문제가 제기될 뿐만 아니라, 정치적 논쟁대상이 되기 쉽다.

한편, 소득재분배 형태를 이처럼 세 가지 형태로 구분할 수 있지만, 사회보장제도의 실제 효과는 하나의 효과만 발생하는 것이 아니라 제도의 내용에 따라 각각의 효과가 상호 복합적으로 나타날 수 있다.

2) 사회보장제도의 소득재분배 효과

사회보장제도의 제도별 형태와 내용, 발전 정도에 따라 상이한 소득재분배 효과가 나타날 수 있다. 예를 들어 급여지출의 규모, 위험보장의 종류, 적용범위의 포괄성 등에 따라 소득재분배 효과가 다를 수 있다. 이를 자세히 살펴보면 다음과 같다.

첫째, 급여지출이 국민소득에서 차지하는 비율이 크면 클수록 소득재분배 효과는 크게 나타날 수 있다. 왜냐하면, 대부분의 나라에서 급여산정 시 저소득층에 유리하게 설계되어 있기 때문에 상대적으로 소득재분배 효과가 크게 나타날 수 있다.

둘째, 사회보장제도에서 보호하고 있는 사회적 위험의 종류가 많을수록 소득재분배 효과는 증가할 것이다. 일반적으로 사회적 위험에 노출될 가능성이 높은 계층은 소득이 낮은 계층에 집중되어 있기 때문이다.

셋째, 사회보장제도의 적용범위에 따라 소득재분배 효과는 상이하게 나타날 것이다. 일반적으로 사회보험제도의 발전과정을 보면, 적용대상의 확대과정이 특정산업의 노동자를 우선적인 적용범위로 설정하고, 그 이후 농업을 제외한 전 산업으로 확대된 뒤, 농업 및 자영업까지 포함하는 경우가 대부분 국가의 일반적 경험이다(Flora & Alber, 1981). 따라서 사회보장제도의 적용범위를 특정 산업, 직종, 계층에 따라 달리한다면, 소득재분배 효과는 다르게 나타날 것이다.

그러나 무엇보다도 사회보장제도의 재정조달방식 및 부담형태에 따라 소득재분배의 형태별로 그 효과가 다르게 나타난다. 재정조달방식은 재정원천에 따라 크게 부조 방식과 보험 방식으로 분류할 수 있다. 부조 방식은 조세를 재원으로 하는 방식을 의미한다. 반면에 보험 방식은 기여금(보험료)을 재원으로 한다. 이러한 재정원천에 따라 소득재분배 형태별로 미치는 효과에 대해 구체적으로 살펴보기로 하자(연하청 외, 1988; 송근원·김태성, 1995; 김기덕·손병돈, 1996).

사회보장제도에서 소득재분배 효과는 조세를 재원으로 하는 공공부조제도에서 가장 전형적으로 나타난다. 왜냐하면, 공공부조제도는 대부분 누진세를 기초로 한 조세를 기본재원으로 하고 있고, 가장 소득이 낮은 계층을 대상으로 집중적으로 급여를 제공하기 때문이다. 그러므로 공공부조제도는 고소득계층으로부터 저소득계층으로의 직접적인 재분배라는 점에서 수직적 재분배가 가장 크게 나타난다.

또한 공공부조 이외에 국가의 조세를 재원으로 하여 제공되는 사회복지서비스 역시 수직적 재분배가 크다고 할 수 있다. 사회복지서비스 역시 누진적인 일반조세를 그 재원으로 하면서, 노인, 여성, 아동, 장애인 등 사회적 취약계층을 대상으로 하기 때문에 수직적 재분배 효과가 크게 나타날 수 있다. 그러나 수직적 재분배 효과와 관련하여 공공부조와 사회적 서비스를 비교하면, 공공부조가 수직적 재분배 효과가 더 크게 나타난다. 왜냐하면 사회복지서비스는 대체로 현물 위주의 급여를 제공하기 때문에 소득이전의 효과가 직접 발생하지 않을 뿐 아니라 이들 서비스를 제공하기 위한 전달기관의 운영비가 차지하는 비중이 높기 때문이다.

다른 한편으로 조세를 재원으로 하는 제도와는 달리, 기여금(보험료)을 재원으로 하는 사회보험의 경우 소득재분배 효과는 고소득층으로부터 저소득층으로의 수직적 재분배를 본질적인 목표로 하고 있는 것은 아니다. 예를 들어 건강보험의 경우에는 건강한 사람으로부터 건강하지 못한 사람에게로 소득재분배가 발생하고, 실업보험의 경우에는 취업자로부터 실업자에게로 소득재분배가 발생한다. 그리고 공적연금은 기여금을 지불한 계층으로부터 연금수혜자로(부과방식인 경우), 산재보험은 재해를 당하지 않은 사람으로부터 재해를 당한 사람에게로 소득재분배가 발생한다. 이러한 의미에서 사회보험의 경우에는 수직적 재분배보다는 수평적 재분배가 더 크게 나타난다. 물론 수직적 재분배 효과가 전혀 발생하지 않는 것은 아니다. 왜냐하면, 대부분 개별 제도의 급여산정방식은 저소득층에게 유리하도록 되어 있기 때문이다. 즉, 저소득층은 상대적으로 기여한 것보다 급여수준을 높게 받도록 되어 있는 것이 보편적이다.

한편, 사회보장제도의 소득재분배 효과와 관련하여 사회보장지출이 빈곤감소에 어느 정도 영향을 미치고 있는가를 알아보자. 조세 및 이전소득 전후의 빈곤율 변화를 〈표 3-2〉를 통해 살펴보면, 대부분의 국가에서 지출 이전보다 지출 이후의 빈곤율이 감소한 것으로 나타났다. 만

〈표 3-2〉 사회보장지출(조세 및 이전소득) 전후의 빈곤율 비교(%)

국가	사회보장 지출 이전	사회보장 지출 이후
캐나다(2019)	24.1	11.6
프랑스(2019)	36.9	8.4
독일(2018)	32.1	9.8
스웨덴(2020)	25.5	8.9
영국(2019)	28.0	12.4
미국(2019)	31.6	18.0

자료: OECD, https://stats.oecd.org, Income Distribution Database.

약, 조세와 이전소득 지출이 없었다면 빈곤 규모는 훨씬 양적으로 확대될 것이며, 사회보장지출이 빈곤을 예방하는 데 중요한 역할을 하고 있다. 따라서 이러한 결과를 보면, 사회보장제도는 빈곤감소 또는 소득재분배에 있어 중요한 기능을 수행한다고 볼 수 있다.

2. 사회보장제도의 정치 · 사회적 효과

사회보장제도의 정치 · 사회적 효과를 논할 때, 이를 계량화하여 논의하기는 대단히 어렵다. 단지 가치지향적, 규범주의적 접근을 통해 사회보장제도를 포함한 사회복지정책의 영향에 대해 살펴볼 수밖에 없다. 해브만(Haveman)은 사회복지정책의 긍정적인 영향으로 불확실성의 감소, 인적 자본의 축적, 경제적 안정성 증대, 기술 변화의 용이, 사회통합의 증대 등을 지적하였다. 반면에 노동공급의 감소, 저축투자의 감소, 가족구조의 파괴 및 의존성 증가, 경제적 생산성의 감소, 지하경제의 확대 등을 부정적인 영향으로 들고 있다(Haveman, 1988).

해브만이 언급한 사회복지정책의 긍정적인 영향은 재분배정책의 일환인 사회보장제도에도 동일하게 적용될 수 있다. 각종 사회적 위험에 대한 보장기능이 제도적으로나 사회적으로 확립되지 않을 경우를 상상해 보면 사회보장제도의 기능은 보다 명확해진다. 예컨대, 사회적 위험에 대한 보장이 제도적으로 마련되지 않을 경우 빈곤의 심화, 생활불안정으로 계층체제는 심각한 동요를 불러일으킬 것이며, 사회질서를 유지하기가 어려울 것이다. 따라서 사회보장제도의 확립은 사회연대성을 증진시킴으로써 사회질서를 유지하는 정치적 기능을 수행하는 데 중요한 역할을 담당하고 있다.

여기에서는 사회보장제도의 정치적 효과보다는 보다 포괄적으로 재분배라는 관점에서 정치적 효과를 살펴보기로 하자.

1) 재분배와 경제적 불평등

일반적으로 재분배는 가치판단(*value judgement*)을 배제할 수 없는 개념이다. 재분배란 시장을 통해 이루어진 1차 분배를 국가의 정책적인 개입으로 2차 분배하는 것을 말한다. 그러므로 재분배라는 의미에는 이미 가치가 개입된 상태에서 사회적으로 바람직한 결과가 무엇인가를 놓고 정책적 판단을 포함하고 있다. 그렇기 때문에 재분배를 둘러싼 정책의 우선순위와 선택은 이해관계자 집단의 가치지향별로 줄다리기 과정을 경험한다. 이러한 의미에서 재분배의 실현은 정치제도적 틀 내에서 이루어지며, 정치적 과정에서 결정된다고 볼 수 있다.

특히 재분배를 불평등 구조를 완화시키려는 노력으로 이해한다면, 먼저 불평등이 무엇을 의미하는가를 이해해야 할 것이다. 일반적으로 사회적 불평등은 계급, 지위, 권력, 경제적 소득이라는 여러 측면의 사회적 관계를 반영하는 개념이다. 사회적 불평등의 여러 요소 중 경제적 불평등은 시장경제질서에서 욕구충족을 할 수 없게 하는 중요한 요소이다. 경제적 불평등으로 인하여 소비생활의 차이, 생활수행방식의 문제, 욕구충족방식의 차이를 초래함으로써 계층화를 강화시킨다. 또한 이러한 사회경제적 의미 못지않게 경제적 불평등은 권력행사를 제한하는 등 정치적 갈등의 기본요소라고 말할 수 있다.

2) 재분배의 정치 · 사회적 효과

사회보장제도를 포함한 재분배정책의 목적은 노동의 시장의존성을 탈피하려는 탈상품화(*decommodification*) 기능을 수행함으로써 궁극적으로는 불평등 구조를 종식 내지 완화시키는 데 있다. 그 이유는 첫째, 소득과 자원배분의 불평등을 감소시킴으로써 취약계층을 보호할 수 있다는 점, 둘째, 완전한 사회경제적, 정치적 참여를 제공한다는 의미에서 자율성(*autonomy*)의 조건을 제공한다는 점, 셋째, 사회적, 정치적 시민권을 위한 조건을 제공할 수 있다는 점 때문이다(Cass, 1991). 따라서 재분배정책은 포괄성, 보편성, 사회연대성을 기본원리로 설정하면서 평등지향의 분배적 결과를 추구하는 것이 목적이다. 그러면 재분배정책으로 발생할 수 있는 정치 · 사회적 효과에 대해 살펴보기로 하자.

(1) 계급갈등의 제도화로서 정치적 안정화 및 탈급진화 효과

경제적 불평등은 다른 사람의 경제적 보상과 독립적으로 정의될 수 있는 단일적 특성을 지니고 있지만, 경제적 보상의 획득과정은 사회적 관계 속에서 규정되기 때문에 관계적 과정을 이루고 있다(Wright, 1994). 평등의 개념이 사회구성원간의 관계에서 규정된다는 논의를 전제한다면(McKerlie, 1996), 평등지향의 원리를 중요한 요소로 하는 재분배는 관계적인 것으로 보아야 하며, 각 집단들 내지 계급간의 관계에 초점을 두어야 할 것이다.

재분배에 대한 개입수준을 관계적으로 파악할 경우, 재분배의 실현은 계급간 대립 및 갈등상태를 조정하는 과정이라 할 수 있다. 사회적 불평등을 바라보는 이데올로기적 관점에 따라 그 역할과 의미에 대해 다양하게 규정할 수 있지만, 불평등은 갈등적인 세력들 간의 이익을 확보하기 위한 경쟁의 산물로 파악할 수 있다. 그러나 이러한 경쟁은 경제와 국가 내에서 제도화된 형태로 사회질서에 기여하고 있다. 즉, 계급갈등의 제도화는 국가의 여러 법적, 정치적 기구들 내에서 가장 중요하며, 경제적 영역의 경우에 노동자와 자본가의 단체교섭의 확대, 노조의 조직화 및 정치참여 등의 경우로 구체화된다. 재분배 역시 사회적 분열과 갈등을 제도화된 체계로 발전시키는 경향을 가지고 있다.

조지와 윌딩(George & Wilding)은 사회적 서비스와 사회정책의 정치적 안정에 대한 영향을 다음과 같이 제시하고 있다. 첫째, 사회분열을 야기할 수 있는 사회문제를 완화시킴으로써 정치적 안정에 기여할 수 있다. 즉, 사회문제의 희생자들의 고통과 불만을 해소시키거나 현재의 정치질서의 새로운 측면을 모색한다는 점에서 사회복지정책은 사회문제의 완화를 통해 정치·사회적 안정을 도모할 수 있다는 것이다. 둘째, 사회복지정책을 통해 개인, 가족, 집단관계 속에서 나타나는 사회문제를 규정하거나 강화함으로써 현재의 정치질서에 대한 도전을 최소화시켜 안정에 기여할 수 있다. 셋째, 사회복지정책은 특정 가치 및 행위유형을 격려, 보상, 처벌함으로써 안정을 유지시킬 수 있고, 넷째, 현재의 사회적 권위와 위계를 사회복지정책이나 사회적 서비스가 지지함으로써 안정에 기여할 수 있다. 마지막으로 사회복지정책을 통해 계급갈등을 집단갈등으로 대체시키면서 집단갈등을 제도화시킴으로써 정치적 안정에 기여할 수 있다는 것이다(George & Wilding, 1984).

그렇다면, 조지와 윌딩이 언급한 사회적 서비스와 사회정책을 넓은 의미에서 재분배정책으로 이해한다면, 재분배정책의 일환인 사회보장제도와 정치적 안정효과는 유의미한 관계를 지닌 것으로 평가할 수 있다.

또한 사회복지정책을 사회적 안정과 관련시켜 논의한 대표적 연구로 평가받고 있는 이른바 피븐과 클로워드의 테제(Piven and Cloward Thesis)는 사회복지정책(재분배정책)의 주요 기능이 사회적 안정성을 유지하는 것이라고 파악하고 있다. 그들은 사회질서가 안정적인 시기와 불안정한 시기를 구분하여 첫째, 안정적인 시기에는 노동규범과 저임금을 강요하는 기능으로서 작용하고, 둘째, 불안정한 시기에는 빈민과 실업자에 의해 야기되는 사회적 붕괴와 소요를 방지하는 사회질서의 유지 기능이라는 목적을 지닌 것으로 보고 있다(Piven & Cloward, 1971). 따라서 재분배로 나타날 수 있는 정치적 편익은 무엇보다도 경제적 불평등으로 인한 계급간의 갈등을 제도적인 형태로 구체화시키고 정치적 갈등의 완화와 정치사회적 안정을 도모하는 데 있다.

이러한 논의를 바탕으로 종합하면, 위험보장과 소득재분배를 목적으로 하는 사회보장은 첫째, 특정 사회의 가치와 규범 형성에 영향을 미치는 주요 요소이며, 이를 바탕으로 정치적으로 안정화하는 기능을 수행한다. 둘째, 사회질서를 위협하는 사회문제를 완화 내지 예방하는 효과를 지니며, 이러한 결과가 정치적 불안정을 해소시키고 정치적 정당성과 안정성에 기여한다고 할 수 있다.

결국 재분배정책은 시장주의에 입각한 현재의 사회질서하에서 시장을 통한 분배결과에 도전하는 세력, 즉 노동계급을 체제내로 편입시키는 사회적 통합의 기능, 더 나아가 정치적으로 급진화를 예방하거나 완화하는 역할을 담당한다. 특정국가의 자원배분구조는 시민사회 내의 계급갈등과 계급간 권력배분구조의 산물이다. 따라서 재분배의 추구는 분배적 갈등을 배경으로 한 계급갈등을 제도적으로 편입시키는 이른바 '계급갈등의 제도화'와 '타협의 정치'를 가능하게 함으로써 정치적 탈급진화의 기능을 수행한다고 볼 수 있다.

(2) 사회연대의 정치적 기반 구축효과

재분배정책은 탈상품화와 연대의 정치 기반을 제공해 주며, 권력자원의 동원화를 가능하게 하는 최소한의 토대를 마련해 준다. 그러나 재분배정책은 권력자원의 동원화를 위한 충분조건이지 필요조건은 아니다.

재분배가 추구하는 평등의 의미를 달리 표현하면, 보편적인 생활수준과 열악한 생활수준 간의 간극을 좁히는 것이라 할 수 있다. 이는 빈곤의 철폐와 시민적 권리로서 보편주의라는 의미와 일맥상통한다. 다시 말해 재분배와 관련하여 보편성을 강조하는 것은 특정대상만을 범주화시켜 제한된 급여로 최소한의 사회적 역할을 수행하려는 목적과는 달리, 전체 사회의 바람직한 분배상태를 달성하려는 데 있다. 그렇기 때문에 분배과정에 개입하는 국가의 정책이 사회에서 어떻게 기능하고 있고, 정치 및 다른 요소에 어떻게 영향을 미치는가가 초점이 될 수밖에 없다.

발드윈은 위험발생률(*risk incidence*)과 자립능력(*capacity for self-reliance*)의 정도나 크기가 집단 간의 연대를 결정하는 중요한 요소임과 동시에 이러한 집단 간의 연대는 재분배를 위한 사회적 기반임을 지적하고 있다(Baldwin, 1993). 국가의 재분배정책은 위험발생률이 높고 자립능력이 약한 집단들 간의 연대를 강화시키는 역할을 수행하는 정치적 의미를 가진다고 볼 수 있다. 다른 한편으로, 평등의 퇴조(*equality backlash*)는 자유시장경제체제의 정당성을 옹호하고 기존의 재분배의 실현을 통해 이루어진 국가의 제도화된 정치적 요소들을 훼손시키는 것이며, 사회연대성을 심각히 위협한다.

재분배와 관련하여 정치적 측면에서 보다 엄밀하게 규정하고 있는 권력자원론적 시각을 보면 대단히 시사적이다. 예를 들어, 코르피(Korpi)는 권력자원의 두 가지 기본요소, 즉 생산수단의 통제 여부와 노조와 정당의 조직화 수준 간의 차이는 분배과정과 그 최종결과인 불평등의 정도에 대해 중요한 의미를 갖고 있고, 권력자원의 배분은 분배과정에 직접적 효과를 가지고 있다고 주장한 바 있다. 그러나 다른 한편으로 분배과정에 대한 국가개입의 영역과 방향이 권력자원의 차이에 근거하고 있는 한,[1] 정치를 통해 분배과정에 간접적인 영향을 미친다고 할 수 있다. 물론 경제성장, 인구구성, 역사적 요인 등의 영향력을 배제하는 것은 아니다. 분배과정의 최종결과는 소득, 보건, 교육, 주택 등을 포함하여 복지 또는 생활수준의 분배에서 다차원적인 불평등의 형태로 간주될 수 있다(Korpi, 1983).

분배과정에 대한 국가개입의 범위와 성격은 무엇보다도 주요 계급간의 권력자원의 배분에 따라 달라질 수 있으며, 역으로 계급간 사회적 연대는 분배과정에 대한 국가개입의 결과로 나타날 수 있다. 더구나 계급간 사회적 연대는 개인이 집단행동에 어떻게 참여하느냐의 문제이며, 사회정치적 공동체를 어떻게 구성하느냐의 문제와 관련되어 있다. 사회적 연대의 효과적 실현은 노동의 탈상품화와 시장에 대한 통제력의 확보에 달려 있으며, 제도적 재분배체계의 확립과 무관할 수 없다. 따라서 재분배의 실현은 계급간의 권력자원의 배분이라는 주요 동인에 의해 이루어지며, 계급관계를 매개로 한 정치적 구조에 의해 그 성격이 규정된다는 것을 의미한다.

(3) 사회권의 확립과 윤리적 정당화 효과

사회적 시민권(*social citizenship*)에 관한 마셜(Marshall)의 논의에서 알 수 있듯이, 재분배의 실현은 역사적으로 사회권의 발전과정이며, 이는 정치적 시민권의 확립을 전제로 한 것이었다(Marshall, 1950; Twine,

1 코르피는 권력자원의 차이에 영향을 미치는 요인으로 첫째, 분배과정, 둘째, 시민들의 사회적 의식, 셋째, 사회에서 갈등의 수준과 양태, 넷째, 사회제도의 형성과 기능 등으로 설명하고 있다(Korpi, 1983).

1993에서 재인용). 그러므로 사회적 권리의 발전은 계급불평등의 완화에 기여한다고 볼 수 있다. 이 점은 “사회적 시민권은 자본주의 경제관계의 계급구조를 완화시키는 것이다”라는 터너의 표현으로 집약할 수 있다(Turner, 1993).

사회적 권리가 확립되지 않는다면, 시민권과 정치권의 공식적인 평등화는 제한될 수밖에 없다. 사회적 권리의 기초는 시장에서 불평등하고 불안정한 관계에 관련된 것이 아니라 시민으로서 평등한 지위와 관련된다고 볼 수 있다(Twine, 1994). 결국, 사회권의 확립은 사회적 지위의 평등화를 지향하고 있음을 알 수 있고, 그것이 노동정치의 결과인지와 무관하게 재분배는 민주주의를 전제로 한 사회권의 확립과 밀접한 관계를 맺고 있다는 사실이다.

한편, 사회질서의 궁극적 토대는 윤리적인 정당화에 있다. 시장메커니즘의 불평등한 배분결과를 해소하려는 노력은 윤리적 정당화의 최소조건이다. 그렇기 때문에 재분배는 윤리적 정당화의 기초를 이루고 있고, 시민의 사회경제적 지위를 고양시키는 중요한 기능을 수행한다.

3. 사회보장제도의 경제적 효과

1) 사회보장제도의 거시적 효과

(1) 자동안정화 효과

자본주의사회는 호황과 불황을 반복하면서 지속적으로 변동해 나간다. 경기가 상승하면 그 상승된 경기가 과열되지 않도록 막고, 경기가 하락하면 그것이 지나치게 하락하지 않도록 막아 주는 역할이 무엇보다 중요하다. 정부는 재정정책을 통해서 일반적으로 이러한 역할을 자동적으로 해줄 수 있는 장치를 준비하는데, 이러한 장치를 흔히 자동안정장치(*built-in stabilizer*)라고 부른다. 사회보장제도도 이러한 자동안정장치의 기능을 함으로써 경기의 불안정을 조정하는 기능을 가지고 있다. 그 예를 살펴보면, 다음과 같이 두 가지 경우를 생각할 수 있다(Burch, 1991: 125~126).

첫째, 경기의 호황과 불황기의 급격한 변동에도 불구하고 민간소비재처럼 급격하게 축소되지 않는 사회보장지출이 있다. 이러한 형태는 연금, 의료보호, 공공교육 등을 들 수 있는데, 이러한 급여지출은 호황이나 불황에 관계없이 상대적으로 일정하다. 즉, 호황일 경우에는 상대적으로 안정된 사회보장지출이 경기가 과열되는 것을 방지하는 기능을 하는 반면에, 경기가 불황일 경우에는 지속적인 침체상태로 빠지지 않기 위해 어느 정도의 유효수요를 유지해 줌으로써 경기불안정을 해소하는 데 도움을 준다.

둘째, 보다 적극적인 자동안정화 기능을 하는 사회보장지출이 있다.

이러한 형태의 대표적인 지출은 실업급여와 공공부조로서, 경기변동의 방향과는 상반되는 방향으로 움직임으로써 보다 적극적으로 자동안정화 기능을 할 수 있다. 즉, 실업급여와 공공부조 같은 급여지출은 경기가 호황일 때에는 그 수요가 감소하여 민간에서의 유효수요를 줄여 줌으로써 경기가 과열되는 것을 방지해 주는 역할을 수행하고, 반대로 경기가 불황일 때에는 그 수요가 증대되어 사회적으로 필요한 유효수요를 증대시킨다.

다른 한편으로 사회보장제도는 경제구조의 개편 내지 산업구조의 변화에 대한 사회적 안전장치의 역할을 수행하면서 안정화 기능을 수행한다. 특히 산업구조의 변화, 노동시장구조의 변화는 기업 도산, 노동력 방출, 고용불안정, 실업률 상승과도 밀접히 연관되어 있다. 이러한 부담을 사회보장정책적 수단들, 즉 실업급여, 직업창출, 직업훈련, 퇴직 프로그램 등을 통해 구조변화에 대한 갈등과 저항을 완화시킬 수 있다.

(2) 자본축적 효과

자본축적 효과는 사회보장제도의 본래 기능은 아니다. 그러나 사회보장제도 중 재정운영방식이 적립방식인 공적연금의 경우에는 자본축적 효과가 발생한다. 매년 연금가입자가 기여한 기여금이 적립됨으로써 기여와 급여 간의 시간적 격차가 발생한다. 그 결과 적립금 또는 기금이 형성되고, 이 기금을 재정투융자로 사용한다. 특히, 재정투융자의 규모가 크기 때문에 그 운용의 중요성이 제기될 뿐 아니라 국민경제에 미치는 영향이 지대하다. 이를 사회보장의 자본축적 효과라 한다.

2) 사회보장제도의 미시적 효과

(1) 저축행위에 미치는 효과

사회보장제도는 사회적 위험에 대한 세대 간 및 세대 내 소득이전을 목적으로 하고 있고, 중요 재원은 기여금이나 조세로 운영된다. 그러므로 사회보장제도의 확대는 필연적으로 기여금 및 조세부담을 수반한다. 이러한 기여금 및 조세부담의 확대는 국민의 저축의욕을 감소시킴으로써 생산성을 저하시킨다는 비판을 받고 있다. 즉, 기여금 및 조세부담의 증가는 개인의 가처분소득이 감소하게 되어, 저축능력 자체가 줄어듦에 따라 저축을 감소시킨다는 것이다.

그러나 비록 가처분소득이 감소되더라도 다른 소비를 감소하여 저축량을 감소시키지 않을 수 있으며, 사회보장제도의 형태에 따라 저축에 미치는 영향은 다를 수밖에 없다. 예를 들어 사회보험 외에 사회부조 프로그램은 상대적으로 적용대상자가 제한되어 있고, 엄격한 수급자격 요건, 급여수준이 낮기 때문에 저축감소효과가 그렇게 크게 나타나지 않는다. 반면에 공적연금은 개인적으로 장래에 대한 저축으로도 인식할 수 있기 때문에 저축행위와 밀접히 관련되어 있다.

따라서 여기에서는 공적연금이 저축행위에 미치는 효과에 대해 구체적으로 살펴보기로 하자(Rosen, 1988; 이준구, 1995). 일반적으로 공적연금이 저축행위에 미치는 효과는 다음과 같이 발생한다.

첫째, 대체효과(*replacement effect*) 또는 재산대체효과(*wealth substitution effect*)이다. 공적연금 때문에 자발적인 저축을 감소시키는 효과를 말한다. 즉, 자발적인 저축이 공적연금으로 대체되는 효과를 의미한

〈그림 3-1〉 공적연금의 저축에 미친 영향(대체효과)

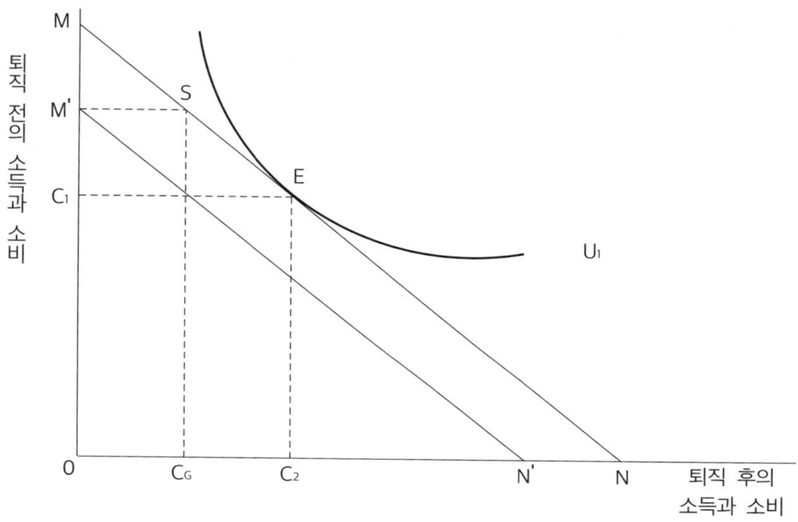

다. 만약 완전한 적립방식에 의해 공적연금제도가 운영된다면, 민간부문의 저축이 감소되는 것은 공적연금으로 어느 정도 상쇄할 수 있을 것이다. 그러나 당해연도의 기여금으로 당해연도의 연금을 지급하는 부과방식의 경우에는 민간부문의 저축만 줄어들 뿐, 공적연금의 부문은 증가하지 않기 때문에 전체적으로 저축은 줄어든다는 것이다. 따라서 공적연금에 의해 노후의 소득이 일정 수준 보장된다면, 퇴직 후에 필요한 재산을 대체해 주기 때문에 노후를 대비한 저축 동기는 그만큼 줄어들고 자발적 저축은 감소하게 될 것이다.

〈그림 3-1〉은 공적연금이 저축에 미친 영향을 보여 준다. 전체 일하는 동안에 전체소득은 OM이며, 만약 퇴직 후 소비를 위한 재원이 전혀 없이 전체소득을 소비한다면 퇴직 전의 소비도 OM일 것이다. 그러나

퇴직 후 소비를 대비하려면, 퇴직 전에 전체소득보다 소비를 작게 하여 저축을 해야 할 것이다. 예산선 MN은 퇴직 전후의 소비를 이용할 수 있는 선택을 보여 준다. 무차별곡선 U_1과 예산선 MN이 만나는 점, 즉 효용이 극대화되는 E점에서 소비가 결정되면, 퇴직 전의 소비는 OC_1, 퇴직 후의 소비는 OC_2가 될 것이다. 따라서 퇴직 전 소득에서 MC_1만큼 저축을 할 경우, 퇴직 후에 OC_2에서 소비가 이루어질 것이다.

그러나 공적연금의 기여금으로 소득에서 MM′만큼 원천징수될 때를 생각해 보자. 기여금의 원천징수의 예산선은 M′N′이다. 만약 공적연금의 급여가 OC_G이고, 자발적으로 MM′정도 저축을 한다면, 퇴직 후 소비는 동일할 것이다. 그러나 E점에서 균형이 지속될 경우, 자발적 저축은 MM′만큼 줄어들 것이다. 즉, 공적연금의 기여금에 의해 $M'C_1$으로 저축이 감소한다는 것이다.

둘째, 퇴직효과(*retirement effect*)이다. 만약 공적연금이 존재하지 않는다면, 어떤 사람들은 나이가 들어서도 계속 일을 해야만 생계를 유지할 수 있을 것이다. 그러므로 공적연금의 도입은 사람들로 하여금 이전보다 빨리 은퇴하게 만드는 효과를 내게 되며, 이에 따라 퇴직상태에서 보내는 기간을 연장시키는 결과를 낳는다. 이처럼 퇴직상태에 있는 기간이 늘게 되면 그만큼 더 많은 저축을 필요로 하게 된다. 바로 이러한 이유 때문에 자발적인 저축이 증가하게 되는 것을 퇴직효과라 한다.

셋째, 상속효과(*bequest effect*)이다. 공적연금제도가 자식에게 재산을 상속해 주고 싶어 하는 욕구와 관련하여 저축에 영향을 줄 수 있는 효과를 말한다. 공적연금제도가 완전한 적립방식으로 운영되지 않는 한, 즉 부과방식으로 운영될 경우에 세대 간 재분배 효과를 발생시킨다. 부과방식에 의해 운영되는 공적연금인 경우 다음 세대가 현재 세대를 부양해야 하기 때문에, 자식들의 가처분소득이 줄어들 것으로 생각하여 이를 상쇄하기 위해 더 많은 재산을 상속해 주려고 할 것이다. 그러기 위해서는 더 많은 저축을 하게 될 것이라는 것을 상속효과라 한다.

넷째, 인식효과(*recognization effect*)이다. 공적연금제도의 도입이 지금까지 자신의 노후 준비에 소홀히 해왔던 사람들에 대하여 은퇴 후 소비생활을 유지하기 위해서는 은퇴 준비가 필요하다는 사실을 인식시키는 효과를 갖는다. 이와 같은 인식으로 자발적 저축이 높아지게 되는 것을 인식효과라 한다.

이상의 논의를 종합해 보면, 대체효과를 제외하고 다른 효과들은 저축을 장려하는 효과를 갖는다. 즉, 급여수준의 소득대체 효과가 높으면 저축률은 감소할 것이며, 퇴직효과로 노후기간이 길어지면 저축률은 높아질 것이다. 그러나 공적연금이 저축에 미치는 순효과는 저축을 감소시키는 대체효과와 저축을 증가시키는 퇴직효과, 상속효과, 인식효과 간에 어떤 효과가 절대적으로 영향을 미치는가에 따라 다를 수밖에 없다. 따라서 이론적으로 판단할 수 없고 실증연구를 통해 입증해야 한다.

이 문제에 대한 실증연구로 가장 많이 인용되고 있고, 동시에 끊임없이 논란의 대상이 되어 온 연구가 펠트스타인의 연구이다(Feldstein, 1974). 펠트스타인에 의하면, 1929~1971년 동안의 시계열자료를 바탕으로 조사한 바에 따르면, 미국의 공적연금 도입으로 개인저축은 30~50%나 줄어든 것으로 나타났으며, 이에 따라 경제 전체의 총저축을 38%나 감소시키는 결과를 가져왔다고 하였다. 이러한 연구결과가 타당하다면, 부과방식에 의해 운영되는 공적연금제도가 자발적 저축을 심각하게 감소시킨다는 것이다.

최근에도 펠트스타인은 1972~1992년의 21년간의 자료를 보충하여 분석한 결과 동일한 결론을 제시하였다. 즉, 공적연금제도가 저축을 감소시킨다는 것이며, 무려 59% 정도 민간저축을 감소시킨다는 연구결과를 제시하여 주목을 받고 있다(Feldstein, 1995).

펠트스타인의 연구결과 이후 과연 그러한 주장이 타당한지 아니면 불충분하며 분석방식의 오류가 없었는지에 대한 논쟁이 확대되었다. 부과방식에 의해 운영되는 공적연금이 자발적 저축을 감소시키는가, 아니면 감소시키더라도 그 효과가 어느 정도인가에 대해서 많은 연구결과들이 제시되었다.

예를 들어, 먼넬(Munnell)은 실업률이 저축액을 결정하는 데 중요한 요인이라고 주장하였다. 왜냐하면, 실업기간 생활수준을 유지하려면 당연히 저축은 감소할 수밖에 없기 때문이다. 그녀는 펠트스타인의 연구에 대해 이와 같은 실업률을 고려하지 않았다는 비판과 함께 실업률을 고려할 경우, 공적연금으로 인한 저축의 감소폭은 펠트스타인이 제시한 크기의 10%에 불과하다고 주장하였다(Munnell, 1977; Rosen, 1985에서 재인용). 또한, 다른 연구들의 경우에는 상이한 자료와 측정방법을 통해 공적연금이 자발적 저축을 저해하는 효과는 있지만, 그 효과가 그렇게 크지 않다는 것이다(Danziger et al., 1981). 오히려 공적연금이 저축을 증가시킨다는 증거를 제시하기도 한다(Leimer & Lesnoy, 1982; Aaron, 1982에서 재인용).

그램리치(Gramlich)는 총저축의 구성범주를 각각 GDP 대비 민간저축, 연금저축, 연방저축의 합으로 보고(〈식 3-1〉 참조), 1960년대 이후

〈식 3-1〉

총저축 = 민간저축 + 연금저축 + 연방저축(NS = PS + SS + FS)

- 총저축(NS: *national saving*) — GDP 대비 전체 저축비율
- 민간저축(PS: *the sum of private and state and local saving*) — GDP 대비 민간, 주, 지방저축비율
- 연금저축(SS: *social security saving*) — GDP 대비 연금저축비율
- 연방저축(FS: *all other federal saving*) — GDP 대비 연방저축비율

각 구성비율의 변화추이를 비교한 결과를 제시하였다(〈표 3-3〉 참조).

〈표 3-3〉에 따르면, 총저축률은 1960년대에 GDP 대비 8.6%에서 1990년대 초에는 2.0%로 급격히 감소하였음을 나타내 주고 있다. 또한 미국의 총저축 구성비율을 통해 볼 수 있듯이, 1980년대 중반 이후 총저축률 감소의 주된 요소는 비연금급여에 대한 연방정부의 재정적자에 있음을 알 수 있다(Gramlich, 1997). 이러한 결과를 통해 그램리치는 총저축률에 대한 각 구성범주의 직접적인 영향력을 보여줌에도 불구하고, 저축행위에 대한 공적연금의 직·간접적 효과와 관련하여 일치된 결론이라기보다는 상반된 결과들을 제시하고 있다고 하였다.

공적연금이 강제적 저축형태로 인식되기 때문에 자발적 저축행위에 대한 상쇄효과를 전혀 배제할 수는 없을 것이다. 저축행위에 영향을 미치는 공적연금에 대한 연구결과는 부과방식에 의해 운영된 미국의 경험을 바탕으로 제시한 실증연구이며, 공적연금이 저축에 미치는 영향에 관한 논쟁에서도 의견일치가 이루어지지 않고 있다.

〈표 3-3〉 GDP 대비 저축률 비교 (미국): 1962~1994

연 도	민간 저축률	연금 저축률	연방 저축률	총저축률
1962~1965	9.4	-0.1	-0.7	8.6
1966~1970	8.7	0.4	-1.3	7.8
1971~1975	9.1	0.2	-2.1	7.2
1976~1980	9.8	-0.2	-2.7	6.9
1981~1985	9.0	-0.1	-4.6	4.3
1986~1990	6.5	0.7	-4.5	2.7
1991~1994	6.3	0.8	-5.1	2.0

자료: Gramlich, 1997: 151.

한편, 공적연금의 소득대체율, 급여내용, 재정운용방식, 사회보장급여의 객관적인 시장가치에 대한 측정상의 문제 등에 의해서도 저축행위에 미치는 순효과를 측정하기에는 어려움이 많으며, 국가별 공적연금의 제도적 특성에 의해서도 차이가 있다.

(2) 노동공급에 미치는 효과

사회보장제도의 경제적 효과에 대하여 자주 논란이 되거나 비판받는 대상은 노동공급에 미치는 효과와 관련되어 있다. 사회보장급여가 노동공급에 미치는 영향을 살펴보기 위해 먼저 분석적인 개념으로 '소득-여가선호의 분석'에 따른 소득효과(*income effect*)와 대체효과(*substitution effect*)를 살펴보기로 하자.

〈그림 3-2〉에서 한 개인의 효용극대화는 A점에서 이루어지고 총이용가능시간을 OH_1만큼의 여가시간과 H_1T만큼의 노동시간에 배분한다. 만약 임금률이 상승하면 효용극대화는 B점에서 이루어지고 여가시간도 OH_2만큼의 여가와 H_2T만큼의 노동시간에 배분한다.

그렇다면, 임금률이 상승하면 노동시간은 어떻게 될 것인가? 첫째,

〈그림 3-2〉 소득-여가의 선호와 노동공급

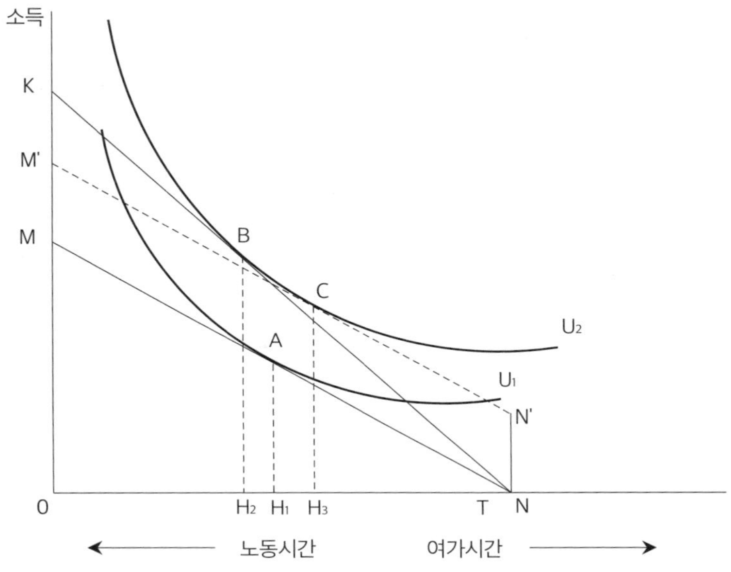

임금률이 상승하면 한 개인의 소득은 증가하고, 여타의 소비재를 더 구입하려고 한다. 여가를 소비하게 되면 노동시간이 줄어든다. 이와 같이 소득증가가 여가를 더 소비하게 하는 효과를 소득효과(*income effect*)라 한다.

〈그림 3-2〉에서 소득효과를 살펴보자. 소득이 MM′만큼 증가하면, 최초의 균형점 A에서 C로 균형점이 변화함으로써 OH_3만큼의 여가와 H_3T만큼의 노동시간으로 결정된다. 이는 최초의 균형점인 A에서의 노동시간인 H_1T와 비교하면, H_1H_3만큼 노동시간이 줄어들게 된다. 그러므로 A에서 B로의 이동은 소득증가에 따라 여가를 더 소비하려고 하는

소득효과를 나타낸다.

둘째, 임금률이 상승하면 여가가 상대적으로 비싸지기 때문에 여가에 대한 소비를 줄이려는 효과를 대체효과(*substitution effect*)라 한다. 즉, 임금상승의 대체효과는 여가를 줄이고 노동시간을 늘이는 것을 말한다.

〈그림 3-2〉에서 대체효과를 살펴보자. 임금률이 상승할 경우, 예산선은 MN에서 KN으로 바뀐다. 예산선 KN과 무차별곡선 U_2가 만나는 균형점은 B이고, M′N′와 무차별곡선 U_2가 만나는 점은 C이다. U_2상에서 C는 임금률이 변화하지 않았다면 한 개인이 취할 소득-여가의 선택을 보여 준다. 반면에 B는 임금률이 상승할 때 한 개인이 취할 소득-여가의 선택이다. 따라서 하나의 무차별곡선 U_2상에서 균형점이 C에서 B로 이동한 것은 소득이 상승함에 따라 여가시간을 줄이는 대체효과를 나타낸다.

일반적으로 소득이 증가하면, 소득-여가의 선호에 따라 소득효과와 대체효과가 동시에 발생하는데, 만약 소득효과가 대체효과보다 크다면, 여가에 대한 수요는 증가하고 노동공급은 줄어들 것이다. 반대로 대체효과가 소득효과보다 크면 노동공급은 증가할 것이다. 따라서 소득효과와 대체효과의 크기가 노동공급 및 근로동기에 영향을 미친다.

사회보장제도에 의해 제공되는 급여는 소득효과와 대체효과를 동시에 발생시킨다. 예를 들어 공공부조 프로그램에서 노동공급 및 근로동기에 관한 영향은 기본급여액과 급여감소율(*benefit reduction rate*)의 정도에 달려 있다. 기본급여액의 수준이 높고, 급여감소율이 100%인 경우에는 소득효과와 대체효과는 명백하게 근로동기를 저하하는 방향으로 작용한다. 왜냐하면, 기본급여액의 지급은 소득효과를 발생시키기 때문에 일을 하지 않으려고 하고, 기본급여액에서 근로소득의 공제율을 의미하는 급여감소율은 일을 해도 전체 소득이 감소하는, 즉 여가의 기회비용이 줄어드는 대체효과를 발생시키기 때문이다. 따라서 기본급여액이 높고, 급여감소율이 높을수록 근로동기는 저하한다. 반면에 기본급여액의 수준과 급여감소율이 낮으면, 근로동기의 약화는 상대적으로 작을 수밖에 없다.

그러나, 현실적으로는 공공부조 프로그램에 대한 비판의 핵심은 급여의 관대성 때문에 근로동기를 저하시킨다는 것이다. 즉, 기본급여액과 급여감소율이 높기 때문에(서구 국가에서 공공부조 프로그램들의 급여감소율은 대체로 50~100% 수준이다) 근로동기의 저하문제가 비판의 대상이 된다. 이처럼 급여의 관대성으로 근로동기를 저하시키는 형태는 크게 세 가지로 살펴볼 수 있다(OECD, 1998).

첫째, 공공부조대상자들은 대체로 기술숙련도가 낮고, 고용기록을 갖지 못한 사람들이 대부분이다. 이들이 노동시장에서 받을 수 있는 임금수준도 낮을 수밖에 없다. 임금수준이 낮으면, 일을 통해 경제적 보상을 받기보다는 실업급여나 실업부조를 받는 것이 오히려 유리할 수 있다. 특히 실업급여나 실업부조의 수준이 높을 경우에는 오히려 일을 하지 않으려는 경향이 강할 수 있다. 이러한 현상을 '실업의 덫'(*unemployment trap*)이라고 하며, 이는 구직동기를 약화시키거나 노동동기를 저하시킬 수 있다.

둘째, 근로활동을 통해 빈곤선 수준 이상의 소득이 발생하면, 공공부조를 받지 못한다. 그러나 한계세율(*marginal tax*)이 높을 경우, 가처분

소득은 공공부조를 받을 때보다도 작을 수 있다. 또한 공공부조대상자가 근로활동을 통해 소득이 발생할 경우 급여감소율이 높으면, 공공부조를 받거나 근로활동을 통해 소득이 발생하거나 별 차이를 느끼지 못할 수 있다. 이러한 경우에 근로활동을 통한 시장소득을 빈곤선 이상으로 끌어올리기를 기피하는 경향이 있다. 이러한 현상을 '빈곤의 덫'(*poverty trap*)이라 하며, 이것 때문에 근로동기가 약화된다는 것이다.

셋째, 공공부조대상자들은 여러 가지 급여, 예를 들면 주택수당, 의료서비스, 아동급식 등을 동시에 받는 경우가 많다. 만약 근로활동을 통해 빈곤선 수준 이상의 소득이 발생하여 공공부조대상자에서 제외되더라도, 그동안에 받았던 급여 때문에 공공부조대상자로 남으려는 강한 동기를 가질 수 있다. 또는 빈곤선 바로 위에 위치할 경우에는 오히려 근로활동을 포기하여 공공부조대상자로 남는 것이 여러 가지 급여를 받을 수 있기 때문에 유리할 수 있다. 이러한 현상을 '의존성의 덫'(*dependency trap*)이라 한다.

공공부조 프로그램이 기본욕구 충족이나 빈곤감소에 도움이 되지만, 급여의 관대성으로 인한 근로동기의 저하문제에 직면하고 있다. 현재 서구 국가들에서 근로동기의 저하를 방지하기 위해 급여의 관대성을 줄이거나 고용과 연계된 프로그램을 강구하고 있다.

다음으로 공적연금과 노동공급 간의 관계를 살펴보자. 공적연금제도는 노동공급의 감소에 가장 크게 기여하고 있고, 노인들의 경제활동 참가와 밀접히 연관되어 있다. 소득효과와 대체효과로 공적연금제도가 노동공급에 미치는 영향을 알아보면 다음과 같다(Rosen, 1988; 이준구, 1995).

먼저, 공적연금은 퇴직노인들의 실질소득을 증가시킨다. 때문에 소득증가에 따른 소득효과는 더 많은 여가를 소비하고 노동공급을 감소시킬 것이다. 이러한 소득효과는 조기퇴직으로 나타난다. 만약 공적연금이 없었다면 나이가 들어도 일을 계속했을 사람들이 연금 때문에 퇴직함으로써 노동공급의 감소가 발생한다는 것이다.

공적연금이 부과방식으로 운영될 경우, 현재 일하고 있는 사람들의 노동시간에도 영향을 미칠 수 있다. 현재 기여금을 부담하는 사람들이 자신이 내는 기여금보다 퇴직 후에 받는 연금혜택이 더 크다면, 그들의 실질소득을 증가시키는 결과를 낳는다. 이와 같은 실질소득의 증가는 노동시간을 줄이는 효과를 가져올 것이다. 즉, 소득효과는 조기퇴직을 촉진할 뿐 아니라 현재 일하고 있는 사람들의 노동시간을 줄이는 효과를 통해서도 노동공급을 감소시킬 것이다.

대체효과의 경우에는 논리적으로는 그 방향이 분명하지 않다. 대체효과는 연금으로 인한 여가의 기회비용에 어떤 변화가 일어나는가와 관련된다. 연금제도의 실시는 추가로 일한 소득에 대해 기여금을 부담하기 때문에, 추가로 일한 시간에서 얻을 수 있는 가처분소득이 줄어들게 된다. 그 결과 여가의 기회비용이 감소함으로써 노동공급을 감소시키는 방향으로 작용한다. 반면에 이러한 기여금 부담을 퇴직 후 연금으로 받는다면, 대체효과는 어느 방향으로 작용할지 확실하지 않다.

그러나 실제 적용되는 연금은 대체효과를 통해 노동시간을 감소시키는 방향으로 작용한다. 왜냐하면, 연금을 전액 수급하기 위해서는 퇴직을 하거나 퇴직하지 않더라도 임금이 일정 수준 이하에 있어야 한다. 통상 퇴직조사(*retirement test*)나 소득조사(*earnings test*)를 통해 퇴직 여부 및 소득규모를 확인한다. 그리하여 비록 연금수급 연령에 도달하더라도 노동활동을 계속하고 있는 사람들에게는 연금급여가 제공되지 않거나 감액연금이 지급된다. 이는 여가의 기회비용을 줄이게 되는 것으로, 연금은 대체효과를 통해 노동공급을 감소시킬 수 있다. 또한 연금은 퇴직연기에 따른 급여증가율 조정장치를 통해 노동공급에 영향을 미칠 수 있다. 즉, 퇴직연기에 따라 상실되는 연금급여를 향후 지급되는 연금급여에 반영하는 정도에 따라 노동공급에 미치는 영향이 달라질 수 있다(반영 정도가 여가의 기회비용을 결정할 것이다). 반영 정도가 높으면 퇴직을 더 연기하는 방향으로 영향을 미치고, 반대로 반영 정도가 낮으면 퇴직을 유인하는 방향으로 노동공급에 영향을 미칠 것이다. 실제 공적연금은 대체로 퇴직연기에 따른 급여상실분을 향후 지급되는 연금급여 반영 정도를 낮게 함으로써 퇴직연령을 떨어뜨리는 경향이 있다(권문일, 1996).

다른 한편으로 사회보장급여의 확대는 기여금 및 조세부담을 증가시킨다. 기여금 및 조세부담의 증가는 개인의 가처분소득을 줄이게 됨에 따라 이전의 생활수준을 유지하기 위해서는 더 많은 일을 해야 한다. 즉, 소득효과가 발생하고, 반면에 실질소득의 여가비용이 감소함에 따라 일을 하지 않으려는 대체효과도 발생한다. 이처럼 사회보장급여는 소득효과와 대체효과를 동시에 발생시키기 때문에, 일률적으로 노동공급의 감소 또는 근로동기가 약화된다는 주장은 성립되기가 어렵다. 따라서 사회보장급여가 노동공급에 미치는 영향도 실증연구를 통해 입증할 수밖에 없을 것이다.

노인들의 노동공급(경제활동참가)에 미친 영향에 대한 실증연구들은 무수히 많다. 여러 실증연구들의 결과들에 따르면, 연금급여가 노인의 경제활동참가율에 부정적인 영향을 미치고 있다는 것이 주종을 이룬다(Gruber & Wise, 1997; Diamond & Gruber, 1997; Samwick, 1998). 특히 다이아몬드와 그루버(Diamond & Gruber)는 연금급여와 관련하여 노인의 경제활동참가율을 떨어뜨리는 중요한 요인으로 급여수준의 관대성, 연금지급 개시연령 등을 들고 있다. 즉, 연금급여수준이 높을수록 경제활동참가율은 감소하는 것으로 나타났으며, 연금지급 개시연령에 근접할수록(미국의 경우에 조기감액급여가 지급되는 62세, 완전급여가 지급되는 65세에 집중적으로 나타났다), 경제활동참가율은 떨어진다고 하였다(Diamond & Gruber, 1997).

반대로 다른 연구들은 노인의 경제활동참가율에 부적 영향을 미치는 요인으로 연금급여보다는 다른 요인들, 즉 사적연금의 확대, 개인의 재산증대 및 실업률, 건강 등을 제시하고 있다(Lumsdaine & Wise, 1994; Burtless, 1986; Krueger & Pischke, 1992; Rust & Phelan, 1996에서 재인용).

이처럼 노동공급의 감소와 관련된 퇴직결정은 연금제도에 기인한 측면이 있지만, 특정 국가의 퇴직결정메커니즘에 따라 다르며, 노동시장의 상황이나 경제적 상태, 노동참여에 대한 사회적 인식, 건강상태, 재산 정도, 정년제도와 같은 강제퇴직제도, 조기퇴직제도,[2] 가족 특성

2 노인들의 경제활동참가율이 지속적으로 감소하고 있는 현상을 사회보장정책적 측면에서 고찰할 수 있다. 현재 고실업에 처해 있는 국가들이 공적연금제도의 조기수급을 위한 제도적 장치를 마련함으로써, 노인들의 조기퇴직을 정책적으로 유도하고 있다. 이러한 정책들은 노인들의 경제활동참가율 하락과 밀접한 관계가 있을 것이다.

등에 의해 영향을 받을 수 있다.

지금까지 살펴본 바와 같이, 저축행위 및 노동공급에 미치는 영향에 대해서는 일치된 결론이 제시되기보다는 끊임없이 논란이 일고 있다. 비록 사회보장제도가 저축행위와 노동공급에 다소 부정적인 효과를 갖고 있어도, 사회보장제도가 추구하는 목적, 즉 위험보장 및 재분배의 실현 등을 훼손할 만큼 중대한 문제는 아닐 것이다. 그러나 사회보장제도의 지속적인 발전을 위해서는 저축행위 및 노동동기의 저해문제 등을 최소화할 수 있는 제도적 장치를 강구할 필요가 있을 것이다.

제 2부

사회보장의 이론적 고찰

제 4 장

공적연금의 원리와 특성

1. 경제적 보장

1) 경제적 보장과 비보장에 대한 개념

인간은 언제나 삶을 위협하는 다양한 요소들로부터의 보장과 보호를 추구해 왔다. 선사시대의 인간들은 폭풍우, 화산, 동물 등 자연의 야만적 힘으로부터 신체를 보호하는 데 관심을 가졌다. 그러나 문명화가 진전됨에 따라 보장을 추구하는 데 있어 수많은 사회적, 정치적, 국제관계적, 경제적 도구들이 이용되어야 할 정도로 보장의 내용이 복잡해지고 정교해졌다.

보장은 다차원적 성격을 지니고 있다. 인간의 생활은 불확실성으로 가득 차 있고 복잡한 위협요인들로부터 둘러싸여 있다. 그래서 보장이란 개념은 철학, 사회복지학, 사회학, 심리학, 정치학, 경제학 등 다양한 학문분야에서 분석될 수 있음에도 불구하고 여기서는 보장의 다양한 차원들 중에서 경제적 보장에 주로 초점을 맞출 것이다.

인간의 총복지는 수많은 상이한 요소들로 구성되어 있음에도 불구하고 총복지의 상당 부분은 금전을 통해 구입할 수 있는 재화나 서비스로부터 나온다고 할 수 있다(Sturmey, 1959: 2). 그래서 경제적 보장은 총복지의 부분으로서 어떤 개인이 현재 및 미래의 기본 욕구(*basic need*) 나 요구(*want*) 를 충족할 수 있을 것으로 상대적으로 확신하는 마음의 상태 또는 행복감으로 정의될 수 있다(Rejda, 1988: 2). 즉, 음식, 의류, 주택, 의료, 기타 필수품 등에 대한 현재 및 미래의 욕구나 요구를 충족할 수 있음을 상대적으로 확신할 수 있을 때 행복감을 경험할 수 있는 것이다. 경제적 보장을 성취하기 위해서 개인은 재화나 용역에 접근할 수 있어야 한다. 따라서 산업사회에서 경제적 보장은 소득유지와 밀접히 관련되어 있다고 할 수 있다. 소득은 화폐임금이든 공적 또는 사적 이전이든 아니면 자산 소유로부터 나오는 소득이든 많으면 많을수록 경제적 보장의 수준은 보다 높아진다.

경제적 비보장은 경제적 보장과 반대되는 개념으로서 현재 및 미래의 욕구나 요구를 상대적으로 충족할 때 발생하는 행복감이 결여된 상태로서 근심, 걱정, 염려 등 심리적 불안을 상당히 느끼는 마음의 상태라고 할 수 있다. 이와 같은 경제적 비보장은 소득의 상실 또는 감소, 질병이나 부상으로 인한 치료비 등과 같은 예외적 지출의 발생, 개인의 기본 욕구나 요구를 충족시키기에는 불충분한 소득, 미래소득의 불확실성 등의 사건들에 의해 발생된다.

2) 경제적 비보장을 초래하는 요인

경제적 비보장을 발생시키는 요인들은 매우 다양하다(Rejda, 1988: 7~9). 첫째, 가계부양자의 조기사망이다. 조기사망은 자녀교육, 부양, 주택자금 상환 등의 의무를 지닌 가계부양자가 그 의무를 이행하지 못하고 사망했음을 의미하는 것이다. 그런데 가계부양자의 조기사망은 피부양가족의 소득 상실 내지 감소, 장례비 · 상속세 · 사망 전 질병치료비, 대출금 상환 등과 같은 예외적 지출 등을 발생시킨다.

둘째, 노령은 경제적 비보장을 초래할 수 있다. 퇴직연령이 55~60세로 되어 있는 우리나라의 사회적 관행상 대부분의 근로자들은 그 연령 내에서 퇴직을 하게 되고 그 결과 근로소득을 상실하게 된다.

셋째, 건강 약화는 소득활동능력을 상실 · 감소시키고 의료비 등 상당한 예외적 지출을 초래함으로써 경제적 비보장의 원인으로 작용한다.

넷째, 실업은 근로소득의 상실 또는 감소, 미래소득의 불확실성 등을 초래함으로써 경제적 비보장을 초래한다.

다섯째, 최저임금 미만의 소득은 경제적 비보장을 야기할 수 있다. 어떤 근로자가 최저임금보다 낮은 임금을 지급받는다면 비록 전일제로 근무하더라도 자신과 가족의 기본욕구를 충족하기에는 부적절한 소득을 가질 수밖에 없을 것이다.

여섯째, 물가수준의 변화는 실질소득의 감소를 가져옴으로써 경제적 보장을 위협한다.

일곱째, 홍수, 태풍, 지진 등과 자연재해는 수많은 인명 및 재산 손실을 초래함으로써 경제적 비보장을 초래한다.

여덟째, 개인적 요인으로서 성취동기나 추진력의 부족, 낭비벽, 미래준비 부족, 알콜중독 등과 같은 인성적 요인들이 경제적 비보장의 원인이 될 수 있다.

3) 경제적 비보장에 대한 사회적 대책

경제적 비보장에 따른 문제들을 해결하기 위한 사회적 대책들은 헤아릴 수 없이 많지만 국가와 시대에 따라 상당한 차이가 존재한다. 여기서는 산업사회에서 광범위하게 활용되고 있는 대책들을 중심으로 살펴본다(Schulz & Myles, 1990; Rejda, 1988: 10~13).

첫째, 사회부조이다. 사회부조는 공적부조, 국민부조, 노령부조, 실업부조, 사회연금, 생활보호 등 국가에 따라서 매우 다양한 명칭으로 불리지만 어떤 공통적 특성들을 가지고 있다. 우선 사회부조의 대상자는 자산조사 또는 소득조사를 통해 개인의 재정적 자원과 욕구를 조사해서 일정소득 이하의 저소득자에게 제한되며, 정부의 일반예산으로부터 재원이 마련된다.

둘째, 상호부조협회(Mutual-benefit Societies)이다. 상호부조협회는 회원 간 연대성 및 상호원조라는 원칙에 기초하여 직역별 또는 산업별로 조직된 집단이라고 할 수 있다. 급여지급은 회원들의 집단적 결정에 의해 정해진 기여금을 지불함으로써 이루어진다. 상호부조협회는 때로는 정부의 감독 및 규제하에서 운영되기도 한다.

셋째, 사회복지서비스이다. 사회복지서비스에는 가사서비스, 자질구레한 일, 음식서비스, 성인보호시설, 정보 제공 및 의뢰, 교통 등 다양한 현물 및 비현금급여가 포함된다. 이들 급여는 자산조사 또는 소득조사에 기반하여 제공되기도 하고 이용자에게 부담을 지우기도 한다.

넷째, 고용주책임제도이다. 이 제도하에서 고용주들은 법에 규정된 급여를 피용자 또는 피용자의 피부양자에게 직접적으로든 보험계약을 통해서든 제공하도록 법에 의해 의무화되어 있다. 가장 대표적인 프로그램으로는 산업재해보상 프로그램을 들 수 있을 것이다.

다섯째, 기업연금이다. 기업연금에서 급여는 고용주 또는 직업연금에 대한 관리행정 책임을 지고 있는 조합에 의해 연금 또는 일시금 형태로 이루어진다. 지출은 고용기간, 연령, 재해 등과 같은 요인들에 의해 결정된다. 이들 급여는 대개 정부의 세제우대 조치에 의해 장려된다.

여섯째, 개인연금 내지 개인저축장려제도이다. 이는 국민 개개인의 저축을 촉진하기 위해 장려되는 프로그램이라고 할 수 있는데, 정부는 때때로 퇴직계정에 투자되는 기여액에 대해서는 세제상의 보조금을 제공하기도 한다. 이러한 저축은 통상 일정한 노령에 이르기 전에는 인출이 허용되지 않으며, 인출을 할 경우에는 상당한 불이익이 주어진다. 연령요건을 충족하면 급여는 일시금으로 지불될 수도 있고 노령기의 욕구를 충족하도록 연금형태로 지불될 수도 있다.

일곱째, 퇴직준비금(*provident funds*)이다. 이는 근로자를 위한 강제저축제도라고 할 수 있다. 고용주 또는 근로자는 공적으로 관리되거나 감독되는 기금에 규칙적으로 기여를 한다. 기여액은 각 개인별 구분계정에 기입되고 원금에 대한 이자도 함께 기입된다. 급여는 일정요건을 충족할 때에 일시금으로 지급되는데 일반적으로 급여의 대부분은 노령에 도달할 때 지급되지만 때로는 주택 구입 또는 의료비 등을 충족하는 데 지급되기도 한다.

여덟째, 사회수당 또는 보편적 제도이다. 이것은 소득, 고용, 기타 자산 등에 관계없이 모든 노인 또는 시민에게 정부가 보편적으로 급여를 지급하는 형태를 취한다.

아홉째, 사회보험이다. 이 제도는 정부에 의해 입법화되고 정부에 의해 또는 정부의 감독하에 관리되는 전국적 제도이다. 사회보험에 속한 제도들은 실업, 노령, 사망, 장애, 질병 및 모성, 산업재해, 자녀 출산 등의 사회적 위험이 발생했을 때 규칙적으로 현금급여를 지불한다.

그런데 이들 아홉 가지의 대책들은 그것들을 운영하는 주체에 따라 크게 공적 대책과 사적 대책으로 구분할 수 있을 것이다. 공적 대책은 국가 또는 국가의 위임을 받은 준공공기관에서 관리운영하는 사회적 대책을 의미하며, 여기에는 사회부조, 사회복지서비스, 퇴직준비금, 사회수당, 사회보험 등이 포함된다. 반면 사적 대책은 민간기관에 의해 관리운영되는 사회적 대책으로서 상호부조협회, 고용주책임제도, 기업연금, 개인연금·개인저축장려제도 등이 해당된다고 할 수 있다.

2. 경제적 보장과 공적연금

1) 공적연금을 통해 경제적 보장

공적연금은 소득감소 또는 상실을 초래하는 여러 가지 사회적 위험들 중 노령, 장애, 사망으로 발생하는 경제적 비보장에 대응하는 대책이라고 할 수 있다. 공적연금은 특히 이들 세 가지 위험 중에서도 노령으로 인한 경제적 비복지를 해결 또는 완화하는 데 주안점을 두는 제도라고 할 수 있다. 이러한 이유에서 공적연금을 종종 노령연금(*old-age pension*) 또는 퇴직보험(*retirement insurance*)이라고 부르기도 한다.

우리는 앞 절에서 경제적 비보장에 대응하기 위한 사회적 대책으로서 아홉 가지 형태의 제도가 있음을 보았다. 그렇다면 공적연금은 과연 그 아홉 가지 제도 중 어디에 속하는 것일까? 공적연금은 아홉 가지 제도에 속하지 않는 또 다른 별개의 제도일까? 결론적으로 말하면 공적연금은 아홉 가지 대책 중 어느 특정 제도에 포함되는 것도 아니고 그것들과 독립된 별개의 제도로 존재하는 것도 아니다.

공적연금은 단일 형태로 존재하는 제도가 아니다. 이 장 제 3절에서 후술하듯이 공적연금은 사회보험 방식의 공적연금, 사회부조 방식의 공적연금, 사회수당 방식의 공적연금, 퇴직준비금, 강제 가입을 통한 개인연금 등 여러 형태의 보호제도 중 특정 형태를 취할 수도 있고 두 개 이상을 혼합한 형태를 취할 수도 있다. 예컨대 미국은 사회보험 방식의 공적연금 형태를 채택한 반면, 캐나다는 사회수당 방식의 공적연금과 사회보험 방식의 공적연금이 공존하는 이층체계 형태를, 아르헨티나는 사회보험 방식의 공적연금에 강제가입에 의한 개인연금 방식을 부가한 형태를 취하고 있다.

2) 공적연금의 필요성

미국 사회보장청에 따르면 전 세계 166개 조사대상 국가 중 공적연금제도를 시행하지 않은 국가는 시에라리온, 말라위, 소말리아, 보츠와나, 방글라데시, 미얀마 등 6개국에 지나지 않고 나머지 160개 국가들은 어떤 형태로든 공적연금제도를 운영하는 것으로 나타났다(U.S. SSA, 1997). 이와 같이 공적연금을 통한 정부 개입이 각국에서 보편화된 것은 개별 근로자나 시장을 통해서는 퇴직 후 노령에 대비한 적절한 저축을 확보하는 것이 어렵다는 것에 일반적으로 합의하고 있음을 반영하는 것이라고 할 수 있다.

공적연금은 단일 형태와 특성을 가진 제도는 아니다. 그렇기 때문에 공적연금에 대한 국가개입의 근거 또한 공적연금의 형태 및 내용에 따라 각기 상이할 수 있다. 따라서 공적연금에 대한 국가개입의 필요성을 논하기 위해서는 무엇보다는 공적연금의 특성을 살펴볼 필요가 있다.

프리드만에 의하면 공적연금제도는 세 가지 공통적 특성들을 지니고 있다고 한다(Friedman, 1975). 첫째, 소득재분배 효과를 지니고 있다. 공적연금에서 소득재분배 정도는 비록 국가별로, 동일 국가 내에서도 제도 유형별로, 나아가 동일 제도하에서도 세대별로 다를 수 있지만 대부분의 공적연금제도는 소득이 높은 계층에서 소득이 낮은 계층으로, 근로계층에서 퇴직계층으로 소득을 이전하는 효과를 지니고 있다. 둘째, 가입이 강제화되어 있다. 민간 개인연금에서 가입은 개인의 자유 선택에 맡겨져 있지만 공적연금에서는 가입이 법에 의해 강제화되어 있다. 셋째, 공적연금은 국가 또는 국가의 위임을 받은 공공기관에 의해 관리운영되는 것이 일반적이다.

이와 같이 프리드만이 제시한 세 가지 기준에 따르면 퇴직준비금제도나 강제가입식 개인연금은 소득재분배 효과를 가지고 있지 않고, 더욱이 강제가입식 개인연금은 민간에 의해 관리되기 때문에 공적연금으로서의 성격이 약하다고 할 수 있다. 그래서 지금까지 연금분야에 대한 국가개입의 정당성에 대한 논거들은 퇴직준비금제도나 강제가입식 개인연금보다는 주로 사회부조식 연금, 사회보험식 연금, 사회수당식 연금에 바탕을 두는데, 그중에서도 특히 사회보험식 연금과 주로 관련된 것이었다고 할 수 있다.

사회보험식 연금은 전 세계 166개국 중 138개 국가에서 시행될 정도로 공적연금의 형태 중에서 가장 보편화된 형태라고 할 수 있다. 그래서 연금분야에 대한 국가개입의 필요성과 관련된 대부분의 논거들에서 가정하는 공적연금제도는 사회보험식 연금을 의미하는 경우가 대부분이라고 할 수 있다.

공적연금에 대한 국가개입의 필요성 내지 정당성을 나타내는 논거들은 매우 다양하다.

첫째, 근로자의 근시안적 사고 또는 미래통찰력의 결여이다.

이러한 현상은 근로자들이 퇴직 후 노후를 대비한 저축결정과 관련하여 미래의 소비에 대한 고려를 거의 하지 않을 때 발생한다. 근로자들은 퇴직할 때 비로소 노후의 경제적 문제에 직면할 수 있음을 인식할 수 있지만 이미 그때는 문제를 해결하기에는 너무 늦은 것이다. 한편 국가는 근로자들이 퇴직했을 때 적절한 소득을 가질 수 있도록 하기 위해서 근로 중에 획득하는 소득의 일정 부분을 저축하도록 원조할 수 있다. 그러나 퇴직을 대비한 기여를 강제적으로 부여하지 않으면 근시안적 사고를 가진 근로자 대부분은 적절한 퇴직소득을 보장하는 수준의 저축을 하지 않을 것이고, 그렇게 되면 빈곤으로 추락할 것이다(Thompson, 1998: 10). 이러한 근로자의 근시안적 사고는 공적연금의 강제가입을 정당화하는 근거가 된다(牛丸 聰, 1996:9).

둘째, 성실한 자에 대한 보호이다.

미래를 대비해 저축한 성실한 사람들을 미래를 대비해 저축하지 않은 근시안적이고 불성실한 자로부터 보호할 필요성이 있다는 것이다. 일반적으로 대부분의 사회는 그들의 구성원들에 대한 최저수준의 소비를 설정하고 이를 충족시키고 있다. 그래서 비록 불성실한 자라고 하더라도 아사하지 않도록 국가는 최저수준의 생계를 보장하는 것이 일반적이다(Rejda, 1988: 27). 그런데 국가에 의해 최저수준의 생계가 보장된다면 근로자들 중 상당수는 굳이 미래의 소비 욕구를 충족하기 위해 힘들게 저축하기보다는 현재 소득의 대부분을 현재의 소비에 충당하려는 태도를 취하기 쉬울 것이다. 그렇게 되면 성실한 소득활동자들은 자신뿐만 아니라 및 불성실한 타인의 퇴직 후 노후생활비용도 지불해야 하는 이중의 부담을 지게 된다. 따라서 이를 방지하기 위해서 국가는 퇴직 후 노후보장에 대한 비용부담이 성실 또는 불성실과 관계없이 전체적으로 배분될 수 있도록 개입해야 한다. 그런데 이러한 개입이 성공하려면 근로기간 동안 적절한 소득을 가진 자에 대해서는 가능한 퇴직 후에 국가가 제공하는 사회적 최저생활수준 보장에 의존하는 근로자들이 최소화될 수 있도록 해야만 하는 것이다(Thompson, 1998: 10).

셋째, 소득재분배이다.

소득재분배는 사회통합을 증진시키고 보다 공정한 사회를 형성하기 위하여 사회가 시장에 의한 소득분배를 변경하려는 집합적 결정을 할 때 발생한다. 자본주의 시장경제하에서 근로자는 자신이 소유한 자본 또는 노동과 같은 생산요소를 시장에 제공하고 생산요소의 양과 생산성에 따라 소득을 획득한다. 이러한 소득의 분배방법은 효율성 관점에서 보면 그리 문제가 되지 않을 수 있다. 그럼에도 불구하고 시장에서 결정되는 소득분배에 지나친 불평등이 있거나 시장에서 획득하는 소득액이 너무 낮아 빈곤에 빠지는 사람들이 상당수에 이른다면 사회정의에서뿐만 아니라 자본주의 시장경제의 유지라는 차원에서도 시장에서의 소득분배는 시정될 필요가 있다. 즉, 지나친 불평등을 완화하고 저소득자에 대한 최저생활수준을 보장하려면 고소득계층에서 저소득계층으로 소득을 이전하는 형태의 국가개입이 필요한 것이다(牛丸 聰, 1996: 9).

대부분의 국가에서 공적연금제도는 시장에 의한 소득분배를 변경하는 데 사용되는 주요 수단 중의 하나로서 광범위하게 활용되는데 급여액이 생애소득이 낮은 자들에게 상대적으로 유리하도록 설계되는 것이 일반적이다. 또한 공적연금제도는 사회부조와 비교할 때 수급자의 존엄성을 높이는 데 기여한다. 왜냐하면 사회성원들은 연금수급을 권리로서 인식하는 경향이 있으므로 공적연금의 급여지불에 대한 사회적 수용도가 높기 때문이다(Thompson, 1998: 10).

넷째, 불확실성에 대한 보험이다.

퇴직 후 노령을 대비한 적정한 저축을 결정할 때 근로자들은 미래에 있어 소득활동의 지속 여부, 소득수준, 경제성장률, 물가수준, 이자율, 기대수명 등과 같이 불확실한 변수들에 직면하게 된다. 그런데 이러한 불확실성하에서 나름의 예측에 근거해 결정된 저축액은 그 예측이 실제와 괴리가 있을 경우에는 노후생활의 욕구를 충족하는 데 필요한 수준에 이르지 못할 수 있다. 이는 일종의 시장실패라고 할 수 있는데, 저소득층은 물론 고소득층조차 시장실패에서 자유로울 수 없는 것이다. 그래서 공적연금제도는 이러한 불확실성을 방지하기 위한 보험으로서의 기능을 위해 성립될 수 있다. 왜냐하면 사회보험 방식의 연금제도는 경제성장률, 물가수준, 이자율, 기대수명 등의 변화로 인해 초래될 수 있는 위험들을 사회의 전체 구성원들에게 분산시키고 공동책임을 지는 형태로 되어 있기 때문이다. 그런데 이러한 형태의 연금제도에 대한 보편적 접근이 가능하기 위해서는 정부에 의한 강제가입이 필수적이다.

3. 공적연금의 유형 및 원칙

1) 공적연금의 유형

공적연금제도는 국가별로 매우 다양한 형태를 띠고 있어서 이를 유형화하기는 매우 어렵다. 그럼에도 불구하고 공적연금 재원의 원천(일반조세 대 기여금), 공적연금의 관리주체(정부 대 민간금융기관), 연금수급요건 등에 기초하여 유형화하면 대략 다섯 가지 형태로 구분할 수 있을 것이다.

첫째, 사회부조식 공적연금이다.

이러한 연금제도하에서 연금급여는 자산조사 내지 소득조사를 통해 일정소득 미만으로 확인된 저소득 노령자에게 지급되며, 그에 필요한 재원은 일반조세에서 충당된다. 이러한 형태의 연금제도는 연금수급자격을 과거의 소득활동 여부 또는 기여 여부와 관련짓지 않음으로써 상대적으로 재정적 욕구는 가장 크면서도 그것을 충족할 수 있는 재정적 자원은 가장 적게 가지고 있는 저소득계층을 집중적으로 원조할 수 있는 장점이 있다. 또한 저소득계층에 지출을 한정함으로써 다른 공적연금 형태에 비해 연금지출에 따른 사회적 비용을 절감할 수 있는 장점을 지니고 있다.

이러한 연금형태를 취하는 대표적 국가로서는 호주를 들 수 있다. 호주는 일반조세를 재원으로 하여 자산조사에 의해 일정소득 미만으로 확인된 자에 대해서만 연금을 지급한다. 하지만 비교적 자산조사가 관대하여 대부분의 노인들이 연금혜택을 받고 있는 실정이기 때문에 뒤에서 설명하는 사회수당식 연금에 거의 가깝다고 할 수 있다.

둘째, 사회보험식 공적연금이다.

이러한 형태의 연금제도하에서 재원은 고용주와 피용자 또는 자영업자로부터 징수되는 기여금으로부터 전적으로 또는 부분적으로 충당된다. 기여금은 일반 정부의 예산과는 분리 계정된 특별기금으로 관리되며, 소득의 일정비율로 부과되는 것이 일반적이다. 한편, 급여수급권은 수급자의 과거 기여기간으로부터 발생되거나 연계되며, 급여액은 수급자의 과거소득과 기여기간에 따라 차등을 두는 것이 일반적이다. 대부분의 사회보험제도는 법에 의해 가입을 강제화하고 기여금 지불을 의무화하고 있다. 수급요건과 수급내용이 법에 명시적으로 규정되어 있음으로써 급여지급 시 행정적 재량권이 개입될 여지가 없다.

사회보험식 연금은 전 세계 대부분의 국가들에서 광범위하게 채택하는 공적연금 형태라고 할 수 있다. 미국 사회보장청의 조사에 따르면 166개 조사대상 국가 중 28개국을 제외한 138개국이 사회보험식 연금체계를 운영하는 것으로 나타났다(Social Security Administration, 1995). (U.S. SSA)

셋째, 사회수당식 공적연금이다.

사회수당식 공적연금제도는 재원을 일반조세에서 충당한다는 점에서 사회부조식 연금과 유사하지만 연금수급권을 일정소득 미만의 저소득계층에 한정하지 않고 소득에 관계없이 모든 시민들에게 제공한다는 점에서 차이가 있다. 또한 사회보험식 연금과 비교하면, 두 제도 모두 사회부조식 연금에 비해 보다 광범위한 계층에게 연금수급권을 보장한다는 점에서 유사성이 있지만 사회보험식 연금에서는 대개 기여금 지불을 수급요건으로 하고 있기 때문에 과거에 소득활동을 하지 않았거나 소득활동기간이 짧은 자들에게 연금수급권이 없거나 제한되는 반면 사회수당식 연금에서는 모든 시민에게 동일한 연금수급권을 보장한다는 점에서 차이가 있다. 또한 사회보험식 연금은 급여액을 과거 소득 및 기여기간에 따라 차등을 두는 것이 일반적이지만, 사회수당식 연금에서는 동일한 급여액이 지급되는 경향이 있다. 이러한 형태의 연금을 운영하는 국가들에는 뉴질랜드, 캐나다, 덴마크, 스웨덴 등이 있다.[1]

넷째, 퇴직준비금제도이다.

퇴직준비금제도는 강제가입과 국가관리라는 특성을 제외하면 공적연금으로서의 특성을 거의 갖지 않은 단지 강제가입식 저축제도라고 할 수 있다. 퇴직준비금제도하에서 급여액은 전적으로 개인이 지불한 기여금에 국가에서 정한 일정한 이자를 합한 금액에 지나지 않는다. 또한 급여가 일시금으로 지급되어 소득을 지속적으로 보장할 수 없기 때문에 노령, 장애, 사망으로 인한 경제적 비보장에 효과적으로 대처할 수 없다. 퇴직준비금제도를 채택하는 국가들은 과거 영국의 식민지였던 영연방국가들에서 흔히 찾아볼 수 있다. 탄자니아, 케냐, 싱가포르, 말레이시아, 인도네시아, 인도, 네팔, 서사모아, 피지 등이 대표적 예이다.

다섯째, 강제가입식 개인연금제도이다.

이러한 형태의 개인연금제도는 강제저축의 성격을 갖는다는 점에서

1 스웨덴, 캐나다는 사회수당식 연금 외에 사회보험 방식에 의한 소득비례연금을 두고 있으며, 덴마크는 사회수당식 연금 외에 사회부조식 연금을 함께 운영하고 있다.

퇴직준비금제도와 유사하지만 급여가 일시금이 아닌 연금형태로 지급되며, 국가에 의해 독점적으로 관리되는 것이 아니라 다수의 민간금융기관에 의해 경쟁적으로 관리된다는 점에서 차이가 있다. 국민들은 다수의 민간금융기관 중에서 수익률이 높다고 판단되는 기관을 선택하여 가입할 수 있고, 가입 후 수익률이 낮다고 판단되면 다른 기관으로 변경할 수도 있다. 연금급여액은 개인이 지불한 기여금과 기여금의 투자수익을 합산한 액으로 결정되는데, 투자위험에 대한 책임은 전적으로 가입자 개인에게 지워진다. 따라서 수익률이 낮은 기관을 선택했던 가입자들은 노후에 경제적 비보장에 직면하기 쉽다.

강제가입식 개인연금제도는 최근에 확산되는 연금제도로서 공적연금 재정의 심각한 위기를 경험했던 칠레, 아르헨티나, 멕시코, 페루 등 중남미권 국가와 자본주의 시장경제체제로 전환하는 과정에서 경제적 어려움을 겪는 폴란드, 카자흐스탄, 라트비아 등 구 소비에트연방 국가들에서 공적연금의 재정위기를 타개하기 위한 방편으로서 과거 사회보험식 연금의 전부 또는 일부를 대체하는 형태로 이루어지고 있다.

그런데 공적연금의 형태 중 퇴직준비금제도 및 강제가입식 개인연금을 공적연금의 범주에 포함하는 데는 논란의 여지가 있을 수 있다. 그 이유는 여러 가지 측면에서 살펴볼 수 있다. 첫째, 이들 제도는 전통적인 공적연금의 주요한 특성 중 하나인 소득재분배 기제를 포함하고 있지 않다. 둘째, 이들 두 제도는 물가상승률, 수익률, 기대수명의 연장 등과 같은 미래의 불확실성과 관련된 위험들을 개인에게 전가시킴으로써 위험에 대한 보험기능이 약할 뿐만 아니라 기본적으로 급여액이 기여와 기여금의 이식수입에 의해 결정되는 시장원리가 지배하고 있다.

셋째, 관리운영 측면에서 보더라도 강제가입식 개인연금의 경우에는 국가에 의해 공적으로 관리되기보다는 경쟁원리에 입각하여 다수의 민간금융기관에 의해 관리되고 있다. 국가는 단지 이들 민간금융기관에 대한 감독 및 규제자로서의 역할을 수행하는 데 그치고 있다.

그렇다고 해서 퇴직준비금제도나 강제가입식 개인연금을 완전히 사적연금으로 분류하는 것도 적절치 않을 것이다. 왜냐하면 퇴직준비금제도나 강제가입식 개인연금은 개인저축이나 임의가입에 의한 개인연금과 달리 국가에 의해 강제적으로 가입이 이루어지고, 기여율이 국가에 의해 결정되며, 종종 연금급여에 대해 국가에 의한 최저보증이 실시되기 때문이다. 그래서 퇴직준비금제도나 강제가입식 개인연금은 준공적연금 내지 유사 공적연금(*notional public pension*)이라고 부르는 것이 적합할 것이다.

2) 공적연금의 기본 원칙

공적연금의 기본 원칙들은 어떤 형태의 연금유형을 선택했느냐에 따라서 상이할 수 있다. 여기서는 전 세계적으로 가장 보편화된 사회보험식 공적연금을 중심으로 주요 원칙들을 기술할 것이다.

(1) 강제 가입

공적연금은 거의 예외 없이 강제가입을 채택하고 있다. 공적연금은 1889년에 독일에서 최초로 성립된 이래 급속히 확산되어 20세기 초반에 유럽 대부분의 국가에 도입되었고, 제 2차 세계대전 이후 전 세계적으로 확산되었는데, 이 과정에서 강제가입의 원칙은 일관되게 유지되었다.

강제가입이란 원칙이 실질적 의미를 지니는 것은 여러 형태의 공적연금 중 사회보험식 연금에서이다. 왜냐하면 사회수당식 연금이나 사회부조식 연금의 경우 납세의무를 지닌 모든 국민들을 적용대상으로 하고 있다는 점에서 적어도 명목적으로는 강제가입에 기초하고 있다고 볼 수 있지만 납세의무와 공적연금수급권 간에 어떤 직접적인 연계가 존재하는 것이 아닐 뿐 아니라 사회보험식 연금에서와 같이 가입 및 가입이력에 대한 관리를 하지는 않기 때문이다. 이는 마치 경찰서비스로부터 모든 국민들이 혜택을 받지만 국민들이 경찰서비스에 강제가입되어 있다는 표현을 사용하지 않는 것에 비유할 수 있다. 반면 사회보험식 연금에서는 노후의 경제적 보장을 위해 일정 범주에 해당하는 국민이면 예외 없이 적용대상으로 하여 강제적으로 기여금을 납부하게 하고 이를 기록 관리하여 향후 급여혜택을 준다.

사회보험식 연금제도에서 강제가입 원칙을 채택하는 이유들은 다양하다. 첫째, 임의가입에 따른 역선택(*adverse selection*)을 방지하기 위해서이다(田近榮治, 1996: 27). 예컨대 의료보험을 임의가입으로 하고 민간보험회사에서 판매한다고 가정해 보자. 보험회사가 의료보험료를 책정하기 위해서는 각 개인의 질병에 걸릴 확률에 대한 정확한 정보를 가지고 있어야 한다. 하지만 그러한 정보를 알기란 거의 불가능하기 때문에 사회통계상의 평균질병률에 기초하여 보험료를 부과할 수밖에 없다. 이 경우 평균질병률보다 낮은 질병률을 가진 젊고 건강한 젊은이들 중 상당수는 보험료가 높다고 판단하여 탈퇴할 것이다. 그렇게 되면 보험회사는 수지균형 차원에서 보험료를 인상할 수밖에 없고 다시 잔류 피보험자 중 평균질병률보다 낮은 질병률을 가진 자는 탈퇴하는 악순환이 지속될 것이다. 결국 마지막에는 질병에 걸릴 확률이 매우 높은 자만 남게 되고 따라서 보험료가 급격히 인상됨으로써 그 의료보험제도는 유지될 수 없는 것이다. 이러한 역선택에 따른 문제는 강제가입을 채택하면 방지할 수 있다.

둘째, 강제가입은 대규모의 가입자들을 포함함으로써 위험분산 기능을 극대화시킬 수 있을 뿐만 아니라 규모의 경제를 통해 보험료의 저액화를 도모할 수 있다.

셋째, 강제가입은 규모의 경제를 통해 관리운영비를 절감함으로써 보다 많은 재원을 급여지출에 충당할 수 있다. 또한 민간 보험의 경우에는 신규모집비, 광고비, 계약유지비 등 많은 부대비용이 따르지만 강제가입의 경우에는 그러한 비용을 최소화할 수 있다.

(2) 최저수준의 보장

공적연금은 노령, 장애, 사망 등의 사회적 위험발생 시 최저수준의 생활을 보장해야 한다는 데 대해서는 별다른 이견이 존재하지 않는다. 그럼에도 불구하고 최저수준이 어느 수준을 의미하는 것이냐에 대해서는 상당한 논란이 있다. 일반적으로 최저수준과 관련해서는 크게 세 가지 관점으로 대별되고 있다(Myers, 1993: 26; Rejda, 1988: 18).

첫째, 최저수준이란 것이 사실상 존재하지 않는 것과 마찬가지일 정도로 공적연금의 급여수준은 낮게 책정되어야 한다는 관점이다.

둘째, 공적연금에서의 최저수준은 개인연금, 기업연금, 개인보험

등과 같은 다른 경제적 보장제도를 고려하지 않더라도 그 자체만으로도 안락한 생활수준을 제공할 수 있을 만큼 높아야 한다는 관점이다.

셋째, 첫째와 둘째 관점의 중간에 해당하는 관점으로서, 공적연금의 최저수준은 다른 소득이나 금융자산과 결합하여 대다수의 개인들이 상당히 만족할 만한 생활을 유지하기에 충분한 수준이어야 한다는 것이다. 그럼에도 불구하고 여전히 기본 욕구를 충족하지 못하는 집단에 대해서는 공적부조를 통해 추가적으로 보충해야 한다는 입장이다.

(3) 개별적 공평성과 사회적 적절성

공적연금의 재원이 잠재적 수급자의 기여금으로부터 나올 때 언제나 생길 수 있는 문제는 개별적 공평성과 사회적 적절성을 어떻게 반영할 것인가 하는 것이다. 개별적 공평성은 기여자가 기여금에 직접적으로 연계된, 즉 기여금에 보험수리적으로 상응하는 액을 연급급여로 지급받는 것을 의미한다. 반면 사회적 적절성은 모든 기여자들에게 일정한 생활수준을 보장하는 것이다. 따라서 사회적 적절성이란 개념은 급여액을 기여나 업적에 따라 차등을 두어야 한다는 개별적 공평성의 문제와는 별개로 적절한 수준의 신체적, 정신적 복지를 제공하는 것이 바람직하다는 관점과 관련된 것이다(Gilbert, Specht & Terrell, 1993: 58).

그래서 개별적 공평성과 사회적 적절성이란 두 개념은 일반적으로 갈등 관계를 지니고 있다. 공적연금체계는 통상 완전한 개별적 공평성과 완전한 사회적 적절성이란 양극단 사이의 한 지점에서 급여를 결정하는 것이 보통이다.

일반적으로 공적연금제도는 비록 급여구조에 있어 개별적 공평성이란 가치를 반영하고 있음에도 불구하고 사회적 적절성을 보다 강조하는 경향이 있다. 예컨대 우리나라 국민연금제도의 경우 소득이 높을수록 연금급여액도 또한 높지만 급여액이 반드시 소득에 정비례하여 증가하지는 않는다. 그 이유는 국민연금의 급여구조는 개인의 소득에 관계없이 전체 가입자 평균소득의 일정비율로 산정되는 균등부문과, 개인 소득의 일정비율로 산정되는 소득비례부문으로 구성되어 있기 때문이다. 이 중 후자는 개별적 공평성을 반영하는 것이라면 전자는 사회적 적절성을 반영하는 것이라고 볼 수 있다. 그리하여 저소득층의 경우 소득대비 급여 비율을 뜻하는 소득대체율이 고소득층에 비해 높은 것이다.

공적연금에서 사회적 적절성 가치를 반영하는 주 목적은 모든 집단들에게 최저수준의 소득을 보장하는 데 있다. 만일 지급받는 연금급여수준이 지불한 기여금의 보험수리적 가치와 동일하다면 어떤 집단, 특히 저소득집단에게는 급여액이 너무 적어서 모든 사람들에게 최저수준의 소득을 보장하려고 하는 목표는 결코 성취되지 않을 것이다. 공적연금에서는 사회적으로 적절한 급여를 보장하기 위해서 다양한 방법들을 활용한다. 예컨대 연금급여산식을 저소득층에게 유리한 방향으로 구조화하거나, 연금수급자의 피부양자를 고려하여 배우자급여나 어린 자녀에 대한 급여를 지급하거나, 초기가입 노령세대에게 보다 유리한 혜택을 주는 것이다. 이와 같은 사회적 적절성의 가치에 대한 강조는 소득재분배를 발생시킨다. 즉, 공적연금은 고소득계층에서 저소득계층에게로, 독신 계층에서 부부 또는 자녀를 가진 계층에게로, 후기가입세대로부터 초기가입세대로 소득을 재분배하는 것이다.

(4) 급여에 대한 권리

사회보험식 공적연금에서 급여는 권리로서 지급되는 것이기 때문에 수급요건으로서 욕구에 대한 검증이 요구되지 않는다. 그렇다고 해서 사회보험식 공적연금에서 욕구가 전혀 고려되지 않는다는 의미는 아니다. 공적연금에서도 피부양자를 둔 수급자는 소득에 대한 욕구가 피부양자를 두지 않은 수급자에 비해 큰 것으로 간주되어 부모, 배우자, 자녀에 대한 부가급여 등과 같이 피부양자의 욕구를 고려한 급여가 지급되는 것이 일반적이기 때문이다. 그런데 이와 같은 피부양자에 대한 급여는 욕구조사를 통해 결정되는 것이 아니고 피부양자의 존재 유무에 대한 확인을 통해 결정된다. 욕구조사 또는 자산조사는 생활을 유지하는 데 필요한 소득 및 재산이 불충분하다는 것을 입증해야 하는 사회부조에서 사용되는 것이다. 반면 공적연금의 수급자들은 소득이나 자산에 대한 검증 없이 급여에 대한 권리를 지니고 있다.

공적연금에서 급여에 대한 권리라고 할 때 권리라는 개념은 다양하게 해석될 수 있는데, 크게 세 가지 관점으로 구분할 수 있다(Rejda, 1988: 22~23).

첫째, 공적연금에 대한 권리를 계약권(*contractural right*)으로 보는 관점이다. 그런데 계약권이라는 것은 계약 당사자 간에 공식적 계약관계가 존재해야 한다. 그러나 공적연금에서는 계약 당사자라고 할 수 있는 피보험자와 정부 간에 공식적 계약관계가 존재하지 않기 때문에 계약권으로 보기 어렵다. 더욱이 계약적 권리라고 하면 그에 대한 수정은 당사자 간의 합의에 의해서만 수정될 수 있는 데 반해, 공적연금에서는 의회가 피보험자의 동의 없이도 급여를 수정하고 취소하는 것이 가능하기 때문에 계약적 권리라고 보기 어렵다.

둘째, 공적연금에 대한 권리를 획득권리(*earned right*)로 보는 관점이다. 왜냐하면 수급자는 급여를 지급받기 위해서 오랜 기간 기여금을 지불했기 때문이다. 하지만 연금수급권을 획득권리로 보기에는 다소 곤란한 점들이 있다. 첫째, 공적연금에 대한 기여금 지불 자체가 급여에 대한 명확한 권리를 가져다주지는 않는다. 왜냐하면 기여금 지불 외에도 다른 수급조건들이 충족되어야 하기 때문이다. 둘째, 저소득층이나 공적연금의 초기가입 세대는 사회적 적절성 측면에서 실제 기여금의 보험수리적 가치를 훨씬 초과하는 급여를 수급하기 때문에 엄격한 의미에서 획득권리라고 보기 힘든 점이 있다.

셋째, 법적 권리(*statutory right*)로 보는 관점이다. 법적 권리는 재판을 통해 이행될 수 있으며, 개인들이 급여에 대한 권리를 이행하도록 소송을 제기할 수 있다. 법에 규정된 급여들은 행정재량에 의해 감소되거나 철회됨이 없이 수급요건을 갖춘 자에게는 지불되어야 하기 때문에 법적 권리는 강력한 권리라고 할 수 있다. 하지만 간과해서는 안 될 사항은 의회는 공공정책의 필요가 있는 경우에는 합리적 방법을 통해 공적연금 급여 중 어떤 것을 수정하거나 취소할 수 있다는 것이다.

공적연금에서 급여에 대한 권리와 관련한 세 가지 관점 중에서 어떤 관점이 보다 적실한지 여부는 공적연금의 형태에 따라서 다를 수 있다. 예컨대 기여금 지불과 관계없이 연금급여를 지급하는 사회부조식 연금이나 사회수당식 연금에서는 연금수급권을 계약적 권리나 획득권리로서 해석하기보다는 법적 권리로 해석하는 것이 타당할 것이다. 반면 강제가입식 개인연금이나 퇴직준비금제도에서는 개인별 계정관리 방식을 취하고 있고 연금급여액이 기여에 비례하는 구조로 되어 있기 때문에 계약적 권리나 획득권리로 해석하더라도 무방할 것이다. 결국 논란의 여지가 큰 것은 사회보험 방식의 공적연금일 것이다.

이러한 형태의 공적연금은 급여에 대한 권리는 적어도 계약의 당사자인 정부와 피보험자 간에 명확하고 공식적인 계약이 성립하고 있는 것은 아니기 때문에 계약적 권리로 보기는 어려울 것이다. 반면 획득권리나 법적 권리로서는 상당 부분 해석될 수 있을 것이다. 획득권리로 볼 수 있는 것은 비록 연금급여액이 기여금의 보험수리적 가치에 완전히 상응하는 수준으로 결정되는 것은 아닐지라도 연금수급액이 기여기간과 기여액과 연계되기 때문이다. 한편 사회보험 방식의 공적연금에서는 저소득층 및 초기가입 세대들은 일반적으로 기여액의 보험수리적 가치를 훨씬 초과하는 급여를 지급받는 경향이 있고 또한 급여유형 및 급여수준이 법으로 정해져 있기 때문에 법적 권리로 해석되는 것이 타당한 측면이 있다. 따라서 사회보험식 공적연금제도에서 연금수급권은 법적 권리와 획득 권리적 요소들이 상호 결합되어 있다고 보는 것이 타당할 것이다.

4. 공적연금제도의 선택

우리는 앞서 공적연금제도는 단일형태가 아니라 사회수당식 연금, 사회부조식 연금, 사회보험식 연금, 퇴직준비금제도, 강제가입식 개인연금 등 다양한 형태들이 있음을 보았다. 이들 다섯 가지 유형의 공적연금들은 각기 나름의 장단점이 있고 또한 특정 유형의 연금제도 내에서도 다양한 변형들이 존재할 수 있기 때문에 어떤 형태의 연금제도가 다른 형태의 연금제도보다 반드시 비교우위에 있다고 단정할 수는 없다. 이는 다양한 유형의 공적연금제도 중 어느 것을 선택하는 것이 바람직한 것인가를 둘러싸고 다양한 선택의 차원이 존재할 수 있음을 함축하는 것이다. 다섯 가지의 공적연금 유형은 강제가입을 제외하고는 각각 다양한 선택의 차원이 존재한다. 즉, 기여 대 비기여, 정액급여 대 소득비례급여, 확정급여 대 확정기여, 재정방식에서 부과방식 대 적립방식 등의 선택의 차원이 있는 것이다.

1) 무기여 연금과 기여 연금

급여지출에 충당하는 재원형태에 따라서 공적연금을 유형화한다면 급여지출에 필요한 재원을 일반예산에서 충당함으로써 기여를 하지 않는 무기여 연금(*non-contributory pension*)과 사용자와 피용자 또는 자영업자 등의 기여로부터 재원을 충당하는 기여식 연금(*contributory pension*)으로 구분할 수 있다.

무기여 연금은 다시 소득조사를 통해 일정 소득 미만자에게 연금을 지급하는 사회부조방식의 연금과, 일정 연령조건과 거주기간 조건을 충족하면 누구에게나 연금을 지급하는 사회수당방식의 보편적 연금으로 구분할 수 있다.

기여식 연금은 보험 원리와 사회연대성 원리를 혼합하여 소득재분배 효과가 발생하는 사회보험 방식의 연금과, 소득재분배 없이 기여금과 이식수입이 개인별로 관리되고 축적되는 개인저축계정 형태의 강제저축식 연금(*mandatory savings*)으로 구분된다.[2] 이러한 강제저축식 연금에는 싱가포르, 인도네시아, 인도, 말레이시아 등과 같이 기금을 국가가 관리운영하는 퇴직준비금제도(Provident Funds)와 칠레, 아르헨티나, 페루, 멕시코 등에서 운영되고 있듯이 민간금융기관에서 운영되는 강제가입식 개인연금으로 구분된다.

무기여 연금 중 사회수당식 연금은 일반조세를 재원으로 하여 일정 연령조건(예컨대 65세)을 충족하면 모든 거주민에 대해서 동일한 연금액을 지급하는 형태이다. 이러한 형태의 연금은 과거의 소득 및 소득활동기간, 직업, 조세부담의 고저 등에 관계없이 전 국민을 동일하게 대우함으로써 연금수급권을 보편적인 사회적 권리로서 인정하고, 인간의 존엄성과 사회통합에 이바지하며, 관리하기 쉽다는 장점을 가지고 있다. 그러나 이러한 형태의 연금의 선택은 상당 부분 국가의 높은 과세능력 및 평등가치에 대한 국민들의 광범위한 수용에 달려 있다고 할 수 있다.

한편 사회수당식 연금은 일정 연령 이상의 모든 노인들을 대상으로 함으로써 비록 급여수준이 낮더라도 엄청난 재원이 요구된다. 반면 무기여연금 중 사회부조식 연금은 일정소득 이하의 저소득 노인에게만 연금을 지급하는 것이기 때문에 소득조사와 관련된 행정관리비를 낮게만

---

2 그런데 기여식 연금 중에서 강제저축식 연금은 법에 의해 가입이 강제화되어 있다는 점을 제외하면 민간부문의 저축제도나 개인연금과 급여지급방식 면에서 거의 차이가 없다는 점에서 공적연금의 범주로 분류하는 데는 논쟁의 여지가 있다.

유지한다면 매우 효율적 연금제도라고 할 수 있다. 그러나 사회부조식 연금은 소득조사과정에서 수급대상자로 하여금 수치심을 유발함으로써 인간존엄성에 위배되고, 또한 권리 개념이 약하기 때문에 정치적, 경제적 상황에 따라서 지급대상과 급여수준이 변화되기 쉬운 단점을 지닌다.

무기여 연금을 운영하는 대부분의 국가에서 지급되는 급여수준은 일반적으로 최저생계 수준에 못 미치는 급여를 지급하는 경우가 일반적이다. 그래서 무기여 연금을 운영하는 대부분의 국가들에서 사회수당식 연금이나 사회부조식 연금은 단독으로 존재하기보다는 상호 공존하거나 다른 형태의 공적연금제도와 공존하는 것이 일반적이다. 예컨대 캐나다의 경우 65세 이상의 모든 노인들은 사회수당식 연금(이를 흔히 기초연금이라고 함)으로부터 혜택을 받지만 저소득 노인들의 경우에는 추가로 사회부조식 연금을 통해 노후소득을 보충받는 반면, 일반 노인들의 경우에는 사회보험 방식의 소득비례연금을 통해 노후소득을 보충받는 것이다.

기여식 연금 중 사회보험 방식의 연금은 전 세계에서 가장 보편적인 공적연금형태이다. 이러한 공적연금제도는 근로활동기의 소득 일부를 퇴직 이후로 이전시키는 저축적 기능, 노후기간 동안의 물가변화 · 기대수명 연장 · 경기침체 등 예측불가능한 요인으로 인한 생활위험을 분산시키는 퇴직보험적 기능, 소득재분배적 기능 등 세 가지 기능 중 어떤 기능이 보다 강조되느냐는 국가들마다 차이가 있음에도 불구하고 대체로 이 세 가지 기능을 보편적으로 가지고 있다. 사회보험 방식의 연금에서는 과거의 소득과 소득활동기간 등에 따라 연금액의 차등을 두는 것이 일반적이므로 자본주의의 사회계층 또는 계급질서를 반영하고 있다는 점에서 중상소득계층으로부터 정치적 지지를 받기에 용이하다. 또한 이러한 형태의 연금제도하에서는 연금수급권이 기여에 대한 반대급부로서 인정됨으로써 권리개념이 강하고, 저소득계층에 대해서 일반조세 재원을 통한 경제적 원조를 꺼리는 사회에서는 중상소득계층으로부터 저소득계층으로 소득이전을 할 수 있는 대안으로서의 가치를 지니고 있다.

그러나 사회보험 방식의 연금은 기본적으로 기여를 전제로 하여 연금수급권을 보장함으로써 기여능력이 낮고 기여기간이 짧은 저소득계층의 경우에는 연금수급권을 보장받을 수 없거나 저액의 연금급여액이 제공되는 문제를 지니고 있다. 또한 대부분의 서구 산업국가들에서 운영되는 사회보험 방식의 공적연금은 연금급여지출에 필요한 재원을 사전에 전부 또는 일부 적립하기보다는 주로 근로세대에게 의존하는 부과방식의 재정방식에 기초하는 것이 일반적이다. 이러한 재정방식에 기초하는 공적연금은 인구노령화로 인해 근로세대는 줄어드는 반면 노인세대는 증가하는 상황에서는 연금재정에 대한 근로세대의 부담을 가중시키는 단점이 있다. 더욱이 제 2차 세계대전 이후 서구 국가들에서 사회보험 방식의 공적연금의 역사적 전개과정을 보면 연금재정과 연금지출의 관계에 대한 충분한 고려 없이 정치적 요인에서 연금급여수준을 상향조정한 것이 인구노령화에 따른 근로세대의 연금재정 부담을 한층 가중시키는 요인으로 작용하였다.

기여식 연금 중 퇴직준비금제도나 민간관리에 의한 강제가입식 개인연금은 적어도 이론적으로는 연금급여지출과 연금재정 간 불균형 문제가 발생하지는 않는다. 퇴직준비금제도는 케냐, 탄자니아, 인도, 싱가포르 등 과거 영국의 식민지였던 국가들에서 주로 운영되는 제도로서 기여금에 국가가 정한 이자수입을 합한 액을 일시금으로 지급하는 국가 관리의 강제저축제도라고 할 수 있다. 그런데 퇴직준비금제도는 일반적으로 일정 규모 이상 사업체 피용인에게 한정되고, 보험적 기능이나 소득재분배 기능이 없으며, 급여가 일시금으로 지급되고, 연금수급연령 이전이라도 주택구입 등의 소득보장 외의 용도에 사전지출이 허용됨으로써 노후소득 보장의 기능이 매우 부적절하다고 할 수 있다.

강제가입식 개인연금은 사회보험 방식에 기초한 공적연금의 재정위기를 경험한 칠레에서 기존의 공적연금을 대체하는 방안으로 탄생한 이래 아르헨티나, 멕시코, 페루, 콜롬비아 등 중남미 국가, 헝가리, 폴란드 등 사회주의 계획경제에서 자본주의 시장경제로 전환중인 동유럽 국가들에 확산되었다. 강제가입식 개인연금은 가입만 국가에 의해 강제될 뿐 기여금의 관리부터 지급 이자율까지 민간에 의해 관리 결정되며, 또한 기본적으로 연금지출에 필요한 재원을 거의 사전에 적립하기 때문에 연금재정의 불균형 문제가 나타날 가능성은 낮다. 또한 개인은 개인연금을 운영하는 다양한 금융기관 중에서 수익성 및 안정성이 높다고 판단하는 민간금융기관을 선택할 수 있고, 수시로 변경할 수도 있다는 점에서 선택의 자유가 상당히 보장된다고 할 수 있다.

그럼에도 불구하고 강제가입식 개인연금은 투자 실패에 따른 책임을 전적으로 개인이 져야 하며, 연금수급 이후의 물가상승, 연금수급 당시의 낮은 이자율, 기대수명 연장으로 인한 연금재원 소진 등의 위험으로부터 보장을 제대로 받을 수 없다. 더욱이 개인연금은 전적으로 기여금과 기여금의 이식수입에 의존하여 연금급여가 주어짐으로써 기여금 부담능력이 낮은 저소득계층에게는 적절한 보장수단이 되지 못한다. 강제가입식 개인연금은 연금재정의 안정이라는 공적연금제도의 수단적 목표를 충족하는 데는 적합할지 모르지만 전 국민의 노후생활보장이라는 공적연금제도 본연의 목적을 성취하는 데는 부적절하다고 할 수 있다.

2) 정액연금과 소득비례연금

공적연금제도는 연금급여액의 소득연계 여부에 따라 정액연금과 소득비례연금으로 구분할 수 있다. 정액연금은 과거소득에 관계없이 모든 연금수급자에게 동일한 액을 지급하는 연금형태이다. 반면 소득비례연금은 퇴직 전 일정 기간 동안의 평균소득 또는 생애근로기간 동안의 평균소득에 비례하여 연금급여액을 지급하는 연금제도이다. 하지만 유의할 것은 소득비례연금이라고 하더라도 공적연금제도에서는 반드시 연금급여액이 소득에 정비례하지는 않는다는 사실이다. 예컨대 미국의 노령·유족·장애연금(Old-Age, Survivors and Disability Insurance)의 경우 과거소득이 높을수록 연금급여의 절대액은 높지만 소득재분배 효과로 인해 과거소득 대비 연금급여액이 차지하는 비율, 즉 소득대체율은 고소득계층에서보다 저소득계층에서 높게 나타난다.

정액연금은 일반적으로 연금급여지출에 필요한 재원을 조세에 의존하고 있는 사회부조식 연금이나 사회수당식 연금에서 흔히 찾아볼 수 있다. 호주는 사회부조방식의 공적연금제도를 운영하는데 연금급여액은 소득에 관계없이 모두 동일하다. 즉, 1997년 현재 독신자는 173.2호주달러, 부부는 배우자당 144.45호주달러를 연금으로 수령하고 있다. 캐나다의 공적연금체계는 사회수당식 연금과 사회보험식 연금제도를 구성되어 있는데 이 중 사회수당식 연금에 해당하는 노령보장연금(OAS: old-age security)은 65세라는 연령조건과 캐나다 거주기간 10년 이상의 조건을 충족하면 과거소득에 관계없이 1997년 현재 일률적으로 400.71캐나다달러를 지급한다(Social Security Administration, 1997).

정액연금은 사회보험 방식의 공적연금에서는 다소 드물기는 하지만 핀란드, 노르웨이 등 북유럽 국가 대부분과 영국, 네덜란드 등 서유럽 국가의 일부, 일본 등에서 찾아볼 수 있다. 사회보험 방식의 공적연금에서 정액연금은 다시 기여금 지불방식에 따라서 정액의 보험료를 지불하는 형태와 소득에 비례한 정률로 보험료를 지불하는 형태로 구분될 수 있는데, 일본만이 전자에 해당할 뿐 거의 대부분의 국가들은 후자에 속한다. 자영업자는 정액의 보험료를 지불하는 것으로 알려진 영국조차 연간소득 7,010파운드 이상인 계층은 정액보험료 외에 7,010파운드를 초과하는 소득의 6%를 지불해야 하므로 정률보험료 형태에 속한다고 할 수 있다.

정액급여 형태의 연금은 대체로 누진적 소득세가 부과되는 일반조세재원이나 기여 시 소득에 비례하여 지급된 보험료 수입[3]을 연금재원으

3 일본의 국민연금제도는 비록 연금급여재원의 약 33%를 일반조세재원에서 부담하기는 하지만 기본적으로 소득의 크기에 관계없이 정액보험료를 부담하고 있기 때문에 상대적으로 더 역진적이라고 할 수 있다.

로 하는 반면, 급여 시에는 과거소득에 관계없이 동일한 연금을 지급하기 때문에 소득재분배 효과가 크다고 볼 수 있다. 그럼에도 불구하고 대부분의 국가들에서 정액급여수준은 대체로 최저생활수준에 훨씬 못 미치는 것이 일반적이기 때문에 사회적 적절성 측면에서 문제가 있다고 할 수 있다. 그래서 비교적 정액급여수준이 높은 네덜란드나 뉴질랜드를 제외한 대부분의 국가에서는 사회부조제도 또는 사회부조식 연금, 소득비례연금 등을 통해 보충하는 형태로 되어 있다.

소득비례연금은 기여식 연금에서 가장 보편적으로 찾아볼 수 있는 형태이다. 기여식 연금에서의 소득비례연금은 소득에 정비례하여, 보다 정확히 말하면, 기여금에 정비례하는 연금과, 소득에 비례하지만 정비례하지는 않는 연금으로 구분할 수 있다. 전자에는 퇴직준비금제도나 강제가입에 의한 개인연금이 해당하며, 후자에는 사회보험 방식의 소득비례연금이 해당한다고 할 수 있다. 소득비례연금은 국가에 따라서 단일의 지배적인 형태로 존재할 수도 있고 다른 형태의 연금, 특히 정액연금을 보충하는 이른바 이층형태의 연금(*a second pillar*)으로 존재할 수도 있다. 서구 국가들에서 소득비례연금이 단일의 지배적 형태로 존재하는 국가로는 프랑스, 독일, 이탈리아, 스페인 등을 들 수 있는데 대체로 보장하는 급여수준이 높은 것이 일반적이다. 반면 소득비례연금이 다른 형태의 연금, 특히 정액급여연금과 공존하는 이층형태로 존재하는 경우, 급여수준이 상대적으로 낮은 것이 일반적이라고 할 수 있는데 영국이나 캐나다의 소득비례연금이 이에 해당한다.

이와 같이 소득비례연금과 관련해서도 선택의 차원은 매우 다양하게 존재할 수 있다. 즉, 소득비례연금 지배적 형태의 연금 대 다른 형태의 연금을 보완하는 이층형태의 소득비례연금 간의 선택, 기여비례적 연금 대 소득재분배적 소득비례연금 간의 선택, 소득비례적 연금의 관리주체를 국가관리 대 민간관리 간의 선택 등 다양할 수 있는 것이다.

3) 확정급여식 연금과 확정기여식 연금

공적연금은 급여산정방식에 따라 확정급여연금(*defined benefit plan*)과 확정기여연금(*defined contribution plan*)으로 구분할 수 있다. 확정급여연금하에서 급여액은 통상 임금 또는 소득의 일정비율 또는 일정한 금액으로 급여산정공식에 의해 미리 확정되어 있지만 원칙적으로 기여금은 확정되어 있지 않다. 확정급여연금에서 연금액은 종종 과거의 소득 및 소득활동기간에 의해 결정된다. 확정급여연금을 운영하는 데 있어 재정방식은 다음 절에서 설명하는 완전적립방식에서 부과방식에 이르기까지 다양할 수 있다. 하지만 재정방식의 형태는 정의상 급여지출액에는 어떤 영향도 미치지 않고, 단지 지불해야 할 급여액의 재원을 마련하기 위해서 기금을 어떻게 비축하느냐의 방법에 영향을 미칠 뿐이다(Beattie & McGillivray, 1995). 따라서 확정급여제에서는 연금지급에 충당할 수 있는 기금이 부족하면 국가는 기여금을 인상하든 국고지원을 증액하든 부족한 재원을 보충할 책임을 지닌다.

공적연금을 운영하는 대부분의 국가들은 확정급여 형태의 연금을 운영하고 있다. 확정급여 형태의 연금이 전 세계적으로 보편적으로 채택된 배경에는 여러 가지 이유가 있겠지만 무엇보다도 퇴직 후 노후기간 동안 안정된 급여를 보장하고, 그로 인해 노후의 경제적 불안정에 대한 불안을 해소시켜 주는 장점 때문일 것이다. 또한, 확정급여 형태의 연금하에서는 개인이 예측하거나 통제하기 어려운 물가상승, 경기침체, 이자율, 기대수명 연장 등의 위험들을 사회 전체적으로 분산 대응하는 장점이 있다(World Bank, 1994: 84). 반면 뒤에서 설명할 확정기여제 연금에서는 이들 위험들을 원칙적으로 개인에게 전가함으로써 대응능력이 매우 취약하다고 할 수 있다. 그럼에도 불구하고 확정급여 형태의 연금은 인구노령화, 경기침체 등으로 급여와 급여지출에 필요한 재원 간의 불균형이 심화될 경우 연금급여지출이 정치적 이유로 축소될 수 있는, 이른바 정치적 위험에 취약한 단점이 있다.

확정기여연금은 기여금만이 확정될 뿐 급여액은 확정되지 않는다. 급여액은 적립한 기여금과 기여금의 투자수익에 의해서만 결정되기 때문에 사전에 급여액이 얼마나 될지 알 수가 없다. 또한 확정기여연금은 원칙적으로 기여금 및 기여금의 이식수입이 개인별 계정방식으로 관리되고 사전 적립되는 반면, 투자에 수반되는 위험에 대해서는 개인이 전적으로 책임을 지는 구조로 되어 있다. 이론적으로 보면 확정기여제 연금하에서는 사전 적립된 기여금과 이식수입에 의해 연금액이 결정되기 때문에 연금재정의 불균형 현상이 발생할 여지가 없다. 그래서 확정기여제 연금을 채택하게 되면 오늘날 서구 공적연금의 재정위기의 주요 원인인 인구노령화, 기대수명의 연장, 경제성장 저하, 고령근로자의 조기퇴직 대량발생 등 예측하기 어려운 사회경제적 현상들이 발생하더라도 재정위기를 경험하지 않는다. 또한 정치적 논리에 의해 연금급여 수준이 하향조정되는 것과 같은 이른바 정치적 위험으로부터 보호받을 수 있는 장점이 있다. 실제로 공적연금 재정의 위기를 해결하기 위해서

칠레, 멕시코, 아르헨티나 등은 확정급여 형태의 연금의 전부 또는 일부를 확정기여 형태의 연금으로 전환하였다(Queisser, 1995).

최근 공적연금 개혁과 관련하여 영향력 있는 권고안을 내놓은 세계은행의 보고서 또한 공적연금의 소득재분배 기능과 저축 기능을 분리해서, 저축에 해당하는 부분에 대해서는 강제가입에 의한 완전적립의 민영연금으로 전환할 것을 제의하였다(World Bank, 1994).

확정기여제 형태의 공적연금은 이론적으로 공적연금 재정의 불균형 문제를 해소함으로써 연금재정을 유지 보호한다는 점에서 상당한 장점을 지니고 있다. 그럼에도 불구하고 간과해서는 안 될 점은 공적연금에서 연금재정뿐만 아니라 사회경제적 환경변화로 인해 발생할 수 있는 국민의 노후생활 불안정도 함께 보호되어야 한다는 것이다. 국민의 노후생활 불안정을 대가로 하여 연금재정을 안정적으로 보호하는 것이라면 이는 사회보장의 목적과 수단을 전치시키는 것과 같다. 더욱이 확정기여제 연금은 근로활동기의 개인소득 일부를 퇴직 이후로 이전하는 것에 지나지 않기 때문에 부익부 빈익빈 현상을 초래할 수 있고, 소득계층 간, 세대 간 사회통합에 기여하지 못한다.

4) 적립방식과 부과방식

공적연금 급여지출에 필요한 재원은 완전적립(*full funded*) 또는 부분 적립될(*partially funded*) 수도 있고, 부과방식(*pay-as-you financing*)에 기초하여 충당될 수도 있다. 부과방식이라 함은 현재 근로세대의 퇴직 후 연금급여지출에 필요한 재원은 미래의 근로세대가 부담할 것이라는 기대하에서 현재의 근로세대가 현재 퇴직세대의 연금급여지출에 필요한 재원을 부담하는 방식이다. 이러한 형태의 재정방식을 취하는 경우 원칙적으로 익년도 예상급여 지출총액을 예측하여 그에 상응하는 재원을 익년도에 근로세대에게 부과하는 구조로 되어 있기 때문에 미래의 연금급여 지불을 위한 책임준비금으로서의 기금을 축적하지는 않는다.

부과방식에서는 근로자에 비해 퇴직자의 비율, 즉 노령부양률(*old age dependency ratio*)이 낮고 생산성이 높아 근로자의 실질임금 수준이 높은 사회에서는 그렇지 않은 사회와 비교할 때 동일한 기여수준에서 보다 높은 급여수준을 보장할 수 있거나 동일급여수준에서 보다 낮은 기여를 부담할 수 있다.

완전적립방식은 어떤 기준시점에서 기여금 및 기여금의 투자수익을 합한 총액이 그 시점까지 발생한 미래누계 급여의 총현재가치를 지불하는 데 충분한 수준의 기금을 축적하는 방식이다. 이 방식에서 현재 근로세대는 임금을 통해 스스로를 부양하고 퇴직 후 생활보장을 위해 현재 생산물의 일부를 저축하는 구조이다.

적립방식에서는 근로기간 대비 퇴직기간의 비율, 즉 퇴직기간비율(*passivity ratio*)이 낮고 높은 이자율이 보장되는 사회라면 그렇지 않은 사회와 비교할 때 동일한 기여수준에서 보다 높은 급여수준을 보장할 수 있거나 동일 급여수준에서 보다 낮은 기여를 부담할 수 있다. 확정기여연금은 정의상 재원방식 면에서 적립방식을 취한다고 볼 수 있다. 왜냐하면 총연금급여액은 개인별 계정에 누적된 기여금과 이자수입의 총액에 따라 결정되기 때문이다. 확정급여연금에서도 완전적립방식의 재정방식은 가능할 수 있다. 그러나 확정급여연금에서는 미래의 수익률, 기대수명, 임금인상률 등의 변수에 대한 불확실성 때문에 완전적립이란 개념이 매우 모호할 수 있다. 왜냐하면 임금상승률이 기대보다 높거나, 수명이 기대보다 연장되거나, 기대보다 근로자들이 일찍 퇴직한다면 일시적으로 완전적립으로 유지되는 듯 보였던 기금과 미래 누계 급여의 총현재가치와 격차가 벌어질 수 있기 때문이다.

노령부양률이 낮을 경우에는 부과방식에 기초한 연금은 적립방식에 기초한 연금에 비해 비용이 적게 드는 장점이 있다. 하지만 연금제도가 성숙되어 보다 많은 노인들이 연금수급권을 가지게 되면 부과방식이 가지는 일시적 장점은 사라지게 된다. 부과방식은 소득성장률에 노동력 성장률을 합산한 비율이 이자율보다 높다면 장기적으로 비용 면에서 유리하고 수익률 또한 높을 것이다(Aaron, 1966). 이러한 조건이 유지된다면 부과방식은 모든 세대들을 부유하게 만든다. 즉, 각 세대들은 모두 기여금으로 지불한 것보다 높은 연금을 수치화할 수 있는 것이다. 그러나 소득성장률과 노동력성장률의 합산이 이자율보다 낮다면 완전적립방식이 부과방식에 비해 장기적으로 비용 면에서 유리하고 보다 높은 수익률을 가져다준다.

부과방식과 적립방식을 둘러싼 논쟁에서 주로 초점이 되고 있는 공적연금 형태는 사회보험 방식의 연금과 강제가입에 의한 개인연금이다. 그 이유는 사회수당식 공적연금이나 사회부조식 연금은 광의의 관점에서 보면 축적된 기금 없이 당해연도의 급여지출에 필요한 재원만큼을 당해연도 조세재원에서 충당하고 있기 때문에 부과방식에 기초하고 있다고 할 수 있겠지만, 일반조세 재원에는 연금뿐만 아니라 국방, 외교, 경제성장 등에 필요한 재원을 함께 포괄하고 있어 연금지출과 수입

간의 관계는 불투명하기 때문이다. 또한 퇴직준비금제도는 비록 적립방식에 기초하고는 있으나 적용대상, 급여수준, 급여형태 면에서 노후보장 수단으로는 부적절한 제도로 일반적으로 받아들여지고 있기 때문이다.

부과방식과 적립방식 중 공적연금의 재정방식으로 어느 것이 보다 적합한지에 대한 판단을 내릴 때 고려할 수 있는 주요한 방법 중 하나는 각종 사회적 위험에 대한 대응능력을 비교해 보는 것이다. 인구학적 위험, 세대 간 위험, 정치적 위험, 투자위험 등에 있어 각각의 두 가지 장단점을 비교해 보자(Turner, 1997; Bovenberg & Linden, 1996).

첫째, 인구학적 위험이다.

부과방식은 인구학적 위험에 일반적으로 취약한 것으로 알려져 있다. 왜냐하면 부과방식하의 수익률은 임금성장률과 노동력 성장률의 합에 결정되는데, 인구노령화에 따라 노동력 성장률이 떨어져 적립방식에 비해 수익률이 낮아질 가능성이 높기 때문이다. 한편 적립방식도 인구학적 위험으로부터 자유로울 수는 없다. 왜냐하면 인구노령화가 진행되면 자본에 비해 노동의 희소가치가 높아 연금자산의 가치가 떨어지게 되며, 더욱이 연금수급자들이 노후소득을 얻기 위해 연금자산을 대량으로 매각할 것이므로 자산의 시장가치는 보다 줄어들 수 있다.

둘째, 세대 간 위험이라 함은 경기침체, 전쟁, 재난, 금융위기 등과 같은 위험을 의미하는데, 부과방식은 이들 위험을 세대 간에 분산할 수 있는 장점이 있으나, 적립방식은 이들 위험에 대처하기 어렵다.

셋째, 정치적 위험이라 함은 사회경제적 환경의 변화에 반영하여 정부가 연금의 급여수준 및 보험료율이 변화하는 위험을 의미한다. 이러한 정치적 위험에 부과방식은 취약하다. 특히 부과방식에서의 퇴직세대에 대한 근로세대의 부양이라는 묵시적 세대 간 계약(*implicit intergenerational contract*)은 개인주의가 세대 간 이타주의를 약화시키고 세대 간 유대를 유지하는 데 드는 비용이 노령화에 따라 너무 높아지게 되면 파기될 가능성이 있다. 반면 적립방식은 주로 개인별로 연금에 대해 명확한 재산권을 부여함으로써 정치적 위험에 덜 취약하다. 하지만 적립방식에 기초한 연금체계 또한 노령화와 관련된 다른 공적 지출이 증가하고 그에 따라 국가재정의 불균형 문제가 발생하면 분배를 둘러싼 정치적 갈등이 일어남으로써 연금자산에 대해 과도한 세금을 부과당할 가능성이 있다(Bovenberg & Linden, 1996).

넷째, 투자위험에 대해 적립방식은 매우 취약하다. 비록 적립방식에 의한 연금은 정부에 의해 일부 보증되기는 하지만, 기본적으로 근로자 개인이 전적으로 부담해야 하기 때문이다. 또한 투자위험은 가입기간에만 발생하는 것이 아니라 연금수급 기간 내내 항시 존재한다. 반면 부과방식은 이러한 위험에 노출될 가능성은 없다.

이상과 같이 공적연금의 재정방식에 대한 결정을 내리는 것은 매우 복잡함을 알 수 있다. 그런데 고려되어야 할 점은 어떤 재정방식이 바람직하냐 아니면 덜 바람직하냐가 아니라 두 개의 재정방식의 장단점을 어떻게 노후소득 보장체계에서 적절히 조화시킬 수 있느냐일 것이다.

사회보험 방식에 기초한 공적연금을 유지하는 한 완전적립방식의 채택은 거의 불가능할 뿐만 아니라 바람직하지도 않다. 불가능하다는 것은 급여액에 영향을 미치는 기대수명, 소득인상률, 물가상승률 등에 대한 예측을 할 수 없어 사전에 급여지출에 상응하는 기금을 완전히 적립하기 어렵기 때문이다. 바람직하지 않다는 것은 공적연금은 국가가 존재하는 한 신규가입자가 계속 발생하는 개방형 체계[4]이기 때문에 연금가입자 및 수급자에게 발생된 모든 연금수급권의 총현재가치에 상응하는 자산을 적립할 필요가 없기 때문이다. 또한 거의 완전적립에 가까울 정도의 기금축적이 가능하다 하더라도 거의 모든 국민을 가입자 또는 수급자로 포괄하는 상황에서 가입자 및 수급자의 현재 및 미래의 연금수급권의 현재 가치총액에 상응하는 기금을 축적하는 것은 국가 부(*wealth*)의 상당 부문을 연금재정에 투입하는 것이기 때문에 자원배분의 왜곡을 가져옴으로써 국민경제에 부정적 영향을 미칠 수 있기 때문이다.

사회보험 방식에 기초한 공적연금을 운영하는 국가 중 연금재정을 완전적립방식으로 운영하는 국가는 찾아볼 수 없다. 대부분의 선진국들의 공적연금은 재정방식을 부과방식에 기초하고 있다. 하지만 그렇다고 해서 기금을 전혀 보유하지 않은 것은 아니다. 대체로 1~2개월의 급여지출액에 상응하는 기금을 지불준비금으로 보유한다. 한편 일본, 스웨덴, 캐나다 등과 같은 일부 국가의 공적연금은 연간 총급여지출액의 수배에 상응할 정도로 상대적으로 높은 기금을 가지고 있다. 적립기금 대비 연간 총급여지출액 비율을 흔히 적립률이라고 하는데, 일본의 후생연금은 5.7, 스웨덴의 소득비례연금(ATP)은 5, 캐나다의 소득비

---

4 폐쇄형 연금체계라 함은 기업연금과 같이 기업이 도산하는 경우 더 이상 신규가입이 발생하지 않는 연금체계를 의미한다. 그래서 통상 기업연금에서는 확정급여 형태이든 확정기여 형태이든 연금지급에 필요한 재원을 상당 부분 또는 완전 적립하는 것이 일반적이다.

례연금(CPP)은 2에 이른다(厚生統計協會, 1997; Statistical Division, 1995; Human Resources Development, 1997).

부과방식에 기초한 사회보험 방식의 공적연금에서 적립기금은 두 가지 측면에서 의의를 지니고 있다. 첫째, 적립기금은 예상치 못한 사회경제적 또는 정치적 변화로 일시적으로 발생할 수 있는 지급불능사태를 방지할 수 있는 지불준비금 내지 완충기금으로서의 의미를 갖는다. 둘째, 완충기능을 넘어서 적립기금에서 발생하는 운영수익을 통해 후세대의 보험료를 경감할 뿐만 아니라 다량의 공적 강제저축을 확보함으로써 경제성장을 위한 정책수행에 필요한 재원을 공급한다는 의미를 지닐 수 있다. 적립기금의 역할 중 후자의 역할이 제 기능을 발휘하기 위해서는 상당 수준의 적립기금이 보유되어 있어야 할 것이다. 부과방식에서 적립기금이 당년도 연금급여지출의 수배에 이를 경우 순수한 의미의 부과방식과 구별하여 부분적립(*partial funding*)이란 개념을 사용하기도 한다.

5. 공적연금체계의 유형

공적연금체계라 함은 한 가지 이상의 유형의 공적연금제도가 전체의 부분으로서 일정한 원리에 의해 조직화되어 있음을 의미한다. 예컨대 독일이나 오스트리아 등의 국가는 사회보험 방식의 소득비례연금만을 실시하기 때문에 단일 제도가 공적연금체계의 부분이자 전체로서 존재하지만, 캐나다와 같은 경우에는 사회수당방식의 공적연금, 사회부조

〈표 4-1〉 각국의 공적연금체계 유형

유 형		사회보험식		사회수당식	사회부조식	퇴직준비금	강제가입식 개인연금	해당 국가
		기 여		비기여		기 여		
		정액급여	소득비례 또는 기여비례급여	정액급여	정액 또는 보충급여	기여비례급여		
일원 체계	1	○						네덜란드, 아이슬란드
	2		○					독일, 오스트리아, 미국, 스페인, 포르투갈, 중국, 한국
	3			○				뉴질랜드, 홍콩
	4				○			호주, 남아프리카공화국
	5					○		싱가포르, 말레이시아, 인도, 인도네시아,
이원 체계	6	○	○					일본, 영국, 노르웨이, 핀란드
	7	○			○			아일랜드
	8[1]		○		○			이탈리아, 스웨덴, 프랑스, 벨기에, 불가리아, 루마니아, 스위스
	9[2]		○				○	칠레, 멕시코, 아르헨티나, 페루, 콜롬비아
삼층 체계	10	○	○		○			이스라엘, 라트비아
	11	○		○	○			덴마크
	12		○	○	○			캐나다

주: 1) 이탈리아는 1995년의 연금개혁을 통해 소득비례연금을 확정기여연금으로 전환하였으며, 스웨덴은 1998년에 기초연금과 소득비례연금을 통합하여 단일의 확정기여연금으로 전환하였음. 그럼에도 불구하고 재정방식은 부과방식을 유지함으로써 기금이 적립되는 순수한 의미의 확정기여연금과 구분하여 유사확정기여연금(notional contribution-defined pension)이라고 부름.

2) 칠레와 멕시코는 1980년 1997년 연금개혁을 통해 점진적으로 기존의 사회보험식 공적연금을 강제가입식 개인연금으로 완전 대체하는 것으로 한 반면, 아르헨티나는1994년에 기존 사회보험식 공적연금의 일부를, 페루 콜롬비아는 각각 1993, 94년에 기존의 사회보험식 공적연금의 전부를 개인선택에 의해 강제가입식 개인연금으로 대체(재대체도 가능)할 수 있는 방향으로 개혁하였음.

방식의 공적연금, 사회보험 방식의 소득비례연금 등 세 가지 제도가 공적연금 전체의 부분으로서 제도 간에 유기적 관계를 맺고 있다. 이와 같이 국가에 따라서는 단일의 공적제도가 공적연금체계를 이루는 경우가 있는가 하면 상이한 유형의 공적연금제도가 복수로 실시되어 이들이 공적연금체계의 부분을 이루는 경우도 있다. 전자를 일원적 공적연금체계, 후자를 다원적 공적연금체계라 부를 수 있을 것이다. 〈표 4-1〉은 전 세계 국가들의 공적연금체계를 12개 유형으로 구분해 놓은 것이다.

6. 공적연금과 사적연금 간의 관계

1) 공적연금과 사적연금의 차이

공적연금은 노령, 장애, 사망 등의 사회적 위험으로 소득이 상실 또는 감소될 경우 발생하는 생활불안정을 방지하기 위한 사회제도라고 할 수 있다. 하지만 노령, 장애, 사망 등의 위험으로 생활불안정에 대응하는 수단으로 공적연금만이 있는 것은 아니다. 기업연금이나 개인연금과 같은 사적연금 또한 그와 같은 위험들에 대해서 생활보장적 기능을 수행할 수 있고, 실제로 하고 있다. 그렇다면 왜 전 세계 대부분의 국가들이 연금분야에 개입하여 공적연금을 제공하는 것인가? 그것은 본질적으로 공적연금과 사적연금이 노후의 생활보장과 관련하여 가질 수 있는 성격과 역할상의 차이가 존재하기 때문일 것이다.

공적연금과 사적연금 간의 차이는 여러 측면에서 살펴볼 수 있다.

첫째, 가입과 관련하여 공적연금은 원칙적으로 가입을 법으로 강제화하는 반면 사적연금은 개인의 자발적 선택에 의해 가입이 임의화되어 있다.[5] 사적연금과 달리 공적연금에서 강제가입이 이루어지는 것은 임의가입 시 위험발생률이 높은 사람만이 가입하게 되는 역선택을 방지하고, 규모의 경제를 통하여 위험분산의 극대화, 기여의 저액화를 도모하며, 위험 발생 시 스스로 대처할 수 없는 사람들을 미리 대비시키기 위한 것이다.

둘째, 공적연금은 사회적 위험발생 시 표준적 또는 기초적 욕구의 충족을 목적으로 하기 때문에 급부수준 및 내용이 법에 의해 표준화, 규격화되어 있는 반면, 사적연금에서는 기업이나 개인의 욕구와 부담능력에 따라 급여내용의 범위가 다양하게 선택될 수 있는 점에서 차이가 있다. 최근에 칠레, 멕시코 등에서 나타난 강제가입식 개인연금은 개인이 지불하는 기여수준과 개인이 선택한 연금투자기관이 배당하는 수익에 비례하여 급여가 차등 지급된다는 점에서 사적연금의 속성을 많이 내포하고 있다.

셋째, 급여수준의 실질가치 유지와 관련하여 공적연금은 일반적으로 물가수준의 변화에 연금급여를 연동시킴으로써 노후기간 동안 급여의 실질구매력을 유지시켜 주지만 사적연금에서는 이러한 기능이 없다. 따라서 사적연금에서는 최초 수급 시 연금급여의 실질구매력이 시간이

---

5 사회수당식 공적연금이나 사회부조식 연금과 같이 무기여연금에서는 일반조세를 통해 연금급여를 주기 때문에 가입이라는 개념이 실질적으로 아무런 의미가 없다. 따라서 공적연금에서 가입이라는 개념은 주로 기여식 연금에서나 성립되는 개념이라고 할 수 있다.

경과함에 따라 낮아지는 경향이 있다. 한편 독일이나 일본 등과 같은 국가에서는 연금급여를 물가와 연동시킬 뿐만 아니라 경제성장의 혜택을 근로세대와 공유할 수 있도록 사회 전체의 소득수준 변화에 연동시키는 경우도 있다.

넷째, 노령빈곤을 방지하기 위해서 공적연금은 최저급여보증, 저소득층에 상대적으로 유리한 급여산정공식, 기여면제 등의 소득재분배적 조치들을 통해 저소득층에게 상대적으로 후한 급여를 주고 있다. 반면 사적연금은 기본적으로 소득계층에 관계없이 기여금에 이자수입을 합산한 금액이 연금급여로 주어지기 때문에 사적연금에 대한 기여금 지불능력이 낮거나 거의 없는 경우 연금급여액이 매우 낮을 수밖에 없다. 따라서 저소득층의 경우 노령빈곤을 방지하는 수단으로서 사적연금은 부적절하다고 할 수 있다.

다섯째, 기여와 관련하여 공적연금의 기여는 기본적으로 가입자의 연령, 성, 직업 등을 불문하고 가입자 전체의 사고발생률에 대응한 평균보험료적 성격을 지닌 것으로서 일반적으로 소득수준의 일정비율로 부과하는 응능부담 원칙을 따르고 있다. 반면, 사적연금에서의 기여는 급여수준과 기여수준을 일치시키는 수지상등의 원칙을 따른다. 즉, 개인이 보장받기를 원하는 연금액에 상응하는 수준의 기여를 해야 하는 것이다. 따라서 노후생활에 대비해 스스로 준비할 수 있는 여력이 없는 저소득층에게 사적연금은 유효한 노후보장 수단이 될 수 없을 것이다. 기여의 부담주체와 관련해서도 공적연금에서 피용자들은 통상 노사 공동으로 기여하고, 종종 보충재원으로서 국고부담이 이루어지는 반면 사적연금에서는 가입자의 기여에 전적으로 의존한다.

2) 공적연금과 사적연금 간의 관계

한 국가에서 공적연금과 사적연금 간의 구성과 혼합은 상호 독립적이지 않다. 이 두 가지 제도는 노후소득보장체계의 틀 속에서 각각의 구성인자로서 서로를 한계 지으며 전개된다. 예컨대 서구 복지구가들의 역사적 경험에서 고찰할 수 있듯이 공적연금이 발전하게 되면 상대적으로 사적연금이 위축되고, 그와는 반대로 사적연금이 발전하면 공적연금의 발전이 정체되는 것이다. 이는 기본적으로 한 사회에서 연금에 지출할 수 있는 자원의 제약성 때문에 발생하는 것이다.

서구 공·사 연금체계는 크게 세 가지로 분류될 수 있다(Esping-Andersen, 1990). 첫째, 조합주의적 국가우위의 연금체계이다. 이 체계 내에서 사적연금은 급여수준이나 가입대상 면에서 볼 때 일반적으로 노후소득보장에 있어 주변적 역할만을 수행한다. 공적연금은 직업에 따라 적용대상을 달리하는 수 개의 연금제도로 분절화된 형태를 취한다. 예컨대 독일의 경우 연금체계는 공무원연금, 수공업자연금, 사무직노동자연금, 생산직노동자연금, 농업자연금 등으로 구성되어 있다. 또한 이들 연금체계에서 공적연금이 보장하고자 하는 것은 최저생활보장보다는 퇴직 전 생활수준을 유지하도록 하는 데 있다. 그래서 비교적 공적연금의 급여수준이 높은 것이 특징이지만 급여수준이 퇴직 전 임금수준과 연계됨으로써 소득계층 간 불평등을 온존시키는 경향을 보인다.

둘째, 잔여적 체계이다. 이는 자유주의적 시장순응체계로 부를 수 있는 것으로, 통상 사적연금의 역할을 강조한다. 그렇다고 해서 공적연금의 역할이 주변적인 것은 아니다. 단지 공적연금의 역할은 최저생계보장에 그치고 그 이상의 수준은 법에 의한 강제적 형태이든 자발적 형태이든 사적연금이 맡도록 하는 체계이다. 따라서 적절한 퇴직소득을 갖기 위해서는 퇴직 전에 기업연금을 제공하는 직장에 근무했거나, 기업연금에 상응하는 정도의 급여수준이 보장되는 개인연금에 가입되어 있어야만 한다. 이 체계의 또 다른 특징은 공적연금의 급여수준이 다른 유형의 공적연금체계와 비교했을 때 상대적으로 낮기 때문에 자산조사 내지 소득조사를 수반하는 공적부조가 발달해 있다는 것이다.

셋째, 보편주의적 국가지배체계이다. 이 체계에서는 사회연대에 기초하여 직업에 관계없이, 또한 노동시장에 기반한 프로그램, 즉 기업연금에 대한 자격을 갖추지 않더라도 높은 소득대체율을 가진 공적연금을 제공한다. 이러한 연금체계를 가진 대표적 국가로는 스웨덴을 들 수 있다. 스웨덴에서 기업연금은 노후소득의 원천으로서 매우 제한된 역할만을 수행한다. 그렇지만 특이하게도 스웨덴에서는 기업연금이 전국적 차원의 노사협약에 의해 제공됨으로써 거의 보편적일 정도로 모든 피용인에게 확대되어 있다.

우리나라에서 공적연금인 국민연금과 사적연금이라고 할 수 있는 개인연금과 퇴직금간의 관계는 명확하지 않다. 오히려 우리의 공·사 연금체계는 형성과정에 있다고 보는 것이 적절한 것이다. 따라서 우리의 미래 연금체계의 형태는 앞으로 공적연금과 사적연금의 상대적 역할과 관계를 어떻게 규정하느냐에 따라 달라질 수 있다.

우리가 어떤 공·사 연금체계를 취하든 중요하게 고려해야 할 원칙이 있다면 그것은 적어도 대부분의 국민들이 노령기에 그의 과거 소득, 직업, 직위에 관계없이 최저생활수준을 누릴 수 있는 정도의 소득을 보장해야 한다는 것이다. 이러한 원칙을 견지할 때 분명히 내릴 수 있는 결론은 적어도 사적연금의 확대를 통해서는 국민의 노후생활 보장이란 목표를 달성하기 어렵다는 것이다. 왜냐하면 첫째, 사적연금의 혜택을 받을 수 있는 사람은 전 국민이 아닌 특정 인구층, 특히 중상소득계층에 제한될 수밖에 없기 때문이다. 즉, 사적연금은 과거의 직위, 직업, 소득 등에 따라 결정되는 경향이 있기 때문에 저소득층의 경우에는 수급권을 획득하지 못하거나 저액의 연금수급권이 주어진다. 둘째, 사적연금은 물가상승률, 이자율, 기대수명 연장, 소득활동기간 등과 같이 불확실한 사회적 위험들에 대한 대처능력이 낮기 때문에 안정적 노후보장수단으로서의 기능을 발휘하기 어렵기 때문이다. 그러므로 노후소득의 주된 원천은 공적연금이 되어야 하며, 사적연금이 공적연금을 보충하는 기능을 발휘하는 형태가 되어야 할 것이다.

제 5 장

건강보험의 원리와 특성

건강은 인간의 가장 기본적인 욕구 중 하나이다. 특히 다른 의식주와 달리 건강의 훼손은 치명적 결과를 초래할 수 있고 이를 보전할 방법이 마땅하지 않다. 따라서 모든 사람들에게 최소한의 건강상태를 유지할 수 있는 기회는 균등하게 보장되어야 한다. 이러한 맥락에서 국가는 기본적 건강권을 보장하기 위하여 의료보장제도를 도입하여 실시하고 있다. 이는 모든 국민들에게 의료서비스에 대한 균등한 접근을 제공하기 위한 것이다. 질병문제는 사람들에게 높은 의료비용을 부과할 뿐만 아니라, 해당 기간 동안 근로소득이 중단되는 이중의 부담을 준다. 이에 따라 의료보장제도에서 제공하는 프로그램은 크게 두 축으로 구성된다. 즉, 의료보장제도는 질병으로 인해 중단된 소득을 보전해 주기 위한 현금성 상병급여(*cash sickness benefits*)와 질병을 치료하기 위한 의료서비스(*health care*)로 이루어진다.

의료보장제도에는 다른 사회보험과 달리 계약당사자는 아니지만 당사자들 못지않게 중요한 역할을 담당하는 의료기관들이 서비스 전달자로 개입한다. 의료보장제도의 중요한 특징 중 하나는 서비스 제공자로서 의료기관이 존재한다는 것이며, 이는 의료보장제도를 복잡하게 하는 요인으로 작용하고 있다. 따라서 본격적으로 의료보장제도를 고찰하기에 앞서 의료서비스의 기본적 특성과 그에 따른 의료보장제도의 필요성을 먼저 고찰하는 것이 의료보장제도를 이해하는 데 도움이 된다.

1. 의료의 특성과 의료보장의 필요성

의료서비스는 다른 재화나 서비스와는 구분되는 특수한 성격을 가진 것으로 많이 언급되고 있다. 의료보장제도가 필요하다고 생각하는 사람들은 이러한 의료서비스의 특수한 성격 때문에 의료시장에 대한 국가 내지 사회의 집합적 개입이 필요하다고 주장한다. 반면 일부 경제학자들은 의료서비스의 특수성을 부정한다. 즉, 의료서비스는 보통의 재화나 서비스와 구별되는 고유한 특성을 갖는다고 보기 힘들며, 따라서 정부의 개입은 시장의 경쟁을 저해하는 요인이므로 제한되어야 한다고 주장한다. 이들은 의료서비스 이용에 대한 개인의 책임을 강조하고 집합적인 의료보장보다는 시장원리에 의료서비스를 맡기는 것이 바람직하다고 주장한다. 따라서 의료서비스의 특성을 파악하는 것은 의료보장제도가 필요한 것인가를 판단할 수 있는 근거를 제공해 준다는 측면에서 매우 중요하다. 만약 의료서비스가 다른 재화나 서비스와 구별되는 특성이 없다면,

굳이 국가가 강제적인 의료보장제도를 도입할 필요는 없을 것이다. 그러나 많은 연구들은 의료서비스의 특수성 때문에 의료서비스를 시장에 맡겨 놓을 수 없다고 지적하고 있다(이두호 외, 1992: 147~191).[1]

1) 의료서비스의 특수성

(1) 의료수요의 불확실성

소비자들이 계획적인 소비를 통해 자신의 효용을 극대화하기 위해서는 미래 수요를 어느 정도 예측할 수 있어야 한다. 예컨대, 가족들의 쌀 소비량은 어느 정도이며, 얼마나 자주 쌀을 구입하러 시장에 가야 하는가? 자동차의 내구연한은 얼마이며 자동차 교체를 위해서는 어느 정도의 돈을 언제까지 마련해야 하는가? 이러한 미래 수요를 어느 정도 예측할 수 있어야 가정은 급작스런 경제적 곤궁에 빠지지 않고 안정적 생활을 유지할 수 있다. 그러나 의료서비스는 미래의 수요를 예측하기 어렵다. 그 이유는 의료서비스의 전제조건이 되는 질병의 확률을 개인적 차원에서 예측하는 것은 쉽지 않기 때문이다. 즉, 자신이 언제 어떠한 질병에 걸릴지 예측은 불가능에 가까우며, 나아가 그로 인해 어느 정도의 의료비가 필요할지의 예측도 기대하기 힘들다. 이와 같이 개인적 차원에서 수요 예측이 어렵게 되면 충분한 대비를 하기 힘들다. 이에 따라 의료서비스에 대한 수요는 실제 필요한 양보다 훨씬 적게 나타나는

1 이하 의료서비스의 특수성에 대한 내용은 특별한 언급이 없는 한 이두호 등(1992: 147~191)을 기초로 하여 작성하였다.

경우가 많다. 즉, 의료서비스를 이용해야 하지만 충분한 대비를 하지 못해 의료서비스를 이용할 수 없는 사람들이 속출하게 된다.

이러한 수요 예측이 불가능한 재화나 서비스, 특히 그것을 사용하지 못할 경우 발생하는 고통이 재난적 수준으로 큰 재화나 서비스는 보통 보험의 대상으로 적합한 성격을 가진다. 왜냐하면 개인적 차원에서 예측은 거의 불가능하지만 집단적 차원에서 예측은 가능하기 때문이다. 즉, 지역사회나 국가의 수준에서 과거의 자료를 사용하면 일정 정도 질병발생률을 예측하거나 의료비용 정도를 추산하는 것은 가능하기 때문이다. 따라서 보험공동체를 통해 집합적으로 재원을 마련하여 의료수요에 대응하는 것이 개인적 차원에서 대응하는 것보다 훨씬 효과적이다. 이러한 측면 때문에 많은 사람들이 개인적 저축보다는 실손보험을 통해 의료수요에 대응하고 있는 것을 볼 수 있다. 미래수요의 불확실성은 집합적 대응의 필요성을 제기하지만, 집합적 대응이 반드시 공적인 개입일 필요는 없다. 민간보험으로도 수요의 불확실성 문제에는 대응할 수 있기 때문이다. 대체로 민간보험은 화재나 도난 같이 미래수요가 불확실한 경우를 주로 대비한다. 그러나 질병은 생명의 위험을 초래하거나 장애를 유발하기 쉽다는 점에서 보험가입을 개인의 자발적 선택에 맡겨 놓는 민간보험 방식은 적절하지 않을 수 있다.

(2) 정보의 비대칭성

시장을 통해 생산자와 소비자가 모두 만족할 수 있는 균형점을 찾기 위해서는 생산자와 소비자 모두 상품에 대해 충분한 정보를 갖고 있어야 한다. 특히 소비자의 입장에서 자신이 구매할 수 있는 상품의 종류, 품질, 가격 등에 대한 충분한 정보를 갖고 있어야 합리적 선택을 할 수 있다. 그러나 거래당사자 중 어느 한쪽이 충분한 정보를 갖지 못해서 정보량에 차이가 있을 경우, 이를 정보의 비대칭성(*information asymmetry*)이라고 한다. 의료서비스는 정보의 비대칭성이 나타나는 대표적인 예로 거론된다.

먼저, 소비자들은 본인이 질병에 걸려 있어도 모르는 경우가 많다. 스스로 본인이 의료서비스가 필요한 상태인지 알기 힘들다는 것이다. 아프다는 것을 알더라도 왜 아픈지, 치료를 위해 어떤 의료서비스가 필요한지 알지 못한다. 사람들의 건강상태, 질병의 종류, 필요한 의료서비스에 대한 지식들은 주로 공급자인 의사들에 의해 거의 일방적으로 판단되고 결정되는 것이 보통이다. 따라서 소비자들은 의료서비스 이용에 충분한 정보를 갖고 소비자 주권을 행사하기가 매우 어렵기 때문에, 의료시장은 의사주도형 시장으로 형성된다.

물론 의료서비스가 아닌 다른 재화나 서비스를 구입할 때도 많은 사람들은 완전한 정보를 갖고 행동하지는 않는다. 그러나 의료서비스는 잘못 구매했을 경우 발생하는 타격이 다른 재화나 서비스와 비교되지 않을 정도로 치명적이며, 또한 환불이나 교체가 쉽지 않다는 문제를 갖는다. 또한 소비자들은 전문적인 의료행위의 가격을 정확히 산출하기 힘들기 때문에 대부분 공급자들이 제시하는 가격을 그대로 따를 수밖에 없다.

정보의 비대칭성이 존재하는 곳에는 정보를 많이 가진 쪽의 도덕적 해이(*moral hazard*)가 나타날 위험이 매우 크다. 불필요한 검사나 처치, 과잉처방, 과다청구 등과 같은 위험이 항상적으로 존재하게 된다. 이와 같이 정보의 비대칭성으로 인해서 소비자들이 합리적인 소비를 하기 어려울 경우 소비자들은 자신들을 위한 대리인을 내세울 수 있다. 즉, 소비자 대신 의료서비스에 대한 정보를 많이 갖고 있는 제 3자, 예컨대 보험회사나 국가의 전문행정기관이 개입하여 수요자와 공급자 간의 불균형적 정보에서 나오는 문제들을 해결할 수 있다(김태성, 2018: 47). 정보의 비대칭성 문제는 대리인의 필요성을 제기하지만, 대리인이 반드시 국가기구일 필요는 없다. 민간보험으로도 이러한 비대칭성 문제에 대한 대응이 가능하기 때문이다. 실제 전 국민 의료보장체계가 없는 미국에서도 민간 의료보험 회사들이 의료기관의 서비스 내용과 가격을 통제하고 있다.

(3) 의사 주도형 시장

경제학에서는 수요와 공급이 서로 독립적인 것으로 가정한다. 즉, 공급자는 수요량에 직접적 영향을 주지 못하며, 소비자는 공급량에 영향을 주지 못한다. 오직 시장의 가격을 통해서만 각각의 생산량과 수요량을 결정할 뿐이다. 그러나 의료서비스의 경우 정보의 비대칭성, 즉 의사와 소비자 간의 정보량의 차이 때문에 공급과 수요의 상호독립성이 성립되기 힘들다. 정보가 부족한 환자들은 의사가 건강상태에 대한 정보를 제공하고 치료를 위해 어떤 서비스가 필요한지 조언하기를 기대한다. 그 결과 어떠한 종류의 서비스를 얼마만큼 구매해야 할 것인가에 대한 결정은 환자보다 의사에 의해 이루어지기 쉬우며, 따라서 서비스 공급자인 의사에 의해 수요가 창출되는 결과가 나타난다.

결국 의료서비스는 공급과 수요를 모두 공급자가 결정하는 구조이기 때문에 정상적인 시장의 흐름이 나타나지 않는다. 일반적인 시장이라면 가격이 상승하면 수요가 떨어져야 하는데, 의료서비스는 수요가 오히려 늘어난다. 의사 수가 증가하는데도 의료서비스의 가격은 상승한다. 정부는 의료비용의 증가를 억제하고 의료보장제도의 보장률을 높이려는 정책을 시도하지만, 의사주도형 시장을 개선하지 않는 한 정책목표를 달성하기 힘들다. 왜냐하면 시장의 수요와 공급을 장악한 의사들이 고가의 의료서비스나 비급여항목에 대한 수요를 끊임없이 창출해내기 때문이다. 따라서 본인부담률의 인상을 통해 의료비를 억제하려는 시도는 대부분 성공적이지 못하다. 환자가 의료서비스의 수요를 결정하는 것이 아니기 때문에 소비자들의 행위를 통제하는 방법은 효과가 없는 것이다.

의사들의 행위에 영향을 미칠 수 있는 방안이 바람직한데, 이러한 측면에서 진료비 지불제도를 통제하는 것이 효과적일 수 있다(이두호 외, 1992: 163). 행위별 수가제는 소득을 극대화하려는 의사들이 서비스의 양을 증대시키려는 충동을 강화한다. 진료비 지불제도에 대한 통제는 민간보험에서도 가능하다. 실제 미국과 같은 민간보험 주도형 시장에서는 민간보험이 진료비 지불제도를 통해 의사들의 수요 창출 행위를 통제하고 있다. 그러나 우리나라와 같이 민간보험의 역할이 주로 진료비와 건강보험 본인부담금의 차액을 보전해 주는 기능에 한정된 체계에서는 민간보험이 의사들의 행위를 통제하는 것은 불가능하다.

2) 의료보장의 필요성

(1) 의료서비스 접근의 형평성 보장

의료서비스가 가진 수요의 불확실성, 정보의 비대칭성, 의사주도형 시장이라는 특성은 민간보험으로도 대처가 가능하기 때문에 집합적 대응의 필요성을 설명할 수는 있어도 국가가 반드시 의료보장제도를 실시해야 하는 이유를 설명하지는 못한다. 국가가 의료보장을 실시해야 하는 가장 큰 이유는 모든 국민들이 동등하게 의료서비스에 접근할 수 있게 하여 국민들의 건강권을 보장해야 하기 때문이다. 질병은 개인의 생명을 위협할 뿐만 아니라 행동능력을 제한함으로써 인간의 자율성을 침해한다. 따라서 19세기 이후 건강은 인간의 기본적 욕구(*basic need*)의 하나로 인식되었으며, 모든 사람들이 경제적 능력에 상관없이 동등한 의료서비스를 보장받아야 한다는 생각이 등장하였다(이두호 외, 1992: 188).

의료보장은 소득보장과 달리 수직적 평등(*vertical equality*), 즉 결과의 평등을 직접적 목표로 하지 않는다. 의료서비스는 질병상태를 전제로 하기 때문이다. 아프지도 않은데, 모든 소득계층에 똑같은 의료비스를 배분할 필요는 없다. 의료보장의 주된 목표는 '동일한 필요에 동일한 처우'를 의미하는 수평적 평등이며, 의료이용량이 아닌 의료접근성의 평등을 추구한다. 즉, 계급, 소득계층, 성별, 인종, 지역, 연령, 직업 등에 상관없이 동일한 질병에 대해 모든 사람들에게 동일한 의료 접근성을 보장하는 것이 의료보장의 궁극적 목표가 된다.

하지만 민간보험을 통해 가난한 사람들에게 평등한 의료 접근성을 제공하는 것은 불가능하다. 가난한 사람들은 민간보험에 가입할 경제적 여력이 없을 뿐만 아니라, 건강상태도 좋지 않다. 수익성을 목표로 하는 민간보험에게 저소득층은 기피대상이 될 뿐이다. 따라서 건강을 권리로 인식한다면 의료서비스의 제공을 시장에 맡겨 놓는 것은 절대 선택해서는 안 되는 방법이다. 의료서비스 이용의 형평성을 보장하기 위해서는 국가가 직접적으로 개입해야 하며, 의료보장의 필요성은 여기서 도출될 수 있다.

(2) 투자재 및 가치재적 성격

전통적으로 보건의료서비스는 소비재로 간주되었으나, 1950년대 이후 인적 자본에 대한 이론들이 발달하면서, 의료서비스는 교육과 함께 인적 자본의 양과 질에 중대한 영향을 미치는 투자재로 평가되기 시작하였다. 건강의 증진은 노동력의 양적 측면과 질적 측면 모두에서 영향을 미친다. 사망률의 감소는 잠재적 노동자의 수를 증가시키며, 수명의 연장은 인간에 투자한 자본의 회수기간을 연장시킴으로써 총회수율도 증가하게 만들 수 있다. 상병률의 감소는 시장 및 비시장 활동에 사용할 수 있는 시간의 총량을 증가시킬 뿐 아니라 노동생산성도 증가시킴으로써 건강한 시간이라는 형태로 수익을 가져온다(이두호 외, 1992).

나아가 보건의료서비스는 가치재(*merit goods*)의 특징도 갖는다. 가치재란 공익성이 큰 상품으로 사회가 개인의 선호에 관계없이 공급을 조장하고자 하는 재화를 의미하는데, 민간에서 생산될 수도 있고 공공재로 공급될 수도 있다. 예컨대, 저소득층을 위한 주택건설은 안락한 주거환경의 보장이 사회가 보장해야 할 공익으로 간주되고 있기 때문에 국가가 재정 지원을 하는 것을 당연한 것으로 인식하고 있다. 이러한 유의 재화를 가치재라고 하는데, 보건의료서비스는 투자재적 성격을 갖기 때문에 많은 사람들이 가치재에 포함시킨다.

이미 지적한 바와 같이 소비자들은 자신이 질병에 걸렸는지 정확하게 알지 못하며, 인식하더라도 의료서비스를 어떻게 이용해야 하는지, 이용하지 않을 경우 어떠한 결과가 초래되는지에 대한 명확한 정보를 갖고 있지 않다. 따라서 사회적으로 필요한 수요보다 의료서비스의 이용량은 적게 나타난다. 반면 의료서비스는 투자재적 성격을 갖고 있기 때문에, 개인의 건강뿐만 아니라 사회경제적 측면에도 긍정적 영향을 미친다. 따라서 사회적 측면에서는 보다 많은 의료서비스의 이용이 권장되지만, 민간의 자율에 맡겨 둘 경우 개인은 정보의 부족으로 인하여 사회가 필요로 하는 만큼 의료서비스를 이용하지 않는다. 이와 같이 가치재에 대한 시장에서의 자원배분은 효율적이지 못한 경우가 많기 때문에, 개인의 선호보다는 사회의 선호를 기준으로 하여 국가가 개입하는 것이 바람직하다(이두호 외, 1992).

(3) 역선택

보험에서 역선택(*adverse selection*)의 문제는 위험발생 가능성이 높은 사람들이 보험에 집중적으로 가입하게 되어 평균적인 위험 확률과 보험료가 높아지는 악순환이 생기는 현상을 의미한다. 역선택은 민간보험회사가 가입자들에 대한 정보를 충분히 확보하지 못한 정보의 비대칭성 상황에서 발생하며, 역선택이 발생하면 민간보험은 성립되기 어렵다. 따라서 국가에 의해 강제로 운영되는 사회보험 방식으로 위험에 대비할 수밖에 없다. 역선택 이론은 보험 영역에서 사회보험의 필요성을 설명하는 대표적 이론이다. 건강보험의 역선택 문제를 구체적으로 살펴보면 다음과 같다.

민간보험 방식하에서 보험회사들은 보험가입자들의 개별적인 위험 발생 확률을 근거로 보험료를 부과하는 것이 합리적이다. 따라서 흡연자나 알콜 중독자들은 의료보험에 가입할 때 높은 보험료를 부담해야 하며, 자동차보험에서는 운전자의 연령이나 경력에 따라 보험료의 차등을 두는 것이 당연하다. 그러나 보험회사와 보험가입자 간에는 일반적으로 정보의 비대칭성이 존재한다. 즉, 보험회사들은 보험 가입 당시에는 가입자들의 위험발생 확률을 정확히 알지 못하는 경우가 많다. 물론 보험회사는 가입자의 정보를 얻기 위해 노력하겠지만, 수많은 가입자들의 세세한 정보를 얻는 것은 불가능하다. 가입자들의 건강상태에 대해 보험회사보다는 가입자 자신이 더 많은 정보를 갖고 있는 것이 대부분이다. 따라서 보험회사는 신청자의 정확한 정보를 알지 못한 채 불완전한 정보를 토대로 산정된 보험료를 신청자에게 제안할 것이다.

이때 가입자는 보험에 가입하여 위험을 분산시킴으로써 얻는 이득보다 보험회사가 산정한 보험료가 높다고 생각하면 가입을 포기할 것이다. 이들은 주로 건강한 사람들이다. 반대로 보험가입으로부터 얻는 이득이 보험료보다 크다고 생각하는 고위험군 가입자들은 보험에 가입할 것이다. 즉, 건강하지 못한 고위험군의 사람들이 집중적으로 보험에 가입하는 역선택 현상이 나타난다. 이렇게 고위험군이 집중적으로 보험에 가입하게 되면, 예상보다 위험이 많이 발생된다. 보험 가입자는 보험금 지출이 늘어나고 보험회사는 재정적 어려움을 겪게 된다. 이러한 어려움을 해결하기 위해 보험회사는 보험료를 인상하게 된다. 이

때 상대적으로 위험도가 적은 가입자들은 인상된 보험료보다 보험가입의 이득이 적어지기 때문에 보험계약을 해지하고, 결국 보험에는 위험 발생 가능성이 매우 높은 고위험군만 남게 되는 악순환이 나타나서 보험의 성립을 어렵게 만든다. 로젠과 게이어(Rosen & Gayer, 2008: 248)가 언급한 이른바 '죽음의 소용돌이'(*death spiral*)에 빠지게 되는 것이다. 이러한 역선택 문제를 해결하기 위해서는 정부 또는 공공기관이 강제보험을 도입해서 평균보험료 방식으로 저위험군과 고위험군을 모두 포괄해야 한다. 즉, 국가에 의한 의료보장제도가 요구되는 것이다.

미국은 민간의료보험을 중심으로 의료시장이 형성되어 있다. 미국의 민간의료보험회사들은 역선택을 방지하기 위해 고액의 보험료를 책정함으로써 고위험군이 많은 저소득층의 가입을 방지하고, 고위험군의 가입을 노골적으로 기피함으로써 재정의 안정을 유지하고 있다. 오바마 케어 이후 금지되기는 했지만, 이러한 크림 스키밍(*cream skimming*)은 의료보장을 가장 필요로 하는 사람들을 제외시킴으로서 '의료 소외'라는 또 다른 사회문제를 창출하기도 하였다.

나아가 우리나라 민간보험회사도 1999년부터 의료비 실손보험을 판매하기 시작하였으며, 현재 거의 대부분의 손해보험사와 생명보험사는 의료비 실손보험을 취급하고 있다. 역선택의 우려에도 불구하고 시행 당시 손해보험사들은 자신감을 보였다. 보험기술의 발전에 따라 민간보험회사들은 정보의 비대칭성을 극복하고 가입자들에게 적정 보험료를 부과할 수 있다는 자신감이었다. 그러나 해마다 보험료를 대폭 인상함에도 불구하고 눈덩이처럼 불어나는 적자폭 때문에 오늘날 실손보험은 보험회사들의 골칫거리로 전락하였다. 정보화시대에도 불구하고 역선택은 쉽게 극복하기 어려운 문제임이 확실해 보인다.

(4) 제 3자 지불방식

의료서비스를 받은 소비자가 그 비용을 직접 지불하지 않고 다른 제 3자, 예컨대 민간보험회사나 건강보험에서 지불하는 방식을 '제 3자 지불방식'이라고 한다. 만약 제 3자의 개입 없이 소비자가 의료서비스 비용을 직접 지불해야 한다면, 비용과 편익을 고려해서 효용 극대화를 추구할 것이다. 아무리 좋은 의료서비스라도 가격이 지나치게 높다면, 본인의 경제적 능력을 고려하여 한계편익과 한계비용을 신중하게 비교하여 소비 여부를 결정하게 된다. 그러나 본인이 비용을 지불하지 않고 보험회사가 비용을 지불한다면 의료공급자나 소비자 모두 합리적인 선택을 하지 않을 가능성이 높다. 먼저 의료공급자들의 입장에서는 의료비용을 제 3자가 지불한다는 것을 알고 있으므로 환자의 경제적 부담능력에 대해 무관심해진다. 따라서 가능한 본인의 수입을 극대화할 수 있는 의료서비스를 환자에게 권하게 된다. 반면 소비자의 입장에서도 본인이 의료비를 지불하지 않으므로 한계비용을 고려할 필요가 없다. 본인부담금이 없다면 한계비용은 0이 되기 때문에 편익을 극대화할 수 있는 고급의 의료서비스를 마다할 이유가 없다. 소비자와 공급자의 이러한 속성이 결부되면 조그만 편익이라도 유발하는 모든 의료서비스가 제공되므로, 의료비는 한계편익이 0에 가까운 지점까지 상승하게 된다.

이러한 의료비의 상승은 민간보험이 감당하기 쉽지 않다. 우리나라 실손보험의 눈덩이 적자에는 역선택의 문제도 들어 있지만, 제 3자 지불방식의 문제도 포함되어 있다. 환자의 경제적 능력을 고려할 필요가 없는 의료공급자들은 수익성이 높은 건강보험 비급여서비스를 권하게 되고, 본인이 지불할 필요가 없는 소비자의 입장에서 고가의 서비스를 마다할 이유가 없다. 의료 과소비를 통제할 유인이 없는 제 3자 지불방식에서 민간보험이 의료비 증가에 대처할 방법은 보험료 인상 이외에 별다른 것이 없다. 결국 민간의료보험이 의료의 과소비 현상을 제어할 수 있는 방법은 없는 것이다.

물론 국민건강보험도 제 3자 지불방식을 택하고 있다. 하지만 건강보험은 민간보험에 비해 본인부담률이 높고, 비급여항목이 많기 때문에 소비자들의 과소비는 제한된다. 나아가 건강보험은 첫째, 국가가 민간기관보다 훨씬 많은 정보나 권한을 갖고 있기 때문에 소비자의 행동을 보다 잘 모니터할 수 있고 의료 과소비를 최소화하도록 통제할 수 있다. 둘째, 국가는 민간 보험회사보다 의료공급자인 병원과 의사들의 행동을 직접적으로 통제할 수 있다는 점에서 민간보험보다 소비자와 공급자의 도덕적 해이에 유연하게 대처할 수 있다. 시장에서 경쟁해야 하는 민간보험회사보다는 독점적 지위를 가진 공공 건강보험이 의료공급자들의 행동을 통제하는 데 훨씬 효율적일 것이다.

(5) 행정적 효율성

건강보험의 지출은 크게 보험급여지출과 관리운영비로 구분된다. 보험급여지출에 더 많은 자원을 투입하려면 관리운영비를 줄여야 한다. 이를 행정효율성이라고 하는데, 사회보험은 여러 가지 측면에서 민간보험보다 행정효율성이 높다. 먼저, 민간보험의 경우 시장을 확대하기 위하여 막대한 거래비용이 소요된다. 민간보험회사 간의 경쟁은 소비자들의 기호에 맞는 다양한 보험상품의 개발을 유도할 수 있다는 장점도 있지만, 지나친 광고나 보험모집원의 운영은 급여율(*ratio of benefits*)을 낮추고 의료보험의 효율성을 저해한다.

나아가 공적 건강보험의 경우 행정업무 처리 시 규모의 경제를 실현할 수 있기 때문에 비용의 절감을 유도할 수 있다. 보험의 운영에 필요한 위험에 관한 정보를 수집하거나 평가하는 데 소요되는 비용은 보험회사의 규모가 클수록 감소하게 된다. 그러나 규모의 경제를 추구하기 위하여 민간보험회사가 규모를 확대하다 보면 보험시장에서 독과점의 병폐가 나타날 수 있다. 즉, 대규모 보험회사가 의료보험 시장을 지배하게 되면 비정상적인 독과점 이윤을 추구하기 위해 보험료를 인상할 것이다. 반대로 다수의 소규모 보험회사들이 보험시장을 분할하고 있다면, 비효율적인 소규모 운영과 판매비용으로 관리비용이 매우 높아질 것이다. 합리적인 소비자라면 자신의 위험상태를 반영하는 보험료에 적절한 관리비를 추가한 보험료 이상을 지불하려 하지 않을 것이므로 민간 의료보험에 가입하기를 포기하게 된다. 이는 전형적인 시장실패(*market failure*)이므로 정부와 공적기관의 개입이 요구된다. 또한 의료공급자들이 다양한 기준에 의해 운영되는 다수의 보험회사들에게 진료비를 청구하기 위하여 소모되는 비용을 절감할 수 있다는 점도 공적 의료보험의 장점 중 하나라고 할 수 있다.

2. 의료보장제도의 발전과정

1) 건강보험제도의 도입

(1) 1883년 독일의 질병보험

의료보장제도는 산업화 초기 질병문제에 대응하기 위하여 조직된 노동자들의 자구조직들로부터 출발하였다. 질병문제는 사람들에게 높은 의료비용을 부과할 뿐만 아니라, 해당 기간 동안 근로소득이 중단되는 이중의 부담을 주었다. 나아가 질병으로 인한 부담의 정도는 가구마다 차이가 크며, 비록 질병에 걸린 가구들은 소수이지만, 그 고통의 정도는 재난적(*catastrophic*)이라고 할 만큼 매우 컸다. 따라서 일찍부터 보험의 위험분산 기법을 적용하기에 적절한 사회문제로 인식되었으며, 의료보장제도가 도입되기 이전인 19세기 초부터 서구 유럽에서는 상호부조기금(*mutual aid funds*)이나 우애조합(*friendly society*) 등과 같은 노동자들의 자발적 조직들이 질병문제에 대응해 왔다(Gordon, 1988: 197). 이러한 자구 노력들이 공적인 의료보장체계로 전환된 것은 1883년 독일 질병보험이 최초였다.

1883년 질병보험제도는 광산, 채석장, 철도, 선박건조, 수공업 제조업자 등 특정 산업에 한정되어 적용되었다. 그리고 일당 6⅔마르크 미만 노동자라는 소득제한이 있었다(문기상, 1983: 67). 이후 가입대상이 확대되었음에도 불구하고 소득제한 요건은 계속 부과되었다. 예컨대 사무직 노동자들의 경우 연간 2천 마르크 이하의 소득자만 강제가입대상이 되었다. 이와 같이 고소득자를 적용대상에서 제외시키는 조치는 초기 질병보험을 도입했던 국가들에게도 그대로 적용되었다(Gordon, 1988: 198). 보험료율은 질병금고(*sickness funds*)에 따라 다양했는데, 임금의 약 3~4.5%가 부과되었으며 이 중 노동자가 3분의 2를, 고용주가 3분의 1을 부담하였다. 정부는 중앙집중적인 관리조직을 창설하지 않고, 기존의 상호부조조합이나 공제조합을 활용하여 질병금고로 전환하도록 하여 관리운영을 담당하도록 하였다.

질병보험의 핵심적 급여는 상병급여였다. 질병 발생 후 3일째부터 최대 13주 동안 임금의 50% 이상의 상병급여가 지급되었다. 질병보험법은 최저급여수준을 정해 놓았으므로 질병금고에 따라 급여율은 다르지만 적어도 50%는 보장되었고, 절반 이상의 금고들이 50% 이상을 지급하였다. 나아가 질병금고는 출산이나 장례 때에도 소정의 수당을 지급하였다. 또한 가입자들에게 의료서비스도 제공하였는데, 질병금고와 계약을 맺은 지역의 의사들을 통해 의료서비스, 투약, 치료제 등을 제공하였다. 의사들은 질병금고로부터 인두제(*capitation fee*)를 기초로 연간 진료비를 일시금으로 지급받았다. 의사들은 인두제 방식에 거부감을 가졌으며, 질병금고가 진료과정에 개입하는 것에 대해서도 불만을 가졌다. 이러한 불만은 1904년 라이프치히 파업을 계기로 조직화되기 시작하였다. 이를 계기로 의사들이 선호하는 행위별 수가제(*fee-for-service*)에 기초한 진료비 지불체계가 확산되었다(Gordon, 1988: 199).

독일에서 질병보험이 도입되자 비슷한 문제를 안고 있던 인근 국가로 질병보험이 확산되었다. 오스트리아(1888), 헝가리(1891), 스웨덴(1891), 덴마크(1892), 벨기에(1894) 등이 선두 그룹을 형성하였으며, 이탈리아, 노르웨이, 루마니아, 스위스, 러시아, 세르비아, 크로아티아, 슬로베니아, 그리고 영국 등은 1909년에서 1912년 사이에 도입함으로써 그다음 그룹을 형성하였다.

(2) 1911년 영국의 국민보험

1911년 제정된 영국 〈국민보험법〉은 건강보험(*National Health Insurance*)과 실업보험으로 구성되었으며, 영국 최초의 사회보험 도입을 의미하는 것이었다. 자율성을 가진 복수의 질병금고들에 의해서 운영되는 독일 질병보험체계와 달리 영국의 건강보험은 전국 단일체계로 입법되었다는 점에서 결정적 차이를 갖는다. 독일과 마찬가지로 19세기 대부분의 영국 노동자들은 우애조합이라는 자구조직이 운영하는 의료보험을 이용하였다. 엘리트 의사인 전문의들은 주로 영리 목적으로 운영되는 요양원(*nursing homes*)에서 상류층을 대상으로 진료하였지만, 일반의(*general practitioner*)들은 우애조합과 계약을 맺거나 구빈작업장의 의무실과 연계돼서 빈곤층과 노동자들을 진료했다(윤성원, 2002: 17~18).

1911년 도입된 건강보험제도는 연소득 160파운드 이하의 모든 노동자들을 강제가입대상으로 하였다. 160파운드 이상의 고소득자를 제외한 것은 영국 의사협회와의 타협의 산물이었다. 의사들은 사적 진료의 주요 고객인 고소득층을 국가관리체계에서 제외시키기를 원했다. 보험료는 모든 가입자에게 똑같이 정액으로 부과되었는데, 일주일에 노동자 4펜스, 고용주 3펜스, 일반조세 2펜스 등 총 9펜스로 책정되었다. 건강보험의 핵심급여는 독일과 마찬가지로 상병급여였지만, 독일과 달리 정액으로 똑같은 액수가 수급자에게 지급되었다. 노동자들은 질병 발생 후 4일째부터 최대 26주 동안 상병급여를 지급받았는데, 처음 13

주 동안은 병가를 내고 주당 10실링을 받았다. 그다음 13주 동안은 주당 5실링을 지급받았다. 나아가 여성단체의 압력으로 여성노동자나 가입자의 부인들을 대상으로 30실링의 출산급여도 제공하였다. 하지만 더 이상의 부양가족들에 대한 배려는 전혀 없었다. 나아가 후속 프로그램이 없었기 때문에 26주 급여를 모두 소진한 사람은 빈민법에 의존할 수밖에 없었다.

건강보험은 전국적으로 통일된 체계였고 중앙정부가 기금을 관리했지만, 보험료를 징수하고 급여를 지급하는 일선 행정은 공인조합(Approved Societies)이 담당하였다. 노동자들은 자유롭게 조합을 선택할 수 있었으며, 이는 공인조합 간의 경쟁을 부추겼다. 공인조합이 징수한 보험료를 조합이 보유하는 것은 금지되었다. 보험료는 지체 없이 국민보험기금으로 전달해야 했기 때문에, 공인조합의 운영비는 기금으로부터 지급받았다. 〈국민보험법〉의 의무사항을 준수하는 모든 비영리 조직은 공인조합이 될 수 있었다. 이에 따라 우애조합이나 노동조합뿐만 아니라 상업보험회사들도 공인조합 설립에 적극적으로 참여하였다. 프루덴셜(Prudential)이 창립한 4개의 공인조합들은 약 430만 명의 가입자들을 관리하기도 하였다.

의료서비스는 주로 일반의(*general practitioner*)가 제공하였다. 따라서 건강보험은 일반의가 다루지 않았던 산부인과서비스나 수술은 제공하지 않았으며, 결핵환자를 제외한 입원이나 간호서비스도 보장하지 않았다. 입원서비스를 배제한 또 다른 이유는 무료로 운영되는 자선병원이나 공공시립병원들이 많았기에 별도의 입원서비스가 필요 없었기 때문이다(Gordon, 1988: 202). 민간 자선병원들은 부유층이나 일반시민들의 기부에 의해 운영되었으며, 진료비를 받지 않았다. 국민보험법은 진료비 지불방법을 특별히 규정하지 않았지만, 대부분 우애조합 시절처럼 인두제 방식으로 운영되었다.

2) 제 2차 세계대전 이후 의료보장제도의 확대

(1) 제 2차 세계대전 이후 의료보장제도의 변화

복지국가의 출범과 함께 의료보장제도에도 큰 변화가 나타났다. 먼저, 국가가 직접 의료서비스를 공급하며, 일반조세로 운영하는 보편적인 무상의료서비스가 등장했다. 영국의 국민보건서비스(NHS: National Health Service) 제도의 이름에 착안하여, 통상 'NHS 방식'이라고 일컫는 보편적 서비스 방식은 1926년 사회주의 국가였던 소련에서 처음 도입되었다. 자본주의 국가에서는 1938년 뉴질랜드가 〈사회보장법〉의 제정을 통해 처음으로 도입하였고, 종전과 함께 영국, 스웨덴, 덴마크, 호주 등의 국가로 확산되었다. NHS 방식은 통상 무상의료제도로 인식되고 있지만, 무료로 운영하지 않고 스웨덴처럼 소액의 본인부담금을 부과하는 국가도 있다.

나아가, 의료보장제도에서 현금성 상병급여와 의료서비스의 비중이 역전되었다. 초창기 의료보장제도에서는 상병급여가 지출의 대부분을 차지하였다. 그러나 제 2차 세계대전이 끝난 이후 상병급여의 비중은 점진적으로 줄어들었다. 상병급여의 절대적 지출액은 증가했지만, 의료서비스 지출이 비약적으로 증가하면서 상대적 비중이 줄어든 것이다(Gordon, 1988: 203~205). 19세기에서 20세기 초까지는 현대적 의료체계가 확립되지 않았다. 당시 의료 수준은 매우 낮았기 때문에 고칠 수 있는 질병이 거의 없었다. 의사들은 일상적으로 마주치는 소아마비, 결핵, 디프테리아, 콜레라, 류머티즘성 관절염 등과 같은 거의 모든 질병에 대해 치료제를 갖지 못했고, 자연적인 회복을 기다리는 것 이외에 별다른 치료방법이 없었다. 그마저도 저임금과 빈곤에 신음하던 노동자들은 쉽게 이용할 수 없었기 때문에 노동자들이 의사를 찾는 경우는 매우 드물었다. 이에 따라 와병기간은 하염없이 길어졌고, 이는 곧 실업기간의 증가를 의미하는 것이기 때문에 소득 중단을 보전하는 상병급여가 더 중요한 급여로 부각되었다. 비스마르크 입법을 포함한 초창기 건강보험들은 질병보험의 형태로 운영되었으며, 상병급여는 당시 의료보장제도의 핵심적 급여였다.

그러나 종전 이후 의학의 발전은 인류가 이루어 낸 가장 인상적인 성취였다(Le Fanu, 1999). 전쟁 전후 발견된 기적의 약, 페니실린(1941)과 스테로이드(1949)는 수많은 질병의 치료를 가능하게 하였고, 과거의 불치병을 가벼운 질환으로 전환시켰다. 과거에는 꿈도 못 꾸던 수술이 가능해졌다. 전문의료의 발달은 전문의들의 수를 증가시켰고, 전문의에 의한 진료를 확대시켰다. 나아가 내시경, CT 등과 같은 진단장비의 발달, 수술용 현미경과 같은 수술장비의 개발, 현대적 의료시설의 증가 등은 의료비용의 증가를 부추겼다. 치료 가능성이 높아지자 사람들은 의료기관을 방문하기 시작하였다. 특히 고혈압과 당뇨의 발견은 몸이 건강하다고 느끼는 사람들조차 의사를 찾게 만들었다. 이러한 의료이용률의 증가는 의료비 지출의 급증을 가져왔다. 모든 의료 영역에서 전문화와 고가화가 진행되었고, 이러한 변화는 그 자체만으로도 의료비용을 증가시켰지만, 인간의 수명을 연장시킴으로써 의료비용을 폭증시켰다. 그 결과 오늘날 의료보장은 곧 의료서비스를 의미할 만큼 의료서비스의 비중은 절대적이다.

(2) 1948년 영국 국민보건서비스 실시

1945년 복지국가의 출범과 함께, 애틀리 내각의 보건성 장관인 베번(Aneurin Bevan)은 NHS의 도입을 추진하였다. 이에 따라 1946년 11월 6일 〈국민보건서비스법〉(National Health Service Act)이 제정되었으며, NHS 제도는 1948년 7월 5일 시행되었다.

1948년 시행된 NHS 체계는 〈그림 5-1〉과 같다(Rivett, 2019). 그림과 같이 NHS는 보건성이 관장했으며, 병원서비스와 지역사회보건서비스, 그리고 1차 의료서비스로 나뉘어졌다. 먼저 병원서비스는 13개로 조직된 지역병원위원회(Regional Hospital Board; RHB)에서 담당하였다. 과거 자선병원, 시립병원, 민간병원들은 모두 RHB에 소속되었으며, 병원들은 무상으로 운영되었다. 각 병원에 소속된 전문의들은 월급을 받았다. 특실이나 사적 진료도 허용되었지만 응급환자가 의료적 측면에서 조정을 요구할 경우 해당 병상을 내줘야 했다. RHB 산하에는 388개의 병원운영위원회가 하부 행정단위의 병원 운영을 담당하였다. 그러나 36개의 대규모 자선병원들은 RHB에 소속되지 않았고 수련병원이라는 명칭으로 독립적으로 운영되었으며, 자체 이사회를 통해 보건성이 직접 감독했다. 이를 통해 왕립병원을 비롯한 유명 병원들은 명성과 지위를 유지하였다.

지방정부는 지역사회보건서비스를 담당하였다. 147개의 지방보건국

〈그림 5-1〉 1948년 시행 당시 국민보건서비스(NHS)의 운영체계

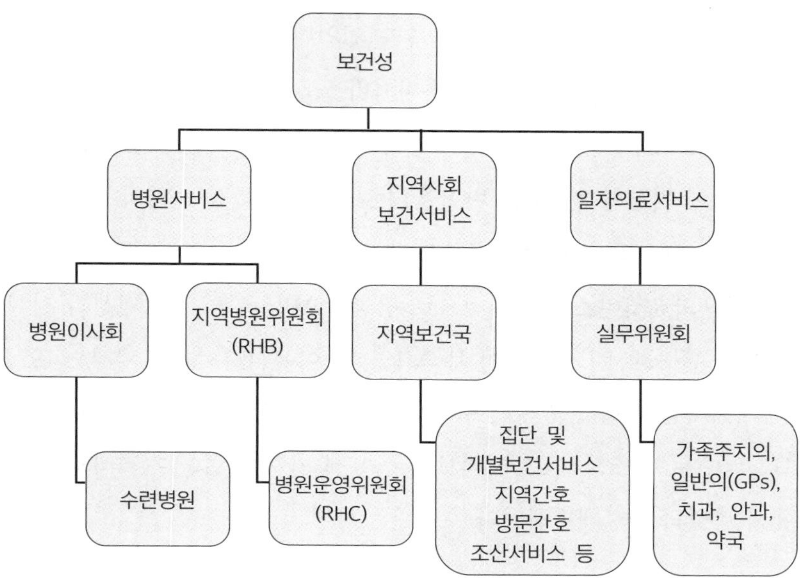

자료: Rivett, 2019.

(Local Health Authorities)이 구성되었으며, 지역간호, 방문간호, 조산서비스, 모성보호 및 아동복지서비스, 가사도우미, 구급서비스, 예방접종 및 방역서비스 등을 제공하였다(Jones, 1991: 142).

1차 의료서비스는 일반의 서비스를 의미하며, 가족주치의, 치과, 안과, 약국 서비스도 1차 의료서비스에 포함된다. 일반의들은 관할지역에 있는 138개의 실무위원회에 소속되었지만, 독립된 계약자로서 봉급 대신 인두제를 기초로 진료비를 지불받았고, 위원회에서 대표권을 행사할 수도 있었다. 환자의 치료에 있어 일반의는 완전히 자유로웠으며, 어느 지역에서나 개업할 수 있지만, 개업을 하려면 지역실무위원회에

신청해야 했다. 실무위원회는 이미 지역 내에 의사 수가 충분하다고 판단할 경우 개업을 허가하지 않을 수도 있었다(심재호, 1989: 90).

1948년 NHS는 행정체계를 병원서비스, 지역사회보건서비스, 1차 의료서비스로 구분하고 각자의 영역에서 상당한 자율성을 주었지만, 세 영역이 비통합적이라는 비판을 받았다. 즉, 특정 지역의 RHB, 지방보건국, 1차 의료 실무위원회가 각각 병원서비스, 지역사회보건서비스, 1차 의료서비스를 독립적으로 관장했으며, 이들은 보건성의 지휘를 받을 뿐 서로 간의 연계가 부족하였다. 이에 따라 NHS 체제는 1974년 대대적인 개혁을 단행하여 전국을 14개의 광역보건국과 90개 지역보건국으로 재조직하고, 지역보건국이 세 가지 사업을 지역사회 차원에서 총괄하도록 개편하였다.

(3) 1991년 영국 대처 내각의 NHS 개혁: 내부시장의 도입

1974년 NHS는 지역 보건국을 중심으로 재편되었으나, 보건국을 중심으로 한 행정의 집중화는 관료주의적 비효율성을 강화하였다. 비효율의 문제 중 가장 크게 부각된 것은 만성적인 대기환자의 누적이었다. 1989년 전국적으로 대기환자는 100만 명이 넘었으며, 1년 이상 대기자는 22만 명, 2년 이상 대기자는 약 9만 명에 달했다(이태진 · 장기원, 2000: 169). 문제는 병원의 전문의들이 이러한 대기환자 해소에 관심이 없었다는 것이다. 오히려 대기환자의 수가 늘어나는 것이 본인에게 유리했다. 대기환자가 많아야 기다림에 지친 일부 환자들이 기다림을 포기하고 자신의 사적 진료를 신청하기 때문에 병원 전문의들은 열심히 진료하기보다는 대기환자 수를 적당히 유지하고자 하였다. 대기기간의 장기화는 사적 진료를 부추겼으며, 경제적 여유가 있는 부유층들은 사적 진료를 대비해 민간의료보험에 가입했다(원석조, 2018: 258~259). 정부는 이러한 사적 진료와 민간의료보험을 대기명단을 해소하는 방안으로 설정하여 오히려 장려하기도 하였다.

대처 정부는 이러한 NHS의 문제점에 대한 해결책을 시장화에서 찾았다. 즉, 공공예산을 통해 무상으로 운영되는 NHS의 큰 틀은 유지하면서, NHS 내부의 자원배분에 시장경쟁적 요소를 도입하는 '내부시장' 전략이 NHS 개혁의 핵심이었다. 1990년 제정된 〈NHS와 커뮤니티케어법〉은 내부시장 도입을 공식화하였으며, 1991년 4월 1일부터 시행했다. 내부시장의 형성에서 가장 중요한 요건은 구매자와 공급자의 관계다. 개혁 이전 병원들은 해당 지역의 보건국에 의해 연간 총액예산을 배정받았지만, 내부시장에서는 구매자와 공급자로 구분되었다. 지역보건국은 지역의 일반의와 주민을 대신하여 구매자의 기능을 맡게 되었고 자기 지역뿐 아니라 전국을 단위로 NHS 트러스트의 병원서비스를 구매할 수 있었다.

반면 기존의 NHS 병원들은 독립채산제로 운영되는 일정한 규모의 NHS 트러스트 병원(NHS Trusts)으로 조직되었으며, 독자적 생존을 위해 구매자들에게 자신의 서비스를 판매해야 하는 공급자의 기능을 맡게 되었다. 초기에는 평가가 좋은 70개의 병원들이 NHS 트러스트 병원으로 전환하였고, 1996년 4월에는 모든 병원들이 NHS 트러스트 병원으로 전환하였다(명재일, 1997: 152). 일정한 요건을 갖춘 일반의들은 지역보건국으로부터 '예산보유 일반의'(GP Fundholder)로 지정되어 지역보건국을 거치지 않고 병원서비스와 지역사회보건서비스를 직접

구매할 수 있는 예산을 할당받았다. 따라서 NHS 트러스트 병원의 주요 구매자들은 지역보건국, 예산보유 일반의 그리고 민간보험에 가입한 사적 진료 환자들이었으며, NHS 트러스트 병원들은 이들 고객 유치를 위해 경쟁해야 했다.

과거 일반의들은 병원전문의나 직원의 독점적 횡포에 그대로 당할 수밖에 없었지만 이제 예산을 보유한 일반의들은 자신의 환자들에게 양질의 서비스를 신속하게 제공하는 병원을 선택할 수 있는 힘을 갖게 되었다. 1997년 예산보유 일반의들은 13,423명이었다. 하지만 그보다 많은 31,748명의 일반의와 치과, 약국, 안과 등 1차 의료 의료진들은 여전히 지역 보건국으로부터 인두제에 기초한 보수를 받았으며, 지역보건국과 계약한 NHS 트러스트 병원에 환자들을 의뢰하였다. 결국 NHS의 1차 의료 공급체계는 예산보유 일반의와 지역보건국 소속의 일반의로 이원화되었다. 개혁 이후 공통적으로 지적하는 성과는 평균 대기기간이 짧아졌다는 것이다(정영호 · 고숙자, 2005: 83; 이태진 · 장기원, 2000: 169). 특히 예산보유 일반의의 환자들이 예산을 보유하지 않은 일반의의 환자들보다 평균 대기시간이 매우 짧은 것으로 나타났다. 이는 예산을 가진 일반의들의 요구에 병원이 민감하게 반응한 결과로 해석된다.

그러나 이는 예산을 보유한 일반의와 지역보건국 소속 일반의 사이의 계층화로 인한 공평성의 훼손 문제를 야기했다. NHS 트러스트 병원들은 예산보유 일반의들에게 더 호의적인 의료서비스를 제공함으로써 차별의 문제가 제기되었는데, 이는 NHS가 자랑하는 의료이용의 형평성에 역행하는 것이었다(정영호 · 고숙자. 2005: 83). 많은 영국인들은 다소 불편하더라도 한 줄로 서서 차례가 오기를 기다리는 편이 낫지, 어느 줄에 섰느냐에 따라 의료이용에 차이가 나는 불공평한 현실을 받아들이고 싶지 않았다(이태진 · 장기원, 2000: 173). 이러한 문제점으로 말미암아 블레어(Tony Blair)의 노동당 정부는 1999년 〈보건법〉(Health Act)을 제정하여 예산보유 일반의 제도를 폐지함으로써 내부시장 전략을 폐기하였다.

3. 의료보장제도의 현황

1) 상병급여

상병급여는 질병이나 부상으로 인해 근로능력이 상실되었을 경우 소득상실을 보전하는 현금성 급여이다. 초창기 의료보장제도의 주요 형태였으며, 지금도 대부분의 OECD 국가에서 시행되고 있다. OECD 국가들 중 상병급여를 실시하지 않는 나라는 창피하게도 우리나라와 미국뿐이다. 상병급여는 주로 피고용자를 대상으로 하는 노동자보험 프로그램이다. 따라서 상병급여의 표준적 형태는 노동자들이 질병이나 부상으로 인하여 실직당했을 때 임금상실을 보전하는 프로그램이며, 나라에 따라 자영업자에 대해 강제가입을 요구하거나 임의가입을 허용하는 경우도 있지만 예외적 형태로 운영되고 있다.

상병급여는 운영방식에 있어 실업급여나 산재보험의 휴업급여와 상당히 유사하다. 즉, 상병급여, 휴업급여, 실업급여는 모두 노동자의 근로소득 중단을 대상위험으로 한다는 점에서 공통점을 가진다. 다만 근로소득의 중단 사유가 일반적 질병과 부상, 업무상 사고와 업무상 질병, 비자발적 실업으로 구분된다는 점에서 차이를 갖는다. 실업급여 수급자는 노동능력을 유지하는 반면, 상병급여와 휴업급여 수급자는 노동능력을 상실한 상태이다. 따라서 상병급여와 휴업급여의 운영은 매우 유사하지만 보통 산재보험의 보상적 성격을 반영하여 휴업급여의 급여수준이 상병급여보다 높은 것이 보통이다. 하지만 네덜란드, 스웨덴, 오스트리아, 벨기에, 룩셈부르크, 노르웨이, 브라질 등은 상병급여와 휴업급여의 수준을 동일하게 지급하며, 행정적으로 통합된 국가들도 있다. 반면 상병급여는 대기기간 설정, 피보험기간이나 실업기간에 따른 급여의 차등화, 최대지급기간 설정 등 프로그램의 구성요소에서는 실업급여와 유사성을 가진다.

우리나라 고용보험제도의 프로그램으로 운영되는 상병급여 프로그램은 여기서 말하는 상병급여와 전혀 다른 제도이다. 고용보험의 상병급여는 노동자가 질병과 부상으로 인해 실직하였을 때 지급하는 급여가 아니라 실업을 신고한 실업자가 질병이나 부상으로 인해 구직활동을 못할 때 지급하는 급여이기 때문에 여기서 설명하는 상병급여와 대상자와 급여 수급요건이 전혀 다르다. 만약 노동자가 질병이나 부상으로 인해 실직할 경우 고용보험의 상병급여는 지급되지 않는다. 상병급여는커녕 자발적 이직의 요소가 많기 때문에 구직급여조차 받기도 쉽지 않으며, 구직급여라도 받기 위해서는 상병과 실직 간의 불가피성을 심사받아야 한다.

영국, 덴마크, 호주, 뉴질랜드는 상병급여를 정액으로 지급한다. 대부분의 나머지 국가들은 소득비례방식으로 지급하는데, 〈표 5-1〉은 주요 국가들의 상병급여수준을 정리한 것이다. 〈표 5-1〉을 보면 일반적으로 상병급여와 산재보험의 휴업급여가 통합된 국가들의 상병급여수준이 높은 것을 볼 수 있다(7장 참조). 즉, 룩셈부르크와 노르웨이는

〈표 5-1〉 주요국의 상병급여수준

급여	급여수준
스웨덴	15~364일간 임금손실의 80% 지급 (14일까지는 고용주가 80% 지급) 중증질환일 경우 최대 550일까지 75% 추가지급
네덜란드	104주 동안 임금의 70% 지급
독일	6주까지 고용주가 100% 지급. 동일상병으로 3년 중 78주 동안 총임금의 70% 지급
오스트리아	12주까지 고용주가 100% 지급, 13~16주는 50% 지급 16주 이후 가입기간에 따라 보험조합에서 26~52주간 50% 지급
벨기에	182일간 소득의 60% 지급 (한 달간 고용주가 85.88~100% 지급)
프랑스	3년 중 최대 360일까지 동안 평균임금의 50%를 기본으로 지급하고 자녀 수에 따라 증가
룩셈부르크	평균임금의 100% (처음 77일은 사용자가 지급). 104주 중 52주까지 지급 가능
노르웨이	최대 52주간 임금의 100% (처음 16일은 사용자가 지급)
이탈리아	연간 최대 180일 동안 평균임금의 66.7% (처음 20일간은 50%)
포르투갈	최대 365일까지 지급. 처음 30일 평균소득의 55%, 31~90일: 70%, 91~365일: 75% 지급.
러시아	피보험기간 5년 미만은 임금의 60%, 5~8년은 80%, 8년 이상은 100% 지급
스페인	12개월간 평균임금의 75% 지급 (처음 20일간은 60%)
스위스	단체협약기금에서 최대 720일간 80% 지급 (기금에 따라 다양) 처음 3주는 고용주가 임금의 100% 지급
아르헨티나	피보험기간 5년 미만은 임금의 100%를 3개월간 지급 피보험기간에 따라 최대 6개월간 지급
브라질	기간 제한 없이 평균임금의 91% 지급 (15일간 사용자가 100% 지급)
캐나다	15주간 평균임금의 55% 지급
멕시코	최대 52주간 임금 60% 지급
일본	최대 18개월까지 평균임금의 66.7% 지급

자료: SSA, 2018; 2019; 2020.

100%, 브라질은 91%, 스웨덴은 80%, 네덜란드는 70%를 지급한다. 하지만 나머지 국가들은 대체로 휴업급여에 비하면 상대적으로 낮은 수준인 소득의 50~70% 정도를 상병급여로 지급한다.

〈표 5-1〉에 제시된 주요 국가 중 지급기간의 제한 없이 무제한으로 상병급여를 지급하는 국가는 러시아와 브라질뿐이다. 나머지 국가들은 지급기간에 제한을 두고 있다. 즉, 상병급여는 단기성 프로그램으로 운영되며, 실업급여와 유사한 측면을 갖는다. 상병급여 수급자가 지급기간 내에도 근로능력을 회복하지 못할 경우 대부분의 국가에서는 후속 프로그램으로 장애연금이나 공공부조 프로그램을 제공한다.

2) 의료서비스

현재 의료보장서비스는 제공방식에 따라 크게 사회보험 방식, NHS 방식, 민간보험 중심 체계 등 세 가지 방식으로 구분된다. 첫 번째 방식은 사회보험이다. 사회보험 방식은 크게 전통적인 질병보험 방식과 국민건강보험 방식으로 구분된다. 질병보험 방식은 주로 건강보험제도가 일찍부터 발달된 나라들에서 나타나며, 건강보험제도가 노동자들의 직종에 따라 조직된 기금들에 의해 조합주의적 방식으로 운영된다. 따라서 전 국민보다는 노동자 중심으로 건강보험제도가 구성되어 있으며, 고용주와 노조의 조합주의적 참여가 발달한 것이 특징이다. 독일, 오스트리아, 벨기에, 프랑스, 네덜란드 등이 여기에 속한다. 국민건강보험 방식은 1911년 영국의 국민보험법을 원형으로 하며, 전국적으로 통일된 제도를 적용한다. 따라서 노동자보다는 전 국민에 초점을 맞춰 프로그램을 구성하고 운영한다. 핀란드와 스페인 등이 여기에 해당된다. 과거 국민건강보험 방식으로 의료서비스를 제공했던 영국, 노르웨이, 캐나다 등의 국가들은 NHS 유형으로 전환하였다. 제도 운영의 전국적인 통일성은 NHS 방식으로의 전환을 용이하게 만든다. 우리나라는 2000년부터 국민건강보험제도 출범을 계기로 질병보험 방식에서 국민건강보험 방식으로 전환하였다.

둘째, 1938년 뉴질랜드의 사회보장법을 원형으로 하는 보편적 서비스 방식이다. 영국 국민보건서비스(National Health Services) 제도의 이름에 착안하여 보통 NHS 방식이라고 부른다. 국가가 국민들에게 직접 의료서비스를 제공하는 방식이며, 이를 위해 공공의료기관 중심으로 의료서비스 전달체계를 구축한다. 여기에는 영국, 캐나다, 덴마크, 호주, 뉴질랜드, 노르웨이, 이탈리아, 포르투갈 등의 국가들이 포함된다. 대부분의 NHS 국가들이 영국이나 캐나다처럼 무상서비스를 기초로 하지만, NHS 방식을 채택한 나라라고 모든 의료서비스를 무상으로 제공하는 것은 아니다. 스웨덴과 노르웨이처럼 일반의를 방문할 경우 소액의 본인부담금을 부과하는 국가들도 있다. 그러나 금액은 크지 않으며 노르웨이의 경우에는 사후에 환급되기 때문에 이용자들이 느끼는 부담은 적다.

세 번째 방식은 민간보험을 의료보장제도의 전달체계로 활용하는 방식이다. 이 방식은 공공보험과 민간보험의 경쟁을 통해 의료서비스를 제공하는 혼합형과 공공보험 없이 민간보험을 통해서만 의료서비스를 전달하는 민간보험 중심형으로 구분된다. 스위스, 핀란드, 칠레 등은 혼합형 유형에 속하는 반면 미국은 민간보험 중심형이라고 볼 수 있다.

주요 국가들 중에서 미국은 사실상 일반 국민을 대상으로 한 공공 건강보험 프로그램이 없는 유일한 국가이다. 민간보험 중심으로 유지되던 미국의 의료서비스 시장은 2014년 오바마 케어의 시행을 계기로 강제가입형 민간보험 방식으로 전환하였다. 그러나 2018년부터 오바마 케어의 개인 의무가입조항이 무력화되면서 강제가입형 민간보험으로서의 성격이 애매해졌다. 개인의 보험가입이 사실상 자유로워졌기 때문에 강제가입형 방식으로 보기는 힘들지만, 고용주의 의무조항은 여전히 유효하기 때문에 완전한 임의가입방식으로 보기도 힘든 애매한 상태에 있다.

이하에서는 NHS 방식과 민간보험 중심형 방식의 현황을 영국과 미국을 중심으로 살펴볼 것이다. 우리나라가 속해 있는 사회보험 방식의 현황은 우리나라 건강보험의 현황을 다루고 있는 이 책의 제 10장으로 대신하고자 한다.

3) 영국 NHS 제도의 현황

1999년 블레어 정부는 내부시장 전략을 폐기하였으며, NHS의 방향을 '경쟁'에서 '협력'으로 전환하였다. 이에 따라 내부시장 대신 '통합적 의료'를 새로운 지향점으로 삼았다. 내부시장이 폐지되면서 NHS 의료서비스의 계약과 배분은 기초의료 트러스트(PCT: Primary Care Trust)라는 새로운 조직으로 이관되었다. 하지만 2007~2008년 금융위기로 영국 경제가 침체에 빠지자, 2010년 집권한 캐머런 정부는 또다시 대대적인 복지축소와 긴축재정에 들어갔다. 이에 따라 PCT는 해체되었고, 그 자

〈그림 5-2〉 2022년 현재 국민보건서비스(NHS)의 운영체계

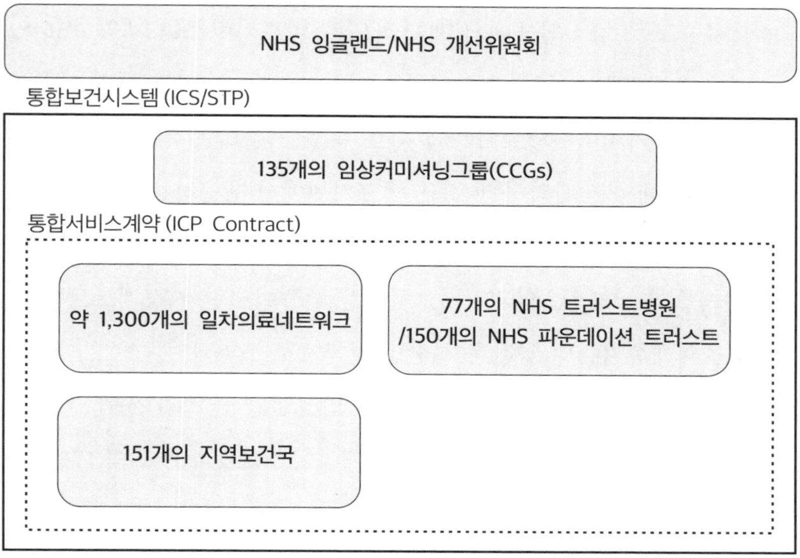

NHS 잉글랜드/NHS 개선위원회

통합보건시스템 (ICS/STP)

135개의 임상커미셔닝그룹(CCGs)

통합서비스계약 (ICP Contract)

약 1,300개의 일차의료네트워크

77개의 NHS 트러스트병원
/150개의 NHS 파운데이션 트러스트

151개의 지역보건국

자료: Powell, 2020: 8.

리를 임상커미셔닝그룹(CCGs: Clinical Commissioning Groups)이 대신하였다. 2022년 현재 NHS 구조는 〈그림 5-2〉와 같다. 전국의 135개 CCG들은 해당 지역의 1차 의료기관, 2차 의료기관 및 지역사회보건서비스를 제공하는 지역당국 등과 통합서비스공급 계약을 채결하고 지역의 의료서비스를 관장한다. CCG는 지역의 일반의들이 주도적으로 운영하며, 이는 일반의들에게 더 많은 권한과 책임을 부여하고, 일반의들의 NHS 예산지출에 대한 참여를 강화하겠다는 계획이다.

NHS 잉글랜드/NHS 개선위원회는 총괄행정기구였던 NHS 잉글랜드와 감독기구였던 NHS 개선위원회가 2018년부터 통합하여 설립된 단일기구이다. 이 기구는 NHS의 예산 배분에 있어 보건부와 CCG를

매개하는 역할을 한다.

NHS는 모든 영국인들에게 보편적으로 의료서비스를 제공하고 있다. 영국에서 6개월 이상 체류 자격을 가진 사람들은 NHS 서비스를 이용할 권리를 가지며, 의료이용에 따로 돈을 지출하는 경우는 거의 없다. 몇 가지 예외를 제외하면 NHS 의료기관에서 제공하는 모든 의료서비스는 완전 무상으로 제공된다. 예외적으로 비용을 지출하는 경우는 외래환자들의 약제비, 안과검사, 치과진료 등이지만 일정액으로 제한되었다. 외래환자들의 약값은 처방당 정액으로 부과되며, 2022년 현재 9.35파운드(약 1만 5천 원)이다. 그러나 만성질환 등으로 자주 약을 필요로 하는 경우에는 '연간 선불권'을 구매하여 108.1파운드(약 17만 5천 원)의 비용으로 처방약을 무제한 구입할 수 있다. 게다가 16세 이하의 아동, 18세 이하의 재학생, 임산부나 출산 후 12개월 이내인 산모, 특정 만성질환자나 중증장애인, 공공부조 수급권자 및 저소득층은 면제를 받는다. 안과검사의 경우 약 25~35파운드 가량, 치과 충치치료의 경우 65.20파운드의 본인부담금이 있으며, 의료가격은 매해 고시된다.

NHS의 무상의료서비스를 받으려면 일반의에 등록해야 한다. 과거에는 일반의 등록에 지역적 제한이 있었으나, 2013년 캐머런의 개혁 이후 거주지에 상관없이 자신이 원하는 일반의를 찾아서 등록할 수 있게 되었다. 등록자들은 건강상의 문제가 있을 경우 전화예약을 통해 일반의 진료를 받을 수 있다. 1차 의료기관인 일반의 진료소에서는 각종 건강 상담부터 간단한 시술에 이르기까지 다양한 의료서비스를 무상으로 제공받을 수 있으며 만약 전문적인 검진이나 치료가 필요할 경우에는 2차 의료기관인 병원에 의뢰된다. 병원으로 의뢰되면 각종 검진부터 수술까지 가능한 모든 의료서비스를 제공받게 되며 병원 내에서 제공되는 모든 서비스는 약제비, 식사까지 모두 무상으로 제공된다. 의복, TV, 전화 등이 예외인 정도이다(김보영, 2008: 14).

NHS에서는 1차 의료와 2차 의료 간의 구분과 분업이 분명하다. 주로 일반의가 담당하는 1차 의료는 일상적인 건강 상담, 가벼운 질병의 진단 및 치료에서부터 예방접종, 금연 지원 등 광범위한 보건정책 수행기관으로서의 역할을 한다. 물론 보다 전문적인 진단과 치료가 필요한 환자를 2차 의료기관으로 의뢰하는 것도 이들의 주요 역할이다. 일반의는 인두제(*capitation*)에 기초하여 기본 진료수당을 받는다. 나아가 블레어 정부의 개혁과정에서 도입된 '품질관리 프로그램'에 참여할 경우, 환자들의 건강유지, 예방접종, 금연율, 자궁경부암 검사, 간단한 외과수술 등의 실적에 따라 성과급을 받을 수 있다.

2차 의료는 주로 NHS 트러스트 병원(NHS Trust)과 파운데이션 트러스트(NHS Foundation Trust)에서 이루어지며, 비응급치료와 응급치료를 담당한다. 파운데이션 트러스트는 블레어 정부가 추진했던 병원 시스템으로, 병원평가에서 최상위등급을 받은 병원들을 신청에 의해 파운데이션 트러스트로 전환시켰다. 파운데이션 트러스트는 NHS에 소속되어 있으나 보건부의 통제로부터 자유로운 독립적 조직으로, 독립채산제 방식으로 운영되는 한국의 국립대학교 병원과 유사한 조직이다. 병원들은 NHS 당국으로부터 총액예산제와 성과지불제, 전국단일서비스가격제(*National Tariff*)에 의해 의료비를 지불받는다. 성과지불제와 전국단일서비스가격제는 진단군별 포괄수가제(DRG)와 유사한 방식으로 서비스제공량에 따라 진료비를 지불받는 시스템이다.

블레어 정부가 총액계약제의 책임성 부족 문제를 보완하고, 의료서비스의 질을 높이려는 목적으로 도입하였다. 하지만 코로나19 사태를 맞아 2020년부터 성과지불제와 전국단일서비스가격제의 적용은 중단되었으며, 총액지불제로 대체된 상태이다. 병원에서 근무하는 인력들은 병원들과 CCG 간의 계약에 의해 봉급제로 보수를 지급받는다.

NHS 재원은 일반조세에서 조달된다. 2020/2021년 NHS에 배정된 예산은 1,299억 파운드(약 211조 원)이다. NHS 예산규모는 노동당이 집권했던 1997~2010년 사이에 연평균 6%에 해당하는 큰 폭의 증가를 기록하였으나, 보수당 정부 이후에는 1~2%의 증가율에 머물고 있는 상황이다. 이에 따라 최근 10여 년간 NHS의 자본예산은 거의 증액되지 않은 데다가 각 병원들은 재정상태 악화에 대처하기 위해 자본예산을 경상예산으로 변경하면서 시설이 급속하게 노후화되는 상황에 직면하였다(한국은행 런던사무소, 2020: 5). NHS 잉글랜드의 경우 2020년 현재 의사 12만 5,711명, 간호사 33만 5,171명 등 128만 2,795명의 인력을 고용한 거대조직이지만, 인구 1천 명당 의사 수는 2.9명, 간호사 수는 7.8명으로, OECD 평균치인 의사 3.5명, 간호사 8.8명에 못 미치고 있다. 나아가 만성적인 인력 부족으로 약 10만 개 일자리에 대한 인력이 미충원 상태이다. 2019년 기준으로 영국의 인구 1천 명당 병상 수는 2.5개로 OECD 국가들의 평균치인 4.4개에 크게 못 미치며, 남미국가들을 제외하면 사실상 최하위에 해당되는 열악한 의료 인프라를 갖고 있다.

영국인들이 자랑하는 NHS이지만, NHS는 OECD 평균 이하의 열악한 의료 인프라 위에서 위태롭게 운영되어 왔다. 무상의료는 의료수요를 크게 증가시킨다. 영국은 의료수요의 증가에 대해 투자로 대처하기보다는 수요억제와 비용절감으로 대처해 왔다. 이는 만성적인 대기환자 문제로 이어졌다. 규정상 중증 암환자로 판단되어 2차 의료기관으로 이송되면 62일 이내에 진료가 개시되어야 하지만, 이를 준수하지 못하는 경우가 허다하며, 일반진료의 경우에도 NHS 잉글랜드의 대기환자 수는 440만 명에 달하고 있다. 이 중 약 15%는 목표 대기시간인 18주를 초과한 상태이다(한국은행 런던사무소, 2020: 6). 그럼에도 불구하고 '공급된 병상은 채워지기 마련이다'라는 로머(Roemer)의 법칙을 철석같이 믿고 있는 NHS 당국은 인프라 투자를 경시하였고, 결국 2020년 코로나19 사태를 맞아 의료체계가 붕괴되는 참사를 맞았다.

평소에도 부족했던 병상들이 코로나19에 배정되면서, 2022년 2월 현재 영국의 비응급수술은 사실상 중단된 상태이다. 코로나19 사태를 계기로 2021년 9월 보리스 존슨(Boris Johnson) 총리는 계획에 없던 큰 폭의 세금 인상을 통해 NHS에 3년간 360억 파운드를 투자하겠다는 계획을 발표하였다(〈조선일보〉, 2021.9.8.). 이미 정부의 지출에서 상당한 비중을 차지하고 있는 NHS에 대한 충분한 투자가 가능할지, 그리고 이번 사태를 계기로 또다시 NHS의 구조개혁을 모색할지, 코로나19 사태 이후를 지켜볼 필요가 있다.

4) 2014년 오바마 케어의 실시와 미국 의료보장의 현황

민간 의료보험 중심의 미국에서 무보험자의 문제는 심각했다. 1993년 클린턴 정부가 의료보험개혁을 시도할 당시 무보험자는 전체 인구의 13%인 3,700만 명으로 추산되었으며, 2008년 오바마 정부가 개혁을 시도할 당시에는 전체 인구의 15%인 4,600만 명으로 추정되었다(김기덕, 1995: 210; 김영순·조형제, 2010: 112). 미국의 살인적인 의료비를 감안하면, 무보험자들은 사실상 의료이용을 포기한 집단이었다. 방대한 무보험자가 존재함에도 불구하고 의료비는 세계에서 가장 비싼 뿐만 아니라 계속 증가하고 있었다. 기업은 높은 보험료 부담으로 경쟁력이 떨어지게 됨에 따라 고용을 기피하게 되었다. 이러한 사정 때문에 메디케어와 메디케이드의 도입 이후에도 의료보험 개혁에 대한 논의는 계속되었지만, 번번이 실패로 끝나고 말았다.

1993년 클린턴 정부는 〈건강보장법안〉을 의회에 제출하여 전 국민 건강보험의 도입을 시도하였다. 정부의 주도로 의료보험을 표준화하고 의료보험의 공동구매를 목적으로 하는 지역건강조합을 각 지역에 설립한 뒤, 이를 통해 전 국민을 강제가입시키는 방식으로 공공 의료보험제도를 도입한다는 내용이었다(Moffit, 1993: 2; 김기덕, 1995: 212). 그러나 클린턴 정부의 급진적인 대안에 대해 민간의료보험회사들과 자유주의 정치세력들, 그리고 노동자들에게 단체의료보험을 제공하지 않고 있던 중소규모 고용주들이 완강히 반대하였다. 이에 따라 클린턴 정부의 개혁안은 1994년 좌초되었다.

건강보험 문제는 2008년 미국 대선과정에서 또다시 이슈가 되었다.

민주당의 오바마 후보가 공약한 의료보장 개혁은 2008년부터 현재까지 미국 정치의 가장 핵심적인 쟁점이 되었다. 무보험자를 감소시키는 가장 확실한 방법은 국가사회보험의 도입이었지만, 오바마 정부는 클린턴 정부의 실패로부터 미국사회에서 국가사회보험의 도입은 현실적으로 불가능하다고 판단하였다. 오바마 정부가 선택한 차선의 대안은 기존의 메디케어와 메디케이드 외에 정부가 운영하는 공적인 의료보험조직을 새로 만들어 민간보험과 경쟁하되, 현재 미가입자들을 공적인 의료보험조직에 가입시킨다는 것이었다. 그러나 민간의료보험회사와 의료기관, 그리고 공화당은 공적 의료보험조직의 신설에 크게 반대하였다(김영순 · 조형제, 2010: 115), 결국 입법과정에서 오바마 케어의 방향은 기존의 민간 의료보험조직에 국민들을 강제가입시키는 방향으로 선회하였다. 이를 바탕으로 2009년부터 2010년까지 치열한 정치적 타협과정이 전개되었고, 결국 2010년 3월 보통 '오바마 케어'(Obamacare)로 불리는 〈건강보험개혁법〉(ACA)이 제정되었다.

2010년 입법화된 오바마 케어의 주요 내용은 다음과 같다. 첫째, 의료보험 가입의 의무화이다. 이는 개인의무가입조항과 고용주의무조항으로 구성된다. 개인의무가입조항이란 법적인 적용예외 대상자[2]를 제외한 모든 사람들은 의무적으로 의료보험을 구매해야 한다는 것이다.

2 오바마 케어의 법적 적용예외자는 ① 메디케어나 보훈연금과 같은 공적의료보장 수급자, ② 연간 330일 이상 외국에 체류하고 있는 시민권자와 영주권자 중 일정소득 이하인 자, ③ 미국 체류기간이 183일 이하인 단기 체류 외국인, ④ 종교적 이유에 따른 거부자, ⑤ 인디언 보호구역 거주자, ⑥ 의료보험료가 가구 총소득의 8%를 넘는 가구, ⑦ 세금신고 기준금액 미만의 저소득자, ⑧ 수감자나 불법체류자 등이다.

만약 가입하지 않을 경우 벌금을 내야 하는데, 오바마 케어가 시행된 2014년의 경우 벌금기준액은 성인은 1인당 95달러, 18세 미만은 1인당 47달러 50센트였으며, 이 금액과 연간 가구소득의 1%에 해당되는 금액 중 높은 쪽을 벌금으로 납부해야 했다. 벌금액은 단계적으로 증가하여 2016년에는 695달러까지 증가하도록 구조화되어 있었다. 고용주의무 조항은 주당 30시간 이상 일하는 정규직 근로자를 50인 이상 고용한 사업체는 의무적으로 노동자들에게 의료보험을 제공해야 한다는 것이다. 이를 위반할 경우 고용주는 노동자 1인당 연간 750달러의 벌금을 내야 했다(김영순 · 조형제, 2010: 127).

둘째, 메디케이드의 적용범위를 빈곤선의 120%에서 133%에 해당하는 가구로 확대하여, 차상위계층 무보험자들을 메디케이드에 편입시켰다.

셋째, 저소득층 가구의 의료보험 가입에 대해 정부 보조금을 지급하였다. 보조금은 가구원 수와 연간소득에 의해 차등화되며, 연간소득이 최저생계비의 400% 이하인 가구까지 보조금을 지급한다. 보조금은 구매자에게 직접 지급되지 않고 보험을 구매할 때 보험회사에게 지급된다. 이를 통해 저소득층은 보험가입 부담을 상당 부분 완화할 수 있었다. 이상의 개혁을 통해 오바마 정부는 4,500만 명에 달하던 미국의 무보험자 중 3,200만 명이 새롭게 의료보험에 가입할 것으로 기대하였다. 남아 있는 미가입자는 적용예외자들과 벌금을 감수하고 보험에 가입하지 않는 자들만 남게 된다.

넷째, 개인이나 중소기업의 의료보험 가입을 촉진하기 위해 건강보험 거래소를 설립하였다. 2013년 10월부터 개설된 거래소는 주정부나 연방정부가 주로 온라인으로 운영하고 있다.

다섯째, 건강보험의 가입과 운영 과정에서 크게 사회문제화되었던 의료보험회사들의 횡포를 통제하였다. 의료보험회사는 더 이상 과거 병력, 성별이나 건강상태 등을 이유로 보험 가입과 급여 승인을 거부하지 못하도록 하였으며, 일방적으로 계약을 해지하거나 가산금을 부과할 수 없도록 하였다. 나아가 가입자가 구매하는 보험의 혜택은 차등화될 수 있지만, 아무리 낮은 등급이라도 기본적 의료혜택을 제공해야 한다. 기본적 의료혜택에는 외래진료, 응급서비스, 입원서비스, 임산부 및 신생아 진료, 정신건강 및 약물 남용에 대한 치료, 처방약의 구입, 재활 및 훈련장비, 실험실 검사(혈액검사, 소변검사 등), 예방서비스와 만성질환 지원 등이 포함된다.

오바마 케어는 2010년 3월 의회를 통과하였지만, 3~4년의 준비과정을 거쳐 2014년 1월부터 시행되었다. 하지만 시행 준비과정은 전혀 순탄치 않았다. 2012년 6월 대법원이 개인의무가입조항에 대해 합헌 결정을 할 때까지 오바마 케어는 위헌 논란에 시달려야 했다. 위헌 논란이 일단락되자 의회예산처(Congressional Budget Office; CBO)는 오바마 케어를 시행하기 위해서는 향후 10년간 1조 7,600억 달러의 정부지출이 소요될 것이라고 발표하였다. 이는 오바마 케어의 효율성에 대한 논란을 일으켰고, 민주당과 공화당 간에는 오바마 케어의 예산 승인을 둘러싸고 극단의 정치적 대립이 발생하였다. 그 결과 2013년 10월 연방정부가 셧다운되는 파행이 나타나기도 하였다. 보수세력은 처음부터 오바마 케어의 강제가입과 벌금부과를 자유에 대한 침해라고 규정하였으며, 주정부의 자율성을 무시하고 있다고 주장하였다. 이에 따라 입법과정부터 현재까지 계속해서 오바마 케어의 무력화를 시도하고 있다.

2016년 공화당의 트럼프 후보는 대선과정 내내 오바마 케어의 폐지를 외쳤다. 대통령선거와 상·하원선거에서 공화당이 모두 승리하면서 오바마 케어는 폐지될 위기에 처하게 되었다. 트럼프 대통령은 2017년 취임과 동시에 오바마 케어의 폐지를 거세게 밀어붙였다. 트럼프 케어의 핵심은 개인의무가입규정을 폐지하고 메디케이드를 원래대로 축소하는 것이었다. 그러나 트럼프 케어의 내용을 담고 있던 〈미국건강보험법안〉(American Health Care Act; AHCA)에 대한 2017년 3월 하원의 표결은 무산되었는데, 무산된 핵심적인 이유는 AHCA가 무보험자에 대한 마땅한 대안을 담고 있지 않았기 때문이다. CBO는 아무런 대책 없이 오바마 케어의 의무가입조항과 보조금이 사라질 경우, 보험료가 급증하고 2천만 명 이상의 무보험자가 발생할 것이라고 경고하였다. 상당수의 공화당 의원들은 CBO의 경고를 무시할 수 없었던 것이다.

이에 따라 백악관은 뒤로 빠지고 공화당이 전면에 나서서 AHCA의 수정안을 만들었고, 수정안은 2017년 5월 하원을 통과하였다. 그러나 7월 예정된 상원 표결은 또다시 무산되고 말았다. 공화당 소속 상원의원 52명 중 4명이 무보험자의 증가를 이유로 AHCA에 대해 공개 반대를 천명했기 때문이다. 이에 공화당 지도부는 AHCA의 통과는 뒤로 미루고 오바마 케어만 먼저 폐지하자는 대안을 제시하였으나, 이마저도 공화당 의원 7명의 이탈로 좌절되었다. 공화당 지도부는 마지막 카드로 오바마 케어의 일부 조항만 폐기하는 스키니법안을 제출하였으나, 1표 차로 부결됨으로써 공화당의 오바마 케어 폐지 노력은 좌절되었다. 오바마 케어에도 상당한 문제점이 있었지만 의료보험의 사각지대를 해소하는 데 장점을 가졌다. 적절한 대안 없이 폐지하게 되면 오바마 케어의 수혜를 받고 있는 2천만 명의 저소득층이 또다시 무보험자로 전락하는 문제를 발생시킨다. 따라서 공화당 의원들도 지역의 상황과 여론을 고려하지 않을 수 없었다. 결국 2018년 11월 중간선거에서 민주당이 하원의 다수를 차지함에 따라, 트럼프 대통령 임기 내에 입법을 통해 오바마 케어를 폐지하는 것은 완전히 좌절되었다.

하지만 트럼프 대통령은 우회적인 방법을 통해 오바마 케어를 무력화시켰다. 2017년 10월 행정명령을 통해 CSR보조금을 폐지하여,[3] 오바마 케어의 혜택을 감소시켰다. 나아가 2017년 12월 상원과 하원은 세법 개정을 통해 의료보험 미가입자에게 부과되었던 과태료를 2019년부터 0이 되도록 조정함으로써, 개인의무가입조항을 무력화시켰다. 이에 따라 오바마 케어의 개인의무가입규정은 사실상 폐지된 셈이며, 고용주의무조항만 남게 되었다. 개인의무가입규정의 무력화는 또다시 위헌 시비를 낳았으나 2021년 6월 연방 대법원은 오바마 케어에 대한 위헌소송을 기각하여 오바마 케어는 다시 한번 위기를 벗어났다.

오바마 케어가 입법화된 지 12년이 지났지만, 오바마 케어는 한 번도 존폐 논란에서 자유로운 적이 없었다. 폐지 직전까지 몰렸다가 살아난 것이 한두 번이 아니며, 논란은 지금까지도 계속되고 있다. 그럼에도 불구하고 오바마 케어는 미국인들의 지지율을 조금씩 높여 가며 서서히

---

3 Cost Sharing Reduction Subsidy를 의미한다. 오바마 케어에 의해 도입된 보조금 중 하나로 본인부담금(*out-of pocket*)을 절감해 주기 위한 보조금이었으며, 2013~2017년 사이에 운영되었다.

미국사회에 안착해 가고 있다. 한 여론조사에 의하면 2020년 12월 미국인들의 오바마 케어에 대한 지지율은 53%를 기록하였다. 2017년 처음으로 50%를 돌파한 이후 계속 50%를 상회하고 있다(Hamel et al., 2020). 미국 의료시장 구조상 오바마 케어 이외에 마땅한 무보험자 대책이 없기 때문에, 숱한 논란에도 불구하고 오바마 케어는 계속 지속될 것으로 예상된다.

제6장

실업보상의 원리와 특성

1. 실업보상제도의 의의와 기능

자본주의사회에서 대다수 사회구성원들의 삶의 영위는 노동력 제공을 대가로 받는 소득에 기초하여 주로 이루어지고 있다. 노동력 판매가 실현되지 못한 실업은 해당 실직자 및 가족구성원에게 소득 중단을 통한 경제적 불안정을 야기한다는 점에서 생활상 주요한 위기라 할 수 있다. 특히 실업은 경제적 측면에서뿐만 아니라 심리적 차원에서도 실직자 및 가족구성원에게 정체성 및 자신감의 상실과 스트레스 발생 및 삶의 의욕 상실 등을 야기하여 정신적 공황상태를 초래시킨다는 점에서 그 부정적 폐해가 심각하다.

실업의 발생은 개인 및 가족적 차원을 넘어 사회적 차원에서도 사회구성원에게 투여된 인적 자본의 유휴화를 통한 국민경제에 경제적 손실을 초래한다는 점, 그리고 소득상실에 따른 유효수요의 저하를 가져옴으로써 경기순환에 부정적이라는 점 등 경제적 측면에서의 부정적인 사회적 영향을 미치고 있다. 또한 실업의 발생과 이의 증대는 범죄 및 자살률, 각종 사회적 비행 등과 무관할 수 없으며 사회적 기초단위인 가족 내에서도 가족성원 간의 관계 해체 등을 야기할 수 있는 사회문제임에 틀림없다. 정치적으로도 실업의 발생과 이의 증대는 사회적 소요와 관련 계급 및 계층 간 갈등을 고조시킴으로써 정치적 불안정을 야기하고, 기존 사회질서를 해칠 수 있는 사회적 위험이라 할 수 있다.

실업의 영향이 이처럼 경제적, 심리사회적, 정치적으로 부정적임에도 불구하고, 자본주의 초기단계에서 실업의 발생은 개인적 나태와 결함 등에서 비롯되거나, 적합한 직업으로의 전직을 위한 개인적 선택으로 인식되었다. 그 결과 실업에 따른 경제적 불안정 문제는 고스란히 개인 및 가족의 책임으로 귀결되었다. 그러나 자본주의체제가 성숙되면서 주기적으로 찾아오는 불황에 부수하여 대규모 실업사태가 발생되어 실업의 문제는 더 이상 개인 및 집단적 차원에서 비롯되는 문제로 간주될 수 없게 되었고, 자본주의체제의 모순에서 기인되는 사회구조적 문제로 인식하게 되었다. 이에 따라 실업 해소와 실업자 및 이들 가족의 경제적 불안정 해소를 위한 책임은 국가로 귀결되었고, 이의 결과로 각종 실업보상제도가 등장하게 되었다.

실업문제의 해소를 위한 대책은 실업예방, 실직자 및 그 가족에 대한 경제적 보장, 실업탈피를 위한 재취업 촉진 등을 주요 내용으로 하고 있다. 실업에서 야기되는 경제적 불안정 해소를 목표로 하는 실업보상제도는 협의로는 현금 및 현물의 지원을 통해 실직자 및 이들 가구에 실업에서 야기되는 경제적 충격을 최소화하는 관련 제도적 대책으로 한정되지만, 광의로는 실업 발생의 억제 및 재취업 촉진을 위한 관련 대책도 협의의 제도와 더불어 실업보상제도에 포괄되기도 한다.

실업보상제도를 앞서 도입한 서구 선진국들의 실업보상제도는 역사적으로 실업부조제도 및 실업보험제도 등의 형태로 협의의 실업보상제도로 출발하였다. 그러나 단순히 경제적 충격을 완화해 주는 대책만으로 실업 문제의 해소가 이루어지지 못한다는 점이 인정되면서, 적극적 노동시장정책을 결합시키는 광의의 실업보상제도로 영역이 확대되었다.

한편, 실업문제에 대응하기 위해 시행되는 실업보상제도의 내용과 유형은 국가에 따라 매우 상이하다. 일부 국가의 실업보상제도는 경제적 지원과 재취업 프로그램을 포괄하는 반면, 일부 국가에서는 최소한의 경제적 지원을 위한 제도로 국한되어 있다.

그러나 서구 국가에서 주된 실업의 유형이 경기적 실업의 양상에서 구조적 실업의 양상으로 변화하고 있고, 실업률 증대로 고실업구조가 지속되면서 실업보상제도에 대한 정책적 관심은 급속하게 증대되었다. 그 결과, 실업보상제도는 고용안전망으로서 중요한 역할을 하고 있다.

일반적으로 실업보상제도는 다음의 역할과 기능을 수행하고 있다.

첫째, 사회보장 측면에서 실업보상제도는 실직자 및 이들 가족에 대한 경제적 지원을 통해 빈곤의 완화기능을 담당한다.

둘째, 사회적 측면에서 실업의 발생이 주로 고소득층보다는 저소득층에 집중될 수 있음을 고려하면, 경제적 보상과 재취업 촉진 지원 등을 통해 실업보상제도는 사회적 불평등 구조가 심화되는 것을 완화하고, 사회연대를 성취하는 기능을 담당한다.

셋째, 경제적 측면에서 실업보상제도는 실직기간 동안의 경제적 지원을 통해 실직자의 노동력을 보존함으로써, 국민경제의 주요한 생산요소를 유지, 보존하는 기능을 담당한다. 또한 불황기에는 실업보상제도에 재정지출이 늘어남으로써 유효수요를 발생시키고, 호황기에는 실업보상제도에 사회구성원의 기여가 늘어나게 되어 경기과열을 예방하는 등 실업보상제도는 경기조절의 기제로서 그 기능을 하게 된다. 다른 한편으로 실업보상제도는 실직기간 동안의 안정된 생활을 보장하여 적합한 직무로의 배치 등 국민경제적 차원에서의 원활한 인력배치를 이루는 기반이 되고, 각종 노동시장 프로그램 운영을 통해 인적 자본을 개발하고 고양시킨다는 점 등에서 인력정책적 기능을 담당하기도 한다. 그리고 실업보상제도는 유휴 인력과 구인 기업을 적절하게 연계함으로써 국민경제에서 노동력 수급을 원활하게 한다는 점에서 노동시장을 종합적으로 조절하는 기능을 수행하고 있다.

넷째, 정치적 측면에서 실업보상제도는 계층 간 갈등, 특히 노사 간 긴장과 갈등을 완화할 뿐 아니라 사회통합력을 제고시킴으로써 정치적 안정과 사회적 연대의 증진에 기여하는 기능을 담당하기도 한다.

그러나 실업보상제도는 이와 같은 긍정적 기능과는 반대로 실업보상을 통해 오히려 실업증대를 유발하기도 하고, 기업의 노동비용을 증대시켜 오히려 고용감소와 임금인하 효과를 야기하기도 하는 등 부정적 효과가 수반될 수 있다. 따라서 실업보상제도에 대한 기능은 어느 한 쪽만을 강조해서는 안 될 것이며, 바람직한 정책목표를 이루기 위한 적합한 실업보상제도 방안을 모색하는 것이 현대 사회의 주요한 과제로 제기되고 있다.

2. 실업보상제도의 유형과 특성

각 국가의 실업보상제도의 특성은 체계 및 내용 면에서 다양하기 때문에 실업보상제도의 주요 유형을 구분한다는 것은 매우 어려운 작업이다. 특히 실업보상제도의 유형화는 제도의 일부 특성을 중심으로 단순화함으로써 과대평가하거나, 반대로 일부 측면을 과소평가할 수 있다는 점에서 유의해야 한다. 이러한 한계에도 불구하고, 각국에서의 개별 실업보상제도들을 몇몇 유형으로 구분하는 것은 실업보상제도의 다양한 형태들에 대한 인식을 통해 자국 중심에 입각한 실업보상제도의 단편적 이해를 탈피하게 하는 계기가 될 수 있다. 그리고 실업보상제도의 유형 비교는 자국의 실업보상제도의 장·단점에 대한 평가적 틀을 제공하여 줌으로써 제도개선의 시사점을 파악할 수 있다는 점에서 유용할 수 있다.

실업보상제도는 여러 기준에 입각하여 다양하게 유형화될 수 있으나, 여기에서는 실업 특성과 실업급여의 지급원리를 기준으로 실업보상제도의 유형을 구분하고, 제도유형별 특성을 고찰하여 보고자 한다.

1) 실업형태에 따른 실업보상제도의 유형

각국에서 갖고 있는 실업보상제도는 다양하나, 이들 제도는 어떠한 형태의 실업을 대상으로 하느냐에 따라 실업보상제도의 유형이 구분된다. 즉, 부분실업(*partial unemployment*)과 완전실업(*full unemployment*) 등의 실업 형태에 대한 보상 여부와 관련되어 제도 유형을 구분하는 것이라 할 수 있다.

대부분의 국가에서는 완전실업의 경우 실업보상제도의 주요 대상이 되기 때문에, 실업형태에 따른 실업보상제도의 유형구분에서 초점은 첫째로 부분실업의 제도적 포괄 여부와 포괄수준, 둘째로 신규실직자의 보상 여부 등이다. 이를 기준으로 살펴보면 다음과 같다.

(1) 부분실업의 보상 여부

부분실업도 기준시간 미달 근로(*short time working*) 실업, 직무분할(*job sharing*) 실업, 일시해고(*temporary lay off*) 실업 등으로 그 형태가 다양하고, 일부 유형은 완전실업 형태와 명료하게 구분되지 않는다는 점에서 부분실업의 실업보상 수준을 기준으로 제도유형을 정확하게 구분하는 것은 현실적으로 매우 어렵다. 그러나 부분실업의 형태가 경제구조의 구조조정 및 노동시장의 유연화 추세에 따라 각국의 주요 실업 형태로 자리 잡고 있다는 사실을 감안하면, 부분실업에 대한 실업보상 여부 및 이의 보상방식은 각국의 실업보상제도의 수준과 특성을 규정짓는 주요한 기준이라 할 수 있다.

실업형태에 따른 각국의 실업보상제도 유형을 구분하면, 완전실업 위주의 보상이 이루어지고 부분실업에 대해 제도적 보상이 이루어지지 못하는 국가 유형과, 완전실업뿐 아니라 부분실업에 대해서도 제도적 보상이 이루어지는 유형으로 구분될 수 있다.

부분실업에 대해 제도적 보상이 이루어지지 않는 국가에서는 부분실업자들에 대한 실업보상의 배제는 실업급여 수급자격(예: 실직 전 노동경력, 대기기간, 실업기간 등 실업보상 급여의 수급조건) 등을 근거로 이루어지고 있다.

그러나 부분실업에 대해 제도적 보상이 이루어지는 유형도 보상제도의 체계를 중심으로 두 가지 하위 유형으로 구분할 수 있다. 하나는 완전실업에 대한 보상체계와는 별도의 제도를 통해 부분실업에 실업급여를 제공하는 유형, 다른 하나는 일반적 실업보상제도 내에 하위 규정을 설정하여 부분실업에 대한 보상을 포괄하는 유형으로 구분된다.

한편, 실업형태에 따른 실업보상제도를 유형화하는 데 주목되는 점은 부분실업에 대한 실업보상체계의 차이가 파트타임(*part-time*) 노동 혹은 노동시장 유연화에 대한 국가의 태도와 밀접하게 연관되어 있다는 점이다. 즉, 구조조정 등에서 야기된 고실업 사태를 정책적 차원에서 최소화하기 위해 직무 분할(*job sharing*) 실업 등의 파트타임 노동형태의 도입을 적극적으로 추진하는 국가, 실업문제를 시장 차원의 문제로 규정하여 파트타임 노동형태에 소극적인 국가, 파트타임 노동에 중립적 태도를 지닌 국가 등 파트타임 노동에 대한 태도에 따라 부분실업에 대한 보상체계가 상이할 수도 있다.

(2) 신규실직자의 보상 여부

부분실업과 더불어 완전실업자 중에서도 신규 실직자의 보상 여부와 이의 수준 역시 실업보상제도 유형을 구분하는 유용한 기준이라 할 수 있다. 이러한 기준에 따르면, 신규 실직자에 대해 제도적 지원이 이루어지지 않는 유형, 제도적 지원이 이루어지는 유형으로 구분된다. 후자의 제도적 지원도 보험 방식이냐 아니면 부조 방식을 통해서 보상이 이루어지는가에 따라 세분화가 가능하다.

그러나 현실적으로 대부분의 국가에서 신규 실직자에 대한 보상은 거의 이루어지지 못하고 있고, 일부 국가에서만 신규 실직자에 대한 보상이 이루어지고 있을 뿐이다. 특히 보험형 제도 내에서의 신규 실직자에 대한 보상은 극히 일부 국가에서만 이루어지고 있다.

최근 기혼여성 및 학생 등 신규 노동시장 진입자 등의 신규 실직자 비중이 실업자 구성에서 늘어남에 따라 이들에 대한 보상이 관련 규정의 완화를 통해 이루어지는 추세이다. 즉, 직업훈련 기간 및 아동 부양 등의 일부 활동을 노동경력과 동일하게 취급함으로써, 이들 신규 실직자에게 실업보상 지원을 받을 수 있는 자격을 부여하고 있다. 혹은 실업등록 후의 기간을 노동경력과 동일한 것으로 취급하여 줌으로써 실업보상 수급 자격을 부여하기도 한다.

2) 제도 원리별 실업보상제도의 유형

실직자에 대한 경제적 보상체계는 급여방식을 기준으로 보면, 보험원리에 입각한 실업보상제도(실업보험)와 부조원리에 입각한 실업보상제도(실업부조)로 구분된다. 보험원리에 입각한 실업보상제도에서 실업급여 수급자격은 실직 전 고용경력 혹은 기여경력에 근거하여 부여된다. 반면, 부조원리에 입각한 실업보상제도에서 실업급여의 수급자격은 이전 고용경력 및 기여와는 무관하고 단지 자산조사 등을 조건으로 이들 조건을 충족하는 실직자는 누구든 실업보상을 받을 수 있다는 점에서 실업보험과 급여자격 조건에 큰 차이를 보여 준다.

한편, 보험원리형 실업보상제도에서 급여수준은 실직 전 임금수준에 비례하도록 결정되고, 급여기간은 일정기간으로 한정되어 있는 것이 일반적이다. 반면, 부조원리형 실업보상제도에서 급여수준과 급여기간은 보험원리형 제도와는 달리 사전에 규정되지 않는다는 점이 비교되는 특성이라 할 수 있다. 수지상등의 원리에 입각한 보험형 제도에서는 기여에 비례하여 급여수준과 급여기간이 결정되도록 하는 것에 비해, 부조형 제도에서는 해당 가구의 경제적 상황에 따라 급여수준과 급여기준이 결정되도록 한다는 점에서 제도 원리상 차이가 있다.

재원 구성에서도 보험형 제도의 경우 고용주 및 노동자의 보험료로 구성되는 것이 일반적인 반면, 부조형 제도에서 실업급여의 재원은 정부 일반재정에 의해 운영된다는 점에서 차이를 찾을 수 있다. 이러한 재원구성의 차이는 곧 실업보상제도의 사회적 함의에서도 보험형 제도가 노사 간 연대를 목표로 하고 있음을 시사하는 반면, 부조형 제도는 사회 전체의 연대를 목표로 하고 있다는 점에서 의미를 부여할 수 있다.

이와 같이 제도 원리의 차이에 입각하면, 실업보상제도는 보험형 실업보상제도와 부조형 실업보상제도로 구분되지만, 이러한 제도유형의 구분은 이념형적 구분에 불과하다. 실제 각국의 실업보상제도는 이들 원리를 국가현실에 맞추어 변형하였기에, 변형된 형태의 보험형, 부조형 실업보상제도로 존재하고 있다. 또한 일부 국가에서는 보험형과 부조형 중 한 가지 실업보상제도만 존재하는 것이 아니라 이들 양 유형의 제도가 실업보상제도로 병존하고 있다. 실제 국가별 실업보상제도 유형을 보험형 제도 위주인 국가군, 부조형 제도 위주인 국가군, 보험형 제도와 부조형 제도가 이중적으로 존재하는 이중형 국가군으로 구분하여 살펴보면 〈표 6-1〉과 같다.

〈표 6-1〉 제도원리에 기초한 실업보상제도의 유형

유형	해당 국가
보험형 제도 중심형 (실업보험)	벨기에, 덴마크, 아이슬란드, 이탈리아, 일본, 룩셈부르크, 노르웨이, 스위스, 미국
부조형 제도 중심형 (실업부조)	호주, 뉴질랜드
보험-부조 이중형 (실업보험-실업부조)	오스트리아, 캐나다, 핀란드, 프랑스, 독일, 그리스, 아일랜드, 네덜란드, 포르투갈, 스페인, 스웨덴, 영국 등

자료: Kalisch et al., 1998.

실업보상제도의 유형을 보험 중심의 실업보상(실업보험), 부조 중심의 실업보상(실업부조) 제도로 구분하여 살펴보기로 하자.

(1) 보험형 실업보상제도: 실업보험

보험형 실업보상제도는 순수한 보험원리로부터 상당 부분 변형되어 다양한 형태로 운영되는 것이 일반적이다. 이러한 변형은 주로 사회보장 취지로 재분배적 요소를 도입한 결과이다.

대부분의 국가에서 실업보험제도는 저소득층에게 유리하게 급여수준이 결정되도록 급여체계가 이루어지고 있어 순수한 보험원리와는 다르다. 즉, 저소득계층 실직자는 전체 실업급여 또는 실업급여 중 일부가 실직자 모두에게 동일하게 지급되도록 하는 정액급여 방식이나 실직 전 소득이 높을수록 임금대체율이 감소하는 급여산정 방식 및 기본 최저 급여수준의 책정을 통해서 상대적으로 유리한 급여를 받도록 하고 있다.

실업급여의 결정에 피보험자의 가족상황이 반영되도록 하는 점도 사회보장 취지에서 순수한 보험원리부터 제도내용이 변형되어 있다고 볼 수 있다. 모든 국가들에서 이러한 원리가 도입된 것은 아니지만,

OECD 국가 중 절반 정도 국가에서 부양가족을 지닌 실직자는 부가급여의 지급 혹은 더 높은 임금대체율의 적용에 따른 급여산정 등을 통해 상대적으로 유리한 급여를 지급받도록 되어 있다.

또한 일부 국가에서 고용경력이 미흡한 실업자에게 실업급여를 지급하거나 장기 실직자에게 일정 급여기간을 초과하여 지속적으로 실업급여를 제공하는 것 역시 기여와 급여 비례라는 순수한 보험원리를 변형하고 있는 사례라 할 수 있다.[1] 이와 더불어 최근에는 고령 실직자에게 상대적으로 지급기간을 늘리거나 혹은 상대적으로 높은 임금대체율을 적용한 것도 사회보장 취지에서 보험원리가 변형되어 각국에서 실업보험제도가 운영되고 있음을 시사하여 준다.

그리고 상당수 국가에서 기여비례 혹은 소득비례의 보험원리에 따른 실업급여 지급이 계층 간 불평등의 심화를 야기할 수 있음에 주목하여 계층 간 재분배의 취지로 실업급여에 과세하고 있기도 하다.[2]

한편 미국, 캐나다 등 일부 국가에서는 지역에 따른 경기상황의 차이에 의해 야기되는 실업기간을 적극적으로 반영, 보상하여 주기 위해 급여기간이 지역 실업률에 연계되어 자동적으로 조정되는 규정을 도입한 부분도 생활보장 취지에 따라 실업보험을 운영하고 있음을 알 수 있다.

---

1 벨기에의 실업보험은 장기실업자를 예외로 하지만, 실업급여 지급기간에 제한이 없다. 이와 다른 사례는 영국으로, 영국의 실업보험에서 실업급여는 26주간 모든 실직자들에게 동일하게 부여되고 있다.

2 벨기에, 캐나다, 덴마크, 프랑스, 네덜란드, 포르투갈, 영국, 오스트리아, 핀란드, 노르웨이, 스웨덴, 스위스, 미국 등이 이에 해당되며, 독일, 일본 등에서는 아직까지 실업급여에 대한 과세는 이루어지지 않고 있다.

대부분 국가의 실업보험에서 고용주 및 노동자의 보험료뿐 아니라 국가지원 역시 중요한 실업보험의 재원이 되고 있다는 점도 현실의 제도가 이념형적 보험원리를 따르지 않는다는 점을 보여 준다. 국가적 지원 수준과 방식은 국가에 따라 상이하다. 예컨대, 미국에서의 실업보험 재원은 근로자의 임금과 연계된 보험료를 고용주만이 부담하도록 하는 반면, 프랑스, 캐나다, 영국 등에서는 근로자와 고용주가 일정 비율로 분담하고 있다.

(2) 부조형 실업보상제도: 실업부조

실업보험제도는 실업의 위험에 직면할 수 있는 모든 근로계층이 고용주와 함께 근로기간 동안에 보험료를 기여하고, 실직 시 보험기금에서 받는 실업급여를 통해 실직기간의 경제적 안정을 도모하고, 재취업이 원활하게 이루어질 수 있도록 한다는 점에서 주요한 의의를 지닌다. 그러나 실업보험은 보험원리에 근거하여 실업급여가 지급됨으로써, 신규 실직자 혹은 고용경력이 미흡한 실직자는 실업급여 수급이 이루어지지 못하며, 급여기간이 한정되어 장기간 실직 시 실업급여 상실에 따른 제도적 지원의 결여라는 한계를 지니고 있다. 또한 기여-급여 간 비례적 관계로 경제적 지원의 필요성이 더욱 높은 저소득계층 및 취약집단에 대한 지원이 부재하거나 미흡하고, 급여기간 역시도 경제적 상황과는 무관하게 결정된다는 점에서 이들 집단에서의 경제적 불안정 해소에 실업보험의 역할은 제한되어 있다는 한계가 제기되기도 한다. 또한 기여와 급여가 실업보험제도에서는 개인을 단위로 이루어질 경우 가족구성에 따른 경제적 욕구의 차이 등을 급여수준에 반영할 수 없다.

이와 같은 보험형 실업보상제도의 한계는 부조형 실업보상제도의 특성과는 대비되는 부분으로, 실업부조제도에서는 고용경력을 보상조건으로 하지 않아 실업으로 인해 지원이 필요한 모든 실직자가 그 대상이 될 수 있다는 점, 급여기간이 한정되지 않아 경제적 어려움을 겪는 기간 동안에는 지속적으로 지원을 받을 수 있다는 점, 실직자 개인의 특성 및 가족 특성이 급여수준에 적절하게 반영된다는 점 등에서 실업보험과는 다른 제도적 특성을 지니고 있다.

그러나 실업부조제도는 실업기간을 장기화시킬 수 있다는 점, 실직자 및 그 가족의 재취업 동기를 완화시킬 수 있다는 점이 문제로 지적된다.

한편, 각국의 부조형 실업보상제도는 두 가지 유형으로 구분된다.

첫째, 실업보험이 없고 실업부조제도만 실시하는 유형으로, 호주와 뉴질랜드가 이에 해당된다. 둘째, 보험형 실업보상제도와 연계하여 부조형 실업보상제도가 병존하는 유형으로, 오스트리아, 캐나다, 핀란드, 프랑스, 독일, 그리스, 아일랜드, 네덜란드, 포르투갈, 스페인, 스웨덴, 영국 등이 이에 해당된다.

이들 두 유형의 부조형 실업보상제도는 모두 부조원리에 입각하여 운영된다는 점에서 제도운영상 유사한 측면을 지니기는 하지만, 구체적 제도내용에서는 상이한 측면을 지니고 있다. 일례로 이중체계형 국가의 부조형 실업보상제도는 실업보험제도와의 연계하에 존재하기 때문에 실업부조제도의 주요 적용대상은 보험급여를 소진한 실직자 혹은 고용경력이 미흡하여 보험급여를 받지 못하는 실직자가 주로 해당된다.[3] 따라서 실업부조급여의 수급자격에는 실업보험제도와 마찬가지로 고용경력이 조건이 된다. 반면, 실업부조제도만이 존재하는 호주와 뉴질랜드에서는 이와는 달리 경제적 궁핍을 겪고 있는 실직자는 이전 고용경력과는 무관하게 급여수급 자격을 지닌다.

부조형 실업보상제도는 실업보험과의 연계관계 외에도 제도 내용을 기준으로 다양한 유형으로 구분될 수도 있으며, 이는 곧 실업부조제도의 제도내용이 국가마다 상이하다는 점을 의미한다. 일례로, 부조형 제도의 주요한 특성 중 하나인 자산조사를 스웨덴, 프랑스 등의 국가에서는 실시하지 않고 있으며, 이중형 체계임에도 불구하고 이들 국가에서는 신규 실직자도 실업부조제도의 적용대상이 되고 있다.

일반적으로 실업보상체계하에서 실업보험의 수급자격이 상실되면, 실업부조를 시행하는 국가는 자산조사를 통해 실업부조급여를 지급한다. 그러나 실업부조가 없고 실업보험만 시행하는 국가는 실업급여지급기간을 연장하여 실업자의 생활보장을 강화하는 연장급여를 실시하는 것이 보통이다.

(3) 기타 관련 제도들

실직자에 대한 경제적 지원에는 보험형 및 부조형 실업보상제도 외에도 다양한 제도들이 관련되어 있다. 예를 들면 아동수당, 주택수당 등의 복지제도는 실직자만을 대상으로 하는 것은 아니지만, 실업으로 인한 생활수준의 급격한 하락과 경제적 궁핍을 최소화하면서 안정적 생활을 영위할 수 있는 제도적 기반이 된다는 점에서 실직자에게 중요한 의미

---

3 고용경력이 미흡한 실직자들은 특정 활동, 예를 들면 직업훈련, 군복무, 아동부양 경력 등을 고용경력으로 취급하여 수급자격이 부여된다.

를 지닌다.[4]

한편 지방정부 차원에서의 복지지원 역시 최소 수준의 생활을 영위하지 못하는 실직자에게는 중요한 경제적 지원일 수 있다는 점에서 주목된다. 물론, 지방정부 차원에서의 지원은 지방정부의 재정적 상황에 의존하기에 지원의 불안정성을 한계로 지니고 있고, 지방재정의 미흡으로 대부분 지원에는 실직 이외의 여타조건을 부수할 것을 요구하는 경우가 많다는 점,[5] 또는 급여지원에 특정 노동자 재교육(*workfare*) 프로그램 참가를 요구하는 등 보험형 및 부조형 제도에 비해 사회보장의 의미가 약하다고 볼 수 있다.

아직까지 지방정부 차원의 실직자 지원현황에 대한 자료의 미흡으로 인해, 이들 제도가 실직자의 경제적 불안정 해소에 어느 정도 도움이 되는지는 명확하지는 않다. 그렇지만, 실업보험 및 실업부조제도와 더불어 실업보상제도의 일환일 수 있음을 감안한다면, 실업보상제도 구축의 노력이나 그 수준에 대한 평가 측면에서 지방정부 차원의 지원제도도 고려되어야 할 것이다.

---

4 이러한 점에 입각하면, 경제위기 및 구조조정으로 인한 대량실업 사태에 직면하여 발생된 실직자들의 경제적 어려움은 고용보험제도 등의 실업보상제도의 보장수준 문제뿐만 아니라 관련 사회보장제도 전반이 안전망으로서 역할이 충분하지 않은 데서 비롯된 것이라 할 수 있다. 이는 역으로 실업대책의 수립과 모색이 단순히 실업보상제도에 국한되기보다는 사회보장제도 전반의 발전과 연계되어 모색되어야 한다는 것을 의미한다.

5 지방정부 차원에서 운영되는 실업보상제도들에서 경제적 지원대상자의 선별에는 실직 이외 부양아동의 보유 여부, 장애 보유 여부 등이 조건으로 설정되어 있는 경우들이 많다. 물론 이러한 수급조건은 국가, 혹은 지역에 따라 상이하기는 하다. 그러나 이러한 수급자격 조건은 지방정부에서의 실업보상제도가 중앙정부 차원의 제도들과는 제도적 내용에서 상당한 차이를 보인다는 것을 시사해 준다.

3. 실업보상제도 변천의 역사와 동향

1) 근대적 제도 도입 이전의 실업보상 형태

실업은 노동력 상품을 판매하려는 노동자가 노동 의사와 능력이 있음에도 불구하고, 노동력 수급의 차질로 인해 고용기회를 상실하고 노동력 상품이 유휴화되어 있는 상태를 말한다. 따라서 실업은 생산수단을 소유하고 있는 자본계급에게 노동력을 판매하고 그 대가로 임금을 받아 생계를 영위하는 노동계급에서 발생되는 문제로, 역사적으로 본다면 실업문제는 자본주의체제가 야기한 고유한 사회문제라 할 수 있다.

자본주의 초기에는 다른 사회적 위험과 마찬가지로 실업의 원인도 노동자 개인의 책임에서 비롯된 것으로 인식하거나, 혹은 특정 기업이나 특정 산업에 근로하는 일부 집단의 문제로 간주하였다. 그 결과, 실업에 따른 경제적 불안정에 대한 대응은 주로 개인 및 가족 차원에서 이루어졌다. 그리고 이러한 개인 및 가족 차원에서의 노력이 한계가 크다는 점에서 실직자는 자선단체에서의 빈민구제시책 등에 의해 지원을 받거나 혹은 상호부조의 전통에 입각한 공제조합 활동에 의해 자구적 차원에서 대응하는 것이 주가 되었다.

특히 공제조합 차원에서 이루어진 실업보상은 시장원리의 국가개입이 불필요한 것으로 여겨지던 자유방임주의 단계에서 노동자의 자조활동의 일환으로 이루어진 자구책이라 할 수 있다. 상호부조의 원리에 입각하여 노동자는 사업장 혹은 산업을 단위로 일정 비용을 부담하고, 이를 재원으로 위험 발생 시 경제적 지원을 받았다. 이러한 운영방식은 위험분산을 근거로 운영된 초기 보험형태라 할 수 있다.

공제조합에서의 실업 등에 대한 대응은 개인 및 가족 차원의 대비책이 가진 한계를 극복하고 동일 위험을 소지한 노동자에게 위험발생에 따른 경제적 부담을 분산시킴으로써 한편으로 위험 대비 소요비용을 완화하면서도 위험 시 적정 급여의 안정적 지원이 가능한 진일보된 형태라는 점에서 역사적 의의를 지니고 있다. 그러나 이러한 보험비용의 분담은 여전히 제한된 범위의 노동자에 국한되었기 때문에 공제조합은 주로 임금수준이 상대적으로 높은 숙련노동자에게 한정될 수밖에 없었다. 따라서 여타 노동계층에의 생활보장은 전적으로 개인 및 가족 차원의 몫으로 귀결되었다. 더구나 위험 분산의 범위가 협소하기 때문에 상대적으로 장기실직 혹은 대량실업에 효과적으로 대응할 수 없을 뿐 아니라 재정부족으로 많은 한계를 지닐 수밖에 없었다.

한편, 고용주에 의한 임의적 보상제도도 근대적 실업보상제도가 등장하기 이전에 실업보상대책의 일환이었다. 노동자가 자발적으로 재원을 마련하여 실업보상을 행하는 공제조합과는 다르게, 고용주가 사업장 내 노동자를 위해 기금을 조성하여 실업보상을 행하는 방식으로 운영되었다. 이러한 고용주에 의한 실업보상 대책은 휴머니즘적 차원에서 비롯되었다기보다는 충분한 노동력 풀을 조성하여 노동력 수급을 안정되게 확보하려는 고용주의 이해관계에서, 혹은 다년간 양성된 기술노동력을 확보하려는 경제적 목적을 지닌 자본주의 초기단계의 주요한 실업보상 대책이었다. 그러나 공제조합과 마찬가지로 개별사업장 단위의 재원으로는 적정 실업급여의 지급에 한계가 클 수밖에 없었다. 또한 고용주의 비용부담은 곧 상품의 가격으로 전가되거나 혹은 임금수준의 하락 및 고용감소로 전가될 수밖에 없었기 때문에, 실업 위험의 증대에 따라 고용주 차원의 임의적 실업보상대책은 그 한계가 드러나게 되었다.

이와 같은 민간 차원의 실업대책의 한계는 곧 정부의 개입에 기초한 실업보상제도의 도입을 유도하였다. 이의 형태는 주로 지방정부 보조에 의한 임의적 보상제도의 공적 제도화로 나타났다. 물론 이러한 형태와는 달리 지방정부 차원에서 실업기금을 설립하고, 이 기금을 기초로 보험원리를 도입하여 실업에 따른 위험을 분산하려는 방식도 초기에 등장하였으나, 이후에는 민간에서의 임의적 기금에 대한 재정적 보조를 통해 공적 제도화하려는 방식이 주로 행해졌다.

공적 행정기관에 의해 운영된 최초의 실업보상제도는 1839년 스위스의 베른주에 설립된 '공적 기관에서 보조를 받는 기금'이었다. 여기에서는 노동조합원 여부의 구별 없이 모든 노동자가 본인의 희망에 따라 보험료를 납부하고 보험 급부를 받을 수 있었다. 이후 유사한 제도가 스위스의 다른 주 및 독일 등에 도입되었다.

그러나 자본주의체제의 성숙에 따라 주기적 불황과 공황이 나타나게 되고, 이에 따라 대량의 실업자가 발생되게 되면서 실업은 더 이상 개인적이며 개별사업장의 차원의 문제가 아니라 자본주의체제의 모순에서 비롯된 사회구조적 문제로 인식되었다. 또한 실업의 부정적 영향이 단순히 실직자 개인의 궁핍에만 그치는 것이 아니라 궁극적으로는 자본주의체제의 존립과 안정을 위협할 수도 있다는 점이 인식되면서 국가적 차원에서 실업보상대책을 마련하는 노력이 나타나게 되었다. 이와 더불어 다른 한편에서는 민간 및 지방정부 차원의 실업보상대책이 위험분산 범위의 협소, 적용대상의 한정, 재원 부족 등으로 인해 대량실업의

〈표 6-2〉 주요 국가들에서의 실업보험 도입시기

국가	도입시기	국가	도입시기
프랑스	1905	스위스	1924
노르웨이	1906	독일	1927
덴마크	1907	스웨덴	1934
네덜란드	1911	미국	1935
핀란드	1916	뉴질랜드	1938
이탈리아	1917	캐나다	1940
벨기에	1919	호주	1945
오스트리아	1920		

자료: Pierson, 1990: 110

문제에 적절하게 대응할 수 없었던 점 역시 국가적 차원의 실업보상대책 수립의 배경이 되었다.

〈표 6-2〉에서 나타난 프랑스(1905), 노르웨이(1906), 덴마크(1907)는 노동조합 중심의 자주적 실업공제기금에 국가의 보조원칙을 구체화한 임의적 실업보험제도를 채택하였다. 노동조합에의 가입 유무와 관계없이 일정 요건에 해당하는 근로자를 강제로 보험적용을 받도록 하는 국가에 의한 강제적 실업보험제도는 1911년 영국에 의해 최초로 도입되었다(한국노동연구원 고용보험기획단, 1993). 그 이후 제 1, 2차 세계대전과 대공황을 겪으면서 실업보험은 주요 사회보장제도의 하나이자 대표적 실업보상제도로 서구 각국에서 도입되기 시작하였다.

2) 근대적 실업보상제도의 변화 동향

제 2차 세계대전 이후 경제성장을 배경으로 서구 각국에서는 실업보상제도를 더욱 발전시키게 되었다. 그 결과로 1960년대 말에는 국가 간에 실업보상제도 발전수준이 구분되고 유형화될 수 있는 상황에 이를 정도로 괄목한 성장을 이루게 되었다. 제도체계에서도 상당한 변화가 나타나기도 하였다. 1950~1960년대 기간에 물론 대부분의 국가에서 실업보상제도의 주요 유형은 단기간 실업 발생 시 임금을 대체하여 주는 실업보험이 주가 되었으나, 일부 국가에서는 이러한 실업보험을 보완할 수 있도록 실업부조제도를 부가적으로 도입하기도 하였다.

실업보상제도는 1970년대 초반과 후반의 오일쇼크와 세계적 차원의 경기불황을 맞은 이후 상당한 변화를 경험하게 되는데, 1970년대 이후 서구 국가를 중심으로 제도적 변화 양상을 정리하면 다음과 같다.

(1) 1970년대 실업보상제도의 변화 양상

1970년대 초의 오일쇼크와 경제위기에 따른 고실업 사태는 실업에 대한 기존의 사회적 보호장치를 발전시키는 계기가 되었다. 예를 들면, 포르투갈에서는 1975년 실업보상제도의 도입이 이루어졌고, 룩셈부르크와 스위스에서는 적용범위가 확충된 실업보험제도가 도입되기도 하였다. 또한 실업보험제도가 구비된 국가에서는 적용범위를 확대하여, 농업부문 노동자 및 가족 노동 종사자도 적용대상으로 포괄되기도 하였다.

이 시기 대부분의 서구 국가에서 대다수 노동자는 실업급여의 수급자격을 지니게 되었으며, 고용 안정성이 높은 공무원만이 여기에서 제외되었을 뿐이었다. 물론 일부 국가에서는 여전히 적용 제외 집단이 있기도 하였지만, 그것은 자영계층, 무급 가족 종사자, 임시직 근로자 등의 일부 집단에 불과하였다.

이 시기 실업보상제도의 발전 양상은 실업급여의 관대화로 특징된다. 당시 오스트리아, 덴마크에서는 급여 수급조건을 완화하고, 급여 수준을 인상하는 조치를 취하였다. 프랑스에서도 1974년에 노동시장 과잉으로 실직된 노동자에게 1년 동안 임금을 대체할 수 있는 임시수당 도입규정이 시행되었다. 일본에서도 저임금 노동자에 대한 실업급여의 임금대체율 수준을 인상하는 조치가 이루어졌으며, 영국에서도 임금상한선(*wage ceiling*)의 인상을 통해 급여수준이 높아졌다. 오스트리아에서도 실업급여에 물가연동제가 도입되어 급여수준의 인상이 이루어졌다. 수급조건의 완화, 급여수준의 인상과 함께 실업급여의 기간도 연장되었다. 미국의 경우 1978년 연방정부 실업보상제도에서 특정 실직자에게 최대 급여기간을 65주로 확대하는 조치가 도입되기도 하였다.

이와 같이 대부분의 국가에서 실업급여의 관대화가 이루어졌으나, 캐나다에서는 이와는 반대로 실업급여를 제한하는 조치가 나타나 대조를 보였다. 즉, 급여수급에 요청되는 고용경력을 연장시켰으며 세대주 실직자에 대한 더 높은 임금대체율 적용 규정은 폐기되었으며, 상대적 고소득계층에 대한 실업급여 과세 조치가 이루어졌다. 그러나 캐나다에서 나타난 이러한 실업보상제도의 변화는 1971년에 다른 국가에 비하여 상대적으로 너무 관대한 실업보험을 도입한 것에 대한 조정조치의 맥락에서 비롯된 것으로, 다른 국가에서의 실업보상제도의 발전 동향과 상반된 양상은 아닌 것으로 해석된다.

1970년대 실업보상제도의 변화 동향에서 주목되는 부분은 실업보험을 보다 적극적인 노동시장 조치와 결합시키려는 혁신작업이 일부 국가에서 선도적으로 나타났다는 점이다. 일본은 1974년 실업보험제도라는 명칭을 '고용보험제도'로 바꾸고, 실업급여에 국한되었던 기존 실업보상제도의 내용에 고용주 기여의 일정 부분이 노동자의 고용유지 및 여성, 노령, 장애자 등 취약집단에의 고용유인을 위해 투입될 수 있도록 노동시장 프로그램을 포괄하는 조치가 이루어졌다.[6] 이후 캐나다에서도 실업보험 재원이 직업훈련 및 직무분할(*job sharing*) 등의 적극적 노동시장 조치에 활용될 수 있도록 하는 내용이 1977년 도입되어, 실업보상제도의 질적 변화가 야기되기도 하였다.

(2) 1980년대 실업보상제도의 변화 양상

1970년대 초의 경제위기와 실업률 급증이 실업보상제도의 발전에 긍정적 영향을 미친 것과는 대조적으로 1970년대 말 오일쇼크 이후의 경제위기와 고실업구조는 실업보상제도를 위축시키는 결과를 초래하여 대조된다. 특히 이 기간에 실업보험제도가 실업문제 해소에 효과적으로 대응하지 못할 뿐 아니라 오히려 실업률 증대의 역효과를 야기한다는 비판들이 제기되었으며, 경제위기에 대응하는 국가재정 긴축정책의 설정은 실업보험제도의 위축을 가져왔다. 이 당시 대부분의 국가에서 실업보험제도의 재정 삭감 조치가 행해졌으며, 일부 국가에서는 실업률이 유지되고 있음에도 불구하고 이러한 재정 삭감이 지속되기까지 하였

6 실업보험의 고용보험으로의 변화에 대해 일부에서는 실업급여의 노동연계성 강화라는 측면에서 부정적 평가를 제기하고 있다. 그러나 노동연계적인 조치, 즉 노동시장 정책과의 연계가 실업자들의 재취업 촉진을 통한 실업 위기의 적극적 해소를 목적으로 하고 있다는 점을 고려하면, 이들 논의는 다분히 규범적 평가에 치우친 것으로 보이며, 이의 객관적 평가를 위해서는 고용보험제도와 실업보험제도의 효과에 대한 심층적 분석이 필요하다.

다. 이러한 실업보상제도의 감축과 더불어 이 시기에는 대부분의 국가에서 급여지급 중심의 실업보상제도에 실직자에게 노동을 유인, 강제할 수 있는 제도 내용을 도입하려는 노력이 이루어졌다는 점이 제도 변화의 주요 특징으로 평가되고 있다.

구체적 제도내용의 변화를 보면, 실업보험제도가 중심적인 국가에서는 재정감축을 위해 최대급여기간의 단축이 이루어졌으며, 실업급여 산정에 적용되는 임금대체율의 하향조정, 수급자격의 강화, 실업급여에 대한 물가연동률 적용완화 등을 통해 실업급여를 감소시키려는 조치들이 대부분의 국가에서 나타났다. 이러한 조치들의 결과로 독일에서는 부양 자녀가 없는 실직자를 대상으로 한 보험급여 비례계수(고용기간 대비 급여기간)가 5% 감소하는 양상이 나타났고, 프랑스에서도 2%, 아일랜드는 15%, 네덜란드에서도 10% 감소하는 결과가 나타났다. 벨기에에서는 실직자에게 2년의 실직기간 이후에는 실업보험급여가 중단되는 조치가 나타났으며, 영국에서도 마찬가지로 급여지급 중단규정이 도입되었다.

급여 수급조건에서는 최저고용경력 기간의 연장을 통하여 수급조건을 강화하려는 조치들이 도입되었다. 독일의 경우는 이로 인해 수급자격 획득에 필요한 고용경력 기간이 두 배로 증대되었다. 이와 더불어 일본, 프랑스, 독일 등에서는 이전 고용경력 기간에 비례하여 급여기간이 결정되도록 함으로써, 급여지급 기간을 단축하려는 노력이 이루어졌다. 다른 한편으로 각국에서는 급여지급이 유예되는 기간 및 대기기간 등이 더욱 길어지는 양상이 나타나기도 하였다.

이와 같은 실업보험제도의 급여감축과 더불어 신규 실직자, 재실직자(*re-unemployment*), 장기 실직자 비중의 급격한 증대는 실업급여 혜택을 받는 실직자 비중을 급속하게 감소시키는 결과를 초래하여, 실업보험제도가 제 기능을 원활히 수행할 수 없었다. 일례로 1987년 미국에서는 전체 실직자 중 급여수급 실직자 비중은 3분의 1에 불과한 것으로 나타났다. 이중체계형 보상체계를 채택한 국가에서는 실업부조제도를 확충하여 이러한 실업보험제도의 사각지대 문제의 해결을 시도하고 있으나, 실업부조제도가 부재한 국가에서는 제도개혁의 중요 이슈로 부각되고 있는 실정이다.

한편, 실업부조제도에서도 보상수준을 제한하려는 노력이 '부조급여에의 물가연동제의 유예' 등의 방식과 '수급자격의 엄격화' 등의 조치를 통해 추진되었다. 일부 국가에서는 이들 조치와 더불어 노동연계적 급여제도의 도입이 추진되기도 하였다.

결과적으로 이들 조치는 일부 국가들(벨기에, 프랑스, 독일, 네덜란드, 영국 등)에서 실업보상제도의 현저한 감축을 가져왔다. 특히 몇몇 국가에서는 이 시기에 실업보상제도의 체계에 급격한 변화가 이루어지기도 하였다. 프랑스와 네덜란드의 경우 1984년과 1986년에 실업보험제도와 실업부조제도 간에 제도적 분화가 초래되었으며, 영국의 경우에는 1982년 소득비례 실업급여가 폐기되고, 정액급여만이 실업보상제도로 남게 되었다. 그러나 전체적으로 보면 1980년대 실업보상제도는 감축되는 경향이 대세였지만, 실업보상제도의 변화 동향은 국가에 따라 상당한 편차가 있었다. 실업보상제도의 감축은 주로 실업보상제도가 잘 정비되었으나 실업률이 상대적으로 높았던 국가에서 두드러진 반면, 실업보상제도가 미흡하고 실업률이 상대적으로 높았던 국가(그리스, 아일랜드, 포르투갈, 스페인 등)에서는 오히려 실업보상제도의 구축 노력이 지속되어 대조적인 양상을 보여 준다. 한편, 덴마크, 핀란드, 스웨덴 등의 스칸디나비아 국가에서도 실업보상제도를 더욱 강화하는 조치가 행해져, 실업보상제도 변화의 국가 간 차이를 보여 준다.

이러한 변화동향과 더불어, 실직자 범주별 실업보상 수준의 차별화가 더욱 심화되고 있다는 점[7] 및 고용유지 및 촉진노력을 보조해 주는 조치들과 실업급여와의 연계가 강화되고 있다는 점[8] 등도 1980년대 실업보상제도 변화 양상의 주요한 특징으로 지적할 수 있다.

---

7 이러한 경향은 실업보상에 대한 재정 감축 노력이 모든 개인에게 동등하게 이루어지지 못하고 있음을 의미한다. 즉, 고용경력이 부재하거나 미흡한 신규 실직자(청년층)와 기혼여성, 단기간의 고용경력을 지닐 수밖에 없는 임시직 노동자에게 실업보험 재정의 삭감은 이들 집단에의 실업보상 적용배제를 심화시켰으며, 보상수준도 낮은 편이다. 반면에 노령 실직자에 대해서는 급여기간 연장 및 각종 부수지원이 부가되어, 급여수준의 급격한 향상이 경험되고 있는 점에서 대비가 된다. 또한 노동시장 구조조정의 촉진을 위해 해당 실직자에 대해 특별보상이 행해지고 있는 점 역시 실직자 범주별로 보상수준의 불평등이 심화되고 있다. 물론 이러한 동향은 전반적 경향을 의미하는 것일 뿐, 이와는 달리 일부 국가에서는 신규 실직자, 기혼여성 등에 대해서도 급여지급이 도입되는 등 반대적 양상도 나타났다는 점도 참조할 필요가 있을 것으로 생각된다.

8 실업급여를 직업훈련 등의 고용촉진 활동과 연계함으로써 실직자의 노동시장 진입을 촉진하려는 조치는 초기에는 청년 실직자들을 위주로 이루어졌으나, 최근에는 나머지 다른 집단에 다양한 형태로 급격하게 도입되고 있는 추세이다. 일부 국가에서는 실업급여 지급을 통해 직무 분할(*job sharing*)을 유도하여 고용을 유지하려는 조치가 실행되고 있으며, 일부 국가에서는 파트타임 근로활동을 병행할 경우 수당을 지급해 주는 조치를 시행하였다. 또한 일부 국가는 재취업을 촉진하기 위해 재취업 시 잔여 급여기간의 실업급여를 보너스로 지불하는 조치가 이루어졌다.

(3) 1990년대 실업보상제도의 변화 양상

1980년대부터 지속된 고실업은 1990년대에 들어와서 약간 감소하는 경향이지만, 여전히 높은 실업률을 유지하는 등 호전될 기미를 보여 주지 못하고 있다. 1990~1999년 동안 전체 OECD 국가의 평균실업률은 7.02%이며, EU 국가의 경우에는 9.7%로 나타났다.

특히 고실업 현상은 높은 구조적 실업, 장기실업률의 증대, 청년 및 저숙련 노동자의 높은 실업률 등을 특징으로 하고 있다. 이러한 상황은 불평등을 가속화시킬 뿐만 아니라 주변화(*marginalization*)와 사회적 긴장을 증가시키며, 사회적 불이익집단이 노동시장에서 배제되는 사회적 배제(*social exclusion*) 현상을 심화, 확대시키고 있다.

1990년대 실업보상제도의 변화 양상들의 주요 특징을 정리하면, 다음과 같다(유길상 · 홍성호, 1999; ILO, 2000).

첫째, 실업급여와 적극적 노동시장정책의 연계강화이다.

실업자에게 단순히 실업급여만을 지급하는 것으로는 근로자의 고용안정을 실질적으로 보장하는 데 한계가 있기 때문에, 실업 자체를 예방하고 직업능력을 촉진하기 위해 다양한 적극적 노동시장정책 프로그램을 연계시키거나 실업보상체계 내로 포함시키려는 조치가 이루어졌다. 예를 들어 1996년에 영국에서는 구직활동을 장려하기 위해 실업자의 재취직 촉진을 위한 프로그램을 강화하였다.

둘째, 국가별로 차이가 있지만 실업급여의 관대성을 제약하는 방향으로 여러 가지 조치들이 취해졌다.

구직활동을 급여수급과 연계시키거나 과거에 대기기간을 단축하였으나 1990년대에 들어와서 다시 늘리는 등 급여수급요건을 엄격히 하는 경향을 띠고 있다. 또한, 피보험기간 및 연령에 따라 실업급여지급기간을 차등화시키는 국가가 늘어나고 있다. 가령 오스트리아, 캐나다, 독일, 일본 등의 국가에서는 실업급여 수급기간을 피보험 고용기간과 연계하여 운영하고 있다. 벨기에, 스페인 등의 국가에서는 실업급여 수급기간에 따라 실업급여수준을 단계적으로 감소시킴으로써 빠른 시일 내에 재취업을 촉진시키려는 조치들이 이루어지는 등 과거보다는 급여수준이 하향조정되는 경향을 띠고 있다.

따라서 1990년대 실업보상체계의 전반적 변화 양상은 임금대체율의 하향조정, 실업급여의 수급요건 강화, 급여수급과 근로연계를 강화하는 경향을 보여 주었다.

(4) 최근 실업보상제도의 변화 양상

2000년대 이후에도 실업보상제도의 변화 양상은 적극적 고용촉진조치를 보다 활성화하고 있으며, 근로의무 이행을 엄격하게 부과하는 추세이다. 실업급여 자격요건의 강화, 수급자의 적극적인 구직활동 지원 및 일자리를 유지하기 위한 정책적 시도를 동시에 추진하고 있다. 한편, 국가별 차이는 있지만 자영업자, 비정형 근로자, 자발적 이직자까지 실업급여의 가입범위를 확대하고 있다.

특히 2020년 코로나19 확산 이후 유럽 주요국은 고용안정을 위한 단축근로, 일시휴직 등 고용유지대책에 중점을 두었다. 단축근로 활성화를 위해 고용주 부담 경감, 지원요건 완화 및 지원규모 확대 등의 조치를 시행하였다. 반면에 미국은 실업자 구제를 위한 실업급여 확대에 역점을 두었다.

코로나19에 따른 고용위기에 대응하여 유럽 국가들과 미국의 실업대책이 서로 다른 것은 노동시장 여건 및 관행, 산업구조 등이 상이하기 때문이다. 전통적으로 유럽은 고용 안정성에 정책적 관심을 두고 있으나, 미국은 노동시장 효율성을 상대적으로 우선하고 있다(곽법준 외, 2020).

4. 실업보상제도의 주요 쟁점

1) 실업보상제도의 실업률에 대한 영향

1980년대 이전까지 실업급여는 실직자에게 임금을 대체하는 소득을 제공함으로써 실업에 따른 경제적 불안정을 해소하고, 구직노력을 보조하는 토대가 됨으로써 실업률 해소에 긍정적일 것으로 인식되었다. 그러나 1980년대 이후 대량실업 사태와 고실업구조에 직면하면서 기존 실업보상제도의 효과에 회의적 주장이 제기되었다. 즉, 관대한 실업급여 지원이 실직자들의 구직노력을 감소시키는 역효과가 있다는 것이며, 1980년대 이후 실직자 구성에서 장기 실직자가 높은 비중을 차지하는 양상은 이러한 주장의 경험적 근거가 되었다.

실업급여의 역효과 문제를 제기하는 논리는 1980년대 초 경제위기하의 국가재정 감축기조와 맞물려 한편으로는 실업보상제도의 급격한 감축을 초래하는 배경이 되었고, 최근에는 노동연계적 실업급여제도의 도입 및 적극적 노동시장정책의 강화 등 제도변화의 관련 근거가 되었다.

그렇다면, 실업급여가 실업에 미치는 영향은 어떠한 것인가?

개별 실직자에 대한 데이터들을 활용하여 실업급여가 실업에 미치는 영향을 측정하였던 많은 기존 연구에서는 대체로 실업급여의 증대가 실업기간을 증대시키는 영향이 있는 것으로 지적하고 있다. 햄과 리는 캐나다 자료에 대한 분석결과에서 급여기간의 1주일 증대는 남성 실직자들의 실업기간을 1/3주 증가시키는 것으로 보고하고 있으며(Ham & Rea, 1987), 영국과 미국에서의 많은 실증적 조사연구도 실업급여수준의 1% 증대는 실업기간을 0.6%에서 1.0% 정도 증대시키는 효과가 있는 것으로 지적하고 있다(Atkinson, 1987).

그러나 실업급여의 역효과에 대한 많은 연구결과는 개별국가를 대상으로 하고 있다는 점을 감안하면, 실업급여가 실업기간에 미치는 부정적 효과에 대한 일반적 결론을 내리기에는 성급하다는 평가가 제기되기도 한다. 즉, 실업급여에 대한 실직자의 반응이 국가별로 상이할 뿐만 아니라 국가 내에서도 실직자 집단별로 다르기 때문에, 실업급여의 역효과에 대한 평가는 국가 간 비교연구를 통해 보다 객관화되어 분석될 필요성이 있다는 것이다. 이러한 점에서 OECD 국가 간 비교연구를 통해 제시된 분석결과에 따르면, 실업급여의 임금대체율이나 실업급여기간과 전체 실업률 간의 관계는 통계적으로 무의미한 것으로 밝혀져 개별국가의 연구결과와는 상반된다(OECD, 1991; Nickel, 1997). 즉, 실업급여수준이 낮은 국가(영국, 아일랜드 등)에서도 실업률이 높게 나타나고, 실업급여수준이 높은 국가(덴마크, 핀란드, 스웨덴 등)에서도 실업률이 낮게 나타나, 실업급여수준과 실업률 간에 상관관계가 없다는 것을 보여 주고 있다.

한편, 실업급여수준이 실업기간 증대에 미치는 영향을 전체 실직자에 대한 장기 실직자 실업급여의 소득대체율 비중과 장기 실직자의 비율 간 관계를 통해 분석한 결과에 따르면, 이들 변수 간에는 미약한 정적 상관관계가 나타나 실업급여수준이 실업기간을 증대시키는 효과가 미약하지만 존재한다. 이와 같은 분석결과에 근거한다면, 실업보상체계가 실업률 감소보다는 오히려 실업률 증대 및 유지에 부정적 효과를 미칠 수 있다는 점에서 적정 실업보상제도 모색의 필요성을 암시해 주고 있다.

또한 국가별 실업보상체계와 실업구성의 상관성에 대한 실증분석 결과를 보면, 기혼여성에 대한 실업급여가 발전된 국가일수록 여성 장기 실직자의 비중은 높은 것으로 나타나 실업보상제도의 제도적 내용에서 야기될 수 있는 역효과를 시사해 주고 있다. 실업보상제도와 실업구조의 관련성은 무르티의 연구에서 보다 명료하게 제시되고 있다(Moorthy, 1990). 이 연구결과에 따르면, 1967년 이후 미국에 비해 캐나다의 실업률이 상대적으로 높은 이유가 청년 및 여성 실업률의 상대적 성장에 기인한 것이며, 이들 집단의 높은 실업률은 캐나다에만 있는 실업급여 유형, 즉 노동시장 재진입 실직자 및 신규 진입 실직자에 대한 급여체계에서 비롯된 것이다.

이상의 분석결과는 실업보상제도의 부정적 효과를 제기하기 때문에, 적정 실업급여수준의 모색과 적정 실업보상체계의 필요성이 존재한다. 그러나 분석결과에 따른 실업급여의 역효과는 과대평가되어서는 안 될 것으로 판단된다. 왜냐하면 국가 간 실업률의 차이는 실업보상제도 외에 경기순환, 임금협상체계, 노동시장 대책 등의 차이가 더욱 크게 영향을 미칠 수 있기 때문이다. 그리고 이들 연구에서는 실업급여수준의 측정이 일부 제도에 국한되었기 때문에 실업급여와 실업률 간의 관계에 대한 보다 정확한 평가를 위해서 심층적 분석이 필요할 것으로 판단된다.

2) 제도내용 개선

(1) 급여체계 개선

실업보상제도의 내용 개선과 관련되어 제기되는 쟁점을 살펴보면 다음과 같다.

첫째, 급여자격의 적용범위에 관한 것이다.

실업보험제도의 급여자격 획득은 특정기간의 고용경력과 기여경력을 요구하고 있어, 이 조건을 만족시키지 못한 실직자는 적정한 경제적 지원을 받을 수 없다. 특히 경기불황의 지속과 구조조정의 여파로 신규실직자와 노동시장 재진입 기혼여성 실직자의 비중이 높아지는 추세를 고려하면, 이러한 수급자격 규정은 상당수 실직자를 실직에 따른 경제적 충격에 노출시킨다는 점에서 문제가 되고 있다.

둘째, 적정 급여기간 설정의 문제이다.

실업급여 기간이 과다하게 길 경우에는 재취업 촉진노력을 감소시키는 역효과를 야기할 수 있는 반면, 실업급여 기간이 짧을 경우에는 수급 종료 이후의 기간에 대한 지원 결여로 생활의 불안정 문제가 야기되거나 적합하지 않은 일자리로의 취업이 조장된다는 점에서 문제가 나타난다. 이러한 측면에서 적정 실업급여 기간의 설정은 실업보상제도의 주요 쟁점이 되고 있다.

〈표 6-3〉 주요 OECD 국가 실업보험제도의 비교(2020)

국가	보험 가입 여부	수급자격요건: 고용경력(E), 기여(C)	대기 기간 (일)	최대급여 수급기간 (개월)	소득대체율(소득기준, %)	
					최초기간	이후기간
벨기에	강제	E + C: 468일(3개월)	없음	무제한	3개월 65%	49개월부터 정액 (AW의 26%)
캐나다	강제	E + C: 1년 420시간	7	10.4 (45주)	55%	
덴마크	임의	E: 1년 고용과 3년 내 AW의 55% 근로소득 C: 회원 비용 납부	없음	24 (3년 내)	90%	
프랑스	강제	C: 24개월 동안 130일 또는 910시간 근로	7	24	57~75%	
독일	강제	E: 12개월 C: 2년 동안 12개월	없음	12	60%	
이탈리아	강제	E + C: 4년 동안 13주의 기여와 실업 전 12개월 동안 30일 근로	8	24	3개월 75%(AW의 48% 이하 소득) +25%(48% 이상 소득)	4개월부터 월 3% 감액
네덜란드	강제	E + C: 36주 동안 26주 E + C: 36주 동안 26주와 5년 동안 4년	없음	24	2개월 75%	3개월부터 70%
스웨덴	임의	E: 전년(1년) 기준 6개월(월 최소 80시간 이상) 또는 6개월 연속기간 동안 480시간(월 최소 50시간 이상) C: 12개월 동안 보험기금 회원	6	13.8(60주), 직업개발 프로그램 21.8(90주)	40주 80%	41주부터 70% 60주 후, 직업개발 프로그램 65%
영국	강제	C: 2년 동안 12개월	7	6	정액급여 (AW의 9.1%)	

자료: OECD. https://www.oecd.org/els/soc/benefits-and-wages.htm

셋째, 적정 실업급여수준 설정의 문제이다.

이는 과소한 급여수준은 생활보장이라는 사회보장 취지에 반할 수 있다는 점에서 문제가 제기되는 반면, 과대한 급여수준은 재취업 동기의 감소를 야기한다는 점이다. 각국의 실업보험급여 산정방식은 상이한데, 대부분의 국가에서는 실직 전 소득을 기준으로 일정 비율을 지급하는 소득비례형 급여를 채택하고 있다.[9] 그러나 이러한 소득비례형 급여는 저소득계층의 생활안정 해소에 한계가 있기 때문에 일부 국가에서는 급여의 최저선을 규정하거나 혹은 가족상황을 일정 정도 반영하여 소득대체율을 높여 주거나 또는 보충적 급여를 지급하기도 한다.

참고로 주요 OECD 국가의 실업보험제도를 보험가입 여부, 수급자격요건, 최대 급여수급기간, 소득대체율 등은 〈표 6-3〉과 같다.

(2) 대기기간과 수급자격 제한기간

대기기간(*initial waiting period*)은 한편으로 신속한 생활보장을 저해한다는 점에서 부정적으로 평가되나, 다른 한편으로 반복적인 해고-고용의 급여활용을 제한함으로써 비용절감의 효과를 높이고, 재취업 노력제고 효과를 가져온다는 점에서 긍정적으로 평가되기도 한다. 대기기간 설정 자체에 대한 평가와는 별개로 실업보상제도에서 제기되는 쟁점의 하나는 어느 정도의 대기기간을 설정할 것인가 하는 문제이다.

한편, 실업급여의 부정수급을 막기 위해 대부분의 국가에서는 다양

---

9 일부 국가에서는 기초급여와 소득비례급여를 혼합하여 실시하고 있다. 예외적으로 영국의 경우에는 정액급여를 실시하고 있다.

한 부정수급 사유에 대해 수급자격 제한기간(*period of disqualification*)을 설정하고 있다. 일례로 자발적 실직에 대해서는 미국, 프랑스, 그리스 등은 수급자격을 박탈하는 반면, 여타 서구 국가에서는 4주에서 26주의 자격제한 후 급여수급이 이루어지게 한다. 수급자격의 제한기간 설정에는 그 사유에 따라 판정이 모호한 경우가 많다. 예를 들면 고용조정이 요청되는 기업들에서 발생하는 실직에 대해 이를 자발적 실직으로 취급하여 수급자격을 제한하여야 하느냐, 아니면 비자발적 실직으로 간주하여야 할 것이냐는 등이다. 이처럼 새롭게 등장한 발생유형별 실업에 대한 수급자격 결정은 실업보상제도에서의 주요 쟁점이 되고 있다.

(3) 실직자의 행정기관 접촉

실직자가 행정기관에 접촉하는 것은 실직자의 실업급여 수급자격 여부를 확인하고, 재취업 노력을 자극한다는 점에서 그리고 기타 직업 및 기술훈련 알선의 통로가 된다는 점에서 긍정적 의미를 지닐 수 있다. 그러나 실직자에게 스티그마(*stigma*)를 부여함으로써 실업급여의 수급을 포기하게 하거나, 재취업 노력을 오히려 저해할 수 있다는 측면에서는 부정적으로 평가될 수도 있다. 물론 행정기관 접촉에 대한 평가는 접촉방식이 단순한 기계적 확인절차에 불과한 것인지, 개별적 대면접촉을 통하는 것인지에 따라 그 평가가 달라질 수도 있을 것이다.

그러나 이와 같은 실직자와의 심층적인 대면접촉이 실제적으로 어떠한 효과를 가져오는지에 대해서는 아직까지 상반된 견해가 제기되고 있다. 영국과 뉴질랜드에서의 실험결과를 보면, 심층적 인터뷰 요구는 실직자들의 프라이버시 침해와 스티그마의 부여로 인식되고, 실업급여

수급 포기 등의 부정적 효과가 발생되어, 심층적 대면접촉의 부정적 측면을 보여 주고 있다(Brown, 1990). 반면, 미국과 스웨덴 등에서의 심층적 대면접촉 실험 결과, 상담 실직자에게 현실적 재취업 계획을 갖도록 하고, 직업훈련과의 연계를 높이며, 부정 수급자의 선별 등을 통해 실업기간 감소에 상당한 정도 기여한 것으로 밝혀지고 있어서 대조적이다(Hanna & Turney, 1990).

아직까지도 이와 같이 분석결과가 상반되기 때문에 심층적 대면접촉의 효과에 대한 평가를 위해서는 더욱 많은 연구들이 축적되어야 할 것으로 판단되며, 단순한 실업보상의 차원에서 벗어나, 적극적 재취업 노력을 제고시키기 위해 적극적인 심층적 면담이 활용될 필요가 있다.

(4) 직업알선 행정의 체계화

실업자의 경제적 불안정을 해소하기 위한 근본적 해결방안의 하나는 무엇보다도 적정소득을 보장하는 직업에의 재취업이라 할 수 있다. 이는 일자리(*vacancy*)와 실직자의 연계를 원활하게 하는 것이 실업대책의 주요한 사업내용의 하나임을 의미한다. 특히 재정긴축의 방향에서 실업보상제도의 감축이 이루어지는 상황하에, 이러한 제도내용의 도입은 실업보상제도를 혁신하는 방향이 될 수도 있을 것으로 판단된다. 그러나 여기에서 더욱 주요하게 제기되는 쟁점은 일자리와 실직자 간의 효과적 연계를 위해 어떤 방식을 활용할 것이냐의 문제이다. 현재 주요 국가에서의 연계방식은 세 가지 유형으로 구분된다.

첫째, 일자리 정보의 완전공개를 통한 자발적 지원시스템이다. 이 방식은 관계 행정기관에서 실직자의 구직지원 및 구인 일자리의 채용현황에 대한 파악이 미흡하여 가족상황상 재취업 우선순위가 높은 사람의 취업이 방임된다는 점에서 한계가 제기된다.

둘째, 일자리 정보의 일부공개 방식(*half-open system*)이다. 행정기관에서 일자리 정보의 일부만 공개하고, 지원자가 일자리의 소재를 알기 위해서 행정기관에 접촉하도록 하는 방식이다. 이러한 방식에서는 행정기관에서 지원 실직자를 여과함으로써 효율적 연계를 이룬다는 점에서 긍정적인 것으로 지적된다.

셋째, 직접적 연계방식(*direct matching*)이다. 이는 효과적인 연계를 위해 행정기관에서 일자리에 관련한 자격을 지닌 실직자만 지원하도록 지정하는 방식이다. 이 방식은 신속한 취업이 필요한 가구를 우선하여 재취업을 가능하게 해줄 수 있다는 점에서 사회보장 취지를 가장 높게 살릴 수 있다. 그러나 이 방식의 활용에는 관련 행정기관에서 개별 실직자에 대한 상세한 정보를 축적하는 것이 전제되어야 한다.

어떤 방식이 더 효과적인가에 대해서는 아직까지도 명확한 결론은 없으며, 실제 대부분의 국가에서는 기관에 따라 혹은 지역에 따라 앞서의 세 가지 방식이 혼용되고 있다. 그러나 직업알선 행정의 효과성을 높이는 데에 큰 문제점은 연계방식이라기보다는 기업의 구인활동이 사(私)부문에서 주로 이루어지고, 행정기관에 통보된 일자리가 미흡하기 때문에 효율적 연계활동이 제대로 실행되지 못하고 있다는 점이다. 이러한 문제를 개선하기 위해, 일부 국가에서는 사부문에서의 고용알선을 법적으로 규제하거나 혹은 구인기업에게 행정기관에 고지하는 것을 의무화하는 조치를 도입하고 있지만, 고용결정이 기업에게 최종적으로 부여되어 있기 때문에 이것의 성과는 극히 제한적일 수밖에 없다.

(5) 직업 창출 및 훈련 프로그램에의 알선

실직자에 대한 가장 근본적인 경제적 보상대책은 재취업이며, 이를 촉진하기 위해 대부분의 국가에서 직업훈련 프로그램 및 직업창출 프로그램을 운영하고 있다. 직업훈련은 재취업에 요구되는 기술습득에 필수적이며 직업창출 및 이의 알선은 축적된 인적 자본의 마멸을 완화할 수 있다. 또한 이들 프로그램은 실직자의 구직 의사와 노동 능력을 검증함으로써 행정비용 및 실업급여의 낭비를 예방하고, 재취업 노력을 자극한다는 점에서 의의를 지닌다.

이들 프로그램의 운영방식은 다음과 같이 세 가지 유형으로 구분할 수 있다.

첫째, 공공기관에서 창출된 직업과 직업훈련 프로그램을 공개적으로 홍보하는 방식으로, 행정기관의 개입이 상대적으로 미흡하다는 점에서 '자유방임주의 모델'로 불린다. 이 모델에서는 일할 능력이 없거나 의사가 없는 사람은 프로그램에 자발적으로 참가하지 않는 반면, 능력과 의사가 있는 사람만 참여하기 때문에 재취업 효과성 제고, 소요비용의 절감, 실직자의 자유선택권 보장 등의 긍정적 측면이 있다.

둘째, 프로그램에 대한 참여가 행정기관에 의해 통제되는 모델이다. 일정기간 경과 후 모든 실직자는 이들 프로그램에의 참가가 권유되고, 이의 응답을 통해 구직의사를 확인하게 되며, 거절 시에는 실업급여 자격을 제한하게 된다. 이 모델에서는 일할 능력이 없거나 제공된 활동에 종사할 의욕이 없는 사람에게 장기간 실업급여 활용을 억제하게 하고, 이들의 재취업 노력을 강제하게 한다는 점에서 그 장점이 있는 것으로 평가된다.

셋째, 실업보험급여와 연계된 모델이다. 실업급여 수급이 종료되는 사람에게 직업훈련 및 공공창출 직업에의 종사가 제안되며, 특정 기간 동안의 종사 시에는 실업급여의 수급기간을 연장할 수 있는 자격을 부여함으로써 장기 실직자에게 실업보상을 해주면서도 재취업에 필요한 조건을 갖추도록 한다는 점에서 의의를 지닌다.

실직자의 재취업을 촉진하는 제도들, 즉 적극적 노동시장 정책의 도입과 실업보상제도와의 연계에 대한 관심은 대부분의 국가에서 증대되고 있는 추세이나, 이의 활용수준은 국가마다 편차가 큰 실정이다. 스칸디나비아 국가에서는 이의 활용에 적극적인 반면, 미국 및 오스트리아 등의 국가에서는 아직까지도 자유방임주의적 태도가 일반적이다. 어떠한 조치가 실직자의 경제적 불안정 해소와 실업률 완화에 효과적인가에 대해서는 아직까지 명확하게 결론을 내릴 수 없어, 재취업 촉진을 위한 각종 프로그램의 도입 및 실업급여와의 연계는 실업보상제도의 주요 쟁점으로 남아 있다.

3) 실업보상제도 체계의 개선

최근 실직 유형 및 실직자의 특성이 다변화되면서, 실업보험 위주의 실업보상제도의 적합성이 주요 쟁점으로 제기되고 있다. 서구 국가에서의 실업보험은 경제성장을 배경으로 도입되거나 혹은 그 제도적 내용이 정비되었기 때문에, 그 제도내용이 상용직 형태의 남성노동자의 단기실업이나 완전실업을 전형적인 대상으로 전제하고 있다. 따라서 실업 유형이 단기실업에서 장기실업으로 변모되고, 청년 및 노령, 기혼여성의 실직자 구성이 늘어나면서 현 실업보상제도의 적합성 여부가 논란이 되고 있다. 이와 같은 실업보상제도의 부적합성 문제를 해소하기 위해 실업보험의 제도 내용을 개선하는 조치가 제도 내에서 이루어지거나 혹은 실업부조제도 등 관련 실업보상제도의 신설 등을 고려하고 있다.

특히 실업보험을 운영하고 있는 주요 국가들이 4차 산업혁명으로 인한 산업구조 및 노동시장 개편, 새로운 고용형태의 등장과 제도적 부정합으로 실업보상체계의 개선을 추진하고 있으며, 이러한 개선방식은 국가별로 상이하다. 예컨대, 비정형 노동자(*non-standard workers*; 특수형태의 근로종사자)에 대한 실업보험제도가 존재하는지 여부에 따라 기존 제도를 준용하여 차등적으로 운영하거나(독일, 스웨덴 등), 프랑스, 이탈리아 등 대상자의 특성을 고려하여 별도의 제도로 운영하는 국가도 존재한다(박혁 외, 2021). 따라서 앞으로 4차 산업혁명의 진전에 따라 플랫폼 노동자를 비롯한 새로운 고용형태가 확대될 것이다. 이러한 비정형 노동자를 실업보상체계로 포괄하는 방안을 보다 적극적으로 검토해야 할 것이다.

한편, 고실업의 지속, 고용기회의 감소 등으로 실업보상제도가 실직자에게 적절한 경제적 지원을 해주지 못하고 있다는 주장이 제기되고 있다. 그리고 실업급여수준의 계층 간 불평등이 심화되는 경향은 실업보상제도의 사회보장제도로서의 기능을 약화시키고 있다. 이러한 한계를 극복하기 위해 실업보상제도의 적합성 여부에 대한 정확한 평가와 새로운 실업보상제도 형태를 모색해야 할 것이다.

다른 한편으로 실업보상제도에서 제외된 실직자의 문제를 해결하기 위해서는 관련 제도 간의 효과적 연계가 필요할 것이다. 경제적 불안정의 해소라는 측면에서 실업보상제도 간의 연계를 효과적으로 구축하는 것도 중요한 과제이지만, 실직자의 재취업을 촉진하기 위해 적극적 노동시장제도와 실업보상제도 간의 제도적 연계 및 노동시장제도 내의 관련기관 및 프로그램의 유기적 연계의 구축이 이루어져야 할 것이다. 나아가 실업자의 재취업 촉진과 적정 생활수준 보장을 위해서는 이상에서 지적한 내용 외에도 국가 및 지방정부, 민간기업, 사회구성원 전체의 상호 협력체제가 구축될 필요가 있다.

마지막으로 코로나19와 같은 고용위기 상황이나 글로벌 환경변화 등에 따른 급격한 노동시장 충격을 완화하기 위해 보다 유연하게 실업보상제도를 운용해야 할 것이다. 실업자의 생계안정 및 재취업 지원을 위한 실업급여뿐만 아니라 노동자의 고용유지지원 등은 노동시장의 불안정성을 해소하는 데 긍정적 역할을 수행하고 있다. 그러나 이에 따른 재정지출 확대로 실업급여 재정운영에 대한 우려도 있기 때문에, 효율적인 재정안정화 방안을 마련해야 할 것이다.

제 7 장

산재보험의 원리와 특성

산업재해보상보험(이하 '산재보험') 내지 산업재해보상제도는 업무상 재해로 인한 피해근로자들의 소득상실을 보전하고 충분한 요양서비스와 재활서비스를 제공함으로써, 성공적인 일상생활과 직업복귀를 지원하는 제도이다. 산업재해 보상 프로그램은 대부분의 국가에서 가장 오래된 사회보장제도이며, 우리나라의 경우도 마찬가지이다. 이 프로그램은 국가에 따라 다양한 명칭으로 불리는데, 대체로 영국과 미국을 중심으로 한 영어권 국가에서는 '노동자보상제도'라는 용어로 불리는 반면, 유럽의 대륙권 국가에서는 '산업재해' 내지 '고용재해 프로그램'이라는 용어로 자주 표현된다(Gordon, 1988: 134).

산재보험은 보험가입자와 급여수급자가 일치하지 않는 유일한 사회보험이다. 산재보험의 급여수급자는 산업재해를 당한 근로자이지만, 보험가입자는 그를 고용하는 고용주이다. 즉, 산재보험은 고용주들의 보험이며, 산재보험료는 고용주가 전액 부담한다. 이는 산재보험이 산업재해에 대한 고용주 책임을 사회보험화한 것이기 때문이다. 산재보험이 갖는 다른 사회보험과의 차별성을 이해하기 위해서는 산재보험의 역사를 살펴보는 것이 도움이 된다. 따라서 1절에서는 간략한 산재보험의 역사가 제시될 것이다. 2절에서는 주요 국가들의 산재보험 현황을 결과주의로의 전환 여부에 따라 유형화하여 살펴볼 것이다. 3절에서는 구체적인 산재보험의 구성요소들이 설명될 것이며, 4절에서는 산재보험의 산재예방효과에 대해 살펴볼 것이다.

1. 산재보험의 발전과정

1) 산재보험 도입 이전의 산재보상

1760년 영국에서 시작된 산업혁명은 공장 중심의 생산과정을 확산시켰고, 19세기 산업재해 문제는 더 이상 외면하기 힘든 광범위한 사회문제로 자리 잡았다. 수많은 산업재해 피해들이 속출하였음에도 불구하고 1884년 독일에서 산재보험제도가 도입되기 전까지는 재해근로자들이 적절한 피해보상을 받을 방법이 없었다. 고용주책임법이 제정되기 전까지 산업재해는 다른 피해들과 마찬가지로 민법 또는 보통법에 의거하여 고용주에게 손해배상 소송을 통해 배상을 받는 것이 유일한 방법이었다(Gordon, 1988). 그러나 손해배상 소송에서는 재해근로자들이 고용주들의 과실을 구체적으로 입증해야 했다. 하지만 고용주들이 책임을 회피할 수 있는 방어수단들이 광범위하게 존재했기 때문에, 재해근로자들이 소송을 제기하는 것은 쉽지 않았다. 보통법 체계에서 다음의 세 가지 원리들은 고용주들이 재해배상 책임을 회피하기 위한 방어논리로 자주 활용되었다(Redja, 1994: 305).

① 기여과실(*contributory negligence*)의 원칙: 만약 산업재해에 재해근로자의 부주의나 과실이 개입되어 있었다면, 그것이 아무리 사소하더라도 고용주에게 책임을 물을 수 없었다.

② 동료근로자 책임의 원칙(*fellow servant rule*): 만약 산업재해가 동료근로자의 과실에 의한 것이라면 고용주에게 책임을 물을 수 없었다.

③ 위험감수의 원칙(*assumption-of-risk doctrine*): 재해근로자가 이미 사전에 해당 직업의 고유한 위험성을 알고 있는 상태에서 작업을 받아들였다면, 고용주는 그 위험이 초래한 결과에 책임을 질 필요가 없었다.

이러한 원리들 때문에 극소수의 재해근로자들만이 소송을 제기할 수 있었으나, 소송비용은 매우 컸고 과실상계에 의해 예상되는 배상액은 매우 적었다. 나아가 재판결과는 매우 불확실하였다. 19세기 저임금에 시달렸던 재해근로자들이 전문 변호사의 도움을 받는 것은 불가능하였을 뿐만 아니라 본인이 문맹인 경우가 많았다. 따라서 소송은 드물었고, 이 시기 재해근로자들은 산업재해로 인한 소득 중단과 의료비 부담을 고스란히 떠안을 수밖에 없었다. 이러한 고용주들의 책임회피는 노동력의 무분별한 남용과 산업재해의 폭증을 가져왔으며, 19세기 노사갈등의 핵심적 원인이 되었다.

이에 대한 국가의 대응은 고용주들이 방어논리로 삼았던 민법 내지 보통법 원리의 적용을 완화하고, 고용주들의 재해보상 책임을 강화하는 것이었다. 1871년 제정된 독일의 〈고용주배상책임법〉과 1880년의 영국 〈고용주책임법〉이 대표적인 예이다. 산업재해는 전적으로 재해근로자가 손실을 떠안아야 할 자연발생적인 위험이 아니다. 산업재해는 고용주의 사업 이익을 위해 고용주가 제공한 근로조건에서 고용주의 지휘와 통제하에 발생한 재해이므로, 국가가 고용주의 책임을 강화하는 대안을 선택한 것은 자연스러운 것이었다. 그러나 고용주책임법은 많은 한계를 나타냈다.

1871년 비스마르크는 〈고용주배상책임법〉을 제정하였지만, 이 법은 철도, 광산, 채석장 및 일부 제조업에 한해 제한적으로 적용되었다. 철도산업의 경우에는 1838년 제정된 〈프로이센 철도법〉에 의해 재해근로자의 과실이 입증되지 않는 한 고용주가 재해보상을 책임졌지만, 나머지 산업들은 고용주나 경영진의 책임이 입증되는 경우에 한해서만 보상청구권이 주어졌다(Ritter, 1992: 70; Guinnane & Streb, 2012: 7~8). 그러나 고용주의 과실을 입증하는 것은 쉽지 않았기 때문에, 약 20% 정도의 재해만이 보상받았을 뿐이다(Ritter, 1992: 71). 나아가 고용주가 가입한 민간보험회사들은 재판을 통해 보상책임을 확인받기 원했기 때문에 민사재판에서 해결되는 경우가 많았다. 또한 대형 사고로 기업이 도산하면, 기업이 민간보험에 가입되어 있지 않는 한 재해근로자의 보상청구권은 아무런 의미가 없었다(Ritter, 1992: 70).

1880년 제정된 영국의 〈고용주책임법〉도 무과실책임주의를 완전히 구현한 것은 아니었다. 주로 '동료근로자 책임의 원칙'에 한해 적용을 완화하는 내용을 담고 있었을 뿐이다. 더구나 영국에서는 근로자가 산업재해를 당할 경우 소송을 포기한다는 계약, 이른바 "죽을 권리"(*right to die*) 계약이 성행하였으며, 이는 적법한 계약으로 인정받았다. 따라서 〈고용주책임법〉은 거의 효과를 거두지 못했다(Guyton, 1999: 4). 이 법은 일차적인 산업재해의 책임을 고용주에게 부과하였고, 몇 가지 개선을 이루었음에도 불구하고 보통법이나 민법체계의 근본적인 문제를 개선하는 데는 한계가 있었다. 즉, 일부 방어논리의 적용이 완화되었음에도 불구하고, 고용주나 근로자의 과실 여부, 사업의 고유한 위험도는 여전히 법률적인 쟁점이 되었으며, 소송비용이나 불확실성 문제는 개선되지 않았다(Ritter, 1992: 71; Redja, 1994: 306).

2) 산재보험의 등장

(1) 1884년 독일의 재해보험

1884년 도입된 독일의 재해보험은 국가가 강제가입방식으로 운영하는 세계 최초의 산재보험이다. 재해보험법은 공장, 광산, 염전, 채석장, 가공처리장, 조선소, 제철소에 종사하는 연소득 2천 마르크 이하의 노동자를 강제 적용대상으로 하였다. 이에 따라 제도 시행 직후인 1885년의 경우 약 300만 명의 노동자들이 재해보험의 적용을 받았다(Guinnane & Streb, 2012: 9). 아울러 공무원(1886), 농업 및 산림업(1886), 선원(1887)을 대상으로 하는 별도의 제도들이 만들어졌으며, 이 제도들은 1911년 〈사회보험법〉으로 통합되었다. 고용주들은 각 지역에 새로 조직된 업종별 재해보험조합에 의무적으로 가입해야 했다. 이는 고용주책임법의 개별고용주 책임에서 지역별 업종단위의 연대책임으로 재해보상의 원리가 전환되었음을 의미하는 것이었다. 1884년에 신설된 제국

(帝國) 보험국은 재해보험조합의 승인과 감독 업무를 담당하였다. 1914년 집계에 따르면 68개의 재해보험조합이 조직되어 활동하고 있었다(Guinnane & Streb, 2012: 11).

재해보험료는 고용주가 전액 납부하였다. 이는 산재보상에 있어 무과실 책임을 기초로 한 고용주 책임의 원리를 표현한 것이었다. 무과실 책임이란 노동자가 고의로 사고를 유발하지 않는 한 누구의 과실인지와 상관없이 재해보상을 받는 것을 의미했다. 이러한 측면에서 재해보험법은 노동자들의 큰 환영을 받았다. 재해보험료는 노동자의 임금과 업종의 위험도에 따라 결정되는 경험료율 방식으로 산정되었다. 1914년 제국보험국은 재해보험조합들을 26개의 업종으로 구분하였고, 조합마다 상이한 보험료율을 부과하였다(Guinnane & Streb, 2012: 11).

1884년 재해보험법은 업무수행 중의 재해를 대상으로 했으며, 직업병은 고려되지 않았다. 직업병은 1925년에야 비로소 재해보험체계에 포함되었으며, 출퇴근 재해도 이때부터 보상되기 시작하였다. 1884년 재해보험은 요양급여와 휴업급여를 제공하였다. 요양급여는 무료제공을 원칙으로 하였다. 재해발생 후 처음 4주간은 휴업급여가 지급되지 않았고, 대신에 1883년 도입된 질병보험으로부터 상병급여가 지급되었다. 재해근로자들은 상병급여를 통해 처음 4주간은 임금의 50%를 현금으로 받았으며, 4주부터는 재해보험에서 휴업급여를 지급받았다. 완전휴업의 경우 임금의 66과 3분의 2%가 지급되었고, 근로능력 상실 정도에 따라 대체율은 차등조정되었다. 나아가 재해근로자가 상시 간병이 필요한 경우에는 재택간병, 시설보호, 보충수당과 같은 형태로 특별부조를 제공하였다. 유족의 경우 미망인은 재혼하기 전까지 임금의 20%를 받았고, 자녀들은 15세가 될 때까지 임금의 15%를 제공받았다. 그러나 유족급여의 총합은 임금의 60%를 넘을 수 없었다(Guinnane & Streb, 2012: 10).

1884년 재해보험은 정치적 목적으로 도입되었지만, 기능적 측면에서 보면 고용주책임법에 규정된 고용주의 산재보상 책임을 강제보험화한 것이었다. 이에 대해 노동자와 고용주 모두 재해보험의 도입을 환영하였다. 먼저 노동자들은 이러한 보험적 접근이 고용주책임법의 고질적 문제였던 과실 검증의 문제를 제거했다는 점에서 크게 환영하였다. 이는 불필요한 민사소송을 없앰으로써, 보상청구권 행사를 간소화하고 재해근로자들이 신속한 보상을 받을 수 있도록 하였다. 나아가 기업이 도산하거나 고용주의 지불능력이 없을 경우 고용주책임법에서는 재해근로자의 보상청구권이 전혀 보장되지 못했으나, 재해보험이 도입되면서 보상 주체가 고용주에서 국가로 전환되었고, 노동자들은 안정적인 보상청구권을 확보할 수 있게 되었다(전광석, 1999: 328~329). 반면 고용주들은 고용주책임법의 잠재적 위험에 대비하기 위해 민간보험을 주로 이용하였으나, 1884년 재해보험은 비용 면에서 민간보험보다 유리하였다. 나아가 재해보험은 재해보상 문제를 고용주와 재해근로자 간의 관계에서 국가와 재해근로자 간의 관계로 이전시켰고, 이에 따라 재해보상과 관련한 노사관계의 악화를 예방할 수 있었다. 이러한 재해보험의 장점으로 인해 산재보상에 대한 고용주의 책임을 강제보험화하는 작업은 빠른 속도로 진행되었다. 독일의 재해보험제도는 제 1차 세계대전 발발 전까지 오스트리아, 헝가리, 폴란드, 체코 등 동유럽권 국가들이 산재보험제도를 도입하는 데 영향을 주었다.

(2) 1897년 영국 〈노동자보상법〉

1897년 제정된 영국의 〈노동자보상법〉은 독일의 재해보험과 함께 각국의 산재보험 도입에 가장 큰 영향력을 미친 제도였다. 독일이 주로 대륙권 유럽에 영향을 주었다면 1897년 〈노동자보상법〉은 영연방 국가들과 미국에 크게 영향을 미쳤다. 〈노동자보상법〉은 솔즈베리 보수당 3차 연립내각에서 식민지 장관을 맡고 있던 자유통일당(Liberal Unionist Party)의 리더, 조셉 체임벌린(Joseph Chamberlain)이 기초했다. 이 법이 의회에 처음 제출된 것은 1893년이었지만, 보수적인 상원의 반발에 부딪혀야 했다. 상원은 재해보상 책임을 회피할 수 있는 강력한 수단인 '죽을 권리' 계약도 허용해야 한다고 고집을 피웠고, 이에 따라 〈노동자보상법〉은 의회에서 4년간의 지루한 공방을 거쳐야 했다(Guyton, 1999: 4).

〈노동자보상법〉은 고용주들의 재해보상 책임을 규정했지만 강제보험을 요구하지 않았다는 점에서 독일의 재해보험법과 확연히 구분되었다. 보험가입은 고용주들의 자발적 선택의 영역이었다. 전통적인 자유방임주의와 야경국가에 대한 신념이 강고했던 빅토리아 시대에 독일식 강제보험은 시기상조였으며, 영국에서 강제가입식 산재보험의 도입은 탄광업의 보험가입을 의무화시켰던 1934년에서나 가능한 것이었다. 그럼에도 불구하고 대다수의 대기업들은 상업보험회사나 우애조합에 가입하여 재해보상의 불확실성에 대비하였다. 하지만 보험에 가입하지 않았던 고용주도 상당히 많았는데, 1919년 노동자보상법체계를 조사한 홀만 그레고리 위원회는 보험에 가입하지 않은 고용주들도 약 25만 명 정도에 달하는 것으로 추정하였다(Gordon, 1988: 138; Guyton, 1999: 4). 보험회사들은 업종별 위험등급에 따라 보험료율을 차등했으나 개별기업의 실적은 거의 반영하지 않았다.

1897년 〈노동자보상법〉은 무과실책임주의에 의거하였으며, 고용주가 '업무수행 중에 업무로 인해 발생한 재해'에 대해 보상책임을 갖는다고 규정하였다. 여기서 〈노동자보상법〉은 산업재해에 대해 '업무 수행성'과 '업무 기인성'이라는 두 가지 요건을 동시에 충족시키는 재해로 정의하고 있는데, 이를 2요건주의(二要件主義) 라고 한다. 노동자보상법이 채택한 2요건주의는 이후 산재보험을 도입한 국가들이 업무상 재해를 규정하는 데 크게 영향을 미쳤다. 1906년에는 일부 직업병으로 보상 영역을 확장했고, 행정부가 직업병 리스트를 만들어 관리했다.

〈노동자보상법〉 제정 초기에는 위험산업의 블루칼라 노동자에게만 적용되었으나, 1933년까지 임시직 노동자, 가족노동자를 포함한 모든 노동자로 적용이 확대되었다. 단, 연소득 350파운드 이상의 고소득 비육체노동자는 제외되었다. 고용주는 재해근로자들의 의료비를 부담하였다. 1897년 〈노동자보상법〉에서는 일시장애와 영구장애의 급여액, 즉 휴업급여와 장해급여 간에는 차이가 없었다. 따라서 요양 중인 재해근로자들과 소득능력을 100% 상실한 완전장애인들은 모두 똑같이 임금의 50%를 지급받았다. 경증장애가 남아 있는 근로자들은 소득능력 상실정도에 따라 급여액이 감액조정되었다. 처음에는 현금급여의 최고수령액이 주당 1파운드로 제한되었지만, 이후 주당 30실링으로 상향조정되었다. 유족에게는 연금을 지급하지 않았으며, 일시금으로 보상하였다. 유족들이 연금을 선택하는 것은 1923년 개정법이 제정되고서야 가능하였다. 나아가 1923년의 개정법은 임금변동에 따라 연금액을 조정함으로써 인플레이션에 따른 연금액의 가치잠식을 보전하기 시작하였다. 6개월 동안 현금급여를 받았음에도 불구하고 재해근로자가 계속 근로능력 상실상태인 경우에는 고용주와 재해근로자가 일시금을 통해 분쟁을 해결할 수 있는 선택권을 가졌다. 이에 따라 영구장애 또는 장기간의 장애에 처한 재해근로자들이 광범위하게 선택권을 행사하였는데, 이는 일시금에 대해 부정적 견해를 갖고 있던 베버리지에 의해 신랄하게 비판받았다(Beviridge, 1942: 36~37).

3) 복지국가의 출범과 산재보험의 변화: 결과주의의 등장

산업재해는 고용주의 사업이익을 위해 고용주의 지휘와 통제하에 작업하는 과정에서 발생한 재해이므로 전적으로 재해근로자가 손실을 떠안아야 할 자연발생적 위험이 아니다. 따라서 고용주의 보상책임이 발생하며, 산재보험은 이러한 '보상'의 측면을 반영한다. 통합적 사회보험의 운영을 주장했던 베버리지조차도 산업재해의 특수성을 감안하여 산재보험에 대해 특별처우할 것을 제안했다(Beveridge, 1942: 121). 그러나 특별처우는 법률적, 행정적으로 산업재해와 비산업재해를 구분해야 할 필요성을 발생시키고, 자연스럽게 재해발생의 원인에 따라 급여지급 여부를 결정하는 원인주의적 접근으로 귀결된다. 재해의 원인이 업무 때문이라면 산재보험의 적용대상이 되겠지만, 그렇지 않을 경우 특별처우 대상에서 제외되는 것이다.

사회보장제도가 도입되었던 초창기에는 산재보험뿐만 아니라 다른 사회보장제도에도 이러한 원인주의적 접근이 폭넓게 존재하였다. 20세기 초 사회보장제도들은 음주경력자, 작업장(*workhouse*) 입소 경력자,

도박 전력자 등의 수급권을 엄격하게 제한하였으며, 도덕성 심사도 성행하였다. 하지만 복지국가가 확대되면서 이러한 원인주의적 접근은 대부분 소멸되었다. 그 이유로는 첫째, 문제의 발생 원인을 특정한 개인에게 귀착시키기 힘든 사회적 위험이 확대되면서 엄격한 원인주의적 접근의 적용이 불가능한 경우가 많아졌다(김상균, 1987: 28). 둘째, 사회권(*social right*)의 확대는 원인주의적 접근이 생존권과 인도주의적 관점에서 효과적이지 않다는 인식을 확산시켰다. 예컨대 어떤 노인이 무절제한 음주와 도박 때문에 노후생존의 위기에 처했다고 하자. 현대 복지국가는 이 노인에 대한 급여를 제한하지 않는다. 과거 잘못 때문에 굶어 죽게 내버려 둘 수는 없다는 것이다. 현대 국가는 생존권 보장 차원에서 최소한의 생계급여를 제공하는데, 이러한 접근을 결과주의라고 한다. 즉, 원인이 무엇이든 현재의 결과적 상태만을 고려하는 것이다. 복지국가가 발전하면서 대부분의 사회보장제도들은 대상자 선정에서 결과주의적 원칙을 견지하게 되었다. 그 결과 업무상 재해 여부에 따라 적용대상을 구분하는 산재보험제도는 오늘날 원인주의적 접근을 취하고 있는 거의 유일한 제도로 남게 되었다(석재은, 2003; 김진구, 2003 참조).

그러나 복지국가 출범 이후 사회보장제도의 급여수준이 크게 높아지면서 베버리지가 언급한 특별처우 자체가 의미 없는 국가들이 나타나게 되었다. 1948년 영국에서 무상의료를 제공하는 국민건강서비스(NHS) 제도가 출범하면서 산재보험의 요양급여는 더 이상 업무상 재해와 비업무상 재해를 구분할 필요성이 없게 되었다. 상병급여(*sickness benefit*)의 수준이 높아져서 산재보험의 휴업급여와의 차이가 거의 없게 되면 업무상 재해와 비업무상 재해를 구분할 필요성이 사라진다. 영국에서는 이미 요양급여와 휴업급여, 그리고 유족급여에서 다른 사회보장제도와 산재보험의 차이가 없어짐에 따라 업무상 재해와 비업무상 재해를 구분하는 원인주의적 접근이 사라졌다.

전후 복지국가의 발달과 함께 산재보험의 원인주의적 접근은 점진적으로 약화되고 있다. 원인주의적 접근이 약화되는 경로는 크게 세 가지로 구분된다.

첫 번째 경로는 위의 영국의 예처럼 산재보험의 일부 급여들이 다른 사회보장체계에 통합되어, 업무상 재해와 비업무상 재해의 구분이 무의미해지는 것이다. 산재보험급여는 크게 요양급여, 휴업급여, 장해급여, 유족급여, 재활급여로 구성된다(ILO, 1984: 44~45). 하지만 산재보험제도의 주요급여들은 내용 면에서 의료보장제도의 요양급여와 상병급여, 공적연금제도의 장애연금과 유족연금, 장애인 직업재활서비스와 완벽하게 중복된다. 단지 '보상'적 성격의 특별처우에 따라 양적 차이만 존재할 뿐이다. 이러한 양적 차이 때문에 재해근로자들은 건강보험이나 공적연금보다 산재보험을 선호하게 되고, 업무상 재해의 인정을 둘러싼 분쟁이 촉발된다. 이는 우리나라와 같이 의료보장제도와 산재보험의 격차가 큰 국가일수록 더욱 심각하게 나타난다. 그러나 영국이나 덴마크처럼 전국적인 무상의료체계를 구축하고 높은 수준의 상병급여를 제공한다면, 이러한 구분은 무의미해진다. 이에 따라 산재보험의 요양급여와 휴업급여를 의료보장제도로 통합시킨 국가들이 나타났는데, 영국, 오스트리아, 덴마크 등이 대표적인 예라고 할 수 있다. 나아가 노르웨이와 룩셈부르크는 현금급여인 휴업급여와 유족급여를 각각 의료보장제도와 공적연금제도에 통합시켰다.

두 번째 경로는 첫 번째 경로의 확장판으로 산재보험의 모든 급여가 다른 사회보장제도로 통합되는 것이다. 이는 사실상 산재보험제도는 소멸되는 것을 의미한다. 네덜란드는 1967년부터 산재보험급여를 건강보험, 상병급여, 장애급여, 유족급여로 통합하였다. 이에 따라 1907년부터 운영되던 산재보험제도를 공식적으로 폐지하였다(Williams Jr., 1991: 138). 네덜란드는 더 이상 업무상 재해와 비업무상 재해를 구분하지 않으며, 이를 둘러싼 분쟁도 존재하지 않게 된 것이다. 네덜란드와 같이 완전통합에는 이르지 못했지만 영국은 요양급여, 휴업급여, 유족급여가 의료보장제도와 공적연금제도에 통합되어 있으며, 단지 장애연금에서만 보상적 프리미엄을 인정하고 있다. 이는 거의 완전통합에 다가선 형태이며, 장애급여마저 통합한다면 영국은 네덜란드에 이어 산재보험제도를 폐지하는 두 번째 국가가 될 것이다.

세 번째 경로는 산재보험의 독립된 틀을 유지하되, 비업무상 재해로 보상범위를 확장하는 형태이다. 이는 산재보험이 고용주 보험의 틀을 벗어나 강제가입식 상해보험으로 전환되는 것을 의미한다. 1925년 독일을 필두로 거의 모든 국가들이 출퇴근 재해를 산재보험의 보상범위에 포괄하였으며, 전후에는 노동과정과 전혀 상관없는 비업무상 사고까지 적용위험을 확장하고 있다. 예컨대 독일의 산재보험은 학교교육과정에서 발생한 사고까지 보상하고 있으며, 스위스의 산재보험은 가입자들이 여가생활 중 발생한 사고까지 보상 영역을 확장하였다. 이러한 적용범위의 확장은 산재보험의 고용주 책임보험적 성격을 약화시킨다. 즉, 산재보험의 가입대상이 노동자뿐만 아니라 학생, 직업훈련생, 자영업자 등으로 확대되고, 보험료 부담에 있어 고용주 유일부담의 원칙이 점차 완화된다. 특히 비업무상 재해에 대해서는 노동자들도 보험료를 부담하는 것이 일반화됨에 따라 고용주 보험의 성격이 크게 완화되었다. 비업무상 재해로 적용위험을 계속 확대하면 종국적으로 강제가입식 상해보험에 도달하게 되는데, 이는 특별한 위상을 갖고 있던 산재보험의 실질적 폐지를 의미한다는 점에서 두 번째 경로와 지향을 공유하고 있다. 뉴질랜드와 스위스, 그리고 서사모아가 이러한 상해보험적 경로의 전형으로 제시된다(Williams, Jr., 1991: 149).

전후 복지국가의 발달과 함께 산재보험의 고용주보험적 성격과 원인주의 접근은 점차적으로 완화되어 왔다. 이미 언급한 바와 같이 산재보험의 주요급여들은 다른 사회보장제도의 급여들과 내용 면에서 대부분 중복되며, 다른 제도들의 급여수준이 높아지면 산재보험은 자연스럽게 다른 제도에 통합될 가능성이 높다. 산재보험은 산업재해에 대한 접근이 산재보상에서 사회보장으로 이행되는 과정에서 나타난 과도기적 형태이며, 이에 따라 노동법과 사회보장제도의 성격을 동시에 가지는 중간적 속성의 제도로 볼 수 있다. 하지만 전후 지속적으로 확대되었던 복지국가는 1980년대 이후 더 이상의 팽창을 멈추었고 한동안 정체된 상태에 머물고 있다. 현재의 상태가 지속된다면 산재보험은 계속해서 유지될 공산이 크다. 결국 산재보험제도의 운명은 다른 사회보장제도의 발전에 달려 있는 셈이다.

2. 주요 국가들의 산재보험 현황과 유형

복지국가 출범 이후 결과주의적 접근이 확장됨에 따라, 산재보험의 형태는 다양해졌다. 이에 따라 산재보험을 국가와 민간이라는 운영주체의 측면과 결과주의로의 이행 정도에 따라 분류하면 〈그림 7-1〉과 같이 제시될 수 있다. 〈그림 7-1〉에서 종축은 운영주체를 의미하며, 국가운영 체제와 민간운영으로 구분된다. 민간보험을 주요운영체계로 하고 있는 국가에는 〈그림 7-1〉과 같이 미국, 핀란드, 스위스, 덴마크 등이 있다. 〈그림 7-1〉의 횡축은 사용자책임으로부터 사회보장으로의 이행정도, 즉 원인주의로부터 결과주의로의 이행 정도를 의미한다. 〈그림 7-1〉의

〈그림 7-1〉 주요국들의 산재보험제도 유형에 따른 분류

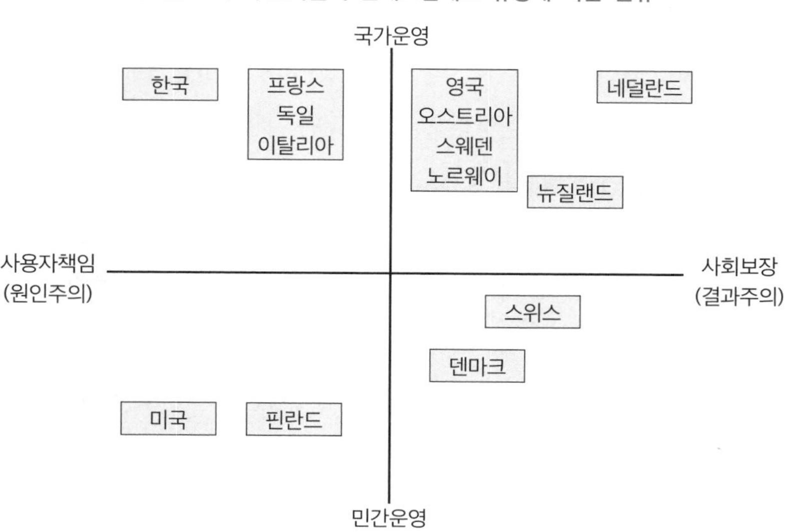

자료: 김진구, 2003: 42.

횡축에서 각국의 위치가 결정되는 핵심적 요소는 '노동자가 업무상 재해를 당했을 때와 비업무상 재해를 당했을 때 사회보장급여가 얼마나 차이나는가'이다. 중간에 위치한 국가들은 업무상 재해 여부를 여전히 구분하고 있으나 인정 여부에 따른 사회보장급여의 차이가 크지 않은 국가들이다. 반면 네덜란드와 같이 산재보험이 완전히 해체된 국가는 극단적인 결과주의로 배치된다. 반대로 한국과 미국처럼 공적 의료보장체계의 미비로 인하여 업무상 재해 인정 여부에 따라 사회보장 수준에 현격한 차이가 있는 국가들은 극단적인 원인주의로 평가될 수 있다.

1) 완전 사회보장통합형 국가: 네덜란드

〈그림 7-1〉에서 네덜란드는 결과주의의 이념형적 극단에 위치하고 있다. 이는 산재보험제도가 사회보장체제에 완전 통합되었으며, 산재보험은 더 이상 존재하지 않음을 의미하는 것이다. 네덜란드는 1907년 산재보험제도를 도입하여 운영했으나, 1967년 이를 폐지하였고 재해근로자들에 대한 급여는 의료보장제도와 공적연금제도로 통합하였다. 네덜란드에서 요양급여는 건강보험을 통해 제공되며, 휴업급여는 상병급여에 흡수되어 지급된다. 따라서 업무상 재해이든 아니든 동일한 의료서비스와 소득이 제공되고 있다. 상병급여는 소득의 70%를 최대 104주까지 지급하는데, 최고보상일액의 제한을 받는다. 2022년 현재 최고보상일액은 209.26유로이다. 소득이 최저임금보다 낮으면 소득대체율은 100%까지 상향조정될 수 있다. 장해급여는 장애연금에 통합되어 있다. 80% 이상의 중증장애인은 최대 104주 동안 소득의 75%를 연금으

로 받는다. 유족급여 역시 공적연금제도에 통합되어 운영되고 있으며(Williams, Jr., 1991: 141), 2018년 현재 배우자에게는 매월 1,178.38유로가 지급되며, 21세 미만의 유족에게는 매월 1인당 755.92유로가 지급된다.

2) 산재보험에서 상해보상보험으로의 전환형 국가: 뉴질랜드와 스위스

네덜란드가 산재보험을 사회보장체계에 완전통합시킨 반면, 뉴질랜드와 스위스는 산재보험의 틀을 유지하면서 비업무상 재해를 최대한 포괄하였다. 그 결과 이 두 국가에서 산재보험은 업무상 재해뿐만 아니라 일상적인 재해(*accident*)까지 포괄하는 상해보상보험의 성격으로 전환되었다. 스위스는 국가에 의해 산재보험 운영이 독점되지 않고 민간기관의 경쟁적 참여가 이루어지고 있다. 1984년 민간기관의 경쟁적 참여가 허용된 이후 전체 산재보험 적용자의 50%가량이 공공기관인 SUVA 이외의 민간보험회사에 가입된 것으로 파악되고 있다(박찬임, 2001: 117; 이정우·김희년, 2017: 37). 뉴질랜드도 과거에는 산재보상에 민간기관이 참여했으나 2000년부터 ACC(Accident Compensation Corporation)만이 상해보상보험을 독점적으로 운영할 수 있도록 재해보험법이 개정되면서, 현재는 국가독점적인 운영체제가 성립되었다(ACC, 2003).

뉴질랜드는 1908년부터 산재보험제도를 운영하였으나, 비업무상 재해에 대한 포괄문제가 공론화되면서 1974년 상해보상보험제도를 도입하였고, 이를 관장하기 위한 기관으로 ACC를 창립하였다. 이는 산재보험, 자동차보험, 범죄피해자 보상제도, 기타의 사고에 적용되는 보통법상의 과실상계 시스템을 통합한 사회보험제도였으며, 이는 모든 뉴질랜드 거주민에게 보편적으로 적용되었다(Williams, Jr., 1991: 143~144). 이 제도를 통해 산재사고, 자동차사고 및 기타 상해사고는 모두 구분 없이 동일한 급여가 제공되는 결과주의적 접근이 만들어졌다. 문제는 이러한 결과주의적 접근이 사고성 재해에만 해당되며, 직업병과 일반 질병 사이에는 여전히 업무 기인성에 따른 구분이 존재한다는 것이다(Williams, Jr., 1991: 143).

뉴질랜드와 같이 사고성 재해와 관련된 제반 제도를 통합시킨 것은 아니지만, 스위스는 기존의 산재보험에 비업무상 재해를 순차적으로 포함하는 방향으로 결과주의적 접근을 확대하였다. 1918년부터 시행된 스위스의 재해보험(UV)의 출발은 산재보험이었지만 일찍부터 비업무상 재해, 특히 레저 관련 사고들을 대상범위에 포함했다. 1922년 레저스포츠, 1936년 모토보트, 1942년 자가용 자동차, 1968년 여가용 오토바이 및 비행기 등이 순차적으로 재해보험에 적용되었다(이정우·김희년, 2017: 30). 스위스처럼 확연한 것은 아니지만 독일도 산재보험에 학교교육과정의 사고를 포함했다. 그 결과 학생, 직업훈련생, 유치원생 등과 같은 비근로자들에게도 보험이 적용된다(Williams, Jr., 1991: 120).

3) 부분 사회보장통합형 국가: 영국과 북구 국가들

NHS 체제로 의료보장제도가 구축된 영국, 스웨덴, 덴마크에는 산재보상의 요양급여가 따로 존재하지 않는다. 휴업급여 역시 상병급여와 동일하게 주어진다. 따라서 재해근로자의 경우 재해발생 초기 업무상 재해 여부를 엄격하게 따질 필요가 없다. 다만 정도의 차이는 있지만 재해근로자가 장애가 생겼거나 사망했을 경우 지급되는 장애연금이나 유족보상은 어느 정도 차이가 나며, 이는 여전히 업무상 재해를 구분하고 있다. 2011년부터 사회보험 방식에서 NHS 체제로 전환한 노르웨이도 과거에는 산재보험의 요양급여와 의료보장제도가 통합되었으나, 최근 의료보장체계에서 의료서비스에 대한 본인부담금을 확대하면서 전액 무료로 제공되는 산재보험의 요양급여와 차이가 발생하게 되었다.

하지만 노르웨이는 휴업급여와 유족보상이 상병급여와 유족연금에 통합되어 있다. 이는 영국과 룩셈부르크도 마찬가지이다. 따라서 장애보상에서만 차이를 나타내는데, 노르웨이의 장애연금은 일반장애인이나 산재장애인 모두 완전장애 시 40년 기여를 조건으로 소득의 66%를 지급하며, 장애 정도에 따라 연금액을 감소시키고 있다. 그러나 일반장애인의 경우 40년 기여조건에 미달할 경우 연금액이 비례적으로 감액되는 반면 산재장애인은 이러한 감액이 적용되지 않는다(SSA, 2019: 272~275).

덴마크와 스웨덴의 경우 장애연금뿐만 아니라 유족보상에서도 어느 정도 차이가 나타난다. 덴마크의 경우 장애연금은 공공부조와 데모그란트(*demogrant*) 방식에 의해 정액급여로 지급되는 반면 산재보험제도는 소득비례방식으로 완전장애의 경우 83%의 소득을 보장한다.[1] 나아

1 덴마크에서 산재보상은 공적연금이나 의료보장체계와 달리 민간보험회사들에 의해 운영된다.

가 보편적인 기초연금을 운영하는 덴마크의 경우 유족연금은 소액의 정액급여로 지급되는 반면, 산재보험은 배우자에게 최대 10년간 30%의 소득을 지급한다. 스웨덴의 경우에도 산재장애인에게는 소득상실분의 100%를 보상하지만, 일반장애인의 경우에는 이에 미치지 못한다. 산재보험과 공적연금의 유족보상 수준은 대체로 유사하지만 산재보험이 5%포인트 정도 높은 편이다(SSA, 2019: 350~354). 이러한 차이는 결국 중대재해나 직업병에 있어 여전히 업무상 재해를 구분할 필요성을 제기한다.

4) 산재보험 독립형: 독일과 프랑스

이상에서 살펴본 바와 같이 산재보험과 다른 사회보장제도의 통합이 활발하게 진행되지만, 독일, 프랑스, 이탈리아, 핀란드 등은 독립된 산재보험제도를 운영하여, 다른 사회보장제도들과의 독립성을 유지하고 있다. 따라서 이 유형의 국가들에서는 산재보험이 갖고 있는 원인주의적 접근이 여전히 유효하다. 하지만 〈그림 7-1〉에서 이 국가들이 한국과 미국보다 오른쪽에 배치된 이유는 업무상 재해와 비업무상 재해에 대한 사회보장급여의 차이가 크지 않기 때문이다. 즉, 보상 프리미엄으로 인해 산재보험이 다른 사회보장제도에 비해 비교적 높은 수준의 급여를 운영하지만 그 차이가 크지 않다는 것이다. 이에 따라 이 국가들은 원인주의적 접근을 고수하고 있음에도 불구하고 업무상 재해 인정을 둘러싼 논란은 상대적으로 크지 않다.

프랑스의 경우 산재보험은 재해발생 후 처음 28일간은 소득의 60%

를 휴업급여로 지급하며, 그 이후는 80%를 지급한다. 하지만 비업무상 재해의 경우에도 상병급여 소득의 50%를 보전하기 때문에 업무상 재해 인정을 둘러싼 갈등을 완화할 수 있다(SSA, 2019: 124~126). 이탈리아의 경우 산재보험의 휴업급여는 처음 90일간은 평균임금의 60%가 지급되고 그 이후에는 75%가 지급되는 반면, 상병급여는 처음 20일간은 50%가 지급되지만 이후 66.6%가 적용되어 차이를 보이지만 그 정도는 크지 않다(SSA, 2019: 196~198). 독일의 경우 처음 6주간은 고용주가 임금의 100%를 보장하는데, 이는 상병급여도 마찬가지이다. 그러나 이후 산재보험의 휴업급여는 총소득의 80% 수준, 순소득의 100% 수준이 보장되는 데 비해 상병급여는 총소득의 70%, 순소득의 90% 수준이 지급되어, 10%포인트의 격차만을 보인다(SSA, 2019: 136~137). 요양급여의 경우 일반적인 의료보장에 비해 산재보험의 서비스가 더 포괄적인 경우가 일반적이다. 다만 산재보험의 요양급여는 독일과 같이 병원에 대한 선택권이 제한되는 경우가 많다(이현주 외, 2003: 50).

5) 의료보장 부재형: 미국과 한국

이 유형에는 공적으로 운영되는 전 국민 의료보장제도가 없는 미국이나 건강보험제도의 보장수준이 낮고 상병급여제도가 도입되지 않은 우리나라가 해당된다. 건강보험의 저발달로 인해 한국의 재해근로자에게는 업무상 재해로 인정받는 경우와 그렇지 못한 경우에 상당히 큰 보상격차가 발생하게 된다. 한국의 경우 산재보험의 휴업급여는 평균임금의

70%를 보전하는 반면 의료보장제도는 상병급여와 같은 현금급여를 운영하지 않을 뿐만 아니라, 산재보험과 건강보험의 본인부담률은 상당한 차이가 있다. 또한 산재보험제도의 장해연금은 최고 90.1%의 소득대체가 가능하지만, 국민연금제도의 장애연금은 장애 1급의 경우에도 기본연금액(30년 가입한 평균근로자의 경우 소득의 30%)이 보장될 뿐이다. 산재보험제도의 유족연금은 평균임금의 52~67%가 보장되지만, 국민연금은 기본연금액의 40~60%에 그치고 있다. 이는 우리나라가 다른 국가들에 비해 상당히 큰 보상프리미엄을 인정하고 있다는 것을 의미한다. 이러한 차이는 업무상 재해 인정을 둘러싼 갈등을 극대화할 수밖에 없다.

3. 산재보험의 구성요소

산재보험제도는 국가에 의한 강제적 사회보험제도로서 보험가입자들로부터 보험료를 징수하여 재해노동자가 발생하였을 때 국가 행정기구를 통하여 소정의 급여를 제공한다는 사회보험의 일반적 특성을 공유하고 있다. 그러나 그 구체적인 운영메커니즘에서 국가마다 상당한 차이를 나타내고 있다. 이 절에서는 산재보험제도의 구성요소들을 산업재해 인정범위, 적용대상, 급여의 종류와 수준, 재정방식, 행정체계로 나누어 고찰하도록 하겠다.

1) 산업재해의 인정범위

산재보험은 기본적으로 산업재해 문제에 대응하는 것이다. 그러나 국가마다 산업재해를 인정하는 정도는 매우 상이하다. 전통적인 산업재해에 대한 인정은 영국의 1897년 〈노동자보상법〉에서 명료화된 업무 수행성과 업무 기인성이라는 두 요건을 충족할 때 산업재해로 인정하는 것이었다. 이러한 2요건주의는 오늘날에도 산업재해 여부를 판정하는 기준으로 많이 사용된다.

업무 수행성이란 업무를 수행하는 과정에서 재해가 발생해야 한다는 것인데, 보통 고용주의 지휘와 관리하에 있는 경우를 의미하지만 많은 예외적 상황이 존재한다. 1884년 독일 〈산재보험법〉이 도입된 이래, 업무 수행성에 예외적인 상황을 둘러싼 분쟁들이 끊이지 않고 제기되었는데, 분쟁이 있을 때마다 기준이 완화되었다. 작업 직전이나 직후 환복 중에 발생한 재해, 휴식이나 중식 등과 같은 상황에서 발생한 재해, 고용주가 제공한 기숙사에서 발생한 재해, 고용주가 제공한 교통수단에서 발생한 재해 등으로 산업재해의 적용범위가 넓혀졌으며, 1925년 독일 〈사회보험법〉의 개정을 통해 직업병과 통근재해가 산재보험에 포괄되기 시작하였다(Gordon, 1988).

직업병은 작업과정 중의 순간적인 사고의 결과로 발생하는 것이 아니라 장기적인 진행과정을 거쳐 발병하는 것이 보통이므로 업무 기인성의 문제가 보다 심각하게 제기된다. 또한 그 특성상 업무종사기간 외에 발생할 가능성이 높으며, 노동관계상의 요인과 기타 요인이 복합적으로 작용할 가능성이 많고, 개인에 따라 질병 발생이나 정도가 차이가 날 수 있으며, 증상이 일반 질병과 구분되는 직업병으로서의 특이성을 갖지 못할 경우도 많기 때문에 더더욱 업무 기인성을 판단하기 쉽지 않다. 따라서 직업병의 경우에는 업무 기인성의 증명에 다음과 같은 세 가지 방법이 일반적으로 이용된다(이상국, 1994).

① 지정열거방식: 특정 시점에서 발견된 직업병 목록을 열거하여 이에 해당하는 질병을 직업병으로 판정하는 방법으로 노동자의 입증책임은 경감되나 범위를 한정하므로 새로운 직업병에 유연하게 대처하기 힘들다는 약점을 가진다.

② 일반정의방식: 직업병에 대한 일반적 정의만을 하고 구체적으로 문제가 된 질병이 그 정의규정에 해당하는가를 판정하는 방법이다. 이 방법은 광범위성을 장점으로 하나 입증부담이 노동자에게 있기 때문에 전문적 진단을 필요로 하는 결점이 있다.

③ 혼합방식: 일반정의방식과 지정열거방식의 장점을 살리기 위해 혼합한 것으로 직업병 목록과 지정질병 외의 질병에서도 입증과정을 허용하는 방식이다.

대체로 오늘날 대부분의 나라들은 혼합방식을 채택하고 있다. 역사적으로 볼 때 산재보험에서 직업병이 보상대상이 된 초기에는 주로 지정열거방식을 채택하였다. 즉, 특정한 직업병뿐 아니라 그 직업병이 전형적으로 발생하는 산업을 같이 열거한 이행목록표(二行目錄表, *two-column list*)를 기준으로 하여 합치될 경우에만 직업병으로 인정하는 제한된 방법을 사용하다가 최근에 와서는 일반정의방식을 결합한 혼합방식이 주로 사용되고 있다. 이는 주로 현대 산업과정에서 사용되는 화학물질들이 다양하고 복잡하게 급증하였으며, 나아가 의학의 발달로 인하여 직업생활과 특정 질병과의 관계를 해명하는 사례가 증가하였기 때문이다.

2) 산재보험의 적용대상

오늘날 거의 모든 국가에서 영국의 〈노동자보상법〉에 근거한 자발적인 보험제도는 사라졌으며, 강제가입의 사회보험 방식으로 전환되었다. 이에 따라 산재보험을 운영하는 모든 국가는 원칙적으로 국내의 모든 피고용 노동자들을 산재보험의 적용대상으로 포괄하는 것이 일반화되었다. 그러나 예외적인 산업의 경우 적용 제외될 수 있는데, 미국과 캐나다의 일부 주는 농업노동자와 가사노동자를 적용대상에서 제외하고 있다.

1945년까지만 하더라도 피고용 노동자가 아닌 자영업자들을 산재보험에 적용하는 국가는 거의 없었다. 그러나 최근 강제가입을 요구하는 국가들이 나타나기 시작했는데, 스웨덴과 룩셈부르크가 대표적 국가들이다. 그러나 대다수의 국가들은 여전히 적용대상에서 배제하고 있다. 즉, 프랑스, 벨기에, 그리스, 영국, 미국, 호주 등 대부분의 국가들은 자영업자들을 산재보험의 적용범위에 포함하지 않는다. 반면 노르웨이, 스위스, 독일, 덴마크, 핀란드의 경우에는 자발적 신청자에 한해 가입을 허용하고 있다. 독일이나 오스트리아의 경우에는 직업훈련생이나 학생, 유치원생 등과 같은 교육과정생들도 산재보험에 의무가입시키고 있다.

3) 산재보험 급여의 종류

산재보험에서 일반적으로 제공하는 급여는 의료서비스, 일시적 장애급여, 영구적 장애급여, 유족급여, 재활서비스 등 다섯 가지로 구별될 수 있다(ILO, 1984).

(1) 의료서비스

산업재해로 인한 부상과 질병을 치료하기 위한 의료서비스의 제공을 의미하며, 거의 모든 국가에서 무료로 의료서비스를 제공하거나, 치료비 전액을 보상한다. 우리나라에서는 '요양급여'라는 명칭으로 지급되고 있다.

(2) 일시적 장애급여

산업재해로 인하여 일시적으로 소득능력을 상실할 경우 과거 소득의 일정분을 보상하는 급여이다. 우리나라에서는 '휴업급여'라는 명칭으로 지급된다. 〈표 7-1〉은 영국, 덴마크 등과 같이 정액제로 휴업급여를 지급하여 객관적 비교가 쉽지 않은 일부 국가들을 제외한 주요 국가들의 휴업급여수준을 제시하고 있다.

〈표 7-1〉에 의하면 노르웨이와 룩셈부르크는 휴업급여로 소득의 100%를 보전하며, 남미 국가인 아르헨티나와 멕시코도 마찬가지이다. 〈표 7-1〉에는 러시아밖에 제시되지 않았지만 구사회주의권 국가들도 소득의 100%를 보전하는 국가들이 많다. 스웨덴, 독일, 브라질, 프랑스, 일본, 캐나다, 스위스, 호주, 뉴질랜드 등은 소득의 80% 이

〈표 7-1〉 주요국의 산재보험 휴업급여수준

급여	급여수준	통합 여부
스웨덴	15~364일간 임금손실의 80% 지급 (14일까지는 고용주가 80% 지급) 중증질환일 경우 최대 550일까지 75% 추가지급	상병급여와 동일
네덜란드	104주 동안 임금의 70% 지급	상병급여와 통합
독일	78주 동안 총임금의 80% 지급	
오스트리아	12주까지 고용주가 100% 지급, 13~16주는 50% 지급 16주 이후 가입기간에 따라 보험조합에서 26~52주간 50% 지급	상병급여와 통합
벨기에	182일간 소득의 60% 지급 (한 달간 고용주가 85.88~100% 지급)	상병급여와 통합
프랑스	평균임금의 80% (처음 28일간은 60%)	
이탈리아	평균임금의 75% (처음 90일간은 60%)	
룩셈부르크	평균임금의 100% (처음 77일은 사용자가 지급) 104주 기준기간 동안 52주까지 지급 가능	상병급여와 통합
노르웨이	최대 52주간 임금의 100% (처음 16일은 사용자가 지급)	상병급여와 통합
포르투갈	12개월간 총소득의 70%, 이후 회복이나 장애급여수급까지 75%	
러시아	회복되거나 장애급여 수급까지 총소득의 100% 지급	
스페인	12개월간 평균임금의 75% 지급. 재활치료 시 6개월 연장 가능	
스위스	3일 후부터 회복되거나 장애급여 수급 시까지 소득의 80% 지급	국가민간혼합체계
아르헨티나	회복되거나 장애급여 수급까지 소득의 100% 지급	강제가입민간보험
브라질	평균임금의 91% (15일간 사용자가 100% 지급)	
캐나다	지역에 따라 순소득의 75~90% 지급	
멕시코	최대 52주간 임금 100% 지급	
미국	3~7일의 대기기간 후 임금의 66.6% 지급	강제가입민간보험
호주	주마다 다양하지만 적어도 13주간 최소 임금의 95% 이상	국가민간혼합체계
일본	평균임금의 80% (휴업보상급부 60% + 휴업특별지급금 20%)	
뉴질랜드	총소득의 80% (7일간 사용자가 100% 지급)	강제상해보험체계

자료: SSA, 2018; 2019; 2020.

상을 지급한다. 우리나라의 '휴업급여'는 평균임금의 70%를 지급하는데, 우리나라와 동일하거나 그 이하를 지급하는 국가는 네덜란드, 벨기에, 미국 정도가 거론될 뿐이다. 우리나라도 국제적 추세를 고려할 때 휴업급여수준을 80% 정도로 상향조정할 필요가 있다.

〈표 7-1〉을 보면 휴업급여의 급여지급기간을 제한한 국가와 그렇지 않은 국가로 나뉘는 것을 볼 수 있다. 스웨덴, 독일, 네덜란드, 오스트리아, 룩셈부르크 등은 최대지급기간을 명확하게 설정해 급여지급기간을 제한하는 반면, 프랑스, 캐나다, 스위스 등은 완쾌되거나 장해급여로 전환될 때까지 휴업급여를 제공하고 있다. 그러나 급여지급기간의 설정 여부에 상관없이 휴업급여의 종착역은 완쾌해서 직업에 복귀하거나 장해급여를 받거나 둘 중에 하나일 뿐이다. 휴업급여의 지급기한을 제한한다는 것은 후속 프로그램이 준비되어 있다는 것을 의미하는데, 후속 프로그램은 장해급여일 수밖에 없다. 결국 휴업급여의 지급기간을 제한하는 문제는 휴업급여와 장해급여의 격차에 의해 좌우된다. 격차가 크지 않은 국가는 휴업급여의 지급기간을 제한하고 장해급여로 전환해도 큰 문제가 없겠지만, 격차가 큰 국가는 반발을 가져올 것이다.

(3) 영구적 장애급여

산업재해로 인하여 영구적 장애를 입었을 경우 제공되는 급여로, 우리나라의 '장해급여'에 해당된다. 보통 장애정도에 따라 지급액이 달라지는데, 등급에 따라 소득의 3분의 2에서 100%까지를 연금형태로 지급하는 것이 일반적이다. 그러나 장애정도가 크지 않아 보상률이 낮을 경우 일시금으로 제공되기도 한다. 영구적 장애급여는 장애정도에 따라

보상액이 좌우되므로 장애정도를 어떻게 측정하느냐가 중요하다. 보통 장애정도 측정 방법에는 다음과 같은 세 가지가 있다(Rejda, 1994).

① 신체적 손상: 신체기능상의 물리적, 정신적 손실을 기준으로 급여액을 산정하는 방식이다. 신체적 손상은 상대적으로 간편하게 측정될 수 있다는 장점을 갖지만, 재해에 의한 실제 재정손실을 직접 반영하는 것은 아니라는 약점을 갖는다. 예컨대, 손가락이 절단된 피아니스트나 변호사의 손실은 똑같이 측정된다. 하지만 임금손실분이나 근로소득능력 상실로 장애의 손실을 측정할 경우 재해근로자들은 급여수준의 하락을 우려하여 재취업 프로그램이나 재활 프로그램의 참여에 소극적이지만, 신체적 손상으로 측정할 경우 마음 편하게 참여할 수 있다는 장점이 있다.

② 임금손실: 실제 임금손실분(*wage-loss approach*)으로 손해를 측정하는 것이다. 즉, 재해 발생 전 임금과 이후 임금 사이의 차액만큼을 전액 보상하는 방법이다. 임금손실분 보상의 장점은 업무상 재해로 인한 소득상실의 보전에 가장 충실한 방법이며, 이에 따라 산재보험의 목적에 가장 부합하는 방식이라는 것이다. 나아가 실제 소득상실이 가장 큰 사람들, 즉 가장 경제적인 욕구가 큰 사람들에게 자원을 집중시킬 수 있다는 점에서 목표 효율성이 크다. 하지만 재해 이후 소득이 늘어나면 급여가 감소하기 때문에 근로자들의 근로유인과 재취업 동기를 하락시킨다는 문제를 갖는다. 또한 재해 이후의 소득감소가 실제 재해 때문인지를 확정하기 힘들다. 예컨대, 경제침체 때문일 수도 있고 산업구조의 변화 때문일 수도 있는 것이다. 나아가 심각한 신체적 손상을 입었더라도 실제 소득손실이 없는 경우에는 전혀 보상이 없으므로 불공정성

의 문제가 제기될 수 있다.

③ 근로소득능력 상실: 근로소득능력 상실로 장애에 따른 손실을 측정하는 방법이다. 이 접근은 직종, 연령, 교육수준, 경력 등을 고려하여 미래의 소득상실분을 예측하여 보상하는 방법이다. 대체로 민사소송의 손해배상액 산정에서 많이 쓰이는 방식이다. 그러나 기본적으로 근로소득능력의 상실에 대한 산정이 매우 주관적이며, 그 결과 많은 법률적 분쟁을 일으킬 수 있다. 또한 이러한 접근이 미래의 소득을 정확히 예측할 수 있다는 객관적 증거는 거의 없다는 점에서 약점을 가진다. 또한 신체적 능력이나 직업능력이 향상되면 급여액이 줄어들 가능성이 있기 때문에 재해근로자들이 재활 프로그램에 참여하는 것을 기피하게 하는 요인으로 작용할 수 있다. 근로소득능력 상실로 장애의 손실을 측정하던 영국이 1946년 〈국민보험법〉 제정을 통해 신체적 손상을 중심으로 측정방법을 바꾼 이유는 재해근로자들이 재활 프로그램과 고용 프로그램에 참여하기를 기피하였기 때문이다.

대체로 많은 나라들에서 근로소득능력 상실을 장애등급을 결정하는 데 있어 중요한 기준으로 삼고 있으며, 주요 국가들 중 우리나라와 영국만이 신체적인 손상을 기준으로 장애등급을 판정하고 있다.

(4) 유족 급여

산업재해로 인하여 노동자가 사망 시 유족들에게 지급된다. 대부분의 국가에서 연금방식으로 지급되지만, 호주와 같이 일시금으로 지급되는 국가도 있다. 또한 대부분의 국가에서 노동자 사망 시 유족급여에 덧붙여 장례비를 일시금으로 지급하고 있다. 우리나라도 연금의 형태로 유족급여가 지급되며, 유족이 없을 경우에만 일시금이 허용된다. 장례비는 실제 장례를 행한 사람에게 지급되고 있다.

(5) 재활서비스

산재보험을 운영하는 대부분의 국가들은 다양한 사회보장제도를 통해 장애인 재활 프로그램을 제공하고 있다. 제 2차 세계대전 이후 많은 국가들이 장애인에 대한 의료재활, 직업재활, 사회재활을 중요한 사회정책의 목표로 설정하면서, 재해근로자들은 정부의 장애인 재활 프로그램과 연계되어 재활서비스를 제공받고 있다. 산재보험제도 내에서 별도의 재활센터를 운영하는 경우도 있지만, 일반 장애인 재활기관과 연계된 서비스를 제공하기도 한다.

많은 국가들이 근로소득능력 상실을 기준으로 장애에 따른 손실을 측정하면서, 산재보험의 장해급여와 재활서비스 간에는 일정한 딜레마가 존재하고 있다(ILO, 1984). 성공적인 재활서비스는 근로소득능력을 향상시키기 때문에 장해급여수준을 떨어뜨리는 작용을 할 수가 있기 때문이다. 이에 따라 급여수준의 하락을 염려한 재해근로자들이 재활 프로그램의 참여를 꺼리게 된다.

4) 산재보험의 재정운영

대부분의 국가에서 산재보험은 고용주의 보험료로 운영되며, 사업장의 위험도에 따라 차등화된 보험료율을 부과하는 실적요율(*experience rating*) 체계를 따르고 있다. 다만 통합형 사회보험제도를 운영하는 일부 국가들을 중심으로 예외가 존재하는데, 오스트리아, 아일랜드, 스웨덴, 영국, 룩셈부르크, 노르웨이의 경우에는 실적요율을 사용하지 않고 고용주가 정률 납부하도록 하고 있다. 벨기에와 같이 직업병에는 정률의 보험료를 부과하지만, 업무상 사고에 대해서는 실적요율을 적용하는 국가도 존재한다(Gordon, 1988). 하지만 절대다수의 국가들이 실적요율체계에 의존하고 있다. 이와 같이 산재보험에 실적요율이 일반화된 이유는 산재보험이 재해보상 차원에서 출발했기 때문이다. 이에 따라 보상책임을 실적에 따라 차등화하는 민간보험의 원리가 일찍부터 도입되어 정착하였다. 또한 미국을 비롯한 일부 국가들은 재해발생도에 따라 보험료를 차별화함으로써 고용주의 재해예방 노력을 유도할 수 있다는 점을 고려하기도 하였다.

실적요율에는 여러 가지 방식이 존재하는데, 대체로 4가지로 구분된다(Williams, Jr., 1986). 이 방식들은 한 제도 내에서 몇 가지가 혼합되어 사용되기도 한다.

① 등급요율(*class premiums*): 동일 등급에 속하는 위험에 대해 동일한 보험요율, 즉 평균요율(*average rate*)을 적용하는 방식이다. 보통 산재보험에서는 업종별 내지 산업별 위험도를 측정하여 해당 등급의 보험요율을 부과한다. 우리나라도 사업장을 28개 업종으로 구분하여 해당 업종의 평균요율을 부과한다.

② 개별경험요율(*experience rating*): 각 위험의 과거 손해실적에 따라 차기 보험료에 차등을 두는 방식이다. 산재보험에서는 보통 과거 3년간의 재해발생 정도나 보험급여지급 정도를 기준으로 고용주의 등급요율을 인상하거나 감면해 준다. 미국의 일부 주에서는 과거 3년간의 실

적뿐만 아니라 더 많은 연도의 안정성을 고려하여 신뢰도 점수까지 반영한다. 즉, 과거 3년간의 실적에 극단치가 포함될 경우 보험료율의 변동 폭이 커지게 되므로, 3년 이상의 변동 폭을 고려하여, 변동 정도가 낮을수록 같은 실적이라도 더 많은 감면을 주는 방식이다.

③ 예정요율(*schedule rating*) : 예정요율이란 등급요율을 기초로 각 위험의 특수성을 반영하여 최종적 요율을 산출하는 방식이다. 예를 들면, 자동차보험에서 운전자의 나이, 성별, 운전경력 등 기본적 사항에 따라 기본 보험요율을 책정한 후, 개인의 주행거리, 에어백과 같은 안전장치의 장착 여부에 따라 요율을 조정하는 방식이다. 산재보험의 경우 등급요율이 결정된 후 고용주가 산재예방 프로그램을 도입했다든가 안전관리자를 채용했다든가 등의 조치를 취했을 때 보험료를 할인해 주는 경우를 대표적인 예로 거론할 수 있다. 2014년부터 우리나라 산재보험에 도입된 산재예방요율도 여기에 포함된다고 볼 수 있다.

④ 소급요율(*retrospective rating*) : 당해 보험기간의 손실에 따라 당해 보험기간의 보험료가 결정되는 방식이다. 특정 기간, 보통 1년을 기준으로 운영되며 고용주는 실적요율에 의해 책정된 보험료를 선납하고 사후 고용주가 발생시킨 손실에 따라 소급정산하여 보험료를 확정하는 방식이다. 단, 소급정산은 사전에 설정된 상하한선의 범위 내에서 이루어지는 것이 보통이다. 따라서 보험료율은 고용주가 발생시킨 손실 + 기본보험료로 구성되는데, 기본보험료는 고용주의 손실이 상하한선의 범위를 벗어나 발생하는 손실초과분과 경직성 경비를 반영한 것이다. 소급요율은 고용주가 발생시킨 손실이 즉각적으로 보험료율에 반영된다는 측면에서 장점을 갖지만, 변동성이 커지는 문제를 갖는다.

4. 산재보험의 재해예방 효과

산업재해에 대해 사후보상을 제공하는 산재보험은 사용자와 근로자들의 재해예방 동기에 영향을 미치기 때문에 산업재해 발생정도에 영향을 줄 수 있다. 산재보험제도가 산업재해 발생에 미치는 영향은 노동수요 측면인 고용주들의 재해예방 노력에 영향을 미치는 측면, 그리고 노동공급 측면인 노동자들의 행위에 영향을 미치는 측면으로 구분할 수 있다.

먼저 고용주의 재해예방 노력과 관련하여 보면, 대부분의 국가에서 산재보험료는 전액 고용주가 부담하고 있다. 만약 산재보험의 보상수준이 높아지면 고용주의 부담도 늘어나지만, 그렇기 때문에 재해예방 투자에 따른 산재발생 감소의 대가도 커지게 된다. 따라서 산재보험의 높은 보상수준은 고용주들의 재해예방 노력을 유도할 수 있다(Chelius, 1982). 나아가 개별실적요율을 채택하는 국가들에서는 고용주의 보험료율이 개별 기업의 실적을 반영하게 되므로 고용주들의 재해예방 동기를 더욱 높일 수 있다.

높은 산재보험의 보상수준이 고용주의 재해예방 동기를 높일 수 있는 반면, 노동자들의 재해예방 노력은 감소시킬 수 있다. 산업재해를 당할 경우 노동자는 육체적 고통을 받으며, 소득상실과 의료비용을 감수해야 한다. 그러나 산재보험이 소득상실과 의료비용을 보전해 줄 경우 노동자들이 감수해야 할 부담은 경감된다(Chelius, 1982). 이러한 부담의 완화는 노동자들의 도덕적 해이를 발생시킬 수 있다. 노동자들에게 발생하는 도덕적 해이는 크게 두 가지 측면에서 산업재해를 증가시킨다(Dionne & St-Michel, 1991).

첫째, 산업재해에 대한 노동자 자신의 자기예방 노력이 감소한다. 산업재해는 신체적 고통을 수반하기 때문에 노동자가 고의로 산업재해를 유발하는 경우는 드물다. 따라서 산재보험의 도덕적 해이는 별다른 신체적 고통을 수반하지 않는 실업보험의 도덕적 해이처럼 심각하지 않을 수도 있다. 그러나 조심성 없게 일을 한다든지, 보다 위험한 일이나 작업과정을 선택한다든지 하는 동기를 유발할 수 있다. 그 결과 산재보험의 보상수준이 높을수록 산업재해의 발생이 빈번하게 나타날 수 있다는 것이다.

둘째, 산업재해 신고율을 높이거나 산재보험의 보상기간을 늘림으로써 기록된 산업재해를 증가시킬 수 있다. 이는 실제적인 산업재해의 숫자를 늘린다기보다는 사회에서 산업재해로 집계되는 사고의 숫자를 늘림으로써 산업재해율을 높이는 것이다. 산재보험이 없다면 산업재해는 노동자들에게 소득의 상실과 의료비용의 지출을 의미하므로 작업과정 중에 사소한 부상을 당하더라도 대부분의 노동자들은 참고 일할 것이다. 그러나 높은 수준의 산재보험이 존재한다면 노동자들은 참고 일하기보다는 산업재해의 발생을 신고하고 산재보상을 받으려고 할 것이다. 따라서 산재보험의 보상수준이 높아지면 평소 산업재해로 기록되지 않을 사소한 부상들도 산업재해로 집계될 가능성이 높아진다. 또한 산재보험이 없다면 산업재해를 당한 노동자는 소득상실과 의료비 부담 때문에 되도록 빨리 직장에 복귀하려고 할 것이다. 그러나 산재보험의 수준이 높다면 이러한 동기는 감소한다. 따라서 산재보험의 보상수준이 높으면, 벌써 직장에 복귀했을 노동자들이 계속 요양 중에 있도록 할 가능성이 높아진다.

따라서 보상수준을 어떻게 정할 것이며, 고용주들의 예방 동기에 직접 영향을 미치는 개별실적요율을 어떻게 운영할 것인가는 산재보험의 지속적인 쟁점이 되어 왔다. 산재보험의 재해예방 기능을 강화하려면 보상수준을 낮게 책정하고 사용주에 부과되는 개별실적요율의 조정 폭을 크게 해야 한다. 그러나 보상수준을 낮게 책정하는 것은 재해근로자들에게 충분한 생활안정을 보장해 주는 것을 목적으로 하는 산재보험의 본질에 정면으로 반하게 된다. 나아가 개별실적요율의 조정 폭을 크게 하는 것은 사회연대와 보편주의를 추구하는 사회보험의 원리와 갈등을 일으킨다. 예컨대, 개별실적요율의 엄격한 적용은 재해발생 가능성이 높은 영세사업장이나 한계상황에 직면한 업종에 더 높은 보험료율을 부과하기 때문에 사회적 불평등을 증가시킬 수 있다. 또한 우리나라의 경우처럼 재해예방보다는 고용주들의 산재은폐 동기만 강화할 수도 있다. 따라서 산재보험제도의 재해예방 효과를 강화하는 쪽으로 나아갈 것인가, 아니면 산재보험제도의 목적에 충실한 쪽으로 나아갈 것인가는 중요한 선택의 문제가 된다. 대체로 사회연대성이 높은 스웨덴, 오스트리아, 네덜란드 등의 대륙권 유럽 국가들은 산재보험에 경험료율 대신 균등률을 적용시키면서 비교적 높은 수준의 급여를 제공한다. 반면 미국의 경우 엄격하게 경험료율을 적용하는 한편 다른 국가들에 비해 낮은 수준의 급여를 제공하고 있다.

주로 영미권을 중심으로 급여수준의 조정과 경험료율을 통해 산재예방 동기를 제고시켜야 한다는 주장이 제기되고 있지만, 산재보험제도의 목적에 반할 가능성이 높기 때문에 올바른 방향은 아니라고 판단된다. 산재보험의 목적이 업무상 재해로 인한 소득상실을 보전하고, 충분한 요양서비스와 재활서비스를 제공하며, 재해근로자들의 성공적인 직업복귀를 도모함으로써 사회연대성을 제고하는 것이라면, 급여수준을 높이고 보험가입자들이 되도록 평등하게 비용을 부담하는 것이 바람직하다. 왜냐하면 재해예방을 직접적 목적으로 하는 다른 제도적 장치, 예컨대 〈산업안전보건법〉으로도 충분히 재해예방을 통제할 수 있기 때문에 굳이 산재보험제도가 본연의 목적을 희생시키면서 재해예방에 나설 필요가 없을 뿐만 아니라, 그다지 효과적이지도 않기 때문이다.

산재보험과 산재발생 간 관계에 대한 경험적 연구들은 이론이 설명하는 만큼 두 현상 간 인과관계를 명확하게 보여 주지 못한다(Gordon, 1988: 151~152). 산재보험의 재해예방 효과에 대해 가장 활발하게 논의하는 미국에서도 경험적 연구들의 결과는 일치하지 않는다. 다만 중대재해와 경재해에 미치는 영향을 나누어 분석한 쉘리어스(Chelius, 1982)의 분석은 흥미로운 사실을 제기한다. 미국의 각 주별 휴업급여 대체율과 재해율 간 관계를 분석한 그의 연구에 의하면, 산재보상 수준이 높을수록 산업재해 발생빈도가 커진다. 이는 노동자들의 도덕적 해이 때문일 것이다. 그러나 산재보상 수준이 높을수록 산업재해 1건당 발생한 노동손실일수는 감소하는 것으로 나타나고 있어 산업재해의 강도가 낮아지는 것을 알 수 있다. 즉, 산재보상 수준이 높을수록 전체 산업재해의 숫자는 늘어나지만 중대재해는 줄어드는 것이다. 이는 높은 산재보상 수준은 노동자들이 자기예방 노력을 게을리하게 하거나 신고율을 증가시켜 전체 산업재해 발생건수를 증가시키지만, 중대재해와 같이 비용부담이 큰 산업재해에 대해서는 고용주들의 예방 노력을 강화한다는 것을 의미하는 것이다.

결과적으로 산재보험제도가 재해율에 미치는 영향은 국가마다, 재해의 종류에 따라 상이하다. 그러나 산재보험제도는 재해근로자들의 보호에 충실하고, 산업재해 예방을 직접적인 목적으로 하는 산업안전보건정책이 재해예방을 담당하는 것이 바람직한 방향이라고 판단된다.

제 8 장

공공부조의 원리와 특성

1. 공공부조제도의 개념 및 유형화

공공부조제도란 사회보장제도의 하나로 모든 국민이 인간다운 생활을 영위하도록 하기 위해 국가 및 지방자치단체의 책임하에 생활유지능력이 없거나 생활이 어려운 국민의 최저생활을 보장하고 자립을 지원하는 제도를 말한다. 공공부조제도는 생활유지능력이 없는 빈곤한 생활상태에 있는 자들을 대상으로 하기 때문에 사람들이 빈곤상태에 있는지 여부를 객관적으로 판단하는 자산조사를 실시하고 있다.

공공부조제도는 공공부조의 행정적 책임과 재정 책임을 중앙정부와 지방정부 중 누가 담당하는가에 따라 3가지 유형, 중앙형 공공부조, 지방분담형 공공부조, 지방형 공공부조로 구분할 수 있다(이성기, 1996).

1) 중앙형 공공부조

공공부조의 책임유형에서 중앙형으로 분류되는 공공부조는 대표적 중앙형 국가인 영국과 아일랜드, 영연방인 호주와 뉴질랜드, 그리고 초기부터 중앙집권적인 국가체계를 발전시켜 온 프랑스 그리고 벨기에, 네덜란드, 룩셈부르크에서 볼 수 있다.

중앙형 공공부조의 대표적 예는 영국의 소득지원금(Income Support) 제도이다. 영국 공공부조의 원형은 1948년 〈국민부조법〉(The National Assistance Act)으로부터 시작된다. 국민부조법은 생활수단을 상실하였거나 부족한 국민들의 생존권 요구에 대한 사회적 책임을 규정함으로써 350여 년간 지속해 온 구빈법을 대체하였으며, 공공부조에 필요한 재원을 지방세가 아닌 국세로 전환하여 조달하도록 규정하였다. 영국에서 자산조사를 거쳐 실시되는 데 비해 공공부조는 소득지원금(Income Support), 가족 세액 공제(Family Credit), 주거 수당(Housing Benefit), 지역 사회 수당(Community Charge Benefit), 사회기금(Social Fund) 등이 있다. 이 중에서 소득지원금과 사회기금은 상시 고용이 아닌(주 16시간 미만) 사람에게 지급되고, 가족 세액 공제는 상시 고용인 사람에게만 지급되며, 주거수당과 지역 사회 수당(Community Benefit)은 고용 상태와 상관없이 지급된다.

2) 지방부담형 공공부조

지방부담형은 공공부조 시행의 행정적 책임은 지방정부가 지고 재정적 책임을 중앙정부와 지방정부가 분담하는 유형으로 미국, 캐나다, 일본 그리고 덴마크와 핀란드가 여기에 속한다. 지방부담형의 대표적 제도는 미국의 AFDC 제도이다.

AFDC는 1935년 사회보장법에서 유래한다. 〈사회보장법〉이 규정하는 공공부조 가운데 가장 핵심적이고 규모가 큰 프로그램은 아동이 있는 어머니에게 제공되던 모연금제도의 발전된 형태인 ADC(Aid to Dependent Children)였다. ADC에 의해 제공되는 서비스는 시설보호나 현물이 아닌 현금이었다. AFDC는 이러한 ADC에서 발전된 제도이다. AFDC 수급자격은 사회보장법의 규정에 근거하여 결정된다. 수급아동은 부모의 심신질환, 장기 무주택, 사망 등으로 부모가 양육할 기회를 상실하였거나 빈곤상태에 있어야 하며, 반드시 부모의 집에서 생활하여야 한다. 그리고 수급 아동은 반드시 18세 미만이라야 한다.

AFDC 수급자 선정을 위한 재산 및 소득기준은 주별, 대상자별로 다를 수 있으나, 연방정부가 규정하는 원칙적 선정기준은 가구 총소득이 주가 결정한 표준욕구 수준의 185% 이하인 가구이다.

3) 지방형 공공부조

지방형은 공공부조의 행정적 책임과 재정적 책임을 지방정부가 전담하는 유형으로, 전형적 지방형인 독일을 중심으로 독일로부터 영향받은 오스트리아, 이탈리아, 스페인, 스웨덴, 노르웨이 등이 이에 속한다.

독일의 공공부조(*Sozialhilfe*)는 체계적이고 통일적인 계획에 따라서 입법된 것이 아니고, 과거로부터 내려온 개별적 법률들이 누적되었기 때문에 상당히 복잡한 체계로 되어 있다. 독일 공공부조의 성격은 현금지원에 의한 재정지원뿐만 아니라 현물급여 및 서비스 제공을 통한 종합적 접근에 초점을 두고 있다. 독일 공공부조는 크게 두 가지로 나누어진다. 첫 번째는 생계부조로, 일반적 빈곤계층에 대한 사회적 최저생계를 보장하는 부조이다. 그리고 생계부조는 다시 거택부조와 시설부조로 분류된다. 특별부조는 특수한 생활여건에 처해 있는 대상에 대하여 보호 또는 지원을 하는 제도로서, 자활부조를 비롯하여 의료부조, 장애인 부조 등 13가지 종류로 구분하고 있으며, 담당기관의 판단에 따라 급여의 지급 여부를 결정하도록 하고 있다.

2. 공공부조제도의 목적과 기본원리

1) 공공부조제도의 목적

우리나라의 공공부조법인 〈국민기초생활보장법〉에는 공공부조의 목적에 대해 헌법상 국민의 생존권보장 이념에 그 근거를 두며, 생활유지의 능력이 없거나 생활이 어려운 자에게 필요한 급여를 행하여 이들의 최저생활을 보장하고 자활을 조성하는 것을 목적으로 한다(〈국민기초생활보장법〉 제1조)고 규정되어 있다. 법규정에서 볼 수 있는 것처럼 공공부조제도는 두 가지 측면의 목적을 지니고 있다. 즉, 생활이 곤란한 자에 대한 '최저생활 보장'과 생활이 곤란한 자의 '자활을 조성하는 것'이 그것이다.

(1) 최저생활보장의 목적

공공부조제도는 생활이 곤란한 자의 최후의 안전망으로서 '최저생활'을 보장하는 데 일차적인 목적이 있다. 여기서 '최저생활'이란 헌법 제34조의 '인간다운 생활', 〈국민기초생활보장법〉 제4조의 '건강하고 문화적인' 최저생활을 의미한다.

'최저생활'의 보장은 보건복지부 장관이 정하는 보장기준에 따라서 측정된 보장대상자의 수요를 기초로 하여 본인이나 부양의무자의 자조 노력에 의하여도 보장이 되지 않는 부족분을 급여하는 것을 원칙으로 한다(〈국민기초생활보장법〉 제3조). '필요한 급여'는 주로 현금급여를 원칙으로 하며, 경우에 따라서 현물급여를 제공한다(〈국민기초생활보장법〉 제9조). 현금급여의 원칙이 채택된 것은 비록 피보호자의 생활이라 할지라도 기본적으로는 본인의 자주적 판단에 맡긴다는 것이 법의 취지에 가깝기 때문이다.

(2) 자활조성(자립조장)의 목적

공공부조제도는 단지 최저생활을 보장하는 것만이 아니라 궁극적으로 생활이 어려운 자의 자립을 조장하는 것을 목적으로 한다. 이러한 자활조성의 목적은 〈국민기초생활보장법〉 제1조에 명시되어 있다. 자활조성을 한다는 것은 공사의 보호를 받지 아니하고 자력으로 정상생활을 할 수 있게 원조하는 것을 의미한다. 기초생활보장제도의 급여 중 자활급여가 자활조성을 위한 것이다(〈국민기초생활보장법〉 제 15조). 자활급여의 내용은 자활에 필요한 금품의 지급 또는 대여, 자활에 필요한 기능 습득의 지원, 취업 알선 등 정보제공, 공공근로 등 자활을 위한 근로기회의 제공, 자활에 필요한 시설 및 장비의 대여 등이다.

자활조성이란 경제적 의미에서의 자활뿐만 아니라 인격적 의미에서의 자활을 동시에 의미한다. 따라서 경제적 자활보호뿐만 아니라 비물질적 지원도 필요하다. 따라서 기초생활보장대상자의 자활을 위해서는 사회복지 전문가의 전문적 서비스가 필수적으로 제공되어야 한다.

2) 공공부조의 기본원리

(1) 생존권보장의 원리

〈국민기초생활보장법〉 제 1조는 "이 법은 생활유지의 능력이 없거나 생활이 어려운 자에게 필요한 보호를 행하여 이들의 최저생활을 보장하고 자활을 조성하는 것을 목적으로 한다"고 규정한다. 이 규정 전체가 생존권보장의 원리를 나타내며, 기초생활보장제도는 국민의 생존권을 보장하기 위한 제도로서의 의의 내지 역할을 지니고 있다는 취지의 원리를 나타낸다. 즉, 〈국민기초생활보장법〉은 헌법의 생존권보장 이념을 현실화하고 구체화해야 할 법 질서상의 입장에 있고 이 생존권보장의 이념이 〈국민기초생활보장법〉의 규정 및 그 해석의 지도이념이 되어야 한다는 점을 명백히 한 것이라고 할 수 있다.

(2) 평등보장의 원리

우리나라 헌법에서는 "모든 국민은 행복을 추구할 권리를 가진다"(제 10조), 그리고 "모든 국민은 법 앞에서 평등하다"(제 11조) 라고 규정하고 있다. 또한 〈국민기초생활보장법〉에서는 본 법의 수급권자의 범위를 규정하고 있다(제 5조). 그러므로 본 법의 요건을 충족하는 한 본법상의 보호는 평등하게 행해져야 한다는 원리인 것이다.

모든 국민에 대하여 그의 생활의 어려움에 대하여 포괄적 보장을 해야 할 생존권보장 이념에 입각하여 모든 국민은 공공부조의 법률적 요건을 충족하는 한 원인, 인종, 신조, 성별 및 사회적 신분의 여하를 불문하고, 평등하게 보장을 받을 권리가 있다. 따라서 공공부조제도에 의하여 급여를 받을 원인은 '생활의 어려움'이라고 하는 단일의 사실에 한정되며, 그 보장의 내용은 평등함이 요구된다.

공공부조제도에 의하여 주어지는 보장의 평등은 개인이나 세대에 대하여 일률적이고 기계적이고 평등적인 정의로서의 의미라기보다는 오히려 각각의 최저한의 생활보장상 의미 있는 생활조건의 차이를 인식하며, 이를 고려한 급여의 결과로서 보장되는 최저생활수준이 실질적으로 동일하게 급여가 이루어지는 것을 의미한다. 평등보장의 원리는 공공부조제도의 적극적 이념의 일면을 보여 주는 것이다.

(3) 최저생활보장의 원리

최저생활보장의 원리란 생존권보장을 그 제도가 보장하고 있는 생활내용 면에서 본 원리인데, 이 제도에 의하여 급여를 받는 자는 최저한도의 수요가 충족될 수 있는 정도의 생활을 모든 국민에게 한결같이 보장하는 것이다. 즉, 국민 각자는 소득의 고저, 직업의 차이, 가족의 대소 등 차이는 있겠지만 모든 국민은 최저한도의 생활이 객관적으로 보장될 수 있도록, 그리고 이러한 보장을 위협하는 원인을 배제하는 조치를 취하는 원리이다(신섭중, 1979). 우리나라 〈국민기초생활보장법〉 제4조는 급여기준으로 '건강하고 문화적인 최저생활의 유지'를 규정하고 있는데, 이것이 최저생활보장의 원리를 표명한 것이다.

최저생활이란 구체적으로 무엇을 의미하는가? 이에 대해서는 크게 두 가지 견해가 대립되고 있다. 하나의 견해는 객관적이고 보편타당한 기준이 있으므로 이것을 기준으로 하여 보장해야 할 생활수준을 정립해야 한다고 주장한다. 또 다른 하나의 견해는 국민 전체의 생활수준이나 국민경제 등 국가의 사회경제적 요인의 추이전개에 따라서 건강하고 문화적인 생활수준은 변화되는 것이라고 한다(김유성, 1985).

최저생활보장과 관련해서 일본의 경우, 일본의 헌법상·사회보장법상 하나의 역사적 소송으로 기록된 '아사히(朝日) 소송'에서 생활보호기준이 문제가 되었다(현외성, 1989). 1957년부터 1964년에 걸쳐서 일어난 아사히 소송은 4가지 측면에서 논쟁이 이루어졌다. 첫째, 아시히 소송은 일본 헌법 25조를 어떻게 이해하는가의 문제로서, 이른바 생존권 조항을 프로그램 규정설로 이해하는가 아니면 구체적 권리설로 생각하는가의 문제이다.[1] 둘째, 일본 헌법 25조와 관련하여 〈국민기초생활보

1 프로그램 규정설은 헌법상 생존권적 기본권이란 私法上의 권리와 같은 구체적 법적 권리가 아니라 단지 입법방침을 규정한 프로그램적 의미만을 가지는 것이라고 한다. 즉, 생존권적 기본권은 어디까지나 선언적인 것이며 그 구체적인 권리내용의 형성은 입법정책상의 문제라고 하며, 그 실시는 자유재량으로 봄으로써 국민은 생존권적 기본권의

장법〉상의 생활보호청구권을 어떻게 볼 것인가의 문제이다. 셋째, 후생대신이 결정하게 되어 있는 생활보호기준인 최저생활비의 산출근거가 무엇인가에 대한 논쟁이다. 네 번째는 이 기준에 대하여 사법심사권이 어떻게 실현되느냐의 문제이다. 아사히 소송 판결이 지닌 의미는 각각 1심, 2심, 3심에 따라 서로 상이한 결과와 의미를 내포한 것으로 나타났다. 종합적으로 보면 4가지 측면 모두가 제 1심에서 2심, 3심으로 갈수록 아사히 측에 불리한 방향으로 전개되어 20세기 사회복지법의 후퇴를 드러낸 판결이었다고 볼 수 있다.

첫째, 헌법 25조의 생존권 개념은 제 1심에서는 구체적 권리설로 수용·해석되었으나, 제 2심, 3심에 오면서 프로그램 규정설로 역전되었다. 둘째, 생활보호법상의 생활보호청구권은 제 1심에서는 국민이 국가에 대하여 마땅히 할 수 있음은 인정하였으나, 제 2심, 3심에서는 사실상 생활보호청구권이 가능하지 않은 것으로 판결하였다. 셋째는 후생대신이 결정하기로 되어 있는 생활기준, 즉 건강하고 문화적인 최저한

규정만으로는 인간다운 생활을 위해 필요한 급부를 청구할 수 없는 것이기 때문에 국가로서는 가능한 한 국민의 이러한 생존권적 기본권을 보장하기 위한 조건을 제공해야 하고, 또한 그러한 입법을 할 정치적, 도의적 의무를 지는 데 불과하다고 한다.

구체적 권리설은 생존권적 기본권이란 그 역사적 배경과 자연법적 측면, 또는 헌법의 규범 논리적 구조에서 연역하여 생존권적 기본권 규정은 실정법적인 규정이고, 현실적으로 청구권이 인정되는 구체적 권리라고 한다. 그러므로 생존권적 기본권은 그 기본권 내용에 맞는 구체적 입법의 제정을 입법권에 의무 지우며 그에 따른 예산조치를 하도록 입법권과 행정권에 의무 지우고, 그 의무의 불이행에 대한, 즉 국가의 부작위에 대한 위법성을 법원에 청구할 수 있는 현실적, 구체적 권리라고 한다.

프로그램 규정설, 구체적 권리설 등 사회적 기본권의 의의와 법적 성격에 대해서는 윤찬영(1998)을 참조하면 된다.

도의 생활기준 및 최저생활비의 산출근거에 대한 내용인데, 제 1심에서는 후생대신의 재량은 기속재량(羈束裁量)[2]으로 판단한 데 비해서, 2심, 3심에서는 사실상 자유재량으로 간주하였다. 동시에 제 1심에서는 최저한도의 생활수준은 국가예산이나 경제여건 등의 이른바 생활 외적 요소에 관계없이 오히려 이것을 지도・지배하는 것으로 해석하였던 반면에, 제 2심, 3심에서는 생활 외적 요소에 따라 상대적으로 변경가능하도록 판결하였다. 마지막으로 이 기준에 대한 사법심사권에 대한 것으로, 제 1심에서는 당연히 법원의 심사대상이 되는 것으로 결정 내렸는데 제 2심, 3심에서는 사실상 사법심사권을 부인하는 방향으로 판시하였다.

아사히 소송에서 일본 법원이 내린 결정을 보면, '건강하고 문화적인 생활수준'이란 '인간다운 생활'을 가능하게 하는 정도의 것이라고 하였다. 그리고 그것은 각국의 사회문화적 발달정도, 국민경제력, 국민소득수준, 국민의 생활감정 등에 따라 좌우되지만 그것이 인간으로서의 생활의 최저한도라는 기준을 갖는 이상 이론적으로는 특정한 국가의 특정한 시점에 있어서는 일률적이고 객관적으로 결정해야 하고 또 할 수 있다고 하였다.

우리나라의 경우도 지난 1994년 2월 생활보호대상자인 노부부가 생활보호사업지침에 따라 제공되는 생계급여의 수준이 헌법상 인간다운

---

2 기속재량이란 구체적인 경우에 무엇이 법인가의 문제에 관한 행정청의 재량을 말하는데, 법규재량이라고 한다. 이것은 편의재량에 대항하는 개념이다. 겉보기에는 행정청의 재량을 허용한 것처럼 보이지만 불문법적 제한이 있고, 그 재량을 그르친 것은 결국 법의 해석을 그르친 것이 되어 위법의 문제가 발생하게 된다(윤찬영, 1998).

생활을 할 권리를 침해하는 것으로 위험임을 확인해 달라는 헌법소원을 헌법재판소에 제기하였다. 이것은 우리나라 사회복지분야에서 최초로 제기되어 유명해진 소송으로서, 한국판 아사히 소송으로 불리기도 한다(윤찬영, 1998). 이에 대해 헌법재판소는 1997년 5월 청구인들의 심판청구를 기각하였다. 기각결정 이유에 대해서 현행 생활보호제도가 국가가 실현해야 할 객관적 내용의 최소한도의 보장에 이르지 못하였거나 헌법상 용인될 수 있는 재량의 범위를 명백히 일탈하였다고 보기 어려우며, 따라서 생계보호의 수준이 일반 최저생계비에 못 미친다고 하더라도 그 사실만으로는 곧 그것이 헌법에 위반된다거나, 행복추구권이나 인간다운 생활을 할 권리를 침해한 것으로는 볼 수 없다는 것이다.

(4) 보충성의 원리

보충성의 원리란 본 법의 급여를 받으려고 하는 사람은 그 전제조건으로서 개인적으로 가능한 모든 자원을 동원하여 생활유지에 최대한 노력해야 하고 그렇게 노력한다 하더라도 부족할 경우에, 그 부족한 부분을 본 법의 제도를 통해 급여하자는 원리인 것이다. 이 원리는 생활의 개인책임 내지 자기책임을 기초로 한 자본주의사회의 최종적 또는 포괄적인 생활보장수단으로서의 공공부조의 본질을 가장 잘 나타낸 것이다. 〈국민기초생활보장법〉은 제 3조에서 보충성의 원리를 명시하고 있는데, 제 1항은 급여수급의 요건(자산·능력 등의 활용 의무)을, 제 2항은 급여의 순서(친족부양 우선 및 타법 우선)를 규정하고 있다.

3. 공공부조 실시상의 원칙

공공부조는 통상 신청을 시작으로 급여대상자에 관한 조사결정을 거쳐 구체적 실시에 이르게 된다. 이러한 일련의 절차과정이 어떻게 진행되는가는 급여대상자에게 중요한 문제가 된다. 〈국민기초생활보장법〉 역시 이러한 일련의 절차과정에서 급여의 실시기관이 준거해야 할 네 가지 원칙을 규정하고 있다.

1) 신청: 신청 및 직권급여의 원칙

급여의 개시를 신청권자의 신청에 의거하는 것을 신청급여주의라고 하며, 실시기관의 직권에 근거하는 것을 직권급여주의라고 한다. 현행 국민기초생활보장법은 양자를 모두 채택하고 있다(〈국민기초생활보장법〉 제21조). 이는 첫째, 국민에게 급여청구권을 인정하고 있으므로 급여의 개시를 급여청구권의 행사에 근거하는 것이 합목적적이라는 고려에 의하여 신청급여주의를 채택하였고, 둘째, 급여기관은 수동적·소극적 입장에 두는 것이 아니라, 급여의 실시에 관여하는 자는 항상 구역 내에 거주하는 자의 생활상태에 세심한 주의를 기울이고 급여에 누락되는 일이 없도록 실시기관에 적극적 대응을 요구한다는 의도이다. 그러나 직권급여는 기초생활보장이 구체적인 법적 권리에 기초한 것이 아니라고 하는 직권급여주의적 사상이 아직도 그 배경에 잔존하고 있다는 것을 의미하기 때문에, 급여기술상의 문제만 보완된다면 앞으로 이를 지양하고 신청급여로 일원화하여야 할 것이다(김유성, 1985).

과거의 직권조사를 위주로 한 생활보호대상자 선정방식에서 1990년부터는 신청보호제로의 전환이 이루어지고 있으나 과거와 마찬가지로 정해진 기간 동안의 직권조사 형식을 크게 벗어나지는 못하고 있으며 조사의 대상자라 할 수 있는 저소득층의 신청보호제에 대한 인식 부족으로 실질적인 신청보호제의 실현과는 아직 어느 정도의 거리가 있다.

신청급여방식의 활성화를 위해서는 기초생활보장사업의 시행원칙인 급여신청의 원칙과 필요즉응의 원칙에 입각하여 현재 1년에 1회 이상 정기적으로 실시하는 자산 및 소득조사를 근거로 하는 불완전한 신청급여방식에 의한 생활급여대상자 선정방식에서 급여의 원인이 발생하였을 때 요급여대상자의 신청에 의하여 적격자로 판정될 경우는 즉시 급여를 하고 급여원인이 소멸하였을 경우 즉시 급여대상에서 제외하는 완전한 신청급여방식으로 기초생활보장대상자 선정방식을 개선해야 할 것이다.

또한 신청급여제의 정착을 위하여 저소득층의 국민기초생활보장 사업에 대한 홍보활동을 강화하여 동 사업에 대한 인식부족으로 요급여대상자가 기초생활보장 대상자 신청을 하지 못해 생활급여대상자로 지정되지 못하거나 이미 생활급여대상자로 지정된 경우라도 그 내용을 알지 못해 불이익을 당하는 경우가 없도록 대국민홍보활동을 강화해야 한다.

2) 조사

급여의 신청이 있을 경우에 급여기관은 신청자가 급여의 요건을 충족하고 있는가 여부를 명확히 하기 위하여 급여대상자 또는 피급여자의 자산상황, 건강상황 또는 부양관계 등에 대하여 조사를 행한다. 이때 필요한 경우에는 급여대상자 또는 피급여자에게 급여기관이 지정하는 의료기관에서 검진을 받게 할 수 있다(〈국민기초생활보장법〉 제 22조 1항). 조사를 하는 관계공무원은 그 권한을 표시하는 증표를 휴대하고 이를 관계인에게 제시하여야 한다(〈국민기초생활보장법〉 제 22조 5항).

3) 결정

(1) 기준 및 정도의 원칙

공공부조에서 생활의 급여는 급여의 기준에 의하여 측정된 보장대상자의 수요를 기본으로 하여, 그 가운데 본인이 수입이나 자산으로 충당할 수 있는 부분을 공제한 부족분만을 보충하는 정도로 행하는 것이 바람직하며, 이와 같은 보장기준은 보장대상자의 연령별 · 가구규모별 · 거주지역별 및 기타 생활여건 등을 고려하여 급여의 종류별로 정한다(〈 국민기초생활보장법〉 제 4조 2항). 그러나 급여의 기준은 각 개인 또는 세대의 최저한도의 생활을 규정하는 이상 유의미한 조건의 정도를 고려하지 않으면 안 된다.

급여기준에 의하여 명시되는 최저생활이란 어떤 자가 그의 자력으로서 그의 생활을 영위할 수 없는 경우에는 그 사람이 공공부조의 제도상 생활이 빈곤하다는 것을 표시하는 것이며, 빈곤결정의 기준방법으로서는 수입을 포함하여 자산의 범위확정, 즉 자산인정의 기준이 병존되지 않으면 안 되는 것이다. 자산인정의 기준방법으로서는 원칙적으로 현실에 존재하는 일체의 자산수입을 최저생활의 유지를 위하여 활용하는 것이 기대되는 것으로서의 현실자산방식과 어떤 종류 내지 범위의 자산수입을 자력(資力)의 범위로서 인정하지 않는 관념자산방식이 있으며, 후자를 채택하는 경우에는 빈곤결정의 기준으로서의 최저생활은 인정에서 제외된 자력만큼 급여기준이 명시한 최저생활을 상회하게 된다. 따라서 이러한 급여기준 및 이에 의하여 측정된 급여대상자의 생활수요는 급여대상자의 건강하고 문화적인 최저생활수준을 구체적·객관적으로 나타낸 것이라고 할 수 있다.

그리고 급여기준의 설정에서 고려해야 할 사정으로는 〈국민기초생활보장법〉 제 4조 2항에 급여대상자의 연령별·세대구성별 및 거주지역별의 사정 외에 '기타 생활여건 등'을 규정하고 있는 바, 여기에 어떠한 것이 포함되는가 하는 점이 문제가 된다. 생활의 사회적·문화적 발전, 물가 변동이나 국민 일반의 생활수준 상승, 그 외의 경제 동향이 고려되는 것은 당연하지만, 저소득층 인구의 다수라든가 예산배분 등 생활 외적 요소를 이 가운데에 포함시키는 것에는 의문이다. 이러한 급여기준의 상태를 감안하여 보건복지부 장관의 급여기준 설정행위는 기속행위라고 할 수 있다.[3]

이 급여기준에 관한 급여실시상의 원칙이 '기준 및 정도의 원칙'이다. 이 가운데에 '기준의 원칙'이란 수요측정의 원칙이라고도 하며, 기초생활보장제도에 의하여 보장되는 최저한도의 생활은 보건복지부 장관이

---

3 행정청의 행정행위는 법치주의체제에서는 법치행정이 원칙이다. 법규의 엄격한 구속을 받는 행정행위를 기속행위(羈束行爲)라 하며, 이에 비해 재량행위(裁量行爲)는 법적인 구속 없이 행정청의 자유로운 판단에 따라 처리할 수 있는 행정행위를 말한다. 그러나 자유재량의 행정행위 역시 법의 이념이나 원칙을 위반해서는 안 된다.

정한 기준에 의하여 각 급여대상자에 대하여 구체적으로 확정되어야 한다는 것이다. 또한 '정도의 원칙'이란 급여의 정도를 급여기준에 의하여 측정된 급여대상자의 수요와 그 재력을 대비하고 급여대상자의 자력으로 충족할 수 없는 부족분을 보충하는 정도로 행한다는 것을 말한다. '정도의 원칙'을 적용하기 위해서는 급여대상자의 자산 · 수입에 대하여 조사할 필요가 있는 바, 이를 자산조사(*Means Test*) 라고 한다.

(2) 결정절차

보장기관은 이상의 신청조사 절차를 거쳐 급여실시 여부와 급여 내용에 대해 신청인 또는 수급권자에게 서면으로 통지하여야 한다(〈국민기초생활보장법〉 제 26조 3항). 이 결정 통지서에는 결정이유를 신청자가 충분히 납득할 수 있을 정도로 충분하게 기재해야 한다.

결정은 신속하게 하여야 하며, 결정통지를 신청일로부터 14일 이내에 하여야 한다. 다만 부양의무자의 자산상황 등의 조사에 시일을 요하는 특별한 사유가 있는 경우에는 신청일로부터 30일 이내에 통지할 수 있으며, 이 경우에는 통지서에 그 사유를 명시하여야 한다(〈국민기초생활보장법〉 제 26조 4항).

신청에 근거한 급여실시 결정의 경우에 급여가 언제부터 실시되어야 하는가가 문제된다. 급여를 받는 것은 권리이므로 신청일을 급여실시일로 하여야 한다는 견해도 있지만 급여 여부에 관한 급여당국의 결정을 거쳐야 하므로 급여실시 시기는 신청일 이후에 요급여 상태에 있다고 결정한 날로 하여야 할 것이다.

(3) 세대단위의 원칙

급여청구권의 권리주체는 생활빈곤자 개인이고 세대가 아니지만, 급여의 여부와 정도를 결정할 경우에는 세대를 단위로 하여 정하도록 하고 있다(〈국민기초생활보장법〉 제 4조 3항). 이것을 일반적으로 세대단위의 원칙이라고 한다.

그런데 세대는 일상적인 거주와 생계가 동일한 생활공동의 사실을 본래적 요건으로 하여 성립된 사실적 개념이며, 세대 구성원 간에 가족법적 신분관계가 본래적으로 존재할 필요는 없으며, 또한 세대를 동일시함으로써 필연적으로 새로운 법적 관계, 즉 권리의무관계가 성립되는 것도 아니다. 그러나 현실적으로는 세대구성원 상호 간에 일종의 부양기대적(扶養期待的) 인 준권리의무적(準權利義務的) 관계의식이 발생할 경우가 적지 않으며, 세대가 갖는 이와 같은 일종의 가족법적 관계형성 작용에 착안하여 이것을 입법상 정착시켰는바, 따라서 세대 개념은 세대를 동일시하게 된 성원을 일률적으로 부양법적 관계에 있는 가족원적 지위에 근접 내지 동화시키는 기능이 부여된다.

결국 동일 세대 내에서는 급여대상자의 생활부조 의무는 물론이고 비가족까지도 생활유지 의무자와 동등한 부양을 사실상 강제한다는 결과를 초래하게 된 것이다. 이제까지 우리나라 생활급여행정의 실태를 보면 이상과 같은 기능을 부과하기 위하여 세대 개념을 이용해 왔다고 할 수 있다.

4) 실시: 필요즉응의 원칙

급여를 필요로 한다고 결정한 경우에는 동시에 급여의 종류·정도 및 방법도 결정한다. 그 결정내용에 의하여 급여가 실시되지만 이때는 필요즉응의 원칙에 의함과 동시에 자립조장을 위한 구조적 활동이 제공될 필요가 있다. 필요즉응의 원칙이란 생활급여대상자의 연령, 세대구성, 거주지역, 기타 생활여건 등을 고려하여 실제의 필요에 상응하도록 유효적절하게 행하여야 한다는 원칙을 의미한다(〈국민기초생활보장법〉 제4조 2항).

이것은 〈국민기초생활보장법〉 제1조의 생존권보장의 원리로서 밝혀진 것으로서, 생활유지 능력이 없거나 생활이 어려운 자에게 필요한 급여를 행한다는 것을 급여실시상의 원칙으로 규정한 것이며 무차별평등 원리의 획일적·기계적 운용의 폐해를 제거하기 위하여 설정된 것이라고 할 수 있다. 이 원칙이 수급권의 무차별평등 원칙과 일견 서로 모순되는 것처럼 생각되지만, 필요즉응의 원칙은 급여가 배분적 정의란 뜻으로서의 평등에 따라 유효적절하게 행하여져야 함을 의미하기 때문에 결국 무차별평등의 원칙의 일면을 별도로 상세히 다룬 것이라고 볼 수 있어 오히려 그 내용을 이루는 것이라고 할 수 있다(김유성, 1985).

따라서 필요즉응의 원칙이 의미하는 바는 천차만별의 특수성하에 있는 급여대상자에 대하여 실질적으로 거의 동일한 생활수준을 보장하기 위하여 각 개인이나 세대의 생활여건의 차이에 유래하는 최저생활의 필요를 가급적 효과적으로 또는 적절히 고려하여 급여기준 그 밖의 명령을 작성하거나 개개의 경우를 취급하도록 한다는 것이다.

4. 공공부조제도의 특성

공공부조제도는 사회보험, 사회복지서비스와 더불어 대표적 사회보장제도의 하나이다. 공공부조제도는 최후의 사회적 안전망 역할을 하는 것으로, 일반 조세를 재원으로 하며 일정 소득(자산) 이하의 사람들에게만 최저수준의 급여를 제공한다.

공공부조제도의 장점은 사회보험, 사회수당 등과 비교하여 프로그램의 비용효율성과 결과의 평등에서 유리하다는 점이다. 이에 비해 행정비용, 근로동기 약화, 수급자 수치심 부과, 정치적 지지의 부족 등의 단점을 가지고 있다(정원오 외, 2001).

1) 공공부조제도의 장점

사회보장제도에서 소득재분배 효과는 조세를 재원으로 하는 공공부조제도에서 가장 전형적으로 나타난다. 왜냐하면 공공부조제도는 누진세를 기초로 한 조세를 기본재원으로 하고, 가장 소득이 낮은 계층을 대상으로 집중적으로 급여를 제공하기 때문이다. 그러므로 공공부조제도는 고소득계층으로부터 저소득계층으로의 직접적 재분배라는 점에서 수직적 재분배가 가장 크게 나타난다(제 3장 사회보장의 기능과 역할 참조).

그리고 공공부조제도는 제한된 예산을 저소득층에게 집중적으로 사용할 수 있다는 점에서 비용효율성의 장점을 가진다. 이에 소득재분배와 결과의 평등을 가장 효율적으로 달성할 수 있다. 자본주의 초기의 사회보장체계는 거의 대부분 공공부조제도에 의존하고 있었다. 그러나 제 2차 세계대전 이후 복지국가 발달과정에서 서구 자본주의 국가들은 사회보험과 사회수당제도를 크게 확대하였다. 그러나 1970년대 석유파동 등으로 인해 경제가 침체되고 복지국가의 재정위기를 겪게 되자 제한된 자원을 보다 효율적으로 사용할 수 있다는 측면에서 공공부조제도는 다시 관심의 대상이 되고 있다.

2) 공공부조제도의 단점

첫째, 공공부조제도는 수급자격을 결정하는 데 있어 소득/자산조사를 실시하기 때문에 이를 위한 행정비용이 많이 소요되는 단점이 있다. 예를 들어 앳킨슨(Atkinson, 1995)은 영국의 공공부조 프로그램인 Family Credit과 사회수당인 Child Benefit의 행정비용을 비교·분석하였는데, 이에 따르면 전자의 행정비용은 전체 지출액의 약 5.3%인 데 비해 후자는 2.2%에 불과한 것으로 나타났다. 또한 수급자 1가구당 행정비용 역시 전자는 주당 약 1.8파운드로 후자 0.3파운드의 6배에 달하고 있다(정원오, 2001 재인용).

둘째, 공공부조제도는 수급자의 근로의욕을 크게 저하시킨다는 비판이 있다. 공공부조의 수급자격을 갖기 위해서는 소득이 일정액 이하여야 하고 급여수준 또한 소득과 연계되어 수급자의 소득이 증가하면 이에 따라 급여액이 감소하는 것이 일반적이다. 따라서 만약 수급자가 열심히 일하여 더 높은 근로소득을 올린다고 하더라도 그만큼 공공부조제도로부터 받는 이전소득이 감소하기 때문에 결국 총소득은 마찬가지라는 것이다. 따라서 각 국은 공공부조 프로그램이 근로의욕을 저하시키는 것을 방지하기 위하여 급여액 산정 시 근로소득의 일부를 예외로 인정해 주는 조치를 취하고 있다(국민기초생활보장제도의 소득공제제도).

셋째, 공공부조 프로그램은 사회보험과 달리 과거의 기여금을 돌려받는 것이 아니므로 수급의 '권리'라는 측면에서 취약점이 있고 사회수당처럼 인구학적 특성을 기준으로 하는 것이 아니라 저소득을 수급의 기준으로 하기 때문에 수급자의 수치심을 유발할 가능성이 크다. 일반적으로 공공부조를 포함한 모든 사회보장 프로그램은 수급자격이 있는 사람들이 모두 프로그램의 급여를 받지는 않는다. 그러한 프로그램이 있다는 사실을 잘 모르는 사람도 있고, 신청서를 작성한다거나 행정기관을 방문하는 것이 귀찮거나 어려워서 수급을 포기할 수도 있다. 따라서 수급자격을 가진 사람이 실제로 수급하는 비율(수급률, *take-up rate*)은 100%에 미달하는 경우가 발생한다. 그러나 사회보험이나 사회수당의 수급률은 서구 국가들의 경우 90%를 훨씬 넘어 100%에 가까운 반면 공공부조의 수급률은 프로그램에 따라서 적게는 45~50%, 많은 경우에도 70~75%에 불과한 것으로 보고되고 있다(정원오 외, 2001).

넷째, 공공부조제도는 사회보험이나 사회수당에 비해 정치적 지지를 적게 받는 경향이 있다. 코플린(Coughlin, 1980)이 8개국(서독, 스웨덴, 덴마크, 프랑스, 영국, 캐나다, 미국, 호주) 국민들을 대상으로 한 여론조사 결과에서도 공공부조제도는 가장 인기가 없는 정책으로 나타났다(웰렌스키 외, 1992). 이 주장의 핵심은 일반인들은 자신들도 프로그램의 수혜를 받을 수 있는 사회보험이나 사회수당을 더 선호하고 저소득자를 대상으로 하는 공공부조제도는 잘 받아들이지 않는다는 것이다. 따라서 공공부조제도는 중산층 및 고소득층과 빈곤계층의 대립과 갈등을 심화시키고 사회보장제도 확대에 필요한 조세의 납부를 거부하는 조세저항을 초래할 수 있다. 국가 간 비교연구에 따르면 공공부조원칙을 강조하는 국가들은 사회보험이나 수당을 위주로 하는 국가들에 비해 외견상 높은 비용효율성을 달성하는 것처럼 보이지만 사회보장제도에 대한 국민의 지지가 상대적으로 결여되어 있고 이에 따라 사회보장부문에 대한 정부의 지출도 낮은 경향을 보여서 결과적으로 사회보장체계가 빈곤이나 불평등을 완화하는 데 그다지 효과적이지 못하다고 한다(정원오 외, 2001).

5. 공공부조제도와 사회통제 기능

1) 사회복지의 사회통제 기능과 그 양상

사회복지의 사회통제 기능은 두 가지 가정에 입각한 것이다. 첫째, 사회개혁은 자본주의의 무절제를 없앰으로써 자본주의의 비수용적(*un-acceptable*) 측면을 감소시켜 왔다는 것과 둘째, 사회서비스는 자본주의 체제의 지배적 이념을 선전한다는 것이다(전남진, 1987).

첫 번째 가정은 다음과 같은 측면에서 지지되고 있다. 과거에 정치적 이유로 자본주의의 내재적인 비수용적 측면을 감소시키기 위하여 정부는 노력해 왔다. 실업의 경우에, 1920년대 실업에 대한 정부정책에 관한 길버트의 연구(Gilbert, 1970)와 실업보험 발달에 관한 데콘의 연구(Deacon, 1977)는 혁명이나 적어도 심각한 정치적 불안정에 대한 두려움이 그러한 정부정책을 수립하게 만든 주요 추진력의 하나였다는 것을 보여 주고 있다. 그 외의 다른 예에서도 정부는 개선적(*ameliorative*) 사회정책은 정치적 불안을 감소시킬 수 있다고 믿는다는 것을 알 수 있다. 그러나 과연 그러한 효과를 실제로 가져오는지 아닌지는 확실치 않다.

두 번째 가정은 사회정책의 이데올로기적 기능과 관련되어 있다. 사회적 서비스를 지지하는 가치관은 사회에서 일반적으로 수용된 가치관이라는 데에는 의심의 여지가 없다. 즉, 그 가치관은 기존 사회경제체제를 지지하는 지배적 이데올로기의 한 부분이다. 이 점에 대해서는 마르크스주의든 비마르크스주의든 모두 동의한다. 서로 견해를 달리하는 것은 이러한 가치관의 반영이 누구를 이롭게 하느냐에 관한 것이다. 마르크스주의자들은 주로 상류사회가, 비마르크스주의자들은 사회 전체가 이롭게 된다고 주장한다.

사회복지의 사회통제의 주요 양상과 그 메커니즘에 대해서 히긴스(Higgns, 1980)는 7가지로 분류하고 있다. 첫째, 억압(*repression*)으로서의 통제는 가장 초기부터 존재했던 통제의 형태라고 볼 수 있다. 그 예로서 구빈법에 의한 빈민통제가 대표적이다.

둘째, 호선(*co-optation*)을 통한 통제는 선거를 통해 지역사회 내의 정책결정에 참여시킴으로써 현존하는 체제에 도전하지 못하도록 하는 효과를 노리는 것으로서, 참여의식을 고취시켜 지배계급의 현존질서를 유지하는 목표를 달성하게 된다.

셋째, 착취(*exploitation*)에 의한 통제는 매우 비가시적인 것으로서, 사적부문에 의한 공공부문의 착취로 표현된다. 공공부문은 사적부문에 의해 발생된 비복지(*diswelfare*)의 피해를 보상해 주기 위해 형성된 것으로서 그 기능을 수행하며, 반면에 노동자들은 저임금을 통해 자본가들로부터 착취를 당한다. 결국 노동자들은 공공부문의 납세자로서 그리고 사적부문에서는 저임금노동자로서 착취당하고 있는 것이다.

넷째, 통합(*integration*)을 통한 통제는 티트머스(Titmuss)에 의해 설명된다. 그는 안정, 예방, 보호의 기능을 가지는 사회적 서비스가 필요하다고 하면서 개인의 정체감, 참여의식을 고취시키고 더 많은 자유를 허용할 수 있는 통합 체계에 관심을 가지고 있었던 것이다. 사회통제적 관점은 사회복지정책이 정치적, 경제적 위기가 도래했을 때 안정과 효율을 도모하기 위하여 발전하며, 이의 전개는 안정이 정착되면 효율성을 강조하는 측면으로서의 노동윤리를 강조하는 방향으로 되고, 정치적 정당성을 확보하기 위해서 또는 잠재적 욕구를 충족하기 위해서 선거 등과 같은 제도적 메커니즘을 활용한다고 설명한다.

다섯째, 국가간섭주의(*paternalism*)로서의 통제는 개인의 선택을 제한하는 현물급여 등에서 잘 나타나고 있다. 따라서 휠레(Albert Weale)는 국가간섭주의적 정책을 주로 법적 제재에 의하여 개인의 자발적 행동을 억제하는 것으로 정의 내렸다.

여섯째, 순응으로서의 통제는 재활이나 훈련의 명목으로 클라이언트로 하여금 현존 사회질서에서 바람직하다고 여겨지는 가치와 태도를 가지도록 요구하고 이에 제대로 순응하는 경우에는 물질적 도움, 심리적 위안 등의 보상이 주어지게 되는 것이다.

일곱째, 야노비치(Janowitz)에 의하면 자기결정(*self-determination*)으로서 통제는 사회통제를 추구하는 사람들의 자아통제(*self-control*)와 자기실현을 유도하는 방향으로 사회통제를 조망하는 것이다.

2) 공공부조제도와 사회통제

사회복지제도의 사회통제 기능을 고려할 때, 가장 이러한 특성에 조응하는 제도가 공공부조제도이다. 오코너(O'Connor)는 노동력의 생산성 문제와는 직접적 관계는 없으며, 비노동력 인구들에 의한 사회안정의 훼손 가능성을 막는 것을 목적으로 한 지출이 사회적 비용지출이라며, 이러한 지출의 대표적인 예로 공공부조 프로그램을 들고 있다.

피븐과 클라우드(Piven & Cloward, 1972)는 미국 공공부조 프로그램의 발달과정을 분석하였는데, 그들의 주요 관심은 미국 공공부조의 변화과정, 즉 수급자가 어떤 시기에는 급격히 확대되고 또 다른 시기에는 축소되는가를 설명해 보려는 데 있었다.

그들은 이에 대한 해답은 공공부조제도를 보다 넓은 정치경제적 맥락에서 인식함으로써 얻어질 수 있다고 보고 있다. 즉, 공공부조제도를 이해하기 위해서는 그것이 갖는 정치적·경제적 질서에 기여하는 기능을 이해해야 한다고 했다. 왜냐하면 공공부조를 통한 구제 자체는 2차적이고 보조적인 제도이기 때문이다. 피븐과 클라우드에 의하면 자본주의 경제는 그 자체의 안정을 위협하는 긴장이 존재한다. 즉, 자본주의체제는 항상 주기적인 파국을 겪는데 이런 변동의 주요 근원은 공황과 급속한 근대화과정이다. 이러한 자본주의의 변동과정은 공공부조제도의 발달과정을 이해하는 데 중요하며 이런 시각에서 그들은 서구의 초기 구빈법과 대공황 이후 미국 공공부조의 변화과정을 분석하였다.

분석 결과 그들은 역사적으로 구빈정책이란 공공의 혼란기에 시작되었거나 확대되었으며 정치적 안정이 회복되면 구빈정책은 축소되었다는 사실을 제시하고 있다. 따라서 확대된 구빈정책은 노동윤리를 강화시키는 수단이라는 것을 지적했다. 다시 말하면 구빈정책이란 순환적인 것이며, 그 확대 정도는 정부가 다루어야만 하는 전체 사회 내에서의 규제의 문제들에 따라 달라진다는 것이다.

또한 그들은 구빈정책이 경제정책에 부수되는 것으로서 구빈정책의 주 기능은 빈민들을 규제하는 일이며 이는 두 가지 방법으로 이루어진다고 했다. 즉, 대량실업에 의해 혼란이 야기되면 질서회복에 충분한 구빈 프로그램들이 실업자들을 구제하기 위해 시작되거나 확대되며, 혼란이 진정되면 구빈체계는 확대되지 않고 사람들을 노동시장으로 축출하게 된다고 한다. 이러한 구빈정책을 통해서 질서회복 기능과 노동규제 기능이 행해지게 된다. 그리고 이들은 현대자본주의체계 내에서의 정치과정과 구빈제도와의 관련성을 정부 역할의 확대로 인한 정부개입과 선거제도의 역할이라는 두 가지 측면에서 고찰하고 있다.

역사적으로 구빈정책의 전개 및 시작은 단순한 경제불황의 결과이기보다는 경제적 변동에 수반되는 정치불안의 결과이며, 직접 구빈단계를 지나면 노동구호로서의 전환이 이루어지는데, 이는 노동 강요, 특히 저임금노동을 강요하는 기능을 행하며, 저임금 노동시장을 유지하는 데 큰 도움을 주는 역할을 한다고 한다. 피븐과 클라우드는 경제적 변혁으로 인한 실업과 빈곤 현상만으로는 구빈정책의 확대를 초래하지 않으며, 결국 이것이 정치적 위기를 초래하는 혼란과 소요를 낳을 때에 비로소 구빈정책이 확대됨을 지적하고 있다.

3) 우리나라 공공부조제도와 사회통제

다음으로 우리나라 공공부조제도의 사회통제적 성격에 대해서 알아보면 다음과 같다.

우리나라의 사회복지제도를 사회통제적 관점에서 고찰한 것으로는 일제시대를 대상으로 한 류진석(1989)과 신은주(1989)의 연구, 6공화국을 대상으로 연구한 문순영(1993)의 논문이 있고, 공공부조정책(빈곤정책)을 대상으로 한 연구로는 최균(1988)과 이명현(1992)의 논문이 있다. 이들 연구 결과를 중심으로 우리나라 공공부조제도의 사회통제적 성격을 고찰한다.

일제시대의 빈곤정책은 그 생성 및 전개과정을 통해 다음과 같은 성격을 띤다고 평가된다(류진석, 1989).

첫째, 일제시대의 빈곤정책은 식민통치정책의 전개에 따라 변화되는 특성을 갖고 있다. 즉, 일제시대 빈곤정책의 전개는 식민본국의 필요성에 의해 변화되었다. 예컨대 1927년 방면위원제도를 실시하였는데, 이 제도는 실업자, 생활빈궁자 등의 구호를 목적으로 하고 있으나, 그 이면에는 1920년대 민족분열화 정책의 일환으로 친일파 보호 및 육성이라는 문화정치의 일면이 나타나 있다(신은주, 1989). 그리고 1944년에 제정된 조선구호령도 전시동원체제에 대한 군사력으로서의 인력동원을 위한 것이었다.

둘째, 정치적으로는 식민통치의 합리화와 황민사상의 주입을 위한 이데올로기적 기능을 띠고 있다. 은사금으로 대표되는 구호사업의 대부분이 1910년에 그 법적 근거를 마련하고 있음을 볼 때 그것은 무단정치의 폭압적인 면을 은폐하고 식민지 한국의 합병을 합리화시키고자 하는 의도였음을 알 수 있다.

셋째, 경제적 측면에서 볼 때 당시 한국사회는 일본 제국주의의 침략으로 봉건사회의 정체성을 극복하지 못한 채로 반봉건식민체제로 변형되면서, 원료공급지와 상품시장, 병참기지화로 변모되고 당시 경제의 주생산계층인 농민층이 몰락하고 유동적 과잉인구로 인한 대규모 빈곤이 발생했으므로 빈곤정책을 실시할 만한 경제적 능력은 미약했고 통제주체의 의사도 없었다고 볼 수 있다.

넷째, 사회구조적으로 볼 때 당시의 빈곤정책은 식민지 민중운동의 성장과 발전을 무마하여 식민지 지배체제로 편입시키려는 성격을 갖고 있다고 할 수 있다. 실제 농가경제 갱생계획의 실시배경은 농촌구제의 필요성과 함께 1920년대에 일어난 광범위한 농민투쟁 격화에 있었다.

결국 식민지 시기의 빈곤정책은 일제의 식민지 통치를 위한 수단으로서 기능적 통제 역할을 했으며, 단순구호기에는 정치적으로 이용되는 측면이 존재하였다. 그리고 이 당시 절대적 빈곤이 빈곤의 대부분을 형성하고 있었으며, 빈곤으로 또는 경제적 위기로 인한 사회적 혼란이 야기될 만한 사회적 여건이 아니었으므로 빈곤정책이 본격적으로 대두되지 못하였다. 이는 사회적 혼란을 야기할 정도에 미치지 못하는 경제적 위기 시에는 사회복지제도가 발전하지 않는다는 사회통제이론적 관점으로 설명될 수 있다.

5·16 이전까지 우리나라의 사회복지정책은 단기적 응급치료에 머무는 경우가 많았고, 그것도 외국 원조와 외국 자선기관에 상당 정도 의존했다. 그런데 그와 같은 상황은 5·16 이후 새로운 양상으로 변화

되었다. 5 · 16 직후에는 모든 정책의 우선순위가 경제개발에 두어졌기 때문에 사회복지정책에 대한 별도의 방안이 없었다. 다만 각 부처는 5 · 16이라는 큰 변혁기를 맞이하여 국민의 신뢰를 받기 위한 의도에서 사회보장적 성격을 띤 각종 새 제도의 법령을 제정 또는 개정 · 공포하였다. 즉, 정권의 정당성 확보를 위한 정치적 요인이 크게 영향을 미쳤다고 할 수 있다.

그리고 1970년대 중반 이후의 정치적 불안정은 요보호대상자의 증가와 아울러 취로사업의 확대 그리고 사회보장비의 지출증대 등을 가져왔음을 볼 때, 정치적 불안정의 증대가 사회복지제도의 확대와 관련 있음을 보여 준다고 할 수 있다. 1970년대 말의 의료보호법 및 직업교육 등은 선거와 정치적 위기에 대응한 산물로서 설명할 수 있으므로 사회통제적 범주에 속한다고 할 수 있다.

1980년대의 사회적 혼란을 배경으로 등장한 제 5공화국은 1970년대보다 더욱 활발히 사회복지사업을 추진했다고 볼 수 있다. 경제성장률이 1979년 6.4%에서 1980년 5.7%로 급격히 감소하고 있음에도 불구하고, 공적부조 예산은 1979년 180억 3,700만 원에서 1980년 528억 4,800만 원으로 크게 증가한 것은 5 · 17에 따른 정당성 획득 및 사회통합을 위한 사회통제의 필요성과 관련된 것이다.

또한 1981년 빈곤과 영세민에 대한 관심이 대두되고 1982년 생활보호법 개정 등과 같은 일련의 개혁조치가 등장하였다는 점에서 혼란기에 복지제도가 확대, 발전한다는 사회통제 관점이 적용된다고 볼 수 있다.

이러한 복지제도의 확대는 통제주체인 당시 정부가 지니고 있는 정치적 정당성 문제를 해결하기 위한 방책의 하나로 여겨지는데, 특히

1980년의 혼란을 수습하기 위한 정치·경제적 노력과 아울러 국민들의 그동안 축적되어 온 상대적 빈곤감의 해소는 사회적 안정과 효율을 성취하기 위한 필수적인 조치였다고 할 수 있다. 이러한 특성은 제 6공화국(1987~1992) 시대에도 계속 이어졌다.

결국 우리나라의 공공부조제도를 중심으로 한 빈곤정책은 정치적 위기나 정권의 교체 시기, 선거 시기 등에는 급격히 확대 내지 발전되는 양상을 보이다가, 이 시기가 경과한 후에는 감소추세를 보이는 특성이 있음을 알 수 있다.

또한 우리나라의 경제정책이 추구하는 수출제일주의는 원가감소를 통한 대외경쟁력 확보를 위해 저임금을 통한 공업화를 추진했는데, 이러한 경제정책의 방향은 빈곤정책이 빈곤계층에게 적절한 서비스를 제공하여 인간다운 최저생활을 유지할 수 있도록 하는 것이 아니라, 열등처우의 원칙을 통해 노동윤리를 강제시키고 이들을 노동시장으로 유출시켜 저임금 노동자화시키는 것으로 그 역할을 수행하도록 하였다고 할 수 있다.

이러한 점에서 우리나라의 빈곤정책은 한편으로 정당성과 안정을 도모하고 다른 한편으로는 경제적 효율과 자본의 축적을 위해 기여한다고 볼 수 있으므로 사회통제적 성격을 강하게 띠고 있다고 평가할 수 있다.

6. 공공부조제도의 전망: 기초생활보장과 공공부조

공공부조제도의 1차 목표는 모든 국민들의 최저생활보장에 있다. 최저생활보장의 의미와 동일하면서도 약간 다른 의미를 가지는 용어로 기초생활보장이 있다. 우리나라의 공공부조제도는 국민기초생활보장제도이다. 이 제도 역시 국민들의 최저생활보장을 명시하고 있다. 그러나 국민기초생활보장제도는 최저생활보장 외에 다른 의미도 동시에 포괄하고 있는 것으로 이해되고 있다.

즉, 국민기초생활보장제도에서 급여기준으로 규정하는 '건강하고 문화적인 최저생활 유지'는 국민복지기본선 연구(변재관 외, 1998)에서 제시한 '최저수준의 복지'와 '적정수준의 복지'를 모두 포괄한 의미를 함축하는 것으로 해석할 수 있다. 즉, '건강하고 문화적인 생활'이 적정수준의 복지를 함축하고 있다면, '최저생활'은 최저수준의 복지를 함축하고 있는 것이다. 이처럼 두 단계로 구분될 수 있는 급여수준을 '건강하고 문화적인 최저수준'이란 하나의 복합적 수준으로 설정함으로써 〈기초법〉의 급여수준은 우리 사회의 경제적, 사회적 발전 정도와 정치적 여건 변화에 따라서 급여수준의 정도를 달리할 수 있는 여지를 남겨 두고 있는 것이다.

최저생활보장과 동일한 의미로서 혹은 최저생활보장을 포함하는 의미로서 기초생활보장의 의미를 역사적 전개과정을 통해 고찰한다(박능후, 2001).

기초보장의 개념은 1897년 웹 부부에 의하여 최초로 제기된 후 1940년대 베버리지에 의해 복지국가의 핵심제도로 정착되고, 1960년대 복지국가의 전성기에 의미가 더 한층 심화되어 최저수준보장에서 적정수준보장으로 발전되어 왔다. 웹 부부의 초기 개념부터 복지국가 위기 이후까지 전개되어 온 기초보장의 개념을 대상과 보장수준, 보장방법, 권리성의 측면에서 비교하면 〈표 8-1〉과 같다.

기초보장의 중심 대상은 현업 근로자에서 시작되어(웹 부부의 초기 개념), 근로능력이 있는 취약계층을 포함하게 되고(웹 부부의 후기 개념), 근로능력과 무관하게 그러나 근로능력이 없는 취약계층으로 확대되었다가(베버리지 보고서), 마침내 복지국가 전성기에 이르러 기초보장의 대상자는 전 국민으로 확대되었다. 그러나 복지국가 위기 이후 기초보장의 대상자는 다시 축소 경향을 보이고 있으며, 근로능력이 있는 복지수급자에 대해서는 여러 가지 제한이 가해지고 있다.

기초보장이 제공하고자 하는 보장수준도 시대에 따라 다르다. 초기 웹 부부의 기초보장 개념부터 베버리지 보고서에 이르기까지 기초보장은 기본적으로 최저생활보장, 즉 절대빈곤 해소를 목표로 하였다. 복지국가 전성기에 기초보장은 상대빈곤 해소로 보장수준이 상향 이동되었으나 복지국가 이후 기초보장수준은 하향조정되고 있다.

기초보장의 주된 방법 역시 변화되어 왔다. 초기 웹 부부의 개념은 사업주에 의한 근로조건 개선을 통해 최저생활을 보장하고자 하였고, 후기에는 공공부조에 의한 기초보장이 제시되었다. 베버리지는 기본적으로 사회보험을 통해 기초보장을 제공하고자 하였으며, 복지국가 전성기에는 사회보험과 공공부조가 긴밀히 연계되어 기초보장을 제공하였다. 복지국가 위기 이후에도 사회보험과 공공부조가 결합되어 기초보장을 제공하고 있으나, 근로능력이 있는 공공부조 수급자에게는 일

〈표 8-1〉 기초보장개념의 시대별 변천과정 비교

	초기 웹 부부 (1890년대)	후기 웹 부부 (1910년대)	베버리지 보고서 (1940~1950)	복지국가 전성기 (1960~1970)	복지국가 위기 이후 (1980년대~)
주요 대상	현업 근로자	현업 근로자/ 근로경력 있는 취약계층	근로능력 없는 취약계층	일반 국민	근로능력 없는 취약계층
보장 수준	최저생활	최저생활	최저생활	상대빈곤 해소	약화된 상대빈곤
보장 방법	사업주에 의한 근로조건 개선	공공부조	사회보험	사회보험과 공공부조 결합	근로연계급여
권리성	사적 계약관계	조건부 권리성	소극적 생존권	적극적 생존권	소극적 생존권

자료: 박능후, 2001.

할 것을 요구하는 근로복지제도(*workfare*) 방식이 보편화되어 있다.

기초보장의 법적 권리성은 사적 계약관계에서 조건부 권리, 소극적 생존권을 거쳐 복지국가 전성기에 적극적 청구권으로까지 발전되었다. 그러나 복지국가 위기 이후 기초보장에 대한 권리성이 훼손되어 빈곤층이 국가에 대하여 급여제공을 적극적으로 요구할 수 없는 소극적 생존권으로 환원되고 있다.

기초보장의 변천과정을 통해 먼저, 기초보장의 대상이 몇 겹의 층으로 구성되어 있으며 각 계층마다 기초보장을 확보하는 방법이 다르다는 점을 확인할 수 있다. 가장 중심적인 계층은 현업에 종사하고 있는 근로자이며, 다음 단계는 근로능력이 있는 취약계층, 마지막 층은 근로능력이 없는 일반 취약계층이다. 다음으로 확인할 수 있는 사실은 전 국민에 대한 기초보장의 확보는 복지국가 전성기에서만 구현되었으며, 이 과정에서 나타난 사회개혁을 향한 이념적 선도와 이에 대한 국민적 지지, 그리고 경제적 번영이 주요한 역할을 담당하였다는 점이다.

제 3부

사회보장의 이론적 고찰

제 9 장

국민연금제도

1. 국민연금제도의 도입과 확대

국민연금제도는 1986년에 법제화해 1988년부터 시행했다. 최초 10인 이상 사업체의 종사자를 대상으로 실시한 이후 1992년에는 5인 이상 사업체의 종사자로 확대하고, 1995년에는 농어촌지역 주민과 도시거주 농어민도 대상으로 추가했으며, 1999년 4월부터는 그동안 적용대상에서 제외했던 도시지역 주민에게까지 확대했다. 제도 시행 후 불과 11여 년 만에 국민연금제도를 전 국민으로 확대 적용한 것은 세계에서 유례를 찾기 어려울 정도로 단기간에 전 국민 연금화를 이룩하였다는 점에서 높이 평가할 만하다.

1) 〈국민복지연금법〉의 제정

1988년에 시행된 국민연금제도의 법적 근거는 1986년 12월에 제정된 〈국민연금법〉이지만, 그것의 기원은 1973년의 〈국민복지연금법〉까지 거슬러 올라간다. 1970년대 초반의 한국은 일반 국민을 대상으로 실시한 사회보장제도라고는 산업재해보상보험제도가 유일할 정도로 사회보장의 불모지였다. 이러한 척박한 사회보장의 토양에서 국민복지연금제도가 법제화된 것은 당시의 사회경제적 환경에 비추어 볼 때 이례적이다. 1970년대 초 당시 65세 이상 노령인구가 전체 인구에서 차지하는 비율은 3.1%에 불과하였으며, 취업자 중 50.5%가 농림어업에 종사하는 전형적인 농업 중심의 사회였고, 1인당 국민소득이라고는 겨우 187.3달러에 불과한 빈곤한 사회였기 때문이다(통계청, 1998; 경제기획원, 1972). 더욱이 당시는 국가정책의 우선순위를 경제성장에 두고 있었기 때문에 사회보장 관련 정책은 우선순위에서 뒤처져 있었다.

이와 같이 국민복지연금제도가 탄생하기에는 다소 어려운 환경이었는데도 1973년에 국민복지연금제도가 법제화될 수 있었던 이유는 그것이 지닌 사회복지적 기능보다는 경제개발에 필요한 내자(內資) 동원이란 경제적 기능에 초점을 맞추었기 때문이다(전남진, 1987a). 당시 제도 도입과 관련하여 최고정책결정자의 결단을 이끌어 낼 때 사용되었던 핵심 논거는 국민의 조세저항이 점차 거세지고 민간저축을 재정으로 유도하는 수단이 한정된 상태에서 국민복지연금제도의 도입은 국내저축의 제고뿐만 아니라 경제개발을 위한 투자재원의 조달에 크게 기여한다는 것이었다(국민연금관리공단, 1998b: 64).

1973년에 제정된 국민복지연금제도는 비록 경제정책적 의도에서 도입한 것이지만 국민복지의 향상을 가져올 수 있다는 점에서 사회복지적 의의를 과소평가할 수는 없다. 독일의 경우 1880년대에 산재보험, 노령보험, 질병보험 등 각종 사회보험제도를 도입한 것은 당시 세력을 확장하던 사회주의자로부터 일반 노동자를 분리하고 노동자의 충성심을 끌어내기 위한 노동통제적 목적으로 실시한 것이지만 제도 도입의 결과, 노동자의 경제적 생활과 건강이 증진되었다.

〈국민복지연금법〉이 1973년 국회에서 통과됨에 따라 정부는 그에 따른 시행법안을 마련하고 보건사회부에 복지연금국을, 국세청에 연금징수국을 신설하여 직제까지 마련하는 등 여러 제반 준비작업을 완료하였다. 그러나 1973년 말 중동전쟁으로 촉발된 제 1차 석유파동으로 인한 세계적 경기침체와 연평균 16%에 달하는 물가상승 때문에 정부는 제도의 시행이 어렵다고 판단하여 1974년 1월 긴급조치를 통해 국민복지연금제도의 시행을 1년간 유보하였다. 그러나 그 후 석유파동과 경기침체가 단기간 내에 끝날 조짐이 보이지 않자 정부는 다시 1년간 연기할 것을 발표하였고, 1975년 12월에는 아예 실시시기를 대통령령에서 정하도록 해 사실상 무기한 연기했다(국민연금관리공단, 1998b: 93).

2) 국민연금제도의 시행: 〈국민복지연금법〉의 전면 개정

1974년 1월부터 실시될 예정이었던 국민복지연금제도는 석유파동에 따른 사회경제적 여건의 악화로 시행이 보류되었다. 그러나 1980년대 중반에 들어오면서 사회경제적 환경이 국민복지연금제도의 시행에 다소 유리한 방향으로 조성되었다.

첫째, 소산소사(小産小死) 형태의 서구형 인구구조가 두드러졌다. 평균수명의 연장과 출산율 및 사망률의 저하로 60세 이상 노령인구 비중이 1973년 5.2%에서 1986년 6.8%로 증가했고, 이러한 추세는 가속화할 것으로 전망되었다. 노령인구 증가에 따라 노후 생계보장의 욕구가 점차 커진 반면, 그에 대한 개인 차원과 정부 차원의 대책은 크게 미미한 실정이었다. 또한 핵가족이 보편적 가족유형으로 자리 잡으면서 노인부양 의식이 점차 약화되었다.

둘째, 공적연금제도 실시를 위한 경제적 여건이 상당히 호전되었다. 그동안 지속적 경제성장으로 1970년에 약 187달러에 불과하던 1인당 국민소득이 1986년에 2,568달러로 상승함에 따라 사회보장에 대한 국민가계의 부담능력이 크게 제고되었다. 그리고 1980년대 초반부터 정부가 지속적으로 추진한 안정화정책으로 물가상승률은 이전에 비해 크게 둔화되었다. 또한 1960년대의 베이비붐 세대가 1980년대 중반부터 노동시장에 본격적으로 참가해 이들의 평생저축 기간을 제도에 최대한 수용할 수 있는 적기가 바로 1980년대 중반이라고 평가했다(국민연금관리공단, 1998b: 108~109).

국민복지연금제도의 시행여건이 점차 성숙함에 따라 정부는 제5차 사회경제발전 5개년계획을 수정하고 1984년 8월에 국민복지연금실시준비위원회를 구성하였다. 그러나 이 위원회의 활동은 매우 미미하였다. 대신 보건사회부와 경제기획원의 실무적 검토와 위원회의 연구의뢰에 따른 한국개발연구원의 연구를 중심으로 실시 준비활동이 이루어졌다. 그동안 이루어진 연구결과를 기초로 1986년 6월에 국민복지연금제도 시행을 위한 공청회가 개최되었다. 이 공청회에는 정부, 학계, 언론계 및 노·사단체가 참여하였는데, 대체적 의견은 국민연금제도 실시의 필요성과 당위성, 그리고 실시여건에 공감을 표시하고 제도의 조속한 실시를 희망하는 것이었다(국민연금관리공단, 1998b: 111).

이러한 일련의 과정을 거쳐 당시 전두환 대통령은 1986년 8월 11일 하계 기자회견을 통해 전 국민 의료보험의 확대방안, 최저임금제도의 도입방안, 국민연금제도의 실시방안 등을 포함한 국민복지 3대 정책을 발표하기에 이르렀다. 그리고 그해 9월 29일 국민연금제도의 기본 틀을 이루는 기본요강을 발표하였고, 이를 토대로 〈국민복지연금법〉 개정안을 확정했다. 이 개정안은 보건사회부의 내부검토안에 한국개발연구원의 연구내용을 대부분 받아들여 성안된 것이다. 국민복지연금법 개정안은 1986년 11월 22일 국회에 제출되었고, 국회 보건사회위원회와 법제사법위원회의 심사를 거쳐 국회본회의에 상정되어 1986년 12월 17일 가결되었고, 동년 12월 31일 법률 제 3902호로 공포되었다.

이 과정에서 다소 흥미로운 점은 개정법안의 명칭을 〈국민복지연금법〉에서 '복지'라는 용어를 삭제하여 〈국민연금법〉으로 변경했다는 것이다. 이는 '복지'라는 단어가 시혜적 의미를 갖는다고 해석하여 보험의 원리를 기초로 한 연금제도에서는 타당하지 못하다는 인식을 비롯해, 노인세대에 대한 무각출 노령연금제도가 정부의 재원부담이 어렵다는 현실적 벽에 부딪혀 결국 무산되었던 정책상의 한계를 반영하는 것이었다(국민연금관리공단, 1998b: 129).

1986년 12월 전면개정된 국민연금법에 따르면 국민연금제도는 1988년 1월 시행하는 것으로 되어 있었다. 그래서 정부는 1987년 6월에 국민연금제도의 관리운영 조직을 설립하기 위해 약 3개월의 설립준비 과정을 거쳐서 같은 해 9월 18일 '국민연금관리공단'이라는 특수법인을 설립하였다.

1973년 말 입법화되어 1974년 1월 시행될 예정이었던 국민복지연금제도가 사회경제적 여건의 불비를 이유로 유보된 이래 거의 14년 만인 1988년 1월에야 비로소 '국민연금제도'로 개칭되어 실시되었다. 1973년 국민복지연금법 제정 시에는 30인 이상 사업장을 당연적용하고 단계적으로 적용대상을 확대하기로 하였으나, 1988년의 국민연금제도는 각계의 논의를 거쳐 10인 이상 사업장을 당연적용 대상으로 하였다. 당시 국민연금에 가입한 10인 이상 사업체의 종사자 수는 약 422만 명이었다.

3) 국민연금제도의 확대

국민연금제도의 목적은 노령, 장애, 사망에 따른 국민의 생활안정을 도모하는 데 있기 때문에 제도적용의 우선순위는 보험료 부담능력이나 관리의 편의성 측면보다 소득보장의 욕구가 더 큰 계층, 즉 상대적으로 미래를 준비할 경제적 여력이 적은 영세사업체 근로자에 두어야 한다. 그러나 이들 계층에게 국고로 보험료의 일부를 지원하는 것조차 고려되지 않는 상황에서 보험료를 전적으로 부담하기에는 현실적으로 어려움이 따를 것을 감안하여 10인 이상 사업장의 근로자부터 국민연금을 실시했다.

이후 제도의 안정적 정착과 행정관리 능력의 향상에 따라 단계적으로 적용대상을 확대할 필요성이 제기되어 정부는 5~9인 사업자 종사자는 1990년대 초까지 당연적용하는 것을 목표로 하고, 농어민과 자영업자도 여건이 성숙되는 대로 당연적용 대상자에 포함한다는 정책방향을 설정하였다. 이에 따라 1992년 1월 1일부터 5~9인 사업장까지 확대되었는데, 이로써 국민연금제도에 추가로 가입한 근로자는 약 23만 명이었다.

국민연금제도의 적용을 5인 이상 사업장 근로자까지 확대하고 나자 자영업자로의 확대적용 문제가 다음 정책과제로 부각되었다. 정부는 신경제 5개년계획 및 우루과이라운드 협상 타결에 따른 농어촌 발전대책의 일환으로 우선 1995년 7월부터 농어촌지역에 국민연금을 실시하기로 하였다. 농어촌지역을 확대적용의 우선순위로 하게 된 배경에는 우루과이라운드 타결에 따른 농어촌지역 주민의 소득 축소 및 그로 인한 노후준비 여력 감소, 도시와 농촌 간 불균등한 발전으로 인한 사회적 박탈감의 증가, 농어촌지역의 상대적으로 높은 인구노령화로 인한 노인빈곤 문제의 심화 등이 포함된다(김상균 · 권문일, 1994).

이러한 배경에서 국민연금제도는 농어촌지역에 우선 적용하는 것으로 결정되었다. 하지만 확대대상인 농어촌지역 주민은 자영업자, 농어민, 5인 미만 사업체 근로자 등 매우 이질적 집단으로 구성되어 있었고, 소득이 거의 노출된 5인 이상 사업장 근로자와는 달리 이들은 소득을 파악하기가 곤란해 소득에 비례하여 기여와 급여가 결정되는 국민연금제도의 구조상 확대적용 실시와 관련하여 수많은 쟁점이 제기되었다. 그중 주요 쟁점과 그것들이 준비과정에서 어떻게 정리되었는지를 살펴보면 다음과 같다(국민연금관리공단, 1998b: 142~143).

첫째, 적용범위에 관한 문제로서 농어민만 우선 적용하는 직역(職域) 중심 방안과, 직역에 관계없이 농어촌지역에 거주하는 주민 전체를 적용하는 지역중심 방안이 쟁점이 되었다. 직역중심 방안은 재정경제원이 제시한 것으로, 보험료의 일부를 국고에서 지원할 때 상대적으로 적용규모가 적어 소요예산을 줄일 수 있다는 점을 강조하였다. 보건복지부가 제시한 지역중심 방안은 겸업농가의 비율이 높고 여러 직업의 주민이 혼재된 농어촌의 특성상 농어민 구분이 곤란할 뿐 아니라 향후 전 국민을 대상으로 연금을 실시할 때 혼란을 가져올 우려가 크다는 시각에서 제기한 것이다. 이 두 가지 방안을 두고 논의한 결과, 보건복지부가 제시한 지역중심안을 토대로 농어촌에 확대하기로 결정했다. 그리고 농어민에 한해 비록 도시지역에 거주하더라도 당연적용 대상으로 하였다.

둘째, 적용단위 및 적용연령과 관련된 문제이다. 적용단위로는 개인별, 부부단위별 또는 세대단위별로 적용하는 방법이 논의되었는데, 최종적으로 미혼자는 개인별로, 부부는 1명을 원칙으로 하되 별도의 소득이 있는 때에는 각각을 적용단위로 하는 혼합방안을 채택했다. 적용연령의 경우 18~60세, 25~60세, 28~60세 등 여러 가지 방안이 제시되었는데, 정부는 대학졸업연령 및 취업연령, 독일의 제도 등을 참고하여 25세 이상 60세 미만을 당연적용 대상으로 하되, 18세 이상 25세 미만의 자는 임의적용하는 방안을 마련하였다. 그러나 국회의 법률심의 과정에서 사업장에 종사하는 18세 이상의 자는 당연적용되는 것과 비교해 가입자 종별에 따라 가입연령이 상이한 것은 법체계상 문제가 있다고 지적하여 18세 이상 23세 미만의 자는 소득이 있는 경우에만 당연적용 대상, 소득이 없는 자는 적용제외 대상으로 조정하였다.

셋째, 확대적용 모형에 관한 것으로, 연금보험료를 결정할 때 가입자의 소득에 비례하여 부과하는 방식(소득비례연금), 가입자의 소득수준에 관계없이 일정 금액을 일률적으로 부과하는 방식(정액연금), 소득비례연금과 정액연금을 결합한 이층체계방식 등 세 가지 모형이 논의되었다. 소득비례연금도 현행 제도와 통합할 것인지, 독립된 소득비례모형으로 할 것인지가 문제되었고, 이층체계방식의 경우에도 소득비례연금을 당연적용할 것인지 또는 임의적용할 것인지 등이 논의되었다. 정부는 사회보험제도의 특징인 소득재분배 기능을 유지하고 전 국민연금 실현에 대비하는 장기발전적 차원에서 종전의 소득비례연금, 즉 사업장가입자에게 적용하던 국민연금을 그대로 적용하는 것으로 하였다.

넷째, 연금보험료에 대한 국고지원 문제이다. 사회보험은 일반적으로 소득능력이 있는 계층을 대상으로 한다는 점과 우루과이라운드 협상 타결로 농어촌 경제가 어려운 점 등을 고려하여 연금보험료의 일부를 지원하는 방안이 검토되었다. 정부는 보험료 지원 대상 및 수준에 대해 저소득층에 한하여 보험료의 50%를 일괄지원하는 방안, 저소득층에 한하되 50%부터 차등지원하는 방안, 적용대상 전체에게 일정액을 균등지원하는 방안을 각각 검토했다. 그리고 최종적으로 농어민에 한해 1995년 7월부터 2004년 12월까지 농어촌특별세관리 특별회계에서 최저등급 보험료(6,600원)의 3분의 1 수준을 균등지원하기로 하였다.

농어촌지역에 대한 확대적용과 관련하여 제도의 골격이 완성된 다음 구체적 적용에 따른 세부절차를 사전에 점검하기 위한 두 차례의 모의적용사업을 거친 후 1995년 7월에 확대실시가 이루어졌다. 농어촌지역에 대한 국민연금제도는 지방행정기관 및 지방공무원, 지역의 통반장 및 이장들의 적극적 협조와 지원에 힘입어 총신고율이 96%에 이를 정도로 비교적 순조롭게 출범하였는데, 이때 가입한 농어촌지역 주민은 약 203만 명이었다.

농어촌지역에 대한 국민연금제도의 적용확대는 노령, 장애, 사망에 따른 생활불안정으로부터 더 많은 국민을 보호할 수 있다는 점에서 매우 긍정적으로 평가할 수 있음에도 불구하고 시행상 여러 문제점이 드러났다. 그중 가장 중요한 두 가지 문제는 다음과 같다.

첫째, 농어촌지역의 주민은 소득파악이 곤란하여 신고소득을 거의 보험료 부과대상 소득으로 인정한 결과, 대부분 실제소득보다 훨씬 낮게 신고하는 경향이 두드러졌다는 것이다. 1996년 말 당시 사업장가입자의 평균소득월액은 약 122만 원인 데 반해 농어촌 지역가입자의 평균소득월액은 사업장가입자의 약 46.7%에 불과한 57만 원 수준이었다. 이러한 소득하향신고 경향은 그 이후에도 줄어들지 않고 있는데, 1997년 말과 1998년 말의 경우 그 비율이 각각 42.4%, 42.8%에 지나지 않았다. 이러한 소득의 하향신고 경향은 적어도 당장은 소득재분배 왜곡현상을 불러일으키지 않을 것이다.[1] 그러나 장기적으로 보면 소득재분배 왜곡현상, 즉 실제소득에 따른 재분배가 아니라 소득이 노출된 근로자로부터 소득이 노출되지 않는 자영업자에게로 소득의 이전현상이 발생할 수 있다는 점에서 소득재분배에 기초한 국민연금제도의 정당성이 의문시될 수 있기 때문에 그에 대한 대책 마련이 시급해졌다.

1 그 이유에 대해서는 이 장의 369쪽 '(3) 지역가입자에 대한 소득파악의 곤란'을 참조함.

둘째, 가입자의 소득하향신고와 더불어 보험료의 징수율은 평균 70% 내외에 머물러 제도의 안정적 정착이 어려웠다. 낮은 징수율은 결국 기여에 기초하여 급여액이 결정되는 국민연금제도의 특성상 상당수의 가입자가 연금수급권을 획득할 수 없거나 저액의 급여만 제공되기 때문에 문제가 된다. 이러한 낮은 징수율은 가입자의 연금제도에 대한 인식부족, 일선 조직 및 인력의 부족에 기인하는 바가 적지 않다. 징수율이 낮은 또 다른 근본원인은 실제 농어촌 지역가입자 중 보험료를 부담할 수 있는 경제적 여력이 없는 저소득계층이 상당수이기 때문이다.

2. 국민연금제도 1차 개혁

농어촌지역에 국민연금제도를 확대적용한 결과, 미적용 대상으로 남은 계층은 도시지역에 거주하는 자영업자, 5인 미만 영세사업체 근로자, 임시·일용직·시간제 근로자(이하 편의상 '도시지역 자영업자'라고 칭함)인데, 정부는 이들에 대해 1998년 하반기에 국민연금을 확대적용하기로 계획하였다. 그에 따라 국민연금의 도시지역 확대적용을 효과적으로 추진하기 위해서 1996년 5월 국민연금관리공단 내에 '국민연금 도시지역확대 실무추진단'을 구성하였으며, 1997년 1월에는 보건복지부 내에 국민연금 도시지역확대 실무추진반을 설치하였다.

그러나 전 국민을 대상으로 한 연금 실현에 앞서 저부담·고급여 구조 및 인구노령화로 인한 연금재정의 장기적 불안정, 도시지역 확대적용 대상인 자영업자의 소득파악 곤란, 기금운영에 대한 국민의 불신 등 현행 제도의 근본 문제점에 대한 우려가 제기되었다. 정부는 차제에 이들 문제뿐만 아니라 그동안 제도 시행 과정에서 제기되었던 각종 문제점을 종합적으로 검토하여 해결책을 모색한다는 차원에서 1997년 5월 국무총리실 사회보장심의위원회 산하에 국민연금제도개선 기획단을 구성했다. 그리고 기획단에게 국민연금제도의 문제점을 전반적으로 검토·진단하고 그에 대한 개선방안을 마련하도록 하였다.

1) 기존 국민연금제도의 문제점

(1) 연금재정의 장기적 불안정

기존의 국민연금제도가 안고 있던 가장 근본적인 문제점 중 하나는 연금재정의 장기적 불안정이다. 국민연금은 노령연금이 지급되는 2008년까지는 연금기금이 계속 누적되지만, 2008년 이후에는 연금급여 지출이 급격히 증가하여 2020년에는 그해 재정수지 적자가 나타나고, 2031년에는 적립기금이 완전히 소진될 것으로 전망했다(국민연금제도개선기획단, 1997). 이러한 장기적 재정불안정을 초래하는 주요 근본원인은 기여와 급여 간 불균형구조, 낮은 연금수급연령[2]과 인구구조의 노령화 등이다.

기여와 급여 간 불균형 구조는 저부담·고급여 구조를 의미한다. 기여와 급여 구조의 불균형을 분석하는 데 흔히 사용되는 지표 중 하나는

2 다른 조건이 같다면 상대적으로 낮은 연금수급연령은 연금수급 기간을 길게 하는 작용을 한다.

〈표 9-1〉 소득계층별 수익비(1988년 사업장가입자 기준)

가입기간(년)	소득계층				
	0.2A	0.5A	1.0A	2A	3.5A
5	18.49	8.84	5.63	4.02	3.33
10	12.71	6.08	3.87	2.76	2.29
20	8.55	4.70	2.99	2.14	1.77
30	5.46	4.50	2.87	2.05	1.70
40	3.93	3.93	2.75	1.96	1.63

주: A는 전 가입자 평균소득.
자료: 김순옥, 1997.

평생 납부한 보험료 총액의 현재가치 대비 급여 총액의 현재가치 비율을 나타내는 수익비다. 국민연금제도가 장기적으로 보험수리적 재정안정을 유지하기 위해서는 비록 소득재분배로 소득계층별 수익비가 다를지라도 전체적으로는 보험료 총액과 급여 총액이 일치해야 한다. 즉, 수익비가 1에 근접해야 한다. 그런데 〈표 9-1〉을 보면 국민연금의 수익비는 소득계층에 관계없이 1을 훨씬 초과한다. 이는 급여 총액에 대한 보험료 부담분이 소득계층에 관계없이 모두 상대적으로 적다는 것을 의미하는 것으로서 현행 국민연금제도가 재정적으로 불안정할 수밖에 없음을 보여 준다.[3]

국민연금의 연금수급연령은 현재 60세로 설정되어 있다. 그런데 이는 미국 65세, 영국 65세, 캐나다 65세, 독일 63세, 일본 65세, 노르웨이 67세, 스페인 65세 등 다른 나라의 수급연령과 비교할 때 매우 낮다 (Social Security Administration, 1997). 낮은 연금수급연령은 연금수급

3 더 상세한 내용은 권문일(1998)을 참조할 것.

자의 수를 증대시키는 반면 기여자의 수를 줄일 뿐만 아니라, 더 오랫동안 연금을 지급해야 하는 반면 기여기간을 상대적으로 줄임으로써 이중으로 연금재정에 악영향을 미칠 수 있다.

국민연금의 장기적 재정불안정을 초래하는 또 다른 주요 원인은 인구노령화이다. 1997년 현재 15~59세의 생산가능인구 대비 60세 이상 인구 비율을 나타내는 노인부양비율은 1997년 현재 14.6%에서 2010년에 21.6%, 2020년에 32.1%, 2030년에 46%로 급격히 증가할 전망이다. 이러한 노인부양비율의 급속한 증가에 따라 연금가입자 대비 연금수급자의 비율을 나타내는 연금부양률 또한 급격히 증가할 것이다. 국민연금 장기재정추계에 따르면 연금부양률은 1997년 현재 2%에서 2010년 11%, 2020년 26%, 2030년 41%로 매우 빠르게 증가할 것으로 보인다(국민연금관리공단, 1998a).

(2) 국민연금기금 운영에 대한 국민의 불신

국민연금제도는 기본적으로 일정 기간 보험료를 적립하여 형성한 기금을 통해 급여를 지출하는 적립방식을 취한다. 따라서 국민연금기금의 유지와 기금의 적정수익을 보장하는 것은 매우 중요하다. 그러기 위해서는 국민연금기금을 안정적으로 유지할 뿐 아니라 안정성 범위 내에서 수익성이 극대화되도록 운용해야 한다. 그러나 그동안 국민연금기금의 운영은 이러한 원칙에 따라 충실하게 운영되었다고 볼 수 없어 국민의 불신이 팽배해졌다.

1997년 12월 말 국민연금의 기금규모는 약 28조 2,824억 원이었는데, 이 중 67.4%인 19조 652억 원이 공공부문에 투자되었다. 그런데 공공부문에 대한 국민연금기금의 투자는 국공채 발행형태가 아닌 예수금증서를 교부하는 형태로 이루어졌다. 이에 대해 노동계와 시민단체들은 이의를 제기했다. 향후 국민연금 기금규모가 기하급수적으로 증가할 전망인데, 현재와 같은 공공부문 투자비율을 유지한다면 정부가 상환해야 할 원리금과 이자규모가 정부의 재정능력을 상회할 수준에 이를 것이다. 그렇게 되면 금융시장에서 환금성이 없는 예수금증서 형태로는 상환능력을 보증할 수 없으므로 기금의 안정성이 위협받을 수 있다는 것이 주장의 핵심이었다(김연명, 1998a).

국민연금기금 운영과 관련하여 제기된 또 다른 문제는 정부가 국민연금기금을 공공부문에 예탁하면서 금융부문 이자율보다 낮은 이자율로 차입한다는 것이다. 1988년 제도 시행 이래 1997년까지 공공부문과 금융부문의 이자율 차이를 연도별로 살펴보면 최소 1.45%에서 최대 3.66%까지 차이가 났다(엄영진, 1998). 이러한 결과는 정부가 적립방식으로 운영되는 국민연금기금의 중요성을 충분히 이해하지 못하고 다른 여타 기금과 동일시함으로써 국민연금기금 운영의 주요 원리인 수익성을 침해했다는 주장의 주요 근거자료로 활용되었다.

(3) 지역가입자에 대한 소득파악의 곤란

농어촌지역에 대한 국민연금의 확대적용 경험에 비춰 볼 때 소득파악 곤란에 따른 지역가입자의 소득하향신고 경향은 조만간 국민연금이 확대될 예정인 도시지역의 자영업자에게도 재연될 가능성이 높을 것으로 보였다. 그런데 소득의 하향신고는 다음과 같은 점에서 문제가 있다.

첫째, 소득의 하향신고는 장기적으로 소득재분배 기능을 왜곡할 수 있다. 현행의 보험률이 유지되는 한 국민연금제도에서 소득계층 간 소득재분배 효과는 당분간 발생하지 않기 때문에 소득재분배 왜곡현상 또한 발생하지 않을 것이다.[4] 하지만 연금재정의 안정을 위해서 향후 보험료율을 단계적으로 인상하면 가장 소득이 높은 계층부터 기여 대비 급여비가 1 이하로, 즉 부담에 비해 급여혜택이 줄어들기 시작하는 소득재분배 효과가 발생한다. 그렇게 되면 실제소득이 동일함에도 불구하고 고소득 근로자는 소득재분배 효과로 손실을 보는 반면, 고소득 자영업자는 실제소득에 비해 소득을 낮게 신고함으로써 여전히 손실을 보지 않고 이득을 얻어 소득재분배 왜곡현상이 발생할 수 있다. 즉, 실제소득과 관계없이 근로자로부터 자영업자로 소득이 이전되는 소득재분배 왜곡현상이 발생한다.

둘째, 소득의 하향신고는 균등부문과 소득비례부문의 급여액을 모두 감소시킴으로써 국민연금의 노후생활 보장기능을 약화할 수 있다. 자영업자의 하향신고에 따른 전 가입자 평균소득의 하락은 그것의 일정비율로 산정되는 균등부문의 급여수준을 감소시키는 것은 물론, 소득비례부문의 급여산정 시 연금수급자 개인의 과거소득 재평가율[5]을 낮춤

4 국민연금 급여산식의 구조상 저소득층의 소득대체율(연금급여액 대비 가입자 개인의 평균 생애소득)은 고소득층에 비해 상대적으로 높기 때문에 외견상 소득재분배 효과가 있는 것으로 보인다. 하지만 당시 가입된 모든 소득계층은 연금재정의 수지균형을 가져오는 보험료 수준(평균적으로 구 국민연금제도에서는 약 22%의 보험료율)에 훨씬 미달된 수준으로 보험료율을 부담하고 있는 반면, 연금급여는 수지균형 보험료에 상응하는 혜택을 받고 있기 때문에 가장 소득이 높은 계층조차 부담에 비해 이득이 훨씬 크다. 따라서 고소득계층의 소득이 저소득층으로 이전되는 일은 실제로는 적어도 제도 초기에는 발생하지 않는다.

으로써 소득비례 급여액도 감소시킨다. 따라서 국민연금의 급여수준이 사회의 전반적 실제 소득수준을 반영하지 못함으로써 급여의 사회적 적절성이 문제될 수 있다.

셋째, 소득하향신고는 근로자계층과 자영업자계층 간의 사회적 갈등을 초래할 수 있다. 자영업자의 소득하향신고가 계속되는 한 근로자는 자영업자에 비해 상대적으로 국민연금에 더 많은 기여를 하는 반면, 급여 지급 시에는 자영업자 때문에 상대적으로 낮은 연금액을 지급받는다고 인식할 것이다. 이와 같이 근로자와 자영업자 간 부담과 급여의 형평성을 둘러싼 문제는 근로자와 자영업자의 집단갈등을 초래할 수 있다.

넷째, 지역가입자의 소득파악이 곤란한 것은 국민연금의 근로소득과 연계된 급여를 관리하는 데 막대한 지장을 초래할 수 있다. 국민연금에서 지급하고 있는 대부분의 급여는 근로소득 및 사업소득과 연계된다. 조기노령연금, 노령연금, 감액노령연금, 재직자노령연금 등이 바로 그 예이다. 이들 연금급여는 연금수급자가 소득활동을 계속하거나 재개하면 파악되는 소득수준에 따라 급여가 지급정지되거나 감액되기도 하는데, 자영업자의 소득파악이 제대로 되지 않는 한 이들 급여를 소득과 연계하는 것은 매우 어려울 수밖에 없다. 그렇게 되면 또다시 근로자와 자영업자 사이의 형평성 문제가 불거질 것이다.

---

5 연금수급자 개인의 과거소득 재평가는 과거 연도별 전 가입자 평균소득 대비 연금수급 전년도 전 가입자 평균소득의 비율을 과거 연도별 개인소득에 곱하는 방식으로 결정된다. 그런데 만일 국민연금이 도시지역에 확대되었을 때 도시지역 주민이 소득을 하향 신고하면 당장 1999년도의 전 가입자 평균소득이 하락하여 2000년도의 신규 연금수급자는 과거소득 재평가율이 상대적으로 적게 산출됨으로써 연금액이 낮아진다.

2) 국민연금제도 개선안

앞서 살펴본 세 가지 근본문제를 해결하면서 도시지역에 대한 국민연금의 적용확대 방안을 모색하기 위해서 정부는 사회보장심의위원회 산하에 국민연금제도개선 기획단을 설치하였다. 기획단은 1997년 5월에 활동을 시작하여 동년 12월에 정부에 최종보고서를 제출하는 것으로 업무를 완료했다. 최종보고서 내용이 공개된 직후 기획단이 제시한 국민연금제도 개선안에 대해서 각종 언론과 시민단체, 노동자단체, 경영자단체뿐 아니라 일반 국민도 상당히 부정적 태도를 보였다. 국민의 거센 반발을 의식한 정부는 기획단이 제시한 개선안에 근간을 두되 가장 핵심사항인 급여수준과 연금체계 구조와 관련된 부분은 받아들이지 않고 〈국민연금개정안〉을 마련한 후 1998년 2월에 입법예고하였다.

(1) 국민연금제도개선기획단의 개선안

기획단의 개선안은 현행 국민연금의 기본구조, 급여수준, 급여수급요건, 재정방식, 보험료 등 전 부문에 걸쳐 개선방안을 제시하였는데, 주요 핵심내용을 몇 가지로 요약 기술하면 다음과 같다.

첫째, 현재 균등부문과 소득비례부문으로 구성된 단일체계의 국민연금을 분리하여 균등부문은 기초연금으로, 소득비례부문은 소득비례연금으로 이원화한 연금체계를 제시했다. 기획단은 이원적 연금체계를 채택한 근거를 향후 1인 1연금제 도입, 소득재분배 왜곡현상 축소, 통일 시 북한주민의 남한 연금체계로의 원활한 통합, 특수직역연금과의 연계, 기업연금과의 연계 등과 같이 추후 사회여건 변화에 따라 제도변경이 필요할 때 신축적으로 대응할 수 있다는 데서 찾고 있다.

둘째, 현행 국민연금의 급여수준을 대폭 축소하였다. 현행 국민연금은 40년 가입 평균소득자의 경우, 과거소득의 70%에 해당하는 급여수준을 보장하는 데 반해, 기획단안은 평균소득자에 대해서 기초연금에서 16%, 소득비례연금에서 24%, 합해서 40%를 보장하는 안을 제시하였다. 이는 기존 국민연금의 급여수준을 약 42.8%나 축소한 것이다. 기획단은 급여수준을 대폭 축소한 주요 근거로 연금재정의 안정성을 확보하면서 기존 국민연금의 급여수준을 유지하기 위해서는 보험료를 20% 이상으로 상향조정해야 한다는 것을 들었다. 그러나 보험료의 급격한 인상은 국민이 수용하기 힘들 뿐만 아니라 기업의 노동비용을 증가시키고 민간저축에 부정적 영향을 미쳐 국민경제에 악영향을 끼칠 수 있다는 것이다. 그래서 현행 9% 보험료 수준을 가능한 한 유지하는 범위 내에서 연금재정의 안정성을 확보하기 위해서는 급여수준을 대폭 축소할 수밖에 없다는 것이다.

셋째, 현행 국민연금의 균등부문 대 소득비례부문의 구성비는 4 대 3인데, 기획단은 균등부문에 해당하는 기초연금과 소득비례부문에 해당하는 소득비례연금의 구성비를 2 대 3으로 조정함으로써 현행 제도보다 소득재분배 기능을 약화했다. 이는 자영업자의 소득파악 곤란에 따른 근로자와 자영업자 간 수급부담의 형평성 문제를 완화하려는 것이다.

넷째, 현행 연금수급연령 60세를 2013년부터 5년 간격으로 1세씩 상향조정하여 2033년까지 65세로 연장하는 것으로 하였다. 수급연령의 상향조정은 급여수준을 축소하더라도 노령화가 급속히 진행됨으로써 연금수급자가 대폭 증가하고, 기대수명의 증대로 연금수급 기간이 길어지면 9% 내외의 보험료로는 연금재정의 장기적 안정을 유지할 수 없다는 시각에서 결정되었다.

다섯째, 기초연금과 소득비례연금을 합한 보험료율은 2010년까지는 9%를 유지하되 2010～2014년 9.95%, 2015～2019년 10.9%, 2020～2024년 11.8%, 2025년 이후에는 12.65%로 상향조정하는 것으로 하였다. 애초에 보험료율은 가능한 9% 선에서 억제하는 것이 바람직하다는 것이 지배적 의견이었지만, 연금재정 추계결과 예상과는 달리 그러한 보험료율로는 40%의 급여수준을 보장하는 데 다소 부족한 것으로 나타났다. 그래서 2025년까지 단계적으로 인상하되 그 이후에는 예측하지 못한 사회경제적 상황이 발생하지 않는 한 영구적으로 보험료율을 고정할 것을 계획하였다.

여섯째, 기금운영과 관련하여 기획단은 국민연금기금의 운용수익률을 제고하기 위하여 공공부문에 예탁한 자금의 이자율을 금융부문 투자수익률 수준으로 상향조정할 것을 제안했다. 그리고 국민연금기금의 투명성과 책임성을 제고하기 위하여 '공공자금 관리기금'의 의무예탁규정을 개정하여 국민연금기금운용위원회가 공공자금 예탁규모를 실질적으로 결정하기로 했다. 또한 재정융자특별회계 내에 국민연금계정을 신설하고 그 내역을 공개하여 투명성을 제고하고 국민연금기금운용위원회에 가입자 대표의 참여를 확대할 것 등을 제안하였다. 마지막으로 기금운영의 전문성 제고를 위하여 국민연금기금운용 실무위원회를 활성화하고 전문적이고 중립적인 평가단을 구성할 것을 제시하였다.

(2) 정부 개선안

정부 개선안은 기획단의 개선안을 상당 부분 수용했지만 현행 국민연금제도를 기본 골격으로 하여 개선하였다고 보는 것이 타당하다. 정부 개선안의 주요 내용은 다음과 같다(엄영진, 1998).

첫째, 기획단의 개선안과 달리 정부는 현행 국민연금의 일원체계를 유지할 것을 제안하였다. 정부의 입장은 기초연금과 소득비례연금제도가 공히 강제가입방식을 취하고, 적용대상 면에서 양자 간 차이가 없기 때문에 굳이 현행 일원체계형태의 국민연금제도를 기초연금과 소득비례연금으로 분리하는 것은 관리운영상의 복잡성을 증가시키고, 관리운용상의 곤란과 관리운용비를 가중시킬 뿐 별다른 실익이 없다는 것이다.

둘째, 정부의 개선안은 현행 국민연금제도의 급여수준을 하향조정하였다는 점에서는 기획단의 개선안과 동일하지만, 축소의 폭이 상대적으로 작다. 정부는 40년 가입 평균소득자의 경우, 연금급여수준을 소득대체율 면에서 55%로 하는 안을 제시하였다. 정부는 이러한 급여수준을 제안한 근거로 국제노동기구(ILO)가 제시한 40년 가입 시 노령연금 최저급여기준 53%를 충족하고[6] 국민의 기대 노후소득보장 수준을

6 국제노동기구가 노령연금급여 기준으로 제시한 것에는 세 가지가 있다(ILO, 1989). 첫째, 1952년에 발표한 것으로(102호 조약), 30년 가입 표준소득자의 노령연금 최저기준으로 임금대체율 40%를 제시했다. 둘째, 1967년에 발표한 것으로(128호 조약), 1952년의 노령연금 최저기준을 다소 상향조정하여 30년 가입 표준소득자의 경우 임금대체율 45%를 제시했다. 셋째, 1967년에 128호 조약에 부가하여 발표한 기준으로, 가장 높은 기준에 해당하는 것으로서(131호 권고) 임금대체율 55%를 제시했다. 이 기준은 조약의 형태가 아닌 단지 권고의 형태로 제시되었기 때문에 의무이행의 강제성이 없다는 점에서 앞서의 두 기준과는 차이가 있다. 정부 개선안에서 급여수준 설정의 주요

고려하고자 했기 때문이라고 설명한다.

셋째, 현행 국민연금제도의 균등부문 대 소득비례부문의 구성비를 4 대 3에서 1 대 1로 전환함으로써 소득재분배 기능을 하향조정하였지만, 기획단 안에 비해서는 소득재분배 기능의 완화 정도가 낮다. 이처럼 두 부문 간 상대적 비중을 조정한 이유는 현행 국민연금제도의 도시지역 확대 시 소득파악 곤란에 따른 소득재분배 왜곡현상을 완화하되, 저소득층에 대한 소득재분배 기능의 지나친 축소를 방지하기 위한 것이다.

넷째, 현행 연금수급연령 60세는 제도개선의 수용성과 연금재정의 장기적 안정을 고려하여 2013년까지는 유지하되, 그 이후부터는 5년마다 1세씩 상향조정하여 2033년까지 65세로 연장한다는 점에서는 기획단의 개선안과 동일하였다.

다섯째, 보험료율은 2010년까지 9%, 2010~2014년 10.85%, 2015~2019년 12.65%, 2020~2024년 14.45%, 2025년 이후 16.25%로 단계적으로 상향조정함으로써 기획단 안에 비해 보험료 인상폭이 다소 높다. 이러한 정부의 보험료 인상계획은 기획단 안에 비해 급여수준을 높게 책정한 데 따른 결과이다. 하지만 불과 15년 안에 보험료를 9%에서 16.25%로 급격히 인상하는 것으로 되어 있기 때문에 국민이 거세게 반발할 것으로 보았다. 그래서 정부는 국회에 개정법안을 제출할 때는 보험료율에 대한 구체적 인상계획을 제시하지 않고, 5년마다 재정계산 결과에 기초하여 보험료율을 조정할 수 있는 포괄적인 법적 근거를 마

근거로 설정한 국제노동기구의 최저급여기준이라 함은 첫째 기준을 뜻하는 것이다. 다만 정부는 30년 가입기준을 40년 가입기준으로 기간에 단순비례해 환산했을 뿐이다.

〈표 9-2〉 기획단과 정부의 개선안 비교

구분	현행 제도	기획단 안	정부 안
연금체계	일원형(통합형)	이원형(분리형) 기초연금, 소득비례연금	일원형(통합형)
급여수준	평균소득계층 70%	평균소득계층 40%	평균소득계층 55%
균등 대 소득비례부문비	4 : 3 균등부문 40% 소득비례부문 30%	2 : 3 기초연금 16% 소득비례연금 24%	1 : 1 균등부문 27.5% 소득비례부문 27.5%
수급연령	60세	65세 (2013년부터 5년마다 1세씩 상향조정)	65세 (2013년부터 5년마다 1세씩 상향조정)
보험료	3~6~9%	단계적으로 조정 2009년까지: 9% 2010~2014년: 9.95% 2015~2019년: 10.90% 2020~2024년: 11.8% 2025년 이후: 12.65%	단계적으로 조정 2009년까지: 9% 2010~2014년: 10.85% 2015~2019년: 12.65% 2020~2024년: 14.45 2025년 이후: 16.25%
재정방식	수정적립 방식	• 기초연금: 적립방식 • 소득비례부분: 적립방식	적립방식
재정안정	• 적립기금 고갈 2031년 발생	• 기초연금: 기금고갈이 발생하지 않으며 2050년 이후 적립률 8.3배 계속 유지 • 소득비례연금: 적립기금 고갈이 발생하지 않으며 2050년 이후 적립률 10.7배 계속 유지	• 적립기금 고갈이 발생하지 않으며 2050년에 적립률이 6.9배에 이르지만 이후 점진적으로 하향 추세

련하는 것으로 대신하였다.

여섯째, 기금운영과 관련해서 정부의 개선안은 기획단 안을 상당 부분 수용하였다. 국민연금기금운영위원회에 가입자 대표의 참여 확대, 공공부문 예탁이자율 제고, 공공자금 예탁운용내역 공개, 기금운용결과에 대한 평가 등을 제시하였다. 다만 정부의 개선안은 〈공공자금 관리기금법〉에 의한 예탁조항 개선, 재정융자특별회계의 국민연금계정 신설 등에 대해서는 구체적 대안을 제시하기보다는 관계부처와 협의를 추진하겠다는 의견을 표명하는 수준에 머물렀다.

3) 1998년 국민연금제도의 개혁

정부는 1998년 2월에 〈국민연금법〉 개정안을 확정한 다음 입법예고하고 관련 이해단체의 의견을 수렴한 후, 동년 4월 국회에 최종입법안을 제출하였다. 이 법안은 국회 보건복지상임위원회에서 심의가 진행되는 듯하다가 여・야 정당 간 합의를 보지 못하고 장기 계류되었는데, 동년 가을 정기국회에 들어와서야 재심의가 이루어졌다. 가을 정기국회 때는 야당도 국민연금법 개정과 관련하여 의원입법안을 제출하였다. 따라서 두 법안을 놓고 국회심의가 이루어졌고, 동년 12월에 이르러 〈국민연금법〉 개정안이 드디어 국회를 통과하였다.

그런데 심의과정에서 정부가 애초에 제시한 국민연금법안의 내용 중 급여수준, 보험료 부담원, 국민연금기금의 운용과 관련하여 몇 가지 중대한 변화가 일어났다. 급여수준이 애초의 평균소득자 기준 55%에서 60%로 상향조정되었고, 보험료 부담원에서 퇴직금 전환금이 폐지되었으며, 국민연금기금의 운용과 관련해서는 국민연금관리공단의 기금이사를 공채를 통해 임명하는 계약직 이사로 하였다. 1998년 12월에 국회를 통과한 국민연금 개정법의 내용은 다음과 같다.

첫째, 국민연금 적용대상자의 범위를 기존의 5인 이상 사업장 종사자, 농어민, 농어촌지역 거주자에게 한정하던 것을 1999년 4월부터는 도시지역의 자영업자, 5인 미만 사업장 근로자, 임시・일용직 근로자, 시간제 근로자 등 도시지역 전 주민으로 확대했다.

둘째, 국민연금재정의 장기안정성을 제고하기 위하여 40년 가입 평균소득자에게 지급하던 급여수준을 과거소득의 70%에서 60%로 하향 조정하였다.

셋째, 국민연금의 노령연금 수급연령은 종래 60세에서 2013년부터 5년마다 1세씩 연장해 2033년 이후에는 65세가 된다.

넷째, 급여수준의 인하 및 연금수급연령의 연장을 제외하면 급여와 관련된 대부분의 개혁조치는 연금수급요건을 완화하거나 연금수급권을 확충하였는데, 그것은 다음과 같다.

① 노령연금을 수급할 수 있는 최저가입기간을 15년에서 10년으로, 조기노령연금의 수급자격기간을 20년에서 10년으로 단축하였고, 장애연금 및 유족연금의 수급자격 요건이었던 '1년 이상 가입' 요건을 폐지하였다.

② 이혼한 배우자는 과거 배우자였던 자의 노령연금을 분할하여 지급받을 수 있도록 하였다. 또한 종전에 유족연금의 수급권자인 배우자에게 유족연금을 5년간 지급한 후 50세에 달할 때까지 정지하던 조항을 개정하여 처인 배우자가 소득 있는 업무에 종사하지 않는 한 계속 유족연금을 지급하도록 하였다.

③ 종전에는 물가변동률이 10% 이상 오른 경우에만 연금급여를 조정하였으나 이후 물가변동률의 폭에 관계없이 매년 물가변동률로 조정하도록 하는 자동물가연동장치를 도입하였다. 그리고 분기마다 연금급여를 지급하던 것을 매월 지급으로 전환하였다.

④ 가급연금 및 장해일시보상금의 상향조정을 통해 연금수급액을 소폭 인상하였다.

⑤ 전 국민에 대한 연금적용 및 노령연금 수급요건의 완화에 따라 반환일시금의 수급요건 중 '자격상실 후 1년 경과 사유'를 폐지함으로써 가능한 한 급여를 연금형태로 지급받을 수 있게 하였다.

다섯째, 보험료 부담과 관련하여 몇 가지 사항을 변경했다.

① 사업장가입자의 경우, 종래 9%의 보험료를 가입자, 사용자, 퇴직전환금에서 각각 3%씩 부담하던 것을, 퇴직전환금을 폐지하고 가입자와 사용자가 각각 4.5%씩 부담하는 것으로 전환하였다.

② 농어촌 지역가입자의 경우, 종전에는 보험료율이 2000년 6월까지 3%, 2000년 7월부터 2005년 6월까지 6%, 그 이후 9%로 인상하기로 하였으나, 개정법에서는 2000년 6월까지 3%, 2000년 7월부터는 4%로 인상하고 그 후 1년마다 1%씩 높여 2005년 7월 이후 9%로 인상하는 것으로 변경했다. 1999년 4월부터 국민연금이 적용되는 도시 지역가입자에게도 농어촌 지역가입자와 동일한 보험료율 계획이 적용된다.

③ 사회경제적 변화로 인한 연금재정의 불균형을 방지하기 위하여 5년마다 장래의 재정수지를 계산하여 재정계획을 수립하고, 그 계획에 기초하여 급여수준과 보험료율을 조정할 수 있는 재정계산제도를 도입하였다.

④ 임의가입자에게 적용하던 보험료율을 9%에서 지역가입자와 동일한 수준으로 경감했다. 또한 가입자로서 학업과 군복무(1988년 이후 기간에 한정), 육아 등으로 보험료를 납부하지 않았던 기간에 대해서는 추후에 보험료를 납부할 수 있게 함으로써 연금수급권을 보장 또는 확충하는 장치를 도입하였다.

여섯째, 그동안 기금운영에 대한 국민의 불신요소가 되었던 각종 법적 조치와 관행을 대거 합리적으로 개선했다.

① 1998년 말에 〈공공자금 관리기금법〉이 개정되면서 국민연금기금의 공공자금 관리기금으로 강제예탁하는 것은 2001년까지 완전 폐지하는 것으로 되었다. 공공자금 관리기금으로 예탁하는 것은 양 기금을 관리하는 위원회 간 협의를 통해 이루어지도록 했다.

② 공공자금 관리기금으로 예탁 시 이자율은 5년 만기 국채수익률 이상의 수준에서 '공공자금 관리기금위원회'와 '국민연금기금운용위원회' 간 협의를 통해 결정하며, 예탁방법도 종래 환금성이 없는 예수금증서 형태가 아니라 국채매입 형태로 이루어지게 했다.

③ 국민연금기금 운영의 투명성과 책임성을 제고하기 위하여 국민연금기금운용위원회에 가입자가 참여하는 것을 대폭 확대하였다. 20여 명의 위원 중 정부부처 당연직 위원 6명과 공익위원 2명을 제외한 전원이 가입자 대표로 구성된다.

④ 기금을 실제 운영하는 국민연금관리공단의 전문성과 책임성을 제고하기 위하여 국민연금기금의 관리·운영에 관한 업무를 담당하는 기금이사를 계약직으로 하여 공개 모집하도록 하였다.

일곱째, 국민연금제도의 운영과 관련된 개정 국민연금법의 가장 주요한 특징 중 하나는 가입자 참여를 대폭 확대했다는 것이다. 종래에는 국민연금관리공단의 운영에 가입자를 참여시키지 않았지만, 개정법에서는 공단의 비상임이사에 사용자, 근로자, 지역가입자를 대표하여 각 1인 이상을 참여시키도록 하였다. 또한 보건복지부 장관의 자문기구에 불과했던 '국민연금심의위원회'를 국민연금제도 운영 전반에 대한 사항을 실질적으로 심의하는 기구로 확대개편하면서 위원 수를 종래 15명에서 20명으로 확대하고, 가입자 대표를 9명에서 14명으로 늘렸다.

4) 기타 개정사항

1998년 12월에 국민연금법을 대폭 개정하였음에도 이후 제도운영 과정에서 일부 미비점이 발견되어 이를 보완하고자 수차례 법 개정이 이루어졌다. 그중에서도 제도내용에서 상대적으로 많은 변화를 가져온 것은 2000년 12월의 법 개정이었는데, 주요 개정사항은 다음과 같다.

첫째, 종전에는 23세 미만의 소득이 없는 자를 국민연금 가입대상에서 제외하였지만 법 개정을 통해 가입제외 대상이 되는 무소득자 연령기준을 27세 미만의 소득이 없는 자로 상향조정하였다. 이것은 종전에는 소득이 없더라도 23세 이상 27세 미만에 해당하면 보험료를 지불하지 않는 납부예외자로서 관리되지만 가입자 신분이 유지되었던 반면 법 개정 이후에는 이들이 아예 가입대상에서조차 원천적으로 배제됨을 의미한다. 이러한 조치는 납부예외를 신청하고 수시로 소득활동 여부를 보고해야 하는 가입자의 불편을 해소하고 납부예외자 관리에 따른 행정부담을 덜어 주려는 의도에서 개정한 것이다.[7]

둘째, 기본연금액 산정기준을 종전의 연금수습 전년도의 평균소득월액에서 연금수습 직전 3년간의 평균소득월액의 평균액으로 하였다. 이

---

7 하지만 이 조치는 종전에 납부예외자로 관리하던 23세 이상 27세 미만의 무소득자를 사실상 국민연금 관리대상에서 제외함으로써 이들의 소득 여부를 수시로 조사하여 연금수급에 필요한 기여기간을 가능한 늘려야 할 국가의 관리책임을 방기하는 결과를 가져올 것이라는 비판을 받을 수 있다.

는 경기변동에 따른 연금액의 급격한 변동을 완화하고 연금재정의 장기적 안정을 기하려는 것이다.

셋째, 가급연금 대상을 종전에는 수급권자가 연금수급권 취득 당시 그에 의해 생계를 유지하고 있던 자로 하였으나, 법 개정을 통해 연금수급권을 취득한 이후 그에 의해 생계를 유지하고 있는 자도 포함시킴으로써 가급연금 대상 폭을 확대하였다.

넷째, 국민연금에 임의 계속 가입할 수 있는 가입자의 상한연령(종전 65세)을 폐지하였다. 이는 가능한 반환일시금보다는 연금을 수급할 수 있는 기회를 확대하려는 것이다.

3. 국민연금제도 2차 개혁

〈국민연금법〉은 1998년에 이어 2007년 7월 대폭 개정되었는데 이때 개정된 〈국민연금법〉은 급여수준의 축소 폭에서 거의 변혁에 가깝다고 할 수 있을 정도로 대폭적인 변화를 내포하고 있다. 40년 가입 평균소득자 기준 노령연금의 소득대체율을 60%에서 40%로 무려 20%포인트나 축소하였다. 2007년 여·야 합의에 의해 〈국민연금법〉이 개정되기 전까지 여·야 간에는 〈국민연금법〉 개정을 둘러싸고 첨예한 대립이 있었는데, 그 대립의 시초는 2003년까지 거슬러 올라간다.

1998년 〈국민연금법〉 개정 시 정부는 국민연금의 장기재정안정화를 도모하기 위한 취지에서 5년마다 국민연금의 재정수지에 대한 계산을 실시하여 국민연금의 장기재정상태를 전망하고 국민연금 재정의 장기적 균형을 유지하도록 보험료와 급여수준을 조정한다는 내용의 재정계산제도를 법 조항에 새롭게 산입하였다. 2003년은 1998년 개정된 〈국민연금법〉에 의해 최초로 재정계산이 행해져야 하는 첫해에 해당되는데, 정부는 이를 준비하기 위해 2002년 보건복지부 장관 자문기구로 '국민연금발전위원회'를 발족하여 장기재정추계의 수행과 함께 제도발전 방안을 검토하도록 하였다. 국민연금발전위원회는 40년 가입 평균소득자를 가상 대표인물로 상정한 후 1안으로 소득대체율 60%, 보험료율 19.85%, 2안으로 소득대체율 50%, 보험료율 15.85%, 3안으로 소득대체율 40%, 보험료율 11.85% 등 세 가지 대안을 제시하였다. 정부는 국민연금발전위원회가 제출한 보고서와 공청회 등의 결과를 토대로 〈국민연금법〉 개정안을 제 16대 국회에 제출하였다. 이때부터 여·야는 연금개혁을 둘러싸고 정략적 차원에서 첨예한 대립각을 세움으로써 개혁은 한 치도 진전되지 못한 채 답보상태를 거듭하다 2006년 중반경에 들어오면서 상호 절충을 모색하는 단계에 이르게 된다. 그래서 2003년부터 2007년까지의 연금개혁 과정을 크게 2006년을 기준으로 두 단계로 구분하여 법안 간 대립과 절충을 핵심내용으로 설명하고자 한다.

1) 2006년 이전 개혁과정

2002년 3월부터 2003년 5월까지 활동한 국민연금발전위원회에서 제시한 재정안정화 방안을 토대로 보건복지부는 2003년 가을 장기재정안정을 도모하기 위한 부분적 조정을 주 내용으로 하는 정부개정안을 발의

하였다. 현행 국민연금 틀을 유지하면서 적정부담-적정급여체계로 전환하기 위해 60%인 소득대체율(40년 가입기준)을 2008년까지 단계적으로 50%로 하향조정하고, 보험료율을 2030년까지 9%에서 15.9%로 단계적으로 상향조정하는 것을 제안하였다. 이 방안에 대해서는 크게 두 가지 비판이 제기되었다. 먼저 국민연금 사각지대에 대한 문제제기이다. 두 번째로는 재정안정화와 급여적절성이라는 두 목표 간의 상충성이다.

한편 한나라당은 2004년 가을 국민연금 이원화를 통한 조세방식 기초연금 도입(균등부문의 20% 수준)과 소득비례연금(보험료 7%, 소득대체율 20%)으로의 전환을 골자로 하는 구조적 개혁안을 제출하였다. 이 방안은 정부 안이 해결하지 못하는 사각지대의 해소와 급여적절성, 국민연금의 재정안정화 문제를 해결할 수 있다는 논리에 의해 지지를 받은 반면, 막대한 조세재원 발굴 문제로 인해 비판을 받았다.

이처럼 국회 내에서는 개혁안을 둘러싼 정부·여당과 야당 간의 상이한 입장이 대립하는 한편, 국민연금 전문가 집단과 시민사회세력 등의 연금개혁 방향에 대한 견해도 각각 상이하여 양자 간의 합의점이나 각 안에 대한 뚜렷한 공조세력이 형성되지 못하는 실정이었다.

부분적 조정과 구조적 조정으로 대별되는 정부 안과 야당 안의 근본적 차이는 현 제도의 운영현황에 대한 진단과 미래에 대한 전망 등에 놓여 있었다. 그러나 개혁의 논의과정에서 양 방안 간의 대립지점은 결과적으로 노령빈곤문제를 어떻게 해결할 것인가로 귀결되는 것 같았다. 국민연금제도의 성숙에 따라 고령자 소득보장은 서서히 확충되어 나가겠지만, 적어도 국민연금에 가입할 기회를 갖지 못했던 기존 노령계층의 빈곤문제를 해결하고, 짧은 가입기간으로 인해 낮은 수준의 국민연금급여를 받을 수밖에 없는 상당수 가입자들의 노후소득을 보충해 주기 위해서라도 국민연금제도 이외의 별도의 대책이 마련되어야 함은 불가피한 것으로 인식되기 시작했다.

2004년 가을부터 2006년 2월까지 16대 및 17대 국회 상임위, 국회 내에 구성된 '국민연금제도개선특별위원회' 등에서 국민연금법 개정을 논의하였으나 별다른 진전 없이 논의가 종료되었고, 특위 종료 후에는 국민연금 개혁 논의가 사실상 중단상태에 놓이게 되었다.

2) 2006년 이후 개혁과정

2006년 6월, 정부는 공식적인 장에서 논의가 중단되어 버린 연금개혁 추진 재개를 위한 돌파구를 마련하고자 새로운 개혁방향과 노후소득보장체계의 장기비전을 제시하였다. 그 구체적 내용은 고령빈곤 해소를 위해 공공부조 방식의 새로운 연금제도라고 할 수 있는 '기초노령연금' 제도를 도입하고, 국민연금 장기재정안정화를 위해 보험료율을 2017년까지 12.9%로 조정하고 급여율은 2008년부터 소득대체율 50%로 인하하되, 공·사 연금제도가 성숙하는 2030년에 40%로 추가 하향조정하는 것이었다.

이러한 새로운 정부의 개선안은 그 이전 정부 안의 기본방향을 유지하면서 야당의 주장을 동시에 수용하려는 타협안으로서, 노후소득 사각지대문제에 대해서는 기초연금과 기존 경로연금제도를 절충한 '기초노령연금'을, 급여적절성 확보와 장기재정안정화라는 목표 간의 조정에 있어서는 '다층체계의 성숙도를 고려한 국민연금 급여수준의 하향조정'을 핵심내용으로 하고 있다.

그 이후 정부 개선안을 토대로 보건복지위원회 소속 여당 의원(당시 열린우리당)들은 최종 개혁안을 확정하여 2006년 9월 29일 78명 의원의 공동 명의로 〈국민연금개정법안〉을 발의하였다. 이때 발의된 〈국민연금법안〉은 앞서 언급한 정부의 개선안과 거의 유사하나, 보험료 부담 증가에 따른 국민의 반발을 의식하여 보험료율을 현행 9%로 유지하되 2008년 국민연금 재정계산 결과에 따라 2010년부터 단계적으로 조정하기로 하고, 또한 야당이 제안했던 기초연금과의 타협 여지를 보다 높이기 위해 기초노령연금의 지급범위를 애초 65세 이상 노인의 45%에서 60%로 확대했다는 점에서 차이가 났다.

이러한 정부·여당의 국민연금제도 개혁 추진과 관련하여 참여연대 등 시민단체, 노동자단체, 민주노동당 등은 강한 불만을 제기하면서 제각기 다양한 연금개혁방안들을 제시하였다. 2006년 10월 10일 민주노동당은 당시 한나라당이 제시했던 기초연금안과는 달리 평균소득의 15%에 해당하는 금액을 급여로 지급하는 기초연금안을 제안하였다. 반면 국민연금제도는 기존의 틀을 유지하되 급여수준을 40년 가입 평균소득자 기준 소득대체율 60%에서 40%로 인하하는 내용으로 개선안을 제안하였다. 이러한 민주노동당의 개선안은 부부(홑벌이 부부) 기준 기초연금과 국민연금의 합산 급여수준을 소득대체율 70%로 보장하는 것으로 노후소득보장에 있어 국가 책임을 매우 중요시하는 입장을 확고하게 드러낸 것이었다.

이와 같이 국민연금제도의 개혁과 관련하여 다양한 대안들이 제시되고, 대안 선택과 관련하여 정부·여당과 야당 간 격론이 지속되었다. 그러다 마침내 2006년 11월 30일 당시 여당이 제안한 〈국민연금법〉 일부 개정안이 약간의 수정보완을 거쳐 국회 보건복지상임위원회 법안심사소위원회를 통과하기에 이르렀다. 그것의 주요내용은 국민연금의 장기재정안정화를 위해 2008년 급여수준을 60%에서 50%로 낮추고, 현행 9%인 연금보험료율을 2009년부터 2018년까지 매년 12.9%까지 단계적으로 인상하는 것을 골자로 하였다.[8] 하지만 결국 이 법안은 보건복지상임위원회를 통과하지 못했다.

2007년 3월 말 국회 보건복지상임위원회는 그 이전 제시되었던 〈국민연금법 개정 법률안〉 22건을 국회 본회의에 부의하지 않기로 하는 대신 위원회 대안의 형태로 〈국민연금법〉 개정안을 제출하기로 하였다. 이것은 그 이전에 제시되었던 정부·여당 안과 동일한 내용으로, 급여수준을 평균소득의 60%에서 2008년부터 50%로 낮추고 연금보험료율은 기존의 9%에서 12.9%까지 단계적으로 인상하는 것으로 하였다. 한편 정부는 〈국민연금법〉 개정안과 별도로 〈기초노령연금법안〉을 발의하였다. 이것은 자산조사를 통해 65세 이상 노인 60%에게 전체가입자 평균소득의 5%에 해당하는 연금액을 제공하는 내용으로 되어 있었다. 한편 한나라당과 민주노동당은 사실상의 정부·여당 안에 맞서 수정법안을 제출하였다. 그 주된 내용은 국민연금 보험료율을 고정한 채

8 이에 더하여 그동안 제출되었던 국민연금 급여개선사항, 즉 출산크레딧, 군복무크레딧, 중복급여 조정개선, 분할연금 개선 등도 보건복지상임위원회 법안심사소위원회를 통과하였다.

소득대체율을 40%로 점차 하향조정하고, 〈국민연금법〉 내에 기초노령연금을 도입하되 급여수준은 장기적으로 평균소득의 10% 수준까지 인상하는 것이었다. 그러나 이들 법안을 놓고 열린 임시국회에서 여야의 〈국민연금법〉 개정안은 모두 부결되고, 여당이 발의한 〈기초노령연금법〉만 통과되는 기이한 상황이 벌어졌다.

이에 2007년 4월 열린우리당-민주당은 국민연금 보험료율 9%, 급여수준 평균소득의 45% 안을 내놓았다가 입장을 양보하여 한나라당-민주노동당이 제시한 보험료율 9%, 소득대체율 40%의 국민연금 개정법안에 잠정 합의함으로써 4월 내로 〈국민연금법〉 개정이 타결될 수 있을 것으로 기대하였다. 본래 국민연금 개정과 기초노령연금은 하나의 정책 패키지로서 논의되었던 것이기 때문에, 정부는 국민연금 개선없이 기초노령연금만 도입될 수는 없다는 입장을 견지했다. 그러나 정부·여당과 한나라당은 정치적 협상을 통해 기초노령연금 개정을 받아들이는 조건으로 국민연금법 개정안을 타결하기로 암묵적으로 합의하였다.

그러나 동년 4월 말 열린 임시국회에서 〈사학법〉 처리 등 다른 법안 관련 극심한 여·야 대립으로 인해 〈국민연금법〉 개정안이 본회의를 통과하지 못하였다. 그리하여 국민연금법 개정과 관련하여 사실상 여·야의 합의가 있었음에도 불구하고 법 개정이 이루어지지 못하고 동년 6월 임시국회로 미루어지게 되었다. 〈국민연금법〉 개정안은 동년 7월 3일 국회를 통과하였는데 그것의 핵심내용은 동년 4월에 암묵적으로 합의한 대로 국민연금의 장기재정안정을 도모한다는 차원에서 평균소득자의 경우 국민연금의 급여수준을 소득대체율 60%에서 2008년에는 50%

로, 2009년부터는 매년 0.5%포인트씩 낮춰 2028년에 최종적으로 40%로 인하한다는 것이었다. 한편 국민연금 장기재정안정의 또 다른 수단으로 추진되었던 보험료율의 단계적 인상계획은 이 개정법에서는 철회되고 보험료율 9%를 그대로 유지하는 것으로 하였다.

2007년 7월 통과된 〈국민연금법〉 개정안에는 급여수준 축소 외에 주목할 만한 몇 가지 주요 개정사항이 있었는데, 다음과 같다.

첫째, 가입기간산입제도(*credit*)의 도입이다. 가입기간산입제도는 사회적으로 가치 있는 행위를 한 일정 기간에 대해서 실제로는 기여하지 않았음에도 불구하고 기여한 것으로 인정해 주는 제도이다. 개정법에서는 의무 군복무기간 중 6개월을, 둘 이상의 자녀를 둔 가입자의 경우 둘째 자녀에 대해서는 12개월을, 셋째 자녀에 대해서는 18개월을 가입기간으로 산입해 주는 제도를 채택하였다.

둘째, 중복급여 조정제도를 일부 개선하였다. 그 이전에는 두 개 이상의 급여수급권이 발생한 경우 일률적으로 하나의 급여를 선택하고 다른 급여를 포기하게 함으로써 국민들의 불만이 많았는데 이를 일부 시정한 것이다. 즉, 두 개의 급여 중 선택하지 않은 급여가 유족연금일 경우에는 유족연금의 20%를, 반환일시금일 경우에는 사망일시금에 상응하는 급여를 추가하여 지급받을 수 있는 것으로 개선하였다.

셋째, 이혼한 배우자에게 지급되는 분할연금을 그 배우자가 재혼하는 경우에도 계속 지급받을 수 있도록 하고, 자신의 노령연금과 함께 지급받을 수 있도록 하여 여성의 연금수급권을 강화하였다.

한편 2007년 4월 25일 국민연금 사각지대 해소 및 기존 노인세대 빈곤 해소를 목적으로 공포된 〈기초노령연금법〉은 2008년 1월부터 두 단계(2008년 1월 70세 이상, 2008년 7월 65세 이상으로 확대)로 나누어 시행하되, 연금액은 국민연금 가입자 평균소득월액의 5%(월 8~9만 원)로 설정하고, 수급대상은 시행초기 전체 노인(약 502만 명)의 60% 수준으로 하는 것으로 되어 있었다. 그런데 이러한 내용의 〈기초노령연금법〉이 제정된 지 불과 3개월이 채 되지 않은 2007년 7월에 재개정되는 상황이 발생하였다. 당시 야당이었던 한나라당이 정부·여당의 〈국민연금법〉 개정안에 동의해 주는 대신, 기초노령연금의 내용을 당초 한나라당이 제시했던 기초연금제도에 보다 근접시키려는 정치전략적 동기에서 개정의 주된 동인을 찾을 수 있을 것이다. 그리하여 기초노령연금 수급대상을 2009년 1월부터 전체 노인의 70%로 확대하기로 하고, 기초노령연금의 급여수준 또한 2028년까지 평균소득의 5%에서 10%로 단계적으로 인상하는 것을 골자로 한 〈기초노령연금법〉 개정안을 통과시켰다.

기초노령연금제도는 2012년 18대 대통령 선거를 거치고 2013년 박근혜 정부가 들어서면서 새로운 변화를 맞이하였다. 대통령 후보로서 박근혜는 2012년 기초노령연금을 기초연금화하고 기초연금 도입 즉시 65세 이상 노인들에게 당시 기초노령연금의 2배인 20만 원(평균소득의 10%)을 기초연금으로 지급하겠다고 공약하였다. 박근혜는 대통령에 취임하자 기초연금과 관련된 쟁점들을 다각도로 검토하여 기초연금 도입안을 구체화할 것을 지시하였다. 마침내 2014년 5월 2일 일부 야당 의원과 시민단체의 반대를 무릅쓰고 〈기초연금법안〉이 국회를 통과하였는데, 주요내용은 다음과 같다.

첫째, 수급자의 범위는 기초노령연금과 마찬가지로 소득하위 70%

로 제한한다. 둘째, 국민연금 수급자는 국민연금 균등부문 급여의 3분의 2에 해당하는 급여를 기초연금에서 삭감하고 지급한다. 셋째, 기초연금은 물가에 연동하여 지급한다. 단, 5년마다 수급자의 생활수준, 국민연금 평균소득월액(A값) 등을 고려하는 등 기초연금 적정성 평가를 통하여 조정될 수 있다. 기초연금은 2014년 20만 원에서 시작해 물가상승률에 연동하여 인상되어 오다 2018년 25만 원, 2021년 30만 원으로 급여수준이 큰 폭으로 인상되었다.

4. 국민연금제도의 현황

국민연금제도는 각 국가가 처한 사회경제적·문화적 배경과 제도의 역사적 유산에 따라 각기 상이한 구조와 내용으로 되어 있다. 우리나라의 국민연금제도는 도입 당시 연금수급 조건, 급여구조, 급여산정체계, 재정방식 등의 차원에서 일본의 개혁 이전 구 후생연금제도의 영향을 받아 설계되었다고 할 수 있을 정도로 유사한 점이 매우 많다. 하지만 농어촌과 도시지역 자영업자에 대한 국민연금의 확대과정에서 이들에 대해 일본과 같이 정액연금제도를 적용하지 않고, 근로자와 동일하게 소득비례연금제도에 통합 적용함으로써 우리나라 고유의 제도로 전개되었다. 국민연금제도의 내용을 가입대상, 급여, 재원, 전달체계 등의 차원에서 살펴보도록 한다.

1) 가입대상

국민연금제도는 원칙적으로 국내에 거주하는 18세 이상 60세 미만의 국민을 가입대상으로 한다. 그럼에도 불구하고 다음의 조건에 해당하는 자는 국민연금 가입대상에서 제외된다. ① 〈공무원연금법〉, 〈군인연금법〉, 〈사립학교교직원연금법〉 및 〈별정우체국법〉을 적용받는 공무원, 군인, 교직원, 별정 우체국 직원, ② 노령연금 수급권을 취득한 60세 미만의 특수직종근로자, ③ 조기노령연금 수급권을 취득한 60세 미만의 자 등은 가입대상에서 제외된다.

가입자는 크게 사업장가입자와 지역가입자로 구분되는데, 사업장가입자에는 1인 이상 근로자를 사용하는 사업장의 근로자와 사용자가 해당된다. 다만 근로자라 하더라도 일용근로자, 1개월 미만의 기한부 근로자, 1개월 동안의 소정근로시간이 60시간 미만인 단시간근로자, 소재지가 일정하지 않은 사업장에 종사하는 근로자 등은 국민연금법상의 근로자에서 제외되어 사업장가입자에 포함되지 않는다.

지역가입자는 사업장가입자가 아닌 자로서 18세 이상 60세 미만인 자이다. 다만, 다음의 조건에 해당하는 자는 지역가입자에서 제외된다. ① 공무원연금 · 군인연금 · 사립학교교직원연금 등 특수직역연금의 퇴직연금 등 수급권자, ② 공무원 · 군인 · 사립학교교직원 등 특수직역연금 가입자, 국민연금 가입자, 국민연금 노령연금 수급권자, 특수직역연금 퇴직연금 등 수급권자에 해당하는 자의 배우자로서 별도의 소득이 없는 자, ③ 18세 이상 27세 미만의 자로서 학생이거나 군복무 등으로 별도의 소득이 없는 자, ④ 〈국민기초생활보장법〉에 따른 생계급여 수급자 또는 의료급여 수급자, ⑤1년 이상 행방불명된 자 등은 지역가입자에서 제외된다. 지역가입자에서 제외한다는 것은 실질적으로 국민연금 가입대상에서 제외하는 것과 동일한 효과를 지닌다.

이러한 국민연금제도의 가입대상 범주는 소득비례연금제도를 운영하는 다른 국가들과 비교할 때 매우 독특하다. 왜냐하면 대부분의 국가에서 소득비례연금은 일정 수준 이상의 유급 소득활동자를 적용대상으로 하는 경향이 있는 데 반해, 우리의 국민연금제도는 비록 일부 집단에 적용제외를 인정하고 있음에도 불구하고 기본적으로 유급 소득활동 유무나 소득액에 관계없이 모든 국민을 적용대상으로 하기 때문이다. 이러한 적용대상 원칙은 일본, 이스라엘, 네덜란드 등 사회보험 방식에 의한 기초연금제도를 채택한 국가에서나 흔히 발견되는 것이다. 따라서 우리의 국민연금제도는 적용대상 면에서는 소득비례연금보다 오히려 기초연금의 적용대상방식에 가깝다.

국민연금제도의 가입대상이 소득활동 유무나 소득액보다는 주로 연령에 의해 결정됨으로써 형식적·논리적으로는 실직자와 경제활동 비참가자 등과 같이 소득이 없어 보험료를 지불하기 어려운 계층도 보험료를 내야 하는 상황이 발생할 수 있다. 이를 방지하기 위하여 국민연금제도는 가입자라 할지라도 소득이 없는 계층에게는 보험료를 지불하지 않아도 되는 납부예외라는 장치를 도입하였다. 납부예외에 해당하는 자는 보험료를 지불하지 않기 때문에 납부예외기간에 대해서는 노령연금 수급권이 발생하지 않는다. 그럼에도 불구하고 납부예외는 장애연금이나 유족연금 수급권을 획득하는 데는 매우 유용할 수 있다. 왜냐하면 장애연금이나 유족연금의 수급조건에는, 보험료를 납부해야 하는

〈표 9-3〉 국민연금 가입자 현황(2021년 12월 말 현재)

단위: 천 명

계	사업장 가입자	지역가입자			임의 가입자	임의 계속 가입자
		소계	소득신고자	납부예외자		
22,347	14,581	6,827	3,742	3,085	397	543

기간 중 실제 보험료를 납부한 기간이 3분의 1에 미달한 경우에는 수급권이 발생하지 않도록 되어 있지만, 납부예외기간은 보험료를 납부해야 하는 기간에서 제외하기 때문이다. 그래서 비록 단 1개월의 보험료만 지불하고 이후 몇 년 동안 납부예외에 해당되어 보험료를 지불하지 않았더라도 장애연금과 유족연금을 수급할 수 있는 장점이 있다.

〈표 9-3〉은 2021년 12월 말 기준 국민연금 가입유형별 가입자 현황을 보여 준다. 총가입자는 약 2,235만 명이며, 이 중 약 309만 명은 납부예외자에 속한다.

2) 급여

국민연금제도에서 지급하는 급여는 일시금 형태의 급여를 제외하면 모두 확정·소득비례급여라고 할 수 있다. 즉, 노령연금을 비롯한 모든 급여는 급여수준이 사전에 급여산정공식으로 확정되어 있고, 급여액이 소득에 비례하여 결정된다. 예컨대 사업장가입자의 경우 보험료율은 1988년 제도 도입 시에는 3%, 1993년부터는 6%, 1998년부터는 9%가 부과되었음에도 불구하고 이러한 보험료율 차이는 급여산정에 전혀 영향을 미치지 못한다. 급여산식 구조상 급여액은 소득액과 가입기간에만 영향을 받기 때문이다.

국민연금에서 연금액은 기본연금액에 부양가족연금[9]액을 더하여 지급한다. 이 중 부양가족연금액은 그 수준이 매우 낮아 대부분의 급여는 기본연금액으로 구성된다고 봐도 과언이 아니다. 기본연금액은 1988년 제도 도입 이래 지속적으로 하향조정되어 왔다. 평균소득자를 기준으로 할 때 1988~1998년은 소득대체율 70%, 1998~2007년은 소득대체율 60%, 2008년부터는 소득대체율 50%에서 매년 0.5%포인트씩 하향조정하여 2028년에는 40%를 최종적으로 적용하는 것으로 하였다. 2028년 이후 적용되는 연금산식은 아래와 같다.

$$\text{기본연금액} = 1.2 \times (A + B) \times (1 + 0.05n)$$
$$= 1.2 \times A \times (1 + 0.05n) + 1.2 \times B \times (1 + 0.05n)$$

A: 연금수급 전 3년간 전체 가입자의 평균소득월액

B: 가입자 개인의 생애평균소득월액

n: 20년 초과 연수

기본연금액은 위 산식에서 볼 수 있듯이 균등부문과 소득비례부문으로 구성되어 있다. 균등부문에 해당하는 것이 $1.2 \times A \times (1 + 0.05n)$이고 소득비례부문은 $1.2 \times B \times (1 + 0.05n)$이다. 균등부문은 가입자 개인의 소득에 관계없이 누구에게나 동일한 급여를 지급함으로써 정액급여에 해당하는 것이라면 소득비례부문은 가입자 개인소득의 일정비율

9 2007년 국민연금법 개정에서 가급연금은 부양가족연금으로 명칭이 바뀌었다.

〈표 9-4〉 소득수준 및 가입기간에 따른 소득대체율

개인의 소득 \ 가입기간	20년(%)	30년(%)	40년(%)
0.25A	50.00	75.00	100.00
0.5A	30.00	45.00	60.00
1A	20.00	30.00	40.00
2A	15.00	22.50	30.00

주: A는 전 가입자 평균소득.

로 지급됨으로써 소득에 비례하여 지급되는 급여이다.

국민연금제도는 흔히 소득재분배 효과를 가지고 있다고 하는데, 그것은 바로 균등부문 때문에 발생하는 것이다. 즉, 가입자 개인의 소득이 전체 가입자 평균소득보다 낮은 계층은 균등부문 때문에 상대적으로 유리한 혜택을 보는 반면, 개인소득이 전체 가입자 평균소득보다 높은 계층은 반대로 균등부문 때문에 상대적으로 불리하다.

〈표 9-4〉는 소득수준과 가입기간에 따라 노령연금의 급여수준을 개인의 생애소득 대비 연금급여액의 백분율, 즉 소득대체율로 살펴본 것이다. 이때 노령연금에 포함되는 부양가족연금액 수준은 매우 낮기 때문에 고려하지 않고, 기본연금액만으로 계산하였다. 〈표 9-4〉를 보면 전체적으로 소득이 낮을수록 소득대체율이 높아짐을 알 수 있다.

한편, 부양가족연금은 수급권자(유족연금의 경우에는 사망한 가입자 또는 가입자였던 자를 말함)가 연금수급권을 취득할 당시에 그 수급권자에 의해 생계가 유지되고 배우자, 18세 미만의 자녀(또는 장애 2급 이상), 60세 이상의 부모(또는 장애 2급 이상)가 있는 경우에 지급되는 일종의 가족수당적 성격의 부가급여이다. 그 금액은 2022년 1월 현재 배우자의 경우에는 연 26만 9,630원, 자녀와 부모는 연 17만 9,710원이며 매

연도 소비자물가변동률에 따라 조정된다.

국민연금 급여유형에는 노령연금, 조기노령연금, 특례노령연금, 특수직종 노령연금, 분할연금, 장애연금, 유족연금, 반환일시금, 사망일시금 등이 있으며, 〈표 9-5〉는 급여유형별 급여수급요건과 급여수준을 나타낸다.

국민연금의 급여유형별 급여수준을 분석해 보면 노령연금 급여수준은 전체가입자 평균소득 기준 30년 가입 시 소득대체율 30%로서 국제노동기구(ILO) 102호 조약에서 규정한 30년 가입 표준소득자에 대한 사회보장 최저기준 소득대체율 40%에 못 미친다. 유족연금과 장애연

〈표 9-5〉 급여유형별 수급요건 및 급여수준

급여 유형		수급요건	급여수준
노령연금	노령연금	가입기간 10년 이상이고 60세[1]에 달한 때	• 가입기간 20년 이상: 본연금액의 100% + 부양가족연금 • 가입기간 10년 이상: 기본연금액의 1천 분의 500 + 가입기간 10년 초과 1년당 기본연금액의 1천 분의 50 + 부양가족연금
	조기노령연금	가입기간 10년 이상인 55세[2] 이상 60세 미만인 자가 소득 있는 업무에 종사하지 않을 때	55세 기준 기본연금액의 70%에 연령 1세 증가 시 6%씩 가산 + 부양가족연금
	특수직종노령연금	광원 또는 부원으로서 가입기간 10년 이상이고 55세 이상	기본연금액의 100% + 부양가족연금
	특례노령연금	가입기간이 5년 이상 10년 미만으로 60세에 달한 때 ※ 1949. 4. 1. 이전 출생자만 해당	기본연금액의 25% + 부양가족연금 ※ 가입기간 5년 초과 매 1년마다 지급률 5%씩 증가
	분할연금	혼인기간 중 가입기간이 5년 이상인 노령연금 수급권자의 이혼한 배우자가 60세 이상인 때	배우자였던 자의 노령연금액 (부양가족연금액은 제외) 중 혼인기간에 해당하는 연금액의 50%

〈표 9-5〉 급여유형별 수급요건 및 급여수준 (계속)

급여유형	수급요건	급여수준
장애연금	가입 중 발생한 질병 또는 부상으로 완치 후에도 신체 또는 정신상의 장해가 남은 때	• 1~3급: 기본연금액의 100, 80, 60% + 부양가족연금 • 4급: 기본연금액의 2.25배에 해당하는 일시금
유족연금	가입대상기간의 3분의 1 이상 보험료를 낸 가입자 또는 가입자였던 자, 가입기간이 10년 이상인 가입자 또는 가입자였던 자, 노령연금 수급권자, 장애 2급 이상의 장해연금 수급권자 등이 사망 시 그에 의해 생계를 유지하고 있었던 유족	가입기간에 따라 기본연금액의 40, 50, 60% 지급
반환일시금	가입기간 10년 미만 자로서 60세 도달, 가입자 또는 가입자이었던 자가 사망, 국적상실 또는 국외이주	연금보험료 + 이자
사망일시금	가입자 또는 가입자였던 자가 사망 시 유족연금에서 규정한 유족에 해당된 유족이 없는 경우	반환일시금 상당액, 단, 가입자의 최종기준소득월액과 기준소득월액의 평균액 중 큰 값의 4배 한도 내에서 지급

주: 1) 노령연금 급여지급연령은 상향조정 되었다. 1953~1956년 출생자는 61세, 1957~1960년 출생자는 62세, 1961~1964년 출생자는 63세, 1965~1968년 출생자는 64세, 1969년 이후 출생자는 65세로 조정되었다.
2) 조기노령연금 급여지급연령은 상향조정 되었다. 1953~1956년 출생자는 56세, 1957~1960년 출생자는 57세, 1961~1964년 출생자는 58세, 1965~1968년 출생자는 59세, 1969년 이후 출생자는 65세로 조정되었다.

금의 급여수준은 국제노동기구 사회보장 최저기준인 소득대체율 40%에 훨씬 못 미친다. 가입기간 20년 미만인 평균소득자의 경우, 유족연금은 기본연금액의 40~60%로서 소득대체율로 보면 8~12%, 장애연금은 기본연금액의 60~100%로서 소득대체율로 보면 12~20%에 불과할 정도로 급여수준이 매우 낮다. 이것은 장애나 사망 위험이 발생했을 경우, 개인저축이나 민간보험 등을 활용할 수 없는 수급권자 가족은 생활 곤란에 처할 수밖에 없음을 의미한다.

노령연금 수급권자는 연금 지급을 연기할 수 있다. 60세 이상 65세 미만인 사람(특수직종근로자는 55세 이상 60세 미만)은 1회에 한하여 연금의 전부 또는 일부의 지급을 연기할 수 있다. 연기되는 1개월마다 연기신청 당시 연금액의 0.6%(1년 기준 7.2%)를 더한 금액을 지급한다.

노령연금 수급권자가 소득이 있는 업무에 종사하는 경우 60세 이상 65세 미만인 기간에는 노령연금을 감액하여 지급한다. 여기서 소득이 있는 업무란 근로소득공제 또는 필요경비공제 후 월평균소득금액이 국민연금 평균소득월액을 초과하는 업무를 말한다. 감액은 초과소득월액의 구간별로 누진적으로 증가하는 비율로 산정된 월감액금액을 노령연금 월지급액에서 빼고 지급하는 형태로 이루어진다. 단, 감액금액은 월 노령연금액의 2분의 1을 초과할 수 없다.

3) 재원

국민연금의 재원은 크게 두 가지 수입으로 구성되는데, 하나는 가입자가 지불하는 보험료 수입이고, 다른 하나는 국민연금기금의 운용수익이다.

국민연금 보험료는 가입자의 소득[10]에 비례하여 부과되는데, 1998년 이래 2022년 현재에 이르기까지 보험료율은 소득의 9%이다. 가입종별로 부담주체에 차이가 있는데, 사업장가입자는 가입자 본인과 사용주가 소득의 4.5%에 해당하는 금액을 각각 부담하며, 지역가입자는

10 엄밀히 말하면 보험료는 보험료 산정을 위해 가입자의 소득월액을 기준으로 등급별로 정한 금액을 의미하는 표준소득월액에 부과된다(국민연금법 제3조 제1항).

〈표 9-6〉 사업장가입자 및 지역가입자의 보험료율

구분		1988~1992	1993~1997	1998~1999. 3.	1999. 4.~
사업장 가입자	계	3%	6%	9%	9%
	근로자 사용자 퇴직금전환금	1.5% 1.5% —	2% 2% 2%	3% 3% 3%	4.5% 4.5% —

구분	1995. 7.~ 2000. 6.	2000. 7.~ 2001. 6.	2001. 7.~ 2002. 6.	2002. 7.~ 2003. 6.	2003. 7.~ 2004. 6.	2004. 7.~ 2005. 6.	2005. 7.~
지역 가입자	3%	4%	5%	6%	7%	8%	9%

가입자 본인이 9%에 해당하는 금액을 전적으로 부담한다.

그런데 지금과 같이 가입종별에 관계없이 국민연금 보험료율이 소득의 9%로 동일하게 된 것은 비교적 최근인 2005년 7월 이후부터다. 그 이전에는 〈표 9-6〉과 같이 가입종별로 보험료율이 다르게 구성되어 있었다. 이는 국민연금제도가 사업장 규모, 고용형태, 지역 등을 기준으로 단계적으로 확대적용하면서 가입종별 간 부담의 형평성을 도모한다는 차원에서 상이한 보험료율을 적용한 데서 비롯된 것이다. 예컨대 사업장가입자의 경우, 보험료율은 1988년 3%에서 출발하여 5년 주기로 3%씩 인상했다. 그래서 농어촌 지역에 국민연금제도를 확대할 때 사업장가입자의 보험료율은 이미 6%에 이르렀음에도 불구하고 사업장가입자와의 부담의 형평성이란 차원에서 3%의 보험료율을 농어촌 지역가입자에게 적용하였다. 그래서 농어촌 지역가입자도 3%로 시작하여 5년 단위로 3%씩 보험료율을 인상하는 것으로 계획하였다.

그러나 이러한 보험료율의 적용원칙은 1998년 〈국민연금법〉 개정에 의해 1999년 4월 이후부터 가입한 도시지역 주민에게는 다소 다르게 적용되었다. 즉, 1999년 4월부터 2000년 6월까지 1년 2개월 동안만 3%의 보험료율을 적용하고, 그 이후에는 1년마다 1%씩 보험료율을 인상하는 것으로 되었다. 이러한 보험료율 인상계획은 2000년 6월 이후부터는 농어촌 지역가입자에게도 동일하게 적용되었다.

보험료 부담과 관련하여 1998년 〈국민연금법〉 개정에서 특기할 만한 또 다른 주요사항은 1993년 이래 보험료의 3분의 1을 부담하던 퇴직금의 일부, 즉 퇴직금전환금이 폐지되었다는 것이다. 퇴직금전환금은 장기적으로 국민연금과 퇴직금 간의 관계조정을 위한 장치를 제도화했다는 점에서 중요한 의의를 지녔다. 그러나 이것이 폐지됨으로써 향후 국민연금의 재정안정을 위해 보험료율을 인상하려고 할 때 상당한 걸림돌로 작용할 것으로 예상된다.

1988년 1월 이후 2021년 12월까지 조성된 총기금은 1,213.4조 원이다. 조성내역을 보면 보험료 수입 등이 682.6조 원(56.3%)이고 기금운용 수익금이 530.8조 원(43.7%)이다. 2021년 12월 현재 총조성기금 중에서 연금급여 지급 등으로 264.7조 원을 지출했으며, 운용하고 있는 기금적립금은 948.7조 원으로 국내총생산(GDP)의 거의 50%에 해당한다.

국민연금기금은 국민연금 재정의 장기적 안정을 유지하기 위하여 그 수익을 최대로 증대시킬 수 있도록 기금을 관리 운용한다. 국민연금기금은 공공부문, 금융부문, 복지부문으로 나누어 투자된다. 연금제도 도입 초에는 신규 조성자금에 대한 공공부문과 금융부문의 투자비율은 대략 50 대 50이었으나, 1994년 〈공공자금 관리기금법〉 시행 이후 공공부문의 운용비중이 점점 커져 1998년 12월 말에는 공공부문이 전체의 약 70%에 이를 정도로 비중이 높았다. 그러나 1999년 1월 〈공공자금 관리기금법〉 개정으로 2001년부터 국민연금기금의 공공자금 관리기금으로의 강제예탁이 완전 폐지되었다. 이로써 더는 국민연금기금의 신규자금이 공공자금 관리기금으로 투입되지 않아 기금의 투자부분 구성에서 공공부문 비중이 급격히 줄었다. 2005년부터는 공공자금 관리기금에 예탁된 기존 자금마저 만기되어 전액 회수됨으로써 최근에는 주식·채권·대체투자 및 기타 금융상품으로 구성된 금융부문과 가입자의 복지증진을 위한 자금대여나 복지시설투자로 구성된 복지부문에만 국민연금기금을 투자하고 있는 실정이다. 2021년 12월 말 현재 금융부문에는 국민연금 전체 운영기금의 99.94%에 해당되는 948.1조 원이 투자되었으며, 복지부문에는 0.02%에 불과한 2,005억 원, 기타부문에 0.06%에 해당하는 4,128억 원이 투자되었다.

국민연금에서 이와 같이 대규모 기금을 보유·운영하는 것은 대부분의 서구 국가에서 실시되는 공적연금과 우리의 국민연금제도를 구분 짓는 주요 특성 중 하나다. 즉, 서구 국가에서 실시 중인 대부분의 공적연금제도는 원칙적으로 매 연도 지출할 급여 총액을 예측하고, 그에 상응하는 수준의 매 연도 보험료를 결정하여 근로세대에게 부담시킴으로써 기금을 축적하지 않는 부과방식의 재정방식을 따른다. 반면, 국민연금제도는 사전에 미래 급여지출액의 일부분에 해당하는 금액을 적립하여 기금으로 쌓아 두는 부분적립방식(*partial funding*)을 채택하고 있다.

공적연금에서 상당 수준의 기금을 확보한다는 것은 사전에 예측하지 못한 사회경제적 변화로 초래될 수 있는 연금재정의 불안정을 예방하여 지급불능사태를 막아 주는 버퍼펀드(*buffer fund*)로서 완충 역할뿐만 아니라 일정한 기금운용 수익을 통해 후세대의 보험료 부담을 경감하는 역할을 하는 의미를 지닌다. 이와 같이 국민연금기금이 지닌 중요한 가치에도 불구하고 그동안 국민연금기금은 정책적으로 소홀하게 다루어져 온 것이 사실이다.

4) 관리 운영

국민연금제도 운영과 관련하여 정책결정의 책임을 진 것은 보건복지부다. 보건복지부는 국민연금제도의 적용과 적용시기, 연금보험료의 부과기준과 보험료율, 급여수급요건과 지급수준, 장기재정추계 및 기금운용계획, 가입자와 수급자의 복지증진사업 등에 대한 정책을 계획하고 수립할 책임을 지닌다.

국민연금공단은 보건복지부 장관의 위탁을 받아 국민연금 사업을 효율적으로 수행하기 위하여 설립된 집행기관으로, 국민연금 가입자에 대한 기록의 관리와 유지, 연금보험료의 부과, 급여의 결정과 지급, 가입자와 수급자를 위한 노후준비서비스 사업·자금의 대여·복지시설의 설치와 운영 등과 같은 복지사업, 국민연금제도·재정계산·기금운용에 관한 조사연구, 국민연금에 관한 국제협력, 기타 보건복지부 장관이 위탁한 사항 등의 업무를 수행한다. 국민연금공단의 조직구조는 2022년 6월 현재 본부, 지역 하부조직으로 지역본부 7개소·지사 112개소·43개 상담센터, 1개의 국제협력센터, 1개의 장애심사센터로 구성되어 있으며, 7,301명의 인력(정원기준)이 근무하고 있다.

5. 국민연금제도의 발전을 위한 과제

현행의 국민연금제도가 재정적 지속가능성을 유지하면서 사각지대 해소를 통한 노후소득의 적절성 보장이란 본연의 기능을 제대로 수행하기 위해서는 개선하고 보완해야 할 과제가 무수히 많다. 그중에서 가장 핵심적인 과제는 연금재정의 장기안정과 사각지대의 해소이다. 그러나 최근까지 정부는 이 두 과제 중 연금재정안정에 주로 관심을 기울였을 뿐 사각지대 해소는 상대적으로 소홀히 다루었다. 이러한 정부의 접근에는 연금재정의 장기안정 문제는 그에 대한 대책을 늦출수록, 문제의 정도나 규모가 심화하는 반면, 빠르게 증가하는 기득권층의 저항으로 문제의 해결은 점점 더 어려워질 것이라는 판단이 전제되었기 때문이다. 그래서 기득권 계층이 본격적으로 자리 잡기 전에 연금재정의 안정을 우선 도모하고 그 이후에 사각지대 해소대책을 포함한 다른 대책을 강구하는 것이 합리적이라는 것이다. 그러나 이러한 정부의 개혁논리는 노동단체나 시민단체는 물론 일반 국민에게서도 그다지 공감이나 호응을 끌어내지 못한 것 같다.

1980년대 이후 선진국에서 공적연금제도 개혁이 단행된 기본배경에는 우리의 국민연금과 마찬가지로 현재와 미래의 연금재정 불안정이 자리 잡고 있지만, 그것을 해결하기 위한 전략적 접근은 우리 정부와 사뭇 다르다.

첫째, 전체 공적연금 지출을 줄이는 방향으로 연금개혁을 단행하면서도 공적연금급여를 유일하거나 주요한 노후소득원으로 삼고 있는 저소득계층의 생활수준 하락을 방지하기 위해서 그들에게는 급여수준을 유지해 주거나 오히려 더 강화하는 방향으로 제도개혁을 단행하는 경향이 있다. 최근 영국, 스웨덴, 독일 등에서 이루어진 연금개혁은 모두 그와 유사한 성격을 띤다.

둘째, 공적연금의 장기재정을 위한 개혁에서는 보험료율 인상, 급여수준 축소 등과 같은 전형적인 공적연금제도 내적인 조치만으로 장기재정안정을 이루기는 미흡하다고 인식했다. 따라서 제도 외적인 조치들, 즉 고령자와 여성의 경제활동참가 증진을 통한 과세와 보험료 부과 기반의 확충 및 강화, 국가 재정적자의 감축, 적립기금의 설치와 운영 등과 같이 전체 사회경제 시스템과 연계하는 전략을 추진한다는 것이다. 또한, 스스로 노후를 대비할 수 있는 여력을 가진 사람에게는 공적연금 외에 기업연금, 개인연금, 개인저축 등 이른바 노후소득보장에서 다층체계를 활용할 수 있도록 지원하고 있다.

국민연금제도의 개혁과 관련하여 정부는 이러한 외국의 개혁사례에서 교훈을 얻어 앞으로는 국민연금제도란 좁은 틀에서 벗어나 전체 노후소득보장체계 또는 전체 사회경제 시스템과 관련해 제도개혁을 기획하고 추진해야 한다. 국민연금 개혁은 '선 재정안정 · 후 사각지대 해소'라는 단견적이고 단편적인 시각에서 벗어나 두 과제를 동시에 장기적이고 균형적인 시각으로 접근하고 해결해야 한다. 국민연금의 장기재정문제는 해결을 늦출수록 해결하기 어렵다는 인식은 적절한 것일지라도 9%의 낮은 보험료율을 유지하더라도 2050년대 중후반에 이르러서야 국민연금기금 고갈현상이 나타난다면 보는 관점에 따라서는 국민연금 재정불안정은 상대적으로 여전히 미래의 문제일 수 있다. 반면 광범위한 사각지대의 상존은 인구노령화가 전례를 찾아보기 어려울 정도로 급속히 이루어지는 우리나라의 인구변화 추세를 고려할 때 그에 대한 사전대책이 준비되지 않는다면 대량의 노인빈곤 사태가 현재뿐만 아니라 미래에도 계속 이어질 수밖에 없는 시급하고 절박한 문제이다.

사각지대를 해소하는 방안은 다양하다. 조세를 재원으로 하여 과거의 직업, 소득, 성과에 관계없이 일정 연령에 도달하면 누구에게나 최저생활수준을 보장할 만큼의 적절한 급여를 지급하는 기초연금제도를 도입하는 것도 하나의 방안이다. 다른 한편, 보편적 기초연금제도의 도입이 사각지대 해소에는 효과적일 수 있지만, 인구고령화에 따른 취약한 재정기반을 고려할 때 실현가능성 면에서 상당한 문제를 안고 있다고 보는 입장에서는 기존제도의 개선을 통해 사각지대를 해소할 것을 제안한다. 예컨대 저소득 가입자에 대한 보험료 지원을 보다 확대하고, 보험료를 지불하지 않아도 가입기간으로 산입해 주는 크레딧제도를 출산, 육아, 군복무 등 사회적으로 가치 있는 행위를 한 기간에만 적용하지 않고 실업, 학업, 질병 등의 기간에도 확대하여 국민연금 수급권을 최대한 확충하는 방안 도입을 고려할 수 있다. 그럼에도 불구하고 일정 기간의 기여를 수급자격요건으로 하는 사회보험 방식의 특성상 근원적으로 제거할 수 없는 사각지대는 소득조사에 의한 최저소득보증제도를 도입하거나 낮은 수준의 현행 기초연금에 더해 소득조사에 의한 보충연금을 추가적으로 도입하여 저소득층의 소득을 확충하는 방안을 추가할 수 있다.

어떤 접근방식이 우리나라의 현재와 미래의 사회적 · 경제적 · 재정적 환경에 조응할 뿐만 아니라 사각지대를 해소할 수 있을지 심도 있게 체계적으로 분석 · 검토해야 한다. 지금까지 그래 왔던 것처럼 사각지대 해소를 위한 대책을 소홀히 하면서 연금재정의 장기안정의 중요성만 부각하는 방식의 국민연금제도 개혁은 국민들로부터 공감을 끌어내지 못하여 성공을 기대할 수 없을 것이다.

제 10 장

건강보험제도

1. 건강보험제도의 발전과정

1) 1977년 의료보험제도 실시

국민건강보험제도는 1977년 7월 1일 '의료보험제도'로 시작되었으며, 2000년 7월 1일부터 현재의 명칭으로 정착되었다. 비록 국가강제보험으로서의 첫 출발은 1977년이었지만, 이미 1960년대부터 의료보험을 도입하려는 시도들이 나타나기 시작했다. 우리나라 최초의 〈의료보험법〉은 1963년 12월 16일 제정되었다. 그러나 〈의료보험법〉은 국가재건최고회의 상임위원회 심의과정에서 강제가입이 계약자유의 원칙에 위반되며, 일부 국민계층(500인 이상 사업체)을 위해 예산을 지출하거나 법적 구속력을 갖는 법률을 제정하는 것은 불가하다는 이유로 강제가입조항이 삭제되었다. 이에 따라 〈의료보험법〉은 임의가입방식으로 수정되면서 사회보험의 고유성을 잃고 말았다(손준규, 1983: 115; 박정호, 1996: 50).

강제가입방식에 의한 실질적인 의료보험제도는 1977년 7월 1일부터 시행되었다. 1976년 1월 15일 연두 기자회견에서 박정희 대통령은 "모든 국민이 저렴한 비용으로 의료혜택을 받도록 하기 위한 국민의료제도를 확립하여 내년부터 시행하겠다"고 밝혀 1977년 의료보장제도의 도입을 예고하였다. 이어 보건사회부는 1976년 9월 13일 '국민의료 시혜 확대방안'을 발표하여 의료보험법과 의료보호법의 시안을 공개함으로써 의료보험의 도입을 확정지었다. 곧이어 1976년 11월 30일 의료보험법 개정안이 국회를 통과한 뒤, 1977년 7월 1일부터 우리나라 최초로 의료보험제도가 실시되었다.

1977년 7월 1일 실시된 의료보험제도는 사회보장제도로서 많은 한계를 갖고 있었다. 1970년대 중반 이후 사회개발에 대한 정부의 관심이 증가했다고 하지만, 여전히 경제성장은 국가의 가장 강력한 정책기초였다. 따라서 의료보험은 기업이나 국가 재정에 부담을 주지 않는 범위 내에서 제한적인 제도로 시작될 수밖에 없었다. 1977년 의료보험의 특징은 첫째, 낮은 급여수준이다. 처음부터 서구 의료보장체계에서는 일반화된 상병급여(*sickness benefits*)를 배제하였으며, 의료서비스만을 대상으로 실시하였다. 본인부담률은 피보험자와 피부양자 사이에 차등을 뒀는데, 피보험자는 외래의 경우 진료비의 40%, 입원의 경우 30%를 본인이 부담하였으며, 피부양자의 경우 외래는 50%, 입원은 40%를 부담하였다. 비급여항목에 대해서는 요양급여를 지급하지 않았으며,

상병의 종류와 관계없이 동일상병에 대해 보험급여기간은 평생 동안 고작 180일로 제한되었다.

둘째, 1977년 의료보험은 관리운영방식으로 조합주의를 채택하였다. 즉, 비영리 공익법인으로 설립하는 의료보험조합이 보험자가 되고, 그 내부의 운영위원회가 의사결정기관의 역할을 맡는 방식이었다. 재정자치의 원칙으로 조합들이 운영된다는 점에서 국가지원을 최소화할 수 있었기 때문에 정부는 조합주의 방식을 적극적으로 선호하였다.

셋째, 상시 500인 이상의 근로자를 사용하는 사업장만을 대상으로 적용범위를 제한적으로 운영되었다. 국가의 부담을 최소화하기 위하여 국가의 지원이 필요 없는 대기업만을 대상으로 시행한 것이다. 1977년에는 공무원, 군인 및 사립학교교직원도 배제되었는데, 특수직역의 경우 정부가 사용자 입장에서 보험료의 일부를 부담해야 하기 때문에 거액의 재정지출이 불가피하다는 이유 때문이었다.

2) 의료보험의 적용 확대

1977년 500인 이상 사업장을 대상으로 시행된 의료보험제도는 곧바로 적용 확대 작업에 착수하였다. 1977년 12월 31일 〈공무원 및 사립학교교직원 의료보험법〉이 제정되었다. 공·교 의료보험은 원래 1978년 7월 1일부터 시행될 예정이었으나, 126억 원의 정부부담금 확보가 늦어졌기 때문에 6개월이 미뤄진 1979년 1월 1일부터 시행되었다(국민건강보험공단, 2017a: 93). 이를 통해 360만 명의 가입자 및 피부양자가 등록된 거대 의료보험조합인 '의료보험관리공단'이 탄생하였다. 1979년 4

월 17일 의료보험은 300인 이상 사업장으로 적용범위를 확대한 데 이어, 1979년 12월 28일 공무원 및 사립학교교직원, 의료보험법의 1차 개정을 통해 군인가족을 의료보험관리공단에 포함시켰다. 1981년 1월 1일부터 의료보험의 적용범위가 100인 이상 사업장으로 확대된 데 이어, 1983년 4월 1일부터는 16인 이상 사업장으로 확대되었다.

농어촌 의료보험사업은 1988년 1월 1일부터 실시되었다. 그러나 의료보험의 농어촌지역 확대는 농어민들의 반발에 부딪치면서 한바탕 홍역을 치러야 했다. 시행 일정이 1987년 12월 16일 치러진 제 13대 대통령선거일과 맞물리면서 정부의 홍보작업이 충분하지 않았고, 이러한 이유로 보험료를 납부해야 하는지조차 몰랐던 농어촌 주민들이 상당히 많았다. 더구나 당시 대규모 농가부채에 신음하던 농어민들의 경제력에 비해 고지된 보험료는 지나치게 비쌌다. 또한 비싼 보험료를 내고도 이용할 수 있는 병의원이 농어촌지역에는 거의 없었다. 농민들은 크게 반발하였고 1988년 6월 28일 전국 40여 개의 군 단위 의료보험대책위원회와 농민단체, 보건의료단체 등 48개 단체가 '전국의료보험 대책위원회'를 결성하게 되었다. 이들은 농어촌 의료보험을 철회하고, 의료보험제도를 통합일원화할 것을 요구하였다(고경심, 1989: 123~127; 이희선·송창석, 1992: 148). 이러한 농어촌의료보험 시정운동이 불러온 의료보험 통합논쟁은 국회에서 논의되었고, 의료보험 통합일원화 방안은 정치권의 동의를 얻었다. 그 결과, 관리조직의 통합일원화, 소득 중심의 보험료 부과체계, 보험료 누진제 등을 골자로 하는 〈국민의료보험법〉이 1989년 3월 9일 만장일치로 국회를 통과하였다.

그러나 3월 16일 노태우 대통령은 재산권의 침해를 이유로 국민의료보험법에 대해 거부권을 행사하여 입법을 무산시켰다. 이에 따라 보건사회부는 기존의 방식대로 도시 자영업자에 대한 확대적용을 강행하였다. 1989년 7월 1일부터 도시지역 자영업자에게 의료보험이 적용되면서, 조합주의 방식에 따른 전 국민 의료보험제도가 완성되었다.

3) 국민건강보험제도의 출범

의료보험 통합일원화의 계기는 1996년 총선이었다. 1996년 4월 11일 총선에서 신한국당은 과반수에 미달하였고, 새정치국민회의와 자유민주연합이 약진하였다. 통합일원화를 당론으로 한 국민회의와 자민련은 1996년 11월 30일 373개의 의료보험조합을 국민건강보험공단으로 단일화한다는 내용의 〈국민건강보험법안〉을 의회에 제출하였다. 집권당인 신한국당에서도 조합주의체계에 대한 농어촌 지역 의원들의 불만이 속출했다. 1997년 대통령 선거를 앞둔 상황에서 더 이상 농어민들의 불만을 외면하기 힘든 상황이었던 것이었다. 따라서 신한국당은 통합에 강력하게 반발하던 직장 의료보험조합은 제외하고, 적자에 허덕이던 지역 의료보험조합들만 의료보험관리공단에 통합시키는 〈국민의료보험법안〉을 1997년 10월 30일 발의하였다. 국민의료보험법은 발의된 지 14일 만에 본회의에 상정되어 11월 18일 국회를 통과하였다.

국민의료보험법이 국회를 통과한 4일 후인 11월 22일 외환위기가 시작되었다. 새로 대통령에 취임한 김대중 대통령은 경제위기 극복을 위해 노사정위원회를 출범시켰고, 노사정위원회는 1998년 2월 6일 '경제위기 극복을 위한 사회협약'을 발표하였다. 의료보험의 통합일원화는

〈표 10-1〉 국민건강보험제도의 관리운영체계 변화과정

기간	1977. 7. 1.~1998. 9. 30.	1998. 10. 1.~2000. 6. 30.	2000. 7. 1.~현재
입법	의료보험법 공무원의료보험법	의료보험법 국민의료보험법	국민건강보험법
관리운영 기구	지역의보조합(227) 의료보험관리공단(1) 직장의보조합(139) 의료보험연합회	국민의료보험관리공단(1) 직장의보조합(139) 의료보험연합회	국민건강보험공단(1) 건강보험심사평가원

협약에 포함되었다. 1997년 12월 31일 공포된 〈국민의료보험법〉에 따라 1998년 10월 1일 '국민의료보험관리공단'이 출범하면서, 일차적으로 전국의 227개 지역조합과 공·교 의료보험이 통합되었다. 곧바로 12월 3일 국민건강보험법안이 국회에 상정되어 1998년 2월 국회를 통과하였다. 국민건강보험제도는 2000년 1월 1일부터 시행될 예정이었으나, 통합보험료체계 개발이 무산되면서 예정보다 6개월 늦은 2000년 7월 1일부터 시행되었다. 〈표 10-1〉은 1998년 367개의 조합이 2000년 통합되는 과정을 정리한 것이다.

4) 보장성의 확대

국민건강보험은 출범 직후 심각한 재정위기에 봉착했으나, 재정위기 국면을 벗어난 후 본격적인 보장성 확대에 나섰다. 1977년 의료보험제도는 '저보장'을 특징으로 했는데, '저보장'의 원인은 크게 세 가지로 구분되었다. ① 높은 본인부담률, ② 제한된 급여일수, ③ 과도한 비급여 항목이 그것이다.

첫째, 높은 본인부담률이다. 전술한 바와 같이 1977년 의료보험은

외래진료의 경우 피보험자는 진료비의 40%, 피부양자는 50%를 본인이 부담하였으며, 입원의 경우 피보험자는 30%, 피부양자는 40%의 본인부담률이 설정되어 있었다. 명목적인 본인부담률만 보더라도 70% 이상의 보장률은 기대할 수 없는 높은 본인부담금 구조였다. 전체 본인부담률을 단번에 끌어내리는 데는 막대한 예산이 소요된다. 이에 따라 역대 정부는 전체적인 본안부담률의 인하를 추진하는 대신 특정 대상층의 본인부담률을 감면해 주는 선별주의적 인하 전략을 채택하였다. 지금도 건강보험은 외래진료의 경우 의료기관의 규모에 따라 30~60%의 높은 본인부담률을 부과하기 때문에, 명목적인 본인부담률은 1977년과 크게 다를 바가 없다. 대신에 국민의료비에서 높은 비중을 차지하는 4대 중증질환자, 노인, 아동 등 특정 인구학적 집단을 선별하여 본인부담률의 하락을 유도하는 전략을 취하고 있다. 이러한 선별주의적 전략은 전체적인 인하가 불가능한 상황에서 불가피하게 선택할 수밖에 없었던 차선의 선택이었지만, 전반적인 보장성을 높이는 데 한계를 가질 수밖에 없다.

둘째, 1977년 의료보험제도의 보장성이 떨어졌던 가장 큰 이유는 제한된 급여일수였다.[1] 출범 당시 의료보험제도는 동일상병에 대해 보험급여일수를 최대 180일로 제한하였다. 평생 약을 먹어야 하는 만성질환자도 일생동안 고작 180일만 급여를 받았고, 180일이 초과되면 자동

1 급여일수는 입원일수, 외래방문일수, 투약일수의 합으로 계산된다. 단, 약의 조제를 위해 의료기관을 방문하여 외래방문일수와 투약일수가 중복되는 경우는 급여일수는 1일로 계산된다.

으로 급여가 중단되었다. 폐결핵, 암, 당뇨, 고혈압, 만성신부전증 등 만성질환자들에게 의료보험은 무용지물이나 다를 바 없었다. 1984년에 가서야 일생 동안 동일상병 180일의 급여일수 제한은 '연간 180일'로 완화되었다. 모든 국민의 급여제한일수가 210일로 연장되는 것은 1996년에서야 가능했다. 1994년 의료보장개혁위원회의 건의에 따라 김영삼 정부는 요양급여기간의 연장을 추진하였다. 1996년 급여제한일수를 210일로 연장한 뒤, 매년 30일씩 연장하여 2000년에는 급여일수 제한을 폐지한다는 계획이었다. 외환위기 속에서도 이 계획은 순조롭게 진행되었으며, 2000년 7월 1일 급여일수 제한이 폐지되었다. 그러나 2001년 재정위기가 급박해지자, 2002년 재정안정화 대책의 일환으로 급여일수 제한은 다시 부활되어, 연간 365일로 급여일수를 제한했다. 그러나 재정위기 국면을 벗어난 2006년 1월 1일 노무현 정부가 재차 급여일수 제한을 폐지함에 따라 지난 30여 년간 만성질환자들을 괴롭혔던 급여일수 제한문제는 완전히 역사 속으로 사라졌다.

셋째, 1977년 의료보험제도의 보장성이 떨어졌던 것은 과도한 비급여항목 때문이었다. 연간급여일수의 제한이 폐지되고 재정위기가 일단락된 2005년 정부는 본격적으로 건강보험의 보장성 확대에 뛰어들었다. 〈표 10-2〉는 각 정부에서 실시한 주요보장성 확대 대책을 정리한 것이다. 정권의 이념적 지향에 상관없이 노무현 정부부터 박근혜 정부까지의 보장성 강화대책들은 비교적 비슷했다. 모든 정부가 선별적인 본인부담률 인하를 확대하거나 규모가 큰 비급여항목을 급여화하는 두 가지 전략을 동시에 추진했던 것이다.

그러나 이러한 보장성 강화조치에도 불구하고 건강보험 보장률은

〈표 10-2〉 정부별 건강보험 보장성 강화대책

계획	주요 시책
노무현 정부 (2005~2008)	- 중증질환자(암, 심혈관, 뇌혈관) 본인부담률 10%로 인하 - 희귀난치성질환자 본인부담률 20%로 인하 - 만 6세 미만 아동 입원 시 본인부담금 면제 - 입원환자의 식대 적용 - 본인부담액 상한제 200만 원으로 하향조정 - 인공와우, 장기이식수술, 중증질환자 PET 촬영 등 급여 적용
이명박 정부 (2009~2013)	- 중증질환자(암, 심혈관, 뇌혈관) 본인부담률 5%로 인하 - 희귀난치성질환자 본인부담률 10%로 인하 - 결핵환자 본인부담률 10%, 중증화상환자 5%로 인하 - 아동 치아 홈 메우기(실란트), 치석제거, 노인틀니 등 치과진료 급여 적용 - 한방 물리치료 급여 적용 - MRI, 초음파 촬영 부분 급여 적용 - 임신 · 출산진료비 지원비 20만 원에서 50만 원으로 인상
박근혜 정부 (2013~2016)	- 임플란트 급여 적용 - 제왕절개 분만 본인부담률 5%로 인하 - 결핵 치료비 전액 면제 - 4인실까지 일반병실로 적용 확대 - 포괄간호서비스 도입 - 난임치료 급여 적용
문재인 정부 (2017~2022)	- 비급여대상의 급여항목 전환 (문재인 케어) - 선택진료비 폐지 - 2인실까지 적용 확대 - 간호 · 간병 통합서비스 확대 - 재난적 의료비 지원 확대

2004년부터 60% 초반에서 움직이지 않고 있다. 이는 〈표 10-2〉에 제시된 비급여항목 축소 조치보다 새로운 비급여항목이 더 빠른 속도로 늘어났기 때문이다(손영래, 2018: 8; 장종원, 2020: 6). 이에 문재인 정부는 비급여항목의 증가를 통제하지 않고는 건강보험의 보장성을 확대하기 어렵다고 인식하였고, 기존의 다른 정부처럼 비급여항목을 각개격파하거나 점진적으로 축소하는 대신, '비급여의 전면급여화'를 내세웠다. 문재인 케어의 일환으로 추진된 '비급여의 전면급여화'는 의료적

필요성이 있는 비급여항목 전체를 선별급여나 예비급여항목으로 지정하여 건강보험에 적용하되, 차등화된 본인부담률을 적용한 뒤, 3~5년간의 평가를 통해 건강보험 적용 여부를 결정하는 정책이다.

2. 건강보험제도의 적용범위

국민건강보험제도의 적용대상은 국내에 거주하는 모든 국민이다. 따라서 1개월 이상 해외에 체류하면 건강보험급여는 정지된다. 또한 의료수급권자나 '국가유공자 등 예우 및 지원에 관한 법률'에 의한 의료보호대상자들은 적용에서 제외된다. 건강보험제도는 가입자들을 직장가입자와 지역가입자로 구분하는데, 이유는 가입자의 유형에 따라 보험료 부과체계가 다르기 때문이다. 직장가입자는 1인 이상 사업장의 근로자(공무원, 교직원 포함)와 사용자 및 그 피부양자로 구성된다. 그러나 다음에 해당되는 사람은 직장에 다니면서도 직장가입자에서 제외되므로 지역가입자로 가입해야 한다.

① 고용기간이 1개월 미만인 일용근로자
② 병역법에 따른 현역병(준부사관 포함), 전환복무자, 군간부 후보생
③ 무보수 선출직 공무원
④ 비상근 근로자 또는 월간 소정근로시간이 60시간 미만인 단시간 근로자(공무원, 교직원 포함)
⑤ 소재지가 일정하지 않은 사업장의 근로자 및 사용자

⑥ 근로자가 없거나 위의 사항에 해당하는 근로자만을 고용하고 있는 사업장의 사업주

피부양자는 직장가입자에 의하여 주로 생계를 유지하는 자로서 직장가입자의 배우자, 직계존속(배우자의 직계존속 포함), 직계비속(배우자의 직계비속 포함) 및 그 배우자, 형제, 자매인 사람이다. 하지만 여기에 해당되더라도 일정한 부양요건과 소득·재산요건을 충족시켜야만 피부양자가 될 수 있으며, 그렇지 않을 경우 독립적으로 건강보험에 가입하여 보험료를 납부해야 한다. 피부양자가 될 수 있는 부양요건과 소득·재산요건은 매우 복잡하다. 〈표 10-3〉은 현재 적용되고 있는 부양요건과 소득·재산요건을 정리해 놓은 것이다.

① 이혼 내지 사별 후에 소득이나 보수가 있는 직계비속이 없을 경우도 포함한다.
② 이자소득, 배당소득, 사업소득, 근로소득, 연금소득, 기타소득의 합계액을 의미한다.
③ 단, 사업자등록이 되어 있지 않거나(주택임대소득은 제외), 장애인, 상이등급 국가유공자 및 보훈보상대상자의 연간 사업소득 합계액이 500만 원 이하이면 사업소득이 없는 것으로 간주한다.
④ 주택재건축사업에 의한 사업소득을 제외하면 ①과 ②에 해당하는 자는 소득요건 충족으로 간주한다.

국민건강보험제도가 출범하기 전까지, 즉 2000년 이전까지 피부양

〈표 10-3〉 피부양자의 관계에 따른 부양요건과 소득 · 재산요건

관계	부양요건		소득 · 재산요건
	동거	비동거	
배우자	인정	인정	• 다음의 소득요건을 모두 충족 ① 연간소득[2] 3,400만 원 이하일 것 ② 사업소득이 없을 것[3] ③ 폐업 등에 따른 사업중단 등의 사유로 소득이 없을 것[4] • 다음의 재산요건 중 하나 충족 ① 재산세 과표액의 합이 5억 4천만 원 이하일 것 ② 재산세 과표액의 합이 5억 4천만~9억 원이고, 연간소득[2] 1천만 원 이하일 것
부모	인정	소득 있는 형제/자매가 없거나 비동거 시 인정	
자녀	인정	미혼일 경우 인정[1]	
조부모	인정	소득 있는 직계비속이 없거나 비동거 시 인정	
손자/손녀	인정	부모가 없고 미혼일 경우 인정[1]	
직계비속의 배우자	인정	불인정	
배우자의 부모	인정	소득 있는 배우자의 형제/자매가 없거나 비동거 시 인정	
배우자의 조부모	인정	소득 있는 직계비속이 없거나 비동거 시 인정	
배우자의 직계비속	인정	불인정	
30세 미만, 65세 이상, 장애인, 국가유공자, 보훈보상대상자인 형제/자매	미혼[1]이면서 소득 있는 부모가 없거나 비동거 시	미혼[1]이면서 소득 있는 부모 내지 다른 형제/자매가 없거나 비동거 시	• 다음의 소득 · 재산요건을 모두 충족 ① 연간소득[2] 3,400만 원 이하일 것 ② 사업소득이 없을 것[3] ③ 폐업 등에 따른 사업중단 등의 사유로 소득이 없을 것[4] ④ 재산세 과표액의 합이 1억 8천만 원 이하일 것

주: 1) 이혼 내지 사별한 후에 소득이나 보수가 있는 직계비속이 없을 경우도 포함한다.
2) 이자소득, 배당소득, 사업소득, 근로소득, 연금소득, 기타소득의 합계액을 의미한다.
3) 단, 사업자등록이 되어 있지 않거나(주택임대소득은 제외), 장애인, 상이등급 국가유공자 및 보훈보상 대상자의 연간 사업소득 합계액이 500만 원 이하이면 사업소득이 없는 것으로 간주
4) 주택재건축사업에 의한 사업소득을 제외하면 1과 2에 해당하는 자는 소득요건 충족으로 간주

자 요건은 지금처럼 복잡하지 않았다. 친족관계와 동거요건만으로도 피부양자가 되는 데 부족함이 없었다. 그러나 국민건강보험제도가 출범과 동시에 재정위기에 처하면서 피부양자를 대폭 축소하기 시작하였다. 2001년에는 사업자등록이 된 사람들은 소득발생 여부에 상관없이 무조건 피부양자에서 제외시켰으며, 2006년부터 금융소득이 4천만 원 이상인 사람들을 피부양자에서 제외시킴으로써 소득요건을 도입하였다. 나아가 2011년부터 소득이 전혀 없더라도 재산세 과표기준액이 9억 원을 초과하면 피부양자에서 제외시킴으로써 재산요건을 도입하기 시작하였다. 시간이 갈수록 기준은 강화되었고 제외자를 늘리기 위한 규정은 점점 복잡해져서 현재 피부양자 기준은 〈표 10-3〉과 같이 운영되고 있으며, 정부는 앞으로 소득요건과 재산요건을 더욱 강화할 예정인 것으로 보인다. 현재 연간소득이 3,400만 원 이상인 사람들은 일괄적으로 피부양자에서 배제하고 있지만, 2022년 11월부터는 2천만 원 이상인 사람으로 기준을 강화할 예정이다.

지역가입자는 강제적용대상자 중 직장가입자와 피부양자가 아닌 나머지 사람들을 의미한다. 따라서 실업자, 비정규직 노동자, 프리랜서, 학생, 농어민, 은퇴노인, 소상공인, 전문직, 연예인 등 대단히 넓은 스펙트럼을 특징으로 한다. 따라서 지역가입자 내에서도 소득 여부나 소득의 발생구조 등이 다양하기 때문에 통일된 보험료 부과체계를 만들기 쉽지 않다는 특성을 가진다.

〈표 10-4〉 의료보장 적용인구 현황

단위: 천 명, %

구분		2015	2016	2017	2018	2019	2020
의료보장		52,034	52,273	52,427	52,557	52,880	52,871
건강보험		50,490	50,763	50,941	51,072	51,391	51,345
직장	소계	36,225	36,675	36,899	36,990	37,227	37,150
	가입자	15,760	16,338	16,830	17,479	18,123	18,543
	피부양자	20,465	20,337	20,069	19,510	19,104	18,607
	부양률(명)	1.30	1.24	1.19	1.12	1.05	1.00
지역	가입자	14,265	14,089	14,042	14,082	14,164	14,195
	세대수	7,653	7,665	7,786	8,053	8,377	8,590
	부양률(명)	1.01	0.99	0.96	0.92	0.86	0.82
의료급여		1,544	1,509	1,486	1,485	1,489	1,526

자료: 건강보험심사평가원 · 국민건강보험공단, 〈2020 건강보험통계연보〉, p.2.

〈표 10-4〉는 2020년 현재 의료보장제도의 적용 현황을 나타낸 것이다. 전체 의료보장제도 적용자는 5,287만 1천 명이며, 그중 2.9%인 152만 6천 명은 의료급여대상자이다. 나머지 5,134만 5천 명이 건강보험 가입자로 전체의 97.1%를 차지한다. 건강보험 가입자의 72.4%인 3,715만 명이 직장가입자들이며, 가입자와 피부양자 수는 비슷하게 나타났다. 지역가입자는 건강보험 가입자의 27.6%인 1,419만 5천 명이다.

3. 건강보험제도의 급여체계

1) 요양급여

(1) 요양급여의 본인부담률

건강보험급여의 대부분은 요양급여가 차지한다. 요양급여란 가입자 및 피부양자의 질병 · 부상 · 출산 등에 대하여 진찰 · 검사, 약재 · 치료재료의 지급, 처치 · 수술 및 기타의 치료, 예방 · 재활, 입원, 간호, 이송 등에 대한 직접적인 의료서비스를 말한다. 이는 의료기관이 건강보험급여의 전달자로 개입되어야 하는 것을 의미한다. 이는 다른 사회보험과 구별되는 특성이며, 요양급여의 운영체계는 〈그림 10-1〉과 같이 제3자 지불방식으로 이루어진다. 가입자는 매월 국민건강보험공단에 보험료를 납부하며, 의료서비스가 필요한 경우 의료공급자를 통해 필요한 서비스를 이용하고 진료비의 일부를 본인부담금으로 납부한다. 의

〈그림 10-1〉 요양급여의 운영방식

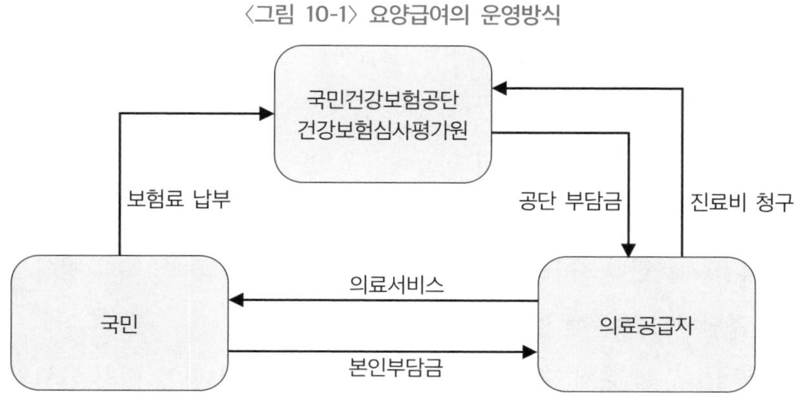

〈표 10-5〉 건강보험 요양급여의 본인부담금

의료이용 형태		본인부담액
입원		요양급여비용총액의 20% + 식대의 50%
외래	상급종합병원	진찰료총액 + 나머지 요양급여비용의 60%
	종합병원	[동지역] 요양급여비용총액 × 50% [읍면지역] 요양급여비용총액 × 45%
	병원, 치과병원, 한방병원, 요양병원, 정신병원	[동지역] 요양급여비용총액 × 40% [읍면지역] 요양급여비용총액 × 35%
	의원, 치과의원, 한의원, 보건의료원	요양급여비용총액 × 30%
	보건소, 보건지소, 보건진료소	[6세 이상] 요양급여비용총액 × 30% [6세 미만] 요양급여비용총액 × 21% [요양급여비용총액이 12,000원 미만] 500~2,200원 정액
	약국, 한국희귀 · 필수 의약품센터	[처방조제] 요양급여비용총액 × 30% [직접조제] 요양급여비용총액 × 40%, 총액 4천 원 이하는 정액

료공급자는 환자에게 의료서비스를 제공하고 진료비 중 공담부담금을 건강보험심사평가원에 신청한다. 심사평가원이 의료기관이 청구한 진료비청구를 심사하여 그 결과를 국민건강보험공단에 통보하면, 공단이 의료공급자에게 공단부담금을 지급하는 구조로 운영된다. 하지만 건강보험이 모든 진료비를 요양급여로 지급하는 것은 아니다. 의료서비스 중 요양급여로 지급하기 곤란하다고 판단하는 항목에 대해서는 '비급여항목'으로 지정하여 이용자가 진료비용을 전액 부담하도록 하고 있다. 나아가 요양급여대상이라도 이용자는 진료비의 일부를 본인부담금으로 직접 지불한다. 따라서 요양급여의 보장성은 비급여항목의 범위와 본인부담률의 수준에 의해 결정된다.

〈표 10-5〉는 현재 요양급여의 본인부담률을 나타낸다. 먼저 입원의

경우 기관의 종류에 상관없이 본인부담률은 요양급여비용 총액의 20%이다. 반면 외래이용의 경우에는 기관의 종류에 따라 차등을 두고 있다. 보건소를 통한 기초의료가 활성화되지 않은 우리나라 의료체계에서 1차 의료의 역할은 의원급 의료기관이 담당한다. 의원급 의료기관과 약국의 본인부담률은 요양급여비용 총액의 30%이다. 의료기관의 규모가 커질수록 본인부담금은 증가하여 상급종합병원을 외래방문할 경우에는 진찰료의 100%와 나머지 요양급여비용의 60%를 부담해야 한다. 3차 의료기관에 환자들이 몰리는 현상을 억제하기 위한 조치이지만, 다른 OECD 국가들에 비해 과도한 본인부담률이다. 외래이용의 가장 낮은 본인부담률이 30%이기 때문에, 건강보험의 보장률이 산술적으로 70%를 상회하기는 어려우며, 비급여항목을 고려하지 않더라도 OECD 국가 평균 수준인 80%의 보장률에 도달하는 것은 난망하다고 하겠다.

〈표 10-6〉은 특정 집단 내지 특정 상병, 또는 식대나 상급병실처럼 일반적인 본인부담률이 적용되지 않는 특정 항목들에 대한 본인부담률

〈표 10-6〉 특수집단, 특수상병, 특정항목들의 본인부담금

	대상	본인부담액
외래 입원 모두 적용	중증질환자	요양급여비용총액의 5% (암, 심혈관, 뇌혈관, 중증화상)
	희귀난치성질환자	요양급여비용총액의 10%
	결핵질환자 /잠복 결핵감염자	본인부담금 면제
	65세 이상 틀니 환자	비용총액의 30%
	65세 이상 임플란트 환자	비용총액의 30%
	18세 이하 치아 홈 메우기	해당비용의 10%

〈표 10-6〉 특수집단, 특수상병, 특정항목들의 본인부담금(계속)

외래	임산부	[상급종합병원] 요양급여비용총액의 40% [종합병원] 요양급여비용총액의 30% [병원급] 요양급여비용총액의 20% [의원급] 요양급여비용총액의 10%
	1세 미만	[상급종합병원] 요양급여비용총액의 20% [종합병원] 요양급여비용총액의 15% [병원급] 요양급여비용총액의 10% [의원급] 요양급여비용총액의 5%
	1세 이상 6세 미만	일반환자 본인부담률의 70% [상급종합병원 진찰료 부담]
	65세 이상	[의원급] 요양급여비용총액 25,000원 초과: 30% 요양급여비용총액 20,000~25,000원: 20% 요양급여비용총액 25,000~20,000원: 10% 요양급여비용총액 15,000원 이하: 1,500원 [약국] 처방조제 요양급여비용총액 10.000원 이하: 1,000원 처방조제 요양급여비용총액 12,000~10,000원: 20% 처방조제 요양급여비용총액 12,000원 초과: 30%
	조산아 · 저체중출생아	요양급여비용총액의 5%
	난임진료	요양급여비용총액의 30% [상급종합병원 진찰료 부담]
입원	15세 이하 [신생아 제외]	요양급여비용총액의 5% + 식대의 50%
	신생아[28일 이내]	본인부담금 면제 + 식대의 50%
	자연분만	본인부담금 면제 + 식대의 50%
	고위험 임산부	요양급여비용총액의 10% + 식대의 50%
	제왕절개 분만	요양급여비용총액의 5% + 식대의 50%
	선택입원군 (요양병원 해당)	요양급여비용총액의 40% + 식대의 50%
	장기기증자의 장기 적출	면제
	식대	해당비용의 50%
	상급종합병원 4인실 입원료	해당비용의 30%
	2 · 3인실 입원료	[상급종합병원] 2인실 50% / 3인실 40% [종합병원/병원급] 2인실 40% / 3인실 30%

을 정리한 것이다. 일단 결핵환자들은 입원이나 외래 시 본인부담금이 면제된다. 본인 일부부담금 산정특례대상자들인 암환자, 심혈관질환자, 뇌혈관질환자, 중증화상환자는 입원과 외래 모두 5%의 본인부담률이 적용되며, 희귀난치성질환자들은 10%의 본인부담률이 적용된다. 이러한 본인 일부부담금 산정특례대상자들은 선별주의적 보장성 확대의 가장 큰 수혜자들이라고 볼 수 있다. CT 촬영, MRI 촬영, 초음파촬영, 수면내시경 등 비급여항목이었던 서비스가 급여항목으로 전환될 때 대부분 모든 환자에 한꺼번에 적용되지 않고 검사의 종류나 대상

〈표 10-7〉 연도별 국민건강보험 보장률 변화 추이

단위: %

연도	건강보험 보장률	법정 본인부담률	비급여 본인부담률
2004	61.3	23.1	15.6
2005	61.8	22.5	15.7
2006	64.5	22.1	13.4
2007	65.0	21.3	13.7
2008	62.6	21.9	15.3
2009	65.0	21.3	13.7
2010	63.6	20.6	15.8
2011	63.0	20.0	17.0
2012	62.5	20.3	17.2
2013	62.0	20.0	18.0
2014	63.2	19.7	17.1
2015	63.4	20.1	16.5
2016	62.6	20.2	17.2
2017	62.7	20.2	17.1
2018	63.8	19.6	16.6
2019	64.2	19.7	16.1
2020	65.3	19.5	15.2

자료: 국민건강보험공단 건강보험정책연구원, 〈건강보험환자 진료비실태조사〉, 각 연도.

에 따라 단계적으로 확대적용되는데, 본인 일부부담금 산정특례대상자들은 항상 가장 먼저 적용되는 집단이었다. 지금도 일반인에게는 비급여항목이지만 이들에게는 급여대상인 항목이 많다. 그 결과 암환자의 건강보험 보장률은 2019년 현재 78.5%로 전체 평균치에 비해 월등하게 높으며, OECD 국가들의 평균보장률에 근접해 가고 있다.

〈표 10-7〉은 정기적인 '건강보험환자진료비실태조사'를 통해 보장률 산출이 가능해진 2004년부터 2020년 현재까지의 건강보험제도 보장률을 나타낸 것이다. 〈표 10-7〉을 보면 지난 15년간의 노력에도 불구하고 2020년의 보장률은 보장성 강화대책이 본격적으로 시작되기 직전인 2004년의 보장률에 비해 고작 4% 상승했을 뿐이다. 과거 저복지의 원인으로 지적되었던 비급여항목들, 예컨대 식대, 상급병실료, 특진료, 고가진단장비(CT, PET, MRI, 초음파 등) 사용료, 틀니, 충치치료재(레진) 등이 급여항목으로 전환되었음에도 불구하고 건강보험의 보장률에 변화가 없는 이유는 과거 비급여항목이 급여항목으로 전환되는 속도보다 의료기관에서 새로운 비급여항목을 개발해서 사용하는 속도가 더 빠르기 때문이었다.

(2) 비급여항목

현재 건강보험의 비급여항목은 〈표 10-8〉에 정리되어 있다. 즉, 건강보험은 업무나 일상생활에 지장이 없는 질환을 치료한다거나 신체의 필수적인 기능개선이 아닌 경우, 질병과 부상의 치료를 목적으로 하지 않는 경우의 의료처치들에 대해서 비급여대상으로 구분하고 있다. 하지만 건강보험의 비급여항목은 〈표 10-8〉과 같은 치료 외적 비급여항목

〈표 10-8〉 건강보험의 주요 비급여대상

사유	비급여항목
업무나 일상생활에 지장이 없는 경우	가. 단순한 피로 또는 권태 나. 주근깨, 다모, 무모, 백모증, 딸기코, 점, 사마귀, 여드름, 노화현상으로 인한 탈모 등 피부질환 다. 발기부전, 불감증 또는 생식기 선천성 기형 등의 비뇨생식기 질환 라. 단순 코골음 마. 질병을 동반하지 아니한 단순포경(phimosis) 바. 검열반 등 안과질환
신체의 필수기능 개선 목적이 아닌 경우	가. 쌍꺼풀수술, 코성형수술, 유방확대·축소술, 지방흡인술, 주름살제거술 등 미용 목적의 성형수술 나. 사시교정, 안와격리증의 교정 등 외모개선 목적의 시각계 수술 다. 치과교정. 다만, 입술입천장갈림증(구순구개열) 치료는 제외 라. 외모개선 목적의 턱얼굴(악안면) 교정술 마. 외모개선 목적의 반흔제거술 바. 안경, 콘택트렌즈 등을 대체하기 위한 시력교정술 사. 질병 치료가 아닌 단순히 키 성장을 목적으로 하는 진료
질병이나 부상의 진료가 직접 목적이 아닌 경우	가. 본인의 희망에 의한 건강검진 나. 예방접종(파상풍 혈청주사 등 치료 목적의 예방주사 제외) 다. 구취 제거, 치아 착색물질 제거, 치아 교정 및 보철을 위한 치석 제거 라. 18세 이상의 불소 부분도포, 치아 홈 메우기 마. 멀미 예방, 금연 등을 위한 진료 바. 유전성 질환 유무를 진단하기 위한 유전학적 검사 사. 장애인 진단서 등 각종 증명서 발급을 목적으로 하는 진료
보험급여 시책상 부적합한 경우	가. 1인실의 상급병실 나. 선별급여를 받는 사람이 요양급여비용 외에 추가로 부담하는 비용 다. 보험급여대상이 아닌 장애인보장구 라. 친자확인을 위한 진단 마. 치과의 보철 및 치과 임플란트를 목적으로 실시한 부가수술 바. 조제하지 않고 일반의약품으로 지급하는 약제 사. 장기이식을 위하여 다른 기관에서 채취한 장기의 운반비용 아. 마약류중독자의 치료보호에 소요되는 비용 자. 요양급여대상 또는 비급여대상으로 고시되기 전의 행위와 치료재료 차. 신의료기술평가에 관한 규칙에 따른 제한적 의료기술 카. 자가용 또는 구호용으로 수입허가를 받지 않은 의료기기를 장기이식, 조직이식에 사용하는 의료행위 타. 비용효과성 등 경제성이 불분명한 검사, 처치, 수술, 치료, 치료재료
여건상 인정이 어려운 경우	가. 한방 물리요법 나. 한약첩약 및 기상한의서의 처방 등을 근거로 한 한방생약제제

이외에도 무수히 많다. 실제 치료에 사용되지만 치료의 효과성이나 비용효과성 등이 불분명하여 급여대상에서 제외되는 항목들이다. 건강보험은 이러한 비급여항목들을 약제, 치료재, 행위로 구분하여 각각 '약제 급여 목록 및 급여 상한금액표', '치료재료 급여 · 비급여 목록 및 급여 상한금액표', '건강보험 행위 급여 · 비급여 목록표 및 급여 상대가치 점수'에 별도로 고시하고 있다.

이와 같은 등재 비급여 이외에도 분류상으로는 급여대상이지만 실질적으로는 비급여항목인 경우도 존재한다. '전액 본인부담항목'도 사실상 비급여항목에 해당된다. 전액 본인부담항목이란 형식적으로 급여대상항목이지만 보건복지부 장관이 보험정책적인 이유로 환자 본인에게 진료비의 100%를 전액 부담하게 하는 항목이다. 과거 문제가 되었던 고가장비가 여기에 속했다. 하지만 문재인 케어의 실시로 전액 본인부담항목은 대폭 축소되어 MRI나 초음파 등은 급여항목으로 전환되었고, 현재는 PET 촬영이나 유전성 유전자 검사 등 일부만 남아 있는 상태이다.

나아가 요양급여대상이라도 조건부 항목들이 있다. 즉, 조건을 충족시킬 경우에만 요양급여가 지급되며, 그렇지 못할 경우에는 비급여로 처리되는 항목이 된다. 대표적인 예가 MRI 촬영이다. MRI 촬영은 암, 뇌혈관질환, 관절질환, 심장질환, 크론병 등 8개 질환으로 촬영대상이 제한된다. 이외의 질환에 대해서는 비급여대상이다. 나아가 심장질환의 경우 심장초음파검사에서 이상소견이 있을 경우에만 MRI 촬영의 급여 적용이 가능하다. 이와 같이 용도나 횟수, 용량 등에 제한이 있는 비급여를 기준 비급여라고 한다.

(3) 문재인 케어

이와 같이 비급여항목은 광범위하고 다양하다. 이러한 비급여항목을 통제하지 않고서는 보장성을 높이기 힘들다고 판단한 문재인 정부는 '비급여의 전면급여화'를 선언하였다. 이를 위해 비급여항목 전체를 한시적으로 운영되는 예비급여항목으로 지정하여 모든 비급여항목을 전면적인 관리하에 두고, 2022년까지 항목의 사용량과 비용효과성 등을 평가하여 예비급여의 요양급여대상 전환 여부를 결정하겠다는 것이다. 이른바 '문재인 케어'라고 불리는 보장성 강화대책은 〈그림 10-2〉과 같이 요약된다.

〈그림 10-2〉에서 '비급여 해소 및 발생차단' 대책만 보면 문재인 케어의 비급여 대책은 ① 의료적으로 필요한 비급여항목을 예비급여나 선별급여로 관리한 뒤 건강보험급여로 전환하고, ② 현재 비급여 구성에서 큰 비중을 차지하는 3대 비급여(특진료, 상급병실료, 간병비)를 폐지하거나 급여항목으로 전환하며, ③ 질병치료 목적이 아닌 미용이나 성형 등의 의료처치는 정부의 모니터를 강화한다는 것이다. 이 중 3대 비급여의 해소는 이미 완료되었거나 추진 중이다. 2018년 특진료라고 불리던 선택진료비를 완전 폐지하였으며, 2019년 2인실까지 건강보험 적용을 완료하였다. 아울러 간호·간병 통합서비스는 2022년 10만 병상을 목표로 계속 확대 중에 있다.

문재인 정부는 비급여항목 중 치료 외적 비급여를 제외한 치료적 성격을 갖는 모든 등재 비급여와 기준 비급여를 우선적인 급여전환 대상으로 설정하고 예비급여로 지정하였다. 예비급여는 2013년 박근혜 정부가 4대 중증질환 보장성 강화대책의 일환으로 도입한 선별급여제도

〈그림 10-2〉 문재인 정부의 건강보험 보장성 강화대책 추진방안 틀

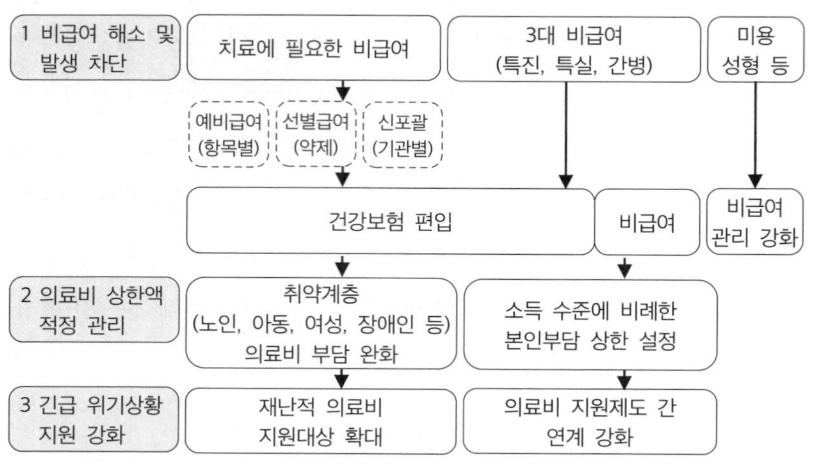

자료: 강희정, 2018: 24.

를 차용한 것이다. 선별급여제도란 비용효과성은 낮지만 의료적 필요성이 있는 비급여항목을 선별급여로 지정하여 4대 중증질환환자에게 50%와 80%의 본인부담률을 적용하는 제도이다. 예비급여는 선별급여와 비슷하지만 적용질환의 제한이 없으며, 본인부담률 유형을 30%, 50%, 80%, 90%로 다양화하였다. 보건복지부에 의하면 예비급여대상항목은 3,800여 개이며, 2022년까지 모두 건강보험 적용 여부가 결정될 것으로 계획되어 있다(강희정, 2018: 25).

현재 건강보험심사평가원에서 선별급여와 예비급여항목에 대한 평가 작업이 진행 중이지만, 이에 대해 의사집단은 크게 반발하고 있다. 현재 대부분의 의료기관, 특히 규모가 작은 의료기관들은 건강보험급여가 적용되는 필수진료 영역에서 충분한 이익을 창출하지 못하고 비급여항목을 통해 이익을 도모하는 상황이다. 이익 창출의 주요 원천인 비급여항목

전체가 국가관리에 들어간다는 것이 의료기관에게 달가울 리 없다.

선별급여와 예비급여는 비급여로부터 급여항목으로 전환하기 위한 중간단계이다. 본인부담률의 범위가 30%(약제), 50%, 80%, 90%로 높기 때문에 상시적으로 운영할 경우 국민들의 부담 경감에는 한계가 있다. 따라서 선별급여와 예비급여는 비급여항목을 정리하기 위한 한시적 수단으로 활용해야 하며, 존속기간을 최대한 짧게 가져가는 것이 바람직하다고 하겠다.

2) 본인부담 상한제

본인부담 상한제는 과도한 의료비로 인한 가계 부담을 완화하기 위하여 환자가 부담한 건강보험 본인부담금이 개인별 상한액을 초과하는 경우 그 초과금액을 건강보험공단에서 부담하는 제도이다. 의료보험 초창기인 1979년 재정적 여력이 있는 일부 직장의료보험조합에서 본인부담금 보상금제도를 도입하면서 시작되었다. 본인부담금 보상금제도는 환자 1명이 지출한 일정기간의 본인부담금 총액이 한도액을 넘으면 그 초과분의 일정비율을 환급해 주는 제도였다. 이 제도는 1999년 의료보험 조직통합을 계기로 전면 실행에 들어갔으나, 2004년 7월 1일 본인부담 상한제가 도입되면서 비슷한 목적의 제도가 중복되는 상황을 맞이하게 되었다. 한동안 본인부담금 보상금제도와 본인부담 상한제도가 동시에 운영되었으나, 2007년 7월 1일부터 기존의 본인부담금 보상금제도가 폐지되고 본인부담 상한제도로 흡수되었다.

〈표 10-9〉는 2016년 이후 본인부담 상한제 기준액의 변화과정을 나

타낸 것이다. 현재 본인부담 상한제의 가장 큰 문제는 본인부담 상한 적용 진료비가 요양급여대상 항목의 진료비에 한정된다는 것이다. 이에 따라 광범위한 비급여나 선별급여, 예비급여항목뿐만 아니라 최근 급여적용이 시작된 임플란트나 2~3인실 병실료 등도 상한제 적용 본인부담금 산정에서 제외됨으로써 실질적인 상한선의 효과는 거의 없는 상황이다. 요양급여대상항목에 대한 입원환자의 본인부담률은 20%에 불과하기

〈표 10-9〉 연도별 본인부담금 상한액 기준

<table>
<tr><th rowspan="2">연도</th><th colspan="7">연평균보험료 분위(저소득 → 고소득)</th></tr>
<tr><th>1분위</th><th>2~3분위</th><th>4~5분위</th><th>6~7분위</th><th>8분위</th><th>9분위</th><th>10분위</th></tr>
<tr><td>2016년</td><td>121만 원</td><td>152만 원</td><td>203만 원</td><td>254만 원</td><td>305만 원</td><td>407만 원</td><td>509만 원</td></tr>
<tr><td>2017년</td><td>122만 원</td><td>153만 원</td><td>205만 원</td><td>256만 원</td><td>308만 원</td><td>411만 원</td><td>514만 원</td></tr>
<tr><td>2018년</td><td>80만 원</td><td>100만 원</td><td>150만 원</td><td rowspan="2">260만 원</td><td rowspan="2">313만 원</td><td rowspan="2">418만 원</td><td rowspan="2">523만 원</td></tr>
<tr><td>요양급여일수
130일 초과</td><td>124만 원</td><td>155만 원</td><td>208만 원</td></tr>
<tr><td>2019년</td><td>81만 원</td><td>101만 원</td><td>152만 원</td><td rowspan="2">280만 원</td><td rowspan="2">350만 원</td><td rowspan="2">430만 원</td><td rowspan="2">580만 원</td></tr>
<tr><td>요양급여일수
130일 초과</td><td>124만 원</td><td>155만 원</td><td>208만 원</td></tr>
<tr><td>2020년</td><td>81만 원</td><td>101만 원</td><td>152만 원</td><td rowspan="2">281만 원</td><td rowspan="2">351만 원</td><td rowspan="2">431만 원</td><td rowspan="2">582만 원</td></tr>
<tr><td>요양급여일수
130일 초과</td><td>124만 원</td><td>155만 원</td><td>208만 원</td></tr>
<tr><td>2021년</td><td>81만 원</td><td>101만 원</td><td>152만 원</td><td rowspan="2">282만 원</td><td rowspan="2">352만 원</td><td rowspan="2">433만 원</td><td rowspan="2">584만 원</td></tr>
<tr><td>요양급여일수
130일 초과</td><td>124만 원</td><td>155만 원</td><td>208만 원</td></tr>
<tr><td>2022년</td><td>83만 원</td><td>103만 원</td><td>155만 원</td><td rowspan="2">289만 원</td><td rowspan="2">360만 원</td><td rowspan="2">443만 원</td><td rowspan="2">598만 원</td></tr>
<tr><td>요양급여일수
130일 초과</td><td>128만 원</td><td>160만 원</td><td>217만 원</td></tr>
</table>

자료: 보건복지부 홈페이지

때문에, 수백만 원 이상의 고액 진료비가 청구되는 환자들은 비급여나 선별급여의 비중이 높은 환자들이다. 따라서 이 항목들을 제외한 본인부담 상한제는 실효성이 크게 제약될 수밖에 없다. 그 결과 2020년 현재 본인부담 상한제의 적용대상자는 166만 643명으로 전체 가입자의 3.2% 수준에 불과했다.

3) 재난적 의료비 지원사업

재난적 의료비 지원사업은 과도한 의료비 지출로 경제적 어려움을 겪는 가구의 의료비 부담완화를 위한 제도이며, 본래 2013년부터 박근혜 정부가 '중증질환 재난적 의료비 지원'이라는 이름으로 한시적으로 도입한 제도였다. 재난적 의료비 지원사업은 이 사업을 모든 입원환자에게 확대 실시한 것이며, 〈그림 10-2〉에서 보듯이 2018년 문재인 케어의 의료비 상한액 적정관리방안으로 도입된 사업이다. 문재인 케어의 본인부담 상한제 개선이 실효성을 상실한 상황에서, 재난적 의료비 지원사업은 저소득층의 과도한 의료비 부담을 막는 핵심적 역할을 해야 하는 상황이다.

현재 재난적 의료비 지원을 받기 위해서는 네 가지 요건, 즉 질환, 소득, 재산, 의료비부담수준을 모두 충족시켜야 한다. 먼저 지원대상 질환은 입원환자 전체와 중증질환자(암, 뇌혈관질환, 심혈관질환, 중증화상환자) 및 희귀난치성질환자들의 외래진료로 한정된다. 둘째, 소득요건은 기준중위소득 200% 이하인 사람들로 제한되며, 셋째, 재산요건은 지원대상자가 속한 가구의 재산 과세표준액이 5억 4천만 원 이하여야 한다. 넷째, 의료비부담 요건으로는 기초생활수급자와 차상위계층은 본인부담의료비 총액이 80만 원을 초과해야 하며, 기준중위소득 50% 이하 계층은 160만 원을 초과해야 한다. 기준중위소득 50~100% 이하 계층은 연소득의 15%를 초과해야 하며, 기준중위소득 100~200% 이하 계층은 연소득의 20%를 초과해야 한다. 여기서 본인부담의료비 총액이란 환자가 납부한 진료비 총액을 의미하는 것이 아니라 총액에서 지원제외항목의 진료비를 차감한 금액이다. 지원제외항목에는 비급여항목 중 일상생활에 지장이 없거나 대체진료와 비용편차가 큰 치료, 제도 취지에 부합하지 않는 치료, 미용・성형, 특실・1인실, 간병비, 한방첩약, 요양병원에서 발생하는 의료비, 다빈치로봇수술, 도수치료, 보조기, 증식치료 등이 포함된다.

지원금액은 본인부담의료비 총액에서 건강보험이 적용된 본인부담금을 차감한 금액, 즉 비급여항목, 전액본인부담금 항목, 선별・예비급여의 본인부담금을 합한 금액에서 지원제외항목의 진료비를 차감한 금액을 기준으로 지급한다. 기초수급자・차상위계층은 산출금액의 80%, 기준중위소득 50% 이하 계층은 70%, 기준중위소득 50~100%는 60%, 기준중위소득 100~200%는 50%를 재난적 의료비로 지급한다. 지원일수는 180일로 제한되며, 지원상한금액은 연간 3천만 원 이내로 설정되어 있다. 만약 국가나 지자체에서 다른 지원금을 받았거나 실손보험 등을 통해 민간보험에서 받은 보험금이 있다면 이 금액을 차감한 나머지 금액만을 재난적 의료비 지원금으로 수령할 수 있다.

설명을 읽으면서 느꼈겠지만, 재난적 의료비 지원제도는 대단히 복잡하다. 현재 이 사업은 복잡한 내용과 절차, 그리고 과도한 서류작업 때문에 이용자들에게 커다란 불만의 대상이 되고 있다. 2021년 1월 서울시

환자권리옴부즈만이 주최한 이용자조사에서 이용자의 71%가 제도에 대해 불만족을 나타냈으며, 그 이유로는 '제도 내용이 복잡해 이해하기 어려워서'(27.1%) '국민건강보험공단의 직원들도 잘 몰라서'(17.0%)가 나란히 1위와 2위를 차지하였다. 지원기준이 복잡하고 까다롭기 때문에 환자들이 지원대상인지 여부를 확인하거나 짐작하기 어렵다. 그 결과 환자나 의료사회복지사들은 의료비 마련에 있어 재난적 의료비 지원사업을 가장 후순위로 고려하고 있고, 이는 제도의 활성화를 제한하고 있다.[2] 2019년 보건복지부 자료를 취합, 정리한 정의당 윤소하 의원의 지적에 따르면, 2018년 재난적 의료비 지원 예산액은 1,504억 6,200만 원이었으나, 집행액은 고작 211억 원으로 무려 86%인 1,293억 원이 불용되었다(정형준, 2020: 70). 놀라운 것은 박근혜 대통령 재임기인 2015년 '중증질환 재난적 의료비 지원'이라는 이름으로 시행된 사업의 실적에도 못 미친다는 것이다. 2015년 재난적 의료비 지원사업은 중증질환자 19,291명에게 599억 원을 지급하였다. 2018년 대상자를 크게 확대하고 예산을 2.5배 증액했으며, '문재인 케어'를 요란하게 홍보했음에도 불구하고 재난적 의료비 지원사업은 8,687명에게 211억 원을 지원하는 데 그쳤다. 2019년에는 예산을 2018년의 3분의 1 수준인 496억 원으로 대폭 낮추었으나, 이마저도 채우지 못했다. 예산의 54.3%인 270억 원만 집행했고 226억 원은 불용처리되었다. 2020년 현재 재난적 의료비 지원사업은 13,476명에게 352억 원을 지급하는 데 그치고 있다.

2 "재난적 의료비 지원사업 운영 현황 들여다보니 … '재난적 상황'", 〈라포르시안〉(2021. 1. 21.).

4) 건강진단

건강보험에서 제공한 최초의 건강검진은 1980년 5월 15일 공·교 의료보험에 의해 공무원 및 사립학교교직원을 대상으로 실시된 건강진단 프로그램이었다(국민건강보험공단, 2017b: 196). 그러나 의료보험 초창기 건강검진사업은 조합별 관리운영체계의 한계 때문에 재정적 여유가 있는 직장의료보험조합을 중심으로 임의급여 방식으로 유지되었으며, 건강검진이 전 국민을 대상으로 실시되기 시작한 것은 1995년에서나 가능했다. 현재 건강검진 프로그램은 크게 일반검진, 암 검진, 영유아 건강검진으로 구분된다.

일반검진은 만 20세 이상의 건강보험 가입자와 피부양자에게 2년에 1회씩 정기적으로 제공되는 무료건강검진이다. 단, 비사무직 직장가입자의 경우에는 매년 1회씩 실시된다. 문진 및 체위검사, 흉부방사선 검사, 혈액검사, 소변검사, 구강검진이 공통으로 실시된다. 만 20세가 되면 10년 주기로 우울증 검사가 진행되며, 만 40세가 되면 10년 주기로 생활습관평가가 제공된다. 만 40세에는 B형간염 검사와 치면세균막 검사가, 만 54세와 66세 여성에게는 골다공증 검사가 각각 제공되며, 만 66세가 되면 노인신체기능검사와 함께 2년 주기로 인지기능장애 검사를 제공한다.

암 검진은 건강보험제도가 출범한 2001년부터 시작되었으며, 위암, 간암, 폐암, 유방암, 자궁경부암, 대장암에 대해 10%의 본인부담금으로 정기검진을 제공한다. 위암은 만 40세 이상, 유방암은 만 40세 이상의 여성, 자궁경부암은 만 20세 이상의 여성, 폐암은 만 54~74세 사이의 고위험군을 대상으로 2년 주기로 검진을 시행하며, 대장암은 만 50세 이상을 대상으로 매년 시행한다. 간암은 만 40세 이상의 고위험군을 대상으로 6개월마다 암 검진을 실시한다.

영유아 검진은 2007년 시작되었다. 성인과는 달리 하루가 다르게 성장하는 영유아에 대해 주기적으로 검진을 실시하여 발육, 시각, 청각 상태를 정기적으로 확인하고, 문제가 있으면 조기에 치료하여 건강하게 성장할 수 있도록 유도하기 위한 제도이다. 현재 생후 14일, 4개월, 9개월, 18개월, 30개월, 42개월, 54개월, 66개월 등 총 8회에 걸쳐 무료로 제공된다.

5) 요양비

국민건강보험제도는 제 3자 지불방식에 의한 요양급여를 원칙으로 하며, 요양급여를 행한 의료기관에 비용을 직접 지불한다. 그러나 가입자나 피부양자가 긴급하거나 부득이한 사유로 요양기관이나 비슷한 기능을 하는 준요양기관에서 질병 · 부상 · 출산 등에 대한 요양을 받거나 요양기관이 아닌 장소에서 출산한 경우에는 그 요양급여에 상당하는 금액을 요양비라는 명목으로 지급한다.

먼저 임산부가 요양기관 이외의 장소에서 출산할 경우 '출산비' 명목으로 25만 원을 지급한다. 나아가 요양비를 통해 보전되는 의료비 지출은 다음과 같다. ① 중증 만성심폐질환자의 산소치료호흡기 대여료, ② 신경인성 방광환자의 자가도뇨 소모성재료 구입비, ③ 복막투석환자의 복막관류액 및 자동복막투석 소모성재료 구입비, ④ 인슐린 투여 당뇨병환자의 소모성재료 구입비, ⑤ 인공호흡기치료 서비스 대상자로 등록된 자의 인공호흡기 대여료, ⑥ 양압기치료 서비스 대상자로 등록된 자의 양압기 대여료 및 소모품 구입비, ⑦ 제 1형 당뇨병환자의 당뇨병 관리기기 구입비, ⑧ 기침유발기 급여대상자로 등록된 자의 기침유발기 대여료 지원. 상기의 비용을 지출한 사람들이 명세서나 영수증 등 관련 서류를 공단에 제출하면 공단으로부터 정해진 금액을 환급받을 수 있다.

6) 임신 · 출산 진료비 지원제도

임신 · 출산 진료비 지원제도는 임신 및 출산 관련 의료비 부담을 경감하여 출산 친화적 환경을 조성하고자 임산부 및 2세 미만 영유아의 모든 진료비 및 약제 · 치료재료 구입비의 본인부담금(비급여 포함)을 지원하는 제도이다. 이 제도는 국민행복카드라는 이름의 바우처(*voucher*)로 제공되며, 2008년 12월 15일부터 저출산대책의 일환으로 도입되었다. 임신 1회당 100만 원(다태아의 경우 140만 원)을 지급하며, 분만취약지역에는 20만 원을 추가 지급한다. 임신 · 출산이 확인된 사람들은 공단이나 금융기관, 온라인을 통해 카드를 발급받고, 요양기관에서 결제하여 사용한다. 국민건강보험제도의 사업은 아니지만 모자보건법 제3조에 근거하여 보건복지부가 시행하는 청소년산모 의료비 지원대상자들은 건강보험의 임신 · 출산 진료비 지원과 청소년산모 의료비 지원을 동시에 신청할 수 있다. 이 경우 임신 1회당 120만 원의 청소년산모 의료비 지원금이 국민행복카드로 추가 지원된다.

7) 장애인보조기기 보험급여제도

장애인보조기기 보험급여제도는 장애인복지법에 의해 등록된 장애인 가입자 및 피부양자가 장애인보조기기를 구입할 경우 구입금액 일부를 건강보험공단에서 보험급여비로 지급하는 제도다. 의사의 처방을 거쳐 전동 또는 수동 휠체어, 전동스쿠터, 자세보조용구, 이동식 전동리프트, 보청기, 의지, 의족, 욕창예방방석이나 매트리스, 전방 또는 후방 보행차, 맞춤형 교정용 신발, 지팡이, 목발, 저시력 보조안경, 의안, 개인용 음성증폭기 등을 구입할 경우 구입비용을 지원한다. 보조기기에 따라 내구연한이 규정되어 있으며, 동일 보조기기는 내구연한 내 1인당 1회로 급여가 제한된다. 공단에서는 기준액, 고시금액, 실제구입금액 중 가장 낮은 금액을 지급기준금액으로 하여, 지급기준금액의 90%를 부담한다.

8) 본인부담금 환급금

본인부담금 환급금제도란 병원에서 진료 후 납부한 건강보험 본인부담금을 심사평가원에서 심사한 결과 과다하게 납부되었음이 확인되었거나 또는 보건복지부에서 병원을 현지 조사한 결과 본인부담금을 과다하게 수납하였음이 확인된 경우에는 해당 병원에 지급한 진료비에서 과다하게 수납한 금액을 공제 후 환급하는 제도이다. 과오납이 확인되면 공단은 대상자에게 통상 우편으로 본인부담금 환급금 지급신청서를 발송하고 대상자의 계좌를 통해 환급한다.

9) 급여의 제한

보험급여가 제한되는 가장 흔한 경우는 보험료가 체납되었을 경우이다. 건강보험료가 6개월 이상 체납되면 보험급여가 제한되며, 공단은 체납보험료를 전액 납부할 때까지 보험급여를 지급하지 않는다. 따라서 보험료 체납기간이 10년이든 20년이든 상관없이 체납된 보험료를 전액 납부하지 않는 이상 건강보험급여를 받을 수 없다. 만약 체납보험료를 전액 납부하지 않은 상태로 병의원이나 약국 등을 이용했을 경우 공단은 건강보험으로 받은 진료비, 즉 공단부담금을 이용자로부터 환수조치한다. 다만 체납자가 공단으로부터 체납사실을 통고받은 날부터 2개월 이내에 체납보험료를 완납한 경우에는 환수조치하지 않는다. 연소득 2천만 원 또는 재산 1억 원을 초과하는 자가 보험료를 체납할 경우에는 사전급여제한자에 해당되어 의료기관에서부터 진료비 전액을 본인이 직접 부담해야 한다.

외환위기를 계기로 건강보험료 체납자가 급증하자, 김대중 정부는 2002년 제정된 〈국민건강보험 재정건전화 특별법〉을 통해 '체납보험료 분할납부자에 대한 특례조항'을 규정하여 보험료 체납자들이 체납보험료를 분할납부할 수 있는 근거를 마련하였다. 한시적으로 운영되었던 〈국민건강보험 재정건전화 특별법〉의 효력이 지금은 정지되었지만, 체납보험료 분할납부에 대한 규정은 〈국민건강보험법〉 82조에 승계되었다. 이에 따라 건강보험료를 3회 이상 체납한 자가 그 체납된 보험료에 대하여 공단으로부터 분할납부를 승인받고, 그 승인된 분할보험료를 1회 이상 납부한 경우에는 보험급여를 제한하지 않도록 하였다. 하지만 정당한 사유 없이 또다시 2회 이상 분할보험료를 납부하지 않을 때에는 보험급여도 제한된다. 분할납부기간은 체납기간만큼만 허용되며, 24개월 이상 체납한 자의 경우에는 최대 24개월 분할납부가 가능하다.

사전급여제한제도는 2014년 7월 1일부터 건강보험의 부정수급을 방지한다는 명목으로 실시되었다. '연소득 1억 원 또는 재산 20억 원 초과자'가 건강보험료를 체납한 경우 의료기관은 이를 확인하여 의료기관에서부터 급여적용을 차단하는 제도이다. 현재는 '연소득 2천만 원 또는 재산 1억 원 초과자'로 범위가 확대되었다. 사전급여제한제도로 인하여 보험료 체납자가 줄고 분할납부자가 증가하는 성과를 거두었다. 하지만 잘못 적용된 급여에 대한 책임은 의료기관에게 귀착되므로, 의료기관은 항상 수진자 건강보험자격조회시스템을 확인해야 하는 부담을 안게 되었다. 통상적으로 보험료 체납자는 보험료를 직접 납부하는 지역가입자에서 나온다. 만약 직장가입자가 본인의 귀책사유가 아닌 이유로 보험료를 체납한 경우에는 보험급여를 제한하지 않는다.

보험료 체납 이외에 보험급여가 제한되는 경우는 다음과 같다. ① 고의 또는 중대한 과실로 인한 범죄행위로 사고를 발생시킨 경우, ② 고의 또는 중대한 과실로 공단이나 요양기관의 요양에 관한 지시에 따르지 아니한 경우, ③ 고의 또는 중대한 과실로 공단이 요구한 문서와 그 밖의 물건의 제출을 거부하거나 질문 또는 진단을 기피한 경우, ④ 업무상 또는 공무상 질병, 부상, 재해로 인하여 다른 법령에 의한 보험급여나 보상을 받게 되는 때 등에 해당될 경우에는 보험급여를 하지 않는다. 즉, 〈근로기준법〉, 〈산업재해보상보험법〉, 〈공무원연금법〉 등에 의해 요양급여 또는 요양보상을 받았을 경우 건강보험급여를 중복해서 지급하지 않는다. ⑤ 보험급여를 받을 수 있는 자가 다른 법령에 의하여 국가 또는 지방자치단체로부터 보험급여에 상당하는 급여를 받거나 보험급여에 상당하는 비율을 지급받게 되는 때에는 그 한도 내에서 보험급여를 실시하지 않는다.

보험급여 제한과는 달리 특정 기간 동안 보험급여를 정지할 수 있다. 예를 들어 ① 국외에 여행 중인 경우, 즉 1개월 이상 해외 체류 시 체류 기간 동안 보험급여는 정지된다. ② 병역법에 따른 현역병(준부사관 포함), 전환복무자 및 군간부 후보생으로 복무 중일 경우 보험급여는 정지된다. ③ 교도소 및 기타 이에 준하는 시설에 수용되어 있는 경우 등의 기간은 보통 급여를 지급하지 않는다.

〈표 10-10〉 연도별 건강보험급여 실적

단위: 백만 원

구분	2005	2010	2015	2020
총계	18,365,867	33,796,461	45,729,938	69,351,401
현물급여	18,224,137	33,299,560	44,581,972	67,103,361
요양급여	17,988,570	32,496,847	43,340,393	65,474,196
(본인부담액상한제 사전지급)	(29,964)	(85,003)	(182,212)	(172,759)
건강진단비	235,567	802,713	1,241,579	1,629,164
현금급여	141,730	496,900	1,147,965	2,248,039
요양비	17,536	21,676	23,617	183,815
장제비	49,197	27	-	-
본인부담액 보상금	27,594	241	-	-
장애인보장구	21,669	28,902	46,323	85,230
본인부담액상한제 사후환급	25,732	326,838	847,908	1,779,998
임신출산 전 진료비	-	119,214	230,115	198,994

자료: 건강보험심사평가원 · 국민건강보험공단, 〈2020 건강보험통계연보〉, pp.118~119.

10) 건강보험급여 지출 현황

건강보험제도의 급여지출 현황은 〈표 10-10〉과 같다. 〈표 10-10〉에 따르면 2020년 현재 건강보험제도의 총급여지출액은 69조 3,514억 원이었으며, 이 중 대부분인 65조 4,741억 원이 요양급여로 지출되었다. 〈표 10-10〉을 보면 요양급여 지출액은 매 5년마다 거의 50%씩 폭증하는 추세를 볼 수 있다. 이는 인구고령화와 보장성 확대조치에 의한 것으로 보이며, 증가 추세는 앞으로 계속될 것으로 보인다.

4. 건강보험제도의 재정운영

건강보험의 재정은 가입자들의 보험료와 정부의 국고지원으로 구성된다. 〈국민건강보험법〉 108조 1항 및 2항과 〈국민건강증진법〉 부칙에 의하면 정부는 국고지원금을 통해 보험료 예상수입액의 14%를 부담해야 하며, 국민건강증진기금의 담배부담금으로 건강보험 재정의 6%를 부담해야 한다.

1) 직장가입자의 보험료체계

건강보험의 보험료 부과체계는 직장가입자와 지역가입자에 따라 달라진다. 즉, 건강보험은 하나의 제도 안에서 두 개의 보험료 부과체계를 사용하고 있는 것이다. 직장가입자들의 보험료 부과체계는 1977년 제도 출범 시부터 임금에 대해 일정률을 부과하는 임금부과방식으로 운영되어 왔다. 그러나 2012년부터 직장가입자의 임금 이외의 소득에도 보험료를 부과하기 시작함에 따라 직장가입자의 보험료체계는 보수월액보험료와 소득월액보험료로 나뉘어졌다.

보수월액보험료는 보수월액에 보험료율을 곱하여 산정된다. 보수월액은 직장가입자의 연간보수총액을 근무월수로 나눈 금액이다. 보험료율은 8% 범위 내에서 매년 건강보험정책심의위원회가 결정하며 2022년도 현재 6.99%이다. 2000년 국민건강보험제도가 출범할 당시의 보험료율 2.80%와 비교하면 출범 20년 동안 150% 인상되었다. 보수월액보험료는 노사가 2분의 1씩 부담하며, 공무원의 경우 국가와 가입자가 2분의 1씩 부담한다. 반면 사립학교교직원은 가입자가 50%, 학교가 30%, 국가가 20%를 부담한다. 보험료율의 상한선은 전전년도 평균 보수월액보험료의 30배로 정해지며 2022년 현재 730만 7,100원이다. 반면 하한선은 전전년도 평균 보수월액보험료의 8% 수준으로 정해지며 2022년 현재 1만 9,500원이다.

가입신고된 직장 보수 이외에 소득이 2천만 원 이상인 직장가입자는 보수월액보험료에 더해 소득월액보험료를 추가로 납부해야 한다. 보수 외 소득에는 이자소득, 배당소득, 사업소득, 근로소득, 연금소득, 기타소득이 포함된다. 이 액수가 2천만 원을 초과하면 보수 외 소득 총액에서 2천만 원을 공제하고 12로 나눈 뒤, 소득종류에 따른 소득평가율을 곱하여 소득월액을 산출한다. 소득평가율은 이자소득, 배당소득, 사업소득, 기타소득은 100%이며, 근로소득과 연금소득은 30%이다. 여기에 보험료율을 곱해 산출된 소득월액보험료를 추가로 납부해야 한다. 소득월액보험료는 노사가 반분하지 않고 본인이 100% 납부한다. 상한선은 전전년도 평균 보수월액보험료의 15배인 365만 3,550원이며, 하한선은 없다.

2) 지역가입자의 보험료체계

〈국민의료보험법〉이 제정되고 지역조합들이 통합되면서 국민의료보험공단은 소득, 재산, 자동차, 생활수준 및 경제활동 등을 반영한 단일한 보험료 부과체계를 만들었고 2018년 6월까지 사용하였다. 즉, 소득 파악이 어려운 지역가입자들의 상황을 고려하여 직장가입자들과 다른 보험료체계를 사용한 것이다. 하지만 이러한 이원적 보험료 부과체계는 동일한 소득능력자에 대해서 상이한 부과체계를 사용함으로써 직장가입자나 지역가입자 모두에게 불만의 대상이 되어 왔다. 국민건강보험 초창기에는 주로 직장가입자들이 불만을 제기하였다. 농어촌지역이나 도시지역 자영업자들의 소득파악률이 떨어짐에도 불구하고 직장가입자와 지역가입자들의 건강보험 재정을 통합한 것은 직장가입자로부터 지역가입자로 보험료를 이전시키는 결과를 초래한다는 것이었다. 나아가 다양한 방법으로 소득을 절세, 탈루하는 자영업자들에 비해, 소득이 100% 노출될 수밖에 없는 직장가입자들은 동일한 소득능력임에도 불구하고 더 많은 보험료를 낸다고 불만을 제기했다.

반면 지역가입자들은 직장가입자들의 경우 재산규모에 상관없이 근로소득만으로 보험료를 산정하는 반면 지역가입자들은 재산, 자동차 등 다양한 요소들을 고려하기 때문에 불리하다고 불만을 제기하였다.

따라서 정년퇴직이나 실업 때문에 직장가입자에서 지역가입자로 이동할 경우 재산이 많은 중년 가입자들은 소득을 상실했음에도 불구하고 직장에 다닐 때보다 더 많은 보험료가 부과되는 경우가 상당히 잦았다. 이는 사용자부담분이 없어진 탓도 있지만, 재산적 요소들이 반영된 결과였으며, 재산이 많은 자영업자일수록 직장가입자와의 형평성에 대해 불만을 나타내는 사람들이 많았다.

이에 정부는 보험료체계의 단계적 변경을 표방하면서 2018년 7월부터 지역가입자 보험료체계를 〈그림 10-3〉과 같이 변경하여 현재 적용하고 있다. 〈그림 10-3〉은 이전보다 재산적 요소의 반영 비중은 줄이고 소득 반영분을 늘리는 방향으로 개편된 것이다. 개편체계는 연간소득이 100만 원인 세대를 기준으로 적용항목을 다르게 운영한다. 100만 원 이상인 세대의 경우 실제 소득과 재산, 자동차가 고려되어 부과점수를 산출하는 반면(그림의 ②, ③, ④), 100만 원 미만 세대는 소득은 고려하지 않고 소득최저보험료 14,650원에 재산과 자동차만을 고려하여 부과점수를 합산하여 산출한다(그림의 ①, ③, ④). 이러한 부과체계 변경에 따라 지역가입자들의 건강보험료에서 소득의 반영분은 30%에서 52%로 상승하였다. 아울러 단계적인 변경 계획에 따라 2022년 9월 1일에도 보험료 개편이 있을 것임을 예고하였다(〈CBS 노컷뉴스〉, 2021. 9.2.).

재산이 개인의 경제적 능력을 반영하는 것은 맞지만, 환금성이 떨어지기 때문에 다달이 납부해야 하는 건강보험료의 주요 결정요소로 반영되는 것은 바람직하지 않다. 재산은 고려요소 정도로 반영하고 소득을 중심으로 보험료체계를 개편하는 것이 바람직할 것이다. 정부에 의하

〈그림 10-3〉 2018~2022년 건강보험 지역가입자 보험료 부과체계

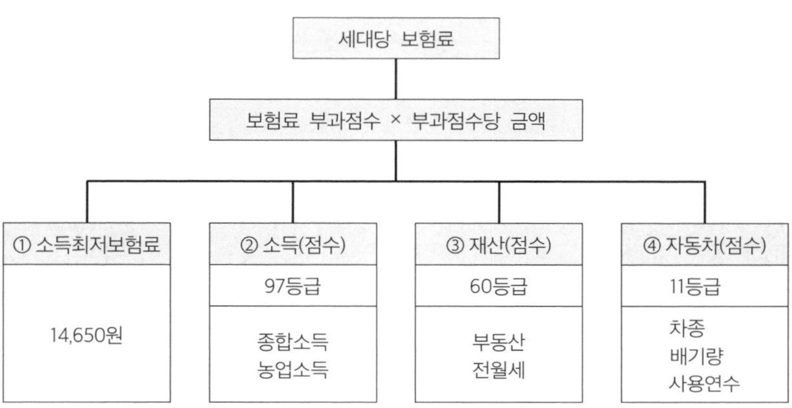

면, 2022년 9월부터 2차 보험료체계 개편이 이루어지면 소득반영분이 60%로 상승할 것으로 예상된다. 조속한 시간 내에 소득을 중심으로 지역가입자와 직장가입자 모두에게 적용할 수 있는 단일보험료 부과체계를 구축하는 것이 필요하다고 하겠다.

3) 보험재정에 대한 국고 지원

〈국민건강보험법〉 108조 1항 및 2항과 국민건강진흥법 부칙에 따라 정부는 보험료 예상수입액의 14%를 국고지원금을 통해 지원해야 하며, 국민건강증진기금의 담배부담금으로 6%를 지원해야 한다. 단, 담배부담금에 의한 지원은 국민건강증진기금 예상수입액의 65%를 초과할 수 없다. 하지만 최근 들어 정부는 법정 지원금을 제대로 지원한 적이 한 번도 없다. 〈표 10-11〉은 연도별 정부지원금의 변화 추이를 나타낸

〈표 10-11〉 연도별 정부지원금과 보험료 수입 대비 비율

단위: 천 원, %

연도	보험료 수입	정부지원금		국고지원금		담배지원금	
		금액	%	금액	%	금액	%
2010	28,457,726,348	4,856,096,000	17.1	3,793,034,000	13.3	1,063,062,000	3.7
2011	32,922,109,942	5,028,322,763	15.3	4,071,546,000	12.4	956,776,763	2.9
2012	36,389,962,619	5,343,180,300	14.7	4,335,900,000	11.9	1,007,280,300	2.8
2013	39,031,892,895	5,799,355,000	14.9	4,800,744,000	12.3	998,611,000	2.6
2014	41,593,818,432	6,314,933,000	15.2	5,295,798,000	12.7	1,019,135,000	2.5
2015	44,329,819,299	7,090,180,000	16.0	5,571,650,000	12.6	1,518,530,000	3.4
2016	47,593,146,516	7,091,671,000	14.9	5,200,262,000	10.9	1,891,409,000	4.0
2017	50,416,797,884	6,774,705,000	13.4	4,873,623,000	9.7	1,901,082,000	3.8
2018	53,896,460,440	7,070,427,632	13.1	5,190,335,632	9.6	1,880,092,000	3.5
2019	59,132,775,130	7,767,162,000	13.1	5,958,923,000	10.1	1,808,239,000	3.1
2020	63,111,442,865	9,215,191,000	14.6	7,335,099,000	11.6	1,880,092,000	3.0

자료: 건강보험심사평가원 · 국민건강보험공단, 〈2020 건강보험통계연보〉, p.111.

것이다.

〈표 10-11〉에 따르면 2010년부터 정부지원금은 보험료 수입의 20%를 넘긴 적이 한 번도 없으며, 오히려 시간이 갈수록 정부의 지원율은 계속 하락하고 있다. 문재인 케어를 주창한 시기에도 하락 추세는 멈추지 않고 있다. 코로나19 사태로 인한 보험료 경감분의 보전과 치료비 지원을 위해 2020년 반짝 국고지원금이 늘었을 뿐, 이전까지는 별다른 개선이 없었다. 아울러 2022년 12월 31일 담배지원금의 일몰을 앞두고, 한국건강증진개발원을 앞세운 국민건강기금 관련 이해당사자들은 담배지원금의 건강보험재정 지원 폐지를 위해 여론몰이에 나서고 있고,3 이를 위한 연구용역을 발주한 상태이다. 또한 일반회계를 통한 국고지원금도 같

3 "건강증진개발원 '건강증진기금 건보 지원 부담 돼'", 〈메디포뉴스〉(2021. 4. 8.).

은 날 일몰 예정인데, 국고지원 연장에 대해 기획재정부의 입장은 회의적이다. 건강보험제도의 안정적인 재정 운영을 위해서는 현재 정부지원금의 '한시적' 규정을 철폐하는 것이 시급하다고 하겠다. 나아가 담배부담금은 기본적으로 역진적 분배 효과를 가지며, 정치적 저항이 크기 때문에 담뱃값의 급격한 인상은 힘들 뿐 아니라, 흡연율의 장기적인 감소추세를 감안하면 안정적인 재원으로 정착되기는 쉽지 않다. 따라서 보다 장기적이고 안정적인 재정안정화 방안이 모색되어야 할 것이다.

4) 국민건강보험의 재정현황

국민건강보험은 출범 직후 심각한 재정위기에 직면하였지만, 2002년 재정건전화특별법을 계기로 건강보험의 적자 폭이 줄어들기 시작하였으며, 2004년에는 적립금의 결손상태를 완전히 탈출하여 재정위기 국면을 벗어나게 되었다. 2005년부터는 당기잉여금의 안정적인 흑자기조 속에 상당한 적립금을 축적하여 왔다. 특히 박근혜 정부에서 적립금이 큰 폭으로 증가하였는데, 〈표 10-12〉를 보면 2012년 4조 5,757억 원 수준이던 건강보험적립금은 2017년 20조 7,733억 원으로 5배 가까이 폭증한 것을 볼 수 있다.

정부가 법정 지원금만 제대로 집행한다면 30조 원으로 추정되는 문재인 케어는 현재의 적립금으로도 시행할 수 있다. 하지만 문재인 케어가 시행된 후 2년간 약 6조 원의 당기재정적자가 발생하자 보건복지부는 보험료율을 대폭 상승시켜, 현재 17조 원 이상의 적립금을 운영하고

〈표 10-12〉 연도별 국민건강보험 재정

단위: 백만 원, 억 원

연도	수입				지출			당기잉여금*	적립금*
	소계	보험료	정부지원	기타수입	소계	보험급여	기타		
2001	11,928,330	8,856,158	2,624,980	447,192	14,105,819	13,195,616	910,203	△21,775	△18,109
2002	14,305,319	10,927,688	3,013,934	363,697	14,798,463	13,823,665	974,798	△4,931	△25,716
2003	17,466,651	13,740,850	3,423,829	301,971	15,972,379	14,893,489	1,078,890	14,943	△14,922
2004	19,408,384	15,587,805	3,482,965	346,613	17,329,671	16,264,501	1,065,170	20,787	757
2005	21,091,074	16,927,713	3,694,802	468,558	19,979,956	18,393,587	1,586,369	11,111	12,545
2006	23,263,083	18,810,579	3,816,190	616,314	22,817,757	21,587,980	1,229,777	4,453	11,798
2007	26,049,843	21,728,699	3,671,794	649,348	25,888,502	24,560,092	1,328,410	1,613	8,951
2008	29,787,148	24,973,026	4,026,244	787,877	28,273,326	26,654,305	1,619,021	15,138	22,618
2009	31,500,393	26,166,081	4,682,831	651,481	31,189,152	30,040,871	1,148,281	3,112	22,586
2010	33,948,880	28,457,726	4,856,096	635,058	34,926,339	33,749,303	1,177,036	△9,775	9,592
2011	38,761,068	32,922,109	5,028,322	810,635	37,258,747	35,830,249	1,428,498	15,023	15,600
2012	42,473,653	36,389,962	5,343,180	740,510	39,152,044	37,581,295	1,570,749	33,216	45,757
2013	47,205,854	39,031,892	5,799,355	2,374,606	41,265,338	39,674,332	1,591,006	59,405	82,203
2014	50,515,544	41,593,818	6,314,933	2,606,793	44,752,556	42,827,513	1,925,043	57,630	128,072
2015	53,292,081	44,329,819	7,090,180	1,872,082	48,162,140	45,760,188	2,401,952	51,299	169,800
2016	56,486,487	47,593,146	7,091,671	1,801,669	53,149,616	50,425,445	2,724,171	33,369	200,656
2017	58,818,071	50,416,797	6,774,705	1,626,568	58,022,559	54,891,742	2,401,079	7,955	207,733
2018	62,715,795	53,896,460	7,070,427	1,748,907	65,978,340	63,168,331	2,046,453	△32,625	205,955
2019	69,173,265	59,132,775	7,767,162	2,273,328	72,097,239	68,996,577	2,214,552	△29,239	174,181
2020	75,114,982	63,111,442	9,215,191	2,788,348	73,618,774	71,165,241	1,573,654	1,496	179,914

주: * 단위는 억 원. 나머지 항목 단위는 백만 원.

자료: 건강보험심사평가원 · 국민건강보험공단, 〈2020 건강보험통계연보〉, p.95

있다. 인구 고령화와 문재인 케어에 따른 비급여항목의 급여화가 본격화될 경우를 대비하기 위해 적정 규모의 적립금을 유지할 필요가 있다.

5. 건강보험제도의 관리운영체계

1977년 의료보험제도는 재정자치를 원칙으로 하는 의료보험조합들에 의해 관리되어 왔으며, 1998년 통합작업에 들어가기 전까지 의료보험관리공단을 비롯해 367개의 조합들이 운영되고 있었다. 그러나 전술한 바와 같이 2000년 7월 1일부터 국민건강보험제도가 시작됨에 따라 국민건강보험공단이라는 단일보험자로 통폐합되었다. 아울러 의료보험연합회가 담당했던 심사 기능을 수행하기 위해 건강보험심사평가원이라는 독립기구가 새롭게 창설됨에 따라 건강보험제도의 실무는 국민건강보험공단과 건강보험심사평가원이라는 두 기구로 압축되었다. 이러한 조직체계의 통합은 분립적인 조합주의 운영체제의 구조적 문제였던 조합 간 재정격차, 부담의 비형평성, 과다한 관리운영비용, 보장성 확대의 제약 등을 완화시킬 수 있는 제도적 틀을 구축하였다.

국민건강보험공단은 보건복지부 장관으로부터 건강보험의 관리운영을 위임받아 국민건강보험법 및 시행령에 규정된 사업을 수행하기 위해서 설립된 특수 공법인이다. 가입자 및 피부양자의 자격관리, 보험료의 부과 및 징수, 보험급여의 지급, 가입자 및 피부양자의 건강 유지 및 증진을 위하여 필요한 예방사업, 자산의 관리운영 및 증식사업, 의료시설의 운영, 건강보험에 대한 교육훈련과 홍보 등과 같은 업무를 수행한다. 2011년 1월 1일부터는 '4대 사회보험 통합징수체계' 구축에 따라 건강보험료뿐만 아니라 국민연금보험료, 고용·산재보험료의 징수업무까지 맡아서 처리하고 있다.

건강보험심사평가원은 보험급여비 지출에 대한 심사와 평가의 공정성, 전문성, 객관성 확보를 위하여 보험자 조직인 국민건강보험공단으로부터 독립하여 2000년 7월 1일에 설립된 전문 심사평가기관이다. 심사평가원은 요양비용의 심사, 요양급여의 적정성에 대한 평가, 심사 및 평가기준의 개발 등의 업무를 수행한다. 최근에는 비급여항목 가격정보 공개서비스, 선별급여 및 예비급여에 대한 평가작업도 수행하고 있다.

건강보험 가입자들에 대한 요양급여는 의료기관들에 의해 이루어진다. 1977년 의료보험 출범 당시에는 의료기관들이 의료보험조합들과 계약지정제를 통해 의료서비스를 공급하였으나, 1979년 4월부터 강제지정제로 전환되었다. 따라서 우리나라는 미국이나 유럽처럼 의료기관들이 건강보험공단과의 계약을 통해 서비스를 제공하는 것이 아니라, 모든 의료기관이 건강보험 지정 의료기관으로 강제적으로 지정되는 시스템이다. 이에 의료단체들은 직업의 자유와 평등권, 의료소비자로서의 자기결정권 침해 등을 이유로 반발하여 왔으나, 헌법재판소는 2002년과 2014년 두 차례의 헌법소원 소송에서 건강보험 당연지정제에 대해 연거푸 합헌판정을 내림으로써 정당성을 부여하였다. 이에 의료계는 당연지정제를 받아들이되, 예외를 허용하자는 쪽으로 요구를 하고 있는 상황이다.[4]

건강보험 가입자가 의료기관에서 진료를 받으면, 의료기관은 건강보험심사평가원에 진료비를 청구하고 평가원은 청구된 진료비를 심사한 뒤, 그 결과를 건강보험공단에 통고한다. 그리고 공단을 통해 진료비가 의료기관에 지급되는데, 1977년 의료보험 도입 시부터 우리나라 건강보험은 행위별 수가제를 기초로 진료비 지불체계를 구성하고 있다. 지금도 상대가치점수에 기반한 행위별 수가제가 중심을 이루고 있다. 하지만 행위별 수가제는 과잉진료로 인한 의료비용의 상승을 초래할 가능성이 높기 때문에, 건강보험은 2002년 건강보험 재정위기 당시 질병군별 포괄수가제(DRG: Diagnosis Related Group)를 부분적으로 도입하였다. DRG란 환자가 분만 등으로 병원에 입원할 경우 퇴원할 때까지의 진찰, 검사, 수술, 주사, 투약 등 진료의 종류나 양에 관계없이 요양기관종별(종합병원, 병원, 의원) 및 입원일수별로 미리 정해진 일정액의 진료비만을 부담하는 제도이며, 예일대학에서 개발되어 1983년 미국의 메디케어에 적용된 진료비 지불방식이다(최병호, 1998: 5). DRG는 이미 1997년부터 5년간의 시범사업을 거쳤으며, 비교적 단순하고 표준화된 7개 질병군을 대상으로 도입되어 행위별 수가제를 보완하기 시작하였다. 현재 DRG 적용 질병군은 안과의 수정체수술(백내장수술), 이비인후과의 편도 및 아데노이드 수술, 외과의 항문 및 항문 주위 수술(치질수술)과 서혜 및 대퇴부 탈장수술 및 충수절제술(맹장염수술), 산부인과의 자궁 및 자궁부속기 수술(악성종양 제외)과 제왕절개분만 등 4개 진료과 7개 질병군이며, 병원에 입원(외래진료는 제외됨)하여 수술을 받거나 분만한 경우에 적용된다. 2002년 1월 1일 도입 당시에는 선택적

4 "두 차례 '합헌' 불구 당연지정제 논란은 현재형", 〈의협신문〉(2017. 9. 14.).

으로 도입되어 의료기관들이 행위별 수가제와 DRG를 선택할 수 있었다. 그러나 2012년 7월 1일부터는 전국 종합병원에서 DRG 적용이 의무화되었고, 2013년 7월 1일부터는 전국의 전체 의료기관으로 의무화 조치가 확대되었다. 의료단체에서 파업을 예고하면서 강력 반발하였으나, 국민들의 싸늘한 여론에 밀려 흐지부지되었다.

DRG는 행위별 수가제도의 적용 시 환자가 별도로 부담하던 대부분의 비급여항목을 보험급여대상으로 포함시켜 환자의 본인부담금 수준을 경감시킬 수 있다. 나아가 항생제 사용 감소를 유도하여 국민의 건강을 보호할 수 있다. 또한 적정진료의 제공으로 국민의료비의 상승을 억제하는 데 도움이 된다. 하지만 의료의 질 저하를 방지하기 위한 모니터링을 지속적으로 해야 하며, 비교적 표준화된 단순한 질병군에는 적용가능하지만, 진료의 편차가 큰 복잡한 질병군에 적용하기 힘들다는 문제를 가진다.

이에 정부는 보다 복잡한 질병군에 포괄수가제를 확대적용하기 위해 일본의 진단시술분류수가제(DPC: Diagnosis Procedure Combination) 제도에 착안하여 '신포괄수가' 모형을 만들고 2009년 4월부터 '신포괄수가제' 시범사업을 시작하였다(국민건강보험공단, 2017b: 179). 신포괄수가제는 기존의 포괄수가제에 행위별 수가제적 성격을 반영한 혼합모형 지불제도이다. 입원 기간 발생한 입원료, 처치 등 진료에 필요한 기본적인 서비스는 포괄수가로 묶고, 의사의 수술, 시술 등은 행위별 수가로 별도 보상하는 방식이다. 2010년 4월 국민건강보험공단 산하 일산병원을 시작으로 현재 98개 병원에서 567개 질병군을 대상으로 시범사업을 진행 중에 있다. 문재인 케어에 의하면 신포괄수가제는 새로운 비급여항목의 차단과 관리 강화를 위해 800개 이상의 병원으로 확대할 예정이며, 2022년 200개를 목표로 확대 추진 중이다(장성인, 2019: 4). 신포괄수가제에 대한 확장이 순조롭게 진행 중이지만, 시범사업의 성격을 벗어나는 데는 좀 더 시간이 필요해 보인다.

6. 건강보험제도의 과제

1977년 의료보험제도는 우리나라 의료보장제도의 효시로서 적지 않은 의의를 갖지만, 높은 본인부담률, 제한된 급여일수, 과도한 비급여항목 등으로 보장수준이 지나치게 낮았다. 이에 노무현 정부 이후 역대 정권들은 국민의료비에서 비중이 높은 중증질환자, 노인, 아동 등과 같은 특정 인구학적 집단을 선별하여 본인부담률을 낮춰 주거나, 국민들에게 큰 부담을 초래하였던 비급여항목을 선별적으로 급여화하는 방식으로 건강보험의 보장성을 높이려 하였으나 대부분 실패하였다. 과거 정부들의 노력에도 불구하고 건강보험의 보장률은 2020년 현재 65.3%에 불과하여, OECD 국가들의 평균치인 80%에 한참 미달되는 상황이다. 따라서 현재 건강보험이 당면한 과제는 건강보험의 보장성을 높이는 것 이외에 다른 것을 생각할 수 없다.

노무현 정부 이후 모든 정부들이 비급여항목 축소에 전력을 다했음에도 불구하고 건강보험의 보장률이 제자리걸음인 이유는 비급여항목이 급여화되는 속도보다 새로운 비급여항목이 더 빠른 속도로 늘어났기 때문이다(손영래, 2018: 8; 장종원, 2020: 6). 이에 문재인 정부는 비급여항목의 증가를 통제하지 않고는 건강보험의 보장성을 확대하기 어렵다고 인식하였고, 과거의 다른 정부처럼 비급여항목을 각개격파하거나 점진적으로 축소하는 대신, '비급여의 전면급여화'를 내세웠다. 이른바 문재인 케어의 핵심으로 거론되는 '비급여의 전면급여화'는 여러 가지 시행상의 문제에도 불구하고 우리나라 의료보장 개혁의 전체적인 방향을 올바르게 짚었다는 점에서 높이 평가되어야 한다.

하지만 문재인 케어는 출범 2년 만에 코로나19 사태라는 암초를 만났다. 문재인 케어에 투입되었어야 할 자원의 상당 부분이 방역에 투입되었으며, 보건복지부는 방역정책에 올인할 수밖에 없는 상황이었다. 그 결과 문재인 케어의 주요 프로그램들은 후순위로 밀려났으며, 목표했던 70%의 보장률 달성은 쉽지 않아 보인다. 물론 문재인 케어가 순조롭게 출범했던 것은 전혀 아니었다. '비급여의 전면급여화' 정책에 있어 핵심적인 중간단계로 설정되었던 예비급여의 지정과 평가작업은 의료계, 제약회사, 의료기기업체 등의 반발에 의해 2019년 말까지 예비급여항목정리도 들어가지 못했다(정형준, 2020: 72). 코로나19 사태가 없었더라도 계획했던 2022년까지 예비급여와 선별급여의 평가작업을 마무리하기 힘들었을 것이다. 나아가 문재인 케어의 또 다른 목표였던 '실질적인 본인부담 100만 원 상한제'의 달성은 시작부터 선별급여와 비급여항목을 상한제 대상에서 제외함으로써 형해화되었으며, 재난적 의료비 지원사업은 제도의 복잡성으로 인하여 거의 이용이 안 되고 있는 실정이다.

이러한 시행과정상의 문제에도 불구하고 비급여항목의 증가를 통제하지 않고는 보장률을 높이기 힘들다는 문재인 케어의 문제의식과 실제 치료에 사용되는 ‘비급여의 전면급여화’와 ‘실질적인 본인부담 100만 원 상한제’라는 문재인 케어의 목표는 우리나라 의료보장제도의 부정하기 힘든 과제이며, 당장은 힘들더라도 장기적으로 추구해야 할 방향임에는 틀림없다.

이를 위해 건강보험은 조속한 시간 내에 예비급여와 선별급여에 대한 평가작업을 마무리하고 건강보험급여항목으로 전환해야 할 것이다. 이미 목표했던 2022년까지 달성하기는 벅찬 상황이므로 시간에 쫓길 필요는 없지만 가능한 빠른 시간 안에 마무리할 필요가 있다. 선별급여와 예비급여는 건강보험의 통제를 받지만 본인부담률의 범위가 30~90%로 높기 때문에 상시적으로 운영할 경우에는 국민들의 부담이 따르게 된다. 예비급여와 선별급여가 비급여로부터 급여항목으로 전환하기 위한 중간단계라는 본연의 역할에 충실하도록 존속기간을 최대한 짧게 가져가는 것이 바람직하다고 하겠다.

또한, 본인부담 상한제의 운영에 있어 예비급여와 선별급여, 그리고 비급여항목을 포함시켜야 한다. 대부분의 재난적 의료비가 비급여항목에서 창출되는 상황에서 위의 항목들을 제외하게 되면 실질적 상한선의 효과는 거의 없게 된다. 업무나 일상생활에 지장이 없는 질환을 치료하거나 신체의 필수적 기능개선이 아닌 경우, 질병과 부상의 치료를 목적으로 하지 않는 경우 등의 비급여항목을 제외한 모든 치료적 비급여항목은 상한제 적용대상에 포함시키는 것이 바람직하다. 나아가 재난적 의료비 지원사업의 질환, 소득, 재산, 의료비부담 수준의 요건을 간소화하거나 완화하여 쉽게 이해하고 신청할 수 있도록 하는 조치가 필요하다.

제 11 장

고용보험제도

1. 고용보험제도의 의의

자본주의 경제체제하에서 실업은 경기순환과 산업구조의 고도화·자동화에 따른 노동수요 구조의 변화에 노동공급이 원활하게 대처할 수 없는 경우나 노동시장에 대한 정보의 불완전성 때문에 필연적으로 발생할 수 밖에 없다. 실업이 발생하면 실업자 개인은 노동력을 제공할 기회마저 잃는다. 따라서 실업은 개인과 가족에게 부상, 질병, 노령, 사망 등과 마찬가지로 생활안정을 근본적으로 위협하는 원인이 되며, 개인의 정신적 건강을 해치고 심리적 불안정의 문제를 유발할 수 있다. 또한 대량실업자의 존재는 자살, 가정파탄, 아동유기 등 다양한 사회문제 영역과 결부되면서 사회적으로 바람직하지 않은 결과를 낳을 뿐 아니라 사회불안을 증대시키고 국가질서를 위협할 수 있다. 그리고 실업자라는 유휴

노동력의 존재는 국가 인적 자원의 손실을 의미할 뿐만 아니라, 근로자가 자신의 능력을 발휘할 기회를 상실하게 되어 노동력의 질적 저하를 초래함으로써 국민경제의 잠재력에도 부정적 영향을 미친다.

국민경제적 측면에서 보면, 실업자의 발생은 구매력을 저하해 국민소비 수요의 감퇴를 가져오며, 이는 다시 생산의 저하와 고용감소를 초래함으로써 실업의 악순환을 불러올 수 있다. 이와 같은 차원에서 고용안정과 실업문제의 해결은 국가정책의 중요한 관심사가 되고 있다.

특히 자유경쟁을 기초로 한 경제체제에서는 경기순환에 따라 실업이 당연히 발생한다. 더구나 기술혁신에 따른 산업구조의 조정과 경기변동이 일어나기에 실업은 누구에게나 발생할 수 있는 사회적 위험(*social risks*)이다. 이 때문에 실업 발생은 근로자 개인이나 개별기업의 책임으로만 방치할 수 없고 사회적으로 책임져야만 한다. 따라서 주요 선진국에서는 실업자의 생활안정을 위해 실업보험제도를 시행하고 있다(고용보험연구기획단, 1993).

우리나라도 예외가 아니어서 1995년 7월부터 고용보험을 시행하였다. 제도 도입 시 서구 국가에서 사용하고 있는 '실업보험'이라는 명칭보다는 '고용보험'이라는 명칭을 선호하여 사용하였다. 단순히 실업 후의 생계보장에 얽매이지 않고 근로자의 직업능력을 개발하고 적극적 취업알선을 통해 고용구조를 조정하는 적극적인 노동시장정책적 수단에 우선순위를 부여하였기 때문이다. 이러한 사실은 "실업자에 대한 실업급여의 지급이라는 사후구제적 차원보다는 실업의 예방, 인력수급의 원활화, 고용구조의 개선, 근로자의 능력개발 등 적극적 인력정책 차원에서 도입해야할 것이다" 라는 제도 도입의 방향에서도 확인할 수 있다(고용보험연구기획단, 1993).

1980년대 이후 실업률이 급격히 증대함에 따라, 많은 선진국에서 전통적 실업보험사업 외에 실업예방과 재취업 촉진을 목표로 하는 고용안정과 직업훈련에 역점을 둔 적극적인 노동시장정책적 사업까지 포함하는 경향을 보였다. 이른바 '고용보험화' 경향으로 실업보험과 적극적 노동시장정책의 통합을 촉진했다. 그러나 별도로 고용보험이라는 용어를 사용하는 국가는 일본과 우리나라밖에 없으며, 다른 나라는 사업의 성격변화와 관계없이 실업보험이라는 용어를 그대로 사용 중이다.

한편, 고용보험의 목적을 보면, 현행 〈고용보험법〉 제1조에서 "실업의 예방, 고용의 촉진 및 근로자의 직업능력의 개발·향상을 도모하고, 국가의 직업지도·직업소개 기능을 강화하며, 근로자가 실업한 경우에 생활에 필요한 급여를 실시함으로써 근로자의 생활안정과 구직활동을 촉진하여 경제·사회 발전에 이바지함을 목적으로 한다"라고 명시하고 있다. 이것에서 알 수 있듯이, 고용보험제도란 근로자가 실직했을 경우에 실직근로자의 생활안정을 위하여 일정 기간 동안 실업급여를 제공하는 전통적 의미의 실업보험사업 외에, 적극적 취업알선을 통한 재취업 촉진과 근로자의 직업안정 및 고용구조 개선을 위한 고용안정사업, 근로자의 직업수행능력을 체계적으로 개발·향상시키기 위한 직업능력개발사업 등 적극적 노동시장정책(*active labor market policy*)을 상호결합한 사회보험제도이다.

다른 사회보험제도가 인간의 욕구충족과 사회적 위험에 대비하여 발전했듯이, 고용보험제도 역시 실업과 고용불안정이라는 사회적 위험에 대비하여 실업자에게 실업급여를 제공함으로써 근로자의 생계를 보장하는 사회보장적 기능과 취업촉진, 능력개발, 고용지원 등 고용구조의 개선을 위한 고용정책적 기능을 동시에 수행하는 제도이다.

따라서 고용보험제도는 근로자에게 실업급여와 능력개발비용을, 사업주에게는 고용유지와 교육훈련비용을 지원하는 제도로서 복지, 교육, 훈련, 고용이라는 네 가지 요소를 특징으로 하는 노동시장정책과 실업보험이 상호 연계되어 있다. 그리고 고용보험제도는 전통적 실업보험 외에 고용안정사업과 직업능력개발사업이라는 고용정책을 보험원리로 편입시킴으로써 더 효율적으로 실업보장과 고용구조 개선을 위한 제도적 장치로 일원화했다는 데 의의가 있다.

2. 고용보험제도의 전개과정

1980년대 후반부터의 인력수급 불균형문제, 산업구조 조정에 따른 고용조정 지원문제, 그리고 직업훈련 강화문제 등에 대한 제도적 수단으로 고용보험제도 도입이 본격적으로 논의되었다. 고용보험제도의 도입과 관련하여 국가의 공식적 결정은 1991년에 제 7차 경제사회발전 5개년계획을 통해서였다. 그 이후 제도 도입에 대한 논의가 활성화되면서 1992년에 고용보험연구기획단이 발족한 후 급속도로 논의가 진행됐다.

고용보험연구기획단에서는 고용보험제도의 목적으로 첫째, 고용안정의 원활화와 경제의 효율성 고양, 둘째, 직업안정 기능의 활성화와 인력수급의 원활화, 셋째, 직업훈련의 활성화와 경쟁력 강화, 넷째, 실직근로자의 생활안정과 재취업의 촉진, 다섯째, 남북통일에 대비한 적극적 노동시장정책의 추진 등을 제시하였다. 이러한 배경에서 1993년 5월에 그동안 논의된 결과를 토대로 고용보험제도 실시방안을 정부에 제출하였다.

이 방안을 기초로 1993년 12월 27일에 고용보험을 제정하고, 이후에 고용보험시행령(1995. 4. 6.)과 시행규칙(1995. 6. 12.)을 마련해 1995년 7월 1일부터 시행하기에 이르렀다. 고용보험은 실직자의 생계지원, 실업의 예방, 노동시장의 구조개편, 직업능력개발의 강화 등을 위한 적극적 노동시장정책 수단으로 도입되었다. 그 후 제도의 운영성과를 바탕으로 고용보험사업을 활성화하고 제도수행 과정에서 나타났던 문제점을 수정·보완하는 방향으로 여러 차례 법률을 개정했다.

특히 IMF 구제금융 이후 실업률이 급증하고 고용불안이 가속화되는 상황에서 사회적 안전망의 확충에 대한 필요성이 점증되었고, 대량실업사태에 대처하기 위한 중요한 정책수단으로서 고용보험의 확대가 필요해졌다. 예컨대, 6개월 이상 장기실업자의 비율이 증가했으며, 실직의 위험이 가장 높고 근로조건도 열악하여 더 많은 보호와 지원이 필요한 4인 이하 사업장에 고용보험이 적용되지 않아 사회적 보호망으로부터 방치되었다는 비판이 제기되었다. 이러한 배경에서 고용보험제도는 시행된 지 얼마 안 되어 1998년 10월 1일부터 상시근로자 4인 이하의 농업·임업·수렵업 등 일부 업종을 제외하고는 근로자를 1인 이상 고용하는 모든 사업장으로 적용이 확대되었다.

그리고 1999년 7월 1일부터 시간제근로자(월 80시간, 주당 18시간 이상), 2002년 12월 30일부터 농업·임업·어업 및 수렵업 중 근로자를 1인 이상 고용하는 법인까지 적용범위를 확대하였다. 2004년 1월 1일부터 일용근로자 및 시간제근로자(월간 60시간, 주당 15시간 이상)에게도 확대·시행하였다. 2005년 1월 1일부터는 고용보험과 산업재해보상보험의 보험료를 통합징수하기 위한 고용보험 및 산업재해보상보험의 보험료징수 등에 관한 법률을 시행하였다.

2006년 1월 1일부터는 65세 이상인 자의 경우에도 고용안정·직업능력개발사업(실업급여 제외)을 적용받도록 하였다. 또한 근로자를 사용하지 아니하거나 5인 미만 근로자를 사용하는 자영업자에게도 소득 등을 고려하여 자신을 피보험자로 하여 고용안정·직업능력개발 사업에 임의가입할 수 있도록 하였다.

2012년에는 1인 자영업자 또는 50인 미만 근로자를 사용하는 자영업자도 실업급여에 임의가입할 수 있도록 하는 자영업자 고용보험제도를 시행하였다. 2019년부터는 65세 이전부터 계속 근무하던 중 사업주만 변경되는 경우에도 실업급여 혜택을 받을 수 있도록 개선하기 위하여 65세 이전부터 피보험 자격을 유지하던 사람이 65세 이후 계속하여 고용된 경우는 고용보험을 적용받을 수 있도록 하였다.

2020년 12월 23일에는 모든 취업자를 실업급여로 보호하기 위해 고용보험을 단계적으로 확대하는 내용의 전 국민 고용보험 로드맵을 발표하였다. 전 국민 고용보험 로드맵은 고용보험 적용대상의 단계적 확대, 고용보험의 실질적 사각지대 해소, 소득기반 고용보험 체계로의 전환 등을 통해 모든 취업자에게 보편적인 고용안전망을 제공하는 내용을 담고 있다. 전 국민 고용보험의 첫걸음으로서 2020년 12월 10일부터 예술인 고용보험을 시행하였고, 2021년 7월 1일부터 노무제공자(특수형태근로종사자) 고용보험제도가 본격 시행됨에 따라 노무제공자에 대한 고용안전망이 확충되었다.

이상에서 살펴본 고용보험제도의 변천과정을 정리하면, 〈표 11-1〉과 같다. 현행 고용보험은 그동안 여러 차례의 법률개정을 통해 실직자의 생활안정과 재취업 촉진, 고용조정의 원활화 및 경제적 효율성 제고, 직업훈련의 활성화와 경쟁력 강화, 직업안정기능의 활성화와 인력수급의 원활화, 경기조절기능의 역할 등 사회적 안전망으로서 중요한 기능을 수행하고 있다.

지금까지 고용보험제도의 도입과 전개과정에서 나타난 특징을 살펴보면, 다음과 같다.

첫째, 고용보험제도의 도입시기와 다른 사회보험제도의 도입순서를 관련해 보면, 서구와 유사한 경로를 밟았다는 점이다. 일반적으로 사회보험제도의 발전형태나 전개과정에서 중요한 기준으로 설정하는 것은 제도 도입시기와 적용대상의 확대과정이다. 왜냐하면 사회보험의 도입시기를 자유주의 사상과 관련하여 파악할 경우, 이 사상과 가장 연관이 적은 경우에 제도 도입이 용이하며, 적용대상의 확대과정은 특정 산업과 규모에 따라 기능적 필요성에 의해 이루어졌기 때문이다. 선진국가의 사회보험 도입시기를 보면, 대체로 산재보험－의료보험－국민연금－고용보험의 순서로 이루어졌다. 이러한 발전경험은 우리나라도 거의 유사하다. 따라서 우리나라에서 고용보험제도의 도입은 4대 사회보험의 형식적 틀을 갖추었다는 점에서 매우 중요한 의미를 지닌다.

둘째, 고용보험제도의 적용확대 과정을 보면, 재정부담 측면과 행정편의적 관점에서 사업장 규모로 적용대상 사업과 사업장을 먼저 규정한 후 단계적으로 확대했다는 점이다. 즉, 제도 시행의 기능적 필요성에

〈표 11-1〉 고용보험제도의 주요 변천과정

년도	주요 내용
~2000년 이전	• 1995년 이전: 고용보험제도 도입 논의 • 1995년: 고용보험제도 시행 • 1996년: 실업급여 최초 지급 • 1997년: 채용장려금, 적응훈련지원금, 재고용장려금을 사업주에 지급 • 1998년: 고용보험 1인 이상 확대 적용 • 1999년: 시간제근로자 고용보험 적용 • 2000년: 국가 및 지방자치단체에 종사하는 근로자 고용보험 적용
2001~2010년	• 2001년: 육아휴직급여 및 산전후휴가급여 신설 • 2002년: 육아휴직급여액 인상(월 20만 원→월 30만 원) • 2003년: 1개월간 소정근로시간 60시간(주15시간) 미만인 자로 적용범위 확대 • 2004년: 일용근로자 실업급여사업 적용 • 2005년: 고용보험 · 산재보험 보험료의 통합징수를 위한 보험료징수법 제정 • 2006년: 고용안정사업, 직업능력개발사업 통합운영 • 2007년: 육아휴직급여액 인상(월 40만 원→월 50만 원) • 2008년: 정년연장장려금 신설 및 부정수급 포상금 인상 • 2009년: 저소득계층에 대한 생계비 대부 실시 • 2010년: 고용보험 피보험자 수 1,000만 명 돌파
2011~2021년	• 2011년: 육아기 근로시간 단축 급여제도 시행 • 2012년: 자영업자 실업급여 적용 • 2013년: 65세 이상 고용보험 적용 • 2014년: 일 · 학습병행제 훈련 실시 • 2015년: 시간선택제일자리 활성화 • 2016년: 실업크레딧제도 도입 • 2017년: 사업주 지원 고용안정사업 통합개편 • 2018년: 직업능력개발 수당 지급수준 상향 • 2019년: 구직급여일액 상한액과 하한액 인상 • 2020년: 예술인 고용보험 시행(12. 10.), 출산전후휴가급여 상한액 인상(180만원□200만원) • 2021년: 노무제공자 고용보험 시행(7. 1.), '3+3 부모육아휴직제' 신설, 국민평생 직업능력개발법 개정(8. 17.)

자료: 고용노동부, 〈2022 고용보험백서〉, 2022, 재정리.

따라 특정 사업과 규모별로 접근하면서 제도 확대를 도모했다.

셋째, 고용보험제도의 확대가 매우 급속히 이루어졌으며, 전 국민 고용보험을 추진하였다는 점이다. 1997년 말 예기치 않은 IMF사태를 맞이하여 고용불안과 실업률이 급증함에 따라 고용보험제도의 확충에 대한 요구와 필요성이 대두되었다. 그 결과, 시행된 지 4년도 안 되어 모든 고용보험사업이 근로자를 고용하는 전 사업장까지 확대될 만큼 매우 급속하게 발전이 이루어진 것은 사회보험 발달 측면에서 획기적이다.

특히 예술인 및 노무제공자 고용보험제도의 시행, 고용보험 사각지대의 해소를 위한 임시·일용직 가입대상 누락자의 임의가입방식 개선, 적용제외 영역의 최소화, 소득기반 고용보험체계로의 전환 등 전 국민 고용보험의 추진은 모든 취업자에게 고용안정망을 제공하는 것으로 고용보험 발전의 새로운 전환점이 될 것이다.

넷째, 고용보험의 인프라를 구축하였다. 고용보험을 효율적으로 운영할 수 있는 인프라 구축의 일환으로 고용센터[1] 등 직업안정기관의 확충, 한국고용정보원의 운용, 고용보험 전산망의 구축은 제도 발전에서 중요한 의의를 갖는다. 특히 고용보험전산망은 고용보험업무를 처리하는 지방관서 및 고용센터, 근로복지공단 등에 정보망을 연결하여 신속·정확한 보험업무에 활용하고 있다. 인터넷 홈페이지(www.ei.go.kr)를 통하

1 1998년 외환위기 시 대량실업에 대처하고 국민들에게 일자리에 관한 다양한 서비스를 제공하기 위해 고용안정센터를 설치하였다. 고용안정센터는 2006년 7월 1일부터 '고용지원센터'로 명칭이 변경되었다. 2010년에 노동부에서 고용노동부로 부처 명칭이 변경되면서 '지방노동청'이 '지방고용노동청'으로, '고용지원센터'가 '고용센터'로 각각 명칭이 변경되었다.

여 보험가입 여부 확인, 고용보험 취득·상실신고 등을 처리할 수 있는 시스템을 구축·운영하고 있다.

3. 고용보험제도의 개관

시행 초기 고용보험제도의 사업체계는 고용안정사업, 직업능력개발사업, 실업급여사업으로 분류되었다. 이러한 사업체계는 고용안정의 원활화, 직업안정기능의 활성화, 직업훈련의 강화, 실직근로자의 생활안정과 재취업 촉진 등과 긴밀히 연관되어 있다. 그러나 2001년 8월 〈고용보험법〉의 개정으로 육아휴직급여와 산전후휴가급여(2012년에 출산전후휴가급여로 명칭변경)를 고용보험에서 지급할 수 있도록 하였으며 2001년 11월부터 적용했다.

〈표 11-2〉에서 보는 바와 같이, 2022년 7월 현재 고용보험제도의 사업체계는 고용안정·직업능력개발사업, 실업급여사업, 육아휴직급여 및 출산전후휴가급여로 구성되어 있다. 2022년 7월 현재 〈고용보험법〉을 토대로 고용보험제도의 적용범위와 재원조달, 관리행정기구 등 주요 내용을 살펴보기로 하자.[2]

2 고용보험의 주요 내용에 대해서는 고용보험법, 고용노동부의 〈2022 고용보험백서〉, 고용보험 사이트(https://www.ei.go.kr/) 등의 내용을 기초로 재정리하였다.

1) 적용범위

고용보험의 적용이란 고용보험법령상의 권리를 취득하고, 의무를 부담하는 것을 말한다. 고용보험의 적용범위를 적용사업과 적용대상으로 구분하여 살펴보기로 한다.

(1) 적용사업

〈고용보험법〉은 근로자를 고용하는 모든 사업 또는 사업장에 대하여 적용하는 것을 원칙으로 한다. 현행 고용보험의 적용방식은 당연적용사

〈표 11-2〉 고용보험제도의 사업체계

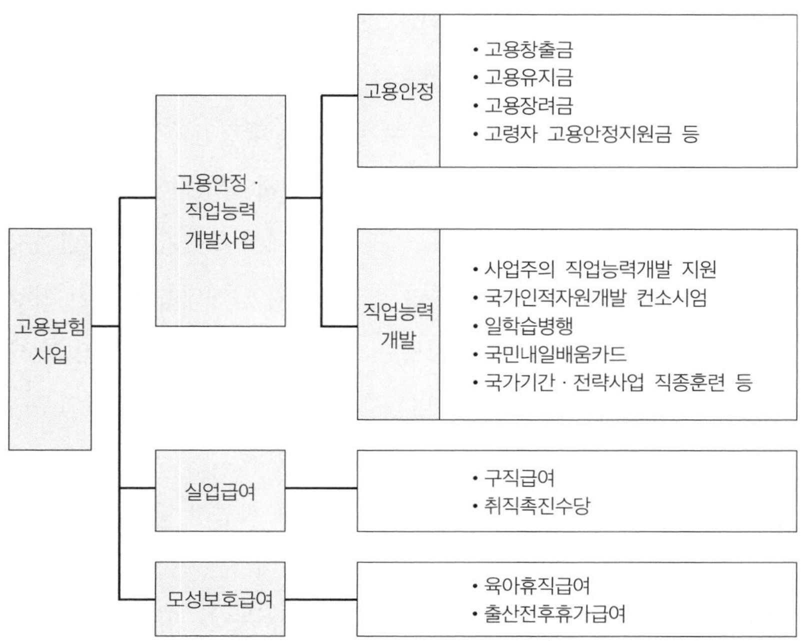

〈표 11-3〉 고용보험제도의 당연적용 사업장 규모

사업별	적용대상 사업장 규모				
	1998. 1. 1. 이전	1998. 1. 1.~ 1998. 2. 28	1998. 3. 1.~ 1998. 6. 30.	1998. 7. 1.~ 1998. 9. 30.	1998. 10. 1. ~
실업급여	30인 이상	10인 이상	5인 이상	5인 이상	1인 이상
고용안정 · 직업능력개발사업	70인 이상	50인 이상	50인 이상	5인 이상	1인 이상

자료: 고용노동부, 〈2022 고용보험백서〉, 2022.

업과 임의가입사업으로 구분된다. 당연적용사업이란 사업이 개시되거나 일정한 요건을 충족했을 때 사업주 또는 근로자의 의사와 관계없이 의무적으로 고용보험관계가 성립되는 사업을 말한다. 반면에, 임의가입사업은 고용보험의 당연적용 제외사업으로서 고용보험 가입 여부를 사업주의 자유의사에 일임한 사업을 말한다. 이 경우 사업주는 근로자 과반수의 동의를 얻어 근로복지공단의 승인을 얻은 때 가입할 수 있다.

1995년 시행 초기에 고용보험은 재정부담과 행정편의주의적 관점에서 규모에 따라 적용대상 사업과 사업장을 먼저 규정한 후, 적용대상 피보험자를 분리하여 적용하였다. 〈표 11-3〉에서 보듯이, 1997년까지는 상시근로자 30인 이상 사업장만 실업급여의 당연적용 대상이 되었으며, 고용안정 · 직업능력개발사업은 상시근로자 70인 이상 사업과 사업장에만 적용되었다. 점차 적용범위를 확대하여 1998년 10월 1일부터는 근로자를 고용하는 모든 사업장에 적용하였다.

한편, 사업의 규모 및 산업별 특성을 고려해 사업장 및 피보험자 관리가 매우 어렵다고 판단되는 일부 사업에 대해서는 적용을 제외하고 있다. 고용보험의 적용제외 사업을 보면, 첫째, 농업 · 임업 및 어업 중

법인이 아닌 자가 상시 4명 이하의 근로자를 사용하는 사업, 둘째, 주택법에 따른 주택건설사업자, 건설산업기본법에 따른 건설업자, 전기공사업법에 따른 공사업자, 정보통신공사업법에 따른 정보통신공사업자, 소방시설공사업법에 따른 소방시설공사업자 또는 문화재수리 등에 관한 법률에 따른 문화재수리업자가 아닌 자가 시공하는 공사로서, 총공사금액이 2천만 원 미만인 공사와 연면적 100제곱미터 이하인 건축물의 건축 또는 연면적 200제곱미터 이하인 건축물의 대수선에 관한 공사, 셋째, 가구 내 고용활동 및 달리 분류되지 아니한 자가소비 생산활동이다.

(2) 적용대상

고용보험의 피보험자가 되는 근로자는 사업주의 지휘·감독하에서 상시 근로를 제공하고 그 대가로 임금형태의 금품을 지급받는 사람을 말한다. 법인의 대표이사를 제외한 임원(부사장, 이사, 감사 등)의 경우에는 사업주의 지휘·명령하에서 상시 근로를 제공하고 그 대가로 임금형태의 금품을 지급받는다면 고용보험의 피보험자가 될 수 있다.

고용보험 당연적용 사업장에서 근무하는 근로자는 모두 고용보험 적용 근로자에 해당한다. 그러나 다음과 같은 근로자는 고용보험의 적용 제외 근로자이다.

첫째, 일반사업장에서의 적용제외 근로자이다. 65세 이후에 고용(실업급여는 적용제외하나 고용안정·직업능력개발사업은 적용)되거나 자영업을 개시한 자이다. 다만, 65세 이전부터 피보험자격을 유지하던 사람이 65세 이후에 계속하여 고용된 경우는 실업급여 및 고용안정·직업능력개발사업 모두 적용한다. 그리고 1개월간 소정근로시간이 60시간 미만인 자(1주간의 소정근로시간이 15시간 미만인 자를 포함)이다. 다만, 3개월 이상 계속하여 근로를 제공하는 자와 일용근로자(1개월 미만 동안 고용되는 자)는 적용대상이다

둘째, 특정 직종에 따른 적용제외 근로자이다. 별정우체국법에 따른 별정우체국 직원, 국가공무원법과 지방공무원법에 따른 공무원(별정직 공무원, 임기제공무원은 실업급여사업에 한하여 임의가입 가능), 사립학교교직원연금법의 적용을 받는 자이다.

셋째, 외국인의 경우에는 원칙적으로 고용보험을 적용하지 않는다. 그러나 국내 거주자격 및 영주자격을 갖고 있는 외국인은 당연적용이며, 기타 국내 취업활동이 가능한 체류자격을 가진 외국인의 경우에는 보험가입을 신청하는 경우에 적용하고 있다. 또한 외국인근로자의 고용 등에 관한 법률의 적용을 받는 외국인근로자는 2021년부터 사업장 규모별로 단계적으로 고용보험(고용안정·직업능력개발사업)의 당연적용 대상으로 변경되었다(2022년 7월 현재 상시 10명 이상 30명 미만에 적용, 상시 10명 미만의 사업 및 사업장은 2023년 1월부터 적용).

한편, 예술인과 노무제공자(특수형태근로종사자)도 적용대상으로 확대되었다. 예술인은 문화예술 창작·실연·기술지원 등을 위해 예술인복지법에 따른 문화예술용역 관련 계약을 체결하고 자신이 직접 노무를 제공하는 사람을 말하며, 2020년 12월부터 예술인 대상으로 고용보험 적용이 확대되었다. 그리고 노무제공자는 근로자가 아니면서 자신이 아닌 다른 사람의 사업을 위해 직접 노무를 제공하고 해당 사업주 또는 노무수령자로부터 일정한 대가를 지급받기로 하는 계약(노무제공계약)

을 체결한 사람을 말하며, 2021년 7월부터 노무제공자 대상으로 고용보험 적용이 확대되었다.

이상에서 살펴본 고용보험의 적용범위를 정리해 보면, 〈표 11-4〉와 같다.

〈표 11-4〉 고용보험의 적용범위

적용 방식	적용 범위	적용 제외	
당연 적용	1인 이상 사업장	적용 제외 사업장	• 농업 · 임업 · 어업 및 수렵업 중 법인이 아닌 자가 상시 4인 이하의 근로자를 사용하는 사업 • 주택건설사업자, 건설업자, 전기공사업자 등이 아닌 자가가 시공하는 공사로서, 총 공사금액이 2천만 원 미만인 공사, 연면적이 100제곱미터 이하인 건축 또는 연면적이 200제곱미터 이하인 건축물의 대수선에 관한 공사 • 가사서비스업
	근로자	적용 제외 근로자	• 65세 이후에 고용된 자(실업급여 제외, 고용안정 · 직업능력개발사업은 적용)이거나 자영업을 개시한 자(단, 65세 이전부터 피보험자격을 유지하던 사람이 65세 이후에 계속 고용된 경우는 적용) • 월간 소정근로시간이 60시간(주간 소정근로시간 15시간) 미만인 자(단, 3월 이상 계속 고용된 자와 일용근로자는 적용) • 국가공무원법 및 지방공무원법에 의한 공무원[1] • 사립학교교직원연금법을 적용받는 자 • 별정우체국법에 의한 별정우체국 직원 • 외국인(단, 영주 · 거주의 체류자격을 가진 외국인은 강제적용, 주재 · 기업투자 · 무역경영은 상호주의, 이 외 체류자격자는 임의가입 가능 등)
	예술인 · 노무제공자		• 65세 이후 문화예술용역 관련 계약을 체결하거나, 계약의 월평균 소득이 50만 원 미만인 예술인[2] • 65세 이후 노무제공계약을 체결하거나, 계약의 월보수액이 80만 원 미만인 노무제공자2)
임의 가입	당연적용을 받지 않는 사업으로서 고용보험 가입 여부가 사업주의 자유의사에 일임된 사업: 적용제외사업장의 경우 ※ 자영업자 임의가입 가능		

주: 1) 별정직 및 임기제 공무원은 실업급여에 한하여 임의가입 가능
2) 예술인 및 노무제공자의 고용보험은 실업급여만 적용하고 있으며, 소득 관계없이 1개월 미만 단기예술인 및 노무제공자의 경우 적용

자료: 고용노동부, 〈2022 고용보험백서〉, 2022.

〈표 11-5〉 고용보험 적용사업장 및 피보험자 현황

단위: 천 개소, 천 명

구분	2017	2018	2019	2020	2021
적용범위	1인 이상				
적용사업장	2,211	2,308	2,359	2,395	2,511
피보험자	12,959	13,432	13,864	14,111	14,550

자료: 고용노동부, 〈2022 고용보험백서〉, 2022.

한편, 고용보험 적용사업장 및 피보험자 현황을 〈표 11-5〉에서 보면 적용사업장 및 피보험자 수는 크게 증가하였음을 알 수 있다. 2021년 말 전체 적용사업장은 251만 개소로 전년도 240만 개소보다 4.8% 증가하였고, 피보험자는 1,455만 명으로 전년도 1,411만 명보다 3.1% 증가하였다. 2021년에는 코로나19로 인한 고용위기에서 벗어나 적용사업장과 피보험자 수가 전년 대비 증가한 것으로 나타났다.

2) 재원조달

현재 고용보험제도의 재원조달 방식은 고용보험의 사업내용에 따라 분리·적용한다. 고용보험료율은 보험수지의 동향과 경제상황 등을 고려하여 1,000분의 30 범위 안에서 고용안정·직업능력개발사업의 보험료율 및 실업급여의 보험료율로 구분하여 정하고 있으며, 고용보험료율을 결정하거나 변경하고자 할 때는 고용정책심의회의 심의를 거쳐야 한다. 한편, 국가는 매년 보험사업에 소용되는 비용의 일부를 일반회계에서 부담할 수 있으며, 매년 예산의 범위 안에서 보험사업의 관리·운영에 소요되는 비용을 부담할 수 있다.

〈표 11-6〉 고용보험사업별 보험료율

단위: %

구분		2011. 4. 1. 이후	2013. 7. 1. 이후	2019. 10. 1. 이후	2022. 7. 1. 이후
실업급여		1.1	1.3	1.6	1.8
고용안정·직업능력개발사업	150인 미만 기업	0.25	0.25	0.25	0.25
	150인 이상 (우선지원 대상기업)	0.45	0.45	0.45	0.45
	150인 이상~1,000인 미만	0.65	0.65	0.65	0.65
	1,000인 이상 기업, 국가 · 지방자치단체	0.85	0.85	0.85	0.85

주 1) 실업급여는 근로자와 사업주가 각각 2분의 1 부담(2022. 7. 1. 이후 근로자 0.9%, 사업주 0.9% 부담)
2) 고용안정 · 직업능력개발사업은 사업주만 전액 부담
3) 예술인 · 노무제공자의 경우 2021. 7. 1.부터는 고용보험 실업급여 보험료율 1.4%, 2022. 7. 1.부터는 1.6%를 노사가 각각 2분의 1 부담

자료: 고용노동부, 〈2022 고용보험백서〉, 2022.

〈표 11-6〉에서 보듯이, 고용보험료는 고용안정·직업능력개발사업에서는 사업주만 부담하는 반면에, 실업급여사업은 근로자와 사용자가 각각 절반씩 부담한다. 1998년 12월까지는 실업급여의 보험료율을 근로자와 사용자가 각각 0.3%씩 부담하였지만, 2022년 7월 이후 각각 0.9%씩 상향조정되었다.

고용안정사업과 직업능력개발사업은 2006년부터 통합되었다. 2006년 이후 고용안정·직업능력개발사업의 보험료율은 기업의 규모(상시근로자 수), 우선지원 대상기업 여부에 따라 0.25~0.85%로 운영하고 있다.

사업주에게 부과하는 고용보험료(월별보험료)는 근로자 개인별 월평균보수(전년도 보수총액을 전년도 근무개월 수로 나눈 금액 또는 근로 개시일

부터 1년간, 1년 이내의 근로계약 기간을 정한 경우에는 그 기간 동안 지급하기로 정한 보수총액을 해당 근무개월 수로 나눈 금액)에 보험사업별 보험료율을 각각 곱한 금액을 합산하여 산정한다.

고용보험료의 산정기초가 되는 보수란 소득세법에 따른 근로소득에서 비과세 근로소득을 공제한 총급여액의 개념과 동일하며, 근로소득금액의 개념과는 다르다.

한편, 사업의 폐업·도산 등으로 보수를 산정·확인하기 곤란한 경우 또는 보수 관련 자료가 없거나 명확하지 않은 경우, 사업이나 사업장의 이전 등으로 사업의 소재지를 파악하기 곤란한 경우에는 보험료 산정 기초가 되는 보수를 어떤 기준으로 산정할 것인가가 문제이다. 이를 해결하기 위해 고용노동부 장관이 고시하는 금액, 즉 기준보수를 적용하여 보험료를 산정하는 기준보수제도를 적용하고 있다.[3]

기준보수는 사업의 규모, 근로형태 및 보수수준 등을 고려하여 고용보험위원회의 심의를 거쳐 시간·일 또는 월 단위로 정하되, 사업의 종류별로 구분하여 정할 수 있다.

3) 관리운영주체

고용보험의 관리운영체계는 고용보험의 사업내용, 행정조직구조의 특성, 고용 및 인력정책이나 다른 사회보험 간의 연계성 여부 등으로 결정

---

3 2011년부터 산재 및 고용보험료의 보험료 산정기준이 현행 〈근로기준법〉상의 임금에서 소득세법에 따른 보수(과세대상 근로소득)로 변경되었다.

한다. 고용보험의 관장부처는 고용노동부이며, 주요 행정업무는 적용, 보험료 징수, 피보험자 관리, 기금관리, 급여지급 등으로 구분된다. 이 행정업무 중 고용보험의 적용과 보험료의 징수업무는 1999년 10월 1일부터 근로복지공단에서 담당하고, 피보험자 관리, 고용안정·직업능력개발사업, 실업급여 지급 등은 고용노동부 지방고용노동관서인 고용센터에서 담당하는 등 고용보험 업무분담체계가 이원화된 점이 특징이다.

고용보험의 관리행정기구를 중앙행정기관, 지방행정기관 및 집행기관, 정책심의기관, 이의심사기관으로 구분하여 살펴보기로 하자.

먼저, 고용노동부 장관은 중앙행정기관으로서 〈고용보험법〉 제 3조에 의해 고용보험을 직접 관장한다. 고용노동부 장관은 피보험자의 관리, 고용안정·직업능력개발사업의 실시, 실업급여 지급 등 제반업무를 관장한다. 2022년 7월 현재 고용노동부에서 고용보험과 관련 있는 부서는 고용정책실로, 산하에 노동시장정책관, 고용서비스정책관, 고용지원정책관 등이 있으며, 고용서비스정책관에 고용서비스정책과, 고용보험기획과, 고용지원실업급여과 등을 두고 있다.

고용보험의 실질 업무를 처리하는 지방행정기관(지방노동관서)은 직업안정기관으로서 고용보험사업을 시행하는 일선집행기관이다. 각 지방노동관서에서 고용보험업무와 직접 관련된 부서는 고용센터로, 취업상담·알선, 실업급여, 직업지도, 직업능력개발, 기업지원 등 종합적인 고용서비스를 수행하고 있다. 그리고 기존 지방노동관서에서 담당하던 고용보험의 적용·징수업무는 1999년 10월 1일부터 근로복지공단으로 위탁하여 운영되고 있다.

한편, 사업주의 보험사무 행정처리 부담을 덜어 주고, 고용·산재보험의 가입촉진 및 보험료의 정확한 부과·징수 등을 위하여 근로복지공단의 인가를 받은 보험사무대행기관이 사업주의 위임을 받아 보험사무대행 서비스를 제공하고 있다.[4] 보험사무를 위임할 수 있는 사업주의 범위는 2019년부터 사업장 규모와 관계없이 고용·산재보험에 가입되어 있거나, 가입 신청을 원하는 모든 사업주이다. 보험사무대행기관은 보험관계의 성립·변경·소멸 신고, 보수총액 및 보험료 신고, 근로자 고용정보 및 피보험자격 신고, 일용근로자의 근로내용 확인 신고, 그 밖에 관계 법령 및 규정 등에 따라 사업주가 근로복지공단이나 지방고용노동관서에 신고 또는 보고하여야 할 보험사무를 대행할 수 있다.

정책심의기관으로는 고용보험위원회를 고용노동부에 두고 있다. 고용보험위원회는 고용보험제도 및 고용보험사업의 개선에 관한 사항, 고용산재보험료징수법에 따른 보험료율의 결정에 관한 사항, 고용보험사업의 평가에 관한 사항, 고용보험기금운용 계획의 수립 및 기금의 운용 결과에 관한 사항, 기타 위원회의 심의가 필요한 사항 등을 심의한다. 위원회의 위원장은 고용노동부차관이며, 위원은 근로자 및 사용자를 대표하는 사람, 공익을 대표하는 사람, 정부를 대표하는 사람으로 구성한다. 이러한 고용보험위원회의 심의 기능을 전문적으로 수행하기 위해 고용보험운영전문위원회와 고용보험평가전문위원회를 두고 있다.

그리고 이의심사기관으로는 고용보험심사관과 고용보험심사위원회가 있다. 고용보험 피보험자격의 취득·상실 확인 또는 실업급여 및 육

4 보험사무대행기관의 법적 규정은 고용보험 및 산업재해보상보험의 보험료징수 등에 관한 법률 제33조이다.

아휴직급여 · 출산전후휴가급여 등의 처분에 이의가 있을 경우 고용보험심사관에게 1차 심사를 청구할 수 있고, 그 결정에 이의가 있을 때 고용보험심사위원회에 재심사를 청구할 수 있다.

4. 고용보험제도의 사업내용과 현황

고용보험사업은 제도 시행 시 고용안정사업, 직업능력개발사업, 실업급여사업이라는 3대 사업으로 운영되었다. 그러나 2001년 11월부터 육아휴직급여 및 산전후휴가급여사업을 신설하였고(2012년에 산전후휴가급여는 출산전후휴가급여로 명칭 변경), 2006년 1월부터 고용안정사업과 직업능력개발사업을 고용안정 · 직업능력개발사업으로 통합했다. 고용안정사업과 직업능력개발사업을 통합한 이유는 그동안 운영되었던 고용보험의 성과를 바탕으로 적극적 노동시장정책을 강화한 결과다.

과거 고용보험은 사회안전망 강화에 주력하여 많은 성과를 보였으나, 보험원리에 입각한 제도운영으로 고용안정사업의 실적 저조 및 적립금 과다문제가 발생했고, 기업의 생산성과 직결되는 직업능력개발투자가 저조했으며, 고용인프라 확충 · 신규구직자 지원 등 노동시장의 실수요에 효과적으로 대응하는 데 미흡했다. 특히 고용유연화의 확산, 근로자 간 숙련격차의 심화, 일자리 부족, 비정규직의 증가 등 노동시장의 구조적 변화에 효율적으로 대응하도록 적극적 노동시장정책 역할을 강조하는 방향으로 고용보험의 제도적 개선이 필요해졌다. 이러한 배경에서 보험료율과 기금계정을 통합운영함으로써 고용과 훈련의 연계 강화, 재정운영의 탄력성 확보, 지원대상과 사업범위 확대 등 정책 추진의 효율성을 제고하기 위해 고용안정사업과 직업능력개발사업을 고용안정·직업능력개발사업으로 통합하게 되었다(노동부, 2006).

2022년 7월 현재 고용보험사업은 고용안정·직업능력개발사업, 실업급여, 육아휴직급여 및 출산전후휴가급여사업으로 운영되고 있다. 보다 구체적으로 이러한 고용보험제도의 사업내용을 살펴보기로 하자.

1) 고용안정·직업능력개발사업

〈고용보험법〉 제19조에서 고용안정·직업능력개발사업의 목적을 보면, 고용노동부 장관은 피보험자 및 피보험자였던 자, 그 밖에 취업할 의사를 가진 자에 대한 실업의 예방, 취업의 촉진, 고용기회의 확대, 직업능력개발·향상의 기회 제공 및 지원, 그 밖에 고용안정과 사업주에 대한 인력확보의 지원을 위하여 고용안정·직업능력개발사업을 실시한다고 규정하고 있다. 이러한 사업내용을 더 쉽게 이해하기 위해 고용안정과 직업능력개발사업을 구분하면, 다음과 같다.

(1) 고용안정사업

고용안정사업은 현장의 다양한 수요가 반영되어 지원금의 종류가 너무 많고 복잡하다는 점, 부정수급 문제 등으로 끊임없이 논란이 제기되었다. 이에 고용안정사업을 지속적으로 개편했으며, 복잡하고 다양한 사업을 통·폐합하고 실효성 있는 사업이 이루어질 수 있도록 제도를 개선해 왔다.

2022년 7월 현재, 고용안정사업은 크게 고용창출지원, 고용조정지원, 고용안정지원, 기타 고용장려 등으로 시행되고 있다. 즉, 첫째, 교대제와 장시간근로의 직무체계를 개선하여 일자리를 늘리고, 청년 추가고용, 취업 취약계층 고용 등 신규 일자리를 창출하기 위한 고용창출지원(고용창출장려금), 둘째, 산업구조의 변화와 기술진보 과정에서 발생하는 고용조정의 위험으로부터 근로자 실업을 예방하고 고용을 유지시키기 위한 고용조정 지원(고용유지지원금), 셋째, 재직 근로자가 안정적으로 오래 일할 수 있도록 기존 근로자의 고용안정을 지원하는 고용안정지원(고용안정장려금), 넷째, 기타 고령자 고용안정지원금 등이 있다. 각각의 사업내용을 살펴보면 다음과 같다.

① 고용창출장려금

고용창출장려금은 통상적 조건하에 취업이 어려운 취약계층을 고용하거나 교대제 개편, 실근로시간 단축 등 근무형태를 변경하여 고용기회를 확대한 사업주를 지원하는 장려금이다.

2017년에는 고용장려금 통합개편에 따라 신규 일자리 창출을 지원하는 사업은 고용창출장려금으로 통합하였다. 이에 따라 2018년부터 고용창출장려금은 일자리 함께하기 지원, 시간선택제 신규고용 지원, 국내복귀기업 고용지원, 고용촉진장려금, 신중년 적합직무 고용지원, 청년 추가고용 장려금으로 시행하고 있다. 이 중 청년추가고용장려금은 2018년부터 2021년까지 한시사업으로 계획되어 2021년 5월 신규 지원 신청을 종료함에 따라 2021년 6월부터 청년채용특별장려금을 신설하여 시행하였다(세부내용은 〈표 11-7〉을 참조할 것).

〈표 11-7〉 고용창출장려금의 지원요건 및 지원수준

구분	지원요건	지원수준 및 지원기간
일자리 함께하기	교대제 도입 확대, 근로시간 단축 등을 도입하여 기존 근로자의 수 증가 * 제도 도입 다음 달부터 3개월마다 제도 도입 직전 3개월의 월평균 근로자 수보다 증가하여야 함	• [인건비] 증가 근로자 수 1명당 분기 단위 지원, 증가 근로자 1인당 연간 480~1,200만 원 지원(최대 3년) • [임금감소액 보전] 임금감소액 보전 근로자 1인당 연간 최대 480만 원 지원(최대 3년)
시간선택제 신규고용지원	아래 요건을 만족하는 시간선택제 근로자 신규 채용 - 무기계약, 최저임금 이상, 주 15시간 이상 30시간 이하 근로, 4대 사회보험 가입, 전일제 근로자와 균등대우(근로시간 비례 원칙), 초과근로 월 20시간 이내	• [인건비] 신규고용 1명당 월 단위 지원: 월 60만 원(1년) • [간접노무비] 신규고용 1명당 월 단위 지원 - 우선지원 대상기업 및 중견 기업 월 10만 원(최대 1년)
국내복귀기업 지원	산업부 장관이 지정한 국내복귀 기업으로 지정일 후 2년 이내인 우선지원 대상기업과 중견기업에서 신규로 근로자를 채용하여 근로자 수가 증가	• [인건비] 증가 근로자 수 1명당 분기단위 지원(최대 2년) - 우선지원: 월 60만 원 - 중견기업: 월 30만 원
신중년 적합직무 고용지원	만 50세 이상 실업자를 신중년 적합직무에 신규고용하여 3개월 이상 고용 유지한 사업주	• [인건비] 신규고용 1명당 2회 지원(1년) - 우선지원: 월 80만 원 - 중견기업: 월 40만 원
고용촉진 장려금	고용노동부 장관이 지정하는 취업지원 프로그램을 이수하고 직업안정기관 등에 구직 등록한 실업자를 근로계약 기간의 정함이 없는 근로자로 고용하여 6개월 이상 고용 유지	• [인건비] 신규고용 1명당 반기 단위 지원(최대 2년) - 우선지원: 월 60만 원 - 중견기업: 월 30만 원
청년채용 특별장려금	중소 · 중견기업(5인 이상)이 청년을 정규직으로 추가채용하고 6개월 이상 고용 유지한 사업주	• [인건비] 신규고용 청년 1인당 1년간 최대 900만 원 지원 (기업당 3명 한도)

자료: 고용노동부, 〈2022 고용보험백서〉, 2022.

② 고용유지지원금

고용유지지원금은 경기의 변동, 산업구조의 변화 등으로 생산량·매출액이 감소하거나 재고량이 증가하는 등의 고용조정이 불가피하게 된 사업주가 근로자를 감원하지 않고 근로시간 조정, 교대제 개편, 휴업, 휴직과 같은 고용유지 조치를 실시하고 고용을 유지하는 경우 임금(수당)을 지원하여 사업주의 경영 부담을 완화하고 근로자의 실직을 예방하는 것을 목적으로 한다.

고용유지지원금은 휴업, 휴직 등 사업주가 실시하는 2가지 고용유지 조치를 지원하며, 유급 고용유지지원과 달리 무급휴업·휴직근로자지원금은 고용유지지원제도의 보완적 제도로서 사업주가 근로자에 대하여 무급 휴업 또는 휴직을 실시하는 경우 근로자에게 지원하는 제도이다(세부내용은 〈표 11-8〉을 참조할 것).

〈표 11-8〉 고용유지지원금의 지원요건 및 지원수준

구분	지원요건	지원수준 및 지원기간
휴업	고용조정이 불가피하게 된 사업주가 1개월간 근로시간 조정, 교대제 개편 등을 통해 총근로시간의 20%를 초과하여 근로시간을 단축하고 휴업수당 등을 지급	• 사업주가 휴업기간에 대해 근로자에게 지급한 휴업수당 3분의 2(대규모 기업 2분의 1) 지원 - 지원기간: 연 180일 한도 - 지원한도: 1일 6.6만 원 * 특별고용지원업종 및 고용위기지역은 수준 향상
휴직	고용조정이 불가피하게 된 사업주가 근로자에게 1개월 이상 유급휴직을 부여하고 휴직수당을 지급하여 고용유지를 하는 경우	
무급휴업·휴직	고용조정이 불가피하게 된 사업주가 무급휴업·휴직을 실시하는 경우, 무급휴업·휴직 대상 근로자에게 사업주의 신청에 따라 고용유지지원금 지급	• 해당 근로자의 평균임금의 50% 범위 내에서 심사위원회에서 결정 - 지원기간: 최대 180일 한도 - 지원한도: 1일 6.6만 원

자료: 고용노동부, 〈2022 고용보험백서〉, 2022.

③ 고용안정장려금

고용안정장려금은 근로시간 단축 · 유연근무제를 도입하여 근로자의 일 · 생활 균형을 지원하거나, 고용이 불안정한 기간제 근로자 등을 정규직으로 전환하여 고용을 안정시키는 사업주에게 인건비 · 간접노무

〈표 11-9〉 고용안정장려금의 지원 내용

구분	지원 내용
워라밸일자리 장려금	• (임금감소액 보전금) 임금감소 보전 금액 범위 내에서 다음 금액을 사업주에게 최대 1년간 지원(사업주를 통한 근로자 지원) * 주 15~25시간: 월 최대 40만 원, 주 25~35시간: 월 최대 24만 원(단, 임신기 근로자는 월 최대 40만 원) • (간접노무비) 우선지원 · 중견기업에 한해 전환형 근로자의 인사 · 노무관리에 소요되는 비용을 1인당 월 20만 원(정액) 추가 지원 • (대체인력 지원금) 시간선택제 전환근로자의 대체인력을 채용하는 경우 인건비를 지원 * 우선지원: 월 최대 60만 원, 대규모: 월 최대 30만 원(임금의 80% 한도)
출산육아기 고용안정 지원	• (대체인력 지원) 출산전후휴가, 육아휴직, 육아기 근로시간 단축 등을 사용한 근로자의 대체인력을 채용하는 경우 대체인력 인건비 지원 * 우선지원: 월 최대 80만 원, 대규모: 월 최대 30만 원(임금의 80% 한도) • (육아휴직 등 부여 지원) 육아휴직, 육아기 근로시간 단축을 부여하는 경우 간접 노무비를 지원 * 육아휴직: 우선지원 월 30만 원(대규모기업 해당 없음), 육아기 근로시간 단축: 우선지원 월 30만 원, 대규모 월 10만 원
일 · 가정 양립 환경개선 지원	• (유연근무제 간접노무비) 일 · 가정 양립 환경개선을 위해 유연근무제를 도입 · 활용하는 우선지원 · 중견기업 사업주에게 간접노무비 지원 * (주 3일 이상) 주당 10만 원 / (주 2일 이하) 주당 5만 원 • (재택 · 원격근무 인프라 구축) 재택 · 원격근무를 도입 · 확대하는 우선지원 · 중견기업에 인프라 설치비용 지원
정규직 전환 지원	• (임금증가액 보전금) 정규직 전환을 촉진하기 위해 6월 이상 근속(종사)한 기간제, 파견 · 사내하도급근로자 · 특수형태업무종사자를 정규직으로 전환하는 경우 임금증가액을 보전 지원 * 우선지원 · 중견기업: 월 최대 60만 원(임금상승분의 80% 한도) • (간접노무비) 6개월 이상 근속(종사) 기간제 · 파견 · 사내하도급 근로자 · 특수형태업무종사자를 정규직으로 전환하는 경우 간접노무비를 지원 * 우선지원 · 중견기업: 월 30만 원(정액)

자료: 고용노동부, 〈2022 고용보험백서〉, 2022.

비 등을 지원하는 사업이다.

고용안정장려금으로는 워라밸일자리 장려금, 출산육아기 고용안정 지원, 일·가정 양립 환경개선 지원, 정규직 전환 지원 등이 있다(세부 내용은 〈표 11-9〉를 참조할 것).

④ 고령자 고용안정지원금

급격한 고령화와 생산가능인구 감소 대비를 위해 일할 의지와 능력이 있는 고령자가 희망은퇴 연령까지 노동시장에 적극적으로 참여할 수 있도록 기업의 자율적인 고령자 고용안정을 지원할 필요가 있다. 이러한 배경에서 고령자 고용안정지원금을 시행하였다.

고령자 고용안정지원금이란 사업주가 정년을 연장 또는 폐지하거나 정년의 변경 없이 정년에 도달한 근로자를 계속하여 고용하거나 재고용하는 경우 그 비용의 일부를 지원하는 것(고령자 계속고용장려금)과 사업주가 고용하고 있는 만 60세 이상 근로자의 수가 증가하는 경우 그 비용의 일부를 지원(고령자 고용지원금)하는 것을 말한다.

2020년 1월부터 시행된 고령자 계속고용장려금은 60세 이상 고령자의 주된 일자리에서 고용안정을 위해 정년을 운영 중인 중소·중견기업이 계속고용제도(정년 연장·폐지 또는 재고용)를 도입·시행하고 이후 종전의 정년에 도달한 근로자를 1년 이상 계속고용하면 사업주에게 계속고용 1인당 분기 90만 원(월 30만 원)을 최대 2년간 지원하는 사업이다. 반면에 2022년에 시행된 고령자 고용지원금은 고령자의 고용안정을 위해 고용기간이 1년 초과하고 60세 이상인 근로자의 수가 증가하는 사업주에게 매 분기별 증가한 고령자 수 1인당 30만 원을 최대 2년간 지원하고 있다(세부내용은 〈표 11-10〉을 참조할 것).

한편, 고용안정사업은 〈표 11-11〉에서 보는 바와 같이 2021년에 1,065,990명에게 4조 2천 733억 원을 지원하는 것으로 나타났다. 고용안정사업의 지원 인원 및 금액은 2020년을 제외할 경우, 연도별로 증가하는 것으로 나타났다. 2020년 및 2021년에 지급액이 상대적으로 다른

〈표 11-10〉 고령자 고용안정지원금의 지원요건 및 지원수준

구분	지원요건	지원수준 및 지원기간
고령자 계속고용 장려금	• 정년제도를 운영하는 우선지원 대상기업 및 중견기업 중 정년 도달 근로자에 대해 고용연장을 위해 아래와 같은 계속고용제도를 도입한 기업 - 정년을 1년 이상 연장 - 정년의 폐지 - 현행 정년을 유지하되 정년에 도달한 자를 재고용(재고용)	• 계속고용제도 시행일로부터 5년 이내에 종전의 정년에 도달하는 근로자별로 계속고용 1인당 월 30만 원(분기 90만 원)씩 최대 2년간 지원 - 지원한도: 해당 분기 매월 말 피보험자 수 평균의 30% 및 최대 30명 한도
고령자 고용지원금	• 다음 요건을 모두 충족하는 사업주 - 고용보험성립일로부터 고용지원금을 신청한 분기의 바로 전날까지의 기간이 1년 이상일 것 - 지원금 신청분기의 월평균 고령자 수가 지원금 신청분기의 바로 전날 이전 3년간 월평균보다 증가할 것	• 분기별 고령자 수 증가 1인당 분기 30만 원씩 최대 2년간 지원 - 지원한도: 해당 분기 매월 말 피보험자 수 평균의 30% 및 최대 30명 한도

자료: 고용노동부, 〈2022 고용보험백서〉, 2022. (https://www.ei.go.kr/ei/eih/cm/hm/main.do)

〈표 11-11〉 고용안정사업의 연도별 지원현황

단위: 개소, 건, 명, 백만 원

구분	순수지원 사업장 수	지원 건수	순수인원	금액
2017	82,988	227,678	213,447	681,750
2018	115,199	416,143	356,306	1,027,947
2019	145,808	574,978	514,303	1,788,119
2020	199,965	885,472	1,297,944	4,554,948
2021	217,004	1,021,964	1,065,990	4,273,300

자료: 고용노동부, 〈2022 고용보험백서〉, 2022.

해에 비해 급격히 증가한 이유는 코로나19에 따른 고용위기 상황에 대응하기 위해 고용유지 및 고용안정을 위한 지원이 확대된 결과라 할 수 있다.

(2) 직업능력개발사업

직업능력개발사업은 피보험자 등에게 직업생활 전 기간을 통하여 자신의 직업능력을 개발·향상시킬 수 있는 기회의 제공과 지원을 위한 사업으로서 기업의 경쟁력 강화와 근로자의 고용안정에 기여하는 것을 목적으로 한다. 경제체제 및 노동시장 구조의 변화에 근로자는 물론 기업이 능동적으로 대처하기 위해서는 기업 또는 근로자 스스로 직업능력을 개발할 수 있도록 지원이 필요하고 이를 반영한 제도가 바로 직업능력개발사업이라 할 수 있다. 또한 급격한 구조조정에 따라 생겨나는 전직자·실직자의 재취업을 촉진하고 노동이동을 원활하게 할 수 있도록 지원하는 것도 직업능력개발사업에 포함되어 있다.

고용보험사업으로서 직업능력개발사업의 실시는 적극적 노동시장정책으로서 직업훈련의 역할을 강조한 것이다. 이로써 노동시장의 진입, 재직, 실업단계 등 노동시장 단계별로 평생능력개발을 지원할 수 있는 제도적 체계가 구축되었다.

그동안 우리나라 직업훈련의 근간이 된 법률은 1976년에 제정한 〈직업훈련기본법〉이었다. 이 〈직업훈련기본법〉과 〈고용보험법〉에 따라 국가와 지방자치단체가 실시하는 공공직업훈련, 기업이 단독 또는 공동으로 실시하는 사업 내 직업훈련, 비영리법인 또는 개인이 노동부 장관의 인가를 받아 실시하는 인정직업훈련으로 구분했다. 고용보험 직업능력개발사업은 건설업, 제조업 등 6개 산업의 1,000인 이상 사업체에는 〈직업훈련기본법〉에 따라 훈련의무제를 적용해 직업훈련제도를 이원체제로 운영했다.

그러나 1997년 12월 24일에 제정되어 1999년 1월 1일부터 시행된 〈근로자직업훈련촉진법〉에 따라 〈직업훈련기본법〉에 의한 직업훈련의무제가 폐지되고 전 사업장이 고용보험 직업능력개발사업의 적용대상이 되었다. 직업훈련제도의 일원화를 통해 제조업, 생산직뿐만 아니라 사무서비스 분야까지 다양한 훈련과정을 개설하는 등 기업과 근로자의 능력개발 참여를 확대했다. 그리고 비영리법인뿐만 아니라 영리법인, 학교 등도 훈련시장에 참여할 수 있도록 훈련시장을 개방하고 훈련기관에 대한 평가시스템을 구축하여 훈련의 내실화를 도모하고자 하였다.

직업능력개발사업의 제도적 개선에도 불구하고 지식경제와 평생학습사회로의 전환에 대응하여 근로자의 생애에 걸친 체계적 능력개발이 필요해졌다. 사업주에 의한 직업능력개발 훈련뿐만 아니라 근로자의 자율적 능력개발 등 다양한 직업능력개발사업을 지원해 노동시장의 구조적 변화에 효율적으로 대응하기 위하여 2004년 12월에는 〈근로자직업훈련촉진법〉을 〈근로자직업능력개발법〉으로 대체한 법개정이 이루어졌으며, 2005년 7월부터 시행했다.

이후 급속하게 4차 산업혁명이 진행됨에 따라 국민의 평생 고용가능성을 높이고 신기술에 대한 적응과 미래 핵심역량 함양 등을 지원하기 위해 국민의 평생에 걸친 직업능력개발체계를 구축할 필요성이 대두되었다. 2021년에 〈국민평생직업능력개발법〉으로 법 명칭을 개정하여 2022년 2월에 시행하였다. 주요 개정내용은 대상을 실업자·재직자에서 일하고자 하는 모든 국민으로 확대하고, 지원범위도 직무와 직접 관련된 훈련에서 지능정보화 등 포괄적 직무능력 향상 훈련 및 경력 재설계 지원으로 확대하였다.

2022년 7월 현재, 직업능력개발사업의 내용을 사업주와 개인(재직자와 실업자)에 대한 직업능력개발 지원으로 구분하여 살펴보기로 하자.

① 사업주에 대한 직업능력개발 지원

사업주의 직업능력개발 훈련은 소속 근로자를 대상으로 실시하는 사업주 훈련으로서, 넓은 의미에서 사업주 훈련으로는 일반 사업주 직업훈련과 국가인적자원 개발컨소시엄 훈련, 일학습병행 등으로 구분할 수 있다. 이러한 사업주의 직업능력개발 지원에 대해 살펴보면, 다음과 같다.

i) 사업주의 직업능력개발 지원

사업주가 납부한 고용보험료를 재원으로 사업주가 소속 근로자, 채용예정자, 구직자의 직무능력 향상을 위해 직업훈련을 실시하는 경우 훈련실시에 따른 비용의 일부를 지원함으로써 직업능력개발 훈련 실시를 촉진하고 있다.

지원대상은 직업능력개발 훈련과정으로 인정받은 과정에 소속 근로자, 채용예정자 등을 직접 또는 외부 훈련기관에 위탁하여 훈련을 실시하는 사업주이다. 지원내용은 훈련비, 유급휴가훈련 인건비(소속 근로자 대상으로 유급휴가를 부여하여 훈련 실시), 훈련수당(채용예정자 등을 대상으로 1개월 120시간 이상 양성훈련을 실시하면서 훈련생에게 훈련수당 지급), 숙식비(훈련시간이 1일 5시간 이상인 훈련과정 중 훈련생에게 숙식 제공) 등이다.

ii) 국가인적자원개발 컨소시엄 지원

국가인적자원개발 컨소시엄 지원은 훈련시설·장비 부족 등으로 직업능력개발 훈련 실시에 어려움을 겪고 있는 중소기업의 문제점을 해결하기 위하여 실시하고 있다. 사업의 훈련대상은 중소기업 재직노동자 및 채용예정자 등이며, 지원대상은 다수의 중소기업과 컨소시엄을 구성하고 자체 우수 훈련시설을 이용하여 중소기업 노동자 등에게 맞춤형 공동훈련을 제공하는 기업 및 사업주단체 등이다. 지원내용은 시설· 장비비, 프로그램 개발비, 운영비, 훈련비 및 훈련수당을 지원한다.

iii) 일학습병행 지원

일학습병행이란 사업주가 근로자를 고용하여 해당 근로자가 담당 직무를 수행하도록 하면서 도제식 현장 교육훈련과 사업장 외 교육훈련을 제공하고, 해당 근로자는 교육훈련 평가에 따라 자격을 인정받도록 하는 직업교육훈련을 말한다.

일학습병행은 기업현장에서 인력양성이 이루어지는 한국형 도제훈련이다. 일학습병행은 기업이 청년 등을 선채용 후 국가직무능력표준(NCS) 기반 현장훈련을 실시하고, 학교·공동훈련센터의 보완적 이론교육을 통해 숙련형성 및 자격으로 연계하는 현장 중심의 교육훈련제도이다. 일학습병행은 사전준비 단계와 훈련 실시, 학습근로자 성과 평가 등의 순서로 이루어진다.

② 개인에 대한 직업능력개발 지원

개인에 대한 직업능력개발 지원으로는 국민 누구나 신청 가능한 국민내일배움카드와 국가기간·전략산업직종훈련, 직업훈련 생계비 대부 등이 있다. 이러한 개인에 대한 직업능력개발 지원에 대해 살펴보면, 다음과 같다.

ⅰ) 국민내일배움카드

국민내일배움카드는 급격한 기술발전에 적응하고 노동시장 변화에 대응하는 사회안전망 차원에서 생애에 걸친 역량개발 향상 등을 위해 국민 스스로 직업능력개발 훈련을 실시할 수 있도록 훈련비 등을 지원하는 것을 목적으로 하고 있다.

2008년 수요자 중심 직업능력개발체제 구축을 위해 계좌제 방식인 직업능력 개발계좌제를 도입하여 실업자 카드와 재직자 카드로 분리운영하여 왔다. 그러나 실업자·재직자로 이원화된 내일배움카드는 훈련의 사각지대가 많고 고용형태 다양화 등 노동시장의 변화에 대응하기 곤란하며, 경제활동 상태에 따라 카드를 바꾸어야 하고 유효기간이 짧아 생애에 걸친 평생교육훈련 설계에 어려움이 있었다. 이에 따라 2020년 평생교육훈련 시대에 맞게 국민들에게 사각지대 없이 카드를 발급하여 개인 주도 훈련기회를 확대하고 역량강화를 지원할 수 있도록 국민내일배움카드제를 도입·시행하였다.

국민내일배움카드는 국민 누구나 신청 가능하다. 지원제외 대상은 현직 공무원, 사립학교교직원, 졸업까지 남은 수업연한이 2년을 초과하는 대학 재학생, 사업기간 1년 이상이면서 연 매출 1억 5천만 원 이상인 사업자, 월 임금 300만 원 이상인 대규모 기업종사자(45세 미만) · 특수형태근로종사자 등이다.

1인당 5년간 300~500만 원까지 지원하며 훈련비의 45~85%까지 지원한다. 지난 3년간 직종평균 취업률에 따라 훈련과정의 훈련비 지원율이 달라진다. 국민 취업지원제도 I유형 및 II유형 중 저소득층(특정계층 포함)은 훈련비의 100% 또는 80%, 국민취업지원제도 II유형 중 청년 · 중장년층은 50~85%, 근로장려금(EITC) 수급자는 72.5~92.5%를 지원한다. 140시간 이상 과정 수강 시 실업자 등에게 월 최대 11.6만 원 훈련장려금을 지원하여 성실한 훈련 수강을 지원한다.

ii) 국가기간 · 전략산업직종훈련

국가기간 · 전략산업 중 인력이 부족한 직종과 산업현장의 인력수요 증대에 따라 인력을 양성할 필요성이 있는 직종의 기능인력을 양성 · 공급하기 위한 훈련지원이다. 산업현장의 인력난을 해소하고 비진학청소년 · 실직자 등 미취업자에게 직업능력개발 훈련 기회를 부여하기 위해 실시하고 있다.

국가기간 · 전략산업직종으로 지정되어 있는 직종은 122개이며, 지원대상은 실업자, 비진학예정 고교 3학년 재학생, 졸업까지 남은 수업연한이 2년 미만인 대학 재학생, 사업기간 1년 이상이면서 연 매출 1억 5천만 원 미만인 사업자, 특수형태근로 종사자, 중소기업 노동자, 기간제, 단시간 노동자 등이다. 훈련비는 전액 지원하며 월 최대 11.6만 원의 훈련장려금을 지원한다.

〈표 11-12〉 고용보험 직업능력개발사업 지원현황

단위: 개소, 건, 명, 백만 원

구분			사업장		인원		지원금	
			2019	2020	2019	2020	2019	2020
재직자훈련	전체		144,863	109,389	3,970,953	2,467,849	788,206	594,086
	사업주 직업훈련지원		139,369	105,706	3,440,629	2,057,338	453,957	205,269
	유급휴가훈련		5,285	3,471	24,333	26,954	23,751	26,413
	국가인적자원개발 컨소시엄		210	212	-	62,557 (전략형)	155,500	112,353
	일학습병행		-	6,874	-	34,339	-	146,208
	국민내일배움카드 (재직자)		-	-	505,991	286,661	154,998	103,843
실업자훈련	전체		-	-	242,845	431,452	719,866	698,275
	국민내일배움카드 (실업자)	신규 실업자 훈련	-	-	31,523	355,513	74,020	306,117
		전직 실업자 훈련	-	-	151,060	216,989	-	
	국가기간 · 전략사업직종훈련		-	-	60,262	75,939	428,857	392,158

주: 1) 사업장 수는 2019년까지 기금결재일자 비용사업장 기준이었으나 2020년부터 훈련시작일자 훈련실사업장 기준으로 변경.

2) 재직자 인원은 2019년까지 기금결재일자 지급연인원이었으나 2020년부터 훈련시작일자 연인원 기준으로 변경, 실업자 인원은 훈련시작일자 연인원 기준,

3) 사업주 직업훈련지원은 일반훈련, 국가인적자원개발컨소시엄(대중소상생형, 지역형, 미래유망분야맞춤형, 산업계주도청년맞춤형훈련) 실적 포함(2019년까지 일학습병행을 포함하였으나, 2020년부터 산업현장 일학습병행 지원으로 이관되어 별도 실적관리)

4) 2020년부터 국가인적자원개발컨소시엄 인원은 전략분야인력양성 포함

5) 2020. 1. 1.부터 국민내일배움카드로 통합운영

6) 지원금은 기타 운영비 예산 제외

7) 각 연도말 기준으로 산정

자료: 한국고용정보원, 《2020 직업능력개발통계연보》, 2021.

iii) 직업훈련 생계비 대부

직업훈련 생계비 대부는 실업자, 비정규직 근로자 등 취약계층이 생계에 대한 걱정 없이 체계적인 훈련을 받고 더 나은 일자리로 이동할 수 있도록 지원하는 제도이다.

직업훈련 생계비 대부의 지원대상은 고용부에서 지원하는 3주 이상의 직업훈련에 참여하고 있는 비정규직 노동자 및 전직실업자, 무급휴직자, 특수형태근로종사자, 휴·폐업한 자영업자 중 가구의 연간소득금액이 가구별 기준중위소득의 100% 이하인 자(실업급여 수급 중인 자는 제외)이며, 월 최대 200만 원 한도로 지원한다.

한편, 직업능력개발사업 현황을 보면 〈표 11-12〉와 같다. 2020년 재직자 훈련은 2,467,849명에게 5천 940억 8천 6백만 원이 지원되었다. 실업자 훈련은 431,452명에게 6천 982억 7천 5백만 원이 지원되어, 전년 대비 인원은 77.7% 증가하였으나 지원금은 3% 감소하였다.

2) 실업급여사업

고용보험제도의 가장 중요한 목적은 고용보험 피보험자가 비자발적인 실직을 당했을 경우에 실업급여를 지급함으로써 실직자 및 그 가족의 생활안정을 도모하는 것이다. 고용보험제도의 성격이 실업급여를 중심으로 한 전통적인 실업보험제도에서 적극적 고용정책차원의 고용보험제도로 전환된 경우에도 실직자 및 그 가족의 생활안정은 여전히 고용보험제도의 핵심이라 할 수 있다.

우리나라의 실업급여는 구직급여와 취업촉진수당으로 구성되어 있으며 기본적으로 소정의 수급요건을 충족하는 실직자에게 일정 기간 구직급여를 지급하여 실직자의 생활안정은 물론 실직자의 조기재취업을 유도하기 위한 것이다. 실업급여는 전통적인 실직기간 동안의 기본급여뿐만 아니라 실직자의 직업훈련개발을 유인하기 위한 인센티브 제공, 조기재취업 시에는 조기재취업수당을 지급함으로써 실직자의 취업지원제도로서의 기능도 수행하고 있다.

2022년 7월 현재, 실업급여의 주요 내용에 대해 살펴보기로 하자.

(1) 급여수급요건

고용보험제도에서의 실업급여사업은 근로자가 실직하였을 경우 일정기간 동안 실직자와 그 가족의 생계안정을 도모하기 위해 실업급여를 지급한다. 그러나 실업급여는 실업한 모든 사람에게 제공하는 것은 아니며, 특정한 수급요건을 충족할 경우에 한하여 제공한다. 실업급여의 수급요건은 첫째, 실업발생 이전에 일정한 양의 보험료 납부기록을 소지하여 급여신청자격을 획득할 것, 둘째, 실업자가 지속적으로 노동시장에 참여하고 있음을 증명해야 할 것, 셋째, 실업급여의 부자격요건에 해당되지 않을 것이다.

이러한 수급요건과 관련하여 현행 우리나라의 고용보험은 실직 전 고용보험 적용사업장에서 18개월(기준기간) 중에 180일 이상(피보험 단위기간)의 보험료 납부기록을 갖고 있어야 한다.

다음으로 필요한 요건은 이직 후 지체 없이 직업안정기관에 출석하여 실업을 신고하고 수급자격인정신청서와 구직신청서를 제출해야 한다. 그날부터 1주 내지 4주의 범위 안에서 직업안정기관의 장이 지정한 날(실업인정일)에 출석하여 재취업을 위한 노력을 하였음을 신고하고 실업인정을 받아야 한다.

마지막 요건은 이직사유에 의한 수급자격 제한이나 부자격요건(*disqualification*)이다. 현재 고용보험은 다음과 같은 부자격요건을 설정하여, 이에 해당되는 경우 수급자격을 제한하여 급여를 받을 수 없다.

첫째, 피보험자 자신의 중대한 귀책사유로 해고되거나, 정당한 사유 없이 자기 사정으로 이직한 경우이다. 그러나 자기 사정으로 이직한 경우에도 장기간 계속된 임금체불, 휴업, 새로운 업무의 부적응 등과 같은 정당한 사유로 이직한 경우에는 급여를 받을 수 있다.

둘째, 수급자격자가 직업안정기관의 장이 소개하는 직업에 취직할 것을 거부하거나 지시한 직업훈련 등을 거부하는 경우이다.

셋째, 허위 또는 부정한 방법으로 실업급여를 받았거나 받고자 한 경우이다. 부정수급 시에는 급여를 금지할 뿐 아니라 지급된 급여의 반환, 추가징수, 사업주의 연대책임 등 제재를 받는다. 그리고 부정한 정도에 따라 5년 이하 징역 또는 5천만 원 이하의 벌금을 부과하도록 해 부정수급에 대한 처벌의 강도가 높다.

수급요건과 관련하여 쟁점이 되는 부분은 무엇보다도 자발적 실업과 비자발적 실업을 구분하는 일이다. 우리나라에서는 해고될 경우 재취업이 곤란하므로 해고된 상황이라도 의원면직 형태를 띠는 관행이 있다. 그로 인해 구체적 상황에서 자발적 실업과 비자발적 실업을 구분한다는 것은 쉽지 않다.

(2) 급여 종류

실업급여의 종류에는 구직급여와 취업촉진수당이 있다. 구직급여는 실직자의 생계안정을 위해 지급하는 급여이고, 취업촉진수당은 구직급여를 지급받는 실직자가 빠른 시일 내에 새로운 직장을 구하는 것을 도와주기 위하여 지급하는 제도이다. 급여종류의 내용을 살펴보면, 〈표 11-13〉과 같다.

① 구직급여와 상병급여, 연장급여

첫째, 구직급여는 실업급여 중 가장 기본적이고 중요한 급여로 피보험자의 실업기간 중 생활안정을 도모하기 위해 지급하는 현금급여이다. 구직급여를 지급받기 위해서는 일정한 수급요건이 필요하다. 즉, 실직 전 고용보험 적용사업장에서 기준기간 18개월 중 피보험단위기간이 통산하여 180일 이상일 것, 근로의 의사와 능력이 있음에도 불구하고 취업하지 못한 상태에 있을 것, 수급자격의 부자격요건(중대과실에 따른 해고, 자발적 이직, 훈련 거부, 부정수급 등)에 해당하지 않을 것, 재취업을 위한 노력을 적극적으로 할 것, 일용근로자인 경우 수급자격인정 신청일 이전 1월간의 근로일수가 10일 미만이어야 하고 90일 이상을 일용근로자로 근무해야 할 것 등을 충족해야 한다. 다만, 예술인의 경우에는 피보험단위기간이 24개월 중 9개월, 노무제공자는 24개월 중 12개월이다.

둘째, 상병급여는 실업신고를 한 후 질병, 부상, 출산으로 실업인정을 받지 못한 날에 대해 구직급여일액과 동일하게 지급하는 급여이다. 그러나 상병급여는 〈근로기준법〉에 의한 휴업보상이나 산재보험의 휴

〈표 11-13〉 실업급여의 종류

자료: 고용노동부, 〈2022 고용보험백서〉.

업급여 또는 이와 상당한 급여를 지급받을 수 있는 경우에는 지급하지 않는다.

셋째, 연장급여는 개별적 수급자격자의 사정이나 실업률의 급증 등 특수한 상황에 따른 소정급여일수의 구직급여로는 충분한 보호가 이루어지지 않는 경우에 구직급여를 연장지급할 수 있는 급여이다. 연장급여는 훈련연장급여, 개별연장급여 및 특별연장급여라는 세 가지 형태로 실시된다. 예술인과 노무제공자는 연장급여가 미지원된다(세부내용은 〈표 11-14〉를 참조할 것).

② 취업촉진수당

취업촉진수당은 적극적 구직활동을 촉진하기 위해 지급하는 급여이다. 취업촉진수당으로는 조기재취업수당, 직업능력개발수당, 광역구직활동비, 이주비 등이 있다. 단, 예술인과 노무제공자는 취업촉진수당은

〈표 11-14〉 구직급여, 상병급여, 연장급여의 내용

구분		지급 요건	지급 금액
구직급여		• 고용보험 적용사업장에서 이직일 이전 18개월간 피보험 단위기간이 통산하여 180일 이상 * 초단시간근로자는 24개월간 180일 이상, 예술인은 24개월간 9개월 이상, 노무제공자는 24개월간 12개월 이상 • 근로(노무제공)의 의사와 능력이 있음에도 불구하고 취업하지 못한 상태 * 자발적 이직, 중대한 귀책사유로 해고된 경우는 제외 • 적극적으로 재취업활동을 할 것	• (근로자) 이직 전 평균임금의 60% - 1일 상한액: 66,000원 - 1일 하한액: 이직 전 1일 소정근로시간에 따라 30,060원~60,120원 지급 • (예술인 · 노무제공자) 이직 전 평균보수의 60%
상병급여		• 수급자격자가 질병 · 부상 · 출산으로 실업의 인정을 받지 못한 날 - 출산의 경우는 출산일로부터 45일간 지급	구직급여액과 동일
연장급여	훈련연장급여	실업급여 수급자로서 직업안정기관장의 직업능력개발 훈련 지시에 따라 훈련을 수강하는 자	직업능력개발 훈련을 받는 기간(최대 2년) 동안 구직급여액의 100%
	개별연장급여	직업안정기관장의 직업소개 등에 3회 이상 응하였으나 취업되지 못하는 등 취업이 특히 곤란하고 생활이 어려운 수급자격자	60일 범위 내에서 구직급여액의 70%
	특별연장급여	실업 급증 등으로 재취업이 특히 어렵다고 인정 되는 경우 고용노동부 장관이 고시한 기간 동안 실업급여의 수급이 종료된 자	60일 범위 내에서 구직급여액의 70%

자료: 고용노동부, 〈2022 고용보험백서〉.

미지원된다.

조기재취업수당은 수급자격자가 대기기간이 지난 후 재취업한 날의 전날을 기준으로 구직급여의 소정급여일수를 2분의 1 이상 남기고 12개월 이상 계속하여 고용된 경우나 사업을 영위한 경우에 구직급여 미지급일수의 2분의 1을 지급하는 제도이다. 직업능력개발수당은 수급자격자가 직업안정기관장의 소개로 직업능력개발 훈련 등을 받는 경우에 구직급여 외에 지급하는 일정액의 수당을 말한다. 광역구직활동비는 수

〈표 11-15〉 취업촉진수당의 내용

구분		지급 요건	지급 금액
취업촉진수당	조기 재취업 수당	대기기간이 지난 후 구직급여 소정급여일수를 2분의 1 이상 남기고 재취업한 경우로서, 12개월 이상 계속하여 고용된(사업을 영위한) 경우	• 구직급여 미지급일수의 2분의 1 지급
	직업능력 개발수당	수급자격자가 직업안정기관의 장의 지시에 의한 직업능력개발 훈련 등을 받는 경우	• 훈련기간 중의 교통비, 식대 등 - 7,530원/1일
	광역구직 활동비	직업안정기관의 소개에 의해 구직활동을 거주지에서 멀리 떨어진 지역(25km 이상)에서 할 경우	• 숙박료: 실비 • 운임: 실비(교통수단별 중등급) * 공무원여비규정 준용
	이주비	취업하거나 직업안정기관의 장이 지시한 직업능력개발 훈련 등을 받기 위해 주거를 이전할 필요가 있는 경우	실비(5톤 초과 시 5톤까지 실비 + 7.5톤까지 실비 50%) 지급

자료: 고용노동부, 〈2022 고용보험백서〉, 2022.

급자격자가 직업안정기관의 장의 소개에 의해 광범위한 활동에 걸쳐 구직활동을 하는 경우에 지급할 수 있다. 그리고 이주비는 수급자격자가 취직하거나 직업안정기관의 장이 소개한 직업능력개발 훈련 등을 받기 위해 주거를 이전하는 경우에 지급할 수 있다(세부내용은 〈표 11-15〉를 참조할 것).

(3) 급여수준

구직급여일액은 원칙적으로 급여기초임금일액에 100분의 60을 곱한 금액으로 하되, 상한액과 하한액이 설정되어 있다. 즉, 산정된 구직급여일액이 6.6만 원을 초과하는 경우는 상한액 6.6만 원까지 지급하고, 산정된 구직급여일액이 이직 당시 1일 소정근로시간에 시간급 최저임금의 80%를 곱한 금액(최저구직급여일액)보다 낮은 경우는 최저구직급여일액을 그 하한액으로 지급한다.

급여기초임금일액은 구직급여의 산정기초가 되는 임금일액을 말하며, 〈고용보험법〉에 따라 평균임금, 통상임금 또는 기준보수에 의해 산정된다.

한편, 예술인과 노무제공자의 기초일액은 수급자격 인정과 관련된 마지막 이직일 전 1년간의 신고된 보수총액을 그 산정의 기준이 되는 기간의 총일수로 나눈 금액으로 하고, 그 금액이 이직 당시의 기준보수의 일액 중 가장 적은 금액 미만인 경우에는 가장 적은 기준보수의 일액을 기초일액으로 한다.

(4) 급여의 수급기간과 소정급여일수

실업급여의 수급자격이 인정되더라도 즉시 실업급여를 받는 것은 아니다. 실업 신고일로부터 계산하여 실업 인정을 받은 7일간은 구직급여 제공이 이루어지지 않는데, 이 기간을 대기기간(*waiting period*)이라고 한다. 다시 말해, 실업 신고일로부터 7일 이상 경과하여도 적극적 구직 활동을 인정받지 못하면 대기기간이 종료되지 않기 때문에 실업급여를 지급받을 수 없다. 대기기간 동안에는 구직급여뿐만 아니라 상병급여, 취직촉진수당도 지급되지 않는다. 이처럼 현행 고용보험에서 대기기간을 7일로 설정한 이유는 단기실업의 경우 법정 퇴직금제도가 있어서 급여를 지급하지 않더라도 생계유지에 큰 지장이 없으며, 잦은 이직을 억제할 필요가 있기 때문이다. 또한 이직 후 일정기간은 재취업을 위해 소요되는 탐색기간의 성격을 띠기 때문에 실업급여의 수급대상으로 보기 어렵다는 점도 고려했다.

〈표 11-16〉 구직급여의 소정급여일수

연령 \ 피보험기간	1년 미만	1년 이상~3년 미만	3년 이상~5년 미만	5년 이상~10년 미만	10년 이상
50세 미만	120일	150일	180일	210일	240일
50세 이상 및 장애인	120일	180일	210일	240일	270일

주: 장애인은 '장애인고용촉진 등에 관한 법률'에 의한 장애인을 말함.
자료: 고용노동부, 〈2022 고용보험백서〉, 2022.

대기기간이 종료되면, 실업급여의 수급권자는 이직일의 다음 날로부터 12개월의 수급기간 내에 실업의 인정을 받은 날에 대하여 소정급여일수를 한도로 구직급여를 받을 수 있다. 그러나 12월의 수급기간 중 임신, 출산, 육아, 그 밖에 부상, 질병, 병역의무 등으로 취업할 수 없는 사람이 그 사실을 직업안정기관에 신고한 경우에는 그 기간만큼 수급기간을 연장할 수 있다.

소정급여일수란 하나의 수급자격에 의하여 구직급여를 받을 수 있는 일수로 〈표 11-16〉에서 볼 수 있듯이, 피보험기간[5]과 이직 당시 연령 등에 따라 120~270일까지 급여를 지급받을 수 있다.

구직급여는 앞에서 살펴본 수급요건을 충족시키지 않으면 지급받을 수 없다. 특히 피보험자가 자기의 중대한 귀책사유로 해고되거나 정당한 사유가 없이 자기 사정으로 이직한 경우에는 구직급여의 수급자격이

5 소정급여일수의 산정 시 피보험기간은 이직 당시의 적용사업에서의 고용기간으로 한다. 그러나 고용보험 적용사업장에서 이직 후 3년 이내에 다시 재취직하는 경우나 자영업자가 3년 이내에 피보험자격을 다시 취득한 경우에는 이전 적용사업의 피보험기간을 합산한다. 다만, 구직급여를 지급받은 사실이 있는 경우에는 이전의 적용사업에서의 피보험기간은 제외한다.

〈표 11-17〉 실업급여의 신청 및 지원 현황

단위: 명, 백만 원

연도	신규 신청자	자격 인정자	지급자	지급액		
				총액	구직급여	취업 촉진수당
2019	1,147,900	1,143,165	1,526,023	8,382,027	8,091,735	290,292
2020	1,371,733	1,364,296	1,783,204	12,176,941	11,855,625	321,316
2021	1,288,709	1,281,672	1,866,032	12,505,305	12,062,473	442,832

주: 고용보험DB에서 추출된 자료로 고용보험 연보 자료와 일부 상이할 수 있음
자료: 고용노동부, 〈2022 고용보험백서〉, 2022.

없다. 그리고 수급자격자가 정당한 사유 없이 직업안정기관의 장이 소개하는 직업에 취직하는 것을 거부하는 경우에는 거부한 날로부터 2주간, 직업안정기관의 장이 지시한 직업능력개발 훈련 등을 거부하는 경우에는 4주간 구직급여를 지급받을 수 없다.

한편, 실업급여의 신청 및 지원 현황을 〈표 11-17〉에서 보면, 실업급여 지급액은 연도별로 증가하고 있음을 알 수 있다. 실업급여의 보장성 강화에 기인한 것으로 보이며, 2020년에 신규신청자가 증가한 것은 코로나19에 의한 경제위기 상황을 반영한 결과라 할 수 있다. 2021년 실업급여 신규신청자는 1,288,709명, 실업급여 지급자는 1,866,032명이며, 지급액은 12조 624억 7천 3백만 원으로 나타났다.

3) 육아휴직급여와 출산전후휴가급여

〈고용보험법〉(2001. 8. 14.)과 시행령 개정(2001. 10. 31.)으로 모성보호 관련 고용보험법령을 개정했다. 이로써 남녀고용평등법의 규정에 의해 출산전후휴가급여를 고용보험에서 지급할 수 있게 하였다. 2012년에 산전후휴가급여에서 출산전후휴가급여로 명칭이 변경되었다. 그리고 근로자가 육아휴직을 사용한 경우 그 휴직기간 동안 소득보전을 위하여 육아휴직급여를 고용보험에서 지급할 수 있도록 하였다. 출산전후휴가급여 및 육아휴직급여는 임신·출산으로 인한 여성근로자의 노동시장 이탈을 방지하고, 사업주의 여성고용 기피요인 해소 및 육아휴직의 실질적 활용을 통한 일·가정 양립 지원을 확대하기 위한 정책이다.

이와 같은 모성보호급여는 2001년 11월 1일부터 적용되었으며, 2022년 7월 현재 그 주요내용을 살펴보면 다음과 같다.

(1) 육아휴직급여

육아휴직제도는 임신 중인 여성 근로자나 만 8세 이하 또는 초등학교 2학년 이하의 자녀를 가진 근로자가 그 자녀를 양육하기 위하여 1년간 사용할 수 있다.

육아휴직급여는 근로자(피보험자)가 남녀고용평등과 일·가정 양립 지원에 관한 법률에 따른 육아휴직을 30일 이상 부여받고, 육아휴직 개시일 이전 피보험단위기간이 통산하여 180일 이상이어야 하며, 육아휴직 개시일 이후 1개월부터 종료일 이후 12개월 이내에 육아휴직급여를 신청하여야 한다(〈고용보험법〉 제 70조).

육아휴직급여를 받을 수 있는 기간은 최대 1년이며 육아휴직을 실시하는 근로자에 대해서는 육아휴직 기간 월 통상임금의 80%(상한액 150만 원, 하한액 70만 원)를 육아휴직급여로 지급하고 있다.

또한, 2022년 1월부터는 생후 12개월 이내 자녀를 대상으로 부모가 동시에 또는 순차적으로 육아휴직을 사용하는 경우, 부모 각각의 첫 3개월간 육아휴직급여를 통상임금의 100%(상한 200~300만 원)로 인상하는 '3+3 부모육아휴직제'를 시행하고 있다.

(2) 출산전후휴가급여

출산전후휴가급여는 ① 피보험자가 〈근로기준법〉 제 74조의 규정에 의한 출산전후휴가를 부여받았을 것, ② 출산전후휴가 종료일 이전에 피보험단위기간이 통산하여 180일 이상일 것, ③ 출산전후휴가 종료일로부터 12개월 이내에 출산전후휴가급여를 신청할 것 등 3가지 요건을 모두 충족한 경우에 지급된다.

출산전후휴가급여액은 출산전후휴가 개시일 현재 〈근로기준법〉상 통상임금액에 상당하는 금액을 지급하되, 피보험자의 산정된 통상임금에 상당하는 금액이 200만 원을 초과하는 경우에는 200만 원을 출산전후휴가급여로 지급한다. 우선지원 대상기업의 경우 90일의 급여가 고용보험에서 지급되고, 대규모 기업의 경우 최초 60일은 사업주가 부담하고, 그 이후 30일은 고용보험에서 지급된다.

한편, 모성보호사업 지원실적을 보면, 〈표 11-18〉과 같다. 먼저 육아휴직급여는 2021년에는 110,555명에게 1조 2천 975억 2천 5백만 원

〈표 11-18〉 모성보호사업 지원실적

단위: 명, 백만 원

구분	육아휴직급여				출산전후휴가급여	
	인원			지급액	인원	지급액
	전체	여성	남성			
2019	105,165	82,868	22,297	1,067,303	73,306	268,516
2020	112,040	84,617	27,423	1,212,143	70,949	285,771
2021	110,555	81,514	29,041	1,297,525	70,235	289,157

자료: 고용노동부, 〈2022 고용보험백서〉, 2022.

을 지급하였다. 2021년 남성 육아휴직자는 29,041명으로, 여성 육아휴직급여 수급자 대비 남성 육아휴직급여 수급자 비율은 2019년 21.2%, 2020년 24.5%에서 2021년 26.3%로 증가하였다. 그리고 출산전후휴가급여는 저출산 기조로 지원인원이 감소하였으며, 2021년에는 70,235명에게 2천 891억 5천 7백만 원을 지급하였다.

4) 자영업자 고용보험

고용보험제도는 근로자 중심으로 설계되어 있어, 적용확대과정에서도 자영업자에게는 적용되지 않았다. 2006년부터 고용안정・직업능력개발 사업에 대해서는 자영업자도 임의가입할 수 있도록 하였다. 그러나 실업급여를 수급할 수 없어 사회안전망으로서의 기능이 미약하였다. 이에 따라 2012년 1월에 자영업자도 실업급여에 임의가입할 수 있도록 하는 자영업자 고용보험제도를 시행하였다.

자영업자의 생계안정과 재취업 또는 재창업을 지원하기 위하여 도입된 자영업자 고용보험의 주요 내용을 2022년 7월 기준으로 살펴보면,

다음과 같다.

첫째, 자영업자 고용보험은 사업자등록증을 보유하고, 근로자를 고용하지 않거나(1인 자영업자) 50인 미만의 근로자를 고용하는 자영업자를 대상으로 한다.

둘째, 자영업자 실업급여의 종류는 구직급여와 취업촉진수당이며, 연장급여와 조기재취업 수당은 제외한다. 1년 이상 자영업자 고용보험에 가입하고, 비자발적으로 폐업하는 경우 실업급여를 지급한다.

셋째, 보험료는 기준보수의 2.25%(실업급여: 2%, 고용안정·직업능력개발사업: 0.25%)이다. 기준보수는 보험료와 실업급여 지급의 기준이 되는 보수로서, 7등급으로 세분화하고 있다. 소득파악이 용이하지 않고 소득이 수시로 변동하는 자영업자의 특성을 고려하여, 기준보수는 실제 소득과 관계없이 가입자의 희망에 따라 선택할 수 있다.

넷째, 구직급여는 자영업자가 선택한 기준보수등급의 60%이며, 구직급여 수급가능 일수인 소정급여일수는 고용보험 가입기간(피보험기간)에 따라 120~210일을 지급한다. 이는 앞서 살펴본 근로자 중심의 고용보험 소정급여일수(120~270일)와는 다르다.

다섯째, 직업능력개발 지원으로는 국민내일배움카드로 훈련비와 훈련수당을 지원한다.

한편, 2021년 12월 말 현재 고용보험에 가입하고 있는 자영업자의 수는 36,859명으로 전체 자영업자 규모를 고려할 때 더욱 많은 자영업자가 가입할 수 있도록 지속적인 노력이 필요하다.

5) 예술인 · 노무제공자(특수형태근로종사자) 고용보험

2020년 12월에 일하는 형태와 관계없이 모든 취업자를 고용보험으로 보호하기 위한 전 국민 고용보험 로드맵을 수립 · 발표하였다. 전 국민 고용보험의 첫걸음으로 예술인 고용보험이 2020년 12월 10일부터 시행되었고, 2021년 7월 1일부터 보험설계사 등 특수형태근로종사자 12개 직종에 대한 고용보험이 시행되었다. 2022년 1월부터는 퀵서비스 기사 등 플랫폼 종사자 2개 직종, 2022년 7월부터는 정보통신(IT) 소프트웨어 기술자, 어린이 통학버스 기사 등 5개 직종에 대해서도 고용보험이 적용되었다.

예술인 · 특수형태근로종사자 고용보험의 시행으로 예술인 등 취약계층에 대한 고용안전망이 확충되었고, 고용형태에 관계없이 모든 취업자를 고용보험으로 보호하기 위한 전 국민 고용보험 추진의 토대가 마련되었다.

(1) 예술인 고용보험

2022년 7월 현재, 예술인 고용보험의 주요 내용을 살펴보면, 다음과 같다.

첫째, 예술인 고용보험의 경우, 문화예술 창작 · 실연 · 기술지원 등을 위해 〈예술인 복지법〉에 따른 문화예술용역 관련 계약을 체결하고, 자신이 직접 노무를 제공하는 예술인이 고용보험 적용대상이다. 단, 65세 이후에 문화예술용역 관련 계약을 체결한 경우나 문화예술용역계약의 월 평균소득이 50만 원 미만인 경우에는 적용대상에서 제외된다. 다만, 각 계약이 50만 원 미만이더라도 같은 계약기간 내에 그 합산 금액이 50만 원 이상이 되어 예술인이 소득합산을 신청한다면 적용대상이 된다. 한편, 1개월 미만의 문화예술용역 관련 계약을 체결한 단기 예술인의 경우에는 월 평균소득과 관계없이 문화예술용역 관련 계약건별로 모두 고용보험이 적용된다.

둘째, 예술인 고용보험의 경우, 고용안정·직업능력개발사업은 미적용이다. 실업급여의 보험료율은 근로자 고용보험(사업주 부담 포함)과 동일하게 월평균보수의 1.6%(예술인, 사업주 각 0.8% 균등분담)이다. 다만, 소득 확인 및 월평균보수 산정이 어려운 경우와 저소득 예술인은 기준보수(80만 원)를 적용한다.

셋째, 예술인의 특성을 반영하여 실업급여의 수급요건은 근로자와 차등을 두어 운영하고 있다. 예술인이 실직한 경우 이직일 전 24개월 중 9개월 이상 보험료를 납부하고, 자발적 이직 등 수급자격 제한사유 없이 적극적인 재취업 노력을 한다면, 이직 전 1년간 일평균보수의 60%로 피보험기간 및 연령에 따라 120일~270일간 구직급여를 받을 수 있다.

넷째, 임신한 예술인이 출산일 전 3개월 이상 보험료를 납부하고, 출산일 전후로 노무를 제공하지 않으면 출산전후급여를 90일(다태아의 경우 120일)간 받을 수 있다.

(2) 노무제공자(특수형태근로종사자) 고용보험

노무제공자 고용보험의 주요 내용을 살펴보면, 다음과 같다.

첫째, 적용대상을 보면, 65세 이전에 월 80만 원 이상의 노무제공계약을 체결하여 노무를 제공하는 사람이 고용보험의 적용대상이 된다. 다만 소득 확정이 어려운 직종인 건설기계조종사, 화물차주의 경우 실제 월보수액과 상관없이 고용보험료 산정의 기초가 되는 보수액을 고시를 통해 따로 정하고 있다. 또한, 노무제공자의 경우에도 예술인과 마찬가지로 각 계약에 따른 월보수액이 80만 원 미만이더라도 같은 계약기간 내 합산 금액이 80만 원 이상이 되어 노무제공자가 소득합산을 신청한다면 고용보험 적용대상이 된다. 다만 1개월 미만의 노무제공계약을 체결한 단기 노무제공자의 경우에는 월 보수액과 관계없이 노무제공계약건별로 모두 고용보험이 적용된다.

연도별로 적용된 직종을 보면, 2021년 7월에 12개 직종으로 보험설계사, 학습지 방문강사, 교육교구 방문강사, 택배기사, 대출모집인, 신용카드회원모집인, 방문판매원, 대여제품방문점검원, 가전제품배송설치기사, 방과후학교 강사, 건설기계조종사, 화물차주(수출입컨테이너, 시멘트, 철강재, 위험물질)가 적용되었다. 2022년 1월에 2개 직종으로 퀵서비스 기사(배달라이더 포함), 운전기사가 적용되었으며, 2022년 7월에 정보통신(IT) 소프트웨어 기술자, 어린이 통학버스 기사, 관광통역안내사, 골프장 캐디, 화물차주(유통배송기사, 택배 지·간선기사, 특정품목운송차주) 등 5개 직종의 노무제공자에 대해 고용보험을 적용하였다.

둘째, 노무제공자 고용보험의 경우, 고용안정·직업능력개발사업은 미적용이다. 실업급여의 보험료율은 근로자 고용보험(사업주 부담 포함)과 동일하게 월보수액의 1.6%(특고, 사업주 각 0.8% 균등분담)이다. 다만, 보수 산정 및 확인이 어려운 경우와 신고소득이 기준보수

(133만 원)보다 적은 경우는 기준보수를 적용한다.

셋째, 노무제공자가 실직한 경우 이직일 전 24개월 중 12개월 이상 보험료를 납부하고, 자발적 이직 등 수급자격 제한사유 없이 적극적인 재취업 노력을 한다면 이직 전 1년간 일평균보수의 60%로 피보험기간 및 연령에 따라 120일~270일간 구직급여를 받을 수 있다.

넷째, 임신한 노무제공자는 예술인과 동일하게 출산일 전 3개월 이상 보험료를 납부하고, 출산일 전후로 노무를 제공하지 않으면 출산전후급여를 90일(다태아의 경우 120일)간 받을 수 있다.

5. 고용보험제도의 쟁점

고용보험제도는 1995년에 도입된 이후, 1998년 외환위기와 2009년 금융위기로 초래된 대량실업사태를 극복하는 과정에서 실업대책의 핵심적인 기능을 수행하였다. 그리고 고용보험제도는 코로나 19로 인한 고용위기 상황에서 고용유지 및 고용안정을 지원하고, 실업자의 생계유지를 지원하는 등 사회적 안전망으로서의 중요한 역할을 담당하였다.

특히 2020년 12월부터 예술인 고용보험이 적용되고, 2021년 7월 보험설계사, 택배기사 등 12개 직종의 노무제공자(특수형태근로종사자) 고용보험이 시행되었으며, 앞으로도 고용형태와 관계없이 일하는 모든 국민의 고용보험으로 전환을 추진하고 있다.

그동안의 운영성과를 기초로 보다 내실 있는 고용보험의 발전방향을 모색해야 할 것이다. 더구나 4차 산업혁명으로 디지털 전환 시대를 맞아 새로운 고용형태의 확산 및 글로벌 경쟁의 가속화로 노동시장의 구조변화는 필연적이며, 이러한 변화에 적극적으로 대응하기 위해서는 고용보험제도의 질적 향상을 도모해야 한다. 이를 위한 몇 가지 과제는 다음과 같다(이병희, 2020, 2021; 김근주, 2021; 이덕재 외, 2021).

1) 적용대상의 확대와 관리의 효율화

2020년 12월에 발표한 전 국민 고용보험 로드맵은 고용보험 적용대상의 단계적 확대, 고용보험 실질적 사각지대 해소, 소득기반 고용보험 체계로의 전환 등을 통해 모든 취업자에게 보편적인 고용안전망을 제공하는 내용을 담고 있다.

전 국민 고용보험 논의는 고용보험의 적용범위를 확대하여 취업자 일반을 고용보험으로 포섭할 수 있는 체계를 구축하는 데 목적이 있다. 다시 말해 고용보험의 실질적인 사각지대를 해소하고 앞으로 추가될 노무제공자의 직종 및 임의가입방식으로 운영하고 있는 자영업자에 대한 고용보험의 적용을 확대하고, 소득정보에 기반한 고용보험이 운영될 수 있도록 관리체계를 효율화해야 한다.

이를 위해서는 소득 확인 및 징수체계의 구축, 자영업자의 특성을 반영한 급여설계, 고용형태별 적용기준 또는 수급요건을 소득 기준으로 단일화하는 방안 등을 반영해야 할 것이다. 또한 기여와 급여 간의 형평성 추구는 물론, 일하는 것이 유리하도록 전체 급여제도를 설계하여 고용보험이 소득보장과 함께 일자리로의 전환을 추구하는 사회안전망 역할을 강화해야 한다.

2) 고용서비스의 전문성과 질적 개선

그동안 직업안정조직의 확충과 고용보험전산망 구축 등은 고용보험 관련 행정업무의 효율성을 높이는 데 기여하였으며, 고용보험의 발전에 중요한 의미를 갖는다. 고용보험의 적용 확대 및 취약계층의 고용안전망 확충을 뒷받침하기 위해 고용서비스의 전문성과 질적 개선은 지속적으로 이루어져야 한다.

고용서비스는 일자리를 구하는 사람과 일할 사람을 찾는 사람에게 효과적인 서비스를 제공해 서로가 원하는 바를 얻거나, 서로를 연결시켜 주기 위한 일련의 서비스를 의미한다. 이러한 고용서비스는 고용센터, 수행기관 및 민간위탁운영기관 등을 통해 운영되고 있다. 고용서비스를 효율적으로 수행하기 위해서는 지역사회의 고용동향과 직업정보, 직업진로정보 등을 섭렵해야 한다. 이를 위해 고용서비스 제공인력의 적절한 업무량, 서비스의 전문성을 강화해야 하며, 이들의 처우를 개선해야 한다.

또한 구인기업 및 구직자 특성에 기초한 수요자 중심의 취업알선서비스를 제공해야 할 것이며, 비대면·디지털 취업지원서비스 체계를 구축·발전시켜야 할 것이다. 그리고 고용서비스 제공기관 간의 바람직한 역할분담 방안을 정립할 필요가 있으며, 고용서비스 인프라 확충과 질적 제고 등을 위해 민간위탁기관 인증 등 체계적인 품질관리를 강화시켜야할 것이다.

3) 고용안정사업과 직업능력개발사업의 내실화와 활성화

고용안정사업과 관련해서는 고용안정사업에서 지원되는 각종 제도를 활용하기 어려운 영세기업의 활용도를 높이기 위해 지원제도를 강화할 필요가 있다. 또한 고용안정사업에서 지원하는 각종 지원금과 장려금 제도를 합리적으로 운영하기 위하여 고용상황에 따른 지원대상의 확대 및 지원요건의 완화, 지원수준의 현실화, 맞춤형 지원제도 등을 검토해야 한다. 이러한 지원제도가 민간기업의 자율적 고용창출효과를 저해하는지, 아니면 순고용효과를 증대시키는지에 대해 면밀하게 검토해야 한다. 그리고 고용안정사업의 고용효과를 높이기 위해 사업의 효율성 강화와 부정수급에 대한 체계적인 관리가 요구되고 있다.

직업능력개발사업 면에서는 수요자 중심에 입각하여 훈련공급능력을 극대화하고, 교육훈련기관 간 프로그램의 특성화 방안과 훈련내용의 내실화 방안 등을 검토해야 한다. 직업훈련기관의 기능 제고를 위한 공공과 민간의 역할분담을 명확히 하여 직업능력개발 시스템을 체계화할 필요가 있다. 훈련수요자의 선택권 확대, 훈련성과체제를 확립하여 직업훈련기관 간의 경쟁을 유도하고 직업훈련의 재취업효과를 증대시키는 것도 중요하다. 새로운 산업구조의 변화에 따른 인력수요 변화에 신속하게 대응하고, 민간기업이 참여하는 훈련과정을 확대하는 등 직업능력개발 인프라 혁신과 취업률 제고에 노력해야 한다.

4) 실업급여의 관대성과 엄격성

실업급여와 관련해 제기되는 쟁점은 무엇보다도 실업급여의 관대성 여부다. 이는 실업급여수준이 높고, 지급기간이 길고, 수급요건을 완화하면, 실업급여의 도움이 없이도 생활할 수 있는 다수의 실업자가 실업급여에 의존하여 구직활동을 소홀히 하는 등 실업기간의 장기화를 초래할 수 있음을 의미한다. 특히 '실업의 덫'이라는 현상을 초래하기 때문에 노동동기가 저하되고, 그 결과 생산성이 약화된다. 이러한 논리에 입각해 실업인정을 철저하게 판정하고, 실업급여수준과 급여지급기간, 대기기간, 소정급여일수 등을 최소한의 수준으로 엄격하게 제한하려 한다.

반면에, 실업급여가 추구하는 목적이 실업이라는 사회적 위험에 대한 실직자의 생계보장에 있기 때문에, 이에 충실하기 위해서는 수급요건을 완화하고 급여지급기간을 연장하는 등 급여를 관대하게 지급해야 한다는 주장도 있다. 또한 급여수준 면에서도 급여기초임금일액에 기초한 정률제 방식은 비록 상한액과 하한액이 설정되어 있더라도, 상대적으로 소득이 낮은 계층에서는 생계보장의 지장을 초래할 수 있고, 가족부양 정도에 따라 실업급여의 실질가치 문제 등이 제기되자 차등방식을 검토해야 한다는 논의도 제기되었다.

이처럼 실업급여를 둘러싸고 관대성과 엄격성에 대한 논란은 이미 선진국에서도 끊임없이 제기되었다. 이러한 문제에 대한 실증적 연구와 검토를 통해 실업급여의 적정급여수준을 모색해야 한다.

5) 고용보험재정의 지속가능성 제고

고용보험재정은 고용보험기금으로 운용되고 있으며, 고용보험기금은 고용안정 · 직업능력개발 사업에 필요한 경비, 실업급여 지급, 육아휴직급여 및 출산전후휴가급여 지급 등의 용도로 사용되고 있다. 고용보험기금 재정은 경제 · 고용 상황, 적용 확대 및 급여의 보장성 강화 등 제도변화에 영향을 받으며, 장기적으로는 대규모 경기변동 영향에 따른 순환구조를 보이고 있다. 즉, 경제위기 상황에서는 지출 증가와 적립금 감소로 재정수지가 악화되는 반면에, 경제가 양호한 경우에는 재정수지가 개선되는 것으로 경기변동의 자동조절장치로서의 기능을 수행하고 있다.

코로나19와 같은 경기 악화로 인해 실업급여의 지출이 급증하는 상황은 앞으로 반복적으로 제기될 수 있다. 이러한 고용위기 상황에 대응하기 위해서도 고용보험기금 재정의 지속가능성을 확보하는 것은 무엇보다 중요한 과제이다. 그러나 고용보험재정의 지속가능성과 고용보험의 적용 확대, 급여수준의 적절성을 동시에 달성하기란 쉽지 않다. 왜냐하면, 적용 확대와 보장성 강화를 위해 보험료 인상 및 재정부담은 불가피하기 때문이다. 이러한 세 요소 간의 균형을 달성할 수 있도록 정책적 우선순위, 노동시장의 효율성과 안정성 등을 고려하여 보험재정지출의 효율화를 추진해야 한다. 그리고 소득파악 인프라의 정비, 적정 보험료 부담에 대한 사회적 합의를 통해 고용보험재정의 지속가능성을 제고해야 한다.

6) 취약계층에 대한 고용안전망 강화와 제도 간 정합성 제고

전 국민 고용보험으로 확대되더라도 고용보험의 사각지대는 여전히 해소되기 어렵다. 대표적으로 고용보험 미가입자 및 취업취약계층 등이 상당한 규모로 존재하기 때문이다. 고용보험 사각지대에 있는 취업취약계층에 대한 제도적 대응으로서 국민취업지원제도를 2021년 1월에 시행하였다. 국민취업지원제도의 목적은 "근로능력과 구직의사가 있음에도 불구하고 취업에 어려움을 겪고 있는 국민에게 통합적인 취업지원서비스를 제공하고 생계를 지원함으로써 이들의 구직활동 및 생활안정에 이바지함을 목적으로 한다"라고 명시하고 있다. 즉, 국민취업지원제도는 저소득 구직자, 청년 신규실업자, 경력단절여성 등 취업취약계층에 대해 취업지원서비스 및 생계지원을 함께 제공하는 한국형 실업부조제도이다.

국민취업지원제도는 취업취약계층에 대해 소득과 취업지원서비스를 결합하여 지원하고 있는 제도로서, 실업자의 소득안전망으로서의 실업부조와 노동시장정책적 성격이 결합되어 있다. 그러므로 고용안전망으로서의 국민취업지원제도와 고용보험제도 간의 제도적 정합성을 높여야 할 것이다.

제12장

산업재해보상보험제도

1. 한국 산재보험의 발전과정

산재보험제도는 업무상 재해를 당한 근로자들에게 신속하고 공정한 보상을 제공하고 재해근로자의 재활과 사회복귀를 촉진하기 위한 사회보험제도로서 한국 사회보험제도 중 가장 오랜 역사를 지녔다. 산재보험제도는 1963년 〈산업재해보상보험법〉의 제정과 함께 도입되어 1964년 7월부터 제도가 운영되었다. 그간 60여 차례를 넘는 법 개정을 통해 제도를 정비했는데, 오늘날의 급여체계를 정착시킨 1989년의 제도개선과 노동부에서 근로복지공단으로 사업주체를 이관한 1994년의 제도개선이 비교적 큰 규모의 변화였다. 이후 제도는 상당히 안정적으로 유지되고 있으며 해마다 불합리한 점을 소폭 개선하는 점진적 변화를 추구하고 있다.

우리나라 산재보상체계의 발전과정은 다른 나라들과 크게 다르지 않다. 산업재해에 대한 보상체계는 민법에 의한 손해배상, 고용주책임법, 산재보험제도 도입이라는 발전경로를 거치는데, 우리나라 역시 이와 유사한 일반적 발전경로를 거쳤다고 볼 수 있다. 1953년 우리나라 최초로 제정된 〈근로기준법〉의 제 8장에는 재해보상에 대한 사항이 규정되어 있었다. 산업재해에 대한 사용주의 개별책임주의를 채택하였는데, 이는 서구에서 발달된 고용주책임법의 내용을 담고 있는 것이다. 〈근로기준법〉이 제정되기 전까지 산업재해에 대한 보상은 별다른 것이 없었다. 다만 사용주의 과실이 분명하다면 민법상의 손해배상청구를 통해 배상받을 수 있었다. 1953년 제정된 〈근로기준법〉은 업무상 재해에 대한 책임을 사용주에게 둠으로써 책임소재를 분명히 했다. 그러나 사용주의 개별책임주의에 입각한 재해보상은 강제성이 미약할 뿐 아니라 강력한 행정력이 전제되지 않았기 때문에 그 실효성도 떨어졌다.

1953년 〈근로기준법〉은 전 산업을 대상으로 16인 이상의 피고용인을 고용한 사업주들에게 업무상 재해의 보상책임을 부과하였으나, 실제로는 사업주 개인의 재력에 의존할 수밖에 없었다. 따라서 실제 보상이 이루어지기에는 많은 어려움이 있었다. 대형사고로 다수의 재해근로자가 발생하거나 경영상의 어려움에 처한 사용주의 경우, 보상 자체가 불가능하거나 지연되는 경우가 많았다. 또한 당시 근로자의 낮은 협상능력과 〈근로기준법〉에 대한 전반적인 무지를 이용하여 〈근로기준법〉의 이행을 회피하는 사용주들이 많아 실효성은 대단히 떨어졌다.

1963년 제정된 〈산업재해보상보험법〉은 〈근로기준법〉에 명시된 업무상 재해에 대한 사용주의 책임을 강제보험화하려는 목적으로 제정되었다. 1964년부터 시행된 산재보험제도는 다음과 같은 의의를 지닐 수 있었다. 먼저 사용주들에게는 〈근로기준법〉에 명시된 재해보상 책임을 분산시킴으로써 산업재해보상으로 인한 갑작스러운 부담의 증가를 막을 수 있다. 또한 재해보상이 개별사용주와 재해근로자 간의 관계로부터 국가와 재해근로자 간의 관계로 이전됨으로써 재해보상과 관련한 노사관계의 악화를 예방할 수 있다. 반면 근로자들 역시 산재보험의 실시로 재해보상청구권 행사의 간소화를 통해 신속하게 보상받을 수 있을 뿐만 아니라 국가라는 보험자를 확정할 수 있기 때문에 보상의 안정성을 확보할 수 있다(전광석, 1999: 328~330).

1964년 최초의 산재보험제도는 광업과 제조업 사업체 중 상시근로자 500인 이상의 사업장을 대상으로 시행되었는데 그 결과 64개 사업장 8만 1,798명만이 적용되는 미약한 제도로 출발하였다. 재해보상의 내용 역시 〈근로기준법〉과 동일한 급여(요양급여, 휴업급여, 장해급여, 유족급여, 장제급여, 일시급여)를 10일 이상의 요양이 필요한 업무상 재해에 적용하는 선에서 그쳤다. 그러나 1970년 1차 개정에서 장해급여와 유족급여에 연금방식을 적용함으로써 일시금 위주의 급여방식에서 탈피하였으며, 1977년 최저보상한도제도를 도입함으로써 최저보장기능을 강화하였다.

아울러 1981~1982년 개정을 통해 보상범위를 4일 이상 요양이 필요한 업무상 재해로 확대하였으며, 적용범위를 상시근로자 10인 이상 사업장으로 확대하였고, 일시급여를 폐지하고 상병보상연금을 신설함으로써 장기적인 소득보장기능을 강화하였다. 1989년에는 〈근로기준법〉과 동일했던 급여수준을 상향조정하였다. 즉, 휴업급여의 임금대체율을 60%에서 70%로 올렸고, 장해급여의 수준을 일괄적으로 10% 상향시켰으며, 유족급여는 평균임금 1,000일분에서 1,200일분으로, 장의비는 90일분에서 120일분으로 상향조정하였다. 1989년 개정된 급여체계의 기본 골격은 현재까지도 유지되고 있다.

1993년 제정된 〈고용보험법〉의 영향으로 1994년 개정된 〈산재보험법〉은 노동부가 직접 관장하던 산재보험제도의 행정을 근로복지공단으로 이관하도록 규정하여 1995년 5월부터 근로복지공단이 행정을 관장하고 있다. 또한 2000년 7월 농업, 임업, 어업, 수렵업을 제외한 모든 산업의 상시근로자 1인 이상 사업체로 적용대상을 확대함에 따라 적어도 입법적으로는 사각지대 문제를 해소하였다.

2. 산재보험의 수급요건: 업무상 재해의 인정과 적용범위

1) 업무상 재해

산재보험은 업무상 재해를 대상 위험으로 한다. 1964년 도입 당시 산재보험은 영국의 1897년 〈노동자보상법〉에 기초한 2요건주의(二要件主義)를 원칙으로 채택하였다. 즉, 업무 수행성과 업무 기인성이라는 두 가지 요건을 모두 충족할 경우에만 업무상 재해를 인정했다. 업무 수행성은 근로자의 재해가 업무 수행과정에서 발생하였는가를 검증하는 것이다. 반면 업무 기인성은 업무로 인하여 재해가 발생하였는가를 검증하는 것이다. 그러나 2요건주의는 지나치게 까다롭다는 지적을 받았다. 외근, 출장, 재택근로, 유연근무제 등이 확산되면서 고전적 업무 수행성을 엄격하게 적용하기가 쉽지 않았을 뿐만 아니라, 다양한 직업병의 출현으로 업무 기인성을 명확하게 입증하는 것이 어려웠다.

이러한 요구를 반영하여 산재보험은 1982년부터 2요건주의를 폐기하고 '업무상 사유'라는 단일요건으로 업무상 재해 인정기준을 변경하였다. 즉, '업무상의 재해'란 업무상의 사유에 따른 근로자의 부상·질병·장해 또는 사망을 말한다. 여기서 '업무상 사유'라 함은 업무와 재해 사이에 상당 인과관계가 있음을 의미한다. 그러나 이러한 변경이 실질적인 2요건주의의 폐기를 의미하는지 의문시된다. 왜냐하면 법령의 세부조항들은 여전히 2요건주의를 요구하고 있기 때문이다. 〈산재보험법〉 37조와 시행령 34조는 여전히 업무 수행성과 업무 기인성을 모두 요구하는 것으로 해석될 소지가 있다.

〈산재보험법〉 37조는 "근로자가 다음 각 호의 어느 하나에 해당하는 사유로 부상·질병 또는 장해가 발생하거나 사망하면 업무상의 재해로 본다. 다만, 업무와 재해 사이에 상당 인과관계가 없는 경우에는 그러하지 아니하다"라고 규정하고 있다. 1~3호는 각각 업무상 사고, 업무상 질병, 출퇴근 재해를 정의하고 있다. 따라서 37조는 업무상 사고, 업무상 질병, 출퇴근 재해의 요건을 충족하더라도 단서조항에 의해 상당인과관계가 있어야만 업무상 재해로 인정한다는 의미이기 때문에, 사실상 업무 수행성과 업무 기인성을 모두 요구하는 셈이다. 업무상 재해는 업무상 사고, 업무상 질병, 출퇴근 재해로 구분된다.

(1) 업무상 사고

먼저, 업무상 사고는 근로자가 근로계약에 따른 업무나 그에 따르는 행위를 하던 중 발생한 사고를 의미한다. 여기에는 근로계약에 따른 통상적 업무행위뿐만 아니라 여기 부수되는 필요행위, 예컨대 작업의 준비, 작업 종료 후 마무리, 생리적 행위 등을 하는 과정에서 발생한 사고도 포함된다. 나아가 천재지변이나 화재 등의 돌발사고에서 긴급피난이나 구조행위 중에 발생한 사고도 포함된다.

또한, 사업주의 지배하에 있지만 직접적 관리를 벗어나 업무를 수행하는 과정에서 발생한 사고, 즉 출장이나 외근 시 발생한 사고나 휴무일에 출근해서 발생한 사고도 업무상 사고로 간주된다. 업무의 성질상 업무장소가 일정하지 않은 근로자의 경우에는 최초로 업무장소에 도착하여 업무를 시작한 때부터 최후의 업무를 완수하고 퇴근하기 전까지 업무와 관련하여 발생한 사고를 업무상 사고로 인정한다.

나아가 사업주의 관리하에 있지만 업무를 수행하지 않는 경우에 발생한 사고도 업무상 재해로 인정된다. 예컨대, 사내체육대회, 야유회, 등산대회, 회식 등 사내행사 중 발생한 사고도 사업주가 노무관리나 사업운영상 필요성을 인정하여 적극적이고 구체적으로 지시한 경우에는 업무상 사고로 인정한다. 사업주가 제공한 시설물, 장비 또는 차량 등의 결함이나 관리소홀로 발생한 사고도 업무상 사고로 인정된다. 또한 휴게시간 중에 발생한 사고라도 사업주의 지배 · 관리하에 있다고 볼 수 있는 행위로 발생한 사고는 업무상 사고로 인정된다. 하지만 이상과 같은 사고가 발생하더라도 37조 단서조항에 의해 업무와 재해 사이에 상당 인과관계가 없다면, 업무상 재해로 인정받지 못한다. 따라서 업무

수행성만으로는 업무상 재해의 인정요건을 충족시켰다고 보기 힘들다.

(2) 업무상 질병

업무상 재해의 두 번째 범주는 업무상 질병, 직업병이다. 현행 〈산재보험법〉은 업무상 질병을 세 가지로 구분한다. 첫째, 위험물질을 취급하다가 발생한 질병이다. 즉, "업무수행 과정에서 물리적 인자(因子), 화학물질, 분진, 병원체, 신체에 부담을 주는 업무 등 근로자의 건강에 장해를 일으킬 수 있는 요인을 취급하거나 그에 노출되어 발생한 질병"이다. 이를 인정받기 위해서는 다음과 같은 세 가지 요건을 모두 충족해야 한다. ① 근로자가 업무 수행과정에서 유해·위험요인을 취급하거나 유해·위험요인에 노출된 경력이 있어야 한다. ② 유해·위험요인을 취급하거나 유해·위험요인에 노출된 업무시간, 업무에 종사한 기간 및 업무환경 등을 비추어 볼 때 근로자의 질병이 유발될 수 있다고 인정되어야 한다. 즉, ①과 ②의 조건은 구체적 업무 수행성의 증명을 요구하는 것이다. ③ 근로자가 유해·위험요인에 노출되거나 유해·위험요인을 취급한 것이 원인이 되어 그 질병이 발생했다는 것이 의학적으로 인정되어야 한다. 다시 말해, 업무 기인성을 의학적으로 증명해야 한다. 결국 업무 수행성과 업무 기인성을 모두 요구하고 있는 것이다. 노동부는 1982년부터 2요건주의를 폐기하고 '업무상 사유'라는 단일요건으로 변경하였다고 주장하고 있지만, 하위 규정들은 여전히 두 가지 요건을 모두 요구하고 있다. 내용은 그대로 둔 채, 제목만 바꾼 셈이다.

업무상 질병의 두 번째 경우는 업무상 부상이 원인이 되어 발생한 질병을 의미한다. 이 경우 ① 업무상 부상과 질병 사이의 인과관계가 의학적으로 인정되고, ② 기초질환 또는 기존 질병으로 의해 자연적으로 나타난 증상이 아닐 것이라는 두 가지 조건을 충족해야 한다. 단, 상당 인과관계의 증명에서 업무가 질병의 유일한 원인일 필요는 없다. 다른 원인과 경합(競合) 할 경우에도 업무가 질병의 악화에 영향을 미쳤다면 업무상 질병으로 인정된다. 예를 들면 평소 고혈압 약을 복용하던 노동자가 과로로 인하여 뇌출혈이 발생하여 신체가 마비되었다고 하자. 이 경우 고혈압과 과로가 뇌출혈의 원인으로 경합하게 된다. 이와 같이 두 가지 원인이 경합하더라도 업무(과로) 가 지병(고혈압) 의 악화를 촉진하여 뇌출혈을 발생시킨 것이라면 업무상 재해로 인정된다.

업무상 질병의 세 번째 경우는 업무상 스트레스에 의한 질병이다. 산재보험은 직장 내 괴롭힘, 고객의 폭언 등으로 인한 정신적 스트레스가 원인이 되어 발생한 질병도 업무상 질병으로 인정하고 있다.

(3) 출퇴근 재해

출퇴근 재해는 업무상 재해 인정을 둘러싸고 최근까지 뜨거운 쟁점이 되어 왔다. '통근이 없으면 업무도 없다'라는 주장에서 볼 수 있듯이 노동단체 측은 출퇴근과 업무의 불가분성을 내세워 출퇴근 재해를 업무상 재해로 인정해야 한다고 주장하였다. 반면 반대론자들은 출퇴근이 업무와 밀접히 관련되더라도 일반적인 생활위험일 뿐이며, 시간적 · 공간적으로 업무에 속하지 않을 뿐만 아니라, 그것이 사업목적에 봉사하는 성격도 갖지 않기 때문에 업무상 재해로 인정할 수 없다고 반박하였다. 출퇴근이 업무의 필수적 조건임에도 불구하고 출퇴근 재해는 제 3의 원인이나 자연현상에 의한 것이 많고, 출퇴근 과정이 사업주의 지휘·통제하에 있다고 보기 어려웠기 때문에 업무 수행성과 업무 기인성을 인정받기 쉽지 않았다. 물론 사업주가 제공한 교통수단을 이용하는 과정에서 발생한 사고는 업무상 재해로 인정되었지만, 개인적 차원의 출퇴근 과정에서 발생한 재해는 업무상 재해 인정과정에서 번번이 거부되어 왔다.

그러나 2018년 산재보험은 노동단체의 끈질긴 요구를 받아들였다. 개인적 차원의 출퇴근이라도 통상적인 경로와 방법으로 출퇴근하는 과정에서 발생한 사고에 한해 업무상 재해로 인정하기 시작한 것이다. 나아가 출퇴근 경로를 이탈하거나 중단하더라도 ① 일상생활에 필요한 용품을 구입하는 행위, ② 학교 또는 직업교육훈련기관에서 교육이나 훈련 등을 받는 행위, ③ 선거권이나 국민투표권의 행사, ④ 아동 또는 장애인을 보육기관 또는 교육기관에 데려가거나 데려오는 행위, ⑤ 의료기관 또는 보건소에서 진료 받는 행위, ⑥ 의료기관 등에서 요양 중인 가족을 돌보는 행위 등은 일상생활에 필요한 행위로 인정되었고, 이 과정에서 발생한 사고도 출퇴근 재해로 인정하였다. 그러나 출퇴근 경로와 방법이 일정하지 아니한 직종은 출퇴근 재해 대상에서 제외되는데, 수요응답형 여객자동차운송사업, 개인택시운송사업, 퀵서비스업자 및 배달원은 출퇴근 재해 대상에서 제외된다.

출퇴근 재해의 인정은 업무 수행성과 업무 기인성의 유연적 적용을 의미하기 때문에 적지 않은 의의가 있으며, 이러한 포괄적 해석은 좀 더 확대될 필요가 있다. 특히 직업병의 경우 의학적 인과관계의 검증이 쉽지 않기 때문에 이러한 유연한 접근이 매우 절실하다고 하겠다.

2) 산재보험의 적용범위

산재보험은 모든 사업과 사업장을 적용범위로 하고 있으며, 강제가입을 원칙으로 한다. 여기서 주의해야 할 것은 적용범위가 '근로자'가 아니라 '사업과 사업장'이라는 것이다. 개별 근로자를 가입대상으로 하는

〈표 12-1〉 산재보험의 기업규모별 및 업종별 적용확대 추이

연도	기업규모	업종 관련 비고
1964. 7. 1.	500인 이상	광업, 제조업
1965. 1. 1.	200인 이상	전기가스업, 운수보관업 추가
1966. 1. 1.	150인 이상	
1967. 1. 1.	100인 이상	유기사업(연간 25,000인 이상)
1968. 1. 1.	50인 이상	유기사업(연간 13,000인 이상)
1969. 1. 1.		건설업, 수도업, 위생시설서비스업, 상업, 통신업, 서비스업 추가
1969. 7. 1.		건설업은 공사금액 2,000만 원 이상
1972. 1. 1.	30인 이상	
1973. 1. 1.	16인 이상	건설업은 공사금액 1,000만 원 이상
1976. 1. 1.	16(5)인 이상	광업, 제조업 중 화학, 석유, 석탄, 고무, 플라스틱제조업은 5인 이상
1982. 7. 1.	10(5)인 이상	건설업은 공사금액 4,000만 원 이상. 벌목업 추가
1983. 8. 6.		농산물위탁판매업 및 중개업 추가
1986. 9. 1.		베니아판제조업 등 14개 업종 5인 이상 추가
1987. 1. 1.		목재품제조업 등 20개 업종 5인 이상 추가
1988. 1. 1.		전자제품제조업 등 16개 업종 5인 이상 추가
1992. 7. 1.	5인 이상	광업, 임업, 수렵업, 도소매업, 부동산업 5인 이상 추가
1996. 1. 1.		교육서비스업, 보건 및 사회복지사업 추가
1998. 1. 1.		현장실습생 적용특례. 해외파견자 임의적용
1998. 7. 1.		금융 및 보험업 추가
2000. 7. 1.	1인 이상	농업, 임업, 어업, 수렵업은 5인 이상. 중소기업사업주 임의가입
2001. 1. 1.		국가 및 지방자체단체에서 직접 행하는 사업 추가
2008. 7. 1.		특수형태근로종사자 임의가입

자료: 노동부, 〈산재보험 40년사: 1964~2004〉, 2004.
고용노동부, 〈2020년도 산재보험사업연보〉

〈표 12-2〉 연도별 산재보험 적용대상의 확대추이

연도	사업장 수	근로자 수	연도	사업장 수	근로자 수
1965	289	161,150	2005	1,175,606	12,069,599
1970	5,588	779,053	2010	1,608,361	14,198,748
1975	21,369	1,836,209	2015	2,367,186	17,968,931
1980	63,100	3,752,975	2016	2,457,225	18,431,716
1985	66,803	4,495,185	2017	2,507,364	18,560,142
1990	129,687	7,542,752	2018	2,654,107	19,073,438
1995	186,012	7,893,727	2019	2,680,874	18,275,160
2000	706,231	9,485,557	2020	2,719,308	18,974,513

자료: 고용노동부, 〈2015년도 산재보험사업연보〉, 〈2020년도 산재보험사업연보〉

다른 사회보험들과 달리 산재보험은 〈근로기준법〉상의 재해보상 책임을 근거로 하고 있기 때문에 고용주가 가입자이며, 고용주가 운영하는 사업이나 사업장이 가입단위가 된다. 하지만 급여의 수급자는 해당 사업장에 속한 근로자이므로, 유일하게 가입자와 수급자가 일치하지 않는 사회보험제도이다. 1964년 500인 이상 사업장을 적용대상으로 출범한 산재보험은 〈표 12-1〉과 같이 2000년 7월 1일부터 1인 이상의 전 사업장으로 적용범위를 확대하였으며, 2018년부터는 건설공사의 규모제한도 폐지하여 소규모 공사도 적용범위에 포함시켰다.

이러한 적용확대의 결과, 1964년 64개 사업장, 8만 1,798명의 근로자를 대상으로 시작한 산재보험은 2020년 현재 〈표 12-2〉와 같이 271만 9,308개 사업장, 1,897만 4,513명의 근로자로 적용규모가 확대되었다. 〈표 12-2〉는 연도별 산재보험적용 사업장 수와 근로자 수를 나타낸 것이다.

현재 산재보험의 적용을 받지 않는 근로자는 얼마 되지 않는다. ① 별도의 재해보상체계를 갖는 공무원, 군인, 사립학교 교원, 선원 등의 특수직역 근로자, ② 가구 내에 고용이 된 근로자, ③ 농업, 임업, 어업 및 수렵업 중 법인이 아닌 자가 5인 미만의 근로자로 운영하는 사업에 고용된 근로자만이 산재보험에서 적용 제외된다. 나아가 산재보험은 다른 사회보험들과 달리 근로형태에 따른 적용의 차이가 없다. 즉, 일용직 근로자나 파트타임 근로자, 임시직 근로자 등 제반 비정규직 근로자들도 산재보험제도의 적용을 받는 데 제한이 없다. 산재보험의 적용에서 중요한 것은 근로형태가 아니라 의무가입대상 사업장 여부이다. 즉, 의무가입대상 사업장에서 근로하는 근로자는 근로형태에 상관없이 모두 산재보험의 적용을 받는다.

일반적으로 비정규직 근로자의 가입을 제한하고 있는 다른 사회보험들과 비교할 때, 산재보험은 비교적 비정규직 근로자들의 접근성이 높다고 평가할 수 있다. 나아가 사업주의 산재보험 가입 여부와 보험료 납부 여부도 근로자들의 적용에 영향을 주지 않는다. 사업주가 산재보험에 가입하지 않았거나 산재보험료를 납부하지 않았더라도, 재해 발생 당시 의무적용대상 사업장에 근무했다는 것만 증명하면 근로복지공단은 심사를 거쳐 재해근로자에게 산재보험급여를 지급한다. 대신 사업주는 미가입 기간에 해당하는 보험료를 일괄 납부해야 할 뿐만 아니라 근로복지공단이 재해근로자에게 지급한 산재보험급여액의 50%를 납부해야 한다. 물론 실제 노동현장에서는 고용주가 정보가 부족한 재해근로자를 기망하여 비정규직을 이유로 산재보험 적용을 거부하는 경우가 대부분이다.

나아가 산재보험에서는 〈근로기준법〉상의 '근로자' 개념의 적용문제가 비정규직 문제보다 더 큰 쟁점이 된다. 〈산재보험법〉은 〈근로기준법〉의 '근로자' 개념을 준용한다. 즉, 〈산재보험법〉 5조 2호에 의하면, 산재보험급여의 지급대상이 되는 근로자는 〈근로기준법〉상의 '근로자'이다. 〈근로기준법〉 2조 1호에 의하면, '근로자'란 '직업의 종류와 관계없이 임금을 목적으로 사업이나 사업장에 근로를 제공하는 자'를 말한다. 뒤집어 말하면 임금을 목적으로 하지 않고 근로를 제공하는 자는 근로자가 아니라는 것이다. 따라서 직업훈련생이나 실습생, 무급 가족노동자 등은 근로자의 범주에서 제외된다.

그렇다면 임금은 무엇인가? 〈근로기준법〉 2조 5호에 의하면, '임금'이란 '사용자가 근로의 대가로 근로자에게 임금, 봉급, 그 밖에 어떠한 명칭으로든지 지급하는 모든 금품'을 말한다. 여기서 핵심은 '사용자가 지급하는 금품'이라는 것이다. 따라서 사업주의 지휘와 감독하에 있지만 사용주에게 직접 금품을 지급받지 않고, 이용자로부터 수고료나 봉사료 등의 명목으로 근로의 대가를 지불받는 사람은 〈근로기준법〉상의 근로자가 아닌 것이다. 산재보험은 이러한 사람을 공식적으로 '특수형태근로종사자'라고 규정한다. 이들은 〈근로기준법〉상의 근로자는 아니지만 근로자와 유사한 직업위험을 갖고 있기 때문에 업무상 재해의 위협으로부터 보호받을 필요가 있다. 이에 산재보험은 〈근로기준법〉상의 근로자는 아니지만, 유사한 직업위험을 가진 사람들에 대해 특례조항을 활용하여 적용대상에 포괄하고 있다.

먼저, 1998년부터 현장실습생에 대한 특례가 신설되었다. 현장실습생도 근로자와 동일하게 급여를 지급하되 급여수준은 훈련수당 등 훈련으로 인해 지급받는 모든 금품에 준하며, 이것이 최저임금법상의 최저임금액에 미달할 경우 최저임금액을 훈련수당으로 간주한다.

둘째, 해외파견자에 대한 특례가 신설되었다. 〈국제법〉 체계상 각국의 법령은 해당 국가에만 효력을 가지기 때문에 다른 국가에는 적용되지 않는다. 이러한 속지주의 원칙에 따라 산재보험은 원칙적으로 국내 사업장과 사업에 한정되어 적용된다. 이에 산재보험은 해외사업장에 파견근무하는 근로자를 보호하기 위해 1998년 해외파견자에 대한 특례를 신설하고, 근로복지공단의 승인을 거쳐 특례대상자에게 국내근무자와 동일하게 산재보험의 적용을 받도록 하였다.

셋째, 산재보험은 2021년 개정법을 통해 학생연구자에 대한 특례를 신설하였고, 2022년부터 적용을 시작하였다. 이에 따라 대학이나 연구기관의 연구개발과제에 참여하고 있는 대학생이나 대학원생 등의 연구활동종사자는 산재보험의 적용을 받게 되었다.

넷째, 2000년부터 중소기업 사업주에 대한 특례가 신설되었다. 300인 미만의 피고용자를 사용하는 사업주의 경우 공단의 승인을 거쳐 제도에 가입할 수 있으며, 이때 중소기업주의 임금은 매년 노동부 장관이 정하는 고시임금을 따르도록 되어 있다.

다섯째, 2008년부터 국민기초생활보장 수급자에 대한 특례가 신설되었다. 국민기초생활보장제도의 자활사업에 참여하는 수급자는 산재보험의 적용을 받으며, 수급자의 기준임금은 자활사업에 참여하여 받고 있는 자활급여액으로 한다.

여섯째, 2008년부터 특수형태근로종사자에 대한 특례가 신설되었다. 2008년에는 보험 모집원, 레미콘 기사, 학습지 교사, 골프장 캐디

〈표 12-3〉 연도별 특수형태근로종사자들의 산재보험 적용추이

연도	직종
2008	보험 모집원, 레미콘 기사, 학습지 교사, 골프장 캐디
2009	택배 기사, 전속 퀵서비스 기사
2016	대출 모집인, 신용카드 모집인, 전속 대리운전 기사
2020	수출입 컨테이너 지입차주, 시멘트 운송차주, 철강재 운송차주 유해화학물질 및 고압가스 운송차주
2021	소프트웨어 기술자

자료: 근로복지공단 홈페이지.

등 4개 직종이 우선 적용되었다. 이후 점진적으로 대상직종을 확대했는데, 〈표 12-3〉은 특수형태근로종사자들의 적용 확대과정을 정리한 것이다. 2022년 현재 14개 직종의 특수형태근로종사자가 산재보험의 적용을 받고 있으며, 가장 최근에는 소프트웨어 기술자들이 2021년부터 적용을 받고 있다.

하지만 특수형태근로종사자들은 〈노동법〉상 자영업자로 분류되기 때문에, 다른 근로자와 달리 산재보험료를 고용주가 전액 부담하지 않으며, 노사가 2분의 1씩 부담해야 한다. 산재보험료는 고용주가 전액 부담하는 것으로 인식하던 노동단체들과 특수형태근로자들은 이에 강력히 반발하였다. 이에 노동부는 특수형태근로자가 적용을 원하지 않을 경우 적용제외를 신청할 수 있도록 하였다. 문제는 상당수의 특수형태근로자들이 적용제외를 신청하여 실제 가입률이 매우 저조하다는 것이다. 특수형태근로자가 적용제외를 선택하는 이유는 근로자 자신이 산재보험료 납부를 꺼리는 측면도 있지만, 고용주가 보험료 납부를 회피하기 위해 특수형태근로자들에게 강압적으로 적용제외 신청서를 요구하는 경우가 많기 때문이다. 2019년 송옥주 의원의 국정감사자료에

의하면 2019년 현재 특수형태근로자로 신고한 47만 4,681명의 근로자 중에서 산재보험에 가입한 근로자는 13.69%에 불과한 6만 4,967명이었다.

이에 고용노동부는 2021년 7월부터 특수형태근로자들의 적용제외 신청에 있어 신청사유를 엄격하게 제한하기 시작하였다. 즉, ① 부상·질병, 임신·출산·육아로 1개월 이상 휴업하는 경우, ② 사업주의 귀책사유에 따라 1개월 이상 휴업하는 경우, ③ 사업주가 천재지변, 전쟁 또는 이에 준하는 재난이나 〈감염병법〉에 따른 감염병의 확산으로 불가피하게 1개월 이상 휴업하는 경우가 아닌 이상 특수형태근로자들은 적용제외를 신청할 수 없도록 하여, 사실상 특수형태근로자들의 산재보험 가입 의무화에 나선 것이다. 이에 따른 결과는 아직 발표되지 않았지만, 상당한 효과가 있을 것으로 예상된다.

3. 산재보험급여의 종류와 수준

1) 요양급여

요양급여는 근로자가 업무상의 사유로 부상을 당하거나 질병에 걸린 경우 치료에 소요되는 요양비를 지급하는 급여이다. 요양급여의 대상은 ① 진찰 및 검사, ② 약제 또는 진료재료와 의지(義肢) 그 밖의 보조기의 지급, ③ 처치 및 수술, 그 밖의 치료, ④ 재활치료, ⑤ 입원, ⑥ 간호 및 간병, ⑦ 이송 등에 관한 제반 비용이다. 다만 업무상 재해가 3일 이내에 치유되는 부상이나 질병일 경우에는 요양급여를 지급하지 않고 〈근로기준법〉에 의하여 사용자가 요양비를 지급하도록 하고 있다.

2007년까지 〈산재보험법〉은 "요양급여는 요양비의 전액으로 하되, 공단이 설치한 보험시설 또는 공단이 지정한 의료기관에서 요양을 하게 한다"고 명시하여 요양급여의 급여수준이 요양에 소요되는 비용 전액임을 규정하였다. 그러나 현실적으로 상급병실 사용료나 선택진료비 등에서 본인부담금이 존재했기 때문에, 2008년부터는 요양급여수준을 하위법령인 노동부령으로 정하도록 개정하였다.

산재보험은 요양비 전액에 준하는 요양급여 지급을 목표로 하지만 의료기관이 청구하는 대로 진료비를 지급하지 않는다. 만약 의료기관에서 청구한 대로 급여를 지급하게 되면 의료기관과 재해근로자는 비용의 측면을 고려하지 않기 때문에 과잉진료의 위험이 존재하게 된다. 따라서 근로복지공단은 의료기관의 진료비를 심사하게 되는데, 그 심사의 준거가 되는 것은 '국민건강보험 요양급여기준'이다. 다만 건강보험에서는 산재보험의 적용대상인 치과보철, 재활 보조기구, 화상환자의 약제 및 치료재료, 한방 첩약 및 탕전료, 재활 치료료, 냉각부하검사료 등이 비급여항목이기 때문에, 국민건강보험 요양급여기준은 해당 항목에 대한 지급기준을 정하고 있지 않다. 이에 따라 노동부는 건강보험 비급여항목들에 대해 '산업재해보상보험 요양급여 산정기준'을 별도로 정하여 운영한다.

산재보험은 기본적으로 치료비 전액을 지급하지만, 건강보험과 산재보험의 요양급여기준에 기재되어 있지 않거나, 업무상 부상이나 질병의 치료목적이 아닌 진료나 투약, 그리고 상급병실 사용료는 비급여대상으로 분류하여 재해근로자 본인이 전액 부담하도록 하고 있다. 이에 따라 건강보험의 비급여대상은 '산재보험 요양급여 산정기준'에서 별도로 정하지 않는 한 산재보험에도 비급여대상이 된다.

근로복지공단의 용역조사에 의하면 2017년 5월 현재 비급여가 포함된 이종요양비[1] 중 비급여로 인한 조정금액이 상위 10%에 해당되는 내역서를 분석한 결과, 산재보험제도의 비급여율은 18.7%로 분석되었다(신라대 산학협력단, 2017: 13). 상위 10%를 대상으로 했기 때문에 확대해석하기는 어렵지만, 상당한 규모의 비급여 진료비가 존재하는 것으로 보인다. 이는 재해근로자에게는 심각한 부담으로 작용할 것이다.

2) 휴업급여

휴업급여는 업무상 재해로 요양 중인 근로자에게 요양으로 인하여 취업하지 못한 기간의 소득을 보전하기 위해 제공하는 현금급여로서, 평균임금의 70%를 지급한다. 여기서 평균임금은 〈근로기준법〉에 따라 '이를 산정하여야 할 사유가 발생한 날 이전 3개월 동안에 그 근로자에게 지급된 임금의 총액을 그 기간의 총일수로 나눈 금액'을 말한다. 즉, 3개월간의 임금평균액을 말하는 것이다. 단, 산출된 평균임금이 근로자의 통상임금보다 낮을 경우에는 그 통상임금액을 평균임금으로 한다.

---

1 '이종요양비'란 산재 승인 전 회사나 재해근로자가 직접 병원에 지불한 의료비를 산재 승인 후에 환급받기 위하여 근로복지공단에 청구할 때 사용하는 요양비의 실무적인 명칭이다.

통상임금이란 '근로자에게 정기적이고 일률적으로 소정근로 또는 총 근로에 대하여 지급하기로 정한 시간급 금액, 일급 금액, 주급 금액, 월급 금액 또는 도급금액'을 말한다. 즉, 시급액, 일당액, 주급액 등을 의미한다. 휴업급여는 요양급여와 마찬가지로 3일 이내에 치유되는 부상이나 질병일 경우에는 지급하지 않으며, 해당 기간 동안에는 〈근로기준법〉에 의해 사용주가 보상한다.

평균임금의 70%인 휴업급여의 수준은 ILO의 권장기준의 3분의 2를 상회하고 있다. 그러나 제 7장의 〈표 7-1〉을 참조할 때, 우리나라 산재보험의 휴업급여수준은 대다수의 OECD 국가들에 비하면 낮은 수준이다. 우리나라도 국제적 추세를 고려할 때 휴업급여수준을 80% 정도로 상향조정할 필요가 있다.

우리나라 산재보험은 휴업급여의 지급기간에 제한을 두지 않는다. 즉, 업무상 사유로 부상과 질병이 계속되는 한 휴업급여는 무기한 지급된다. 요양급여를 받는 근로자가 2년이 지난 시점에서 중증 요양상태를 측정한 결과 중증 요양등급 1~3급에 해당하면 장해급여 1~3급과 동일한 상병보상연금으로 전환되지만, 중증 요양상태가 3급에 못 미칠 경우에는 휴업급여가 계속 지급된다. 이에 따라 재해근로자들이 취업을 기피하고 휴업급여에 의존하는 것을 막기 위해서는 휴업급여의 지급기간을 제한해야 한다는 주장이 제기되지만, 지급기간을 제한하려면 적절한 후속 프로그램이 마련되어야 한다(이정우, 2007: 101~103). 하지만 후속 프로그램이 되어야 할 장해급여는 4급부터 일시금의 선택이 가능하기 때문에 생활보장의 측면에서 적절하지 않을 뿐만 아니라, 급여수준이 낮기 때문에 연금화에도 문제점이 많다. 연금형태의 적절한 후속 프로그램이 마련되지 않는 한 휴업급여의 지급기간을 제한하기는 힘들다.

휴업급여가 지급기간의 제한 없이 운영되면서 나타난 결과는 고령의 휴업급여 수급자가 증가하고 있다는 것이다(이정우, 2007: 88~89). 이에 2000년부터 노동부는 60세 이상 고령자들의 휴업급여액을 감액 조정하기 시작하였다. 〈산재보험법〉 52조에 의하면 휴업급여는 '요양으로 취업하지 못한 기간'에 대해 지급하는 것인데, 60세 이상의 고령수급자의 경우 미취업상태가 요양 때문인지, 아니면 사회적 정년에 해당되기 때문인지 불분명하다는 이유를 내세웠다. 물론 이는 표면적 이유였고 산재보험 지출을 억제하려는 측면이 더 많이 반영되었다. 이에 따라 노동부는 휴업급여 수급자의 연령이 61세가 넘을 경우 해마다 4%포인트씩 감액조정하여 65세 이상이 되면 평균임금의 50%를 수급하도록 조정하고 있다.

휴업급여액은 평균임금의 70%로 계산되지만, 평균임금액이 지나치게 낮으면 최저생활보장이 위협을 받는다. 이에 〈산재보험법〉 54조는 저소득층의 휴업급여 산정에 있어 휴업급여 산정액이 최저 보상기준 금액의 80%보다 낮다면, 평균임금의 90%와 최저보상기준액의 80% 중 적은 금액을 휴업급여액으로 하며, 이렇게 산출된 휴업급여액이 〈최저임금법〉상의 최저임금보다 적을 경우 최저임금액을 휴업급여액으로 하기로 하였다. 이와 같이 휴업급여의 최저기준이 복잡하고 이상하게 산정되는 이유는 최저임금제도 시행 초기에 최저임금 수준이 기형적으로 낮았기 때문이다. 1988년부터 시행된 최저임금제도는 시행 초기 최저임금의 수준이 너무 낮아 적용되는 근로자가 거의 없었으며, 2005년까지도 근로자 평균임금의 25% 수준에 불과하였다(정진호, 2008: 72).

2000년부터 산재보험은 근로자의 평균임금이 최저임금액에 미달하는 경우 그 최저임금액을 휴업급여액으로 하도록 하여 휴업급여의 최저기준을 도입하였으나, 최저임금액이 너무 낮았기 때문에 그 실효성에 의문이 제기되었다. 이에 노동부는 2008년부터 최저보상기준 금액의 80%라는 기준을 새로 추가하여 최저임금액을 보완하도록 한 것이다. 최저보상기준은 근로자 평균임금의 50%로 결정되기 때문에, 최저보상기준 금액의 80%는 근로자 평균임금액의 40% 정도를 의미하였다. 이는 당시 근로자 평균임금의 25%에 불과했던 최저임금액보다 높은 금액이었기 때문에 충분히 휴업급여의 최저기준을 보완할 수 있었다. 그러나 문재인 정부가 들어서면서 최저임금이 급격히 상승하였고, 최근 최저임금액은 근로자 평균임금액의 50%를 초과하고 있다. 따라서 2022년의 경우 최저임금액이나 최저보상기준 모두 일급 7만 3,280원으로 설정되어 있다.[2] 결국 최저임금이 상승하면서 최저보상기준의 80%라는 보완장치는 사실상 유명무실해진 것이다. 산정방법이 복잡하고 이상하지만 적어도 저소득 재해근로자들의 휴업급여액은 최저임금액 이상으로 설정되기 때문에 재해근로자들의 최저생활보장을 위한 안전장치는 어느 정도 갖춘 셈이다.

산재보험은 2008년부터 최고보상 기준액을 도입하여, 고액 급여에 대하여 상한선을 설정하였다. 최고보상 기준액은 전체 근로자 임금평균액

---

2 최저보상기준액은 전체 근로자 임금평균액의 2분의 1과 최저임금액 중 높은 쪽으로 결정된다. 최근 몇 년간 최저보상기준액과 최저임금액이 똑같은 이유는 최저임금액이 계속해서 전체 근로자 임금평균액의 2분의 1 수준을 초과하기 때문이다.

의 1.8배로 산정되며, 2022년 현재 23만 2,664원이다. 따라서 평균임금이 최고보상기준액을 초과하는 재해근로자는 최고보상기준액까지만 급여를 받을 수 있다. 최고보상기준은 휴업급여뿐만 아니라 장해급여, 유족급여, 상병보상연금 등 평균임금을 사용하는 모든 급여에 적용된다.

또한 노동부는 2008년 7월부터 부분휴업급여를 도입하였다. 그동안에는 요양 중에 근로소득이 발생하면 휴업급여를 중단하였기 때문에, 재해근로자들은 부분적 근로가 가능하더라도 노동시장 참여를 시도하지 않았다. 이에 산재보험은 요양기간 중 근로를 하더라도 재해근로자의 취업시간만큼의 평균임금에서 취업시간에 대한 임금을 뺀 금액의 90%를 부분휴업급여로 지급하도록 하여 근로동기의 하락을 억제할 수 있는 장치를 마련하였다.

일용직 근로자, 특히 건설일용직 근로자들은 일감 수주(受注)나 계절, 날씨에 따라 불규칙한 근로일수를 특징으로 한다. 따라서 평균임금이 통상임금보다 적을 경우가 많으므로 평균임금 대신 통상임금을 기준으로 휴업급여액을 산출한다. 그러나 이 경우 실근무일수가 적은 건설일용직 근로자의 경우 휴업급여액이 실제 근로소득을 초과하는 경우가 발생할 수 있다. 예컨대 일당 20만 원의 건설 일용근로자가 월평균 20일을 일할 경우 근로소득은 400만 원이지만, 휴업급여액은 통상임금인 일당 20만 원을 기준으로 산출되므로 420만 원(20만 원 × 30일 × 0.7)이 된다. 이는 재해근로자의 근로유인을 감소시킬 뿐만 아니라 형평성 차원에서도 문제가 제기될 수 있다. 특히 건설일용직 중 위험도가 높은 활선전공, 케이블공, 비계공, 철근공, 용접공 등은 고임금 직종일 뿐만 아니라 실근로일수도 적기 때문에 실제근로소득과 휴업급여액의 차이가 크다.

이에 산재보험은 2001년 7월부터 통상근로계수를 도입하여 일용직 근로자들의 급여산정에 반영함으로써 적정급여수준을 유지하고자 하였다. 즉, 산재보험은 직종에 상관없이 모든 일용직 근로자들의 통상임금에 통상근로계수를 곱하여 급여를 산출하는데, 통상근로계수는 도입 당시부터 현재까지 0.73이 적용되고 있지만, 2018년부터는 산출방법이 실제 근로일수를 반영하여 3년마다 고시하는 것으로 변경되었다.

3) 장해급여

장해급여는 부상이나 질병을 치유한 이후에도 장해가 남아 있을 경우 지급되며, 장해등급에 따라 지급방법과 지급액수가 차등화되어 있다. 우리나라는 신체적 손상 정도에 따라 장해등급을 14등급으로 구분한다.[3] 각 장해등급별 보상수준은 〈표 12-4〉와 같다.

장해급여의 지급방법은 장해보상연금과 장해보상일시금으로 구분된다. 장해등급 1~3급은 연금지급이 의무화되어 있으며 장해보상연금만 받을 수 있다. 반면 8~14급은 장해급여일시금만 수령할 수 있다. 중간에 해당하는 4~7급은 연금과 일시금 중 선택이 가능하다. 장해보상연금의 지급수준은 장해등급에 따라 차등화된다. 장해등급 1등급의 경우 〈표 12-4〉에서 보는 바와 같이 평균임금의 329일분을 지급하며 연금을 선택할 수 있는 가장 낮은 등급인 7등급의 경우 138일분을 제공한다. 이

3 구체적인 장해등급표는 근로기준법 시행령 〔별표 6〕을 참조할 수 있다.

〈표 12-4〉 산재보험 장해등급에 따른 장해급여수준

장해등급	장해보상연금	장해보상일시금
제 1급	329일분(90.1%)	1,474일분
제 2급	291일분(79.7%)	1,309일분
제 3급	257일분(70.4%)	1,155일분
제 4급	224일분(61.4%)	1,012일분
제 5급	193일분(52.9%)	869일분
제 6급	164일분(44.9%)	737일분
제 7급	138일분(37.8%)	616일분
제 8급		495일분
제 9급		385일분
제 10급		297일분
제 11급		220일분
제 12급		154일분
제 13급		99일분
제 14급		55일분

자료: 산업재해보상보험법 [별표 2]

를 임금대체율로 환산하면 1급의 경우 평균임금의 90.1%, 7등급의 경우 평균임금의 37.8%를 지급하는 것이다. 장해보상일시금을 수급할 경우, 장해등급 4급은 1,012일분을 수급하며, 14급은 55일분을 받을 수 있다. 장해보상연금의 경우 수급권자의 신청에 의해 미리 선급할 수도 있는데, 장해등급 1~3급은 1~4년 연금액의 2분의 1을 선급할 수 있으며, 4~7급은 1~2년 연금액의 2분의 1을 선급할 수 있다.

이미 휴업급여에서 언급했지만 장해급여는 장기 휴업급여 수급자들의 후속 프로그램이 되어야 한다. 하지만 장해등급 4급 이하의 급여수준은 휴업급여에 비해 매우 낮고, 일시금의 비중이 높기 때문에 적절한 후속 프로그램으로 기능하기에는 어려워 보인다. 연금을 선택했을 경우 좀 더 인센티브를 주는 방안을 고려할 필요가 있다.

산재보험은 적절한 장해급여의 수준을 유지하기 위하여 장해급여에도 최저보상기준을 적용한다. 최저보상기준은 1977년부터 도입되었고 해마다 노동부 장관이 당년도 최저보상기준액을 공시했으나, 2008년부터 측정방법이 구체적으로 명시되어 '전체 근로자의 임금평균액의 2분의 1'과 최저임금액 중 높은 금액을 최저보상기준액으로 적용되며, 근로자의 평균임금이 최저보상기준보다 낮을 때는 최저보상기준액이 평균임금으로 적용된다. 2022년 현재 최저보상기준액은 7만 3,280원이다. 나아가 장해급여는 휴업급여에서 언급한 최고보상기준의 적용도 받는다.

4) 유족급여와 장례비

유족급여는 근로자가 업무상 사유로 사망한 경우 그 유족들의 생활을 보장하기 위하여 연금 또는 일시금으로 지급하는 급여이다. 유족급여는 원칙적으로 유족보상연금으로 지급된다. 유족보상연금은 기본금액과 가산금액을 합친 금액으로 하는데 기본금액은 평균임금의 47%이며, 가산금액은 유족이 1명 증가할 때마다 1인당 5%씩 가산되는 금액을 의미한다. 가산금액은 20%의 한도가 있다. 따라서 유족이 한 명이면 기본금액 47%와 가산금액 5%를 합쳐 52%가 지급되며, 가산금액의 한도가 20%이므로 최대 67%까지 지급이 가능하다.

여기서 유족은 사망근로자와 생계를 같이하던 자로서 ① 배우자, ② 부모 또는 조부모로서 각각 60세 이상인 사람, ③ 자녀로서 25세 미만인 사람, ④ 손자녀로서 19세 미만인 사람, ⑤ 형제자매로서 19세 미만이거나 60세 이상인 사람, ⑥ 이상의 규정에 속하지 않는 자녀・부모・손자녀・조부모 또는 형제자매로서 〈장애인복지법〉에 따른 장애의 정도가 심한 장애인이 해당된다. 배우자가 재혼하거나 자녀와 손자녀, 그리고 형제자매가 해당 연령조건을 초과하거나, 장애인의 장애 정도가 회복될 경우에는 유족연금 수급권이 상실된다.

만약 여기에 해당하는 유족이 없을 경우 연금 대신 유족보상일시금이 지급되는데, 사망근로자 평균임금의 1,300일분이 유족에게 지급된다. 다만 유족이 원할 경우 유족보상일시금의 100분의 50을 일시금으로 지급하고 유족보상연금을 100분의 50으로 감액조정할 수 있다. 유족급여는 장해급여와 마찬가지로 최고보상기준과 최저보상기준의 적용을 받는다.

장례비는 업무상 재해로 사망한 경우 장례비용으로 지급되는 것으로 평균임금의 120일분을 장례를 행하는 유족에게 지급한다. 다만, 장례를 지낼 유족이 없거나 그 밖에 부득이한 사유로 유족이 아닌 사람이 장례를 지낸 경우에는 평균임금의 120일분 범위에서 실제 비용을 장례를 지낸 사람에게 지급한다. 2001년 7월부터는 장례비에 최고한도와 최저한도가 도입되었다. 이는 실비보상적 성격이 강한 장례비에 소득비례원칙을 적용하게 되면, 장례비 지급에서 과다와 과소가 발생할 가능성이 높다는 문제에 대응한 것이다. 장의비 최고금액은 전년도 장의비 수급권자에게 지급된 1인당 평균장의비 90일분에 〈산재보험법〉 최고보상기준금액의 30일분을 더한 금액으로 계산된다. 마찬가지로 장의비 최저금액은 전년도 장의비 수급권자에게 지급된 1인당 평균장의비 90일분에 산재보험법 최저보상기준금액의 30일분을 더한 금액으로 계산된다. 이러한 방식으로 계산된 2021년 장의비 최고금액과 최저금액은 각각 1,677만 5,750원과 1,208만 2,820원이다.

5) 상병보상연금

상병보상연금은 요양급여를 받는 근로자가 요양 개시 후 2년이 경과하여도 부상 또는 질병이 치료되지 않고 중증요양상태등급의 기준에 합당할 때 지급하는 급여이다. 업무상 재해가 발생하면 재해근로자는 요양급여와 휴업급여를 받는데, 상병보상연금은 3급 이상의 중증요양상태등급에 해당되는 2년 이상의 장기요양자에게 휴업급여에 갈음하여 지급한다. 따라서 요양급여와 함께 상병보상연금을 지급하면 휴업급여는 지급을 중단한다. 상병보상연금의 수급요건이 되는 중증요양상태등급은 장해급여의 1~3급과 완전히 동일하다. 결국 상병보상연금은 휴업급여에서 장해급여로의 부분적 전환을 의미하는 것이다.

상병보상연금은 1983년 일시급여를 연금화하기 위해 도입되었으며, 상병보상연금의 도입과 함께 일시급여는 폐지되었다. 따라서 상병보상연금은 1983년 이전의 일시급여와 마찬가지로 〈근로기준법〉의 일시보상을 갈음하며, 재해근로자에 대한 사용주의 고용관계 부담을 완화한다. 〈근로기준법〉 23조 2항은 "사용자는 근로자가 업무상 부상 또는 질병의 요양을 위하여 휴업한 기간과 그 후 30일 동안 또는 산전(産前)·산후의 여성이 이 법에 따라 휴업한 기간과 그 후 30일 동안은 해고하지 못한다"고 규정하고 있다. 따라서 아무런 단서조항이 없다면 요양기간이 아무리 장기화되더라도 고용주는 재해근로자를 해고하지 못하고 계속 고용관계를 유지해야 한다. 그러나 〈근로기준법〉 23조 2항의 단서 조항은 "다만 사용자가 제 84조에 따라 일시보상을 하였을 경우 또는 사업을 계속할 수 없게 된 경우에는 그러하지 아니하다"라고 규정하여 재해근로자에게 일시보상을 하면 고용관계를 정리할 수 있게 하였다.

〈근로기준법〉 제 84조는 재해근로자가 "요양개시 후 2년을 경과하여도 부상 또는 질병이 완치되지 아니하는 경우에는 평균임금의 1,340일분의 일시보상을 행하여 그 후의 이 법에 의한 모든 보상책임을 면할 수 있다"고 규정하여 일시보상과 고용관계를 설명하고 있다. 상병보상연금은 이러한 〈근로기준법〉상의 일시보상과 동일한 기능을 한다.

〈산재보험법〉 80조 4항은 이에 관하여 다음과 같이 규정하여 상병보상연금이 〈근로기준법〉상의 일시보상을 갈음하며, 따라서 사용주와 재해근로자 사이의 고용계약관계가 종료됨을 명시하고 있다. "요양급여를 받는 근로자가 요양을 시작한 후 3년이 지난 날 이후에 상병보상연금을 지급받고 있으면 〈근로기준법〉 제 23조 제 2항 단서를 적용할 때 그 사용자는 그 3년이 지난 날 이후에는 같은 법 제 84조에 따른 일시보상을 지급한 것으로 본다."

산재보험의 상병보상연금과 〈근로기준법〉의 일시보상의 차이를 보면, 일단 일시금으로 지급하는 〈근로기준법〉에 비해 산재보험은 연금을 지급함으로써 장기적인 생활안정에 보다 주안점을 두고 있다. 또한 산재보험이 경과기간을 3년으로 설정하여 〈근로기준법〉의 2년보다 1년을 더 연장함으로써, 일정 부분 재해근로자에게 유리한 측면을 제공한다. 만약 요양기간이 2년 이상 경과하더라도 중증요양등급 3급 이내에 속하지 못해서 상병보상연금을 받지 못하는 재해근로자가 〈근로기준법〉상의 일시보상도 받지 못했다면, 그의 고용계약관계는 계속 유효하며, 요양급여와 휴업급여를 계속 받을 수 있다.

상병보상연금도 휴업급여와 마찬가지로 60세 이상의 고령자에 대해 감액조정을 한다. 상병보상연금 수급자가 61세를 초과할 경우 해마다 4%포인트씩 감액조정되어 65세 이상이 되면 20%의 삭감이 이루어진다. 따라서 65세 이상의 중증요양등급 1급 수급자의 경우 급여수준은 평균임금의 90.1%에서 70.1%로 하향된다. 저소득자에 대한 보호도 휴업급여와 동일하게 적용된다. 〈산재보험법〉 67조 1항은 상병보상연금 산정에서 평균임금이 최저임금액의 70%보다 적을 경우 최저임금액의 70%를 평균임금으로 한다고 규정하고 있으나 곧바로 2항에서 1항에 의해 산정한 평균임금액이 "제 54조에서 정한 바에 따라 산정한 1일당 휴업급여 지급액보다 적으면 제 54조에서 정한 바에 따라 산정한 금액을 1일당 상병보상연금 지급액으로 한다"고 규정하고 있다. 결국 휴업급여의 하한선을 준용하는 것이다. 이미 살펴본 바와 같이 휴업급여의 하한선은 최저보상기준의 80%, 평균임금의 90%, 그리고 최저임금액 중 하나로 결정되므로 최저임금액의 70%보다 적어질 가능성은 전혀 없다. 상병보상연금에서 평균임금의 하한선은 휴업급여와 동일한 것이다. 나아가 최고보상기준도 상병보상연금에 동일하게 적용된다.

6) 간병급여

간병급여는 2000년 7월부터 산재보험에 신설된 급여이다. 하지만 산재보험은 2000년 7월 이전에도 재해근로자들에게 간병비를 지급했다. 〈산재보험법〉은 요양급여 내에 재해근로자의 간병에 들어가는 비용을 보상하도록 규정하기 때문에, 산재보험은 요양급여의 형태로 간병비를 지급했다. 따라서 요양급여를 받는 재해근로자에게 간병비를 지급하는 것은 문제가 없었다. 하지만 간병비는 요양급여에 포함되어 있었기 때문에, 치료 종결 이후에도 후유장애가 남아 있어서 지속적인 간병을 필요로 하는 재해근로자들에게 간병비를 계속 지급할 수 있는 법적 근거가 없었다. 이에 따라 간병급여를 새롭게 신설하여 요양급여를 받지 않더라도 후유장애로 인해 지속적인 간병이 필요한 경우에는 간병급여를 지급하도록 규정하였다.

이에 따라 간병급여는 요양급여와 독립된 별도의 급여형태로 규정되었다. 간병급여는 상시간병과 수시간병으로 구분된다. 상시간병은 요양을 받은 자가 ① 신경계통의 기능, 정신 기능 또는 흉복부 장기의 기능에 장해등급 제 1급에 해당하는 장해가 남아 있거나, ② 두 눈, 두 팔 또는 두 다리 중 어느 하나의 부위에 장해등급 제 1급에 해당하는 장해가 남고 다른 부위에 제 7급 이상에 해당하는 장해가 남아 있는 경우에 해당된다. 반면 수시간병은 ① 신경계통의 기능, 정신 기능 또는 흉복부 장기의 기능에 장해등급 제 2급에 해당하는 장해가 남아 있거나, ② 장해등급 제 1급에 해당하는 장해를 가진 경우에 해당된다. 간병급여는 대상자들이 실제 간병을 받을 경우에만 지급되는데, 간병급여액은 해마다 노동부 장관이 고시한다. 2022년의 경우 상시간병 급여액은 전문간병인의 경우 4만 4,760원, 가족 및 기타 간병인의 경우 4만 1,170원이며, 수시간병 급여액은 전문간병인의 경우 2만 9,840원, 가족 및 기타 간병인의 경우 2만 7,450원이다.

7) 진폐(塵肺)보상연금

2010년 노동부는 진폐증 근로자에 대한 보상체계를 진폐보상연금으로 일원화하였다. 이는 요양 여부에 따라 진폐증 근로자들의 산재보험급여가 지나치게 차이가 나자, 요양 여부에 상관없이 일정한 급여를 지급하기 위한 조치로 진폐증 근로자 간의 형평성을 도모하기 위한 것이었다. 진폐증 근로자가 합병증 등을 이유로 장기간 요양하게 되면 휴업급여와 상병보상연금을 받을 수 있을 뿐만 아니라, 사후에도 진폐로 인한 사망으로 쉽게 인정되어 유족급여도 쉽게 받을 수 있다. 따라서 요양급여를 받지 않고 장해급여만을 받고 있는 다른 진폐증 근로자에 비하여 더 많은 혜택을 받게 된다. 이는 진폐증 환자들이 되도록 요양급여를 받으려고 하는 유인요인으로 작용하였다. 이에 노동부는 진폐증 근로자들에 대해서는 기존의 현금성 산재보험급여, 즉 휴업급여, 장해급여, 상병보상연금, 유족급여를 지급하지 않고, 요양 여부와 관계없이 진폐보상연금만 지급받도록 단일화하였다.

진폐보상연금은 기초연금과 진폐장해연금으로 구성되며 두 연금을 합한 액수가 지급된다. 여기서 기초연금은 최저임금액의 60%로 결정되며, 진폐장해연금은 진폐장애등급에 따라 3단계로 차등화된다.

〈표 12-5〉 진폐장해등급 기준 및 급여수준

등급	구 분	등급
제 1급	진폐의 병형이 제 1형 이상이면서 심폐기능에 고도 장해가 남은 사람	132일분 (36.1%)
제 3급	진폐의 병형이 제 1형 이상이면서 심폐기능에 중등도 장해가 남은 사람	
제 5급	진폐의 병형이 제 4형이면서 심폐기능에 경도 장해가 남은 사람	72일분 (19.7%)
제 7급	진폐의 병형이 제 1형, 제 2형 또는 제 3형이면서 심폐기능에 경도 장해가 남은 사람	
제 9급	진폐의 병형이 제 3형 또는 제 4형이면서 심폐기능에 경미한 장해가 남은 사람	24일분 (6.5%)
제 11급	진폐의 병형이 제 1형 또는 제 2형이면서 심폐기능에 경미한 장해가 남은 사람, 진폐의 병형이 제 2형, 제 3형 또는 제 4형인 사람	
제 13급	진폐의 병형이 제 1형인 사람	

자료: 산업재해보상보험법 [별표 6] 및 산업재해보상보험법 시행령 [별표 11의 2]

〈표 12-5〉는 진폐장해등급 판정기준과 진폐장해연금의 수준을 나타낸 것이다. 진폐장해등급은 7단계로 구성되어 있으며, 진폐장해등급 1급과 3급의 근로자에게는 평균임금의 36.1%를 지급한다. 5급과 7급의 진폐증 근로자는 19.7%를 지급받으며, 9급 이하의 경우에는 6.5%를 지급받는다. 진폐장해연금의 기초가 되는 평균임금은 근로자의 평균임금과 노동부 장관이 매년 고시하는 진폐고시임금 중 큰 금액으로 결정된다. 하지만 진폐증은 잠복기가 길기 때문에 퇴직하고 오랜 시간이 경과한 후 발병하는 경우가 많다. 따라서 근로자의 평균임금을 확인하기 어려운 경우가 많기 때문에 대부분 진폐고시임금을 적용한다. 2022년 현재 진폐고시임금은 12만 9,257원 55전이다. 이렇게 계산된 평균임금을 기초로 〈표 12-5〉와 같은 급여가 기초연금에 더해져서 지급된다.

설명만으로는 복잡하므로 2022년도 진폐장해등급 1급 환자의 장해보상연금을 실제로 구해 보자. 먼저 기초연금은 최저임금액의 60%이기 때문에 최저시급 9,160원을 기초로 기초연금액을 산정하면 〔9,160 × 8 × 0.6 × 365 / 12〕 = 133만 7,360원이 산출된다. 여기에 진폐장해연금은 진폐고시임금의 36.1%이므로 〔129,257.55 × 365 × 0.361 / 12〕 ≒ 141만 9,302원이 산출된다. 따라서 2022년도 진폐장해등급 1급 근로자의 장해보상연금은 275만 6,662원이다. 나아가 진폐환자에 대한 유족급여도 진폐유족연금으로 일원화되었으며, 진폐보상연금과 같은 금액을 지급한다.

8) 직업재활급여

2007년 이전까지 산재보험은 보상 중심으로 운영되었으며, 재해근로자들에게 필수적인 재활서비스를 소홀히 한다는 비판을 받았다. 이에 산재보험은 재해근로자들의 재활과 직업복귀를 지원하기 위하여 2008년 7월부터 직업재활급여를 신설하여 장해등급 1~12급에 해당하는 60세 미만의 근로자를 대상으로 여러 가지 프로그램들을 시행하고 있다.

① 직업훈련비용 및 직업훈련수당 지원: 대상자가 직업훈련을 원할 경우 공단과 계약을 체결한 직업훈련기관에서 직업훈련을 실시하도록 하며, 여기에 소요되는 비용은 노동부 장관이 고시한 금액 내에서 훈련기관에 지급한다. 또한 직업훈련대상자에게는 직업훈련기간 동안 최저임금액에 상당하는 직업훈련수당을 지급한다.

② 직장복귀지원금: 사업주가 장해급여 수급자에 대해 요양 종결일 또는 직장 복귀일로부터 6개월 이상 고용을 유지하고 그에 따른 임금을 지급한 경우 직장복귀지원금을 지급한다. 원 직장 복귀 후 1개월이 경

과된 이후 청구할 수 있으며 최대 12개월까지 지원받을 수 있다. 지원 수준은 장해등급에 따라 다른데, 2022년의 경우 장해등급 1~3급은 월 80만 원, 4~9급은 월 60만 원, 10~12급은 월 45만 원을 지원한다.

③ 직장적응훈련비 및 재활운동비 지원: 사업주가 장해급여 수급자에 대하여 그 직무수행이나 다른 직무로 전환하는 데에 필요한 직장적응훈련이나 재활운동을 실시한 경우 지원한다. 단, 장해급여 수급자가 요양 종결일 또는 직장 복귀일로부터 6개월 이내에 훈련이나 재활운동을 시작해야 하며, 훈련이나 재활운동이 끝난 뒤 6개월 이상 고용을 유지해야 한다. 2022년의 경우 직장적응훈련비는 월 45만 원, 재활운동비는 월 15만 원 범위에서 최대 3개월을 지원한다.

9) 유족특별급여와 장해특별급여

특별급여는 민사상의 손해배상청구를 대체하기 위해 만든 급여이다. 업무상 재해 발생 시 재해근로자는 재해보상을 반드시 〈근로기준법〉이나 산재보험으로 처리할 필요는 없다. 고용주의 고의나 과실로 인하여 재해가 발생하였을 경우 재해근로자는 산재보험급여에 더하여 민법상의 손해배상청구를 할 수 있다. 그러나 민사소송은 불필요한 송사비용이나 시간상의 낭비를 초래하여 비효율성을 가진다. 이에 산재보험은 불필요한 민사소송을 줄이기 위해서 특별급여제도를 도입하였고, 민사상 손해배상액과 동일한 금액을 특별급여의 형태로 재해근로자들에게 지급한다. 특별급여에는 장해특별급여와 유족특별급여가 있다. 장해특별급여는 장해등급 또는 진폐장해등급 1~3급에 해당되는 재해근로자가 대상이 되며, 유족특별급여는 유족급여 내지 진폐유족연금 수급자가 대상이 된다. 특별급여는 고용주와 재해근로자 사이에 합의가 이루어진 경우로 한정되며, 특별급여로 소요된 보상금은 고용주가 부담하되, 1년간 4회 분할납부가 가능하다.

그러나 이 제도는 도입 이후 오늘날까지 활용실적이 매우 저조하며, 특히 최근에는 사용실적이 거의 없기 때문에 사문화된 제도에 가깝다. 장해특별급여의 경우 제도가 도입된 1982년부터 2020년까지 단 1건만 지급되었다. 유족특별급여 역시 제도가 도입된 1971년 이후 2020년까지 50년간 25건만이 지급되었으며, 최근 25년간은 단 2건만이 지급되었을 뿐이다(산재보험사업연보, 2021a: 292~299). 이와 같이 특별급여의 이용이 저조한 이유는 사용주에 대한 유인요인이 거의 없기 때문이다. 특별급여가 성립하기 위해서는 사용자와 재해근로자 간의 합의가 전제되어야 한다. 이는 사용자가 스스로 100% 고의·과실을 인정해야 함을 의미한다. 따라서 과실상계방식으로 손해배상액이 결정되는 민사법정에서 시시비비를 가려 보기도 전에 자신의 과실을 100% 인정하는 고용주는 특별한 경우가 아니고서는 거의 없을 것이다. 설령 고용주가 자신의 과실을 인정하더라도 추후에 보상금을 근로복지공단에 납부해야 하므로, 사실상 분할납부를 제외하면 거의 유인요인이 없다고 볼 수 있다. 또한 합의가 가능하다면 공상(公傷) 처리를 할 것이므로 굳이 산재보험제도를 이용하는 번거로움을 선택할 필요가 없다.

10) 평균임금의 조정

1971년 산재보험에 연금이 도입된 이후 모든 현금성 급여가 연금으로 전환되었다. 급여의 연금화는 장기수급자를 증가시켰고, 인플레이션에 따라 연금의 가치가 하락하는 것을 방지할 장치가 필요하게 되었다. 이에 산재보험은 1973년부터 '평균임금 조정제도'를 실시하고 있다. 평균임금의 증감은 보험급여 산정 사유가 발생한 날로부터 1년이 지난 후에 적용한다. 현재 산재보험은 근로자들의 연령에 따라 다른 조정방식을 사용한다. 즉, 산재보험의 평균임금 조정방식은 62세 이전과 이후로 이원화되어 있다. 62세 미만의 경우 기본적으로 전체 근로자의 임금평균액 변동에 따라 조정하며, 62세 이상의 경우에는 소비자물가 변동률에 따라 조정한다.[4] 이때 전체 근로자의 임금평균액의 증감률 및 소비자물가 변동률은 매년 고용노동부 장관이 고시한다. 62세 미만의 급여수급자에 적용되는 임금평균액 증감률은 다음의 식과 같이 산출된다.

$$\text{전체 근로자의 임금평균액 증감률} = \frac{\text{평균임금 증감사유 발생일에 속하는 연도의 전전 보험연도의 7월부터 직전 보험연도의 6월까지의 근로자 1명당 월별 월평균 임금총액의 합계}}{\text{평균임금 증감사유 발생일에 속하는 연도의 3년 전 보험연도의 7월부터 전전 보험연도의 6월까지의 근로자 1명당 월별 월평균 임금총액의 합계}}$$

4 2012년 이전에는 60세를 기준으로 하였으나, 2013년부터 기준연령을 상향조정하기로 하였다. 이에 따라 2013년에는 61세로 변경되었으며, 향후 5년마다 1세씩 상향조정하여 2033년 이후에는 65세가 되도록 조정할 예정이다.

반면 62세 이상의 급여 수급자는 소비자물가 변동률에 의해 조정되는데 그 식은 다음과 같다.

$$\text{소비자물가 변동률} = \frac{\text{평균임금 증감사유 발생일에 속하는 연도의 전전 보험연도의 7월부터 직전 보험연도의 6월까지의 월별 소비자물가지수 변동률의 합계}}{12}$$

인플레이션의 조정에는 보통 소비자물가 상승률, 임금 상승률, GNP 상승률 등의 디플레이터가 사용된다. 산재보험에서 사용하는 임금상승률과 소비자물가 상승률을 비교하면 경험적으로 임금상승률이 소비자물가 상승률보다 높기 때문에, 임금상승률이 수급자들에게 더 유리하다. 2008년 이전까지는 연령에 상관없이 통상임금 변동률에 따라 조정이 이루어졌으나, 2008년부터 현행과 같이 연령을 기준으로 이원화된 방식을 사용하고 있다. 산재보험의 지출비용을 절감하기 위해 시행된 조치였으며, 노동부가 고령의 수급자들에게 불리한 디플레이터를 강요한 개악조치였다.

11) 병급 조정

이미 지적한 바와 같이 산재보험제도의 주요 프로그램인 요양급여, 휴업급여, 장해급여, 유족급여는 다른 사회보험들과 대상위험이 중복된다. 즉, 요양급여는 건강보험제도와 중복되며, 휴업급여는 실업급여 내지 상병수당과 중복된다. 장해급여와 유족급여 역시 국민연금제도

〈표 12-6〉 산재보험과 국민연금의 병급 조정방식

산재보험과 국민연금의 병급 상황	조정방식
산재보험 장해급여 + 국민연금 장애연금	국민연금 50% 감액 지급
산재보험 장해급여 + 국민연금 노령연금	조정 안 함
산재보험 유족급여 + 국민연금 유족연금	국민연금 50% 감액 지급
산재보험 휴업급여 + 국민연금 노령연금	조정 안 함
산재보험 휴업급여 + 국민연금 장애연금	조정 안 함
산재보험 상병보상연금 + 국민연금 노령연금	조정 안 함
산재보험 상병보상연금 + 국민연금 장애연금	조정 안 함

자료: 이정우, 2007, p. 97.

의 장애연금과 유족연금과 중복된다. 중복되는 대부분의 경우에 산재보험의 급여수준이 다른 사회보험의 급여수준보다 높은데, 이는 산재보험이 '보상'의 성격을 갖고 있기 때문이다. 즉, 베버리지가 말한 '특별처우'를 반영하고 있는 것이다. 따라서 수급자의 입장에서는 다른 사회보험보다 산재보험을 적용받는 것이 유리하기 때문에, 병급 조정이 필요한 경우 산재보험을 선적용하는 방식으로 조정이 이루어지고 있다.

먼저 산재보험의 요양급여와 건강보험이 중복될 경우 산재보험이 우선적으로 적용된다. 재해근로자의 입장에서 전액지급을 목표로 하는 산재보험의 적용을 받는 것이 유리하기도 하지만, 재해근로자에 대한 치료비 보상은 〈근로기준법〉에 규정된 고용주의 의무이기 때문에 산재보험의 요양급여를 선적용하는 것이 논리적으로 타당하다. 전 국민의 보험료로 조성된 건강보험기금을 재해근로자의 진료에 선적용하는 것은 고용주의 책임을 전 국민에게 떠넘기는 것이기 때문에 적절한 접근이 아니다.

건강보험을 제외한 중복수급 문제는 대부분 국민연금제도와 관련되어 있다. 실제 중복수급이 발생하는 산재보험과 국민연금 급여들 간의 조정방식은 〈표 12-6〉에 정리되어 있다. 〈표 12-6〉에 따르면 산재보험과 국민연금 간에는 수급사유가 동일한 장해급여와 장애연금, 유족급여와 유족연금 사이에만 병급 조정이 이루어지고 있으며, 지급사유가 다른 나머지 병급 상황에 대해서는 조정이 이루어지지 않고 있다. 유족급여와 장해급여의 조정은 산재보험급여를 먼저 100% 지급하고, 국민연금급여는 50% 감액하여 지급하는 방식으로 이루어진다.

〈표 12-7〉 연도별 산재보험급여 지출 변화추이

단위: 백만 원, %

연도	1975	1985	1995	2005	2015
전체	10,380 (100)	185,998 (100)	1,133,577 (100)	3,025,771 (100)	4,079,108 (100)
요양급여	5,202 (50.1)	82,362 (44.3)	279,418 (24.6)	769,166 (25.4)	783,256 (19.2)
휴업급여	1,480 (14.3)	34,428 (18.5)	357.981 (31.6)	938,439 (31.0)	816,880 (20.0)
상병보상	304 (2.9)	702 (0.3)	25,557 (2.3)	140,345 (4.6)	162,571 (4.0)
장해급여	1,961 (18.9)	45,869 (24.7)	295,680 (26.0)	922,185 (30.5)	1,710,783 (42.0)
유족급여	1,590 (15.3)	20,741 (11.2)	160,912 (14.2)	220,576 (7.3)	508,938 (12.5)
장의비	143 (1.3)	1,872 (1.0)	13,981 (1.2)	21,221 (0.7)	24,344 (0.6)
간병급여	-	-	-	13,836, (0.5)	57,278 (1.4)
직업재활	-	-	-	-	14,964 (0.4)

〈표 12-7〉 연도별 산재보험급여 지출 변화추이 (계속)

연도	2016	2017	2018	2019	2020
전체	4,280,054 (100)	4,436,037 (100)	5,033,901 (100)	5,529,359 (100)	5,996,819 (100)
요양급여	838,072 (20.0)	843,740 (19.0)	1,015,138 (20.2)	1,085,076 (19.6)	1,309,810 (21.8)
휴업급여	876,672 (20.5)	921,179 (20.8)	1,107,405 (22.0)	1,319,084 (23.9)	1,413,340 (23.6)
상병보상	158,876 (3.7)	152,639 (3.4)	154,100 (3.1)	148,719 (2.7)	146,042 (2.4)
장해급여	1,772,502 (41.4)	1,832,567 (41.3)	1,998,757 (39.7)	2,157,725 (39.0)	2,257,946 (37.6)
유족급여	538,712 (12.6)	589,255 (13.3)	656,225 (13.0)	710,174 (12.8)	761,244 (12.7)
장의비	24,917 (0.6)	27,750 (0.6)	32,267 (0.6)	31,838 (0.6)	34,179 (0.6)
간병급여	56,058 (1.3)	54,897 (1.2)	54,966 (1.1)	53,633 (1.0)	52,002 (0.9)
직업재활	14,241 (0.3)	14,007 (0.3)	14,827 (0.3)	23,108 (0.4)	22,252 (0.4)

자료: 고용노동부, 〈2020년도 산재보험사업연보〉, p.292~299.

12) 산재보험급여 지출 현황

〈표 12-7〉은 산재보험급여의 지출 현황을 나타내고 있다. 〈표 12-7〉에 의하면 산재보험의 총급여 지출액은 2020년 현재 5조 9, 968억 원으로 약 6조 원을 기록하고 있다. 이는 2005년의 3조 257억 원과 비교하면 1. 82배 정도 상승한 것이다.

하지만 같은 기간 우리나라의 1인당 GDP가 1. 69배 상승한 것을 고려하면, 최근 특별히 높은 성장을 했다고 보기는 힘들다. 경제규모가 확대되는 정도에 맞춰 그 수준을 유지하고 있다고 보는 편이 적절할 것이다. 이는 최근 국민연금이나 건강보험, 고용보험 등 다른 사회보장 제도가 가파르게 성장하고 있는 것과 대조적이다. 나아가 적용범위가 전 사업장으로 확대되고 최저보상기준이 크게 강화되었던 1995년에서 2005년 기간의 가파른 상승기와 비교하면, 2005년부터 최근까지 산재보험은 상대적인 안정기를 갖고 있다. 이와 같이 산재보험이 안정적으로 유지되는 이유는 산재발생률 자체가 경향적 감소추세에 있으므로 대상위험의 발생이 제한적이라는 점과 2000년대 이후 특별한 제도적 변화가 없다는 점 때문이다.

4. 산재보험의 재정운영

우리나라 산재보험의 재원조달은 보험료에 의존하며 전액 고용주가 부담하는 것을 원칙으로 하고 있다. 산재보험 보험료 부과체계는 민간보험의 원리인 등급요율과 개별실적요율을 근간으로 한다는 점에서 다른 사회보험과 확연히 구분된다. 통상적으로 사회보험은 사회연대 원리를 강조하기 때문에 가입자들의 위험도에 상관없이 모든 가입자에게 정률의 보험료를 동일하게 부과한다. 하지만 산재보험은 사회보험이면서도 고용주 책임보험의 성격을 갖고 있기 때문에, 고용주 개인이 책임져야 할 책임의 범위를 명확히 하고, 이에 비례하여 보험료에 차등을 두게 된다. 따라서 산재보험은 사회보험이면서도 민간보험의 원리인 경험요율(*experience rating*)을 기반으로 한다.

산재보험은 먼저 등급요율체계인 업종별 보험료율체계를 기본으로 하여 업종에 따라 보험료를 차등부과한다. 등급요율은 동일 등급에 속하는 위험에 대해 동일한 보험요율, 즉 평균요율을 적용하는 방식이다. 따라서 산재보험료율은 매년 6월 30일 현재·과거 3년 동안의 보수 총액에 대한 산재보험급여 총액의 비율을 기초로 하여 보험사업 소요비용, 재해예방 및 재해근로자의 복지증진에 드는 비용 등을 고려하여 결정된다. 업종별 보험료율은 매년 노동부 장관이 고시하는데, 2022년도 산재보험의 업종별 보험료율은 〈표 12-8〉과 같다. 2018년부터 출퇴근 재해가 업

〈표 12-8〉 2022년도 업종별 산재보험료율(천분율)

사업종류	요율	사업종류	요율
1. 광업		4. 건설업	36
석탄광업 및 채석업	185	5. 운수 · 창고 · 통신업	
석회석 · 금속 · 비금속 · 기타광업	57	철도 · 항공 · 창고 · 운수 관련 서비스업	8
2. 제조업		육상 및 수상운수업	18
식료품 제조업	16	통신업	9
섬유 및 섬유제품 제조업	11	6. 임업	58
목재 및 종이제품 제조업	20	7. 어업	28
출판 · 인쇄 · 제본업	10	8. 농업	20
화학 및 고무제품 제조업	13	9. 기타의 사업	
의약품 · 화장품 · 연탄 · 석유제품 제조업	7	시설관리 및 사업지원 서비스업	8
기계기구 · 금속 · 비금속광물제품 제조업	13	기타의 각종사업	9
금속제련업	10	전문 · 보건 · 교육 · 여가 관련 서비스업	6
전기기계기구 · 정밀기구 · 전자제품 제조업	6	도소매 · 음식 · 숙박업	8
선박건조 및 수리업	24	부동산 및 임대업	7
수제품 및 기타제품 제조업	12	국가 및 지방자치단체의 사업	9
3. 전기 · 가스 · 증기 · 수도사업	8	10. 금융 및 보험업	6
		* 해외파견자: 14/1,000	

자료: 고용노동부고시 제 2021-95호

무상 재해로 인정됨에 따라 산재보험료율은 업종별 산재보험료율+출퇴근 재해 보험료율로 구성된다. 〈표 12-8〉에서 제시된 업종별 요율에는 출퇴근 재해 보험료율 1%가 포함되어 있다. 여기에 해당 사업장 내지 사업의 임금총액이 곱해져서 사업장의 일차적인 보험료액이 결정된다. 등급요율은 상대적으로 비용이 적게 들고 간편하게 사용할 수 있지만 동일 등급에 속한 집단에 대해서는 평균요율을 적용하기 때문에 집단 내 불공평성이 존재한다. 이에 산재보험은 업종 내 개별사업장의 산재발생 정도에 따라 개별실적요율을 추가로 적용하고 있다.

업종별 보험료율이 결정되고 나면, 개별사업장의 실적에 따라 업종별 보험료율을 증감시키는 개별실적요율을 적용한다. 개별실적요율제도는 사업주의 산재예방 노력을 제고시킨다는 명분으로 1964년 산재보험 도입 때부터 실시하고 있다. 개별실적요율이 적용되기 위해서는 보험관계가 성립한 후 3년이 경과하여야 하며, ① 건설업 중 일괄적용을 받는 사업으로서 매년 해당 보험연도의 2년 전 보험연도의 총공사실적이 60억 원 이상인 사업, ② 건설업 및 벌목업을 제외한 사업으로서 상시근로자 수가 30명 이상인 사업이어야 한다. 개별실적요율이 적용되면, 그 사업체의 과거 3년간의 보험료율에 대한 보험급여 총액의 비율, 즉 수지율을 기초로 보험료의 증감이 이루어진다. 수지율이 85% 이상이거나 75% 이하일 때 업종별 일반요율이 20% 범위 내에서 증감된다. 2020년의 경우 개별실적요율의 적용을 통해 보험료율이 인하된 사업장은 5만 3,634개소, 인상된 사업장은 4,104개소였다(고용노동부, 2021a: 98). 인하된 곳이 인상된 곳보다 10배 이상 많았다.

노동부는 사업장의 산재예방 노력을 제고시킨다는 명분을 내세워 개별실적요율의 조정 폭을 계속 확대했다. 1964년 도입 당시 30%로 시작한 조정 폭은 1986년 40%, 1996년에는 50%까지 확대되었다. 그러나 개별실적요율에 의한 보험료율 조정은 인상보다 인하가 훨씬 많았고, 대기업 사업장은 거의 대부분 인하되었다. 결국 개별실적요율은 산재예방보다 대기업의 산재보험료를 깎아 주기 위해 확대된 것이었다. 경제단체들은 줄기차게 개별실적요율 확대를 요구했고, 노동부도 이에 적극적으로 동조했다. 그러나 조정 폭이 확대되면서 노동현장에서는 고용주들이 산재예방에 투자하기보다는 산재 은폐에만 열을 올리는 부작용이 나타나게 되었다. 보험료가 큰 폭으로 인상되는 것을 피하기 위해 고용주들은 갖은 방법을 동원하여 재해근로자들의 산재 신고를 가로막았다. 이에 따라 노동현장에서 개별실적요율은 대기업의 보험료를 깎아 주고 산재 은폐만 부추기는 장치로 비판받았다(임준, 2014: 10~11). 결국 노동부는 여론에 굴복하여 2019년부터 개별실적요율의 조정 폭을 20%로 대폭 낮추어 적용하고 있다.

대기업 편향의 개별실적요율제도에 대한 비판이 쇄도하자, 노동부는 이를 의식하여 2014년부터 산재예방요율제도를 도입하여 운영하고 있다. 이는 소규모 사업장의 보험료를 인하해 주기 위한 장치로서, 대기업 편향의 개별실적요율과 균형을 맞추기 위한 것이었다. 산재예방요율제도는 〈산업안전보건법〉에 따른 안전관리자 고용 의무가 없는 50인 미만의 제조업, 임업, 위생 및 유사서비스업 사업장을 대상으로 하며, 여기에 속한 사업장이 산재예방을 위한 세 가지 프로그램, 즉 유해위험요인에 대한 위험성 평가, 사업주의 재해예방교육 이수 및 산재예방계획 수립, 주간 근로시간의 52시간 이하로의 단축을 실시할 경우 프로그

〈표 12-9〉 연도별 산재보험기금 수지현황

단위: 백만 원, %

연도	수입			지출			비율	
	계(a)	보험료(b)	기타 수입	계(c)	보험급여(d)	기타 지출	c/a	d/b
1995	1,453,523	1,130,354	323,169	1,421,030	1,133,577	287,453	97.8	100.3
2005	3,503,789	3,182,164	321,625	3,675,151	3,025,779	649,372	104.9	95.1
2015	6,635,043	6,065,842	569,201	4,972,711	4,079,108	893,603	74.9	67.2
2016	7,113,509	6,288,064	825,445	5,147,282	4,280,054	867,228	72.3	68.0
2017	7,289,479	6,434,242	855,237	5,307,775	4,436,037	871,738	72.8	68.9
2018	7,995,078	7,352,754	642,324	5,950,889	5,033,901	916,988	74.4	68.5
2019	8,067,258	7,545,811	521,447	6,449,626	5,529,359	920,267	79.9	73.3
2020	8,287,818	7,112,057	1,175,761	7,077,073	5,996,819	1,080,254	85.4	84.3

자료: 고용노동부, 〈2020년도 산재보험사업연보〉, p.371~374.

램당 10%씩 보험료율을 인하하여 최대 30%의 산재보험료율 인하가 가능하도록 하고 있다. 2021년도 산재예방요율의 적용을 통해 보험료율이 인하된 사업장 수는 4만 3,785개소였다(고용노동부, 2020a: 99).

〈표 12-9〉는 산재보험기금의 수입과 지출 현황이다. 2020년 현재 산재보험의 총보험료 수입은 7조 1,120억 원이었다. 6조 원 규모인 보험급여 지출비용을 고려하면, 보험료를 급여지출액보다 1조 원 이상을 초과징수하고 있음을 알 수 있다. 2015~2019년까지는 매년 2조 원 정도를 초과징수했으나, 2020년에는 초과징수 규모가 절반 수준으로 축소되었다. 2020년 본격화된 코로나19 사태로 휴폐업과 실업이 증가함에 따라 보험료 수입이 크게 감소하였고, 2018년 문재인 케어의 도입 이후 요양급여를 중심으로 보험급여 지출이 꾸준히 증가한 결과 때문인 것으로 보인다.

그럼에도 불구하고 산재보험기금은 보험료율의 인상 없이도 안정적으로 유지되고 있다. 2020년 보험료 수입과 전년도 이월금, 기금운영 수입 등을 합한 산재보험기금의 총수입액은 8조 2,787억 원인 반면, 보험급여 지출과 관리운영비 등을 포함한 총지출액은 7조 770억 원을 기록하였다. 이에 따라 2020년 현재 1조 2천억 원 정도의 산재보험기금이 유지되고 있다. 이러한 기금 상황을 반영하여 2021년 고용노동부는 평균산재보험료율을 2020년의 1.56%에서 1.53%로 인하하였고, 2022년에는 2021년의 보험료율을 동결하였다. 산재보험급여의 획기적인 변화가 없는 한 산재보험의 재정은 현 상태를 안정적으로 유지할 것으로 보인다.

5. 행정체계 및 권리구제

산재보험제도의 주무부서는 노동부로 산재보험과 관련된 주요정책들을 결정한다. 즉, 보험적용대상이나 보험급여의 조정과 결정에 관한 사항, 산재보험료율의 결정에 관한 사항, 산재보험 및 예방기금의 운용에 관한 사항, 산재예방사업의 계획과 추진에 관한 사항 등을 관장한다. 이러한 역할을 수행함에 있어 노사대표와 공익대표로 구성된 '산업재해보상보험 및 예방 심의위원회'의 지원을 받을 수 있다. 산업재해보상보험 및 예방 심의위원회는 산업재해 예방에 관한 기본계획, 산업재해보상보험 및 예방기금의 운용계획 수립, 산재보험료율의 결정, 산재보험 요양급여 기준(산재보험 수가)에 대한 사항을 심의한다.

산재보험업무의 실무집행은 근로복지공단이 담당한다. 근로복지공단은 1977년 재해근로자들의 치료와 재활을 지원하기 위해 설립된 근로복지공사로 출발하였으나, 1995년부터 산재보험제도의 제반 업무를 노동부로부터 이관받아 시행하고 있다. 근로복지공단은 보험가입자 및 수급권자에 관한 기록의 관리 및 유지, 보험료 및 기타 징수금의 징수, 보험급여의 결정과 지급, 보험급여 결정 등에 관한 심사청구의 심리·결정, 산재보험시설의 설치·운영 등 실제적인 실무를 수행했다. 하지만 사회보험의 징수업무가 통합되면서 2011년부터 보험료 징수와 관련된 업무는 국민건강보험공단으로 이관되었다.

요양신청서가 접수되면 근로복지공단은 그 사실을 고용주에게 통고하고 재해경위, 재해일자, 산재보험 적용 여부 등에 대하여 서면, 유선 또는 현장조사 등의 방법으로 재해조사를 한다. 신청인과 고용주의 의견이 다를 경우 고용주는 10일 이내에 보험가입자 의견서를 제출할 수 있다. 근로복지공단은 필요에 따라서 해당 자문의사나 자문의사회의에서 직무관련성에 대해 자문하고, 조사결과를 종합하여 최종 승인 여부를 결정한다. 나아가 업무상 질병은 '업무상 질병판정위원회'의 심의를 거친다. 원칙적으로 공단은 신청서를 접수하고 7일 이내에 승인 여부를 신청자에게 통지해야 한다.

요양 불승인 처분을 받았을 경우 그 처분에 이의가 있을 때는 처분이 있음을 안 날부터 90일 이내에 처분을 내린 근로복지공단 지사를 경유하여 공단 산재심사실에 심사청구하거나 관할 행정법원에 행정소송을 제기할 수 있다. 근로복지공단은 공단본부에 심사청구가 송부된 날부터 60일 이내에 심리·결정하여야 하며, 부득이한 사유로 기간 내에 결정할 수 없을 때에는 1차에 한하여 20일 이내에서 기간을 연장하는 것이 가능하다. 심사청구에 대한 심의는 공단 내부에 구성된 '산업재해보상보험 심사위원회'에서 대부분 이루어지는데, 심사위원회는 주로 외부전문가들로 구성된다.

근로복지공단본부의 심사청구에 대한 결정에도 불복하는 사람은 고용노동부 '산업재해보상보험 재심사위원회'에 재심사를 청구할 수 있다. 단, 업무상 질병판정위원회의 심의를 거쳐 불승인이 결정된 경우에는 심사청구 절차 없이 곧바로 처분 지사를 경유하여 산업재해보상보험 재심사위원회에 재심사를 청구할 수 있다. 재심사청구는 심사청구에 대한 결정이 있음을 안 날부터 90일 이내에 제기해야 한다. 산업재해보상보험 재심사위원회는 고용노동부 산하기구로 재심사청구를 심의·재결하는 기능을 하고 있으며, 90명 이내의 전문가집단으로 구성된다. 재심사청구에 대한 처리절차는 심사청구와 동일하다. 즉, 60일 이내에 결정하여야 하며, 20일 이내로 한 차례 연장할 수 있다.

제13장

국민기초생활보장제도

1. 공공부조제도 역사

우리나라 공공부조제도의 역사를 시대별로 그 특징을 살펴보면 다음과 같다(최일섭 외, 1996; 이인재, 2000; 보건복지부·한국보건사회연구원, 2020).

1) 일제시대와 미군정 시기

근대적 의미에서의 공공부조제도 혹은 구민(救民) 제도가 시작된 것은 일제통치하인 1944년 3월 1일에 조선총독부에 의해 〈조선구호령〉이 제정·공포되면서부터라고 할 수 있다. 〈조선구호령〉은 1946년 1월 12일에 〈후생국보〉 제3호로 그 효력이 승계되었다가, 1961년 12월 30

일에 〈생활보호법〉이 제정·공포됨에 따라 폐지되었다. 일종의 과도기적 구호 관계 법령의 성격을 지닌 〈조선구호령〉은 미군정기와 대한민국 수립 후 〈생활보호법〉이 발효된 1962년 1월 1일 이전까지 유효했던 우리나라의 유일한 공공부조 관계 법령이었으며, 〈생활보호법〉의 모태가 되었다. 한편, 미군정 3년간의 구호 행정법은 미군정하의 일본에서 미군정 당국이 행한 "사회보장에 관한 권고"와 같은 장기적이고 적극적인 사회보장방안의 제시 없이 몇 개의 미군정 법령 및 처무준칙에 근거하고 있었을 뿐이며, 보건후생정책의 실제 내용도 기아방지, 최소한의 영세민 생계유지, 보건위생 및 질병치료 등 응급조치에 중점을 두는 데 한정되었다. 또한 이 시기의 우리나라 빈곤정책은 정치·경제·사회적 혼란 속에서 재원의 절대적 부족으로 월남동포, 귀환동포 및 극빈영세민에 대한 응급구호의 차원을 벗어나지 못하였다.

2) 1950년대

대한민국 공공부조의 역사는 1948년 우리나라 〈제헌헌법〉 제19조에서 "노령, 질병, 기타 근로능력이 없는 자는 법률이 정하는 바에 의하여 국가의 보호를 받는다"라고 국민의 생존권 보장을 명문화한 규정에서 시작되었다. 그러나 1950년 한국전쟁이 시작되면서 구빈(救貧) 사업은 평상시의 생활보호 차원에서 벗어나 전재민(戰災民)에 대한 응급구호에 치중하게 되었다.

한국전쟁이 시작된 직후인 1950년 8월 4일에는 〈피난민 수용에 관한 임시조치법〉(법률 제145호) 이 제정·공포되어 전재민 응급구호에 주력하게 되었다. 이 시기에도 〈조선구호령〉은 유일한 공공부조 관계 법령으로 유효하였고, 그 공식적인 법정 구호대상자는 ① 65세 이상의 노인, ② 13세 미만의 아동, ③ 6세 이하의 자녀를 부양하는 여자, ④ 난치병 환자, ⑤ 분만보호를 필요로 하는 임산부, ⑥ 정신적 · 육체적 결함이 있는 장애자로 한정되어 있었다.

이 시기의 구호사업은 집단적 수용구호방식이 특징적 양상이었으며, 구호의 재원은 유엔 구호계획에 의하여 우방국가들이 지원한 구호금품과 외국 민간원조단체의 자원봉사활동에 의해 모집된 기부금품이 주를 이루었다. 특히, 구호금품 중 〈미 공법 480〉(Public Law) 에 의한 미국의 잉여농산물 원조는 당시 전재민 및 영세민 구호, 한해(旱害) 대책 등 구호행정에 큰 역할을 담당하였다.

3) 1960~1970년대

1961년 등장한 군사정부는 공공부조의 기본법으로 〈생활보호법〉(법률 제 913호) 을 탄생시켰다. 이로써 근대적 의미의 공공부조의 법적 근거가 마련되고, 생활보호제도의 형태가 확립되었으나, 정부의 재정형편에 의하여 전면적으로는 실시되지 못하고 단순한 생계보호에 머물렀다.

1961년 〈생활보호법〉은 보호대상자의 범위를 부양의무자가 없거나 있어도 부양능력이 없는 65세 이상의 노쇠자, 18세 미만의 아동, 임산부, 불구 · 폐질 · 상병 등 기타 정신 또는 신체의 장애로 인하여 근로능력이 없는 자, 기타 보호기관이 법에 의하여 보호가 필요하다고 인정하는 자로 제한함을 원칙으로 하였다. 단, 모자(母子) 보호규정이나 부양의무자에 대한 예외규정을 두어 종전의 〈제헌헌법〉 제 19조나 〈조선구호령〉의 구호대상자보다 그 범위를 확대 규정하였다. 보호의 종류도 생계보호, 의료보호, 해산(解産) 보호, 장제(葬制) 보호로 다원화하였고, 보호대상자의 상황에 따라 이들 보호를 동시에 받을 수 있도록 하였다.

〈생활보호법〉 발효시기인 1962년 1월부터 〈의료보호법〉이 발효된 1978년 이전까지 약 15년간의 우리나라 빈곤대책은 구빈을 위한 직접사업보다는 국민경제의 전반적인 고도성장에 의하여 절대적 빈곤을 상당 수준 해소하는 방향으로 추진되었다. 1977년 말에는 종전의 유명무실했던 의료보호사업을 〈생활보호법〉으로부터 분리, 독립시켜 〈의료보호법〉을 새로이 제정 · 공포하여 1978년부터 생활보호대상자에 대한 의료보호가 본격적으로 실시되었다. 그러나 의료보호는 의료보험과 진료수가를 차등 급여함으로써 수급자가 의료기관에 의해 냉대를 받는 등 제도 시행의 실효성을 확보하기가 어려웠다. 한편 1979년부터는 생활보호대상자 중학교과정 수업료 지원규정이 제정되어 생활보호대상자의 중학교 재학 자녀에게 수업료가 지원되었다.

4) 1980년대

1980년에 제 5공화국이 출범하면서 내건 국정목표의 하나였던 '복지사회의 건설'에 따라 국가의 사회복지 증진 의무, 근로자의 적정임금 보장, 환경권, 소비자보호 등의 복지권을 대폭 강화하였다. 1981년에는 빈곤대책의 일환으로 생활보호대상자에 대해 직업훈련사업이 실시되어 취업 · 자활할 수 있도록 지원하였으며, 1982년 2월에는 생활보호사업의 재평가와 아울러 적극적인 지원방안을 강구하기 위하여 영세민 종합대책을 수립·실시하였다. 이 대책이 제시한 개선방안의 특징은, 첫째, 영세민 구분방법에 '자활보호대상자'란 개념을 새로이 도입하고, 이러한 맥락에서 직업훈련제도의 내실을 다지고 생업자금융자제도를 신설하였다는 점, 둘째, 영세민의 대도시 집중 억제대책을 중심적 과제로 설정하였다는 점이다.

1982년 12월 31일에는 영세민 종합대책에 따른 관계 법령을 보완·정비하는 차원에서 단순 생계보호법이었던 〈생활보호법〉을 전면 개정하여 생활보호대상자에게 생계보호뿐 아니라 자활까지 적극적으로 지원하도록 규정하였다. 취로사업의 근거 규정인 〈자활지도사업에 관한 임시조치법〉을 폐지하여 그 내용을 자활보호의 일부로 규정하였고, 생활보호대상자 중학교 과정 수업료 지원규정을 교육보호로 변경·규정하였다. 1984년부터는 기존의 직권보호제도에서 신청보호제도가 도입·실시되었으며, 이에 따라 시장, 군수의 생활보호대상자 조사 시 누락되거나 신규로 생활보호요건에 해당한 자는 어느 때라도 읍·면·동을 거쳐 시장, 군수에게 생활보호를 신청할 수 있게 되었다. 또한 1984년부터 거택보호 요건을 완화하여 어머니가 50세 미만인 모자세대, 세대 내 정상적인 근로능력자가 실제로는 행방불명되었거나 복역 또는 군입대 등으로 인해 그 가족을 부양할 자가 사실상 없는 세대는 읍·면·동장의 확인을 받아 거택보호대상자로 책정할 수 있도록 하였다. 1987년도부터는 공공부조 전달체계의 체계화 및 전문화를 기한다는 관점에서 공공부조 업무담당을 위해 사회복지 전문요원을 일선 읍·면·동사무소에 배치하기 시작하였다.

5) 1990년대

1993년 들어 직업훈련을 노동부에서 일괄 담당하도록 하였으며, 1996년도에는 차등급여제를 도입하고, 인문계 고교 학생에 대한 수업료 지원과 자활지원기관제도를 도입하였다.

1997년에 이루어진 제 2차 생활보호법 개정에서는 부양의무자의 범위 축소, 자활후견기관 지정 및 자활제도 신설 등 생활보호제도의 미비점을 개선・보완하였다. 개정 전 〈생활보호법〉에서는 부양의무자 범위를 〈민법〉에 준용토록 하였다. 〈민법〉 제 974조에는 8촌 이내의 부계와 4촌 이내의 모계혈족 등을 부양의무자로 규정하고 있다. 이러한 규정을 당시 생활보호사업에 적용하기에는 지나치게 비현실적이었다. 따라서 1997년 개정에서 부양의무자를 대폭 축소하여 직계혈족 및 그 배우자와 생계를 같이하는 2촌 이내의 혈족으로 규정하였다.

6) 2000년대: 〈국민기초생활보장법〉 제정

1961년 제정된 공공부조의 기본법인 〈생활보호법〉은 여러 가지 측면에서 현대적 의미의 사회적 안전망으로 적지 않은 문제를 가지고 있었다. 특히 1997년 말부터 시작된 대규모 경제위기는 국가가 제공하는 최후의 사회적 안전망으로서의 생활보호제도에 대한 근본적 재검토를 요구하였다. 이와 관련하여 참여연대를 비롯한 28개 시민사회단체는 '국민기초생활보장법 제정추진 연대회의'를 결성하여 〈생활보호법〉의 전면적인 개정을 요구하였다. 이에 정부는 1999년 하반기 〈국민기초생활보장법〉을 제정하여 2000년 10월 시행하게 되었다.

〈생활보호법〉은 여러 차례 개정과정을 거치면서 부분적으로 개선되었지만 여전히 빈곤의 책임을 개인과 가족에게 지우는 잔여적 차원에 머물렀다. 그 결과 대상의 포괄성, 급여의 충분성, 대상자 간 형평성, 제도의 효율성과 생산성이란 측면에서 문제점을 내포하고 있었다. 이러한 〈생활보호법〉의 제도적 한계가 〈국민기초생활보장법〉 제정의 한 요인으로 작용한 것이다.

법 제정을 가져온 또 하나의 요인은 경제위기로 인한 대량실업이라는 시대적 상황에서 찾을 수 있다. 대량실업사태는 가족해체, 노숙자, 결식아동의 증가 등 급속한 사회해체 현상을 가져왔으며, 이러한 사태에 대한 정부의 공공근로사업과 한시적 생활보호제도를 통한 문제 해결 방안은 일시적이고 대증적인 처방에 불과했다. 미증유의 경제위기는 개인의 의사와 상관없이 누구나 실업자와 빈민이 될 수 있다는 사실을 보여 주었고, 이로 인한 문제점의 해결은 기존의 제도적 장치로는 불가능하다는 것이 확인되었다. 이러한 상황이 〈국민기초생활보장법〉의 제정을 가져온 또 하나의 요인이다.

마지막으로 고려할 수 있는 요인은 시민사회단체들의 조직적인 사회복지운동이다. 가족해체 등 심각한 사회문제 해결을 위한 우리 사회의 제도적 장치가 미흡한 점은 참여연대 등 시민들의 삶의 질 과제를 사회운동적 차원에서 해결하려고 하는 전국의 수많은 단체들의 집단적 요구와 투쟁을 가져왔다. 이러한 조직적 연대는 국민기초생활보장법 제정추진 연대회의 활동으로 나타났다(국민기초생활보장법 제정추진 연대회의, 1999).

7) 국민기초생활보장제도 10년 변화

국민기초생활보장제도는 1999년 9월 7일 제정 이후, 시행 10년을 맞으면서 적잖이 변화했다. 대표적 변화를 살펴보면, 대상 선정 및 관리에서는 소득인정액 시행(2003), 부양의무자기준 변경(2005, 2006, 2007, 2008), 재산의 소득환산제도 중 기본재산액 상향조정(2004, 2008)이 있었다. 급여 측면에서는 학용품비 지원, 근로소득공제율 확대 및 차상위 의료급여 실시(2002), 긴급복지지원법(2006), 차상위계층에 대한 장제 및 자활급여(2007), 한시생계보호(2009)가 실시되었다.

전달체계와 관련해서는 지속적인 사회복지 전담공무원의 확충과 전산망으로서 새올시스템 도입, 전반적인 복지 전달체계 개선으로 주민생활지원서비스 도입(2007), 금융조회시스템 구축(2008)을 들 수 있다. 재정 측면에서는 최저생계비의 조정과 수급자 범위의 확대에 따른 재정확대, 국가, 시·도 및 시·군·구간 분담비율 차등화(2007)가 이루어졌다(김미곤, 2010).

8) 국민기초생활보장제도 두 번째 10년 변화

최초 10년 제도 변화와 비교하여 2008~2013년 시기는 기초생활보장제도 개편 논의의 실종기였다. 이 기간 중 기초생활보장제도 개편은 물론이고, 사회보장제도의 확장과 관련된 논의는 일종의 침체기에 접어들게 되었다. 경제성장이 최고의 복지라고 주장하는 능동적 복지의 정책 방향을 가진 이명박 정부에서 사회지출을 확대하고 사회보장제도를 전향적으로 개편하려는 시도는 크게 주목받지 못했다.

당시의 기초생활보장제도는 수급자의 소득을 파악하기 어려워 급여 행정상의 문제가 발생했으므로 소득파악을 위한 행정체계 강화가 필요했다. 다만 이러한 노력은 증가하는 빈곤율에 상응하는 수준의 수급자 확대와 병행될 필요가 있었다. 하지만 효율화에 방점을 둔 노력에 치우치면서, 수급자 규모가 빠른 속도로 감소하는 상황에 처하게 된다. 각종 행정자료 연계를 통해 소득파악이 강화되면서 수급자 탈락률이 증가하는 반면, 신규수급자 선정이 그에 미치지 못함에 따라 발생한 결과였다.

2010년을 기점으로 기초생활보장제도 수급자 규모는 155만 명에서 2011년 147만 명, 2012년 139만 명, 2013년 135만 명으로 불과 4년 만에 20만 명이 감소하였다. 이는 빈곤율이 매우 높은 수준을 유지하는 상황에서 수급자 규모가 감소하여 빈곤층에 대한 기초생활보장이 더욱 위축되는 결과를 가져온 것으로 해석할 수 있으며, 그 결과 이후 기초생활보장제도를 개편하는 계기로 작용하게 된다(보건복지부 · 한국보건사회연구원, 2020).

2013~2016년 시기는 기초생활보장제도가 욕구별 급여체계 또는 개별급여체계로 개편된 시기이자, 박근혜 정부의 집권기이다. 박근혜 정부는 국정과제로 기초생활보장제도를 맞춤형 급여체계로 개편하는 방안을 제시하였다. 그에 따라 2013년부터 기초생활보장제도를 개편하는 작업이 보건복지부를 중심으로 활발하게 논의되기 시작하였다. 급여별 선정기준과 급여수준을 급여특성에 맞게 차별화하는 방안에 주력하는 데 의견을 모았다. 그에 따라, 각 급여의 선정기준과 급여수준을 결정하는 새로운 개념과 원칙을 제시하는 데 초점을 맞추어 작업이 이루어졌

다. 핵심 내용은 상대방식에 따라 최저생계비를 대체할 새로운 기준선으로 기준중위소득 개념을 제안하고, 각 급여의 급여수준과 관련해서는 최저보장수준 개념을 제안하는 것이었다. 이를 통해, 필요에 따라 각 급여의 선정 기준을 개별적으로 상향조정하고, 급여수준을 결정할 수 있는 법적 토대를 마련한 것이다(보건복지부 · 한국보건사회연구원, 2020).

기초생활보장제도 도입과 동시에 오랜 기간 제도의 사각지대가 발생하는 주요 원인으로 지적된 것이 부양의무자 기준이며, 이는 기초생활보장제도의 쟁점을 논의할 때 최우선 순위로 언급되는 주제이기도 하다. 부양의무자 기준은 2021~2023년 제 2차 기초생활보장 종합계획에 따라 점차적으로 개선될 예정이다. 부양의무자 기준이 크게 개선되기 시작한 시점은 2015년 이후로 볼 수 있다. 2015년 7월 제도개선 당시 교육급여에서 부양의무자 기준이 먼저 폐지되었다. 2018년 소득분배 위기와 2020년 코로나19 감염병 위기를 경험하면서, 2018년 주거급여에 대한 부양의무자 기준을 폐지하고 생계 및 의료급여에서도 부양의무자 기준을 단계적으로 완화하다가 2차 기초생활보장 종합계획에서는 생계급여에 대한 부양의무자 기준 폐지를 발표하였다.

생계 및 의료급여에서는 일명 '노노-장장'(老老-障障)에 해당되는 가구를 중심으로 부양의무자 기준이 완화되었다. 2018~2019년 소득분배 위기를 경험하면서, 생계급여는 2020년 1월부터 중증장애인 가구에 한해, 2021년 1월부터 노인 및 한부모, 2021년 10월부터는 전체 수급권자 대상으로 부양의무자 기준을 폐지하였다. 다만, 부양의무자 기준을 폐지하면서도 연 1억 원 이상의 고소득, 9억 원 이상의 고재산 부양의무자가 있는 경우 부양의무자 기준을 적용하고 있다.

2. 국민기초생활보장제도 현황

1) 급여 관련 기본원리

(1) 최저생활보장 원리

〈기초생활보장법〉(이하 〈기초법〉)에서 급여기준으로 규정한 '건강하고 문화적인 최저생활 유지'는 국민복지기본선 연구(변재관 외, 1998)에서 제시한 '최저수준의 복지'와 '적정수준의 복지'를 모두 포괄한 의미를 함축하는 것으로 해석할 수 있다. 즉 '건강하고 문화적인 생활'은 적정수준의 복지를 함축하고 있다고 한다면, '최저생활'은 최저수준의 복지를 함축하고 있는 것이다. 이처럼 두 단계로 구분될 수 있는 급여수준을 '건강하고 문화적인 최저수준'이란 하나의 복합적 수준으로 설정함으로써 〈기초법〉의 급여수준은 우리 사회의 경제적, 사회적 발전 정도와 정치적 여건 변화에 따라서 급여수준의 정도를 달리할 수 있는 여지를 남겨 두고 있는 것이다.

(2) 보충급여 원리

〈기초법〉은 급여수준이 4대 기본급여(생계 · 주거 · 의료 · 교육급여)와 자활급여 및 수급자의 소득인정액을 포함한 금액이 최저생계비 이상이 될 것을 규정함으로써 소득인정액이 많은 가구는 그만큼 급여액이 줄어들게 되는 보충급여의 원리를 도입하고 있다. 보충급여제도가 제대로 시행되기 위해서는 가구별 특성이 반영된 최저생계비가 산정되어야 하고, 소득인정액이 정확하게 파악되어야 한다.

(3) 자립지원 원리

〈기초법〉은 생활이 어려운 자들에게 최저생활을 보장하되, 이들의 자활을 조성하는 것을 주요 목적으로 삼고 있다. 이를 위해 보장기관은 근로능력이 있는 수급자에게 자활에 필요한 사업에 참여할 것을 조건으로 하여 생계급여를 지급할 수 있으며, 수급자 가구별로 자활지원계획을 수립하고 그에 따라 급여를 실시해야 한다. 자립지원 원리는 근로능력이 있는 수급자로 하여금 자활사업에 참여하는 것을 강제하는 것에 그치지 않고, 급여수준 결정을 위한 개별가구의 소득평가액을 산정함에 있어서도 그 산정방식에 근로를 유인하기 위한 요소가 반영될 것을 요구하는 근거가 되고 있다.

(4) 개별성 원칙

〈기초법〉에서 급여수준을 정할 때는 수급자의 연령, 가구규모, 거주지역 및 기타 생활여건을 고려하도록 규정하고 있다. 이는 수급권자의 개별적 특수상황을 최대한 반영하여 급여수준을 정하도록 한 원칙으로, 급여의 적합성 원칙이라고도 할 수 있다. 이를 위해 수급자 및 부양의무자의 소득·재산, 수급자의 근로능력·취업상태·자활욕구 등 자활지원계획 수립에 필요한 사항, 기타 수급자의 건강상태·가구특성 등 생활실태에 관한 사항 등을 조사한다.

(5) 가족부양 우선 원칙

급여신청자가 부양의무자에게 부양될 수 있으면 기초생활보장급여에 우선하여 부양의무자의 보호가 먼저 행해져야 한다. 수급자에게 부양능력을 가진 부양의무자가 있음에도 이 법에 따른 급여를 수급자에게 계속 지급하기로 결정하는 경우에는 부양의무자로부터 지급된 급여만큼 보장비용을 징수할 수 있다. 단, 교육급여는 보편적 서비스에 해당하며 사회적 투자의 개념이 강하므로 부양의무자의 우선보호 원칙을 적용하지 않으며, 교육급여 수급자 가구의 소득인정액만으로 보장 여부를 결정한다.

(6) 타급여 우선 원칙

급여신청자가 다른 법령에 따라 보장을 받을 수 있는 경우에는 기초생활보장급여에 우선하여 다른 법령에 따른 보장이 먼저 행해져야 한다. 다른 법령에 의한 보호로서는 〈국민연금법〉에 의한 연금급여, 〈고용보험법〉에 의한 실업급여, 〈산재보험법〉에 의한 장해급여, 기타 사회복지 관련 법상의 급여 등이 있다.

(7) 보편성 원칙

〈기초법〉에 규정된 요건을 충족시키는 국민에 대해서는 성별 · 직업 · 연령 · 교육수준 · 소득원 기타의 이유로 수급권을 박탈하지 않는다.

2) 수급자 선정기준

국민기초생활보장제도에서 가구는 수급자 선정, 급여액 결정 및 지급의 기본단위가 된다. 소득평가액 및 재산의 소득환산액을 합한 소득인정액은 가구를 단위로 산정하며, 급여는 가구를 단위로 하여 지급하는 것이 기본원칙이다. 수급자격은 가구의 소득 및 자산 수준을 고려하는 소득인정액, 즉 개별가구의 경제적 능력이 최저생계비 혹은 기준중위소득에 의한 선정기준에 미달하는 경우에 주어진다. 2015년 7월 맞춤형 급여로 개편하기 전에는 가상의 표준가구 장바구니를 채우는 최저생계비를 2000년, 2004년, 2007년, 2010년, 2013년에 계측하였고, 비계측연도에는 물가 등을 반영하여 조정하였다. 맞춤형 급여로 개편된 해에는 기준중위소득을 기준으로 생계급여는 30%, 의료급여는 40%, 주거급여는 43%, 교육급여는 50%를 선정기준으로 하였다. 2022년 현재 가구별 소득인정액 기준을 보면, 생계급여 선정기준은 기준중위소득 30% 이하, 의료급여 선정기준은 기준중위소득 40% 이하, 주거급여 선정기준은 기준중위소득 46% 이하, 교육급여 선정기준은 기준중위소득 50% 이하로 정해져 있다.

기준중위소득이란 맞춤형 급여 도입 이전의 '최저생계비'에 해당하는 개념으로 보건복지부 장관이 급여의 기준 등에 활용하기 위하여 중앙생활보장위원회의 심의 · 의결을 거쳐 고시하는 국민 가구소득의 중위 값을 의미하다. 즉, 기준중위소득은 급여종류별 선정기준과 생계급여 지급액을 정하는 기준이고, 부양의무자의 부양능력을 판단하는 기준이 된다. 2022년 기준중위소득은 1인 가구 194만 4,812원, 3인 가구 419만 4,701원, 4인 가구 512만 1,080원이다.

3) 급여 종류

(1) 생계급여

일반 생계급여는 소득평가액을 고려하여 생계비를 보충하는 현금급여이고, 조건부 생계급여는 근로능력이 있는 수급자에게 자활에 필요한 사업에 참가할 것을 조건으로 하는 생계급여 지원이다. 긴급 생계급여는 주 소득원의 사망・질병 또는 행방불명, 부 또는 모의 가출, 천재지변이나 화재 등으로 재산・소득 손실 등 수급 결정 전 긴급히 생계급여를 해야 할 경우 지원하는 것이다. 이 급여는 1997년 금융위기 이후 도입되어 유지되었고 2006년 긴급복지지원제도로 신설되면서 국민기초생활보장제도의 역할을 보완했다. 생계급여액은 보충급여의 원칙에 의해 최저생계비에서 타 법 지원액을 감한 현금급여기준액 혹은 기준중위소득에 의한 선정기준과 소득인정액의 차액으로 결정된다. 4인가구를 표준가구로 하는 최저생계비 혹은 기준중위소득 기준 생계급여액은 가구규모에 따라 차등지급하는데, 이때 가구균등화지수를 활용한다(이태진 외, 2020). 또한 생계급여 수급자는 정부양곡할인지원제도 대상이 된다. 기초수급가구 및 차상위계층에게는 할인된 가격(생계・의료급여 수급자 92%, 주거・교육수급자 및 차상위계층 50%)으로 정부양곡을 지원하는 것이다.

(2) 의료급여

질병・부상・출산 등으로 생활유지 능력이 없거나 생활이 어려운 저소득 국민의 의료문제를 국가가 보장하는 공공부조제도로, 건강보험과 함께 국민 의료보장의 중요한 수단이다. 의료급여는 수급권자가 진찰·검사, 약제·치료재료 지급, 처치·수술, 예방·재활, 입원, 간호, 이송과 그 밖의 의료목적을 달성하기 위한 조치가 필요한 경우 지급된다. 의료급여 비용은 전부 또는 일부는 의료급여기금에서 부담하되, 의료급여기금에서 일부를 부담하는 경우 그 나머지 비용은 본인이 부담해야 한다.

(3) 주거급여

무주택자로서 타인의 주택을 유료로 임차하는 자에게 임차료를 주거급여로 분리하여 지원한다. 주택 소유자 중 자신의 주택에서 거주하는 자에게는 유지수선비를 현금으로 지원하거나 주거 점검 및 수선 서비스를 현물로 지원한다. 2000년 10월 국민기초생활보장제도 도입 당시 최저주거비는 생계급여에 포함된 주거비와 주거 현금급여의 합계액이었다. 2015년에 맞춤형 급여로 개편하면서 주거급여를 분리하여 임차급여 및 수선유지급여를 지급하는 것으로 구분하였다.

(4) 교육급여

수급가구의 초·중·고등학생 자녀의 입학금·수업료를 실비로 지원하고 교과서대, 부교재비, 학용품비 등 기타 현물 혹은 현금으로 지원한다. 2017년부터는 교과서대를 실비로 지원하였고, 2018년부터는 자녀의 학령기를 초등학교, 중학교, 고등학교로 구분하여 부교재비와 학용품비를 차등 지원하였다.

(5) 해산급여

해산급여는 수급자에게 조산(助産)과 분만 전후의 필요한 조치와 보호를 행하는 것으로 한다. 급여대상은 생계·의료·주거급여 수급자가 출산(출산예정 포함)한 경우이다. 2022년 현재 출산여성에게 1인당 70만 원을 현금으로 지급한다.

(6) 장제급여

장제급여는 수급자가 사망한 경우 사체의 검안, 운반, 화장 또는 매장 기타 장제조치를 행하는 것으로 한다. 장제급여는 실제로 장제를 행하는 자에게 장제에 필요한 비용을 지급함으로써 행한다. 대상자는 생계·의료·주거급여 수급자가 사망한 경우와 〈의사상자 예우에 관한 법률〉 제 14조(장제보호)에 의한 의사자가 해당된다. 이때 수급자는 의료, 교육, 자활급여 특례자 등을 포함한 모든 수급자를 말한다. 2022년 현재 장제급여액은 1구당 80만 원을 현금으로 지급하고 있다.

(7) 자활급여

자활급여는 기초생활보장수급자의 자활을 돕기 위하여 실시되는 급여이다. 자활에 필요한 근로능력의 향상 및 기능습득의 지원과 근로기회의 제공을 위하여 수급자에게 공익성이 높은 사업이나 지역주민의 복지향상을 위하여 필요한 사업 등에서 유급으로 자활근로 기회를 제공하는 것이 대표적이며, 그 외 직업훈련, 취업알선, 자금대여, 창업지원, 자산형성지원사업 등이 있다.

4) 전달체계와 전담인력

2000년 10월 국민기초생활보장제도 도입 이후 일선 사회복지 담당 공무원의 역할이 대상자 선정을 위한 자산조사, 복지욕구와 생활실태 파악 및 지원 등을 포괄하면서 비대해짐에 따라 담당 공무원 역할의 범위에 대한 논의가 있어 왔다. 시·군·구와 읍·면·동의 업무수행구조를 조정하려는 시도로 2006년 하반기부터 시·군·구 본청에 '통합조사팀'을 설치하여 일선 사회복지직 공무원의 신규조사 업무 부담을 완화하고 관리 업무와 분담하도록 하였다. 중앙정부 단위에서는 2015년 7월 맞춤형 급여로 개편하면서 기존 주거급여는 국토교통부에서, 교육급여는 교육부에서 담당하게 하여 관할 부처의 급여별 전문성을 강화하였다. 보건복지부는 생계급여와 의료급여뿐 아니라 주거급여와 교육급여를 제외한 급여를 총괄하고 있다.

국민기초생활보장제도를 주관하는 전달체계가 정교하게 설계되고 전문성이 강화되면서 복지분야 공무원의 규모가 증가하였다. 국민기초생활보장제도가 도입되고 자리 잡아 가면서 2004년 8천 명 정도의 규모였던 사회복지직 공무원의 수는 2019년 약 2만 4,521명으로 약 3배 정도 확대되었다. 이 기간 국민기초생활보장제도 수급자 수가 약 140만 명에서 190만 명으로 약 1.3배 정도 증가한 것과 비교하면 복지분야 인력을 대규모로 확충한 것으로 평가할 수 있다.

지난 20년간 가장 큰 변화를 보인 영역은 정보시스템이다. 2000년 〈기초법〉 초기의 보건복지행정망에서 2006년 주민생활지원서비스 시기의 새올행정시스템으로, 그리고 2010년 행복e음을 개통하여 적정급여를 지급하고 복지 사각지대를 해소하는 사회보장정보시스템으로 변화했다. 이러한 시스템은 기초생활보장제도를 합리적이고 과학적인 방식으로 운영하는 데 가장 중요한 수단이 되었다. 이후부터 27개 기관 215종의 소득 및 재산 자료, 서비스 이용정보 등을 연계하여 수급자 조사 및 관리, 급여실시의 적정성 조사가 가능하게 되어 현재까지 유지하고 있다(보건복지부 · 한국보건사회연구원, 2020).

3. 국민기초생활보장제도 과제

〈국민기초생활보장법〉 제정 20년을 정리한 한국보건사회연구원의 연구결과에서 제시된 기초생활보장제도의 향후 과제를 살펴보았다(보건복지부 · 한국보건사회연구원, 2020).

1) 수급자 선정기준 관련 과제

2020년 8월 발표된 제 2차 국민기초생활보장 종합계획에서는 기초생활보장제도 선정기준과 관련되어 큰 진전이 있었다. 제도현황에서 살펴본 바와 같이 기초생활보장제도의 선정기준은 소득인정액이 정부가 정한 기준중위소득 이하이어야 하며, 부양 능력을 가진 부양의무자가 없어야 한다. 2차 종합계획에서는 먼저, 기준중위소득에 대한 산정방식을 크게 개선하였다. 2020년 중앙생활보장위원회(중생보)는 기준중위소득 산출방식과 관련해서는 국가통계위원회의 결정에 따라 다음과 같이 의결하였다. ① 기준중위소득 산출을 위한 기준자료는 기존 가계동향조사에서 가계금융복지조사로 변경하도록 한다. ② 차년도 기준중위소득 산출방식은 49차 중앙생활보장위원회 의결을 통해 산출된 결과가 기초생활보장 수급층의 생활에 영향을 줄 수 있다는 측면에서 "전년도 기준중위소득에 가계금융복지조사 최신 3년 평균증가율을 적용하여 산출한다. 단, 급격한 경기변동 등 특별한 상황 발생 시 중생보 의결로 증가율 보정이 가능"하다. ③ 가계금융복지조사를 통해 산출된 기준중위소득 측정치와 실제 적용되던 기준중위소득 간 차이가 발생하고 있어 적용값과 실측값 간의 격차는 향후 6년에 걸쳐 조정〔6년간 최신 격차(1 + 격차율) 의 6분의 1승을 추가 증가율로 적용〕한다.

수급자 선정기준 관련 과제는 세 가지로 정리된다.

첫째, 기준중위소득 산정과 관련하여 향후 과제는 기준중위소득과 가계금융복지조사 간 격차 축소, 가구균등화지수 조정이 모두 6년에 걸쳐 진행되도록 하고 있어, 이에 대한 안정적 이행방안을 마련하는 것이다.

둘째, 소득인정액과 관련된 사항이다. 소득인정액은 기초생활보장제도 도입과 동시에 운영되기 시작한 것으로, 소득인정액은 다시 소득평가액과 재산의 소득환산액으로 구분할 수 있다. 소득인정액과 관련하여 향후 기초생활보장제도에서 남겨진 과제는 소득평가액의 소득 인정범위, 재산의 소득환산액에서는 재산의 소득환산과 관련되어 발생하는 쟁점(기본공제액, 급지 구분, 재산의 소득환산율 등) 들이다.

중장기적 제도개선 사항으로는 소득인정액을 계속해서 유지할 것인가 아니면 기존 생활보호제도와 같이 재산을 환산하지 않고 소득과 재산 기준만으로 수급대상자를 선정하는 일명 기준선 방식 혹은 컷오프 방식으로 전환할 것인가를 결정해야 한다.

셋째, 부양의무자 기준이다. 기초생활보장제도의 부양의무자 기준이 폐지되고 있지만 여전히 남겨진 과제 혹은 쟁점은 의료급여제도에서는 부양의무자 기준이 유지되고 있다는 점이다. 의료급여와 건강보험제도 간의 관계 정립, 의료급여 외에도 취약계층을 지원하는 다른 의료보장정책(차상위 본인부담지원, 재난적 의료비제도 등)의 확대 가능성 및 연계 등을 고려할 필요성 또한 함께 제기되면서 의료급여 부양의무자 기준 폐지에 대해서는 향후 추가적으로 검토해야 한다.

2) 주요급여 관련 과제

(1) 급여체계 관련 과제

기초생활보장제도 급여체계 관련 과제는 두 가지 측면에서 살펴볼 수 있다.

첫째는 기초생활보장제도가 도입된 이후 2015년 맞춤형 급여로 전환되면서 나타나는 급여형태와 체계가 가지는 장단점과 개선방안이다. 2015년 7월 이후 맞춤형 급여로 전환되면서는 3개 부처(보건복지부, 국토교통부, 교육부)가 함께 제도를 운영하게 되었으며, 선정기준과 급여기준(최저보장)이 급여별로 운영되면서 급여가 가진 특성들이 명확히 드러나는 장점이 있었다. 단점은 3개 부처가 각각의 급여를 운영하면서 전달체계가 복잡해지게 된 것이다. 세 부처가 원활하게 연계되어 관련 정보와 내용 등이 공유되는 것이 바람직하지만 중앙부처와 다르게 지방에서는 전달체계 간 협업이 명확하게 이루어지지 못한 측면이 있다.

둘째는 기초생활보장제도의 선정기준인 소득인정액제도와 생계급여가 보충성의 원칙하에 운영되면서 발생하는 다른 제도와의 관계이다. 소득인정액은 다시 소득평가액과 재산의 소득환산액으로 구분되며 여기서 소득평가액은 시장에서 수급신청가구가 벌어들인 각종 소득(근로, 사업, 재산, 사적 및 공적 이전소득 등)을 합한 금액이다. 이때 발생하는 제한점은 공적 이전소득을 어떻게 처리하느냐의 문제다. 정부는 공적 이전소득이 가지고 있는 특성, 가구가 가지고 있는 특성을 고려하면 경우에 따라 가구 내 필수지출 항목으로 일부 공적 이전소득을 공제해주고 있지만, 기초연금은 제외되고 있는 것이다. 그 결과 2021년부터는 기초연금이 월 30만 원으로 인상된 반면, 기초생활보장 수급노인들의 기초연금 공제 제외의 결과 이들의 상대적 박탈감도 커질 수 있다는 점에서 합리적 조정방안이 마련되어야 한다.

생계급여가 가진 보충성의 원칙으로 인한 제도운영상의 문제는 수급권자의 근로유인을 낮춘다는 것이다. 공공부조제도가 보충성의 원칙하에 운영될 경우 필연적으로 발생하는 문제이다. 기준중위소득의 인상과 부양의무자 기준 폐지는 청장년층의 기초생활보장제도 수급 가능성을 높이게 되면서 일하기보다는 기초생활보장제도의 지원을 받으며 생활하고자 하는 빈곤함정의 늪에 빠질 개연성이 높아지는 것이다.

(2) 생계급여 과제

생계급여와 관련하여 향후 과제는 두 가지로 정리된다.

첫째, 소득인정범위에 따른 생계급여 지급문제이다. 2000년대 들어 한국의 사회보장제도가 크게 확충되면서 여러 소득보장제도가 새롭게 구축되고 있다. 장애인, 노인, 한부모가구는 물론 근로빈곤층, 국가유공자 등을 대상으로 하는 여러 소득보장제도들이 도입되고 있다. 급여체계 과제에서도 살펴본 바와 같이 생계급여와 기초연금 간의 관계가 이슈가 되고 있다. 현재 국민기초생활보장제도에서는 기초연금을 받는 노인에 대해서는 기초연금을 소득으로 환산하여 생계급여에서 기초연금액만큼 삭감하고 있다. 빈곤노인이므로 생계급여는 물론 기초연금도 함께 제공되어야 한다는 입장이 있는 반면, 수급노인에게 기초연금과 생계급여를 모두 제공하면 형평성 문제가 발생할 수 있다는 측면도 있다. 새로운 소득보장제도가 도입되거나 기존 제도들이 확대될 경우 생계급여와의 관계성은 상시 발생할 수 있으므로 관련 원칙과 방향에 대한 설정이 요구된다.

둘째, 2022년부터는 생계급여에 대한 부양의무자 기준이 모든 가구를 대상으로 폐지된다. 근로연령층을 대상으로 생계급여가 확대될 경우 저숙련, 저기술 등을 가진 수급권자 등을 중심으로 노동시장에 참여하고자 하는 의지가 줄어들 수 있는 문제가 있다. 현재 기초생활보장제도에서는 근로유인 방지를 위해 근로소득 공제제도를 운영하며, 2020년에는 전체 생계급여 수급자를 대상으로 근로소득 30% 공제제도를 도입하여 운영하고 있다. 기존 근로소득 공제제도를 대폭 확대한 조치이다. 향후 근로연령층을 대상으로 근로소득 공제 확대와 좋은 일자리 제공 등 고용서비스, 자활지원제도 등에 대한 개선을 통해 근로유인이 떨어지는 것을 방지하기 위한 방안들이 제시되어야 할 것이다.

(3) 의료급여 과제

소득 및 재산을 모두 고려한 소득인정액이 의료급여 선정기준인 중위소득 40% 이하에 해당하더라도 부양의무자 기준으로 인해 의료급여를 받지 못하는 빈곤층이 발생하고 있다. 의료급여 부양의무자 기준은 폐지하는 대신 2022년까지 기초연금 수급노인(소득하위 70%)이 포함된 부양의무자 가구에 부양의무자 기준을 적용하지 않는 것으로 결정하면서 의료급여 부양의무자 기준은 당분간 존치하게 되었다. 2018년 기준 의료급여 비수급 빈곤층(기준중위소득 40% 이하)은 73만 명(48만 가구)으로 생계급여 비수급 빈곤층(기준중위소득 30% 이하) 34만 명(22만 가구)보다 두 배 이상 많은 실정이다.

이에 부양의무자 기준의 단계적 완화를 통한 사각지대 해소방안을 강구할 필요가 있다. 의료급여 부양의무자 기준 폐지를 위해서는 의료급여 지출관리 효율화가 필요하다. 의료급여 수급권자의 진료비 규모 및 의료이용 현황을 파악해 보기 위하여 의료급여 수급자의 의료이용량을 건강보험 대상자와 비교해 보면, 의료급여 수급자의 연간 1인당 진료비는 건강보험 대상자보다 3배 높은 수준이다.

(4) 주거급여 과제

주거급여는 2015년 이후 많은 변화를 이루었다. 2015년 이전에는 생계급여와 함께 지급됨으로써 실질적 주거급여로서의 역할에 한계가 있었다면, 2015년 이후에는 전세 및 월세 가구에 대한 임대료 지원, 자가가구에 대한 수선유지급여의 확대 등을 통해 주거취약계층의 주거보장이 강화되고 있다. 무엇보다도 2018년 10월부터는 주거급여에 대한 부양의무자 기준을 폐지함으로써 생계 및 의료급여의 부양의무자 기준 완화와 폐지를 위한 기반을 제공하기도 하였다. 앞으로 고려해야 할 과제는 다섯 가지로 정리된다.

첫째, 2015년 주거급여가 별도로 운영된 이후 지금까지도 해결되지 못한 기준임대료에 대한 현실화 문제이다. 주거급여의 기준임대료는 현실화를 목표로 매년 조금씩 조정되었다. 2018년 76%, 2019년 81%에서 2020년 90%를 목표로 하였다. 하지만 여전히 100%를 달성하지 못해 이에 대한 개선이 필요한 상황이다.

둘째, 기초생활보장제도 선정기준에 활용하는 급지 구분과 주거급여 기준임대료의 급지 구분에 차이가 있으며, 현재 활용하는 주거급여의 급지 구분이 현실을 정확히 반영하지 못한다는 문제이다. 2010년 이후 상승하는 주택가격과 임대료 등을 고려할 때, 현재 서울, 수도권, 광역시·세종, 기타 시도로 구분되고 있는 기준임대료 급지가 지역 특성을 명확히 반영하고 있다고 보기 어려운 상황이다.

셋째, 급여 적정성 문제이다. 기초생활보장제도는 3년 단위로 각각의 급여에 대한 급여 적정성을 평가하고 있다. 2020년 2차 종합계획에서도 주거급여에 대한 급여 적정성 부문에 대한 평가가 진행되었다. 하지만 생계 및 의료급여와 같이 분명한 급여 적정성 평가 틀에 의해 평가가 진행되지 못하고, 기존 통계 등을 재가공하는 형태로 주거급여에 대한 적정성 평가가 진행되고 있다.

넷째, 주거급여 선정기준 조정을 통해 주거보장 사각지대를 축소하는 것이다. 기준임대료 현실화가 급여 적정성의 주요한 평가기준이라면, 주거급여 선정기준의 조정은 주거 취약계층을 더 포괄할 수 있다는 점에서 사각지대 축소, 주거보장 강화 측면에서 주요한 평가기준이 될 수 있다.

다섯째, 2015년 이후 주거급여가 분리되면서 전달체계 또한 국토부와 LH 등으로 분리·운영되었지만, 여전히 그 역할이 분명하지 않고 시·군·구 또는 읍·면·동에 대한 의존성이 높으며 전달체계 및 협업 구조가 분명하게 갖추어지지 못한 양상이다. 국민에 대한 편의제공과 주거급여를 통한 주거보장 확대를 위해서는 전달체계 등에 대한 종합적 평가와 검토가 향후 중요한 과제라 할 수 있다.

(5) 교육급여 과제

교육급여 과제는 다섯 가지로 정리된다.

첫째, 과거 20년간 계측된 최저교육비에 포함된 항목 중 일부(보충교육비)가 아직 반영되지 않았고, 일부 항목의 경우 최저교육비 100%를 달성함으로써 현실화가 이루어지기는 했지만, 교육비 총액 기준으로 볼 때 최저교육비에 미달하는 등 지원수준이 필요에 미치지 못하는 상황이다.

둘째, 사각지대 문제 해결이다. 현재 교육급여 선정기준은 기준중위소득 50%이다. 제도 개편이 이루어진 2015년 7월 이래 5년 동안 변동 없이 이 기준을 유지하고 있다. 교육 욕구가 있음에도 선정기준에 부합하지 않아 교육급여지원을 받지 못하는 학생들에 대해서 최저교육비를 보장할 수 있도록 선정기준을 상향하는 방안을 검토할 필요가 있다.

셋째, 최근 코로나19로 인한 원격교육 시행 등 교육환경 변화에 따른 새로운 교육수요에 대응할 수 있는 급여체계를 구축할 필요가 있다. 이를 위해서는 현재 최저교육비 계측 원칙의 근거가 되는 최저교육비에 대한 정의를 다시 할 필요가 있다.

넷째, 교육급여 지급대상학교의 범위는 수차례 개정에 따라 확대되어 왔다. 대안학교까지 대상이 확대되었지만 법이 정의하는 '학교'에 속하지 않은, 학업중단 학생은 교육급여의 대상이 되지 못한다. 학업중단자들의 경우 재학생들과 동일한 교육욕구를 가지고 있기 때문에 이들을 교육급여대상으로 편입시키는 방안을 모색할 필요가 있다.

다섯째, 최저교육비 계측과 관련한 과제가 있다. 매 계측년도에 상정한 표준가구를 기준으로 최저교육비가 계측되면서 그에 해당하지 않는 학교급에 대한 최저교육비는 따로 계측되지 않는다. 급격히 변화하는 교육환경에 부응하기 위해서는 표준가구 여부와 상관없이 모든 학교급에 대한 최저교육비가 계측될 필요가 있다.

3) 자활급여 과제

(1) 자활급여대상자 선정 관련 쟁점

자활급여대상자 선정과 관련해서는 네 가지 쟁점이 있다.

첫째, 근로능력 평가이다. 여태껏 우리나라는 근로능력 평가에서 연령, 장애, 질병이나 부상, 임신, 법률상 의무수행 등의 요건에 해당하는 경우 근로무능력자로 판정했다. 그러나 이러한 기준들이 실제 근로활동능력에 대한 정확한 평가기준인지에 대한 비판 또한 꾸준하게 제기되었다. 이에 2015년 활동능력 평가기준을 일상생활 및 신체적 활동수행능력을 포함한 현실성 있는 지표로 재구성하는 등의 개선이 이루어졌다. 이러한 개선 결과 근로능력 판정문제가 전문화되고 있는지, 그리고 근로능력 있음과 없음의 비율의 변화가 적절하게 판단이 되어 나오는 결과인지에 대한 향후 지속적인 모니터링이 필요할 것이다.

둘째, 조건 부과방식의 다양화이다. 근로능력이 있고 없는 문제를 지표를 통하여 결정하는 것은 어려운 일이다. 특히 근로능력이란 개별 근로자에게 한정되어 평가할 수 있는 특성이 아니라 개별 근로자 및 업무상황의 상호 연관성을 고려하여 평가할 수 있는 특성이다. 현재 자활사업의 경제적 성과인 매출관리나 영업, 경영관리 등의 업무에 집중하는 지역자활센터에서 사례관리의 필요성 때문에, 동시에 실질적으로 자활할 수 있게 돕는 초기 창구(*gateway*)의 역할을 강화하기 위해 인력을 배치하는 것은 적절한 정책적 대응이라 할 수 있다. 다만 이들 전담자의 전문화를 위한 지원과 현재의 다양한 지역사회서비스 연계 부분에 대한 발전도 병행되어야 할 것이다.

셋째, 조건부과/조건제시 유예이다. 근로능력이 있다고 판정된 사람의 경우에도 현재 취업하고 있거나 가구여건 및 환경의 변화 등으로 근로하기 어렵다고 판단되는 경우에는 조건부과에서 유예하고 있다. 일부의 경우에는 조건부 수급자로 지정되는 것을 회피하기 위해 근로시간을 과대 신고하거나, 보충급여 방식의 문제를 회피하기 위하여 근로시간과 소득을 과소신고하는 경우도 있는 것으로 알려지고 있다. 향후 이들의 노동시장 참여와 복지수혜에 대한 이력관리를 사회보장정보시스템과 연계하여 체계적이고 정기적으로 수행할 필요가 있다.

넷째, 자활사업 희망 참여자의 범위이다. 2000년대 초반 초기 자활사업은 적용대상을 조건부 수급자로 집중해야 하는지 아니면 일반 저소득층으로 더 확대해야 하는지에 대한 쟁점이 제기되었다. 맞춤형 개별 급여 도입 이후 근로능력이 있는 수급자 증가는 주로 의료급여와 기타 급여(주거, 교육) 수급자 증가로 나타나, 이러한 상황에서 자활사업의 범위를 자활의무 부과자와 자활급여 수급권자 모두에 대한 본격적인 자립지원 프로그램으로 확대해야 한다는 주장이 있다. 또한 이들에 대한 프로그램의 구성과 내용, 사업수행조직의 준비 등 자활사업의 대상자 범위를 둘러싼 다양한 이슈가 제기되고 있다.

(2) 자활사업 프로그램 관련 쟁점

자활사업 프로그램 관련해서는 자활기업 지원, 자활사업 내실화 방안 쟁점이 있다.

첫째, 자활기업 활성화이다.

2차 자활급여 기본계획(2021년~2023년)은 자활기업 활성화 방안을 다음과 같이 제시하고 있다. 먼저, 자활기업 성장단계별 지원기반 마련 및 기업모델 육성 방안으로 창업·성장 마일스톤별 인센티브를 지급하여 자활기업의 지속적 성장을 도모한다. 또한 자활기업 인건비 규제 완화(시간제 인정, 전문가 확대 등), 공공분야(취약계층 시설개선, 소독·방역 등) 판로지원, 자활기금 활성화를 통한 창업지원 등을 모색한다. 다음으로, 자활기업 규모화 방안으로 성장 가능성이 있는 지역자활기업을 발굴, 광역·전국자활기업으로 육성하여 성공적 기업모델을 확산한다. 이를 위해 단일 브랜드 제작, 프랜차이즈 가맹점형 자활기업과 유사·동종업종을 연계한 네트워크형 기업 및 M&A형 기업 등을 육성한다.

정부의 정책방안에 더하여 자활기업 활성화를 위한 정책과제로는 첫째, 무엇보다 자활기업 육성 기본계획 수립이 필요하다. 사회적 기업, 협동조합 등 여타 사회적 경제기업과 동일하게 자활기업 육성을 위한 중장기 기본계획이 수립되어야 한다. 자활기업 육성 기본계획에는 자활기업 육성에 필요한 지원체계, 재정/금융지원, 판로지원, 인력지원, 집중육성분야, 관리방안 등 자활기업을 종합적으로 육성할 수 있는 정책 등이 포함되어야 한다. 또 하나의 과제는 중앙자산키움펀드를 활용하여 자활기업 규모화사업, 전문인력 지원사업, 노후시설 장비교체 지원사업을 적극 추진해야 한다. 2021년 중앙자산키움펀드 예산을 보면, 자활기업 창업지원 자금으로는 77억 2,800만 원이 책정되어 있다. 그리고 자활기업 대출 보증을 위한 신용보증기금 출연금 10억 원, 우수자활기업 지원금 5억 2천만 원 등 활성화 지원금이 마련되어 있다. 자활복지개발원이 관리하고 있는 중앙자산키움펀드는 2013년부터 자활근로 참여자에 대한 자산형성 지원, 자활기업 지원 및 시범사업 등 자활사업 활성화를 위해 자활근로사업 매출액의 일부를 중앙자산키움펀드로 조성하고 있다. 2020년 예산은 237억 4,300만 원 수준이다.

둘째, 자활사업 내실화 및 프로그램 확대가 필요하다. 자활사업 프로그램은 폐지와 신설을 반복해 왔다. 특히나 제도의 연속성이 고려되지 않은 채 지역봉사, 사회적응, 청소년자활지원관과 같이 사회통합 성과의 지향을 가졌던 프로그램이 대폭 폐지되었다. 해당 프로그램들은 자활사업이 복지사업으로써 배제된 집단의 사회참여를 돕는 성격을 갖는다는 데에서 의의가 컸으나 실제로 해당 프로그램들이 지역 내 자활후견기관 외에 사회복지관, 자원봉사센터, 정신보건센터 등 다양한 유관기관을 활용해야 하므로 전달체계가 산발되어 실효성 있는 관리가 어려웠다는 점, 그리고 활동을 해야만 생계급여를 받을 수 있다는 의무조건으로 인해 근로취약층의 인권을 침해하는 사업처럼 인식되었다는 점 등이 폐지의 이유로 꼽힌다. 또한, 해당 프로그램들을 운용·관리할 인력체계의 미비도 사업의 내실화를 가로막는 기제가 되었을 것으로 보인다. 하지만 분명히 해야 할 점은 자활사업의 지역봉사, 사회적응 프로그램 자체가 근로취약층에 대한 생계권을 침해한 것이 아니라 내실화가 미흡했던 점에서 기인했다는 것이다. 이에 자활의 사회통합적 성과 프로그램을 폐지하거나 축소하는 것이 바람직한 방향이었는지는 다시 평가해볼 필요가 있다(이상아 외, 2021).

한편, 자활사업 프로그램이 신설되기도 하였다. 2018년 청년자립 도전단사업과 2020년 내일키움 일자리사업이 대표적인 사업이다. 이 사업들은 참여 대상을 특화·확대하여 취약계층의 빈곤 진입을 예방하고 자활사업의 활력을 제고하는 데에 목적이 있었다. 그러나 2020년 내일키움 일자리사업은 한시적 지원으로 지속성을 갖지 못하였고, 청년자립도전단사업은 사업 정체성 수립과 관련해서 어려움을 경험하고 있다.

(3) 자활사업 성과 관련 쟁점

자활사업의 성과지표로는 초기부터 탈(脫)수급률, 취·창업률 등의 성과지표를 사용하였다. 그러나 낮은 탈수급률 및 취·창업률은 자활사업이 갖고 있는 주요 목표 중 하나인 참여자들의 자활을 도모한다는 기본목표를 충족시키지 못하게 하며, 이로써 지속적인 성과확대 요구에 직면하게 되었다. 그러나 현재의 정책목표는 취·창업과 탈수급으로 이루어진 근로를 통한 경제적 자활성과 결과만을 제시함으로써 자활사업 참여자 개인의 삶에 대한 태도나 가구원에 대한 공감능력의 변화, 지역사회나 주변과의 대인관계 기술의 변화 등 긍정적 영향을 반영하지 못하였고, 개인적·사회적 변화도 자활사업의 성과로 포괄되어야 한다는 지적이 최근 정부사업에서의 사회적 가치에 대한 중요성이 높아지면서 지지를 받고 있다. 결국 근로활동 목적뿐 아니라 경제적 자립취약계층인 저소득층에게 경제적 자립과 근로를 의무부과하여 정서적 효능감 향상 및 공동체 소속감을 제고하는 사회적 통합까지 두 가지 목적이 세분화된 정책 목표로 제시될 필요가 있다.

(4) 자활사업 전달체계 관련 쟁점

자활사업의 전달체계를 둘러싸고 이슈가 되어 온 사항 중 하나는 자활사업 참여자들에 대해 맞춤형 서비스가 원스톱으로 하나의 조직에 의해 전달되어야 한다는 것이다. 그동안 자활사업의 경우 비취업대상자는 보건복지부가 관리하는 자활사업으로 그리고 취업대상자는 고용노동부 자활사업으로 배치함으로써 자활사업의 전달체계가 이원화되었다. 보건복지부 자활사업에서는 지역자활센터를 중심으로 주로 공공 일자리를 제공하는 사업이 이루어진 반면, 고용노동부 자활사업에서는 고용지원센터를 중심으로 주로 직업훈련과 취업알선을 하는 자활사업이 이루어져 왔다. 수급자들에 대해 복지급여와 취업지원서비스를 통합적으로 제공하는 전달기관 간의 실질적 협력을 위해 자활사업의 통합적 전달체계 구축에 대한 논의가 진행되었고, 이러한 논의 결과 2014년 고용복지플러스센터 10개소 설치를 시작으로 2020년 전국 98개소가 설치되었다. 센터 내에 사례관리협의체와 실무협의회를 두어 대상자에게 불필요한 서비스 수혜 중복이나 개별 방문이 필요 없도록 하는 협업모델로 정착되어 가고 있다.

자활사업의 민간 수행기관은 현재 한국자활복지개발원, 한국자활연수원, 보건복지부 장관이 지정하는 광역자활센터, 지역자활센터가 있다. 향후 자활사업은 급격하게 변화되는 지역의 인구구성에 따라서 종류별 자활서비스의 수요가 다르고 복지서비스 욕구도 차이가 나기 때문에 자활센터의 역할과 기능의 다변화가 필요하다.

제 14 장

사회서비스 정책

1. 사회서비스 개념과 사회서비스 정책 범주

1) 사회투자정책과 사회서비스 개념

기든스가 《제 3의 길》에서 제시한 사회투자국가(*social investment state*)는 인적자원 개발에 대한 투자를 강조하는 미래지향적 접근이다. 사회투자국가의 특성은 사회정책의 기조를 '생산적이며 예방적인 접근'으로 정하고, 경제활동을 극대화할 수 있도록 평생교육, 취업, 고용인프라 그리고 가족서비스 영역에 대한 지출을 강조한다. 이들 분야에 대한 지출은 궁극적으로 전통적 사회복지에 대한 지출을 줄이는 효과가 있다는 것이다.

사회적 투자모형의 특성은 첫째, 사회정책과 경제적 욕구의 통합을 지향한다. 이러한 지향은 사회정책에 대한 지출을 낭비로 생각하는 신자유주의적 비판에 대한 효과적 대응책이 된다. 둘째, 사회투자모형에서 인적자원에 대한 투자는 신자유주의와는 다른 의미의 '기회의 평등'을 의미한다. 오늘날 지식기반사회에서 새로운 지식과 정보를 획득할 기회를 제공함으로써 경제적 경쟁력을 갖출 수 있도록 하는 것이다. 미래에 대한 투자, 특히 아동에 대한 교육기회 제공을 통해 그들에게 시장친화적 능력을 제공한다. 셋째, 경제활동에 대한 참여를 강조한다. 근로능력을 높여서 노동시장에 참여하여 납세의 의무를 다하는 시민으로 생활하도록 하는 노동시장 참여 '활성화' 정책을 강조한다. 이를 위해 시민들의 노동시장 적응력과 유연성을 유지하기 위한 평생교육이 강조된다.

'사회서비스'는 경제서비스와 대비되는 개념으로, 일반적으로 광의의 뜻으로 사용되고 있다. 경제서비스를 기업 활동을 지원하는 서비스로 간주한다면, 사회서비스는 사람들의 활동을 지원하는 서비스라 할 수 있다. 광의의 개념은 공공행정부터 국방, 의료서비스, 교육서비스, 사회복지서비스 등을 포함하는 개념을 의미하며, 이에 비해 협의의 개념은 사회적 보호, 장애, 질병 등 사회적 약자를 지원하는 사회복지서비스를 의미한다. 사회서비스의 특성으로는 이윤추구를 일차적 목적으로 하지 않으면서 사회적 욕구충족에 초점을 두는 집합적이고 관계지향적인 활동을 통해 제공되는 서비스이며, 물질적이고 사회심리적인 서비스가 높은 비율을 차지한다는 점을 들 수 있다.

그리고 사회서비스는 대인적 성격을 내포하고 있으며, 서비스 전달체계가 사회서비스 내용을 형성하는 경우가 많다. 또 하나의 특성은 공공성과 개별성이 혼재되어 있으며, 대상이 '사회적 욕구'이며 제공주체가 집합적 특성을 보여 주고 있다.

현재 한국의 사회서비스는 〈사회보장기본법〉에 명시된 광의의 서비스 영역을 포괄한다. 〈사회보장기본법〉 제3조 4항은 사회서비스를 국가, 지방자치단체 및 민간부문의 도움이 필요한 모든 국민에게 복지, 보건의료, 교육, 고용, 주거, 문화, 환경 등의 분야에서 인간다운 생활을 보장하고, 상담, 재활, 돌봄, 정보의 제공, 관련 시설의 이용, 역량 개발, 사회참여 지원 등을 통하여 국민의 삶의 질이 향상되도록 지원하는 제도를 일컫는 것으로 규정하고 있기 때문이다. 다만 법적으로 포괄하는 서비스 범주는 다차원적이고 복합적이면서도 기존의 전통적 사회복지서비스 영역에서 주로 활용했던 제공수단을 나열하는 수준에 그치고 있다는 비판에서 자유롭지는 못하다.

그럼에도 경제 발전의 속도와 맞물려 산업구조가 변화하면서 나타나는 노동시장의 불안정, 청년과 중장년층의 실업문제 등은 개개인의 신체적 건강 및 정신적 안녕과 직결되므로 사회서비스에 대한 욕구는 확대될 것이다. 학대, 폭력, 환경오염 등 그간 사회정책적으로 다뤄지지 않았던 사회문제들에 대응하기 위해 사회서비스 부문에서는 끊임없는 변화와 확장 논의가 이루어질 것이다(박세경, 2020).

2) 사회서비스 정책 범주

초기부터 정부가 정책대상으로 삼고 있는 사회서비스의 범주는 사회복지, 보건의료, 교육, 문화예술, 환경안전 등 국민들의 사회생활과 관련된 대부분의 서비스 영역을 포함하고 있었다(이인재 외, 2006).

주요 사회서비스 영역은 다음과 같다.

첫째, 돌봄노동 분야. 저출산·고령화 사회 변화 추세를 고려하여 출산 지원·보육·아동 보호·노인 돌봄까지 '돌봄노동' 분야가 주요한 영역이 된다. 돌봄노동 분야의 실례로 산모 신생아 도우미 지원사업, 보육시설 사회적 일자리사업, 지역아동센터 및 아동복지교사 확충, 요보호아동 그룹홈 지원, 아이돌보미사업, 가사/간병서비스 등이 있다. 돌봄 분야는 2022년 현재도 가장 대표적인 사회서비스 정책 영역이다.

둘째, 미래 인적자원 개발 분야. 사회서비스 정책 개발의 한 축은 미래의 시장친화적 인력 양성에 있다. 오늘날 지식기반사회에서 새로운 지식과 정보를 획득할 기회를 제공함으로써 경제적 경쟁력을 갖출 수 있도록 하는 것이다. 미래에 대한 투자는 아동과 청소년에게 시장친화적 능력을 제공하는 것이다. 동시에 청년들의 일자리 창출에도 일조할 수 있다. 학교 상담 도우미, 특수교육 지원인력, 깨끗한 학교 만들기(학교 청소), 방과후 학교사업 등이 이 분야에 속한다. 미래 인적자원 개발 분야는 저출산시대에 지속적인 사회투자가 필요한 영역이다.

셋째, 안전하고 환경친화적인 생활환경 제공과 관련된 서비스 분야. 미래의 인력이 생산적 활동에 전념하기 위해서는 안전한 생활환경과 지속가능한 자연환경의 유지는 필수적 전제가 된다. 이 분야 역시 청년들의 일자리 창출에 기여할 것이다. 이 분야 실례로 소방보조 인력, 군부대상담 인력은 안전한 생활환경 유지에 기여하며, 정책형 숲가꾸기사업은 지속가능한 환경을 제공한다. 이 영역은 사안의 중요성에 비해 사회적 투자가 미흡한 분야이다.

넷째, 육체적·정신적 건강을 위한 공공보건의료 분야. 출생부터 사망까지 전 생애 건강관리와 사회적 질병관리를 위한 공공보건의료 분야 서비스가 필요하다. 국민들의 기본적 보건의료수준 유지를 위한 예방사업, 만성질환 관리서비스, 방문보건사업, 한방건강증진사업, 심뇌혈관질환 예방관리사업, 정신보건사업, 알코올상담, 금연서비스 등이

〈표 14-1〉 사회서비스 영역별 주요 서비스 유형

영역	서비스 유형
① 상담	정신건강 및 정서적 지원을 위한 개별상담, 집단상담, 가족상담, 부부상담, 사례관리 등
② 재활	장애진단 및 판정, 직업재활, 물리치료, 심리재활 서비스 등
③ 성인돌봄	장기요양서비스, 가사간병서비스, 장애인활동지원서비스, 산모신생아돌봄서비스, 가사도우미 등
④ 아동돌봄	어린이집, 아이돌봄서비스, 방과후 돌봄서비스, 장애아동 돌봄, 베이비시터 등
⑤ 보건/의료/건강관리	운동처방서비스, 영양보조, 금연 클리닉 등 ※ 일반 의료, 건강검진 서비스 제외
⑥ 교육 및 정보제공	평생교육, 재무설계, 세무·법률지원서비스, 노후설계 서비스 등 ※ 학원 등 사교육 서비스 제외
⑦ 고용/취업	구직·일자리 알선, 직업기능 교육 및 훈련, 근로자 상담 등
⑧ 주거	시설거주를 통한 일상생활지원, 소규모 그룹홈 등
⑨ 문화	공연·전시, 스포츠 동호회, 여가·관광, 문화생활 체험, 캠프 등
⑩ 환경	환경정비, 방역, 환경 가꾸기, 냉난방비 지원, 주거환경 개선 등

〈표 14-2〉 생애주기별 사회서비스 제공 영역

임신 · 출산	영 · 유아	아동 · 청소년	중고령	노인	죽음
• 난임지원 • 고위험 임산부 지원 • 산모신생아 관리	• 보육서비스 • 아이돌보미	• 지역아동센터 • 드림스타트 • 방과후 돌봄 • 놀이문화 • 심리상담 • 영양, 신체활동	• 사회서비스 일자리 (장애인, 자활 등) • 노후설계 지원 • 운동 등 건강관리	• 장기요양 • 노인돌봄 • 치매돌봄 • 노인일자리 • 지역통합 돌봄 • 노인건강관리	• 호스피스 • 장사

실례가 된다. 특히 정신건강 영역은 지속적인 사회적 투자가 필요하다.

현재 사회서비스 정책 영역은 보건복지부 정책조사를 통해 확인된다. 보건복지부의 2017년 사회서비스 수요 · 공급 실태조사는 〈표 14-1〉과 같이 10개 영역으로 사회서비스를 분류하였다. ① 상담, ② 재활, ③ 성인돌봄, ④ 아동돌봄, ⑤ 보건/의료/건강관리, ⑥ 교육 및 정보제공, ⑦ 고용/취업, ⑧ 주거, ⑨ 문화, ⑩ 환경의 영역이다(이인재 외, 2020).

사회서비스 정책을 생애주기별 사회서비스 제공 영역으로 살펴보면 〈표 14-2〉와 같다.

2. 사회서비스 정책과 새로운 사업방식

사회서비스 정책은 두 가지 사업목표를 제시하고 있다. 하나는 수요가 급증하는 사회서비스 공급 확대 정책이다. 또 하나는 사회서비스 욕구 충족과 동시에 사회서비스 일자리를 확대하려는 것이다. 노무현 정부에서 추진했던 복지재정의 지방화로 중앙정부 차원의 사회복지서비스 예산 확대가 어려운 상황에서 중앙정부는 기존의 공급자 지원방식 대신 수요자 지원방식의 '바우처' 방식을 새롭게 도입했다.

2007년에는 '지방정부 기획, 중앙정부 지원' 방식의 지역사회서비스 혁신사업(현행 지역사회서비스 투자사업)을, 2008년에는 '사회서비스 시장'을 형성하기 위해 민간기업의 참여를 동원한 사회서비스 선도사업을 추진하였다. 이러한 정책적 기조는 지속적으로 이어져 현재는 사회서비스 분야 사회적 경제육성 시범사업을 추진하고 있다. 그럼에도 사회서비스 정책에 대한 사회적 투자는 여전히 미흡한 수준에 머무르고 있다.

1) 새로운 사업방식으로 바우처 제도 도입

사회서비스 정책의 중요한 특징은 서비스 제공방식의 변화에 있다. 즉, 그동안 정부와 서비스 공급기관과의 계약에 의해 이루어지던 방식에서 탈피하여, 서비스 수요자에게 일정 정도의 자부담을 포함하여 서비스 이용권(바우처)을 제공하는 새로운 방식을 채택하고 있다. 바우처 방식으로의 전환은 복지서비스 제공에서 민간부문의 역할 강화와 공급자 간 경쟁을 통한 복지재정 효율화 추구의 측면에 더하여 간병, 보육 등 그동안 가족과 비공식부문이 부담하던 사회서비스 분야의 욕구에 사회적으로 대처해야 하는 사회적 맥락이 존재한다. 근로빈곤층 증대, 사회적 양극화의 심화뿐 아니라 저출산 고령사회의 대두는 돌봄노동, 인적자원개발 분야 등에서 사회서비스 수요의 폭발적 증대를 예고하였고, 실제로 현실화되고 있다.

사회서비스 실천에서 바우처 방식의 채택은 복지서비스 실천현장에 상당한 영향을 주고 있다. 기존의 계약방식과 비교할 때 바우처 방식의 장점으로는 사회서비스 소비자의 관점에서 보면 사회서비스 선택권을 보장받는다는 점을 들 수 있다. 자신의 선호에 따라 다양한 공급기관 중 하나를 선정할 수 있으며, 사회서비스 소비자에 의해 서비스 품질에 대한 평가와 선택이 이루어지는 것이다. 사회서비스 공급자의 입장에서는 소비자의 만족도를 높여야 하기 때문에 공급자 간 경쟁을 촉진시켜 서비스 향상을 가져올 수 있다. 정책적으로 보면, 정부가 바우처를 통해 정책대상자를 정확하게 선정할 수 있으며, 경쟁을 통해 관련 산업의 발전을 촉진시킬 수도 있다.

바우처 제도에 장점만 있는 것은 아니다. 간단하게 보면 바우처는 수요자의 선택권을 보장하는 현금의 장점과 필요한 서비스만 제공하는 현물의 장점을 결합한 것이다. 그러나 현실에서는 현금과 현물의 단점만 부각될 수도 있다. 그것은 바우처 제도가 개인주의, 시장중심주의를 지나치게 강조하고 있다는 사실에 기인한다. 특히 이윤추구를 목적으로 하는 민간영리기업이 공급자로 진입할 경우 서비스 소비자의 만족도를 우선적으로 고려하지 않을 것이다. 오히려 공적으로 제공하는 바우처의 비용이 저렴할 경우, 추가적인 고비용의 서비스를 개발하거나 서비스를 제공하는 노동자의 임금을 낮출 수밖에 없을 것이다. 바우처 제도의 도입을 비판적으로 바라보는 입장은 국가가 설정한 바우처 비용, 우리 사회의 서비스 제공기관의 수준 등을 보면 아직 소비자 선택, 경쟁을 통한 공급자의 수준 제고에 따른 질 높은 서비스 제공이라는 바우처의 기본전제가 작동하기 어렵다는 것이다. 오히려 그나마 열악한 수준에서 제공되고 있는 사회서비스 시장에 혼선을 가져올 수 있으며, 민간영리기업의 합류는 비영리 복지서비스 기관들의 생존에도 문제를 초래할 수 있다고 본다.

결국 정책과제는 바우처 제도의 도입이 과연 서비스 수요자의 복지수준을 향상시킬 수 있는가를 구체적 실천과정에서 검증하는 것이다. 서비스 수요자의 복지수준 향상과 동시에 경쟁을 통해 서비스 공급자들의 품질관리가 이루어질 수 있는가를 면밀하게 검토해야 할 것이다.

2) 초기 바우처 방식 사회서비스 프로그램

최초 도입된 사회서비스 사업은 대다수가 바우처 방식으로 시행되었다. ① 노인 돌보미서비스, ② 중증장애인 활동보조서비스, ③ 산모신생아 도우미서비스, ④ 지역사회서비스 혁신사업(현재 지역사회서비스 투자사업)의 네 가지 프로그램에 바우처 방식이 도입되었다.

지역사회서비스 혁신사업은 서비스 대상과 형식 면에서 그동안의 사업과는 전혀 다른 방식을 채택하고 있다. 우선 서비스 대상을 〈기초법〉 수급자 대상에서 대폭 확대하여 가구평균소득 이하인 가구를 정책대상으로 하고 있다. 서비스 제공 형식도 지방정부가 사업의 주체로 기획과 집행을 담당하며, 이에 비해 중앙정부는 지원 역할을 담당하는 것으로 되어 있다. 사업의 성공 여부가 중앙의 지원보다는 현장의 욕구를 반영한 지방정부의 기획과정과 실제 사회서비스가 제공되는 집행과정에 영향을 받도록 한 것이다.

지역사회서비스 혁신사업은 수요자 지원, 일부 본인부담 방식으로 설계하되, 사회투자정책 지향(인적자본 형성 및 건강투자 활성화형, 고령근로촉진·사회참여확대 지원형, 성년경제활동 활성화형 등)의 프로그램으로서, 기존사업과 차별성을 갖도록 하고, 시장형성 효과가 있는 사업을 자체개발하도록 하였다.

지역사회서비스 혁신사업은 2007년의 경우 자체개발형 사업으로 527개 사업을 신청하였고, 그중 298개 사업이 선정되었다(시도 개발 25개, 시군구 공동 개발 3개, 시군구 자체 개발 270개). 사업 대상 유형으로는 아동(장애아동 포함)에 대한 지원이 전체 60%를 차지하여, 아동 관련 서비스 비중이 높은 것으로 나타났다. 아동 관련 사업을 제외하고는 "사회투자전략"에 따른 사업개발(인적자본 형성 및 건강투자 활성화, 고령 근로 촉진·사회참여 확대 지원, 성년 경제활동 활성화)에 적합한 사업 신청은 미흡한 것으로 나타났다(보건복지부 지역사회서비스혁신위원회, 2007).

바우처 방식을 적용하여, 수요 창출효과는 높으나 '시장형성' 가능성은 높지 않은 경우, 수요의 우선순위는 높으나 '고용창출' 효과가 크지 않은 경우 등 지역사회서비스 혁신사업의 목표를 충족시키는 사업 개발은 미흡한 실정으로 출발하였다.

3. 사회서비스 정책 현황

1) 사회서비스 정책 현황

2000년대 이후 정부는 보육사업, 노인장기요양보험, 장애인활동지원사업 등을 제도화하여 서비스 욕구에 대한 보편적 사회서비스 제공 노력을 기울여 왔으나, 특정 인구집단의 돌봄 욕구에 대한 규범적 대응에 머물고 있다. 사회서비스의 공급현황을 파악하기 위해 우선 정부가 수행하는 정책사업을 중심으로 살펴보자.

2018년 기준으로 중앙 20개 정부 부처에 걸쳐 240개의 사회서비스 사업이 시행되고 있다. 이를 위해 총 35조 6천억 원이 투입되었다. 단위사업 기준으로 보면 보건복지부가 총 92개 사업을 관할하면서 사회서비스 사업을 가장 활발하게 수행하고 있다. 이어 여성가족부, 고용노동부 등에서 상대적으로 활발하게 사업을 추진하고 있다. 예산규모로는 국토교통부 사업이 12조 8천억 원으로 전체 사회서비스 예산의 36%를 차지하고 있다. 이어 보건복지부(11조 9천억 원), 교육부(5조 2천억 원) 등의 순이었다. 이들 정부에서 사회서비스 제공방식을 기준으로 살펴보면 전체사업 예산의 82.3% (29조 3410억 원)가 바우처 및 각종 현금·현물형태의 이용자 지원방식이다. 이어 17.1% (6조 830억 원)는 시설운영 지원, 프로그램 단위사업 지원형태의 사업자 지원방식으로 추진되고 있다(〈표 14-3〉 참조).

한편 사회서비스 지원내용의 특성에 따라 살펴보면 사회서비스의 고유 특성이 뚜렷하게 반영된 인적서비스가 전체 사업 수의 64%로 과반수를 넘어서고 있으며, 현물서비스는 13%를 차지하는 것으로 나타났다. 전체 사업체 중에서 사회서비스 사업체는 5.44%를 차지하고 있으며, 사회서비스 정책논의가 본격화된 2008년 4.47% 이후 꾸준한 증가 추세를 보이고 있다(박세경, 2020).

사회서비스 산업 특수분류의 대분류를 기준으로 서비스 유형별 비중을 살펴보면 종합사회 서비스업과 돌봄 서비스업, 그리고 상담·재활 서비스업과 사회참여지원 서비스업이 사회서비스 산업 전체에서 차지

〈표 14-3〉 중앙부처의 서비스 지원 유형에 따른 사회서비스 사업 수행현황

단위: 개, %, 십억 원

<table>
<tr><th>중분류</th><th>세분류</th><th>사업 수(비율)</th><th colspan="2">예산액(비율)</th></tr>
<tr><td rowspan="3">이용자 지원</td><td>바우처</td><td>22(9.2)</td><td>10,338(29.0)</td><td rowspan="3">29,341
(82.3)</td></tr>
<tr><td>현금(대여, 대출,
비용 감면, 기회 제공)</td><td>63(26.3)</td><td>13,421(37.6)</td></tr>
<tr><td>현물</td><td>25(10.4)</td><td>5,582(15.7)</td></tr>
<tr><td rowspan="4">사업자 지원</td><td>시설운영 지원</td><td>42(17.5)</td><td>890(2.5)</td><td rowspan="4">6,083
(17.1)</td></tr>
<tr><td>사업(프로그램) 단위 지원</td><td>46(19.2)</td><td>1,940(5.4)</td></tr>
<tr><td>인건비 지원</td><td>26(10.8)</td><td>3,103(8.7)</td></tr>
<tr><td>시설설비 지원</td><td>7(2.9)</td><td>150(0.4)</td></tr>
<tr><td>복합 지원</td><td>이용자 및 사업자 복합</td><td>9(3.8)</td><td>228(0.6)</td><td>228(0.6)</td></tr>
<tr><td colspan="2">계</td><td>240(100.0)</td><td colspan="2">35,652(100.0)</td></tr>
</table>

주: 1) 인적서비스는 방문간호, 노인돌봄종합서비스와 같이 한 공간에서 제공자와 이용자가 1 대 1로 대면하는 서비스와 프로그램 참여 등 다수의 이용자와 제공자가 대면하는 서비스임.
2) 복합서비스는 동일 사업에서 인적 대인서비스와 현물 지원 서비스가 모두 포함되어 구분하기 어려운 경우를 포함함.

자료: 박세경, 2020.

하는 비율이 전반적인 증가경향을 보이는 반면, 교육 및 역량 개발과 건강지원서비스업의 비율이 상대적으로 감소하는 것으로 나타난다(〈표 14-4〉 참조, 박세경, 2020).

중앙정부의 대표적인 사회서비스 정책은 사회서비스 이용권 사업(바우처사업)이다. 보건복지부가 관리하는 주요 사회서비스 이용권을 통한 사회서비스 사업 규모는 2019년 기준으로 지역사회서비스 투자사업 등 14개 사업단위 732억 5,033만 원(국비 492억 2,145만 원, 지방비 240억 2,888만 원) 예산으로 총 174만 2,480명에게 서비스를 제공하고 있다. 2020년 전자바우처 형태로 제공되는 사회서비스 이용자 수는 59만 7,900명이며 집행 예산은 2조 2,994억 원(장애인활동 지원예산이 1조

〈표 14-4〉 사회서비스사업체 규모의 변화 추이

단위: 명, %

종사자 수	2008년		2011년		2014년		2017년	
종합사회서비스업	85,546	(4.04)	137,923	(5.26)	194,895	(6.32)	350,401	(9.95)
돌봄서비스업	225,097	(10.64)	356,534	(13.58)	480,431	(15.57)	603,082	(17.12)
상담재활서비스업	16,328	(0.77)	20,636	(0.79)	25,668	(0.83)	36,147	(1.03)
건강지원서비스업	605,821	(28.64)	705,970	(26.9)	819,670	(26.57)	824,476	(23.41)
교육 및 역량 개발 관련	833,880	(39.43)	944,478	(35.99)	1,025,228	(33.23)	1,064,439	(30.22)
사회참여지원 서비스업	310,069	(14.66)	419,264	(15.97)	499,843	(16.2)	597,235	(16.96)
사회서비스 관련 행정	38,356	(1.81)	39,782	(1.52)	39,327	(1.27)	46,429	(1.32)
사회서비스 부문 소계	2,115,097	(100.0)	2,624,587	(100.0)	3,085,062	(100.0)	3,522,209	(100.0)
전체 사업체	16,288,280	*12.99	18,093,190	*14.51	19,899,786	*15.50	21,591,398	*16.31

출처: 전국사업체조사 각 연도 자료 재분석 결과(박세경, 2020).

7,683억 원), 제공기관은 1만 777개소, 제공인력은 16만 1,500명 수준이다(한국사회보장정보원, 2022).

2) 사회서비스종사자 근로조건

사회서비스 정책의 확대 이후 지속적으로 쟁점이 되는 것은 대표적 사회서비스 정책 영역인 돌봄 분야 종사자들의 근로조건 문제이다. 이에 대한 현황은 다음과 같다.

2019년 기준 사회복지시설 종사자 수는 7만 6,204명(22개 시설유형)이며, 이 중 월급제 비율은 56%(호봉제 기반)이다. 사회복지사 월평균 급여는 297만 원(생활 328만 원/이용 248만 원), 요양보호사 등 월평균 급여는 199만 원(생활 200만 원/이용 88만 원)이며, 사회보험 가입률은 전체 94.9% 수준이다.

2018년 기준 장기요양 재가서비스의 경우 종사자 수는 43만 4,623명, 월급제 비율은 8.7%, 사회복지사 월평균 급여는 205만 원, 요양보호사 등 월평균 급여는 80만 8천 원이며, 사회보험 가입률은 국민연금 29.1%, 건강보험 63.1%, 고용보험 79.5% 수준이다.

2019년 기준 바우처 제공기관의 경우 종사자 수는 12만 5,702명, 월급제 비율은 14.9%, 서비스 제공인력 월평균 급여는 97만 원, 사회보험 가입률은 건강보험 53.7%, 국민연금 44.5%, 고용보험 40.3% 수준이다(양난주, 2020).

사회서비스 비정규직 노동자의 임금체계와 수준을 살펴보면, 노인맞춤돌봄서비스 전담사회복지사의 경우는 충분하지는 않지만 기본급(주

5일 8시간 근로) 산정 시 경력을 반영하고 있다, 경력 4년 이상 노동자는 225만 원, 그 이하는 205만 원으로 책정되어 있다. 치매안심센터 직원은 종사자별 기준에 의해 기본급이 지급되며 2020년의 경우 치매관리사업 종사자 기본급은 5호봉 기준을 따르게 되어 있다. 이에 비해, 보육교사, 노인일자리 담당인력의 경우는 기본급 산정에 전혀 경력을 반영하고 있지 않다.

2020년 노인일자리사업 담당자 기준은 12개월, 월 185만 원을 지원(근로자 본인부담분 4대 보험료 포함) 한다. 방과후 돌봄(지역아동센터) 법정종사자인 종사자에 대해서는 〈최저임금법〉에 따른 최저임금액 이상을 임금으로 지급한다. 2020년 최저임금은 시급 8,590원, 월급 179만 5,310원(209시간 기준) 이다. 다함께돌봄센터장과 시간제 돌봄선생님의 인건비는 월급여, 4대 보험 사업자부담금, 퇴직적립금 포함하여 센터장(8시간) 1인 220만 원, 시간제 돌봄선생님(4시간) 1인 109만 원으로 설정되어 있다. 아동돌봄 영역인 아동복지교사, 즉 방과후 돌봄사업 종사자의 경우, 2020년 아동복지교사 1인 사업량 평균단가는 121만 원 수준으로, 기본분야는 112만 6천 원이며, 특화분야는 179만 6천 원이 기준임금이다(〈표 14-5〉 참조, 이인재 외, 2020).

〈표 14-5〉 사회서비스 사업별 근로조건

대상/영역	사업명	대상	근로조건
노인	노인맞춤 돌봄서비스사업	전담사회복지사 생활지원사	• 기간제 근로자(근로계약 체결) • 전담사회복지사(주 5일, 8시간 근무) • 경력 4년 이상: 225만 원 • 경력 1년~4년 미만: 205만 원 • 생활지원사(주 5일 5시간 근무): 1,120,140원
	노인일자리사업	노인일자리 담당자 (구 전담인력)	• 기간제 근로자(근로계약 체결) - 주 5일, 8시간 근무 - 12개월 월 185만 원 지급 - 수행기관과 노인일자리 담당자(구 전담인력)의 근로계약
	치매안심센터	팀장 및 팀원	• (원칙) 무기계약직 및 공무원 • 시간선택제임기제 공무원도 가능 • 센터 내 배치 원칙 • 기간제 근로자 근무 제한적으로 허용함 • 2020년 치매관리사업 종사자 기본급 지급 • 호봉제 산정 적용
	가사간병 방문지원사업	요양보호사	• 지역자율형 사회서비스 투자사업 • 근로계약 체결 - 근로기준법 제17조에 의한 근로조건 명시 - 제공기관은 서비스 가격의 75% 이상을 제공인력 임금으로 지급(4대 보험 본인부담금 포함) - 근로기준법, 최저임금법 등 준수하도록 함
아동	방과후 돌봄사업	지역아동센터 시설장 생활복지사 아동돌봄교사	• 사회복지시설 설치운영자와 직접 근로고용계약 • 근로기준법, 최저임금법 등의 노동관계 법령을 준수하도록 함 • 시급 8,520원, 월급 1,795,310원(209시간 기준) • 아동돌봄교사 - 1년 기간 계약 비정규직 - 5시간 근로(최저시급)
	다함께 돌봄사업	센터장 돌봄선생님	• 근로기준법, 최저임금법, 근로자퇴직급여 보장법, 남녀 고용평등과 일·가정 양립 지원에 관한 법률, 국민연금법, 고용보험법, 산업재해 보상보험법 등 관계 법령 적용 • 센터장(8시간) 220만 원 • 시간제 돌봄선생님(4시간) 109만 원

〈표 14-5〉 사회서비스 사업별 근로조건(계속)

<table>
<tr><th>대상/영역</th><th>사업명</th><th>대상</th><th>근로조건</th></tr>
<tr><td rowspan="3">아동</td><td>아동복지교사
지원사업</td><td>아동복지교사</td><td>• 시장 · 군수·구청장이 직접 계약체결
(정부 방침에 따라 공공부문 비정규직 근로자인 아동복지교사는 정규직(무기계약직) 전환 대상)
• 기본분야(주 25시간 및 주 12시간) 교사를 파견하되, 지자체장의 결정으로 특화분야(주 40시간) 교사도 현장근무 가능
• 전일근무(주 25시간) 교사: 주5일, 1일 5시간
- 기본분야: 1,126,000원
- 특화분야: 1,796,000원
• 단시간근무(주 12시간) 교사: 주 3~4일, 1일 5시간: 615,000원</td></tr>
<tr><td>산모·신생아
건강관리지원사업</td><td>산모·신생아
건강관리사</td><td rowspan="2">• 지역자율형 사회서비스 투자사업
• 근로계약 체결
- 근로기준법 제17조에 의한 근로조건 명시
• 제공기관은 서비스 가격의 75% 이상을 제공인력 임금으로 지급
• 근로기준법, 최저임금법 등 준수하도록 함</td></tr>
<tr><td>아이돌봄
서비스지원사업</td><td>아이돌보미</td></tr>
<tr><td>장애인</td><td>장애인
활동지원사업</td><td>활동지원사</td><td>• 활동지원기관의 장과 근로계약
• 주1회 이상 사무실 출근
• 1일 8시간, 1주 40시간
초과근무할 수 없음
• 활동지원기관은 지급된 급여비용으로 활동지원사에게 근로기준법 등 관계 법령에 따른 임금을 반드시 지급해야 하며, 급여비용 중 75% 이상을 활동지원인력 임금(4대 보험 근로자 부담분 등 포함)으로 사용할 것을 권장함
• 근로관계 법령인 근로기준법, 근로자퇴직급여보장법, 기간제 및 단시간근로자 보호 등에 관한 법률 및 4대사회보험 근거 법령 등 국민연금법, 국민건강보험법, 고용보험법, 산업재해보상보험법에 따라야 함</td></tr>
</table>

자료: 2020년 노인맞춤돌봄서비스사업안내, 노인일자리 및 사회활동 지원사업 운영안내, 치매정책사업안내, 가사 · 간병 방문지원사업안내, 지역아동센터사업안내, 다함께돌봄사업안내, 산모신생아 건강관리 지원사업안내, 아이돌봄서비스지원사업안내, 장애인활동지원사업안내, 아동분야사업안내; 이인재 외, 2020 재인용

4. 사회서비스 정책 과제

1) 사회서비스 정책 혼선 해결과 사회서비스 전달체계 개편

문재인 정부의 사회서비스 정책은 전자바우처 제도로 대표되는 사회서비스를 시장화하여 사회서비스 제공기관을 산업으로 육성하는 정책과 사회서비스원을 통한 공적 사회서비스 제공기관을 확대하는 정책, 그리고 현재까지는 압도적 다수인 전통적 비영리민간조직에 위탁한 지역복지정책이 동시에 진행되고 있다. 그 결과 국가의 사회서비스 정책의 지향점이 무엇인지 분명하지 않다. 중앙정부 사회서비스 정책과는 별개로 서울시 찾아가는 동주민센터 정책, 통합돌봄센터, 경기도 무한돌봄센터 등 지방자치단체 단위의 사회서비스 정책도 다양하게 모색되고 있다. 예를 들어 서울시의 경우 자치구단위의 통합돌봄 SOS센터, 발달장애인 지원센터, 발달장애인 평생교육센터 등 사회서비스 지원기관, 중재기관, 제공기관 등이 지속적으로 확장되고 있다.

국가와 지자체단위 사회서비스 정책 외에도 방과후 돌봄사업의 경우 교육부, 보건복지부, 지방자치단체 등 다양한 주체들이 유사한 (광의의) 사회서비스 사업을 전개하고 있다. 그 결과 소규모 사회서비스 사업이 양산되고 있다. 뿐만 아니라 국토부의 도시재생사업, 행안부의 마을만들기사업 등 지역단위 프로젝트의 상당수는 사회서비스 사업 영역에 속한다. 정부의 대표적 일자리정책인 사회적 경제육성정책 역시 사회서비스 제공형이 핵심영역의 하나로 자리매김하고 있다. 그 결과 지역에서 사회서비스 사업의 중복이 빈번하게 일어나고 있다.

2021년 현재 사회서비스 정책은 사회서비스 전달체계 개편에 집중되어 있다. 광역 지방자치단체단위에서는 사회서비스 공공성 강화를 위한 '사회서비스원' 시범사업을 추진하고 있으며(2021년 9월 사회서비스 지원 및 사회서비스원 설립·운영에 관한 법률 제정됨) 기초 지방자치단체 단위에서는 지역사회 통합돌봄사업, 즉 '커뮤니티 케어'를 중점사업으로 추진하고 있다. 한편으로 발달장애인 자립지원 등 사회적 경제조직을 활용한 사회서비스 활성화 방안도 모색하고 있다.

2019년부터는 기초지자체 차원에서 노인맞춤돌봄 서비스사업을 시행 중이다. 장기요양사업 외 노인대상 돌봄사업을 통합제공하는 것으로, 방문요양급여를 제공하지 않는 비영리법인 또는 사회복지법인 대상으로 공모를 통해 사업주체를 선정한다. 이 사업이 본격화되면 그동안 지역단위에서 활동하던 자활기업 등 돌봄제공 사회적 경제조직의 활동에도 영향을 미칠 것으로 예상된다.

정부의 사회서비스 정책 지향은 전자바우처를 이용한 준(準)시장기반 사회서비스 산업 육성기조에서, 광역단위 사회서비스원 설립을 통한 공적 사회서비스 공급망 확대로 전환하는 것으로 이해되고 있다. 사회서비스 산업육성정책, 사회서비스원을 통한 공공 사회서비스 제공기관 확대정책 모두 정부가 명시적으로 표명하지는 않았지만, 이러한 정책기조를 고려하면 기존 비영리기관 중심의 사회복지서비스 제공방식, 즉 민관협력방식의 사회복지서비스 제공방식으로부터 변화는 불가피한 것으로 판단된다.

사회서비스 분야 공적 책임 강화는 시급한 과제이다. 그러나 그것이 사회서비스원과 같이 직접 공공 사회서비스 제공기관 운영만을 의미하는 것은 아니다. 오히려 공공기관의 설립과 경직된 고용관계 확대는 인구구조 변화와 기술 변화에 대한 유연한 대처도 어렵게 할 수 있다. 사회서비스 현장의 혼선을 줄이기 위해서라도 정부의 명확한 정책방향 정립이 필요하다.

2) 정부의 사회서비스 조정자 역할 재정립 및 예산편성방식 전환

사회서비스 정책과제로 노인돌봄서비스 등 사회서비스 공급체계에서 정부의 사회서비스 공급자, 생산자 역할 등 생산체계 조정자로서의 역할이 재정립되어야 한다. 예를 들면 민간 공급자 비중이 압도적인 노인장기요양분야에서 공공서비스 제공기관이 일정 수준(30% 수준) 활동할 수 있도록 우선적 조치가 필요하다. 현재 사회서비스 제공에서 민간부문의 비중은 압도적이다. 2018년 전체 사회복지시설(1만 9,803개소) 중 88.3%(1만 7,494개소)는 민간(사회복지법인, 비영리법인, 개인 등)이 직접 시설을 설립하여 운영하며, 10.8%(2,143개소)는 민간이 지자체로부터 위탁받아 운영하고 있다.

지방자치단체가 직영 또는 위탁 운영하는 국공립시설은 2,309개소로 11.7%이며, 이 중에서도 지자체 직영시설은 166개소로 0.9%에 불과하다. 대표적인 돌봄서비스 시설인 노인장기요양시설 현황을 살펴보면, 2020년 말 기준 전체 장기요양시설(2만 5,383개소) 중 지자체가 설립하여 직영 또는 위탁 운영하는 국공립시설은 243개소(입소시설 112개소, 재가기관 131개소)로 0.96%에 불과하며, 이 중 233개소는 민간에 위탁한 경우이고, 지자체 및 공공기관의 직영시설은 10개(입소시설 4

개, 재가기관 6개)에 머무르고 있다.

취약한 공공 인프라의 문제점을 극복하고 공공부문과 민간부문의 상호경쟁 및 견제체제를 구축하는 데 있어 우선적으로 국가의 역할에 대한 획기적 인식전환이 필요하다. 지금까지는 국가의 공적 책임을 사회서비스 공급 영역에서 주로 재정지원 (*financier*)과 관리감독(*regulator*)의 역할로 국한하고, 서비스 인프라의 확충과 인력의 고용 및 관리 등 복지공급의 역할은 민간에게 전가하였으며, 그 결과 돌봄서비스 시장에서 과잉경쟁, 종사자들의 열악한 근로조건, 서비스 품질 저하 등의 문제들이 나타났다. 안정적인 돌봄서비스 체계 구축을 위해서는 서비스비용뿐만 아니라 서비스 공급체계의 점검 및 조정을 통한 합리적 비용관리가 가능해야 하며, 지역사회 내에 시설, 인력 등 인프라가 균형적으로 공급되어야 한다. 공공의 역할은 서비스 수요에 맞는 적정서비스를 생산하는 데 초점을 두는 생산체계 관점에서 재정립되어야 한다.

즉, 국가는 양질의 서비스를 공급하는 공급자(*provider*)는 물론이고 적정 수요와 공급을 조절하는 생산자(*producer*)로서 기능을 담당해야 한다. 중앙정부는 국가 차원에서 전체 수요와 공급을 총괄하며, 재정적·행정적·제도적으로 지원하는 거버넌스 체계의 관리자(*governor*) 및 규제자(*regulator*)로서 역할을 강화하고, 지방정부는 적극적 재원투자를 통해 장비, 인력, 시설을 확충하고 양질의 서비스를 창출하기 위해 민간과 상호견제 및 경쟁하는 공적 공급자 및 생산자로서 기능을 담당할 수 있을 것이다(이정면·김정회·방효중·김정하, 2021).

사회서비스 영역 공공책임을 강화하는 법률인 〈사회서비스원법〉이 2021년 9월 제정되었다. 그럼에도 현 법률상으로는 사회서비스원 우선

위탁사업 범위를 '민간이 기피하는 분야'로 한정짓는 등 임의조항으로 변경하여 공공성 강화를 위한 충분한 근거를 담지 못하고 있다는 평가를 받고 있다.

또 하나 사회서비스 정책 개선방안으로 사회서비스 정책수행 및 예산편성 방식이 전환되어야 한다. 현행 소규모 단위별 사업비(인건비와 운영비 포함)에 기반한 사회서비스 운영은 비정규직 제공인력을 양성함으로써 사업의 전문성을 확보할 수 없다. 사회보험과 마찬가지로 정부의 공식제도로서 위상을 갖추고, 지속적인 프로그램 운영이 가능한 예산편성이 이루어져야 한다. 예를 들어 현재 돌봄 관련 보건복지부 사업 대부분은 지침을 통해 사업 담당자의 근로기간을 연 단위로 계약하게 되어 있어 사업이 확대될수록 비정규직을 양산하게 되는 구조이다. 이러한 문제를 해결하기 위해 단기적으로는 지원사업 주무부서인 보건복지부가 사업안내서에 각종 복리후생은 해당 지방자치단체의 규정 및 무기계약직 임금 및 단협에 준하여 지급할 수 있으며, 자체 예산을 확보하여야 한다는 내용을 명시하도록 하는 방안이 있다.

보다 중요한 과제는 돌봄 분야의 기본 임금체계를 개편하는 것이다. 현재 사회서비스 영역은 대상별, 프로그램별로 기본 임금체계가 다르게 되어 있다. 따라서 근로조건 개선도 중요하지만 먼저 기본 임금체계에서의 차별을 없애야 한다. 이를 실현하기 위해서는 유사한 돌봄노동을 하는 직군 간 급여기준을 일원화하는 단일임금체계를 구축해야 한다. 돌봄 분야 임금체계 구축을 위해서는 돌봄노동의 원가계산 등 가격정책이 만들어져야 한다.

3) 사회서비스 분야 사회혁신가 발굴 및 양성

사회서비스 현장에서 '전문성' 과제는 중요한 쟁점사항이다. 전문성의 내용과 영역은 물론이고, 전문가의 정의와 위상에도 새로운 이해가 필요하다. 휴먼서비스 분야를 보면, 다양한 영역에서 새로운 전문가 직업이 등장하고 있다. 사회서비스 실천 분야도 초창기와 비교하면 많은 전문가집단이 활동하고 있다. 휴먼서비스 영역의 변화되는 상황에 비추어 상담, 교육, 치료, 사례관리, 행정업무 등과 관련해서 사회서비스 전문성의 차별성과 수월성이 무엇인지 규명되어야 한다. 사회적 경제 영역의 주체는 사회적 기업가이며, 이들은 사회혁신가라는 정체성을 강하게 지향한다. 사회혁신가는 사회적 가치와 경제적 가치를 동등하게 중요시하며, 이러한 가치지향을 사회적 기업가정신이라 정의한다. 사회문제 해결과 함께 사회적 영향력을 제고할 수 있는 혁신적 방안을 모색하는 사회혁신가의 활동은 공적 차원에서 개인의 문제를 해결하는 사회복지 전문가들의 활동에 상당한 도전요인이 된다.

사회서비스 공급과정을 사회적 경제 영역에 개방한다면, 사회복지 전문성에 기반하면서 사회적 기업가정신으로 무장한 사회혁신가들이 사회서비스 제공과정에 참여하도록 해야 한다. 사회적 경제 확대라는 새로운 환경에서 사회혁신적 사회서비스 전문가 양성을 위한 사회서비스 교육의 변화가 불가피하다. 사회서비스 분야 사회적 혁신가 육성을 위한 인적자본 생태계 구축방안을 자연 생태계 기반에 맞추어 제안한다.

자연세계에서 울창한 숲 생태계가 구축되기 위해서는 토양개발 단계, 파종과 발아 단계, 착근과 육종 단계, 지속과 성장 단계, 그리고 숲 형성 단계를 거쳐야 한다(이인재 외, 2019).

무엇보다 토양개발의 최우선과업은 훌륭한 사회적 경제분야 인적자원이 탄생할 수 있는 범사회적인 분위기를 만드는 것이다. 어릴 적부터 사회적 문제를 해결하기 위한 사회적 기업가 혹은 체인지메이커(*change maker*) 양성을 위한 사회적 기업가 정신 교육이 필요하다. 파종 및 발아 단계에서도 싹이 잘 나는 곳에 파종하고, 싹이 잘 틀 수 있도록 하는 여건 조성으로 사회적 혁신가를 육성해야 한다. 무엇보다 실제 창업 시 정말 도움이 되는 실무 위주로, 실습 위주의 워크숍 형태의 교육이 필요하다. 다음 단계들인 착근 및 육종 단계, 지속과 성장 단계, 숲 형성 단계에서는 사회혁신가들이 활동할 수 있는 사회적 혁신기업(사회적 기업, 마을기업, 협동조합, 자활기업 등) 육성이 주요 과제가 된다.

4) 사회서비스 분야 사회문제 해결형 사회적 경제기업 육성

우리나라의 사회서비스 제공형 사회적 경제기업은 사회서비스 일자리 사업과 연관되어 있다. 정부가 사회서비스 분야가 갖는 일자리 창출 역량이 크다는 것을 인지하면서 사회서비스 제공 사회적 기업 육성에 대해 주목하고 있다. 그럼에도 현재 사회서비스 제공 사회적 경제기업은 일부 돌봄서비스 영역 등에 제한적으로만 나타나고 있다. 정부가 정책적으로 지원하는 사회서비스의 범위를 돌봄서비스를 중심으로부터 보건, 교육, 고용, 복지 분야까지 확대한다면, 각 분야에서 사회적 경제조직의 활성화를 기대할 수 있다. 예를 들어 노인요양, 지역의료, 정부 바우처(*voucher*) 사업분야는 물론이고 지방자치단체가 보조금을 지원하는 복지, 교육, 문화분야의 기관, 시설에 대한 민간위탁분야에서 사회적 경제조직 육성이 가능할 것이다. 동시에 사회서비스 제공기관이 사회적 경제조직으로 조직 전환할 수 있도록 돕는 제도적 방안을 모색하는 것도 필요하다. 몇 가지 사회서비스 사업 분야를 제시한다.

첫째, 사회서비스 종사자 정서심리서비스(EAP) 등 성인대상 서비스 영역이 있다. 사회서비스 분야 노동자 다수는 감정노동자로 서비스 제공자의 정서심리적 문제는 서비스 이용자의 서비스 만족도에 직접 영향 요인이다. 사회서비스의 안정적 수급을 위해서는 공적 지원이 필수적이다. 2019년부터 사회복지공동모금회 지원으로 서울사회복지사협회에서 사회복지사 대상 정서심리서비스 제공사업을 시행한 결과, 사업의 성과와 당사자들의 만족도가 높은 것으로 나타났다. 그 결과 2020년부터는 전국으로 확대하여 사업을 시행하였고, 2022년부터는 서울시 예산지원으로 사업이 진행되고 있다.

둘째, 4대 중독(알코올, 게임, 도박, 인터넷) 예방, 상담, 치료 등 종합 지원서비스 영역이 있다. 아동, 청소년은 물론이고 성년까지 4대 중독 예방과 치료는 시급한 개입이 필요한 중요한 사회문제로 대두되고 있으며, 중앙과 지역 차원의 부문별 대응이 이루어지고 있다. 심각한 사회문제인 자살 문제에 대처하기 위해 자살 예방 사업과 함께 4대 중독에 대한 프로그램 모색이 필요하다. 2019년 중앙자살심리부검센터에서 생명보험사회복지재단 후원으로 자살유가족 심리지원 시범사업이 진행되고 있다. 이 분야 프로그램은 권역별 지역사회 정신건강 지원네트워크와 협력 가능한 사업 영역이다.

셋째, 초중고 자유 학기제 등 학교 연계 프로그램이 있다. 초중고 교육 혁신사업과 협력하여 지역사회 교육공동체 육성사업 영역으로 지역 교육지원청 단위로 다양한 사업진행이 가능하다. 예를 들어 서울시 영등포구 사회적 경제조직협의체는 영등포구 지원으로 지역 초중고등학교에 다양한 연계 프로그램을 제공하고 있다. 또한 서울시는 서울시 교육청과 공동으로 2014년 말, 협력과제로 학교협동조합사업을 선정하여 민관협동으로 서울시 학교협동조합 추진단을 구성하여 학교협동조합 설립과 운영을 지원하고 있다. 서울시 학교협동조합은 2022년 1월 현재 26개에 이른다.

넷째, 학교 밖 청소년, 학교 폭력 등 위기청소년 문제해결 영역이 있다. 이것 역시 지역 교육청과 연계 가능한 사업 영역으로 학교 밖 청소년 문제와 학교폭력 예방 및 치료사업 등 위기청소년 문제해결사업이 있다.

다섯째, ICT를 활용한 사회서비스 등 융복합서비스 개발 영역이 있다. 인구구조 변화로 인한 돌봄서비스 수요 증가 등 사회서비스문제 역시 시급한 해결을 요하는 문제 영역으로, 이미 많은 사회적 경제조직이 활동하고 있는 영역이다. 보육문제부터 노인돌봄문제까지 지역공동체 차원에서 ICT 기술 기반으로 한 사회서비스 제공방안을 모색한다.

여섯째, 베이비부머 등 은퇴자 대상 사회서비스 분야가 있다. 고령인력 일자리사업과 연계한 지역사회 사회서비스 제공 등 베이비부머 세대를 고려한 프로그램 개발이 필요하다. 예를 들어 의료비 절감에 기여하는 노인 대상 건강 예방사업으로 운동치료를 통한 노인 건강증진 프로그램을 개발할 수 있다. 고령화율이 심각한 일본의 경우 노인 건강증진 프로그램 개발이 활발하게 이루어지고 있다.

일곱째, 문화, 여가, 환경, 관광(소셜 투어리즘) 분야 등 광의의 사회서비스 영역의 사회적 경제기업 육성이 필요하다. 현재 돌봄, 복지 분야에 집중된 사회서비스 분야 사회적 경제활동을 문화, 여가, 환경, 관광 등 일상생활 관련 사회서비스 분야로 확산하는 방안이다.

5) 사회서비스 분야 사회적 경제조직운영 성공모델 만들기

전통적 복지국가에서는 비영리기관을 통한 사회서비스 제공이 보편적 흐름으로 나타난다. 그러나 자본주의 시장화의 심화는 사회서비스 전달체계상 변화를 초래하고 있다. 기존의 공급자 주도의 사회서비스 제공에 수요자 선택형 바우처 제도 등 복지공급에서 국가(1섹터), 시장(2섹터), 시민사회(3섹터)가 서로 협력하는 복지혼합(*welfare mix*)을 넘어서, 여러 섹터가 서로 융합되는 이른바 복지혼종(*welfare hybrids*)이 급증하고 있다. 이러한 복지혼종 현상은 국가, 시장, 시민사회의 특징이 한 조직 내에 혼합된 혼종조직(*hybrid organization*)을 탄생시켰다.

대표적 혼종조직이 사회적 경제조직이다. 과거에는 조직별로 나타나던 국가의 공적 책임, 시장의 개방성과 효율성, 지역공동체의 정체성과 호혜성 가치지향이 단일조직 내에서 혼성적으로 작동하고 있다. 혼종조직의 문제점은 사회서비스 제공에서 공공의 책임성 부재, 시장의 비형평성 분배, 사회경제적 주체 간 이해관계의 혼선 등 부작용이 생길 수도 있다는 점이다. 무엇보다 혼종조직을 성공적으로 운영할 수 있는 방안을 모색하는 것이 주요 정책과제가 된다.

현재 복지혼합체계 속에서 형성되고 있는 사회서비스 체제는 불가피하게 그것의 민영화를 수반하게 되며, 이는 상당수의 사회적 경제기업에게 기회가 되기도 하지만 동시에 도전이 되기도 한다. 사회서비스 시장경쟁 속에서 사회적 기업이 어떻게 생존할 수 있을 것인가 그리고 어떻게 민간영리기업으로의 퇴행을 회피할 수 있을 것인가 하는 중요한 도전에 직면하고 있는 것이다. 사회적 경제기업 운영과정에 이해관계자들의 협치 모델을 만들어야 한다. 사회적 경제기업은 기존의 노동자 혹은 소비자 조합원들의 배타적 의사결정구조와 이윤분배의 원칙에서 벗어나 자신들의 활동과 관련된 지역사회의 다양한 이해당사자들이 참여하도록 조직하는 복합이해당사자모델의 전형으로 이해되고 있다. 지역사회 사회서비스 이해당사자들은 서비스제공 노동자, 관리자, 이용자, 관련 시민단체, 지방정부 그리고 재정지원자 등을 포함할 것이다. 사회적 경제기업에 대한 이들의 참여는 각종 운영위원회, 이사회, 네트워크 실무회의, 단체대표자 회의 등의 다양한 의사결정구조를 통해서 이루어진다. 의사결정을 위한 기회비용의 증가와 사업의 전문성이나 자원 동원능력을 확보하고 있는 이해당사자들에 의한 주도성 등의 문제가 제기될 수 있다. 그럼에도 이들의 참여를 통해 사회서비스 제공형 사회적 기업이 추구하는 사회적 목적수행을 위협하는 내부의 기회주의적 행동이나 무임승차의 문제를 상호감시하고 제어하는 기능을 회복하게 된다.

참고문헌

강철구, 1983, "독일 사회정책의 제전제", 한국사회과학연구소 편, 《복지국가의 형성》, 민음사.

강혜규, 2007, "사회투자정책의 추진과 사회서비스 발전 방향", 사회서비스관리센터토론회 자료집.

강희정, 2018, "문재인 케어의 쟁점과 정책 방향", 〈보건복지포럼〉(2018. 1.) 통권 제 255호.

건강보험심사평가원 · 국민건강보험공단, 〈2020 건강보험통계연보〉.

경제기획원, 1972, 《한국통계연금》.

고경심, 1989, "농어촌 의료보험 시정운동에 대한 평가", 보건과사회연구회 편, 《한국의료보장연구》, 청년세대.

고용노동부, 2016, 〈2015년도 산재보험사업연보〉.

______, 2021, 〈고용보험기금 재정건전화 방안〉.

______, 2021a, 〈2020년도 산재보험사업연보〉.

______, 2021b, 〈2020년도 산업재해 현황분석〉.

______, 2022, 〈2022 고용보험백서〉.

고용보험법(2010. 1. 27.) 및 시행령(2010. 7. 12.).

곽법준 외, 2020, "코로나19 확산 이후 주요국의 실업대책 현황 및 평가", 〈국제경제리뷰〉, 제 2020-19호.

국민건강보험공단, 2001, 《2001 상반기 건강보험 주요통계》.

______, 2001, 《건강보험연보》.

______, 2010, 《2009년 건강보험 주요 통계》.

______, 2010, 《2010년 상반기 건강보험 재정현황》.
______, 2017a, 《국민건강보험 40년사: 전 국민 건강보장 확대를 위해 걸어온 길: 통사편》.
______, 2017b, 《국민건강보험 40년사: 전 국민 건강보장 확대를 위해 걸어온 길: 부문사편》.
국민기초생활보장법제정추진연대회의, 1999, 《국민기초생활보장법 제정추진 연대활동 자료집》.
국민연금관리공단, 1998a, 《국민연금재정추계》.
______, 1998b, 《국민연금 10년사》.
국민연금제도개선기획단, 1997, 《국민연금제도 개선》, 자료집.
권문일, 1996, "노인의 퇴직결정요인에 관한 연구", 서울대 박사학위 논문.
______, 1998, "국민연금개선안에 대한 평가와 향후과제", 한국사회과학연구소 사회복지연구실, 《한국 사회복지의 현황과 쟁점》, 인간과복지, pp. 111～148.
권혁창 · 정창률, 2015, "OECD 국가들의 연금개혁의 효과성 연구", 한국노인복지학회 2015년도 국제추계학술대회 자료집.
근로복지공단, 1996, 《산재보험급여 및 관련임금체계에 관한 연구》.
______, 2001, 〈고용 · 산재보험사업장실무편람〉.
______, 2006, 〈고용 · 산재보험사업장실무편람〉.
김경혜, 1998, 《서울시 저소득시민 최저생활 보장을 위한 연구》, 서울시정개발연구원.
김근주, 2021, "적용범위 확대를 위한 고용보험법 개정의 의의와 과제", 〈월간 노동리뷰〉, 2021년 8월호, pp. 9～20.
김기덕, 1995, "미국 의료보장 개혁의 내용과 의미", 한국사회과학연구소 사회복지연구실 편, 《한국 사회복지의 이해》, 동풍.
김기덕 · 손병돈, 1996, "한국 소득보장정책의 소득재분배 효과", 서울대 사회복지연구소, 〈사회복지연구〉, 제 6호.
김기원, 2000, 《공공부조론》, 학지사.
김대식 · 노영기 · 안국신, 1994, 《현대경제학원론》, 제 3전정판, 박영사.
김동건, 1989, 《현대재정학》, 박영사.
김동국, 1994, "음모이론의 관점에서 본 엘리자베스 빈민법의 성립과 변천과정", 〈한국사회복지학〉, 제 24호.
김만두, 1991, 《사회복지법제론》, 홍익재.

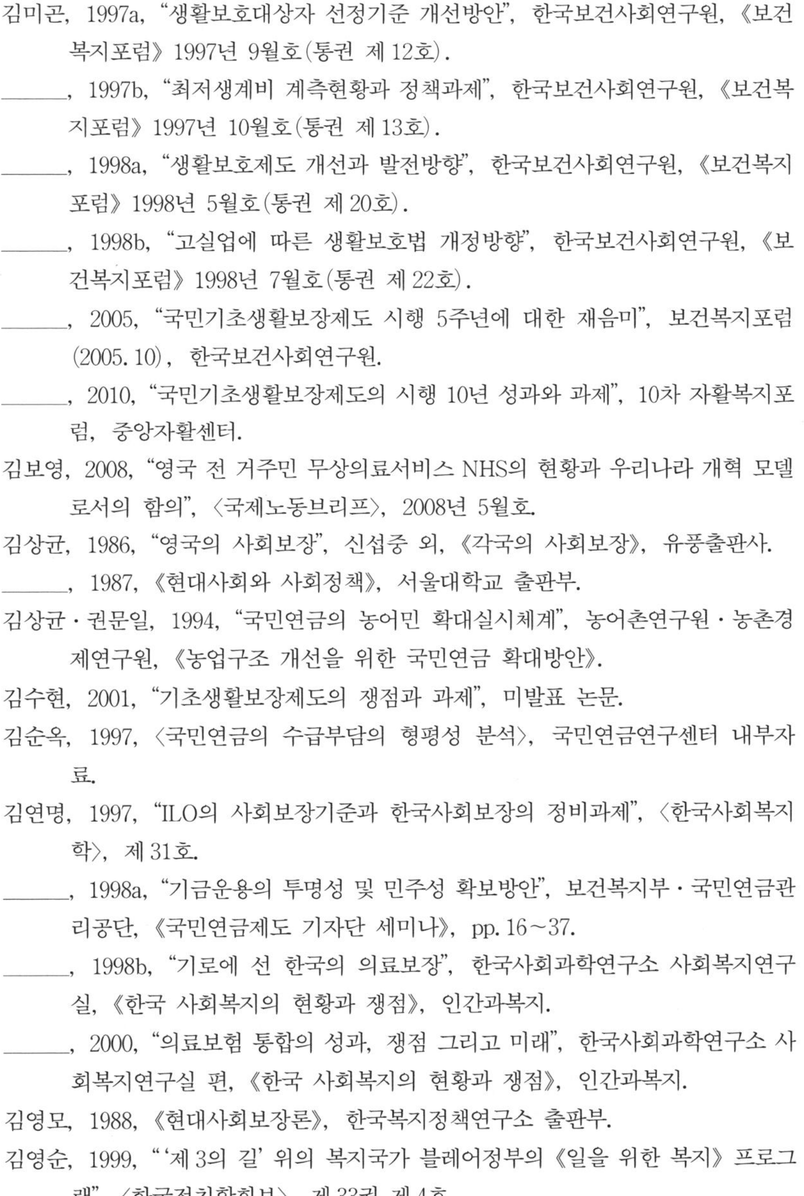

김미곤, 1997a, "생활보호대상자 선정기준 개선방안", 한국보건사회연구원, 《보건복지포럼》 1997년 9월호(통권 제 12호).

______, 1997b, "최저생계비 계측현황과 정책과제", 한국보건사회연구원, 《보건복지포럼》 1997년 10월호(통권 제 13호).

______, 1998a, "생활보호제도 개선과 발전방향", 한국보건사회연구원, 《보건복지포럼》 1998년 5월호(통권 제 20호).

______, 1998b, "고실업에 따른 생활보호법 개정방향", 한국보건사회연구원, 《보건복지포럼》 1998년 7월호(통권 제 22호).

______, 2005, "국민기초생활보장제도 시행 5주년에 대한 재음미", 보건복지포럼(2005. 10), 한국보건사회연구원.

______, 2010, "국민기초생활보장제도의 시행 10년 성과와 과제", 10차 자활복지포럼, 중앙자활센터.

김보영, 2008, "영국 전 거주민 무상의료서비스 NHS의 현황과 우리나라 개혁 모델로서의 함의", 〈국제노동브리프〉, 2008년 5월호.

김상균, 1986, "영국의 사회보장", 신섭중 외, 《각국의 사회보장》, 유풍출판사.

______, 1987, 《현대사회와 사회정책》, 서울대학교 출판부.

김상균 · 권문일, 1994, "국민연금의 농어민 확대실시체계", 농어촌연구원 · 농촌경제연구원, 《농업구조 개선을 위한 국민연금 확대방안》.

김수현, 2001, "기초생활보장제도의 쟁점과 과제", 미발표 논문.

김순옥, 1997, 〈국민연금의 수급부담의 형평성 분석〉, 국민연금연구센터 내부자료.

김연명, 1997, "ILO의 사회보장기준과 한국사회보장의 정비과제", 〈한국사회복지학〉, 제 31호.

______, 1998a, "기금운용의 투명성 및 민주성 확보방안", 보건복지부 · 국민연금관리공단, 《국민연금제도 기자단 세미나》, pp. 16~37.

______, 1998b, "기로에 선 한국의 의료보장", 한국사회과학연구소 사회복지연구실, 《한국 사회복지의 현황과 쟁점》, 인간과복지.

______, 2000, "의료보험 통합의 성과, 쟁점 그리고 미래", 한국사회과학연구소 사회복지연구실 편, 《한국 사회복지의 현황과 쟁점》, 인간과복지.

김영모, 1988, 《현대사회보장론》, 한국복지정책연구소 출판부.

김영순, 1999, "'제 3의 길' 위의 복지국가 블레어정부의 《일을 위한 복지》 프로그램", 〈한국정치학회보〉, 제 33권 제 4호.

______, 2005, “연금개혁의 정치 서구 3개국 사례를 통해 본 구조적 개혁의 정치적 조건들”, 〈사회보장연구〉, 제 21권 제 2호.

김영순 · 조형제, 2010, “‘개혁의 법칙’을 넘어? - 2009~2010 미국 의료보험 개혁의 정치”, 〈경제와 사회〉, 제 87권.

김용하 · 석재은 · 윤석환, 1996, 《사회보험 관리효율성 개선방안》, 한국보건사회연구원.

김유성, 1985, 《사회보장법》, 동성사.

김정희, 2002, “우리나라 건강보험의 급여범위와 본인부담 변화”, 국민건강관리공단, 〈건강보험포럼〉, 가을호.

김준영 · 김용하, 1998, “국민연금 기금관리체계의 효율적 구축방안에 관한 연구”, 연구보고서.

김진구, 1997, “한국 산재보험의 성격: 시장순응과 종속노동관계”, 한국사회복지학연구회 편, 〈상황과 복지〉, 제 2호, 인간과복지.

______, 2003, “산재 보상제도의 유형에 대한 연구: 원인주의와 결과주의의 대립을 중심으로”, 〈사회복지연구〉, 제 22호.

______, 2004, “국민건강보험료 부담의 형평성에 관한 연구”, 한국사회복지연구회, 〈사회복지연구〉, 제 25호.

김진구 · 여유진, 1998, “한국의 고용보험제도”, 한국사회과학연구소 사회복지연구실, 《한국 사회복지의 현황과 쟁점》, 인간과복지.

김진목, 1977, 《사회보장론》, 박영사.

김진수, 1997, “산재보험의 민영화와 문제점”, 서울대 사회복지연구소, 〈사회복지연구〉, 제 10호.

김진수 · 라지훈 · 이승영, 2007, “산업재해 인정 형태 변화와 보상체계 합리화 연구”, 〈한국사회복지학〉, 제 59권 3호.

김태근, 2017, “오바마케어 대체에 실패한 트럼프케어: 미국 의료보험정책의 정치사회적 함의”, 〈국제사회보장리뷰〉, 2017 가을호.

김태성, 2018, 《사회복지정책 입문》, 제 3판, 청목출판사.

김태성 · 성경륭, 1993, 《복지국가론》, 나남출판.

김학주, 2004, “계층 간 진료비 본인부담의 형평성에 관한 연구”, 한국사회복지학회, 〈한국사회복지학〉, 제 56권 3호.

김홍일, 2001, “자활사업의 문제점과 활성화 방안”, 미발표 논문.

김환준, 2003, “미국 복지개혁의 성과와 한계”, 〈한국사회복지학〉, 제 53권.

나병균, 1986, "사회보장의 기본원리", 한국사회보장학회, 〈사회보장연구〉, 제 2호.
남기철 외, 2008, 《노인일자리사업 중장기 발전 전략》, 한국노인인력개발원.
남세진 · 조흥식, 1995, 《한국사회복지론》, 나남출판.
남찬섭, 2008, "한국 사회복지서비스에서의 바우처의 의미와 평가 — 바우처사업의 사회적 맥락을 중심으로", 〈상황과 복지〉, 26호, 비판사회복지학회.
노대명, 2009, "기초생활보장제도 도입 10년 평가와 발전방향", 2009년 한국사회복지정책학회 추계학술대회.
노대명 · 박찬임 · 강병구 · 구인회 · 이문국 · 이병희 · 이인재 · 이찬진 · 홍경준 · 황덕순 · 송민아 · 최승아, 2004, "자활정책지원제도 개선방안 연구", 보건복지부 · 노동부 · 한국보건사회연구원 · 한국노동연구원.
노동부, 1997, 《산재보험 33년사》.
______, 1999, 〈직업안정조직의 현황에 관한 보도자료〉.
______, 2004, 〈산재보험 40년사: 1964～2004〉.
______, 2005, 《고용보험 10년사》.
______, 2006, 〈고용보험법령개정 관련 시행지침〉.
______, 2006, 〈직업능력개발사업현황〉.
______, 2010, 《고용보험안내》.
노동부 · 근로복지공단, 2010, 《산재 · 고용보험실무편람》.
노인철, 1998, "국민건강보험의 효율적인 관리운영체계의 구축방안", 한국보건사회연구원, 《보건복지포럼》, 1998년 11월호(통권 제 26호).
류진석, 1989, "일제시대의 빈곤정책", 《한국사회복지사론》, 박영사.
______, 1998, "실업보상과 적극적 노동시장 정책: 유럽고실업의 대응", 한국사회복지학연구회 편, 〈상황과 복지〉, 제 3호.
명재일, 1997, "NHS와 시장원리의 통합: 영국과 뉴질랜드의 의료개혁", 〈보건경제연구〉, 제 3권.
문기상, 1983, "비스마르크의 사회정책", 한국사회과학연구소 편, 《복지국가의 형성》, 민음사.
문순영, 1993, "사회통제적 관점에서 본 제 6 공화국 사회복지정책에 관한 연구", 연세대 석사학위 논문.
문옥륜, 2009, "건강보험제도의 발전방향", 〈건강보장정책〉, 8권 1호, 국민건강보험공단 건강보험정책연구원.
박경숙 · 강혜규, 1992, 《사회복지사무소 모형 개발》, 한국보건사회연구원.

박근갑, 1991, “독일 철강공업과 비스마르크의 ‘사회보험’”, 한림대 사회복지연구소 편, 《비교사회복지》 제 1집, 을유문화사.
박능후, 2001, “기초보장제도의 역사적 전개과정과 함의”, 한국보건사회연구원 발표문.
______, 2009, “국민기초생활보장제도 시행 10년의 평가와 향후 발전방향”, 경기보건복지포럼.
박세경, 2020, “사회서비스정책의 전망과 과제”, 보건복지포럼(2020. 1), 보건사회연구원.
박정호, 1996, “한국 의료보험 정책과정에서의 정부 역할”, 서울대학교 박사학위논문.
박찬임, 2001, “산재보험제도의 국제비교연구”, 한국노동연구원.
박혁 · 이종임 · 정은진, “2021, 해외 주요국의 비정형 노동자 실업보험 현황”, 〈월간 노동리뷰〉, 2021년 8월호, pp. 21~39.
박호성, 1989, 《사회주의와 민족주의》, 까치.
배영수, 1983, “미국 뉴딜 행정부의 사회정책”, 한국사회과학연구소 편, 《복지국가의 형성》, 민음사.
변재관 외, 1998, 《한국의 사회보장과 국민복지 기본선》, 한국보건사회연구원.
변재관, 1998, “공공 보건 · 복지 전달체계 개선방안”, 한국보건사회연구원, 공공보건복지전달체계 및 보건예방사업 개선방안에 관한 토론회.
변재관 · 이인재 · 홍경준 · 김원종 · 이재원 · 심재호, 2000, 《참여형 지역복지체계론》, 나눔의집출판사.
보건복지가족부, 2010, 《2010 국민기초생활보장사업 안내》.
______, 2010, 《2010년도 자활사업안내》.
보건복지부 지역사회서비스혁신위원회, 2007, 〈지역사회서비스 혁신사업 추진현황 및 방향〉.
보건복지부 한국보건사회연구원, 2020, 〈국민기초생활보장제도 20년사〉.
보건복지부, 2001, 〈2002년 종합자활지원계획〉.
______, 2002, 〈의약분업 및 건강보험 재정안정대책 추진성과〉.
______, 2006a, 〈2006년도 국민기초생활보장사업 안내〉.
______, 2006b, 〈2006년도 자활사업 안내〉.
______, 2022, 〈2022년 국민기초생활보장 사업안내〉.

사회서비스관리센터, 2008, 《2008년 상반기 사회서비스 전자바우처 통계자료집》.
석재은, 1997, "산재보험의 민영화, 무엇이 문제인가", 한국노동사회연구소, 〈노동사회연구〉, 제 11호.
______, 2003, "산재보험의 '원인주의'적 접근방식의 문제점과 정책과제", 〈상황과 복지〉, 제 14호.
손영래, 2018, "건강보험 보장성 강화정책 방향", 〈HIRA 정책동향〉, 제 12권 제 1호.
손준규, 1983, 《사회보장·사회개발론》, 집문당.
송규범, 1983, "복지국가의 성립", 한국사회과학연구소 편, 《복지국가의 형성》, 민음사.
송근원·김태성, 1995, 《사회복지정책론》, 나남출판.
신광영, 1998, "'제 3의 길', 신자유주의의 대안인가", 〈노동사회〉, 12월호.
신라대학교 산학협력단, 2017, "산재보험 비급여 의료비 실태조사", 근로복지공단.
신섭중, 1979, "생존권의 보장과 공적부조", 부산대학교, 〈법학연구〉, 제 21권 제 1호.
______, 1993, 《사회보장정책론》, 대학출판사.
신수식, 1983, 《사회보장론》, 박영사.
______, 1986, 《사회보장론》, 박영사.
신영석, 1998, "국민건강보험료의 공정한 부과체계 및 재정운영방안", 한국보건사회연구원, 〈보건복지포럼〉, 11월호(통권 제 26호).
신은주, 1989, "일제시대의 방면위원제도", 《한국사회복지사론》, 박영사.
신종각, 1997, "의료보험 급여범위와 본인부담 실태분석", 한국보건사회연구원, 〈보건복지포럼〉, 6월호(통권 제 9호).
심재호, 1989, 〈영국 의료보장정책의 형성과정에 대한 연구〉, 보건과사회연구회 편, 《한국의료보장연구》, 청년세대.
양난주, 2020, "뉴노멀 시대 사회서비스 인력정책의 비전과 방향", 사회보장정보원 포럼 발표자료.
엄영진, 1998, 〈국민연금제도 개선방향〉, 공청회 자료.
여유진, 2005, "국민기초생활보장제도와 생계보장", 보건복지포럼(2005. 10.), 한국보건사회연구원.
______, 2011, "영국 활성화정책(Activation Policy)의 주요내용 및 시사점", 〈보건·복지 Issue & Focus〉, 제 69호.

연하청 외, 1988, 《사회보장제도의 정책과제와 발전방향》, 한국개발연구원.
오영수, 2006, "국민건강보험과 민간건강보험 간 역할 재정립 방안", 〈보험개발연구〉, 17권 1호, 보험개발원.
원석조, 2018, 《사회복지발달사》, 제 5판, 공동체.
웰렌스키 · 루버트 · 한 · 재미슨, 남찬섭 옮김, 1992, 《비교사회정책》, 한울.
유광호, 1985, "사회보장의 개념에 관한 연구", 한국사회보장학회, 《사회보장연구》 제 1호.
유길상 외, 2000, "고용보험제도의 평가와 발전방향", 한국노동연구원.
유길상 · 안홍순, 1998, "실업자 사회안전망의 유형과 특징", 유길상 외, 《실업자 사회안전망의 국제비교》, 한국노동연구원 고용보험센터.
유길상 · 홍성호, 1999, "주요국의 고용보험제도 연구", 한국노동연구원.
유혜정, 1997, "Soviet와 Post-Soviet 국가에서의 사회복지개념 발달과정 고찰", 한국사회복지학연구회, 〈상황과 복지〉, 제 2호, 인간과복지.
윤성원, 2002, "영국 의료제도의 형성과정에 관한 연구: 국가와 의료전문직을 중심으로", 〈보건과 사회과학〉, 제 11집.
윤찬영, 1998, 《사회복지법제론》, 나남출판.
의료보험통합추진기획단, 1998, 《의료보험제도의 통합방안》, 한국보건사회연구원.
이규식, 2009, "건강보험제도의 새로운 패러다임 정립방향", 《건강보장정책》 8권 1호, 국민건강보험공단 건강보험정책연구원.
이덕재 · 이호근 · 손정순, 2021, "한국적 고용안전망 제도화 방안 연구", 한국고용정보원.
이두호 · 차흥봉 · 엄영진 · 배상수 · 오근식, 1992, 《국민의료보장론》, 나남출판.
이병희, 2020, "보편적 고용보험의 쟁점과 과제", 〈월간 노동리뷰〉, 2020년 6월호, 57~71.
______, 2021, "고용보험 적용확대와 향후 과제", 〈월간 노동리뷰〉, 2021년 8월호, 3~5.
이병희 외, 2009, 《고용안전망과 활성화 전략 연구》, 한국노동연구원.
이상국, 1994, "업무상 재해의 인정기준과 판단요령", 〈노무관리〉, 제 6권 제 68호.
이상아 · 백학영 · 황명주 · 박송이 · 고은새, 2021, "자활사업의 변화와 발전방안", 한국자활복지개발원.
이상이, 2009, "한국 의료제도의 개혁과 복지국가 전략", 복지국가소사이어트 발표문.

이선우, 1997, "미국의 사회복지: 1996년의 복지개혁에 대한 쟁점과 분석", 〈동향과 전망〉, 1997년 봄호, 통권 33호.
이성기, 1996, "사회부조의 유형화에 관한 연구: OECD국가의 사회부조의 정부 간 관계를 중심으로", 서울대 박사학위 논문.
이영문, 1999, "경제위기 상황과 정신건강의 함수", 〈사회비평〉, 통권 제19호, 나남출판.
이은애, 1996, "산재보상과 민사배상제도에 관한 연구", 숭실대 석사학위 논문.
이인재, 2000, "국민기초생활보장법의 특성과 과제", 한국사회과학연구소 사회복지연구실, 《한국 사회복지의 현황과 쟁점》, 인간과복지.
______, 2008, 《한국 사회적 기업 쟁점과 전망》, 사회투자지원재단 세미나 자료집.
이인재·김수완, 2001, "생산적 복지의 관점에서 본 의료보장제도의 평가와 과제", 한국사회복지학연구회, 〈상황과 복지〉 제9호, 인간과복지.
이인재 외, 2006, 《사회적 일자리 재정사업 평가와 개선방향》, 기획예산처 사회적 일자리 지원사업 점검평가단.
이인재·박철·김재구·강병노·안준상·이영석·성효정, 2019, "소셜벤처 정책연구", 사회연대은행·사회서비스연구원,
이인재·주경희·김동심·박현호, 2020, 〈경기도 사회서비스 분야 공공성 향상을 위한 고용환경 개선방안 연구〉, 경기도 의회(2020).
이재원 외, 2009, 《지역사회서비스투자사업의 운영체계 진단과 개선방안》, 한국사회서비스관리원·한국지방재정학회.
이재원·이용표, 2010, "돌봄서비스 산업육성을 위한 정책과제", 2010년 한국사회서비스학회 춘계세미나 자료집.
이정면·김정회·방효중·김정하, 2021, 〈사회서비스 공공인프라 확충의 필요성〉, 건강보험연구원.
이정우, 2007, "산재보험제도 휴업급여의 개선방안에 관한 연구", 〈사회보장연구〉, 제23권 1호.
이준구, 1995, 《재정학》, 다산출판사.
이태수, 2002, "건강보험 보험료, 인상해야 하는가?", 〈월간 복지동향〉, 제39호.
이태진·이원진·오욱찬·김성아·여유진·구인회·김미곤, 2020, "기초생활보장제도의 효과 분석 - 시행 20년의 변화와 과제", 한국보건사회연구원.
이태진·장기원, 2000, "일차의료 중심의 NHS 개혁에 대한 고찰", 〈보건경제연

구〉, 제 6권 1호.
이현주·정홍섭·김창섭·이홍무·江澤雅彦·김도훈, 2003, “주요국의 산재보험 급여체계 비교연구”, 한국노동연구원.
이희선·송창석, 1992, “한국의료보험제도의 통합일원화 방안에 관한 쟁점”, 〈정책분석평가학회보〉, 제 2권 제 1호.
임영상, 1983, 〈자유당 정부의 사회입법〉, 한국사회과학연구소 편, 《복지국가의 형성》, 민음사.
임 준, 2014, 〈인권적 측면에서 바라본 산재보험제도 개선 과제〉, 산재보험제도 개선방안 마련을 위한 토론회, 국가인권위원회.
임현진·김인준, 1993, “사회보장제도를 통해 본 신흥공업국의 복지정책: 한국과 브라질”, 《비교사회복지》 제 2집.
장인협, 1982, “공적부조제도에 관한 연구”, 서울대 박사학위 논문.
장종원, 2020, “비급여 모니터링 결과와 비급여 현황”, 〈한국보건행정학회 학술대회논문집〉, 2020권 2호.
전광석, 1993, 《사회보장법학》, 한림대출판부.
______, 1999, 《한국사회보장법론》, 제 2판, 법문사.
전남진, 1987a, 《사회복지정책강론》, 서울대출판부.
______, 1987b, 《사회정책학강론》, 서울대출판부.
정경채, 1988, “한국실업보험 모델 개발을 위한 연구”, 서울대 석사학위 논문.
정영호·고숙자, 2005, “미국과 영국의 보건의료개혁 동향 비교분석”, 〈보건복지포럼〉(2005. 4.) 통권 제 102호.
정원오·김환준·손병돈, 2001, 《한국 공공부조제도의 체계화 방안》, 성공회대학교·보건복지부
정진호, 2008, “최저임금 수준은 어떠한가?”, 〈노동리뷰〉, 2008년 1월호, 통권 제 37호.
정형준, 2020, “문재인 케어, 모순의 보장성강화 정책”, 〈의료와사회〉, 제 10호.
조선일보, 2021. 9. 8. “존슨 英 총리, 공약 깨고 세금 대폭 인상… 코로나·고령화 비용 불가피”.
조성희, 1999, “실직자 가족의 해체가능성에 관한 연구”, 서울대 박사학위 논문.
조영순·원종욱·윤조덕, 2009, “한 대학병원 산재보험 입원환자의 본인부담진료비 실태분석”, 〈사회보장연구〉, 25권 1호.
주은선, 2004, “금융자본의 자유화와 스웨덴 연금개혁의 정치”, 서울대학교 박사학

위논문.
차태환, 1991, “생존권적 기본권으로서의 공적부조에 관한 연구”, 국민대 박사학위 논문.
최 균, 1988, “한국 빈곤정책의 사회통제적 성격에 관한 연구”, 서울대 석사학위 논문.
최병호, 1998a, “DRG 분류에 의한 선지불제도 고찰”, 〈보건사회연구〉, 18권 2호.
______, 1998b, “의료보험 통합에 따른 효율적인 진료비 심사·지불체계의 구축방안”, 한국보건사회연구원, 〈보건복지포럼〉, 11월호(통권 제26호).
최일섭·이인재, 1996, 《공적부조의 이론과 실제》, 집문당.
통계청, 1998, 《한국의 사회지표》.
______, 1999, 《'99년 1월 고용동향》.
하세정, 2008, “영국 뉴딜정책 시행 10년: 평가와 전망”, 〈국제노동브리프〉, 2008년 3월호, 한국노동연구원.
한국고용정보원, 2006, 〈고용보험통계월보〉, 5월호.
______, 2010. 6, 《고용보험통계현황》.
______, 2021, 《2020 직업능력개발 통계연보》.
한국노동연구원, 1995, 《근로복지공사의 공단화에 따른 기존 사업 및 산재보험업무의 효율적 추진방안 연구》.
______, 1998a, 《실업자 사회적 안전망의 국제비교》.
______, 1998b, 《고실업시대의 실업대책》.
한국노동연구원 고용보험기획단, 1993, 《고용보험제도 실시방안연구》(종합 편), 한국노동연구원.
한국노동연구원 고용보험연구센터, 2001, 〈고용보험동향〉, 가을호.
한국보건사회연구원, 1995, 《산재보험 서비스 전달체계의 개선방안》.
______, 1996, 《한국의 보건복지지표》.
______, 2000a, “국민기초생활보장법 시행과정에 관한 연구 I”.
______, 2000b, 〈2000년도 장애인 실태조사〉.
한국사회보장정보원, 2022, 사회서비스 전자바우처 현황자료. https:// www.socialservice.or.kr:444(2022년 1월 6일 검색)
한국은행 런던사무소, 2020, “코로나위기 속 영국 국립보건원(NHS) 현황”, 〈동향분석〉.
한달선, 2009, “건강보험제도의 발전방향—건강보험의 설계요소별 주요 쟁점을 중심으로", 〈건강보장정책〉, 8권 1호, 국민건강보험공단 건강보험정책연구원.

허 선, 2001, "국민기초생활보장제도의 시행 1년 성과와 과제", 미발표논문.

황덕순, Ivar Lødemel, & Heather Trickey, 2002, "근로연계 복지정책의 국제비교", 한국노동연구원.

Aaron, H. J., 1961, "The Social Insurance Paradox", *Canadian Journal of Public Economics and Political Science* 32, pp. 371~377.

______, 1982, *Economic Effects of Social Security*, Washington, D. C.: Brookings Institution.

Abel-Smith, B., et al., 1995, *Choices in Health Policy: An Agenda for the European Union*, Aldershot: Dartmouth.

Arnold, R. J. and L. M. Nichol, 1983, "Wage-Risk Premiums and Workers' Compensation: A Refinement of Estimates of Compensating Differential", *Journal of Political Economy*, Vol. 91, No. 2.

Atkinson, A. B., 1987, "Income Maintenance and Social Insurance", in Auerbach, A. J. and M. Feldstein (eds.), *Handbook of Public Economics* Vol. II, Amsterdam: North Holland.

Baldwin, P., 1993, *The Politics of Social Solidarity*, Cambridge: Cambridge Univ. Press.

Beattie, R. and W. McGillivray, 1995, "A Risky Strategy: Reflections on the World Bank Report Averting the Old Age Crisis", *International Social Security Review*, Vol. 48, 3-4/95, pp. 5~22.

Beveridge, W., 1942, *Social Insurance and Allied Services*, London, Her Majesty's Stationry Office.

Bovenberg, A. L. and A. Linden, 1996, "Can We Afford to Grow Old? Adjusting Pension Policies to a More Aged Society", in OECD, *Beyond 2000: The New Social Policy Agenda*, High-level Conference 12-12, November.

Brown, J. C., 1990, *Victims or Villains? Social Security Benefits in Unemployment*, London: Joseph Rowntree Memorial Trust and Policy Studies Institute.

Burch, H. A., 1991, *The Why's of Social Policy: Perspective on Policy Preference*, N.Y.: Praeger.

Burtless, G., 1986, "Social Security, Unanticipated Benefit Increases, and the Timing of Retirement", *Review of Economic Studies*, 53, pp.781~505.

Butler, R. J., 1983, "Wage and Injury Rate Response to Shifting Levels of Workers' Compensation", in Worrall, J. D. (ed.), *Safety and Workforce: Incentives and Disinsentives in Workers' Compensation*, NY: ILR Press.

Cass, B., 1991, "Expanding the Concept of Social Justice: Implications for Social Security", in Adler, M. et al. (eds.), *The Sociology of Social Security*, Edinburgh: Edinburgh Univ. Press.

Chelius, J. R., 1977, *Workplace Safety and Health: The Role of Workers' Compensation*, Washington, D.C.: American Enterprise Institute for Public Policy Research.

______, 1982, "The Influence of Workers' Compensation on Safety Incentives", *Industrial and Labor Relation Review*, Vol.35 No.2.

Cohen, W. J., 1984, "The Development of the Social Security Act of 1935: Reflections Some Fifty Years Later", *Minnesota Law Review*. Vol.68: 379.

Danziger, S., R. Haveman, and R. Plotnick, 1981, "How Income Transfer Affect Work, Savings and the Income Distribution", *Journal of Economic Literature*, Vol.19, No.3, pp.975~1028.

Diamond, P. and J. Gruber, 1997, "Social Security and Retirement in the U.S.", *NBER Working Paper*, No.6097.

Dionne, G. and P. St-Michel, 1991, "Workers' Compensation and Moral Hazard", *Review of Economics and Statistics*, Vol.71.

Dorsey, S., 1983, "Employment Hazard and Fringe Benefits: Further Test for Compensating Differentials", in Worrall, J.D. (ed.), *Safety and Workforce: Incentives and Disinsentives in Workers' Compensation*, NY: ILR Press.

Dorsey, S. and N. Walzer, 1983, "Workers' Compensation, Job Hazards, and Wages", *Industrial and Labor Relation Review*, Vol.36, No.4.

Ellwood, D., 2001, "Welfare Reform as I Knew It: When Bad Things Happen to Good Policies", *The American Prospect*. in https:// prospect.org

Encyclopedia of Sociology, 1992, "Social Control", Macmillan.

Esping-Andersen, G., 1990, *The Three Worlds of Welfare Capitalism*, Cambridge: Polity Press.

______(ed.), 1996, *Welfare States in Transition*, London: Sage.

Feldstein, M., 1974, "Social Security, Induced Retirement and Aggregate Capital Accumulation", *Journal of Political Economy*, Vol. 82, No. 5, pp. 905~926.

______, 1995, "Social Security and Saving: New Time Series Evidence", *NBER Working Paper*, No. 5054.

Flora, P. and A. J. Heidenheimer, 1981, "The Historical Core and Changing Boundaries of the Welfare State", in Flora, Peter and Arnold J. Heidenheimer(eds.), *The Development of Welfare States in Europe and America*, New Brunswick: Transaction Books.

______, 1984, "The Historical Core and Changing Boundaries of the Welfare State", in Flora P. and A. J. Heidenheimer(ed), *The Development of Welfare State in Europe and America*, New Brunswick, Transaction Books.

Flora, P. and J. Alber, 1981, "Modernization, Democratization, and the Development of Welfare State in Western Europe", in Flora, Peter and A. J. Heidenheimer(eds.), *The Development of Welfare State in Europe and America*, New Brunswick: Transaction Books.

Fraser, D., 1984, *The Evolution of the British Welfare State*, 2nd ed., London: Macmillan Publishers.

Freindler, W. A. and R. Z. Apte, 1955, *Introduction to Social Welfare*, N.Y.: Prentice-Hall.

______, 1980, *Introduction to Social Welfare*, 5th Edition, Englewood Cliffs, Prentice-Hall Inc.

Friedman, M., 1962, *Capitalism and Freedom*, The Univ. of Chicago Press.

Furniss, N. and T. Tilton, 1979, *The Case for the Welfare State*, Bloomington: Indiana Univ. Press.

George, V. N. and P. Wilding, 1984, *The Impact of Social Policy*, London: Routledge & Kegan Paul.

Giddens, A., 1994, *Beyond Left and Right*, 김연옥 역, 1997, 《좌파와 우파를 넘어서》, 한울.

______, 1998, *The Third Way: The Renewal of Social Democracy*, Cambridge: Polity Press.

Gilbert, N. and H. Specht, 1976, *Dimension of Social Policy*, Prentice- Hall.

Gilbert, N., H. Specht, and P. Terrell, 1993, *Dimensions of Social Welfare Policy*, 3th ed., New Jersey: Prentice-Hall.

Gordon, M. S., 1988, *Social Security Policies in Industrial Countries: A Comparative Analysis*, Cambridge, Cambridge University Press.

Gramlich, E. M., 1997, "How does Social Security Affect the Economy?", in Kingson, E. R. and J. H. Schulz(eds.), *Social Security in the 21st Century*, Oxford: Oxford Univ. Press.

Gruber, J. and D. Wise, 1997, "Social Security Programs and Retirement around the World", *NBER Working Paper*, No. 6134.

Guinnane, T. & J. Streb, 2012, "Incentives That Saved Lives: Government Regulation of Accident Insurance Associations in Germany, 1884~1914", *Center Discussion Paper*, No. 1013, Yale University, Economic Growth Center.

Guyton, G. P., 1999, "A Brief History of Workers' Compensation", *Iowa Orthopedic Journal*, 19.

Ham, J. C. and S. A. Rea, 1987, "Unemployment Insurance and Male Unemployment Duration in Canada", *Journal of Labor Economics*, Vol. 5, No. 3.

Hamel, L., Kirzinger, A., Muñana, C., Lopes, L., Audrey Kearney and M. Brodie, 2020, "5 Charts About Public Opinion on the Affordable Care Act and the Supreme Court". in https://www.kff.org

Hanna, J. and Z. Turney, 1990, "The Economic Impact of the Nevada Claimant Employment Program", mimeo, Nevada Employment Security Department.

Harrison, B. and B. Bluestone, 1990, "Wage Polarisation in the US and the 'Flexibility' Debate", *Cambridge Journal of Economics*, Vol. 14.

Hasluck, C., 2000, "The New Deal for Lone Parents: A Review of Evaluation

Evidence", *Institute for Employment Research*, The University of Warwick.

Haveman, R., 1988, *Starting Even*, N.Y.: Simon and Schuster.

Higgns, J., 1980, "Social Control Theories of Social Policy", *Journal of Social Policy*, Vol. 9, Part 1.

Human Resources Development, 1997, *Securing the Canada Pension Plan.*

ILO, 1984, "Introduction to Social Security", second Edition, Geneva, ILO.

______, 1989, Social Security Protection in Old-Age International Labour Conference, 76th Session.

______, 1993, *Social Insurance and Social Protection*, ILO.

______, 2000, *World Labor Report 2000*, ILO.

Janowitz, M., 1977, *Social Control of the Welfare State*, The Univ. of Chicago.

Jones, K., 1991, *The Making of Social Policy in Britain 1830~1990*, London, The Athlone Press.

Kalish, D. et al., 1988, "Social and Health Policies in OECD Countries: A Survey of Currebt Programmes and Recent Developments", *Labor Market and Social Policy-Occasional Paper*, No. 33, OECD.

Korpi, W., 1983, *The Democratic Class Struggle*, London: Routledge and Kegan Paul.

Krueger, A., and J. S. Pischke, 1992, "The Effect of Social Security on Labor Supply: A Cohort Analysis of the Notch Generation", *Journal of Labor Economics*, 10, pp. 412~437.

Laybourn, K., 1995, *The Evolution of British Social Policy and the Welfare State*, Keele: Keele Univ. Press.

Le Fanu, J., 1999, *The Rise and Fall of Modern Medicine*, 강병철 역, 2016, 《현대의학의 거의 모든 역사》, 알마.

Leimer, D. and S. Lesnoy, 1982, "Social Security and Private Saving: New Time Series Evidence", *Journal of Political Economy*, Vol. 90, No. 3, pp. 606~629.

Lumsdaine, R. and D. Wise, 1994, "Aging and Labor Force Participation: A Review of Trends and Explanations", in Noguchi, Y. and D. Wise (eds.), *Aging in the United States and Japan: Economic Trends,*

Chicago: Univ. of Chicago Press.
Malloy, J. M., 1979, *The Politics of Social Security in Brazil*, Pittsburgh: Univ. of Pittsburgh Press.
Marshall, T. H., 1950, *Citizenship and Social Class*, Cambridge: Cambridge Univ. Press.
Marx, K., 1867, *Capital*, 김수행 역, 1989, 《자본론 I》 상 · 하, 비봉출판사.
McKerlie, D., 1996, "Equality", *Ethics*, 106, pp. 274~296.
Moffit, R. E., 1993, "A Guide to the Clinton Health Plan", Talking Point, *The Heritage Foundation*.
Moore, M. J. and W. K. Visicusi, 1990, "Have Increases in Worker's Compensation Benefits Paid for Themselves?", in Borba, P. S. and D. Appel(eds.), *Benefits, Costs and Cycles in Worker's Compensation*, Norwell, Kluwer Academic Publishers.
Moorthy, V., 1990, "Unemployment in Canada and the United States: The Role of Unemployment Insurance Benefits", *Federal Reserve Bank of New York Quarterly Review*, Winter.
Munnell, A. H., 1977, *The Future of Social Security*, Washington, D. C.: Brookings Institution.
Myers, R., 1993, *Social Security*, Philadelphia: Pension Research Council.
Nickell, S., 1997, "Unemployment and Labor Market Rigidities: Europe versus North America", *Journal of Economic Perspectives*, Vol. 11, No. 3, 55~74.
nuffieldtrust. org. uk
OECD, 1988, *Employment Outlook*, OECD.
______, 1991, *Employment Outlook*, OECD.
______, 1998, *The Battle against Exclusion*, OECD.
______, 1999, *A Caring World: The New Social Policy Agenda*, OECD.
______, 2022a, Income Distribution Database. https://stats. oecd. org/Index. aspx?DataSetCode=IDD
______, 2022b, TaxBEN-Policy-table-2020. https://www. oecd. org/els/soc/benefits-and-wages. htm
Pampel, F. C., 1992, "Social Security Systems", in Borgatta, E. F. and M. L. Borgatta, *Encyclopedia of Sociology*, pp. 1945~1955.

Pierson, C., 1991, *Beyond the Welfare State? The New Political Economy of Welfare*, Cambridge, UK: Polity Press.

Pieters, D., 1993, *Introduction into the Basic Principles of Social Security*, Kluwer Law & Taxation Publishers.

Piven, F. F. and R. A. Cloward, 1971, *Regulating the Poor*, N.Y.: Pantheon.

Ploug, N. and J. Kvist, 1996, *Social Security in Europe: Development or Dismantlement*?, Kluwer Law International.

Polanyi, K., 1957, *The Great Transformation: The Political and Economic Origins of Our Time*, 박현수 역, 1991, 《거대한 변환: 우리시대의 정치적·경제적 기원》, 민음사.

Powell, T., 2020, "The Structure of the NHS in England", *Briefing Paper*, No. CBP07206.

Purdy, D., 1988, *Social Power and the Labour Market*, London: Macmillan.

Queisser, M., 1995, "Chile and Beyond: The Second-generation Pension Reforms in Latin America", *International Social Security Review*, Vol. 48, 3-4/95, pp. 23~40.

Rejda, G. E., 1994, *Social Insurance and Economic Security*, 5th ed., Englewood Cliffs: Prentice-Hall.

______, 1988, *Social Insurance and Economic Security*, New Jersey: Prentice-Hall.

Rimlinger, G. V., 1971, *Welfare Policy and Industrialisation in Europe, America and Russia*, 한국사회복지학연구회 역, 1997, 《사회복지의 사상과 역사》, 한울아카데미.

Ritter, G. A., 1983, *Sozialversicherung in Dewutschland und England*, 전광석 역, 1992, 《복지국가의 기원》, 교육과학사.

Rivett, G., 2019, "1948~1957: Establishing the National Health Service", *The history of the NHS*, online book.

Rosen, H. S., 1988, *Public Finance*, 2nd ed., Homewood, Illinois: IRWIN.

Rosen, H. S. & T. Gayer, 2008, *Public Finance*, 8th Edition, 이영·전영준·이철인·김진영 역, 2009, 《Rosen의 재정학》, 한국맥그로힐.

Rust, J. and C. Phelan, 1996, "How Social Security and Medicare Affect Retirement Behavior in a World of Incomplete Markets".

Samwick, A. A., 1998, "New Evidence on Pensions, Social Security, and the Timing of Retirement", *NBER Working Paper*, No. 6534.

Sarenski, T. J., 2020, *Social Security and Medicare: Maximizing Retirement Benefits*, New York, Wiley.

Schulz, J. and R. Kane, 1990, "Old Age Pensions: A Comparative Perspective", in Binstock, Robert and Linda George (eds.), *Handbook of Aging and the Social Sciences*, 3th ed., San Diego: Academic Press.

Smith, R., 1979, "Compensating Wage Differentials and Public Policy: A Review", *Industrial and Labor Relation Review*, Vol. 32, No. 3.

Statistical Division, 1995, *Social Insurance Statistics*, National Social Insurance Board.

Stiglitz, J. E., 1988, *Economics of the Public Sector*, 2nd ed., N.Y.: W.W. Norton & Co.

Sturmey, S., 1959, *Income and Economic Welfare*, London: Longmans, Green.

Titmuss, R. J., 1958, *Essays on the Welfare State*, London: Allen and Urwin.

Tompson, L., 1998, *The Social Security Reform Debate: In Search of a New Consensus*, International Social Security Association, Geneva.

Tracy, M. B. and M. N. Ozawa, 1995, "Social Security", in NASW, *Encyclopedia of Social Work*, 19th ed., NASW Press, pp. 2186~2195.

Trattner, W., 1983, *Social Welfare or Social Control*? The Univ. of Tennessee Press.

Turner, B. S. (ed.), 1993, *Citizenship and Social Theory*, London: Sage.

Turner, J., 1997, "Retirement Income System for Different Economic, Demographic and Political Environments", Joint ILO-OECD Workshop: Development Reform of Pension Scheme, DEELSA/ ILO(97)6.

Twine, F., 1994, *Citizenship and Social Rights*, London: Sage.

U.S. Social Security Administration, 1997, *Social Security Programs Throughout the World-1997*, SSA Publication.

______, 1999, *Social Security Programs Throughout the World-1997*, SSA Publication.

______, 2018, "Social Security Programs Throughout the World: Europe, 2018", Washington, D.C., Social Security Administration.

______, 2019, "Social Security Programs Throughout the World: Asia and the Pacific, 2018", Washington, D.C., Social Security Administration.

______, 2020, "Social Security Programs Throughout the World: The Americas, 2019", Washington, D.C., Social Security Administration.

Viscusi, W. K. and M. J. Moore, 1987, "Workers' Compensation: Wage Effect, Benefit Inadequacies, and the Value of Health Losses", *Review of Economics and Statistics*, Vol. 66(May).

Williams, Jr., C. Arthur, 1991, *An International Comparison of Workers' Compensation*, Norwell, Kluwer Academic Publishers.

______, 1986, "Workers' Compensation Insurance Rates: Their Determination and Regulation", in Chelius, James(ed.), *Current Issues in Workers' Compensation*, Kalamazoo: W. E. Upjohn Institute for Employment Research.

World Bank, 1994, *Averting the Old Age Crisis*, A World Bank Policy Research Report, Oxford: Oxford Univ. Press.

Wright, Erik O., 1994, *Interrogating Inequality*, N.Y.: Verso.

ILO site, 1998, http://www.ilo.org/

ISSA site, 1998, http://ww1.issa.int/

大河內一男, 1936, 《獨逸社會政策思想史》, 日本評論社.

牛丸 聰, 1996, 《公的年金の 財政方式》, 東京: 東洋經濟新聞社.

田近榮治・金子能宏・林文子, 1996, 《年金の 經濟分析》, 東京: 東洋經濟新聞社.

厚生統計協會, 1997, 《保險と年金の動向》, 東京.

찾아보기

ㄱ

ㄴ~ㄷ

ㄹ~ㅁ

ㅂ

ㅅ

ㅇ

ㅈ

ㅊ~ㅌ

ㅍ~ㅎ

기타

인명